大人

（二）

沈葦窗與《大人》雜誌

蔡登山

已故香港邵氏電影公司在台分公司總經理馬芳蹤說：「文化事業出版界，我最欽佩兩個人，一是台北《傳記文學》的社長劉紹唐兄，以單槍匹馬一個人的精力，把中國近代史的資料蒐集成庫，且絕不遜於此地的『歷史博物館』與大陸的『文史檔案館』。另一位就是香港《大成》的沈葦窗，《大成》是專門刊載藝文界的掌故與訊息，目前海峽兩岸包括海外，似乎還找不出第二本類似的刊物。」其實《大成》還有個前身就是《大人》雜誌，它創刊於一九七〇年五月十五日，至一九七三年十月十五日停刊，前後出了四十二期。一九七三年十二月一日《大成》緊接著創刊，至一九九五年九月沈葦窗病逝終刊，出了二百六十二期。兩個刊物合起來共三百零四期，前後有二十五年之久。它也是「一人公司」，香港作家古蒼梧說：「《大成》的業務，從編輯、校對到聯絡作者、郵寄訂戶，幾乎都由沈老一人包辦。每次我到龍記樓上《大成》編輯室送稿，總見到他孤單地在一堆堆雜誌與書刊中埋首工作，見我來了，便露出燦爛的笑容，跟我閒聊幾句，臉上毫無倦容。……」。當然可想見更早的《大人》的情況，亦是如此。

關於沈葦窗的生平資料不多，他是一九一八年十二月三十日出生，浙江省桐鄉烏鎮人。正如他自己說的：「我寫作至今，從未提過自己的家世。」只在〈記從兄沈泊塵〉一文中，他透露一些蛛絲馬跡：「祖父右亭公生子女九人，泊塵是三房長子，能毅、叔敖是他的胞弟。我父季璜公行九，娶我母徐太夫人，婚後居上海之台灣路，姪輩到上海求學，多住我家。我家兄弟都以『學』字排行，泊塵名學明，家兄吉誠名學謙，我名學孚。我生在台灣路，大約我出世未久，這位『明哥哥』便去世了！」沈泊塵卒於一九一九年，得年僅三十一歲。沈泊塵兄弟三人曾合辦《上海潑克》畫報，為中國漫畫報刊的始創者。作家陳定山就說：「上海報紙之有漫畫，始於沈泊塵。若黃文農、葉淺予、張光宇正宇兄弟，皆為後輩矣。」

沈葦窗畢業於上海中國醫學院，據香港的翁靈文說沈葦窗自滬來港後，雖投身出版事業，但也常應稔友們之請，望聞切問開個藥方，多能藥到病除。沈葦窗曾任香港麗的呼聲廣播有限公司金色電臺編導、電視國劇顧問。他的夫人莊元庸也一直在「麗的呼聲」工作，莊女士其實早在上海名氣就很大了，每天擁有十萬以上的聽眾，她口才好，聲音悅耳，有「電台之鶯」的雅號。後來在台灣的華視也工作過，我還看過她演出《星星知我心》的連續劇。

沈葦窗是崑曲大師徐凌雲的外甥，徐凌雲曾對寧波、永嘉、金華、北方諸崑劇，甚至京劇、灘簧、紹興大班等悉心研究，博採眾長。十八歲登臺，堅持長期練功不輟，生、旦、淨、末、丑各行兼演，「文武崑亂不擋」。後來又與俞粟廬、穆藕初等興辦蘇州崑劇傳習所，培養「傳」字輩一代崑劇藝人有功。沈葦窗說他自己：「少年時即好讀書，有集藏癖，年事漸長，更愛上了戲曲。其時崑曲日漸式微，但因我的舅父徐凌雲先生是崑曲大家，總算略窺門徑；還是和平劇接近的機會多，凡是夠得上年齡的名角，都締結了相當的友誼，搜羅有關平劇書籍更不遺餘力。」他後來將這些重要史料收藏，如《富連成三十年史》、《京戲近百年瑣記》、《清代燕都梨園史料》、《菊部叢譚》、《大戲考》等十二部珍貴或絕版史料，以「平劇史料叢刊」由劉紹唐的傳記文學社出版，嘉惠後學。

沈葦窗在上海時期，就在小報上寫文章。一九四〇年金雄白在上海創辦一份小型四開報紙，名為《海報》，當時寫稿的人可說是極一時之選，長期在《海報》撰稿的有陳定山、唐大郎、平襟亞、王小逸、包天笑、蔡夷白、吳綺緣、徐卓呆、鄭過宜、范煙橋、謝啼紅、朱鳳蔚、盧一方、沈葦窗、陳蝶衣、馮鳳三、柳絮、惲逸群等，女作家中，更有周鍊霞、陳小翠諸人。沈葦窗當年曾是金雄白辦報時的作者，沒想到幾十年後金雄白變成了是沈葦窗的作者。《大人》初創時期，就有一個非常壯觀堅強的撰稿人隊伍，這些人大多是大陸鼎革後，流寓在香港和臺灣的南下文人、名流和藝術家，大都是沈葦窗的舊識，也可見他在舊文化圈中人脈的廣博。

《大人》雜誌給這些人提供了一個發表文章的重要平臺，刊載了大量有價值的文章和重要的第一手史料。其中像被稱為「中醫才子」的陳存仁的兩本回憶錄《銀元時代生活史》、《抗戰時代生活史》，都先後在《大人》及《大成》上連載，而後才集結出書的。《銀元時代生活史》後來在一九七三年三月，由香港吳興記書報社出版，張大千題耑，沈葦窗撰序云：「一九七〇年五月，《大人》雜誌創刊，我承乏輯務，初時集稿不易，因而想到陳存仁兄，他經歷既豐，閱人亦多，能寫一手動人的文章，於是請他在百忙之中為《大人》撰稿，第一期他寫了一篇記章太炎老師，果然文筆生動，情趣盎然，大受讀者歡迎。存仁兄的文章，別具風格，而且都是一手資料，許多事情經他一寫，躍然紙上，如歷其境，如見其人，無形之中成為我們《大人》雜誌的一員大將。《銀元時代生活史》刊載以後，更是遐邇遍傳，每一段都富有人情味和親切感，存仁兄向有考證癖，凡是追本究源，文筆輕鬆，尤其餘事。綜觀全篇，包含著處世哲學、創業方法、心理衛生、生財之道，對讀者有很大的啟發性和鼓勵性，實在是老少咸宜的良好讀物。今當單行本問世，讀之更有一氣呵成之妙，存仁兄囑書數言，因誌所感，豈敢云序。」

再者在《大人》甚至後來的《大成》上，占有相當份量的，莫過於「掌故大家」高伯雨（高貞白、林熙）的文章了。一般說起「掌故」，無非是「名流之燕談，稗官之記錄」。但掌故大家瞿兌之對掌故學卻這麼認為：「通掌故之學者是能透徹歷史上各時期之政治內容，與夫政治社會各種制度之原委因果，以及其實際運用情狀。」而一個對掌故深有研究者，「則必須對於各時期之活動人物熟知其世襲淵源師友親族的各族關係與其活動之事實經過，而又有最重要之先決條件，就是對於許多重複參錯之瑣屑資料具有綜核之能力，存真去偽，由偽得真……」。能符合這個條件的掌故大家，可說是寥寥無幾，而高伯雨卻可當之無愧。高氏文章或長篇大論，或雋永隨筆，筆底波瀾，令人嘆服！難怪香港老報人羅孚（柳蘇）稱讚說：「對晚清及民國史事掌故甚熟，在南天不作第二人想。」而編輯家林道群也讚曰：「高伯雨一生為文自成一家，他的『隨筆』偏偏不如英國的essay，承繼的是中國的傳統，溶文史於一，人情練達，信筆寫人記事，俱是文學，文筆之中史識俯拾皆是。」這是高伯雨的高妙處，也是他獨步前人之處。

資深報人金雄白筆名「朱子家」，曾在《春秋》雜誌上連載《汪政權的開場與收場》而聞名。沈葦窗邀他在《大人》再寫了〈「海報」的開場與收場〉、〈委員長代表蔣伯誠〉、〈梁鴻志死前兩恨事〉、〈「入地獄」的陳彬龢〉、〈倚病榻，悼亡友〉、〈梁鴻志獄中遺書與遺詩〉等文，因大都是作者所親歷親聞，極具史料價值。一九七四年他的《記者生涯五十年》開始在《大成》雜誌第十期連載，迄於一九七七年六月的第四十三期為止，前後達兩年又十個月之久，共六十八章，幾近三十萬字。金雄白說：「七十餘年的歲月，一彈指耳，回念生平，真是如幻如夢如塵，在世變頻仍中，連建家毀家，且已記不清有多少次了，俱往矣！留此殘篇，用以自哀而自悼，笑罵自是由人，固不必待至身後。」

還有早期的老報人，著名雜誌《萬象》的第一任主編陳蝶衣，他後來來到香港，還是著名的電影編劇、流行歌曲之王。六十多年來，陳蝶衣光是歌詞的創作就有三千多首。人們尊稱他為「三千首」。周璇、鄧麗君、蔡琴、張惠妹……，中國流行音樂史上一代又一代的歌后們，都演唱過他寫的歌。他在《大人》除寫了〈一身去國八千里〉、〈舉家四遷記〉、〈我的編劇史〉、〈花窠素描〉等自身的回憶文章外，還有《銀海滄桑錄》的專欄，寫了有關張善琨、李祖永、林黛、王元龍、陳厚、胡蝶、阮玲玉、李麗華、周璇等人，所記多是外間少人知的資料。後來以《香港影壇秘錄》為名出版了。

曾經在上海淪陷時期，創刊《古今》雜誌，網羅諸多文人名士撰稿，使《古今》成為當時最暢銷也最具有份量的文史刊物的朱樸，一九四七年到了香港，早已成為一名書畫鑑賞家了，並以「省齋」為筆名撰文。沈葦窗說：「我草創《大人》雜誌，省齋每期為我寫稿，更提供許多書畫資料。那時，省齋在王寬誠的寫字樓供職，薪水甚少，但有一間寫字間卻很大，他每天下午到那裡去轉一轉，看看西報，主要的工作是為王寬誠鑑定書畫。」

當時已渡海來台的陳定山，是名小說家兼實業家天虛我生（陳蝶仙）的長子，他早年也寫小說，二十餘歲已在上海文壇成名了，他工書，擅畫，善詩文，有「江南才子」之譽。來台後長時期在報紙副刊及雜誌上寫稿，筆耕不輟，同時也為《大人》寫稿，陳定山因長居滬上，嫻熟上海灘中外掌故逸聞，一代人事興廢，古今梨園傳奇，信手拈來，皆成文章，乃開筆記小說之新局，老少咸宜，雅俗共賞。這些文章後來成為《春申舊聞》的部分篇章。

詩人易順鼎（實甫）之子，寫有《閒話揚州》引起揚州閒話的易君左，在一九四九年冬抵香江時，曾在鑽石山住過，當時那裡住有不少是國內逃避戰禍而抵港的知識份子，因此他寫有〈鑽石山頭小士多〉、〈記香港幾次文酒之會〉等文。更值得重視的是他寫的「文壇憶舊」，包括：〈我與郁達夫〉、〈曾琦與左舜生〉、〈詞人盧冀野〉、〈田漢和郭沫若〉。這些文章所寫的人物皆作者有過深交的文友，寫來自不同於一般的泛泛之論。可惜的是一九七二年易君左病逝台北，一九七二年四月十五日出版的《大人》刊出的〈田漢和郭沫若〉已註明是「遺作」了。

國民黨政要雷嘯岑，歷任南昌行營機要秘書、安徽省政府委員兼教育廳廳長、鄂豫皖三省總司令部秘書、湖北省第七區行政督察專員、重慶市教育局局長、《和平日報》社總主筆、《中央日報》社主筆。一九四九年七月去香港、任《香港時報》社總主筆。一九六〇年在港創辦《自由報》並受聘為香港德明書院新聞學系主任。他在《大人》以筆名「馬五」，寫有「政海人物面面觀」一系列文章。

他如，老報人胡憨珠長篇連載的〈申報與史量才〉，及當年曾在上海中文《大美晚報》供職的張志韓，所寫的〈血淚當年話報壇〉長文，都有珍貴的一手資料。

而沈葦窗自己也寫有〈葦窗談藝錄〉，談得較多的是京劇，這是他的本行。甚至《大人》每期有關京劇崑曲的文章，都佔有一定的比重，這也是這個雜誌的特色，同時也成為喜好京劇崑曲的讀者的重要收藏。沈葦窗的哥哥沈吉誠，在香港電影戲劇界、文化新聞界都相當吃得開，他在《大人》以「老吉」筆名，從第二期起寫有〈馬場三十年〉至第三十八期連載完畢，講的是香港的賽馬。在上世紀五〇年代，老吉的《馬經大全》，曾經風行一時。

《大人》每期約一百二十頁，用紙為重磅新聞，樸素大方。內頁和封底為名家畫作、法書或手跡，畫家有齊白石、吳湖帆、黃賓虹、張大千、溥心畬、傅抱石、關良、陳定山、黃君璧、吳作人、李可染、周鍊霞、梅蘭芳、宋美齡等。從第三期開始，每期都有四開彩色精印的銅版名家畫作或法書的插頁，精美絕倫。這些插頁除已列的上述部分畫家外，還有：邊壽民的蘆雁，新羅山人、虛谷的花鳥，沈石田、陸廉夫、吳伯滔、金拱北的山水，鄧石如、劉石庵、王文治的法書等。但由於這些插頁開本極大，採折疊方式，裝訂在雜誌的正中間，常為舊書店老闆取下，另外販售。此次復刻本，多期就沒有這些插頁，但在目錄中編有該插頁的頁碼，有時會有八頁之多，其實它是一張大畫折疊的頁碼，如今畫雖不見，但不影響內文，因該畫和內文是完全不相關的。在此聲明，希望讀者明瞭，不要以為雜誌有所「缺頁」是好。

這次能輯全整套雜誌而復刻，首先要感謝熱心協助，並提供收藏的師長好友：資深報人鑑賞家黃天才先生、收藏家董良彥（君博）先生、史料家秦賢次先生及香港的文史家方寬烈先生、學者作家盧瑋鑾（小思）女士。《大人》在臺灣流通極少，甚至國家圖書館都沒有收藏，筆者首先見到的是秦賢次兄已捐贈給中央研究院文哲研究所的部分雜誌，驚嘆之餘，才興起要收藏這份雜誌的念頭。但談何容易，歷經數載，找遍舊書攤才得不到四分之一之數。後經黃天才先生提供他的收藏，並熱心找到收藏家董良彥先生的珍貴收藏，董先生的十幾本雜誌品相極佳。在整理蒐集到手的四十二期雜誌，發現其中兩期有脫頁，於是藉著到香港開學術研討會之便，我和賢次兄又找到方寬烈先生及小思老師，經他們協助影印，補全了全套雜誌的內容。

我曾在二〇一〇年十月十七日香港的《蘋果日報》副刊寫有〈遲來的懷念〉一文，開頭說：「今年九月底，我到香港參加張愛玲誕辰九十週年國際學術研討會。十五年前的九月八日張愛玲被發現死在洛杉磯公寓，無人知曉，據推測她的死亡時間應該是九月二日或三日。而幾天之後的九月六日沈葦窗因食道癌在香港病逝。之所以將兩人並提，是他們都是『寂寞的告別』人世。正如作家穆欣欣所說的：『張愛玲走得孤寂而熱鬧。說孤寂，到底是她自己選擇的一種方式，待世人知曉，已是六七天之後；說熱鬧，是世人不甘，憐她愛她。她像中秋的月亮，走了之後，人間還得追望。比起張愛玲，另一個人走得更寂寞。起碼，他連最後的繁華都沒有。他是《大成》雜誌的主編沈葦窗先生。』是的，早在一九九三年，我籌拍張愛玲的紀錄片，次年還收到張愛玲的傳真信函。她故去之後《作家身影》紀錄片播出，之後我又寫了兩本關於她的書，並推薦李安導演拍她的〈色，戒〉。而對沈葦窗我至今無一字提及，這篇小文就算是遲來的懷念吧！」現在把這段文字轉錄於此，依舊是對他的懷念！

目錄

第八期（一九七〇年十二月十五日）：

第九期（一九七一年一月十五日）：

第十期（一九七二年二月十五日）：

大人

論天下大事
談古今人物

第七期

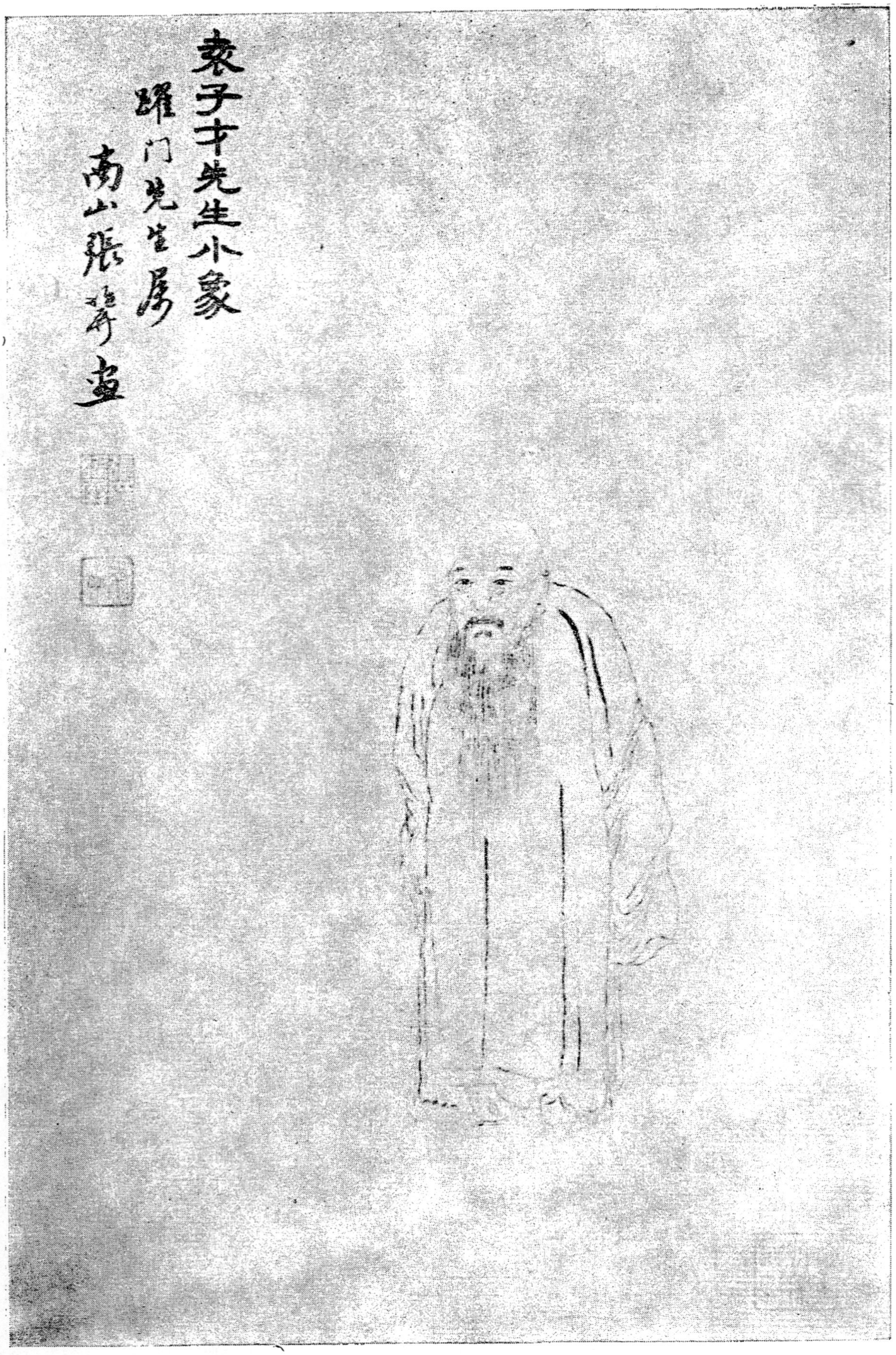

袁子才先生小象　張南山畫（定齋藏）

大人

第七期目錄

一九七零年十一月十五日出版

大人　每逢月之十五日出版

出版及發行者：大人出版社有限公司
督印人：王朝平
編輯者：大人雜誌編輯委員會
總編輯：沈葦窗
社址：九龍西洋菜街三號A 即彌敦道六一〇號後座
電話：K八五五七三〇
印刷者：立信印刷公司
九龍新蒲崗伍芳街緯綸大厦十一樓
總代理：吳興記書報社
香港租庇利街十一號二樓
電話：H四五〇五六一 H四五〇七六六
星馬代理：遠東文化事業有限公司
新加坡厦門街十九號
檳城杳田仔街一七一號
泰國代理：集成圖書公司
曼谷耀華力路二三三號
越南代理：聯興書報社
越南堤岸新行街二十二號
其他地區代理：
澳門：可大文具店　漢城：汎亞書籍社
亞庇：利文公司　寮國：永珍圖書公司
千里達：中華公司　斗湖：光明書店
倫敦：東寶公司　菲律賓：玲瓏書局
芝加哥：杏林春　紐約：友聯圖書公司
波士頓：中西公司　洛杉磯：永安堂
三藩市：新生圖書公司　檀香山：大元公司
加拿大：香港商店　三藩市：文化商店
加拿大：新國華公司

須知極樂神仙境，修鍊多從苦處來：

袁子才福慧雙修

·大方·

隨園老人是我素所心儀的人，從小就讀過他好多作品，諸如：「隨園詩話」、「小倉山房尺牘」、「子不語」筆記等。在字裏行間，可以想見他的為人，對他的生平，頗有印象，不辭譾陋，草成此文，在方家眼內，可能是不值一笑的。回憶二十餘年前，在上海從事新聞工作的時候，某次忽然有人在報間出了一個對子，公開徵求下聯，那上聯祇有五個字是「美人王人美」；王人美是當時以主演「漁光曲」負譽的電影明星，筆者見了不加思索第一個即去應徵，我對的下聯是「才子袁子才」。我何以對得這樣快？毫不足怪，因我案頭適有一部隨園詩話之故，結果我以第一個應徵人的身份，也獲得了第一名。我這個下聯對得並不算好，但其餘應徵的作品，顯得比我更不適合，我便成了壓卷之作，祇是一種僥倖。事實上王人美黑而且瘦，不足以稱美人，而袁氏才氣縱橫，實在不媿才子。筆者以偶然的機會，在二十餘年前，用袁子才的大名，對了一副聯子；在二十餘年後的海外，又拿他的生活情趣，寫這一篇作品。細算起來，筆者之與袁氏，可說有一段不同時代的文字因緣的。

薄於仕途早年歸隱林泉

隨園老人名枚，字子才，別字簡齋，浙江杭州人，天資聰明，十六歲即入泮，二十歲後，應博學鴻詞科，因年事過輕而下第；但在二年之後，終於中了進士，從此這位才子便一行作吏，他的官階很小，從政的時間也很短，他開頭是做溧水縣的知縣，接着調任江浦，沭陽等處，不久由兩江總督伊繼善的推荐，改任江甯知縣，頗有政績，證明他雖是讀書人，也懂得為政之道。可是他淡於仕進，不久「丁了父憂」，便上書辭官守孝，因之江甯知縣一職，也即是他政治生命的結束。

袁氏正在盛年，值仕途得意之秋，忽然辭官歸隱，有些人替他惋惜，却不知袁氏的放棄仕途，退歸林下，這眞是他的絕頂聰明處；也是眼光獨到處。試想他是一個詩人，也是一個名士，以詩人名士的個性去做官，多少有些格格不入，何況在那時的縣令，以官場地位來說，祇是一個磕頭蟲，要爬到玉堂金馬的地位，不知何年何月？他既不慣於官場生活，也明瞭文士做官，必然會換來滿肚子的不合時宜，絕對討不了好的，便決心放棄了功名的途徑，這眞是他的明智之舉。

袁氏之建隨園，係在丁憂之後，他自記云：「戊辰秋，余初得隋織造園，改為隨園，既落成，商寶意、陶西圃兩太史，置酒相賀，並各有詩見贈。西圃云：『荒園得主名仍舊，平野添樓樹盡環，作吏何如躭此事，買山眞不乞人錢』，寶意云：『過江不媿眞名士，退院其如未老僧，領取十年卿相後，幅巾野服始相應』。袁氏自言：他那時年纔過三十，得隨園之次歲，即乞病居之，四十年來，園之增榮飾觀，迥非舊時光景，而上述兩人者亦已物化久矣！」

袁氏歿時為八十二歲，觀他的上述私記，他在隨園一住住了五十年，也可說是享了五十年的清福，唯其淡於仕進而富於才名，轉能以在野之身，週旋顯宦，和一般名公巨卿，稱兄道弟，並以安樂壽考終其天年，可稱福慧雙修之士。

袁氏是詩人，也是名士，如不退隱，亦很可能成為顯宦，但古來的詩人名士，大都很窮，如果要做好官，勢非落得兩袖清風不可。以詩人名士，而能享富貴壽考的，千載以還，祇有袁氏是例外。袁氏何以能安享榮華？情懷曠達而淡於功利，要為最大原因；其生活情趣，也極度丰富，今之所謂名士詩人，大可以袁氏為法。

好色不喜歌擇食不飲酒

歷來名士，免不了「徵歌選色」，及所謂「擇飲擇食」，祇有袁氏則和他人有所不同。他好色而不喜聽歌，精究食饌而不喜飲酒。他在聲色中佔了一個字，在飲食中也祇佔了一個字，並且，他對食色雖有兼好，但在選色方面，則他頗有分寸的，這裏且舉他自己所寫的一些作品為證云：「余性不飲酒，又不喜唱曲，自慚窶人子，故音律一途，幼而失學，偶讀桐城張文和公元夕寄弟詩云：『亦知令節休虛度，其奈疎慵本性何，天與人間清淨福，不能飲酒厭聞歌』。」袁氏以張公自况，足證他沒有飲酒聽歌之好。同時自承為窶人子，也想見他情懷的坦白。

至於袁氏的好色，不但人所共知，他自己也公然承認，這裏且舉小倉山房尺牘，答相國勸獨宿書中的一段為證云：『夫子惟其疾之憂，循循善誘，教以隔絕羣花，單身獨宿，且以雛鳳將鳴之語，宛轉勸之道：西收有日，東作休勞，甚矣先生之恩我也！甚矣先生之迂我也！夫有子克家，身

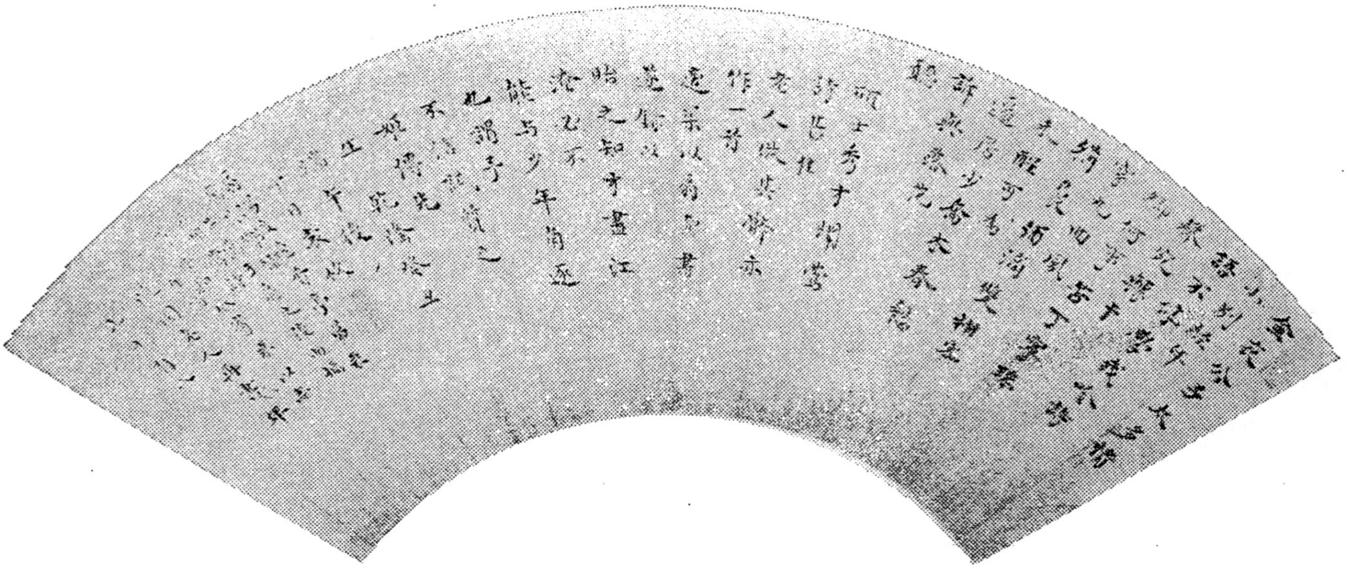

隨園老人詩書便面：

金衣公子太多情，小別經年語不停，學我吟詩聲宛轉，干卿何事苦丁寧。珠穿九曲風猶裊，酒滴雙柑客未醒，可爲遷居少喬木，春愁訴與落花聽。

碩士秀才聞鶯詩甚佳，老人仿其體亦作一首，適渠以扇索詩，遂錄以貽之，知才盡江淹，必不能與少年角逐也。謂予不信，試質之姬傳先生。

乾隆癸丑端午後十日　袁枚

扇寫後，適香亭弟來，屬其繪綠柳黃鶯于扇之後面，據云聞鶯詩當再和成寄來，以志一時佳話。

隨園老人再書，年七十有八。

按：姬傳先生係指古文家桐城惜抱老人姚鼐。

（胡渭邨先生藏）

後之事；非人不暖，病中之需。夫子身爲相國，而急其所緩，緩其所急，則雖愛人以德之心，殊乖燮理陰陽之義……』又云：『且枚之居處，不避羣花，更有說焉，人惟與花相遠，故聞香破戒者有之，逢花必折者有之，故夫鄧尉種梅之夫，洞庭栽橘之叟，終日見花如不見花者，何也？狎而玩之，故淡而忘之也』。

上面所指的相國，是他的老師伊文端公繼善，伊公勸他年紀大了，兒子也有了，應以遠離女性，常年獨宿爲是。他的復信，直指出伊公之迂濶，並說兒子克家是身後之事，有女人取暖，是眼前的享受，伊公勸他隔絕羣花，不啻摒絕他的享受，他自然不敢苟同了。

不過袁氏在復書之中，也說明了一點，好色不一定淫亂，天天和女人在一起，習與俱化，轉少聞香破戒，或逢花必折等病，也許袁氏眞能悟到好色不淫的妙諦，故能享受大年，而以伊文端的見解爲迂了。

袁氏對於色的控制，既有分寸，對於食道的精研，更是富有心得。他的「隨園食譜」，流傳很廣，當時的顯要，也都有向他索食品以飽口福的，事見他的答伊相國書之四云：『自獻食後，枚皇皇然如秀才發榜，舉家霍霍然如失鷹師，不知能以壺觴中雋否？忽而一朵仙雲，從天飛下，所以夸之者，善善從長，不啻若自其口出，遂使東廂側耳者，皆欣欣然有喜色而相告，主婦賀於堂前，廚娘舞於灶下，枚亦喜心翻倒，較當時之登蕊榜、上玉堂尤有榮焉』。

書中指出伊文端公要吃他家裏所做的菜，做成送去以後，不知是否適合老師的口味，正掛念間；忽然老師來信，盛稱美味，遂也使他大爲得意云云。這說明他對於吃確乎很講究，綜觀袁氏爲人長於詩文，精於食道，倒有些和蘇東坡相似，可是東坡的福份沒有他好，壽命也沒有他活得長，當由東坡因做官受到打擊，而他則受了「無官一身輕」的益處。

生活風流不脫詩人本色

有清一代以達官而更具文名的，袁氏之外，更有一個謚法文達的紀曉嵐。紀的「閱徵草堂筆記」也行銷很廣，紀氏才高而有一些狂傲之氣，雖爲人風趣，而吐屬多低級趣味，最傳誦人口的軼事，如他見生員進謁下跪叩頭，作聯云：『今日門生頭着地，昨宵師母脚朝天』，見有門生名鳳梧者，笑曰，如夢一鷄棲於芭蕉之上，又將如何？以及『一個老太監，下面沒有了』等，雖然發笑，口吻似乎迹近下流，袁氏則絕不肯作這等不莊重語，在隨園詩話中，嘗錄于耐圃相公蔬香閣一聯云：『今日正宜知此味，當年曾記咬其根』，或言，這聯如讓紀曉嵐來作評語，必云：此是寡婦再醮聯也，豈不令人絕倒，但未免有欠忠厚矣，而袁氏則決不出此，可見其具有溫柔敦厚之旨，確是詩人本色。

主張性靈却不拘泥派系

袁氏作詩，主張性靈，決不拘泥派系，和王漁陽的主張神韻，早已人所共知；但是做詩不是一味光靠性靈便做得好的，一定也要濟以功力，因之，他的見解是：『音律風趣，能動人心目者，即爲好詩，又曰：詩能入人心脾，便是佳詩，不必名家老手也』，不必名家老手，也即是不必拘泥於派系之意。後世論詩，必言宗李宗杜，試問李杜又宗的何人？關於這一點，趙甌北曾有他的獨特見解云：『李杜詩篇萬古傳，至今已是不新鮮，江山代有才人出，各領風騷五百年』，趙的反對派系，和袁氏恰有同感。

袁氏詩所謂性靈，猶言性之近，筆之靈，類乎天籟，憑自己之意抒寫，發揮一己的概念，但非所謂憑性靈即可率爾操觚，連書都不必讀了！故袁氏本身，雖主張性靈，也主張必需力學，嘗有詩云：『愛好由來落筆難，一詩千改始心安，阿婆還是初笄女，頭未梳成不許看』，又有句云：「須知極樂神仙境，修鍊多從苦處來」，觀此可知袁氏的詩雖首主性靈，更富於功力，乃獲大成而推宗匠，惟後之喜愛性靈詩者，大都屬於聰明人士，聰明人往往不肯下苦功，在功力方面，自嫌不足，品質遂感纖薄，以物件來比，近於綾羅，雖然好看，却不堅實，不能和大布的耐穿相提並論，這種作品，適足爲性靈詩派的盛名之累。筆者早年失學，對於詩，祇是無師自通，不求甚解，偶然做兩首遣興，不過憑仗一些小聰明，邯鄲學步而已。因之，像筆者這種人，所作大都是近乎性靈的作品，遂也偏愛袁氏的詩，少年時，對他的作品，翻閱得很多，中年以後，迫於生計，無暇致力學問，對他的作品，大都遺忘，惟亦偶有記得者，茲特錄其斷句若干，作爲管中窺豹，如畢京兆云：「信當喜極翻愁誤，物到難求得尚疑」，落花云：「春在東風原疑夢，生非薄命不爲花」，沭陽雜興云：「獄豈得情寧結早，判防多誤每刑輕」，遣懷云：「傳名早死皆高壽，肯樂貧家即富翁」等，詩中用意不僅深刻，且含有人生哲理。

隨園詩話成爲傳世作品

袁氏雖爲有清一代大家，但其身後聲名的响亮，倒不是得力於他的詩文，而是得力於他的詩話，由於他的詩話獨創一格，在古來許多名家的詩話中，別闢蹊徑，遂備受讀者歡迎，近代流行的隨園詩話版，有南滙朱太芑的序言，序畧云：隨園詩話十六卷，補遺十卷，錢唐袁簡齋撰，詩話中之善者也，袁氏之言曰：「詩話，非選詩也，選則擇詩之佳者，選之而已，詩話必先有話而後有詩」，這也即是說，詩話不同於詩選，必擇其有可話之道者而話之，遂覺新穎可喜，因之他又有詩云：「佳句聽人口上歌，有如絕色眼前過，明知與我全無份，不覺情深喚奈何」。他本此意以作詩話，則無非一往情深，不主一家，兼收並蓄，惟善是師，因之他集內所收的詩，不一定是士大夫的作品，婦人孺子，販夫走卒，祇要能夠有一些意義而看來舒服的，無所不包，領域既極廣大，列論更極佳妙，乃得造成其後暢銷的結果，超過了任何一切的詩話。

記得十餘年前，初來香港，朋友託我覓一集李義山詩，我問了幾家書局，均答沒有，及後找到百新書店的楊君，也說沒有，接着彼此談到當前的詩集問題，楊君表示，依照慣例，舊詩銷數，以千家詩爲第一位，唐詩三百首爲第二位，隨園詩話推爲第三位，因之他又說眼前你指定要什麽人的詩集，短時間是買不到的，但要隨園詩話，好多書局都能買到，聆楊君言，可證隨園詩話的銷路廣大，也證實了這一部詩話的普偏受人歡迎，雖然到了目前舊詩式微的時代，但隨園詩話，却仍有好多人購買，可能會垂之久遠，而袁子才的名字，也可能共其詩話而長存，這在我國詩壇，好算是少見的事。

袁氏考博學鴻詞科，曾經落地，故詩話中，收有落第詩甚多，程魚門云：「也應有淚流知己，只覺無顏對俗人」，陳梅岑云：「得原有命他休問，壯不如人後可知」，其弟香亭云：「愁看僮僕凄涼色，怕讀親朋慰藉詞」，王菊莊云：「親朋共帳登程日，鄉里先傳下第名」，皆能寫出下第的懊喪心理，但亦有作曠達語者，如唐青臣云：「不第遠歸來，妻子色不喜，黃犬恰有情，當門臥搖尾」，寫來情景如畫。

詩話中復收有寒士詩若干，均極風趣，如陳古漁云：「雨昏陋巷燈無燄，風過貧家壁有聲」，「偶因租累吟懷減，偏到荒年飯量加」，楊思玄云：「家貧留客干妻惱，身病閒遊惹母愁」。朱草衣云：「牀穿子每偕僧宿，糧盡妻常寄母家」，常州趙某云：「太窮常恐人防賊，久病方知犬亦仙」，「短氣莫書賒酒券，索逋先畏叩門聲」，這些作品，雖窮得令人失笑，但笑中有淚，正和却利卓別林的滑稽片相似。

吟詩自註出處，昔人所無，主張性靈的袁氏，自然更不喜做詩用癖典的，他說：詩有待乎註，便非好詩，相反的會變成笑話了，他舉出韓門先生贈友詩云：『知來匪鵲休論往，爲主如鴻喜得賓』，相信許多人讀了莫名其妙，於是不得不看其註釋，上句註「用淮南子乾鵲知來而不知往，下句註出孔疏，鴻以先至者爲主，後至爲賓」云云，這一種詩，做得如此吃力，已入於魔道，令人有何苦如此之感，隨園記此，遂亦概乎言之。

筆者留台北時，偶然跟朋友做做詩，因也有人贈以詩人之號，事實上我對於詩的認識是很淺薄的，稱爲詩人，受諸有媿，憑我這樣一個不懂得詩的人，要我來寫一位一代詩宗的評述文字，其不能討好是顯然的事，媿汗之餘，就此打住，願當世方家見之，予以糾正及指教，那就是我所馨香祝禱的了。

隨園老人閒章

隨園老人逸話

・道載文・

隨園形貌 面麻而長

隨園詩話伍氏批本云：「余記十一歲時，家君方任江寧藩司，一日，隨業師黃望庭先生同到隨園，子才出迎，欵待甚周，時年六十餘，康健如少壯，面麻而長，微鬚已半白，身高五尺餘，園中窗嵌玻璃，皆紫藍各色，餚饌精雅，喫麵四碗而散。」隨園爲淸初江寧織造隋公之園，地在南京，乾隆時園已坍廢，一片荒蕪，賸屋數椽，開設茶肆。老人解組後，以三百金得之，於一片荒地之上，開池沼，起樓台，一造三改，煞費經營，所費工資無算。華洋未互市時，玻璃極名貴，隨園中有「蔚藍天」，窗皆嵌全藍色玻璃。老人有句曰：「客來笑且驚，都成盧杞面，」即指此室。

隨園求後 晚年得子

隨園老人六十歲還沒有兒子，以弟香亭之子爲子，名通。丁酉七月，姬人鍾氏生子，老人大喜，有詩云：「六十生兒太覺遲，即將遲字喚吾兒。」名之曰遲，號眞來。自謂六十衰翁，學爲人父。其時，太夫人已棄養，老人深以堂上不及抱孫爲憾！告人曰：「當時我母望我有後，乃不及於其生前見之，以故湯餅筵開，不覺一則以喜，一則以悲也。」時老人弟香亭太守外出，江寧方伯某公以六百里飛報通告，太守得檄，未知何事，不勝駭愕，及啓視之，則僅於紅紙上書「隨園先生已得子矣」八字。老人晚年，每以作詩草稿交通謄正，通不識草書，往往誤寫。老人引劉悔庵句云：「詩稿兒童猜草字，書聲病婦笑華顚。」

隨園閒章 蘇小鄉親

隨園詩話云：『余戲刻一私印，用唐人「錢塘蘇小是鄉親」之句。某尚書過金陵，索余詩册，余一時率意用之，尚書大加訶責，余初猶遜謝，既而責之不休。余正色曰：「公以爲此印不倫耶？在今日觀，自然公官一品，蘇小賤矣，誠恐百年之後，人但知有蘇小，不復知有公也！」一座粲然。』按「錢塘蘇小是鄉親」句爲唐王建詩。考蘇小小有二，均錢塘名妓，一南齊人，樂府有蘇小小歌。一宋人，俊麗工詩，有姊名盼奴，爲太學生趙不敏所眷，不敏命弟娶小小。此句既王建詩，必南齊時人。

隨園妙論 買書讀書

隨園詩話云：『余少貧不能買書，然好之頗切，每過書肆，垂涎翻閱，苦價貴不能得，夜輒形諸夢寐，曾作詩曰：「塾遠愁過市，家貧夢買書。」及作官後，購書萬卷，翻不暇讀矣。有如少時牙齒堅强，貧不得食，衰年珍饈滿前，而齒脫腹果，不能饜飫，爲可嘆也。偶讀東坡李氏山房藏書記，甚言少時得書之難，後書多而轉無人讀，正與此意相同。』又云：『余七十以後，遇宴飲太飽，夜輒不適，讀黃莘田詩曰：「老似嬰兒防飲食，貧如禁體作文章。」嘆其立言之妙，然不老亦不能知。』

隨園詩話 談汪狀元

詩話云：『康熙間，汪東山先生繹，精星學，桐城吳貢生以女命與算。汪云：「此一品夫人命也，但必須作妾。」吳愕然怒，以爲輕己，汪曰：「我早知君之必怒也，然君不信我言，請待我某科中狀元時，君方信我。」及期，果中狀元。吳再問汪，汪曰：「勿急，待我再算郞君命中有一品者，而後許之。」半年後走告吳曰：「桐城張相國之子名廷玉者，將來官一品，現在覓妾，君何不以女歸之？」吳從之，遂生若靄若澄，受兩重誥封。汪題其燈籠曰：「一候中狀元某，」人多笑之，堂上掛沈石田芭蕉一幅，所狎二美伶來，錯呼白菜，人因以雙白菜呼之。』按：汪繹，江蘇人，康熙三十九年庚辰（一七〇〇）狀元，預知不壽，自贍云：「生計未謀千畝竹，浮生只辦十年官。」

隨園拜服 石田題詠

詩話云：『沈文唐仇，以畫名前朝，仇畫從無題詠，唐能詩恰無佳句。詩畫兼工者，惟沈文二公，而筆情超脫，則沈爲獨絕。詠落花：「美人天遠無家別，逐客春深盡族行；苦戒兒童莫搖樹，空教行路從窺牆；漁艇再來非舊徑，酒家重訪是空村。」詠影云：「算來只有鰥夫稱，老去猶堪作伴行。」詠金山：「過江如隔世，入寺不知山」。』又云：『余己未（乾隆四年即一七三九年）同年多出任封疆內調鼎鼐者，可謂盛矣，近都薨逝，惟余空山獨存，想勤勞王事者，畢竟耗心力，損年壽耶？宋人閨詞云：「羨他村落無鹽女，不寵無驚過一生」。』石田享年八十三，子才壽至八十二，都因怡情翰墨，乃能並享大年。

隨園建園 無圍無牆

隨園之成，無圍無牆，隨園詩話伍氏批本註：『余十二歲，隨家母到隨園三次，飯後見其太夫人並其妾四人，皆不美，同聲抱怨，此處不好，四面無牆，鬧鬼鬧賊，人家又遠，買食皆不方便，鴟鴞豺狼，徹夜叫喚，不能安睡云云。』但老人別有見解，夜深未睡時，有鬼聲啾啾，出叢竹間，老人了無怖畏，吟詠自若，嘗語人曰：『幽明本異路，吾何惡於彼，彼何惡於吾？何怖也！且明者爲人，幽者即爲鬼，吾可居於此，何必禁彼之不居於此也？各行其是而已。』老人居隨園四十年，從未失一物，不設邏守而宵小避跡，其有以感人也如此。

隨園畫像妙話解頤

本期封面內頁有隨園老人畫像，出於張維屏手筆，張番禺人，字子樹，一號南山，道光進士。知湖北黃梅縣，會患水，乘舟勘災，水急舟覆，抱樹而免。官至江西南康府，假歸，不復出。時泛舟烟水間，性愛松，工詩文，精醫術，壽至八十。隨園老人是他的進士前輩，隨園中進士之年在乾隆四年，張維屏中進士在道光二年，前後相距八十餘年，袁卒於嘉慶二年，其時張祗有十七八歲。張維屏對老人景仰備至，故精心繪其畫象，以垂久遠。

關於隨園老人畫像，尚有一件趣事，老人曾請並時的名畫家羅兩峯畫小像，因不甚似，至以像寄還，並寓以書云：『家人目中之我，一我也；兩峯畫中之我，一我也。人苦不自知，我之不能自知其貌，猶兩峯之不能自知其畫也。或我貌本當如是，而當時天生之者之誤耶？又或者今生之我雖不如是，而前世之我，後世之我，爲知其不如是？故兩峯且舍近圖遠，合先後天而畫之耶？家人既以爲非我矣，藏於家中，勢必誤認爲灶下執炊之叟，門前賣漿之翁，且拉雜摧燒之矣；兩峯居士既以爲似我矣，若藏之兩峯處，當必推愛友之心，自愛其畫；將與鬼趣圖，冬心、龍泓兩先生像，共薰奉珍護於無窮，是又二我中一我之幸也，故託兩峯代存。』其事若令今之人爲之，必至大失交情，乃老人言之，而兩峯坦然也，書見小倉山房尺牘中。

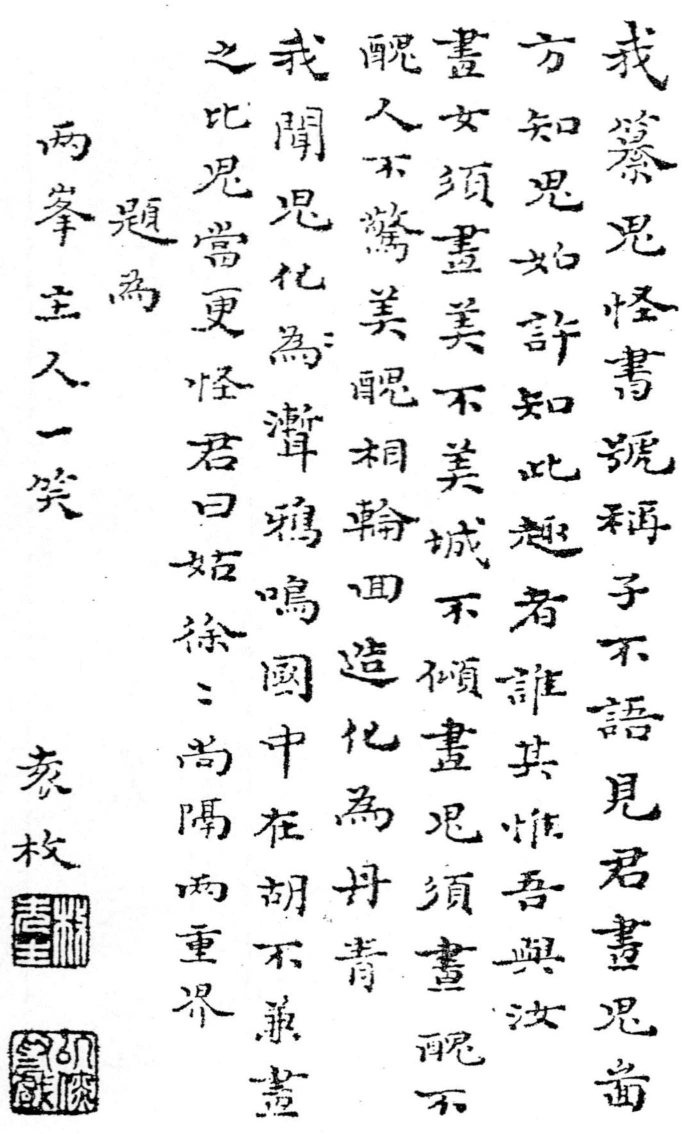

隨園老人爲羅兩峯題鬼趣圖

隨園建屋書倉詩城

隨園老人的藏書是有名的。起初，他藏了五萬卷書，自以爲多，其後聽說畢秋帆（沅）中丞家藏書九十五萬卷，乃以爲粒米入太倉，多寡懸殊，奚啻相形見拙。及後，老人聚書愈多，藏書三十萬卷，築一室以藏之，題額曰「書倉」。又築長廊數百步，粉壁潔白，糊投贈之作，而題壁之詩亦與焉。吟咏之多，不下萬千首，壁嵌石刻「詩城」二字。至詩話之刻，海內投詩者，不可勝計，其佳句之入選者無論矣，而所投之原稿，日積月累，堆置如山，於是更葺一室以儲之，顏之曰「詩世界」。其藏小倉山房詩文全集之板者，曰「南軒」，平時扃閉。隨園之書，於紅羊之亂中，盡付一炬，畢氏藏書，亦遭同一命運，可勝浩歎！

隨園贈詩名優桂官

隨園老人自云：懶於聽歌，但有贈名優李桂官長歌，傳誦一時。詩話記『李桂官與畢秋帆尚書交好，畢未第時，李服事最殷，病則秤藥量水，出則授轡隨車，畢中庚辰進士，李爲購素冊，界烏絲，勸習殿試卷子，大魁天下。溧陽相公，康熙前庚辰進士也，重赴櫻桃之宴，聞桂郎在座，笑曰：「我揩老眼，要一見狀元夫人！」其名重如此。戊子年，畢公官陝西，李將往訪，路過金陵，年已三十，風韻猶存，余作長歌贈之，序其勸畢公習字云：「若教內助論勛伐，合使夫人讓誥封」。』

隨園作揖爲製豆腐

隨園詩話記：『蔣戟門觀察招飲，珍饈羅列，忽問余曾喫我手製豆腐乎？曰：未也。公即著犢鼻裙，親赴廚下，良久擎出，果一切盤餐盡廢。因求公賜烹飪法，公命向上三揖：如其言，始口授方，歸家試作，賓客咸誇。毛俟園廣文調余云：「珍味羣推郇令庖，黎祈尤俟易牙調，誰知解組陶元亮，爲此曾經三折腰。」杭州風俗，人家作醬，甕上鎮壓，必書姜太公在此五字，余嘗疑之，孫文和秀才笑曰：君豈不知太公不能將兵，而善將將乎？』

隨園清狂

染鬚看花

老人五十歲時，鬚已花白，而姬侍滿前，乃買藥以染之，黝然黑矣。時人有譏其媚妾者，老人曰：「此事古人已先我爲之，司空表聖清風亮節，唐季忠臣有染鬚詩，可知染鬚亦無傷於大雅，且染鬚不過修容之一端耳，若必以爲諱老，則當年之留此思思者，先已多此一舉矣。」老人看花之興，至老不倦，湖州沈永之觀察，老人親家也，年亦七十，需次京師，以書寄貽，作許多規諫語，老人作書答之曰：「人各有所好，兩不能相强！君年七十而圖官，吾年七十而看花，兩人結習，有何短長？」

羅兩峯畫鬼趣圖（霍寶材先生藏）

隨園群芳

紅粉知己

隨園老人愛花，一生不倦，中年爲嗣續計，廣置姬妾，自二十九歲時，陶姬來歸始，至年近古稀，猶日以尋春爲事，維揚吳七姑爲其最後入門者，其時在乾隆四十七年，老人亦六十七矣！美人下陳，殆不止十二金釵之數。尤其爲世人所艷稱者，得女弟子五十餘人，具見老人愛才若命，可算是提倡女子教育的先知先覺。老人曾選女弟子詩若干首爲「隨園女弟子詩選」，得六卷十九名，以席佩蘭爲首選，與金纖纖、嚴蕊珠，稱爲老人閨中三大知己。老人卒後，席佩蘭有挽詩曰：「驚聞仙履返珠林，常抱銜恩一寸心，不作挽詩非爲懶，知音人去怕彈琴。陳編重撫不勝情，珍重徐陵手選成，一片落花風笛裏，西州愁煞女門生！」

不喜服藥

老人不喜服藥，有以人參贈者，至不啓封而璧還，嘗語人曰：『草木可以活人，神農至今不死矣！』老人生平不解導引，而壽算遍高，殆其胸次悠然，不害於天和之故耳。

僧道無緣

老人遺囑有云：『誦經理懺，做七營齋，我生平所最厭者！祭我一場，我必享受，哭我一場，我必悲感；倘和尚到門，木魚一響，我之魂靈，必掩耳而逃矣！』老人不喜方外，非不喜方外也；不佞佛耳。嘗游天台諸寺，寺僧撞鐘打鼓，請老人禮佛，老人書扇示之曰：『逢僧我必揖，見佛我不拜，拜佛佛無知，揖僧僧現在。』王夢樓侍講見之，笑曰：『君不好佛，而所言往往有佛意。』

隨園多壽

鶴髮滿堂

乾隆六十年，老人八十歲，三月二日，是他的生日。老人避壽吳中，並送二公子就婚故里，晚年得子，猶及見佳兒佳婦，膝下承歡，喜可知矣。然老人雖以避壽而不在家，隨園之中，人之祝嘏而賀喜者，裙屐偕來，依然稱盛。且隨園夫人是年亦八十歲，如夫人金姬、陸姬、鍾姬三人，皆已六十餘，老人有姊居母家，更長老人七歲也。祝壽詞有鶴髮滿堂之語，殊爲難能。

定數不定

死期不死

老人四十歲時，有相士胡文炳者，道其六十三而生子，七十六而考終。後生子之期，絲毫不爽；當老人七十六之年，自以爲定數難逃矣，預期作兩輓詩，遍索和章，上自名公巨卿，下至方外閨秀，其所和作，不可紀數。除夕開筵，老人把盞而言曰：『死期合在今夕，不死其改名更生、延壽乎？』及天明，竟無恙。老人八十歲前，早已將後事摒擋妥貼，偶檢書簏，得親友借券九紙，有存者，有歿者，乃效孟嘗故事，舉火悉焚之，老人曰：『此非吾之好爲示惠也，但欲爲自己除煩惱，並爲後人除煩惱耳！』

隨園題碑

最豐潤筆

隨園老人晚年，江淮之間，鹽業極盛，業鹽之家，富有而好名，以老人主持風雅，咸願執贄門下。有鹽商安氏，爲揚州巨富，重刻孫過庭書譜數石，以二千金求老人題跋，

封面說明

羅兩峰畫寒山像

・省齋・

羅兩峯的「鬼趣圖」，初爲潘德畬所得，嗣歸葉蘭台，葉蘭台是葉恭綽的祖父，在葉蘭台得到此圖之前，此圖又幾經易手。閱葉氏編印之「淸代學者象傳」，中記兩峯及此圖曰：

『羅聘字遯夫，號兩峯，安徽歙縣人。僑寓揚州，工詩善畫，爲金冬心先生入室弟子；畫入高格，畫梅畫佛尤得冬心眞傳。王述庵謂其畫大阿羅漢及摩訶薩像，足與陳章侯崔青蚓相上下。遊京師，一時名公鉅卿，皆折節與交，觴詠之會，無不與焉。眼能見鬼，嘗作鬼雄鬼趣二圖：鬼雄圖現藏淸江浦于姓家，鬼趣圖爲余所得。圖凡八幅，水墨慘淡，奇詭絕倫，名流題詠，至百數十家，成二巨卷。又揚州重寧寺爲純廟祝釐地畫壁，至今尙存，蓋其時鹽商持數百金倩先生作也。詩法亦受於冬心先生，淸超絕俗，不食人間烟火，所著有「香葉草堂詩存」。」婦方氏，號白蓮女史，亦工詩畫。女芳淑，號潤六，工畫梅』。是則其時是圖固尙爲葉氏所有。

寒齋舊藏羅兩峯畫的寒山子像，對於意境，趣味與筆墨各方面，都有超卓的表現。原畫左下角有淸末民初名畫家姚茫父（華）的題贊曰：「曩余十年前撫兩峯枯木禪，及見寒山像，尤於心有所會焉。翔其眉，隆其準，森森其髮而時聳者，吟肩也。其人則佛，其意已仙矣。癸亥嘉平十有二日，蓮華盦觀並題贊，姚華。」

曩余十年前于撫兩峯枯木禪及見寒山像尤
于心有所會焉翔其眉隆其準森森其髮而時
聳者吟肩也其人則佛其意已仙矣
癸亥嘉平十有二日蓮華盦觀並題贊姚華

老人僅書「乾隆五十七年某月某日隨園袁枚印可時年七十有七」二十二字歸之，安氏已喜出望外，老人之名重如此。平均每字九十金強，算得是最豐厚的潤筆了。

老人有鏡癖，家藏古銅玻璃等鏡三十餘種，玻璃晶瑩澄澈，銅亦磨洗無微銹，聚而懸諸一室中。每一張燈，熒光四射，中懸「不作公卿，非無福命都緣懶；難成仙佛，爲讀詩書又戀花」聯，老人自題也。

隨園先見 有子克家

老人事事有先見之明，臨終語二子曰：『余身後得保此園三十年，余願足矣。』及咸豐癸丑，紅羊之亂，隨園鞠爲茂草，距老人之逝，已五十五年。於營葬則曰：『身後墓道，不必立碑，但書一碣，曰「淸故袁隨園先生之墓」，千載而後，必有知我者。』後遭兵災，賴不題官閥，故墓道獨未傷殘。老人不信星家堪輿之術，而勝於星家堪輿者多矣！

老人自謂不善塡詞作畫，而長公子蘭村工詞，次公子眞來善畫，故老人有「都爲而翁補缺如」之句。

聲望隆高 紙貴洛陽

老人早年解組，官不過一縣令，而聲望之隆，無可倫比！奇麗川中丞囘京，阿廣廷相國殷殷問老人起居。奇有詩云：「白頭宰相關心甚，問了黃河問簡齋。」畢秋帆一代人物，老人聲譽與之相埒，徐朗齋詩云：「弇山制府倉山叟，海內龍門兩扇開。」

高麗使臣李承薰、洪大榮等奉使來華，讀老人全集，競相傾倒，各以重金購數十部，歸國分贈儕輩。逾年，又特派人來購倍前數，嗣是絡繹來購者不絕，是眞所謂紙貴洛陽者矣！

老人身後，毀譽不一，惟張船山挽詩有云：「身後譏談騰衆口，生來福慧自千秋！」又云：「一代傳人傳已定，莫憑遺行苦吹求。」持論允當，老人有知，定當首肯。

大人小語

識字太多

中文常用字，暫時假定其爲三千個。識字六千以上，亦屬跡近浪費。

英雄愛貓

法國前總統戴高樂在生時，喜歡看「性感小貓」碧姬芭鐸主演的電影。

戴高樂是法國人心目中的英雄，英雄人物多愛小動物，戴高樂亦不例外。

毫無貢獻

汽車牌費年繳「二千萬」，證明汽車階級有貢獻。

對於香港最無貢獻的人，是既無汽車亦不賭馬之人。

職業無憂

世界十大性感男性中，紐約市長林賽高踞第一。

假使他不高興當市長，一定可以改行做電影明星。

此其時矣

二屆公開麻將比賽，順利結束。

香港澳門台北，爲世界麻將中心，爲切磋技藝聯絡感情起見，舉辦一塲三角埠際比賽，此其時矣！

英文問題

部份政府機關，公文信件業已中英並用。

可是許多中國孩子都已叫作「彼得」「瑪麗」，而女傭在掛上電話之前，也都學會了高喚「拜拜！」

眼光遠大

新發明的藥，可使九十歲老翁恢復生殖力。九十一歲的父親有一個一歲的兒子，眼光似乎未免過於遠大。

何必設防

葡萄牙政策決定澳門爲一不設防之城市。

到澳門去遊樂的人，也都有一個不設防的口袋。

決不罷工

雀牌工人，要求加薪不遂，即將罷工。

打麻將的人，却祗肯連莊，決不罷工。

手氣之好

扒手打荷包，摸到警察。

以此人手氣之好，若購馬票，必可入圍無疑。

古有明訓

倫敦發表報告書：海洋上的寂寞選手，他們所想的第一是飲食，第二才是女人。

兩千年前，中國哲人即已裁定，人生大欲中，飲食乃在男女之先。

不可謂少

九龍城貧民免息貸欵限額一百元，有人認爲太少。

一千元不可謂多，一百元不可謂少，當年陸運濤之父陸祐先生，便以一百元起家。

最佳娛樂

最佳娛樂有人認爲電影，有人認爲電視。

一部份人之意見則爲：男人的最佳娛樂是女人，女人的最佳娛樂是男人。

「封」爲小姐

因化妝表演而獲「嬌麗小姐」之稱的黎雯，應倫敦選美大會之邀，前往參加「世界小姐」競選。

是否當選「世界」猶未可知，她之未經「選舉」已被「封」爲「港姐」則已成爲事實。

近水無用

上週賽馬，各報馬經版無不自稱判斷準確，貼士威水。

排字工友與校對先生有近水樓台之便，結果比你我輸得更慘。

賭馬統計

賭馬統計：賭者百分之五十輸，百分之四十不輸不贏或祗輸少許，其它十分之一可能有機會贏。

賭馬者對於上述數字瞭若指掌，問題就在他們都想軋進那十分之一。

奇之尤奇

拍賣行中拍賣學校，聞者奇之。

學生亦可出頂，自屬奇之尤奇。

愈小愈難

紐西蘭一學生出盡辦法，免費旅行全球。

從銅鑼灣搭電車到中環，如欲省却一毫車資，可能以霸王論罪。

•上官大夫•

加拿大與杜魯道

· 夏維 ·

加拿大總給外地人一種錯覺，認爲它是美國北部的延伸。由於它在動亂的世界舞台上，一直扮着沉靜的角色，這錯覺就更厲害；人們把它當做寧靜的安樂土；覆着皚皚白雪，完全是聖誕卡上的景色。甚至一般美國人也有一種錯覺，把加拿大當做另外一個美國，只是沒有美國那麼多彩多姿；比美國冷一點罷了。換句話說：加拿大好似美國的「灰白拷貝」。（美國人對「黑」字很敏感。）要不是上個月「魁北克解放部隊」發生了震動世界的撕票事件，大家講起加拿大，連想到的還是貌似花花公子光棍總理杜魯道的風流韻事。

自從法國人約翰加勃在一四九六年把現在加拿大東部地區收歸爲法國殖民地以後，英國人就以哈得遜灣公司名義來做生意。英法之間的衝突時有時無，大多依兩國在歐陸本土友善的程度而定。但是兩個强國爭一塊農林礦產豐富的沃土總有表面化的一天。於是英方由詹姆斯華夫將軍指揮，法方由路易約瑟蒙坎將軍領兵在一七五九年決戰。兩軍相會於魁北克北部阿拍拉罕平原，一場厮殺，雙方主將陣亡，法國把加拿大拱手讓給英國。

這場戰爭的結果是加拿大法國人最痛心疾首的事，他們覺得自己被祖國出賣。因爲法國讓出來的不只是一片土地，還有六萬宗教信仰和英國教不同的法國人。從那時候起，這些法國人就消極保存他們的文化。許多人聽從教會的勸告，務農爲本，與世無爭。而英國人就後來居上，壟斷工商。到現在法裔加人對這次「出賣」始終耿耿於心，在文化和政治上再也不以巴黎作馬首是瞻。三年前的熱烈歡迎最近逝世的法國總統戴高樂，主要的還是表演給英裔加人看，並沒有歸屬法國之心，戴高樂却因此而大放國家主義的野火。

一百年前，魁北克還有百分之八十的法裔加人是務農的。二十世紀初期，就有一半湧進工商業；十年前，只剩百分之二十還在鄉下。也難怪魁北克主教在一九五〇年的時候發表通告，承認都市的靈性生活並不亞於燕居的靈性生活。

整個魁北克區有六百萬人口，佔全加拿大人口十分之三。六百萬人裏十個有八個是法裔的。但是在工作上十個有九個必須說英文。在法國學校裏，只有加拿大的法國歷史，在英國學校裏，當然也只教英國歷史了。從這個明顯事實上，我們可以看出英法對立的暗流，在加拿大仍未消失。法國學校由於教會的因素，多造就醫生、律師和教士；都是些不重視追求物質的職業。而英國學校也受宗教精神影响，訓練出不少魁北克財經界的中堅分子。根據統計，在加拿大年收超過一萬五千元美元的人，有百分之七十七是英裔加人。能說英語的加人，收入可超過每省人民平均收入總值百分之四十，法裔人民的情况可想而知。他們只能担任一些中下級的職位，受人歧視。一個義憤塡膺的法裔加人說：「我們過去的根已經腐爛了，沒有了活力。我們不要做英國人，我們不要做美國人，但是我們又做不起法國人，這怎麽辦呢？」

要不是近五十年來傳播工具報紙、電台、電視之類發達，散居的法裔加人還不會團結。「次民」的感覺，在他們由來已久。但俗語說得好「恥辱是祖先們已經飲乾了的剩酒。」大家雖受到切膚之痛，但純憑意氣是沒有用的。二十年來，魁北克教育經費增加了三倍，可見有心人未嘗沒有，而且用心良苦。由於電視普及，無形中加强連繫。在電視節目裏，有純法語節目，發揚法國語言文字之美；有市政理想，用革命性的新生活方案刺激因循坐誤的人；當然也呼籲謀求英法裔人民立足點平等。蒙特利爾成了法文書籍的出版中心。經過各種形式的鼓吹和普及教育以後，一九五九年正逢以英人至上的的總理在別西斯逝世，於是自一九六〇年開始，魁北克就起了革命。

先是魁北克籍總理李薩奇主張把魁北克劃成加拿大聯邦的一個自治省，魁北克要進行一個「安靜的革命」。用壓力使魁北克工商界要招僱法裔人手，（美國資本的也不例外。）那陣僱用法裔加人的風氣，有如今日美國僱用黑人一樣，只要魁北克人做得比較有成績；但是問題還沒完全解決。由於教育普及，十個有七個是高中畢業，但

加拿大總理杜魯道的表情

適合高中畢業生的工作空缺却只有四個。於是，擴大大學，增加受高等教育的機會。現任加拿大總理杜魯道，那時也因自己有着魁北克的血統，參加了這個「安靜的革命」，後來一看左派影响力太大，就轉向聯邦政府那邊了。

有安靜的革命，自然也有激烈的革命。一九六二年「魁北克解放部隊」就成立了，首領是查斯加儂，他們起先只是有計劃的的在郵筒裏放炸彈，搶銀行，在公衆建築裏縱火，做些和政府過不去的事情，並沒有甚麼轟轟烈烈的作爲，直到最近才發生綁架和撕票的「絕招」。加儂還說：「魁北克解放部隊的解放行動和巴勒斯坦的，越南和黑色權力的行動一樣。」加儂說對了一點，他們的行動的確一樣。他們也可能和黑人有同感，所以自稱「白色黑人」。但是和那些解放部隊最大不同點在他們多是三十歲以下的藍領階級，目標和他們父母相同，所以大多數得到家庭方面的默許。有人形容「魁北克解放部隊」和他們的上一代是互通聲氣的。

加拿大的現時形勢

還有一個政治革命，主張魁北克自主的李薩奇內閣閣員雷涅李維斯克，在兩年前成立「魁北克黨」，在政治上講求自主。今年「魁北克黨」在省際大選中贏得了百分之二十四魁北克人民擁護。但是由於省際席位分配不公，只得了內閣一百零八席中的七席。恐怕沒人等得及用這方法取得自主。

至於魁北克籍總理杜魯道，除了花花公子式的花邊新聞以外，是個絕頂聰明的人。他父親是個法式加人，母親是個蘇格蘭人，在蒙特利爾耶穌會學院讀書時，就以獨立和睿智聞名。由於繼承一筆鉅額遺產，他就環遊世界二十年。在他未做總理前可以說一半時間花在讀書上，一半花在遊歷上。他唸過哈佛大學、蘇本大學和倫敦經濟學校。在以色列阿拉伯第一次會戰時，他適逢其會，被阿拉伯人當間諜關起來，還經歷過中國內戰。後來他到莫斯科去開經濟會議，這一去，斷了他到美國的路徑。於是他回到加拿大，猛烈抨擊當政者杜別西斯，和幾個出名的左派知識份子合辦「獨立城」雜誌，以鼓吹「安靜的革命」。他一轉舵，馬上出任皮亞生總理的司法部長。二年前，在「甘迺迪式」的選舉勝利中，成爲加拿大有史以來第一個最有個人吸引力的總理。

杜魯道一上台，就以自由之身改革離婚法和合法墮胎。由於他經常和女明星們共餐、出游等艷聞發生，人們似乎忽畧了他寫的有關加拿大政治哲學方面的精闢論文。其實他是一個很有紀律的人；玩的時候，痛快的玩，辦正事的時候極明智。他上台兩年，加拿大一直沒有什麽大事發生。直到最近兩個月，才發生兩件引人注目的事。

其一是承認中共。由於加拿大和中共做買賣已經做了九年，現在承認中共，不過是使兩國關係正常化而已。中共在大陸的霸權是一個現實，加拿大小麥大宗輸出每年出超八千九百萬美元也是現實，加拿大本着這點現實，作出此一抉擇，也沒有引起其他民主陣營內的國家嚴重反對，可見它下這一步棋是獲得某些默契的。但是身爲一個中國人，就不能不更深切的感覺到國際政治家急功近利，短視現實利益的可悲。

二是魁北克解放部隊的撕票案。魁北克解放部隊先綁了英國經濟專員克羅斯，交贖條件是五十萬金元和釋放二十三名政治犯，解送往古巴或亞爾及利亞。這些魁北克解放部隊裏有到巴勒斯坦接受「選擇殺人」訓練的，有認爲以暴治暴把

魁北克解放部隊「選擇殺人」的訓練讀物

法律玩於自己掌中的，也有崇拜馬克斯、毛澤東等外國偶像的。杜魯道拒予談判，於是他們再綁勞工部長拉波特，並揚言如果不接受他們的條件，就要實行撕票。杜魯道面對這項要脅就說：「維持社會的法紀和秩序，比爲怕事的人操心更重要。面對一個足可破壞民選權力的惡勢力時，社會必須盡其所能自衛。」然後發佈加拿大實行戰時條例。

戰時條例才實行兩天，拉波特的屍體就被發現了。杜魯道在驚愕中形容它是「懦夫殘殺的行徑」，並要全加拿大人在這「歷史上最難過的一刻團結起來」。結果一萬軍警出動二千次，捉了三百七十四人，無功而還，克魯斯生死未卜。另外還有失竊的九千條炸藥（約二千磅），只找回九百條。

永遠在加拿大愛國份子和魁北克離心份子心中的法國前總統戴高樂

戴高樂的「高論」

戴高樂會說：他的立場是既不左，又不右，更非中間；而是高高在上的……。

伍之師

法國巨人戴高樂於一九七〇年十一月九日，在他的故鄉法國厄里斯村逝世。

一九四〇年初夏，隆美爾將軍統率的納粹大軍，進逼巴黎之際，法國總理雷諾自前線召囘戴高樂上校，晉升其爲准將，原期協助辦理戰敗法國的善後，戴高樂却憤而逃往英倫，認定「處此法蘭西歷史的大變局中，拯救法國，恢復法蘭西光榮的大任，業已落在我的雙肩」，於是他向法人廣播，誇稱「我就是法國」，呼籲法蘭西的兒女，奮勇抗敵，挽救危亡，法國國魂爲之重振，所謂「自由法國」，便以戴高樂爲中心。當法國投降德國之後，戴高樂不僅不承認法國政府業已下台，反而表示說：「法國不過在一次戰役中失利，但整個戰爭，並未失敗。」

當他到達倫敦，並建成了法國民族委員會時，他又會說過：「我們的後方是大海，而大海是開放着的。最重要的事情，是使戰爭持續下去。」

此後，在戴高樂領導下的法國，與盟國併肩作戰，終於擊敗納粹，解放巴黎。一九五八年，法國面臨內戰邊緣，戴高樂東山再起，他獨斷獨行，以强硬的命令治國六個月，穩定人心，鞏固社會的秩序，繼即組織法蘭西共和國，集大權於總統一身，建立强大的中央政府，一心一意爲法蘭西的光榮與偉大而奮鬥努力。他曾坦白表示，法國如果沒有光榮和偉大，便失去其爲法國的意義！

戴高樂逝世，使第二次世界大戰的五大巨頭，僅存自由中國蔣介石總統一人。最先逝世的是美國的羅斯福總統，於一九四五年在美國喬州溫州溫泉病卒，其時歐戰尚未結束。其次的是蘇聯元首史太林，於一九五三年在莫斯科逝世。其三是英國前首相邱吉爾，他是在一九六五年在倫敦逝世的。戴高樂輪到第四。

戴高樂於十八年前就立了遺囑，他的遺囑是他自己手寫的，在遺囑中，隨時流露出他强項的性格——

「我願死後下葬在厄里斯村。如果我死在別的地方，也要把我的遺體運返我的故鄉下葬，不要有任何官式的儀式。我的墓碑立於我的已故女兒安妮之旁。那裏終有一天，我的妻子亦將躺下來的。」他好像預知他自己一定會死在他妻子之前似的。

「我不願意國葬，不要總統、部長、議會委員會、政府機關代表等參加。只願用軍人葬儀，但參加的人數要少，不要軍樂隊，在教堂裏不要讀祭文。在其他地方不用輓詞。在議會，不要致哀悼演說。在厄里斯村教會的追悼儀式，除了我的家人，解放組織的夥友之外，不需要「留座」。

法蘭西的男男女女及世界其他國家的朋友們，如果他們願意，送我一程到下葬地。但是他們必須保持沉默，我願意有人維持送殯的沉默。

我事前聲明，拒絕接受來自法國或外國死後的榮譽；授勳等繁文縟節。如果有上述事情發生，以之贈我，便破壞我最後的願望了。』

大人小事

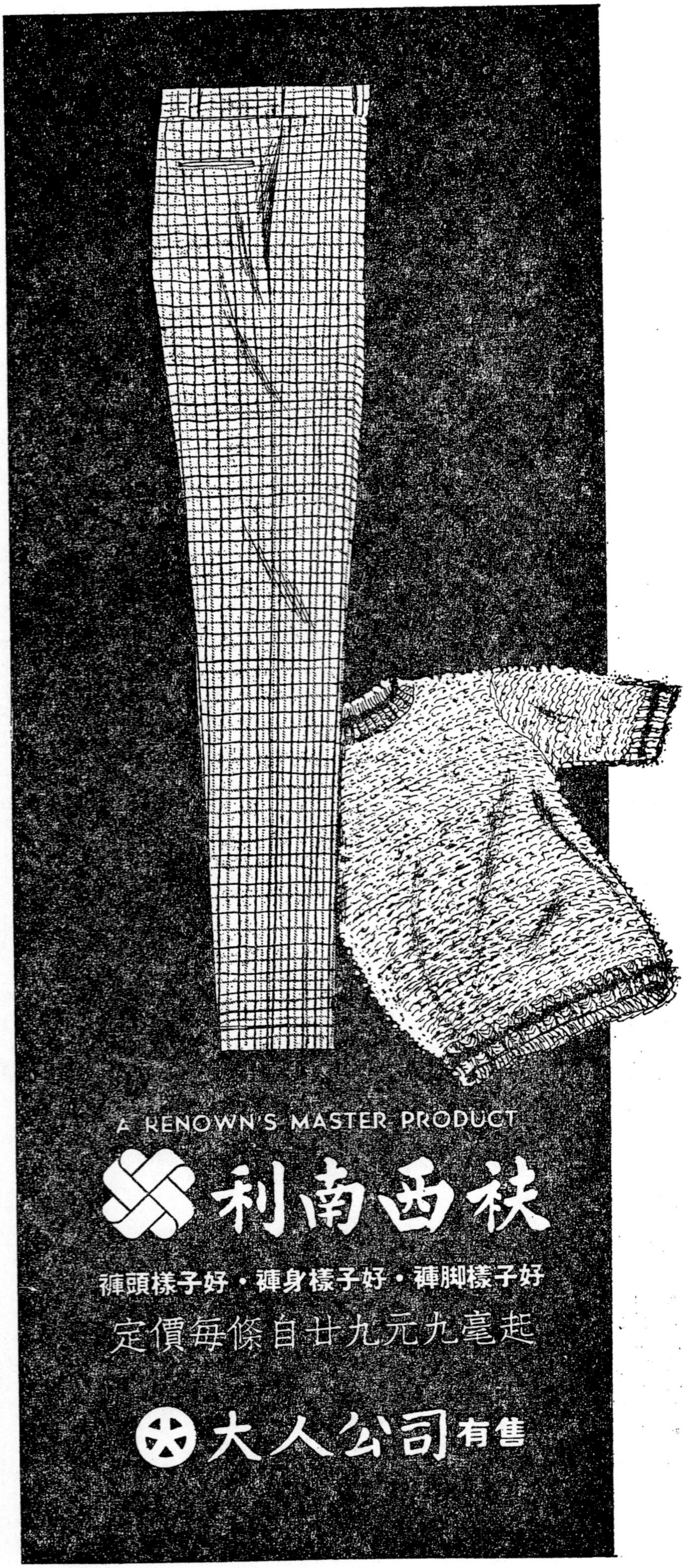
A RENOWN'S MASTER PRODUCT
利南西衭
褲頭樣子好・褲身樣子好・褲脚樣子好
定價每條自廿九元九毫起
大人公司有售

他山之石，可以攻錯！

星馬制訂證券法例

·信然自星洲寄·

星馬股票一蹶不振。本週間交投市情殊遲滯。工商、旅店、棕油與產業股票價雖未激動，但始終未有挺勢。數項盤價偶而挺升，惟繼後輾轉下降，整週市氣甚爲低沉。

圈內人士在注視市場局勢發展，態度殊謹愼。投機大戶更持穩健態度，大部份時間潛伏不動，靜待市勢明朗化。整週市情進展遲緩，交投情况一片冷落，本週總成交量爲今年最少者。

星政府將管制股票交易，以保障投資者權益，並已提出管制法案。同時，星馬股票交投所經訂期召開會員特別大會，將通過股票交易大改革條規。於上述情況下，圈內人士寧暫觀望，以待局勢明朗後，始再運籌帷幄。一週來市場仍陷於低潮。

圈內人士認爲股票交易大改革法案通過後，不良操縱活動因受拑制，而熾熱投機炒盤亦將受阻撓。同時，星馬政府將加以管制股票交易，以確保市場循正軌發展。如是，市場炒盤活動將受影响，難於隨時隨地興波作浪。投機大戶於上述雙管齊下之拑制下，將難輕易掀動猛烈炒風，不如過去可隨心所欲大事炒盤。但是，目前圈內人士所推測者，乃基於股票交易管制之原則。至於今後股市於上述法案管制下，其實際進展如何？於交易技術上以及市場具體情況，現在圈內人士多未敢加以確斷。是以，一週來於交投上暫都觀望，而未敢輕易妄動。

爲了對付操縱股票之興波作浪，星加坡國會提出一項法案，即「股票證券業法案」，此項法案之制定，在於管制股票業之經紀，除此之外，國會前日也提出另一法案，即「公司法修正案」，這項法案之提出，將輔助「股票證券業法案」，以打擊操縱的投機者。

公司修正法案規定，凡屬掛牌於股票市場的公衆公司（別於私人公司）之大股東，必須寫信通知該公司，述明他所擁有股份之詳細數目，所謂「大股東」，法案內指明乃在一公司內擁有不少於十分之一的股份，易言之，即擁有十分之一或更多的股份，至於董事的股份，應包含他本人及妻子兒子所持有之股份，全部合併起來計算。凡在股票市場掛牌的公衆公司，必須設一「大股東股份登記簿，登記諸大股東所擁有之股份數目，以供本公司股東及公衆人士查閱，目前的公司法只規定每一董事必須聲明他在該公司所擁有之股份數目，以供本公司股東或公衆人士查閱，但若非董事，即無須聲明，該法案規定大股東必須聲明（即書面通知公司），由公司備簿供人閱覽。」倘上述公司未備大股東股份登記簿，乃屬犯法，可能被判罰欵三千元，此外則每日罰欵五百元，依照犯法日數計算。

大股東在大量售出股份後，也必須在十四天內書面通知本公司，並述明交易之詳細項目，總之，大股東在大量售出或購入時，均必須在十四天內以書面通知本公司，俾本公司在「大股東股份登記簿」登記備案，此舉將易於查出誰是股票市場的操縱投機者，任何大股東倘未依照法案之規定以書面通知本公司，乃屬犯法，可能被判罰欵至三千元，此外另以犯法之日數計算，每日罰欵五百元，這是指犯法之情形連續。

法案又規定，財政部長可向法庭申請下令禁止某一大股東將其股份售出，也可向法庭申請下令某公司停止付欵予某大股東或申請某公司勿登記股份之轉讓，也可申請法庭下令制止某大股東之股票。總之，法案之目標，在於控制投機者之大量買入後賣出，造成股票之暴漲暴跌。

吉隆坡官方消息證實，馬來西亞已經在制定法律，以避免股票受操縱及投機的情形。

據稱：建議中的立法，已經醞釀多時，目前，這項立法已經接近完成階段，當局正在作密切的徹查。現在的問題，只是這項立法將在什麽時候宣佈，以及在什麽時候開始實行而已。

新加坡政府在國會公佈了證券工業法案，這法案已經一讀通過，預料可在兩週內正式三讀通過。

馬來西亞也在研究制定立法，嚴格控制股票經紀商，並限制股票市場的投機。大馬顯然需要有一項和新加坡類似的法律，因爲星馬共同的股票交易所，不能夠在不同的規章下行事。

據悉專門注意股票市場投機現象的資金發行委員會，也在加緊調查一些新發行的股票，所有發行股票的公司，都必須將其發行股票說明書呈交給委員會批准。

新加坡國會近日提出一項法例，凡持有國內外公司股份百分之十的投資者，都得向政府報告。公司當局亦要印發計劃書，闡明董事的意向及其家庭成員。財政部有賴這些資料控制國內股票的發行情況。

本週新加坡國會又提出另一項法例，限令股票經紀向政府登記呈交帳項。這兩項法例在國會會議上，並沒有遭到反對，兩個星期以後，很有可能通過而成法律。

新加坡的交易所鑑於形勢，召開會議，準備自訂法例，限制經紀人活動，不過交易所主席大衛·狄希治認爲此舉，與新法例並無抵觸，他說：「法例上在原則上是有其優點，這使證券交易所變成一個能夠運行自如的機構。」

星馬通訊

「閒話揚州」閒話

易君左

距今遠遠三十餘年前，我在江蘇鎮江時期，大約是民國二十四年，發生了一件案子，不是筆墨官司，而是眞的官司，爲此我上過兩次法庭，那就是「閒話揚州」事件。

爲着遭逢「一二八」國難，我隨着江蘇教育廳同人避居揚州一段短時間，回鎮江後，寫成了一本四萬字的小冊子，書名爲「閒話揚州」，並未發表。不久，上海中華書局編輯所所長舒新城來遊鎮江，舒新城是湖南人，又是老朋友，發現了我這本小冊子底稿，一定要帶到上海出版，給我的稿費並不高，我也只好讓他拿去了。

就這本小書的內容說，寫書的動機確是純善的，我把在揚州所收集的質料，特別是關於歷史、人物、名勝、風景等寫得很多，介紹得很詳細，可是其中有些地方，即對於社會的習俗，建設的實施，因居留的時間太短，未及詳加考察，以致報導出來的有些參差，在行文方面，也有些小疏忽，批評揚州的社會風俗奢靡游惰，妓女多，閒人多。然而這確是極小的部分，大部分等於寫了一篇導遊。因爲對整個觀察遊覽的印象甚佳，樂於宣揚，不過對於所感觸的弱點，加以批評而已。

不料正因這一極小部分的關係，在中華書局把這本書出版以後，因銷路好，看的人多，漸漸聽到有一部分人士的不滿聲浪了，于是產生了一種風潮，一方面要求省政府免我在教育廳的職務，一方面向法院控告。成羣結隊的人們擁入江蘇省政府，而省府的反應，是說易某雖是教育廳編審主任，但他寫這本書僅用他私人的名字，並沒有冠着「官銜」，也並非教育廳出版，言論著作自由是世界各國的公例，希望請願人士諒解這一點，免予追究。

隔一兩天，又有大批請願人士再來省府，仍然沒有結果，於是轉向江蘇省黨部請願，要求罷免我江蘇文藝社社長之職。江蘇文藝社是當時江蘇省黨部發揚民族文藝運動而創立的一個文藝團體，聘我任社長，另一省黨委任副社長。省黨部對請願人的答覆也同省政府一樣的委婉，說易某是黨員，但並沒有違犯黨紀，怎樣可以用黨來處分呢？也勸他們免予追究。

這一部分請願人士遂向法院控訴，控我以「誹謗」的罪名。既然要我上法院，我也只好上法院。當時我的本意，也和省政府、省黨部一樣，希望諒解解決，不必打官司，打官司是兩方面都不合算的，但結果使我上了兩次法庭。

若照民主國家的風度，對於文字方面有所不滿，儘可據理要求更正，如果著者不接受更正，然後訴之於法。那些請願人士，並沒有向我要求更正，請願無效後，便逕向法院告狀，說著作人易某和出版人中華書局同犯了「侮辱」揚州人的刑事罪，把中華書局也拖下水了。

我於是只得聘請律師，而聘請的包律師和陶律師都是揚州人，中華書局則聘請了三位大律師，其中一位是鼎鼎大名的薛篤弼。中華書局有錢，又是一家有名的大書局，自然比我聲勢浩大。中華書局的總經理陸費伯鴻和編輯所長舒新城都親自到了鎮江，我們既然同是被告，當然站在一起。

原告方面最困難之一點而爲在法律上不容易找到立足點的，就是被告之「侮辱」揚州人，而「揚州」是一個極普通的名詞，正如「中國人」、「外國人」那樣，誰來代替揚州人才合法？「揚州人」既是一個空洞的名辭，並非姓「揚」名「州人」，又如何能做告訴的主體呢？原告的律師因此大傷腦筋。研究結果，只好硬拉兩個人出來權且代表揚州人吧：一個婦人和一個和尚。一個婦人起訴說，書中談娼妓的地方是侮辱婦女，侮辱揚州婦女就是侮辱揚州人；一個和尚則起訴說，書中有影射某寺的地方是侮辱和尚，侮辱揚州和尚就是侮辱揚州人。可是書中並沒有涉及那個婦人和那個和尚之處。

這個官司當然打得熱鬧，旁聽席「客滿」。當時法官問我頭一句：「易君左！你要說實在話！」我說：「句句實在。」便在記錄上簽了字。自問做文章太過於「實在」了，得罪了人，以後便學學乖，不再太過于說「實在」，但無論如何不撒謊。

當我第一次出庭和和尚辯論及第二次出庭和婦人辯論，不但旁聽者好笑，連法官也忍不住笑。比如我對那和尚說：「你不該侮辱我們揚州人。」我反問道：「你同誰打官司？」那個和尚說：「我又沒有說你的壞話，你一個和尚能代表全體揚州人嗎？你找「揚州人」來！」比如我對那個婦人說：「我只說揚州娼妓多，揚州是不是娼妓多？再說，我只是說娼妓，又沒有說你，你能代表揚州娼妓嗎？」那婦人是一個向來有名的「胭脂虎」，大吼一聲道：「不管你說娼妓也好，不說娼妓也好，總之你侮辱了我們揚州女人！」像這樣的情形，簡直不像打官司，而像開辯論會，因爲被告既與律師脫節，所說的話全不能自圓其說。這那裏會打得出結果來呢？可是法庭外的空氣雖然極端緊張，揚州人却把法院包圍得水洩不通，可是法庭內的氣氛則除去時時聽到一陣掌聲，和一陣譁笑之外，還能聽見什麼呢？輕鬆詼諧得幾乎像演戲。

在這種情形之下，訴訟沒有甚麼進境，打不出甚麼結果，而在法院根據法律條欵，也沒辦法成立被告罪名。所以法院兩次開庭後的宣告，都是說：「你們在外邊試行和解吧！」

官司打來打去，無論原告被告都受着相當大的損失，包括人力、金錢和時間。最後試行和解，原告便恭請了當時最有名望的揚州人王柏齡先生出來主持調停工作。那時揚州方面的「公憤者」感到有些精疲力竭欲罷不能的樣子，那個和尚雲遊四方去了，那個婦人也回到二十四橋賞風月去了，被告一方的中華書局諸公，不能爲這一點小事躭誤了他們的業務，陸費伯鴻率着原班人馬在出席第二次法庭之後，也黯然地回上海去了。一時鎮江的空氣很寧靜，只有王柏齡先生還要替揚州人爭最後一次面子。

有一天，王先生特別請我到他的寓所談話，在此以前，我除了隨同一般公務員向他學習騎馬外，別無交道，現在請我去，當然是爲着打官司打得不耐煩了，他對我表示，假如沒有他的關照，揚州人不知鬧到什麼地步？而我呢也不是一個愛好打官司的人，只要過得去的話，自願得罷休且罷休，爲着這件事，擾嚷了一兩個月時間，我所化的錢雖不多，但已成爲畢生最大的負累，這本「閒話揚州」的稿費，尙不足抵償訴訟費的百分之一。一介書生，靠薪水吃飯，何能長此拖下去呢？所以我當時的心情和環境有着相當矛盾，不服氣是一個問題，吃不消也是一個問題；但因許多親友，特別是老母的担憂而關照我，我就和幾位老朋友熟商下來，决定接受「和談」。

最初提出的和談條件，要我恭恭敬敬的寫一篇「悔過書」，用石刻嵌在江都縣的大寧門城上，也虧他們提得出來，我笑着對王柏齡說：「也好，不如索性把我本人嵌在你們揚州的大寧門上，倒更了當。」他們這種不近人情的要求是太幼稚了。古來的文字獄，充其量不過招來殺身之禍，那裏有限令寫「悔過書」勒石嵌在城樓上呢？

和解的條件醞釀爭執了很久而得到一個協議：第一自然是由著作人鄭重道歉，第二是發行人停止發行這本「闖禍」的書，而且以後永不再版。道歉是無所謂，以我一人的關係而連累許多人，我不是爲寫書道歉，而是在人與人的關係上道歉。停止發行這本書是中華書局的職責，「閒話揚州」這本小册子的版權是賣掉了的，只要中華書局接受就行了。

原來自從這件案子發生後，坊間商賈看見有利可圖，把「閒話揚州」大翻其版，在京滬一帶大事兜售，幾乎人手一册；各處趕到鎮江看熱鬧官司的人們，都帶來翻版本以資參考，鎮江全城，也到處都可以買到。這在他們看來是愈加惶恐，沒有讀過這本書的不知內容，難免不被虛僞的宣傳眩惑，及至看了這本書，才明白書中內容是恭維揚州的，只有很少的一點點是批評揚州社會風氣的不良，何至於鬧得如此滿天風雨，因之，無論在報刋上在談論上，因翻版書的普遍暢銷，同情著者的空氣更加濃厚起來，使那一部分揚州人大失所望。同時，中華書局原本應該以發行人的資格來取締這些翻版書的，但因揚州人的要求永遠禁止此書的再版，也落得少管閒事，懶得再去追究。

協議三份，由王柏齡先生代表「揚州人」簽了字，我簽了字，寄到上海，陸費伯鴻也簽了字。中華書局不再發行書是可以的，但决不道歉；我道歉是可以的，但决不寫「悔過書」。和解就這樣成立。當我的一份道歉啓事分登鎮江各報後，紛擾兩個月的風潮便告平息了。

于今我追述這一次事件似乎是多餘的事，但因許多社會人士，乃至我的朋友們常常問起這次風潮的原委，而且想借閱我那本小書看看，經過三十多年世事動盪之後，那本小書隨着我的一切書籍早已蕩然無存，我只得把當年經過的實情作一個極簡要的追述，作爲一個總答覆。

雙方化了不少的時間，化了不少的金錢，浪費了不少的人力和心力，而所獲得的代價是什麼呢？一點沒有。勉强說有的話，那就是「傳誦一時」的對聯一副而已。

在閒話揚州事件平息後不久，流傳了一副對聯，這對聯似乎是幽默了我一下。南京有一家中國日報出了一個上聯公開徵對，贈品優厚。上聯是：「易君左閒話揚州，引起揚州閒話，易君、左矣。」南京名醫兼詩人的四川朋友葉古紅戲成下聯應徵，遂獲首選，下聯是「林子超主席國府，連任國府主席，林子、超然。」因爲這時正是林森林子超先生以超然地位連任國府主席，可謂巧不可諧了。

宋王臺今昔

·范正儒·

宋王臺不是宋王堂

九龍城名勝古蹟，最具歷史價值的，要算是宋王臺了。據陳子厲瓜廬文牘上提到：「九龍爲海舶往來孔道，東起鯉門，南劃香港，重巒蟠其西，巖嶂揭其北，而其中有土戴石，嵬然下瞰海堧者，則崖顚石刻曰宋王臺。予以壬子夏五，養痾九龍，扶杖登眺，退而稽諸史乘，乃知此地爲古官富塲，而臺則宋景炎駐蹕之所也。」

這個宋王臺的位置，以前在今日啓德機塲南端馬頭涌一個名叫聖山的上面，高一百一十四英尺，周圍約二千英尺，三面向陸，東臨九龍灣，西接譚公道，不過聖山雖小，却有其可記的地方。滿淸嘉慶丁卯年重修的新安縣志載：「宋王臺在官富之東，有盤石，方平數丈，昔帝昺駐驛於此，臺側巨石舊有宋王臺三字」。

據說原始的宋王臺是疊作品字形的三塊巨石，奇怪的是，上面一塊大石，下面平滑，一半枕在山頂，一半下面空虛，有一塊細小的石頭突起頂位，與山頂的大石成對裂狀，穿在石下，看來很像品字形。繞到後面，石面頗爲平坦，可容五六十人，既可避風雨，亦可躲急難，彷彿是一座天然的石室。後人依山勢起伏，環山繞以石垣，所以稱爲宋王臺。

石壁上的宋王臺三字，臺字的下面不是「至」字而是「呈」字，上面也很簡畧，看來像大寫的「壹」字，又像是「堂」字，所以有人稱它爲「宋王堂」，當然是刻工不好所致。地方志書上記明是「宋王臺」，決不至於是「宋王堂」的。但是滿淸末年的探花陳伯陶，却說帝昰帝昺是承繼宋朝趙氏正統，應該稱爲「宋皇臺」而不是「宋王臺」。

帝昰行宮遺址之說

當南宋末朝之時，屬於廣東路的官富塲，雖說是一片荒山，却有漁鹽之利，他們兩個小皇帝，怎麽會跑到這荒僻的地方來呢？大概在南宋德祐元年（一二七五年）恭帝繼度宗新立，元世祖忽必烈命丞相伯顏領兵伐宋，大軍自襄陽席捲而下，旋陷建康（今南京），圍宋都城臨安（今杭州）。德祐二年，恭帝降元，即與太后被挾北去。

那時候，度宗的兩個幼子（恭帝的異母弟），益王昰、廣王昺，各隨自己母親（楊淑妃，俞修容），於臨安危急時，南逃至溫州，正在後方掌握抵抗元軍的忠臣張世傑、陸秀夫、文天祥等擁二王入閩，據福州，就在該地奉帝昰爲「天下兵馬都元帥」，昺爲副元帥。是年五月，流亡政府成立，正式立昰爲帝，是爲端宗。

端宗在福州即位時只有九歲，由其母楊淑妃（已冊爲太后）同聽朝政，封弟昺爲衛王。其時因元兵之逼，分道兼程南下，宋守將多望風歸降，帝昰等遂續遵海道南渡，是年十二月，到達廣東的潮州惠州，欲經大鵬灣入廣州，旋廣州亦告失守。景炎二年（一二七七年）四月，流亡政府進駐官富塲（今九龍城南一帶）。

原始的宋王台是疊作品字形的三塊巨石

官富塲一稱官富寨，當時左丞相兼都督陳宜中等認爲其地早有摧鋒水軍駐守，且有漁鹽之利，欲經營爲恢復據點，同時可以造成政令中樞，遙對閩粵贛諸省內反抗元兵之忠臣如文天祥、張世傑等策應，於是就在官富寨南杯珓石下，聖山之西，馬頭涌之東興建行宮，又於聖山上築「觀台」，這就是後世所稱的「宋王臺」。

再據「大清一統志」及「廣東通志」所載，却說「宋行宮一在新安梅蔚山，一在新安官富塲。」新安即今寶安縣，可知當時是有二個景炎駐蹕的行宮。又云：「景炎行宮在梅蔚山，宋景炎二年，帝舟抵此，作行宮居焉，基址柱石猶存，今土人將其址改建北帝廟」。這座北帝廟在二十幾年前還存在，後來因關馬路被拆掉了。

宋帝昰

宋帝昺

南宋亡國一頁慘史

但是，宋室的氣數，到底不能依仗二三忠烈之臣所能挽回頹勢，他們在官富塲附近至大嶼山一帶苟延殘喘的時間，也不過短短六個月，又受到元兵進逼，倉皇逃命。相傳端宗（帝昰）才十一歲時，在大嶼山因颶風受驚逝世，才由弟弟衛王帝昺繼承帝位，所以駐驆九龍行宮的實是帝昰而不是帝昺，一說帝昰病死於碙州（今吳川）。

相當於西曆一二七八年，陸秀夫、張世傑、文天祥等奉幼主衛王帝昺，自碙州遷駐新會的厓門。元將張宏範的舟船，即由海口入厓門，與李恆由廣州來攻的水軍，東西夾擊，造成宋軍兩面受敵的敗局，死者十餘萬人。張世傑領十餘舟擁國母楊太后突圍出海，幼帝昺却無逃生之路，只好由陸秀夫抱着他沉海殉國，宋室遂亡。

傳說元將張宏範在厓門殲滅了南宋的最後力量，斷絕了趙宋帝統，得意之餘，而想流芳百世，遂在厓門的一塊石壁，叫做奇石的上面，刻上「張宏範滅宋於此，」以紀念他的功績。其後新會大儒陳白沙先生在上面加刻一個「宋」字，成爲「宋張宏範滅宋於此。」蓋張宏範本是降元宋將，一字之誅，嚴於斧鉞。又在旁刻詩一首云：

「忍奪中華與外夷，乾坤回首重堪悲。
鐫功奇石張宏範，不是胡兒是漢兒。」

立法保宋王臺經過

話說回頭，宋王臺這個古蹟，於淸朝嘉慶丁卯年間曾經重修過，當然保持很完整的。到了咸豐十年（一八六〇年），九龍已成爲英國屬地之後，早在一八九八年，就由當年的港紳何啓，在立法局的議會上，提出「保存宋王臺條例議案」，被通過後，次年就正式頒佈了「一八九九年第二號保存宋王臺條例」，顯已取得法律的承認。

原來這個「保存宋王臺條例。」規定永遠予以保存的，條文上有云：「該地此後不得租賃與人，爲建築屋宇及其他用途。」說得多麽乾脆！後來，並在宋王臺舊址，豎立了中英界石，話明：「此地禁止採石，保存宋王臺。」到了一九〇〇年，港府當局鑒於聖山脚下地方遼濶，爲充裕庫收，曾打算將該地招商投承。

當時有華人太平紳士李瑞琴，他是一個專營地產的建築商，聽說港府有意將聖山一帶招商投承，深恐宋王臺這一古蹟被燬，豈不是推翻了「保存宋王臺條例」的規定嗎？於是，他便走訪香港大學副校長英人伊理雅，請他幫忙轉達港府當局，希望尊重「保存宋王臺條例」的立法規定，保存這一古蹟。

港紳李瑞琴持建石欄保存古蹟

後來港府所取折衷辦法，在臺址附近，劃定地方數畝，明立疆界，用資識別。李瑞琴因所求得償所願，爲了永久保存宋王臺古蹟，便慨然捐資沿界建築一道石欄，以壯觀瞻。同時還築了一條磴道，從山脚下通了上去，可以登臨遠眺。入口處又豎立一道牌坊，遂成九龍名勝之區。民國廿一年，有于右任曾到此一遊，有詩云：

「桑海遺聞膾此臺，
興亡轉眼便堪哀。
要知地盡心難盡，
留得遺民弔古來。」

宋王無臺成宋亡臺

可是，在第二次大戰期中，太平洋戰爭爆發後不久，香港淪陷，一九四三年日軍爲了擴大啓德機場，把宋王臺劃入擴建範圍之內，當日留港的華籍居民代表曾向日軍「總督部」請願，要求保存宋王臺古蹟。「總督部」聲言決不把宋王臺毀滅，但可能設法把它遷移。其後日軍背信，終於把宋王臺炸燬了，使人不禁有「無臺空說宋王臺」之感。

也許是「古蹟有靈」之故吧，當日軍決定動手爆炸之前，於是年一月九日，曾由「總督部」特聘日本大法師宇津本率領一班和尚尼姑們，大興法事，爲日軍禱告平安，名稱叫做「遷座儀式」。跟着就把宋王臺炸燬，徵倖那塊巍然的大石從小山頂滾了下來，並未破裂。經此滄桑之變，已是「宋王」無「臺」，時人王陸一有詩云：

「失國生花歲盡開，潮根留見宋亡臺。
已無王業偏安地，早辨心腸蹈海來。」

從此「宋王臺」眞的成了「宋亡臺」湮乎無遺跡可尋了。然而，當年日軍雖狠，但擴大啓德機場的建築工程尚未竣工，日本的廣島便吃下了美國的原子彈，終於宣佈全面投降。及至香港重光以後，曾遭日軍炸毀的宋王臺殘址，留下了四萬噸多的泥石，實在有礙啓德機場跑道上飛機的升降，當局爲之大傷腦筋。

其後，九龍城街坊福利會，爲了保存古蹟，把炸餘的一塊大石頭移到譚公道近九龍寨城處陳列，並在四周圍上鐵欄僱工將石上「宋王臺」三字鑿刻淸楚，供市民憑弔。不料之後又因國際航空的發展，啓德機場不斷擴展新跑道，於是把碎石移到土瓜灣塡海，建成一座宋王臺公園，那炸餘的大石被改作方形體，作爲象徵紀念。時人王世昭有詩云：

「七百年來紀宋王，空餘碎石落邊荒。
殘山賸水亦吾土，海市蜃樓枉斷腸，」
「紫氣東來王氣盡，前門拒虎後門狼。
貪婪一樣無今古，指點遺踪弔宋亡。」

九龍城街坊會修整宋王臺工程

現存的九龍宋王臺公園

申報與史量才

望平街憶舊

胡憨珠

史量才接辦申報館，嫌英國人担任出面董事，不合理想，換上了德國人出面，不料世界大戰發生，德國商人全部回國，申報變成無倚無靠。席子佩乘虛而入提出訴訟，加上馮炳南的策劃，聘請了意籍律師穆安素，史量才趕快請葉養吾物色日本友人，打算掛日商牌子，不料棋輸一着，史量才缺席不到公堂，傳票變成拘票，被捉將官裏去。

在第一次世界大戰的序幕揭開以後，歐洲大陸所處的各個國家，不管與德國爲敵爲友，無不戰慄於戰雲籠罩之中。蓋以此次世界大戰爆發，種因於德法兩國間的世世相仇所導致。舊怨未解，新仇又生，循環報復，了無盡期。初不料世界大戰的戰燄蔓延有若是之廣，參戰國家有若是之多。更不料這場歐洲的戰禍所及，竟至影响到遠東地區上海望平街的申報館，從而發生了席子佩正式向公共租界會審公堂具狀，對史量才提起訴訟，控以背信違約之罪。現在原告訴人履行約言，備具半價，收回申報一切的所有主權和利益。試思要不有世界大戰的爆發，相信申報館這場奪權鬥爭，可能不致發生，即使涉訟法庭。史量才所受打擊決不會有若是之重，所蒙損失亦不會有若是之鉅。

馮炳南計劃請穆安素

席子佩所延聘的外籍律師爲意大利人穆安素，那是由馮炳南代爲延聘而來的，馮原爲英籍律師愛立斯寫字間的總繙譯。這「愛立斯」爲英國來上海執行律務年期最早的一位有名老律師。當其在仁記路某大厦二樓設立寫字間時，與他另一同國籍律師名「赫斯」的合作。故寫字間的玻璃門上所書英文牌號爲「Elli's & Hays」字樣，此時該兩老律師已經先後物化，現在寫字間主持律務的律師亦英國人名叫潑琳斯頓（Princeton）。那馮炳南呢，於愛立斯律師的寫字間成立時，即受僱初任普通譯員，只因他是廣東人，對旅滬一班粵籍巨商都係相熟的要好朋友，或通家親戚。是以粵商們有關於商業上發生糾紛事件的法律問題，多由他介紹到愛立斯與赫斯兩律師處代爲辦理，都能獲得順利解決。且因他久處上海，長袖善舞，相識的都是粵籍的商業鉅子、洋行買辦。當時，上海後馬路的大小錢莊，與擁有房產的富戶巨室，幾乎多屬愛立斯律師寫字間裏法律顧問的客戶，也是馮炳南的主顧。馮炳南既於手中掌握着這麽多的客戶，是以極見重於老愛立斯律師，因此順理成章地很快速升任總繙譯。實則當年外籍律師寫字間的總繙譯一職，等於外商洋行中的買辦一樣，負有業務和事務上的責任，故權力極大。

怎爲席子佩控訴史量才的案事，不由潑琳斯頓英國律師經辦，而馮炳南却去代延意國律師穆安素承担。這不是肥水落到別家田歷？不知這其中有三點理由、兩重關係。三點理由是：（一）自從第一次世界大戰爆發，德國對法宣戰以後，英國因助法參戰，從而英德演變成爲仇敵國家。因此遠在亞洲遠東地區中國上海的英國租界勢難再能容納敵方的德國人民居留。於是德國全部人民撤退回國，德領事亦下旗歸去，所有德國在上海的利益，則委託交由意國領事代爲保管處理，包括德國在華的治外法權與領事裁判權在內。申報是在德國領事公館註册，屬於德商牌子的華文報館，一旦涉訟法庭，則必由意國領事承担裁判。向例當年會審公堂所定某一國家領事主持裁判，延請籍隸某一國家的律師上堂辯護，總可佔得不少便宜。蓋因同一國籍的領事對律師，在其可能範圍中，自有一種庇護責任的情感和作用發生。即主審官華籍法官一本公正無私所裁判定的條例主張，往往被會審領事所剝奪而左右其意見。縱是成非，變直使曲，這就是清廷政府以往所訂喪權辱國的不平等條約所束縛，那屬是件無可奈何之事。

穆安素（Moso）爲當年在上海負有盛名而唯一的意籍律師，他的法學奇熟，辯才奇高，對中國人事事物物，包括語言文學在內，更厲害的是無不暸解奇深，門檻奇精。穆安素最出名所經辦的一件案件，那是他曾代表入籍西洋的廣東人旅滬富商甘月松，向會審公堂控訴英租界工部局警務處派員抄查其居室。抄查結果並無警方所欲獲得的違禁之物，致其家中的一個稚齡兒童因受驚患病，要求工部局負責賠償醫藥等損害諸費三十萬元。及此案審訊終了，居然得直，打贏官司。在淸代末葉年間，久處於不平等條約壓迫下的中國人民，一向對租界工部局，畏懼有加，現今廣東人甘月松聘請穆安素律師對工部局要求損害賠償官司，竟能打贏，於是穆安素成爲當時轟動社會的打虎英雄，這祗是穆安素所經辦案事的一例而已。在馮炳南籌策之下，爲着先鞭計，在席子佩還未會發動控告史量才之前。早已暗中把穆安素秘密聘定下來，講好條件。從此穆安素不但承担將來控案的法定代表人，而且還做現任智囊團的決策主謀人。

理由之（二）是愛立斯律師寫字間，以業務歷史上的傳統關係，數十年來，所經辦案件，百分之一百，皆爲普通的民事訴訟部份。如代客所經理的經租賬房糾紛事件，房屋的欠租不付，租約的期滿逼遷等等，或爲客戶錢莊幫的放欵，錢債糾紛事件，如放欵的到期未還，積欠的久假不歸等等。因爲愛立斯律師寫字間，代客經收房租與法律顧問的客戶相當衆多，事務也極冗煩。因此在老愛立斯生前設立寫字間開始，對於刑事案件，一向極少接辦。即使原有的老客戶有以刑事案件相委託時，無不在馮炳南的安排之下，再事轉聘其他的外籍律師，代爲出庭辦理。現在席子佩控訴史量才的案事，雖屬錢債糾紛的民事訴訟，但內容相當複雜，不是這位英國律師潑琳斯頓所能經辦得好，實非聘請老謀深算的穆安素律師經辦不可。

理由之（三）是爲要配合虞洽卿的安排，必須要穆安素代表出庭，才能得合演成美滿無缺的效果。據說當時現任意國駐滬領事與虞洽卿友誼相當密切，虞洽卿對此案初時，曾面請領事作大力支持，秉公處理。免不得對史量才的爲人，下以不良好的言詞，好讓意領事得以先入爲主，引起注意。這該是說虞洽卿對史量才那次在他「滬軍都督府淸理處」的處長辦公室中，受到拍枱子不禮貌行爲，和難堪入耳的不合理斥說，趁此機會要報「一箭仇」了。可是洽老的這一個關說和請託，的的確確收到了意領事幫助極大無比的效力。要不是由意領事在會審公堂上作出迅雷不及掩耳式「一面倒」的審判定讞，恐怕這次史量才和席子佩打官司的勝敗之分還在未定之數。縱然是史量才理屈受輸，相信決不會輸到如此全軍盡墨，大敗而回的慘酷程度。

上邊所述的三種理由，那是馮炳南的主張，對這件訴案所以要聘請穆安素任當經辦案件的代理律師。至於他表示所以要聘請穆安素兩重關係，說來非常簡單明白，無非名利兩字的成果關係。在馮炳南的計算預測之下，覺得由穆安素上堂辦案，定可穩操左券地獲得官司勝利。大家得以分享勝利的果實，這是他「利」之所在的關係。其次那是他從北河南路桃源坊他家裏出來，經過總商會門前，便下車去探望周金箴會長。恰巧周會長受到史量才拍枱子和聲斥語的不禮貌對待，正氣惱得他一佛出世，二佛涅槃。馮炳南就立即勸慰他，不要把這件微末小事，放在心上，有損健康，並以將來定當代爲報怨雪恥自任。現在機會到來，所以定要穆安素把對史量才的官司打贏，替朋友所出諾言的交代。不過此時的周金箴已經辭去上海總商會長一職，去了浙江省出任杭州道尹公署的道尹，對所受史量才的恥辱，也早已淡忘之。但後來席子佩的官司打贏，馮炳南還親筆馳書告知周金箴，業經履行諾言的詳細經過。卻贏得周金箴口中對馮炳南「夠朋友」「重信諾」的義聲，這是他「名」之所在的關係。

話說席子佩在馮炳南，穆安素、虞洽卿等三人的暗中扶持，秘密佈置之下。他們一致認爲已經對史量才控訴其背信違約的罪行，可以動手的時機已至。於是由穆安素律師代表原告訴人席子佩，撰狀向公共租界會審公堂控告史量才背信違約之訴。他的訴狀裏所叙述的情事，那是大意說：「被告訴人史量才對申報的盤價尚未付淸，兩年多時日以來，被告訴人對於申報盤價中應負責淸償百福堂五萬兩銀子的欠債欵項，始終未曾履行盤據契約上的約言，依照雙方所訂盤據契約的約言條例，如被告訴人有違約背信的事實行爲發現，原告訴人得以就被告訴人已付之盤價欵額，折成半數，備價贖回申報全部主權，包括所有機器生財等物權在內。現在按查原告訴人收到被告訴人的盤價付欵總計十一萬兩銀子。爲履行契約上所訂明的信條之言，原告訴人決定備具半價五萬五千銀子贖回申報。至於被告訴人的背信違約行爲，不自今日始，在其分期付欵十一萬兩銀子時，每月所付皆爲期兩月的遠期莊票，現皆攝成照片，附在案卷備查，作爲被告訴人一貫違約背信作風的旁證云云。

控傳不到法庭出拘票

在穆安素律師中西文字兩份同性質的訴狀，投遞入會審公堂以後。於第二天的午後，會審公堂的一張民事訴訟傳票，已經由會審公堂的執達吏送到望平街的申報館來了。怎爲會審公堂對於這次席子佩控訴史量才的案事，發出傳票何以會如此快速呢？說來似乎不足爲奇，因爲早期的會審公堂對華洋糾紛的案件，多以快速辦理，不敢延宕。席子佩和史量才的原被兩告，雖則都是中國人，但他們今日打官司爲的是申報，那就牽涉到洋商問題了。以前席子佩所主持的申報一向是英商，經盤給史量才以後，便變成爲德商。所以這場官司打得不但是華洋糾紛的案件，簡直是洋商與洋商間的糾紛案件，傳票發出快速，成爲事屬尋常。不過令人驚奇的是開審日子，排得非常急促，就定在傳票送達的明天上午，原被兩告到會審公堂上堂受審。這在原告方面，早作準備，本無所謂，在被告方面，事出突然，便要手忙脚亂，驚慌失措。只因開審日子急促，却顯得事不尋常，關於這一點便是馮炳南的神通廣大，道法無邊。

原來馮炳南當年不僅在上海高層社會間的吃香走紅，就是對於吃公事飯方面的人頭熟悉。不但英法兩租界如巡捕房的中西人員，個個交成知己，就是英法兩個會審公堂的上下人員，人人聽他使喚。大家所以對他的好感，就在於大小案事，只要是他經手所打發出來的酬勞之費，總必相當優厚，博得皆大歡喜，決無「燙手」之虞（按：燙手爲上海公務人員與游俠兒間的隱語，即所受之錢，有後患災禍之意）實因馮炳南法律熟，世故深。由他經手所行使的賄賂，能不着一點痕跡，也不露一點詞色，大有「天知、地知、你知、我知」而已之概。所以當年英法兩租界的巡捕房及會審公堂這兩個法治機構，可以說人不別中西，職無分大小，都對他懷有好感，也樂於爲他幫忙，予以種種方便，以遂其願望。因此故，對於價值不高，案情不大的官司，在馮炳南多不願意經手，交給他手下人去辦理。但有一點把握，要是他經手的話，官司決不會輸到那裏。任何案事一經上手就判斷出輸贏面的大小來，這大概是他經手訴訟太多，經驗豐富到熟能生巧了。這次申報館的糾紛事件，馮炳南透過了會審公堂編排審問案件的西人惠爾斯的關係，把會審領事安排在意大利領事手上。而且把傳票今天送出，明天開庭，這種急促日期的安排，也都出於馮炳南的計謀，志在打擊史量才，一經上來迎頭便是一記悶棍，打得他一個措手不及。

事實不出馮炳南所料，史量才在收到會審公堂的傳票以後，方始驚醒過來。最使他內心着急的一件大事，就是申報館的洋商牌子問題，如何抉擇那一個國家。自從世界大戰爆發，德國領事下旗歸國，申報已成爲無父無母的孤兒，失去了保護之人。因此，總該找尋一個後繼的保讓人，掛英國牌子麽？心有不甘，因爲申報就是從英商接收過來的。掛其他國家吧！大的國家牌子已給別家報館掛了去，掛小的國家牌子，心有所不願。於是立即召集他左右兩個股肱之人，舉行緊急而秘密的商議，研討應付席子佩的控案之策。那兩人就是申報總主筆陳景韓與總經理張竹坪，於是三人在討論研商之下，都覺得申報的今後，只有懸掛日商牌子爲最最符合理想與條件。因爲觀察眼前國際的列強形勢，當以日本的國勢最爲強盛，凌厲飛揚，銳不可擋。須知道，今日的申報需要懸掛外商牌子，無異尋找保護人，既然要人保護，非選擇一個強有力的人來保護不可。就在三人一致同意以後，第二個難題又擺在他們的眼前，就是需要一個承担向日本領事公館申請註册出面董事的日本人。史量才過去會有一個日本朋友，就是介紹他以浙路作爲抵押品，借到三百萬兩銀子日本借欵的日籍醫生中野貢。眼前這個中野貢醫生不在上海，早已回國去了，而陳景韓和張竹坪向無一個日本朋友。何處尋找一個有力量而誠實可靠的日本朋友呢？這正是史量才，陳景韓、張竹坪三人疑愁莫決的問題。還是張竹坪想着既然沒有直接的日本朋友，退而求其次，何不尋找一個間接的日本朋友。那即是說於各人自己要好朋友之中，而有他們要好的日本朋友，再爲選擇考慮而後加以決定。有了這一個定策，他們三人便各把所交識的朋友，舉說出來，最後還是陳景韓的朋友葉養吾入了選。這葉養吾是江蘇青浦縣人，與席子佩是同鄉，兩人的交情並不融諧。據說他和席子眉倒是要好異常，爲因子眉亡故以後，子佩對於點石齋石印書局的產業未曾交給他兩個姪女兒承受，不無有侵佔行爲。葉養吾便因此對席子佩日趨疏遠，作了無形絕交，認爲他道德毫無，人格破產。原來葉養吾是早年留學日本攻讀經濟科的學生，且娶有一個日本籍太太，可以稱得起是個十足道地的「日本通」。在他所交結的日本朋友中，頗多工業富商，所以他們聯合起來組織一個銀團主持其事，由葉養吾担任做出面人，凡中國國內五大商埠如上海等地方有經營工廠企業，如有經濟問題發生困難時，只要與葉養吾接觸，舉行借欵，一經葉養吾認可講好條件，不管大小數額，借欵立即成功。不知道的起初都以爲是葉養吾私有錢財，後來才知道是日本人的欵項。所以當年中國高層社會會有兩句名言：政府舉借日債，經手人必是上海曹汝霖，民間舉借日債，經手人定是青浦葉養吾，這是江蘇地方所產生馳名中外的兩個介紹舉債的名人。

陳景韓奉史量才之命，去請託葉養吾，物色一個較有地位和聲望的日本商人。任做申報的出面董事，以便向日本領事公館申請註册，成爲日商牌子的申報。不料陳景韓打電話到葉養吾的公館裏去一問，由接聽電話的葉家僕人於電話機上立即回答，說他東家不在家，恰巧去了南通，明後天就可回來。原來葉養吾到南通去，那是爲了大生紗廠要在啓東縣的三和港內，創辦大生第三紗廠。所以他特地去了南通，與張謇當面接觸，心想兜攬這大生三廠的棉紡機器和其他設備的一筆巨大生意。這是葉養吾例外的離家外出，不過却給史量才意想不到的一個失望打擊。因爲會審公堂所發出與席子佩對簿公庭的傳票，審訊時日，即是明天上午十時。偏逢葉養吾不在家，無法確定申報懸掛日商牌子，又是無可奈何之事。

當年英法兩租界會審公堂所訂訴訟審案的司法程序和章則，凡自訴案子，一般的民事案件比之刑事案件爲輕。尤其是錢債官司，現在席子佩所控訴的案子，那是追討百福堂五萬兩銀子的欠債，亦正屬於錢債官司的一類，只是數碼大了一點而已。大概一般的情形，開審民事自訴案件，第一次被告如不到庭候審，主審法官往往會再出傳票，定於下期再審。決不會一庭就算終了，予以缺席判決，也不會視爲抗傳不到，發出拘票。這種爲欠債不償的民事官司，被告第一次開審不到庭的，正是多的是，一般老打官司的人，已經視為慣例，不足驚奇。史量才久耳於這種初審不到庭的習慣，認為既然葉養吾不在上海，無法解決申報的日商牌子問題。於無可奈何之下，只得於第一次傳審，他的被告也就不出庭了。在他想像中，只要日商牌子定局，等於申報有了出面保護人，這場官司也輸不到那裏去的。

因為史量才的不去公堂，到了開庭時間，庭丁點呼原被告兩人姓名。原告訴人席子佩早作準備、當聞庭丁點名，便即應聲而出，站到原告位上。對於被告訴人的史量才點名，庭丁連呼三次，應者無人。庭丁就以「被告不到」一語，回報中外會審兩法官。於是穆安素律師當即起立，向庭上請求簽發拘票。他所持的理由畧稱：查本案被告訴人史量才，對受盤申報所訂立的盤據合約，一經開始履行約文，即已發現背信違約行為。現有歷次所付給原告訴人的莊票無不違背到期付欵的那句約言，此項莊票攝影，附卷在案為證。至於約中所載負責償還百福堂五萬銀子欠欵，迄今兩年，分文未付。向之催討，總是設詞延宕，遙無了期，為此原告訴人只得請求法律救濟。怎奈該被告人罔顧信約，竟敢藐視法庭，抗傳不到。惟有請求庭上簽發拘票，得以拘捕歸案，依法辦理云云。就是這樣，便由高高坐在法案台上的中國主審法官和會審官意大利領事，畧作細語商討之後，便教坐在傍座的書記官填寫拘票，就發交給坐在法案下邊，專管安排各案審期的英籍幫辦惠爾斯讓他帶回四馬路總巡捕房的辦公室，登錄在刑事案件的大簿子上，而後再送給該管捕房包打聽間，派遣探員執行拘捕。

其實這簽發這張改傳為拘的拘票是一幕戲，那是由馮炳南所導演出來，搬演給滿坐在法庭中傍聽席上人們所瞧看的一幕戲。可惜的是史量才當時沒有派人前去傍聽，所以他對於自己已經成了名登拘票的被拘罪人，毫無所知。一心總以為他這次初審不出庭，法官必定會展期作第二次的傳審。因此，對於席子佩控訴事件，反而在等候會審公堂的第二次傳票送來。在他認為有一星期的展期，葉養吾早可從南通回來。只要他一到上海，相信他對於介紹一個日本朋友任申報的出面董事問題，就可解決。只要申報的日商牌子掛起，對席子佩要想申報償百福堂欠債的一場錢債官司，就不怕官司會打輸了。

秋水夫人無意洩行踪

史量才日夜所盼望的葉養吾，果然從南通回來了，這是陳景韓所打來的電話報告。不過日期却多延遲了一天，這一天的延遲，據說因為張謇堅留他的關係。原來葉養吾是陳景韓的朋友，介紹他們相識的居間人，却還是時報主人狄楚青。那時陳景韓是時報的總主筆，狄氏凡有朋友到時報館來探望他時，他必定招待朋友在時報樓上那間為朋友息足所特闢的「息樓」裏邊盤桓，並且亦必要介紹陳景韓與他朋友成為相識。葉養吾當年留日回國，正苦無事可為，就常去時報館探望狄氏，狄就在息樓替他們兩人介紹相識成友。甚至有一個時期，葉養吾還成為經常來往於「息樓」的常客，實因與陳景韓相交得非常投機之故。年來他所經辦的事業興旺無比，又是常要外出，去各地視察他所投資事業的業務狀況。自從陳景韓脫離時報，轉任申報館總主筆以來，是他不但從未去過申報館，而且與陳氏促膝談心，把酒話舊的機會，也是難得稀少之極。

當葉養吾回到上海家裏以後，他的僕人就告訴他，申報館的陳先生來了不少次數電話。說是有急事要與你先生商量，並且再三叮囑，一經回家就請你即刻打電話到他家裏去，他決不外出，在等候你先生的電話。那葉養吾當聽得他僕人的一番報告，不知陳景韓闖出了甚麽禍事，就叫僕人接通電話，便由他自己來接聽，及他把話筒聽機接過在手尙未按近耳際，已經聽出對方講話的正是陳景韓。於是雙方就在電話機上，畧叙幾句寒暄話後。那陳景韓便即單刀直入的告訴他最近申報發生訟案之事，且說出原告就是席子佩。並說緊急萬分的一事，要你老哥幫忙的就是介紹一位較有聲望地位的日本商人，請他担任申報的出面董事。便就由他向日本領事公館申請註冊，使申報成為日商牌子的一份華文報紙。葉養吾非常豪爽，他即回說：你們和席子佩打官司的事情，實不願被捲入這是非的漩渦裏邊去，我對他並無一點好感，但也不願和他結仇恨，因為我們究竟是青浦同鄉呀，那我何必插身其間呢。不過要尋找一個担任你們申報出面董事的日本商人，我却有一個極合資格條件的日本要好朋友在此，他的姓名叫做是太倉喜八郎。此人一向在百老滙路開設一家太倉洋行，專做呢絨疋頭的一項生意，若說起太倉兩字牌號，倒是日商的一家老洋行。而且太倉喜八郎的為人熱心和氣，現下還被選為上海日本居留民會的副會長呢，你看這樣的資格條件合式麽？

陳景韓即於電話機的話筒前連連說好，接着便說：今天午刻十二點鐘，我同量才兩人合作一個小東道，在四馬路一枝香西餐社做個小叙。一則為你老哥洗塵，次則我們三人對太倉喜八郎的事，當面再作詳談叙述，交換意見，以便獲得全面瞭解，作個最後決定。葉養吾表示贊成，大家就在電話機上各道了一聲：「行再相見」做了結束。回頭來陳景韓再打電話給史量才，告訴他葉養吾今天早晨已乘長江輪船，從南通回來家裏。適纔我和他已經通過電話，要他幫忙介紹一個日本朋友。是他立即答應不成問題，說他有一個名叫太倉喜八郎的日本朋友，那是在百老滙路開設太倉洋行的老闆，還是日本居留民會的副會長。但聽養吾的語調，大概此人的聲望地位還不算差，任做申報的出面董事似乎有足夠的資格。所以我已同養吾約定，今天午刻，在一枝香吃飯，讓你和養吾當面談過，就好決定進行。但是你可不要忘記，請早點先到一枝香，總該你去恭候他，不能教他恭候你。

原來史量才自從成爲上海的社會名流以來，他的聲名地位越高，他的自傲脾氣越大。尤其在他接辦申報，榮任申報的總經理之後，申報銷數日見其廣，而他的眼界日見其促。最最使人引起反感的一事，就是赴人讌會之邀，決沒有一處是遵時而來，終席而去。有些地方史量才能一到就走，或一坐即去，已算賞賜設讌人的天大面子。如果是大場面的讌會，他的來不來，到不到，全無問題，決不會因他而遲開飲宴。最苦的是專誠請他的所設一席盛筵，那就教人夠苦了，主人望穿了眼睛，他客餓扁了肚皮。陳景韓和他同在大東門內育才學堂共事起，做成知己朋友，他知道史量才患上了這種遲遲赴讌的習慣，所以陳景韓憑老朋友的資格，叮囑他要早到一枝香等候葉養吾。大概事關史量才本人的切身利害，因此他特別提早趕去，可是陳景韓已經坐在一枝香的一間雅室裏了。不過史量才能夠到達在葉養吾之前，這似乎近年來難得有見的特異行爲，也算是他的從善如流。但不過爲時不久，葉養吾却是遵時而至，他與史量才，也屬在時報館「息樓」相見相識的朋友，不過在友誼情感方面，遠不及陳景韓的深厚親密而已。因此，三人相聚一室，式飲式食，邊吃邊談，在暢叙詳談，細斟研商的結果之後，決定邀請太倉喜八郎任担申報館的出面董事，一切交由葉養吾負責進行其事，作爲與太倉喜八郎接洽的申報全權代表人。

葉養吾與太倉喜八郎接洽，倒也是一說即成，因爲事急，一成以後，太倉喜八郎便即去日本領事館，以上海華文申報館的出面董事自承身份，進行申請註冊手續。不過這種要經過公家機關的手續之事，不像過去中國的機關衙門，不成其爲規矩的規矩，有必須要經過一種公文旅行的歷程。但是即在辦公事最有快速效率的外國，也不能做到一蹴即成的成績出來。所以正在太倉喜八郎已向日本領事公館進行辦理申請註冊中的時候，剛剛輪到又是意大利領事蒞止會審公堂，出席會審值日的這一天上午。史量才適巧在四川路上海青年會的理髮室中理髮完畢，突被公共租界四馬路巡捕房的華籍探員逮捕去了，原來史量才一向以來，住在法租界區域之內，上海的租界規矩，要想越界捕人是件不容易事。除非其人是盜匪和殺人的案犯，才可以越界捕捉罪人。但是要捕捉盜匪和殺人罪犯，手續麻煩之極，必需要當地的警務處備就公文，到罪犯匿跡所在的該管巡捕房，請求協助。於是雙方由中西探員會同協助捕捉，但所謂協助實不協助；該管巡捕房所派遣的中西探員，只是在旁監察，萬一發生拒捕鎗戰，可以趨避，不負責任。至於民事和政治案犯，雖已變成刑事案件，頒發拘票，仍不可以進行捕捉，即使被捕住了，不但立即釋放，且經辦的探員們還要受到對方警務人員的斥責侮辱呢。這是早期兩租界警務處所定的章則例理，無人敢違的。所以往昔不法之徒，要視租界地區爲逋逃之藪，就是這個緣故。

史量才和秋水夫人的雙棲之處，於民國二年的春季，已由俗呼「打鐵濱」的喇格納路的弄堂房子（按：在南陽橋殺牛公司後邊）遷移到巨籟達路某號花園洋房去了。這所花園洋房那是安徽巨室胡二梅的家，他的父祖以及先人歷代都是做大官大府，積資無數，還是在辛丑革命，才遷居到上海來。因史量才與胡二梅雖係相交初識的朋友，但也是佛說所謂因緣，却是一見如故。其實呢是。胡二梅極賞識史量才的才能無量，反而傾心相交。有一次他到史量才的家裏去，看見里弄內外有欠清潔。而里弄所在的一段地方的四邊環境，空氣濁俗，所以胡二梅力勸史量才搬遷，只因他自己屋多人少，感到空虛冷落，孤處寡歡。縱有男女傭僕多人，還有剩餘房屋，居住無人，願以相讓同居，以便添增熱鬧，解除寂寞。在史量才方面而言自從他主辦申報以來，聲名鵲起，地位日高。更其在民國元年，歷任松江的「鹽務局」局長，「滬軍都督府清理處」處長以後，已令他有「以吾從大夫之後，不可居陋也」之感。早有遷徙他處的擇鄰之心，却無華貴渠渠的稱心之屋，所以蹉跎的延不搬遷。現在胡二梅家，有花木扶疏的大花園，有軒暢舒適的高洋樓。更有的是巍峨廣濶的鐵門，戒備森嚴的巡捕，入居其中，何等榮耀，於是就遷居胡二梅的花園洋房裏去了。在胡二梅家有一天外來一個電話，那是要史量才接聽，恰巧史量才外出，那電話就叫請史太太聽話，秋水夫人一聽電話那是嬌聲滴滴的女人聲音，那電話裏說是「史太太，史先生出去了麼？我是葉公館的葉太太，因爲我家葉先生有點要事，想與史先生在電話裏講幾句，怎麼史先生恰巧出去了，請問史太太知道不知道此刻史先生到那裏去的，可以告訴我麼？好讓我家葉先生尋找史先生，實因這事太重要，太緊急了！」秋水夫人已經由史量才告訴她，說是申報的牌子，託了葉養吾辦理，向日本領事館申請註冊，就要變成日商的申報，所以秋水夫人在電話裏聽到打電話的女人，自稱是葉太太，同時又葉先生長，葉先生短的說上一大堆的葉先生，想來必是葉養吾了，他的電話，確屬重要，他要找史量才，事必緊急，所以不經意地告說：「葉太太，我家史先生此刻到四川路青年會去理髮的，那裏有電話，只要打電話去就可找得着」。

史量才怎會理髮要到四川路青年會去呢，因爲那裏有一個德國人的理髮師，時在革命以後，國人男士都剪去髮辮，改變式樣爲西式，中國人的理髮師剪理西式髮型，實因他們的師資不深，剪來式樣不妙，史量才對於自己容貌的裝璜，非常講究，力求美觀，所以他認定要這個德國人理髮，已成慣例，誰知他今天在德國人的理髮美容以後，付出二元的代價，正要離去之時，突然兩們便衣偵探，向史量才出示了拘票，立即押上警車，直駛四馬路巡捕房而去，正是：「理髮整容修飾好，忽然禍從天上到」了！（七）

溥心畬在香港

訥夫

避地依泉石，松陰覆逕斜；
中原非故國，南海豈吾家？
白屋閒書葉，青門比種瓜？
此鄉無魏晉，應勝武陵槎。
——溥儒——

十二年前我在港舉行書畫展覽會，溥先生特為我的萬松書屋校碑讀畫圖題的一首詩。用舊榮寶齋的寒玉堂詩箋寫上，從台北寄來，另外還有一幅用宣紙寫的中堂，並且答應我如果出入境手續能辦妥，可能趕來香港湊湊熱鬧，前輩風儀就是這樣謙虛慈和，沒有一點做作。可惜那年他並沒有來，一直等到第二年的十月，才和太太從台北乘飛機來吃螃蟹。

舊王孫溥心畬先生

1896——1963

溥先生最歡喜吃蟹，那年秋初就寫信叫我替他辦入境証，我和高嶺梅兄同做保証人，到了九月底，入境証還沒辦妥，他一連來了三封信催促，信裏面兩次說：「証尚未妥，如遲恐過蟹期……」可見這位西山逸士嗜蟹成癖，食指大動，後來總算如期辦妥，訂好飛機，事先打電報來叫我們依時到機場照料。

那天下午四時，我和嶺梅兄去接飛機，從台北來的班機抵達後，搭客魚貫而出，但不見溥先生夫婦二人在內，我們到處詢問，看搭客名單明明列有溥氏夫婦二人，何以不見？後來通過機場熟人的安排，進入搭客候機室，看見溥先生穿一件白熟紗長袍，正襟危坐，目不旁瞬，溥太太也陪坐一起，我們上前招呼，問訊之下，才曉得他倆不許出閘，要候原機飛回台北，我們問他倆到底是什麼一回事？溥老祇說不知，沒有一點着急張皇的情緒。

後來，向移民局的職員詢問，才知道是為了他倆祇有來港入境証，但沒有回台的入境証，照例應乘原機回去。我們再問溥老的証件放在那裏，他說不大清楚。溥太太說：「可能是留在台北航空公司裏面」。這一來眞把我和嶺梅兄急壞了，那時差廿分鐘就到下班時間，機場職員說作不得主，一定要局長批准才可以放人，人急智生，我馬上打電話找施錦源兄，承他幫忙，總算找到移民局長用電話通知機場，准由我和嶺梅二人担保，廿四小時內取到回台証，才讓他夫婦倆在港逗留，否則，下一班機就要回去。這樣足忙了兩小時，才把他們倆接到酒店安頓，在汽車裏，溥先生對他太太說：「要不是我打電報給訥夫嶺梅兩位接飛機，這頓螃蟹還是吃不成罷。」

這位滿清皇室，在北京西山埋頭讀書寫畫的王孫，一生忠厚純樸，不為世俗塵務牽絆，就是養成一派天眞無邪、隨遇而安的氣度，絕不會臨事慌張、怨天尤人，從他那一份沉默寡言、安詳從容的修養來看，應該是能「克享遐齡」「年登大耄」的，可是他的作品，像寒玉堂中的詩詞，却是處處流露着許多國亡家破憤世嫉俗沈鬱辛酸的情懷，甚至贈給區區的那一首題畫詩：「中原非故國，南海豈吾家？」也是興感萬端。難怪這位詩書畫三絕的雅人，雖在病魔纏擾中也不廢吟哦，泰然處之了。

溥老抵港的那天晚上，李世華兄在他的寶雲道私邸，早已安排好蟹席招待，那是李太太親自選購下厨烹製的，配上幾樣拿手小菜，倒是很難得的家常便飯。可是溥老一到就嚷着開席，看見紅彤彤熱騰騰的螃蟹端上桌來，他也不再客氣，伸手就抓到面前盤子，據案大嚼，一口氣連吃十二隻大螃蟹，才撫腹而笑。他不喝酒，祇吩咐替他做一碗最燙的釅茶，喝完了跟主人陪客談笑風生，飯後還到書房喝茶，看見世華兄家藏的宋版書，嘖嘖稱羨不忍釋手。這一晚看他嘻嘻嚷嚷，一口地道的清脆的旗人京話，眞叫人聽來舒服，他不但沒有一般所謂學者、名畫家、什麼詩人那一種酸腐或故作驚人的舉動，更隨處流露率眞自然，待人以誠的風度。

溥老篤信三寶，抵港翌日即叫我陪他去上廟拜佛，我告訴他香港島這一邊沒有佛寺，最近得要到沙田去。那時，萬佛寺的方丈月溪法師還健在，跟我是方外交，也愛書畫。因此第二天我陪他兩夫婦去沙田，到了山脚，看見五六百步的石級，他說腿乏不便爬山，我提議僱兩頂「竹兜子」抬他們倆上去，溥老說不想如此「勞師動衆」

舊王孫書贈本文作者詩扇

了，後來祗好帶他倆去附近的般若精舍，也是要從火車站走十五分鐘，還要爬一段斜坡，溥老拜佛心誠，慢慢的爬到了一半，已經滿頭大汗，便坐下石磴砍上歇脚，香港十月的天氣還是燠熱，他索性把長褂子脫了下來，歇了一會才拾級而登，般若精舍是比丘尼修行的所在，花竹扶疏，環境清幽，殿閣巍峨，佛相莊嚴，溥老到此拈香下跪，全是佛弟子頂禮的儀注，虔誠不苟。

禮佛後循原路下坡，到沙田酒店喝茶，坐對山色，興致特濃，溥老說：「咱們旗人拜佛是很重視的，在家如此，出門更不可忽畧。」在沙田酒店遠眺望夫山，認爲奇景，後來寫了一首詩寄給我，題曰：「沙田望夫山。昔有婦人，登山望夫，會風雨，化爲石」。

「昔聞貞女峽，今見望夫君，
沙田一片月，隔斷蒼梧雲，
碧蘿生蘚色，石黛上苔文。
祇有巖頭草，年年野火焚。」

此後留港多日，友朋酬酢，甚少題詠，獨於遊大嶼山寶蓮寺、青山寺等處，却有數首，如登新安縣青山寺，遊大嶼山，登大嶼山寶蓮寺，望大嶼山禪院，鳳凰嶺道中，皆爲登臨興感、禪機道心的佳作。

溥老和古時的詩人騷客一樣，喜歡在佛寺題壁，在大嶼山昂平的寶蓮寺內蓮花池邊的素壁上，至今尚留有他題的一首詩，但已漸爲風雨侵蝕，今年夏初，我陪柳存仁教授去寶蓮寺訪筏可大和尚，曾建議將那溥老題詩從新塑刻，以保久遠，不知道現在是否已經動工。另外使我想起四年前去韓國參加國際新聞協會會議時，在漢城的國立博物院也看到他題鮑石亭遺址，和慶州佛國寺古松各詩的書軸，掛在院長的辦公廳內，韓人對先生的敬仰之深，雖一紙題詩，也珍同拱壁。

溥老平生淡泊自甘，不阿權貴，但對友誼至重。我們在一起的時候，常常舉問他的故交，如商衍鎏探花、左霈榜眼、温毅夫太史、朱汝珍榜眼各家後人的狀況，可見他念舊情殷。

心畬先生逝世七年，墓草已拱，每年在蟹肥菊黃的深秋，想起我們師友之間的交誼，眞有不勝腹痛之感。

溥心畬接受南韓大學博士學位後參加慶祝會合影
第二行坐者自左起為學者董作賓溥心畬朱家驊等

溥心畬珍聞軼事

張目寒

御賜珍藏何處尋？京華一見許知音。西游圖畫最開心！赴會騎車人笑謔，倚床速寫病交侵，浪傳不學惱偏深！（調寄浣溪沙）

——作者咏文中事——

心畬逝世於民國五十二年十一月十八日，（農曆十月初三日）距今七年了！我不擬將一般人已經提到過的，再來重復叙述，只就我記憶中的一些瑣碎事情，畧談一二，使平素仰慕心畬的人，再能知道他的一些珍聞軼事。

一、御賜珍藏何處尋

心畬說他一生中最值得回憶的事，是十歲的時候，叩見太后老佛爺並獲得四盤賞賜。

他的祖父是恭親王，在當時可說是朝內朝外都受人尊敬的一位王爺。王府在十剎海附近，心畬剛滿十歲的時候，便由他的大母領着到頤和園去叩見慈禧太后，磕完了頭以後，太后非常喜歡他，叫他好好讀書，將來做一番事業，同時並叫宮女取了四盤東西來賞給他。計小玉如意一柄，一兩重的金元寶十錠，一兩重的銀元寶十錠，瑪瑙珍珠各若干顆。這四盤東西，心畬一直保藏着，認爲是畢生莫大的榮幸。

入民國後，心畬雖然受過科舉教育，而且到過外國好些地方，但他畢竟是一個文學家、藝術家，所以勝國遺民的觀念始終存在腦海之中。爲了避免覩物思人，緬懷過去，這些珍愛的賞賜品，始終放在北平的家中，沒有在他流遷的時候隨身携了出來，現在當然早已不在了。因此，心畬每當同我談及此事的時候，莫不感慨萬千。

二、京華一見許知音

我同心畬訂交，是民國十三年間的事。八兄大千也因爲我的關係，才和他熟知的。

心畬有一位族兄溥侗，嗜愛崑曲和平劇，就是當時無人不知的紅豆舘主。某天，我同陶梅庵都在溥侗家中玩，無意談到心畬。溥侗說：「我介紹你們認識，如何？」我說：「很好。」過了幾天，溥侗便置酒爲我們介紹，彼此一見如故。往來不久，我因有事便離開北平南下了。

民國十五年的春天，我再到北平，心畬聽說我到來，便折柬邀我叙餐，地點在春華樓，飯舘的老板叫白永吉，是當時最大而又最好的一家。恰好當時大千也在北平，並且和善子二兄與汪采白住在一起，心畬便邀請一併吃飯。到期，大千說：「心畬的架子大得很，我們遲一點到，不要去得太早了。」因爲這時大千雖然認識心畬，但沒有多少來往。我說：「心畬此人，表面上架子甚大，其實也是喜歡朋友的人，我們也不要去得太晚了，叫他久等。」

當天晚上，大家吃得非常痛快，心畬講了好些笑話來助興，加以他的吃像太難看，完全是一副名士的派頭，弄得滿桌狼藉不堪。這種習慣作風，幾十年後仍然沒有改變多少。

從這次以後，大千對心畬的態度，頓然改觀，也奠定了他們深厚的友誼關係。所以心畬逝世後，大千從南美回到台灣，特別領着妻兒到心畬墳台，以跪拜大禮致祭。

三、西游圖畫最開心

每個人都有其消磨時間的方法，有的人不時變更興趣，有的人却一直不變。心畬雖然喜歡繪畫、寫字、作詩、唱戲，但他最開心的消遣方法，却是看武俠小說和畫西游記連環圖畫。

心畬可以說是標準的武俠小說迷，到台以後，更是無書不看，不論好的壞的，只要能租到，便一直看個不停，而且看得非常之快。他通常都叫章宗堯去租，有時一天之內，弄得宗堯借書還書跑來跑去，大喊吃不消。這種情形，直到他最後進入榮民總醫院時爲止。我想心畬喜歡看武俠小說的原因，一定同胡適之先生一樣，因爲它可以使人脫離現實社會，不致使人發生閱後之感罷了。

心畬除了看武俠小說之外，無事時，總是喜歡畫西游記書上的故事，特別是孫悟空的故事，而且一段又一段的連續畫了下去。我曾看過好些，其中如孫猴子過火燄山，盜芭蕉扇，看起來都覺得非常有味，而且神氣十足。一般人總以爲心畬的山水畫得很好，其實要講趣味盎然，神情生動，這些小小的畫幅，仍然有其藝術上的最高評價，只可惜沒有流傳出來，致爲一般人所不知而已。

心畬對我說，在他畫孫猴子的時候，看起來有點無聊的樣子，事實上却正是他神與天合，心游物外的時候，也是他引以爲最開心的時候。我想這是老實話，因爲他一生的不如意事也實在太多了。

四、赴會騎車人笑謔

心畬會騎自行車，知道的人不多。所以我特別提出。

他來台之初，住在凱歌歸，後來才搬到臨沂街的住所。他能唱大鼓書，很有韻味，能彈月琴，更會唱平劇，同時還能寫一些大鼓詞。在他生病去世以前，每逢星期一、三、五的下午，總是到泉州街方震五的家中，繪畫、唱戲，有時還找人來拉琴。不過，這時他已經不騎自行車了。因爲過去會經出過意外。

當他遷居臨沂街寓所以後，因爲和陳雋甫、吳詠香夫婦的住所很接近，同時並由於他們的畫室較大，所以每天早上都到那裏去作畫，而且去的很早。這原本是一段很短的路，步行也不需要三五分鐘，可是心畬總是穿着長袍騎了自行車趕去赴會。有天淸早，騎在半路上，想讓人先走，却不幸被人撞倒，跌在水溝邊，心畬沒有埋怨那人一句，只認作自已倒霉了事。過後，費了半天勁，才爬起來，腿跌傷了好些地方，回家休息好多天，才調養好。心畬對我說：「眞是倒霉，欲速不達，平地風險。」我說：「中國人爲甚麽騎洋馬呢？」從此以後，他雖然不敢再騎自行車，可是也引起好些朋友的玩笑了。

五、倚床速寫病交侵

心畬是患喉癌而逝世的。我以爲和他的暴飲暴食有關。當我同他在北平訂交的時候，已經是有名的饕餮之徒了，只要味道美好，即不顧一切的大吃特吃，完全是名士風流細大不拘的作風，所以吃像難看，我曾笑對他道：「可不可以文雅一點呢？」他說：「人生貴適意耳，管他好看不好看呢？」數十年來，他這種乘興暴食的作風，始終沒有變更多少。逝世前一年，他曾到香港去了兩趟，因爲多少年沒有吃到大閘蟹了，便每天吃蟹而且每頓飯非食十數隻不停箸。豪則豪矣，口福亦大飽特飽矣，我總懷疑和他後來喉部不適引起喉癌有關。

他在榮民總醫院接受鈷六十治療的時候，每天感到無聊，便取白色洋紙張，用鋼筆速寫護士小姐的像，見一個畫一個，非常傳神，而且有趣。我曾親眼看見他三筆五筆的就將一位護士的神態速寫出來。我對他說：「將來你可以改行教鋼筆速寫，不要再教國畫了。」心畬說：「我的病，始終不見大好，似乎時好時壞，眞不知何時才可以出醫院呢？」接着又說：「出院以後，我不會教鋼筆畫的，因爲我一生研究的都是中國文化，我願親見中國文化能有光輝燦爛的一天。」我聽了他的話以後，內心至爲敬佩。可惜不久，心畬竟歸道山了！

六、浪傳不學惱偏深

余來台之初，曾一度賃居臨沂街，與心畬寓所相去不遠，故得以經常晤面；後余遷居台北縣中和鄉，仍不時會談，以快胸臆。某日，與心畬不期而遇，我看見他盛氣冲冲，面有不懌，頗以爲怪，但亦不便詢問究竟。過了幾天，又碰在一起，我便動問原因。他告訴我說：有人認爲他沒有進過學校，留學德國也是假的，他聽到這類謠言後，心中非常憤怒，認爲污辱了他的人格，所以好多天心情不快。接着又說：他已經將他的學歷口述於人，請他們整理後油印分送，以免以訛傳訛，而正視聽。又過了幾天，我去看心畬，他說：「你來得正好，這是我親撰的學歷自述稿，代我保存如何？」我說：「當然可以。」於是，心畬學歷自述這篇文稿便一直由我保存到現在。因爲近十餘年來，沒有任何一個人懷疑他的學歷不實，所以我保存的這篇文稿內容，很少有人看到。今特將之披露如下，以誌此一段經過。

以下是心畬學歷自述的全文：

「余幼年未曾入小學讀書者，因光緒年間，憲法未完全成立，凡宗室王公子弟，皆沿用舊制，在家塾讀書，年滿二十，即出學當差。於宣統三年，（庚戌年，我時年十五歲）奉　上諭成立貴冑法政學堂，（此貴冑學堂前身即貴冑陸軍學堂，畢業後送東西洋學軍事）凡王公大臣勳舊子弟年及十五歲者，皆命入貴冑法政學堂讀書，有隱匿不報者，罪及家長。故余於宣統三年九月十五日，送入貴冑法政學堂。當時該學堂制度，分預備科、甲乙科、簡易科、聽講班。預備科等於中學；甲乙科等於大學；簡易科皆年在二十五以上四十以下者，等於速成班；（簡易科聽講班等於光緒年之進士舘，非基本學生）聽講班則皆王公大臣政事之暇，臨時召集聽講，（由監督召集）並無日常課程。在宣統四年辛亥，遜位詔下，學堂結束，即將預備科甲乙科三班學生，並歸淸河大學（在北京），旋又由淸河大學學生中，有願學軍事者，保送入保定軍官學校，（故保定軍官學校第二期第三期學生多與余同學）其不願去校者又並入北京市內法政大學。余即畢業於此大學，年十八歲，實爲遜位後二年（即癸丑年），是時余　嫡母長兄皆居青島滙泉山，（在馬場前）余因省親至青島，遂在禮賢書院補習德文，因德國亨利親王之介紹，（亨利親王爲德皇威廉第二之弟，時爲海軍大臣）遊歷德國，考入柏林大學，（在今東德，因校址已毁，西德今又成立名民主自由大學）時余年十九歲，爲遜位後三年（即甲寅年）。三年畢業後，回航至青島，時余　嫡母爲余完婚，余是年二十二歲，即遜位後六年（即丁巳年）是年夏五月完婚，六月二十四日，回北京馬鞍山戒壇寺，携新婦拜見　先母，後即在寺中讀書。明年生長女韜華，秋八月，再往青島省親，乘輪至德國，以柏林大學畢業生資格，入柏林研究院。在研究院三年半，畢業得博士學位，回國，時余年二十七歲，是年爲遜位後十一年（即壬戌年），是年爲　嫡母六十正壽，故由德國趕回青島祝壽。祝壽後，仍回北京馬鞍山戒壇寺。余年二十九歲，生長子毓岦，爲遜位後十三年（即甲子年），因　榮壽公主七十正壽，（榮壽公主係余姑母），遂奉　先母移城內居住。余三十三歲，爲遜位後十七年（即丁卯年），應日本之聘爲日本東京都帝國大學教授，回國後爲國立藝專教授。自蘆溝橋事變起，後即北平淪陷，余遂移居萬壽山居住，是年余四十四歲，爲遜位後二十八年（即己卯年）。日方屢請參加教育等事，遂稱疾不入城。以後之事，無可詳述。今序學歷，並非欲藉此宣傳，所以不憚詳明陳述者，欲使對余學歷懷疑者，明瞭而已。」

良駿圖　傅心畬畫　定齋藏

女佛菩薩　傅心畬敬寫　定齋藏

鍾馗　傅心畬畫　定齋藏

雙駿圖　傅心畬畫　定齋藏

憶舊王孫

王壯爲

清音延古汲　雲葉隕華林

上面十個字，是我輓溥心畬先生的五言一聯。民國五十二年農曆十月初三，溥先生去世，哀悼追念的人極多，好的輓章也極多。筆者平生是不喜歡以通套之辭輓人的，但却覺得確有對王孫致輓之哀思，於是吐出了這麽寥寥十個字。其中也有事可述，其事詳后。

我之認識溥心畬先生，是三十九年來台以後的事，我之望見舊王孫，則是再早在北平中山公園社稷壇朱墻以外的事。距今竟有四十年之久了！

大約民國二十幾年的暮春時節，北平的牡丹盛放。我到中山公園去看牡丹，在社稷壇圍墻正門左側牡丹畦內，聽到有別的遊客指點低聲說：溥心畬也來看花了。當時正是南張北溥的聯銜被人傳誦的時候，似乎也正是張大千北來在水榭開過畫展閧動一時後不久。溥心畬不過三四十歲，在一般年長的書畫家鑒賞家來說，他還是一位後起作家，但是一致認爲他的北宗山水，將來的造就必定登峯造極，是毫無疑問的。

當時我回頭望去，只見一簇大約是四個人自行人道的南端土地上跨越過來。這四人是一男三女，男的方面大耳，唇紅臉白，眉目如畫，身材寬而不高，望之竟是不似一般遊客。女眷穿着滿人特有的旗裝，脂粉簪花，似是一位夫人兩名侍女的樣子。氣派風格，也與當時北平的仕女兩樣。使我立刻想起老杜的哀王孫詞中「龍種自與常人殊」的句子來。

其時鄧之誠的「骨董瑣記」在報刊發表，頗得士大夫的好評，我在望見了溥氏挈眷園遊情形後，又立刻想起鄧的一些記述。現在翻檢骨董瑣記，在「都中三湖」一則中，有這樣的一段。摘錄於左：

「十刹海，所謂西涯也。李文正法梧門所居已不可尋。張文襄舊宅在湖南岸白米斜街，後人不恆居之，屋瓦多頹圮者。宅本文襄庖人所設會賢堂，文襄居之，會賢遷於北岸。築堤通湖南，沿堤植柳，高入雲霄。自夏五迄中秋，堤上設茶肆及諸攤戲，遊人佻傞經過。惟前朝諸戚貴，則凝裝坐會賢樓上，內家裝束，照映生姿，行人猶指目也」。

頤和園中舊王孫——溥心畬四十餘歲時

後面幾句，實在描寫得很好。王孫貴胄使人們不由得不以異樣的眼光去看他，而他們的所謂「內家裝束」確實也與一般社會不同。記得齊如山先生曾對我說：旗人的王爺貝子，雖是男人，平時也都描眉打鬢講究化粧。現在想起當時在牡丹畦側所見的溥二爺，唇紅齒白，眉目如畫的情形，雖然那時他年紀尚輕，起居優裕，朱唇玉面也是當然的；但究竟印象過於鮮明。這位後來的西山逸士，當時的青春風采，恐怕確是經過一番修飾的。

那時區區才二十多歲，還是個羞澀的青年，眼見遊人指目的情形，實在沒有勇氣上前自道姓名，只能默默在旁，心幸今天總算見到這位貴胄畫家了。

十六七年以後，我和王藹雲兄同事於台灣教育廳。藹雲愛好書畫，尤其喜歡沈尹默的字，恰巧我也曾是渝州上淸寺石田小築的座上客，所以我們非常談得來。某日晚上，我們一同到臨沂街六十九巷曲折小衖內，拜訪寒玉堂。溥先生見了我非常親熱，因爲他和我縣城內的陳翰林子綸相交極深，而陳氏於我則是表親長輩。當時我覺得這位舊王孫極其可親；但也非復當年社稷壇側的華貴情形了。

於是我們談印章、談詩、談書、談畫。大約有三五年，我常常是寒玉堂夜集的坐客。

其後人事叢脞，我漸漸去得少了。又聽到夜集的門客，也漸漸以商賈爲多起來。但每年中總有若干次酬酢遇到一起，見面必定執手寒暄，相談爲快。五十二年春，他因病住榮民總醫院，我曾偕黃君璧先生同往探視，現在想來，這是我和他最後一次見面了。

我們的相交，可以說是印章開始。他把他帶來的印章一一取出給我看，來台之初不過幾顆，都是陳巨來刻的。據說，他之從北平到南京，本爲遊歷展覽，並不知不能再回北方，於是只帶了幾顆印。其中主要的是王福厂所刻「舊王孫」朱文及有三靈圖飾「溥儒」二字白文印。這兩顆印因爲用久了，已漸漸磨損，朱文漸粗，白文漸細，不能再用了，所以請陳巨來重新刻過。布局筆意，小有不同。此外「飛鴻」二字朱文圖印，「乾坤一腐儒」五字白文方印，也是巨來所刻。而用得最多的則是舊王孫及三靈姓名印。其後姓名一印，又經不止一個人做刻過，而且大小不一。所以這幾年對於此一印章的孰先孰後，孰眞孰僞，已成爲喜愛溥畫的人們討論的問題了。

我最初給他刻的一顆印，是「庚寅」二字紀年小印。當時他說打算畫小手卷，需要小印章，我於是給他刻了三顆小章，庚寅記年一顆之外，還有「儒」字及「心畬」二字兩小方印。後者尤小，不過如蠅頭大；迄今還是他所用印章中最小的一顆。這些印在他的小畫中常常見到。他喜歡風格較古之細朱文印，所以於巨來所刻最爲愛好。記得某次已故洪蘭友氏訪他，其時我先已在坐，他給我介紹說：「此台灣之陳巨來也」。還是我自己道出我的姓名來，相與笑樂。巨來的印，的確是近年一高手。他之所長，我確是自愧弗如；但我之所長，恐亦非巨來之所能也。

我大約共給他刻印十許顆，最後的二印，已是他得病之後的事。當時聽友人說他耳側長了瘤，時痛時止。一天，他派人送給我一張墨梅三尺幅，附有一函二石，求我刻杜詩二句：「汲古得修綆」，「吟詩秋葉黃」。這兩顆橢圓長方的小印，很費了我一番斟酌，大約過了幾個月才刻成，繳卷時他已住進榮民醫院。我同黃君璧、陳子和去看他，見他內向側臥，病已相當沉重。但仍坐起談話，仔細看我所刻的印拓，然後將拓紙放在枕旁，躺下去再看。

他給我也寫了不少的畫，有寥寥幾筆的，也有相當繁複的；有很精的，但是沒有很大的。比較特色的是一條硃筆高松，是某年元旦所寫題句云：「赤城霞起而建標，元日寫此爲壯爲先生壽」。當時並說：「古人爲壽，並不一定在生辰的時候」。但恰巧我的生日是新正人日，所以於古於今，都還適合，此畫迄今仍應歸入歛齋長物志中也。

溥氏逝世前一二年，似乎已自知不久於人世，所以積極手抄他的詩文諸稿，並遣其門生錄副不只一份。經其晚年所收弟子青年吳建同奔走的結果，他的筆記「華林雲葉」兩冊，總算在他生前出版問世，也總算趕上他親自過目。這書裝印的並不很合理想，不過吳建同爲暮年落寞的他了却一樁心願，其功勞實在是值得稱贊的。

華林雲葉分上下兩卷，共九類：記事、記話、記詩、記遊、記書畫、記金石、記草木、記鳥獸蟲魚、記藻。其中有一則重出的，有誤字，有漏字，想見其病中抄寫，急於在其有生之日，完成這件心願，不免倉卒遺漏的情形。書法也較其平日所爲略覺稍遜，不及「寒玉堂論畫」之從容飄逸也。

溥氏對題跋古人名蹟，最爲謹嚴，多作柳體端楷，末署姓名，不書別字。我藏有一卷清代李耳山的寸幅千里圖，紙幅的確只高一寸，卷尾跋者甚多。我曾請他及陳含光丈加跋，二老皆作蠅頭小楷，可稱雙絕。他的詩題云：

「咫尺論千里，蒼茫聚十洲，吳江連野渡，蕭寺隱崇樓。堤上縈官柳，波間蕩客舟，耳山傳妙跡，如見廣陵秋。山水小巷，石谷臨米元暉雲山晚色，瑤華道人爲董蔗林尙書作秋山，皆高寸許，海宇澄平，騷人逸韻，南渡詩人，隱几而夢元祐，不亦宜乎？」

這首詩不過寫卷中景物，並非極力之作，但是一片唐音，出之端莊，仍是他的本色詩，非他家所及也。

他病中積極編錄他的詩詞稿件，希望能夠看到出版。但是詩詞集終於沒有來得及，逝後由其子孝華付印，於其週年忌日出版。仍是兩冊一函，總名寒玉堂詩詞聯文集。這個總稱，似乎不是他自己所取。其分名爲：寒玉堂詩集，其中又分西山集（有紀年者自民四至民三十一年）及南遊集（有紀年者自三十五年至五十二年）、凝碧餘音詞、寒玉堂聯文。這部詩詞聯集，印刷、裝訂、紙料均較「華林雲葉」爲佳。

據知，溥氏此外還有許多著作手稿。他嘗從事「說文經證」的工作。又曾在某骨董肆中，看到他的手稿二種：一爲「爾雅釋言經證」，一爲「唐五律佳句選」。另外據我見到的，他作的賦也不少，定必有專稿一輯。歛齋也藏有他手書的「草木鳥獸蟲魚賦」，爲周棄翁所贈。極希望他的後人及友輩門生能夠爲他彙輯出版，實在是一件公德。

他的興趣造就也是多方面的。畫的名氣最大，但字的成就也是上上的。而他自己却以爲經義學問工夫最深。我以爲當代書家，論楷法的

舊王孫自題畫室橫額

謹嚴精妙，應當以他爲第一。行草則有自己的境界，有人比之爲散髮仙人，有凌虛御風之意，確能道出其獨特的風格，就此點而言，應當更在其楷書之上。

他精於音律，能彈一手好琵琶。能技擊，當年可以舉重兩三百斤。初來台時，沒有琵琶，我曾聽過他以琵琶的掄指法彈日製大正琴，居然風雨滿堂，四壁撼盪。武術據說是從北平順治門外一家煤舖的掌櫃學的，却未曾見他練習過。

這位王孫的性格很奇怪：有時天眞，有時憂鬱，有時糊塗，有時世故。大抵糊塗並不是眞的，止是樂得聽到別人說他糊塗而繼續裝下去，以爲笑樂。譬如常常聽到的他總忘記師大藝術系上課教室怎樣走法，也許第一二次不認識路容或有之，但以後便樂於裝作忘記，由學生扶侍引導了。因爲糊塗是僞裝，所以事實上他是極世故的，一個帝王後裔，失意王爺恭王的後裔，豈能脫開其政治背景，而不學會世故的道理？

溥氏之可愛，在於其天眞的一面。遇到臭味相投的朋友，談詩論藝，鑒藏飲啖，放浪山水，不能再有更風趣、更率眞的人物了。某次談到遊山，有人說：「昨日上山我担心極了，如果下雨，眞不知會慘到什麼地步」？我說：「下雨算得了甚麼，最多不過將衣服多洗晒一次，但是山上的雨景纔叫難得呢」。他忽然站起來，對我作立正姿勢，並且行了個軍禮，說：「妙極了，妙極了，你把我心裏的話都說出來了」。這不過是一例而已。

可惜而令人難過的是，他發露天眞的時候很少，而表現沉鬱的時間則很多。一定有不少的朋友體察過寒玉堂中的情形：廳中坐了一些各色人物，包括大部分的買賣人。裏間是一桌麻將，大聲小氣，吵鬧的很。這位舊王孫坐在矮的方榻上，一言不發，手不停揮，口不停吸。不停揮是不斷的作小畫，很少休息；不停吸是不斷抽劣等紙烟，一支連一支。這樣每天晚間弄到十一點以後，才洗硯、收筆、休息。很多人對我說，溥先生簡直是一架機器，其開關悉聽於操縱機器的人，運轉時並無生物的意志興趣，只是輪機轉動而已。

他是天分極高而又富於才情的人。一日之中，大部分時間在這種情形下勞作，於是就只有沉悶不言，毫無樂趣的消蝕光陰，其情況簡直令人憐憫！

他喜歡學生，因爲學生敬愛他。他喜歡談得上的服友，但是很少有性眞交往的機會。說起來實在令人感嘆。

屬此文時，距舊王孫之逝，經已七年，覺得生死合離，令人感觸，特草蕪文，作爲對這位舊王孫的憶念吧！

溥心畬端楷楹聯

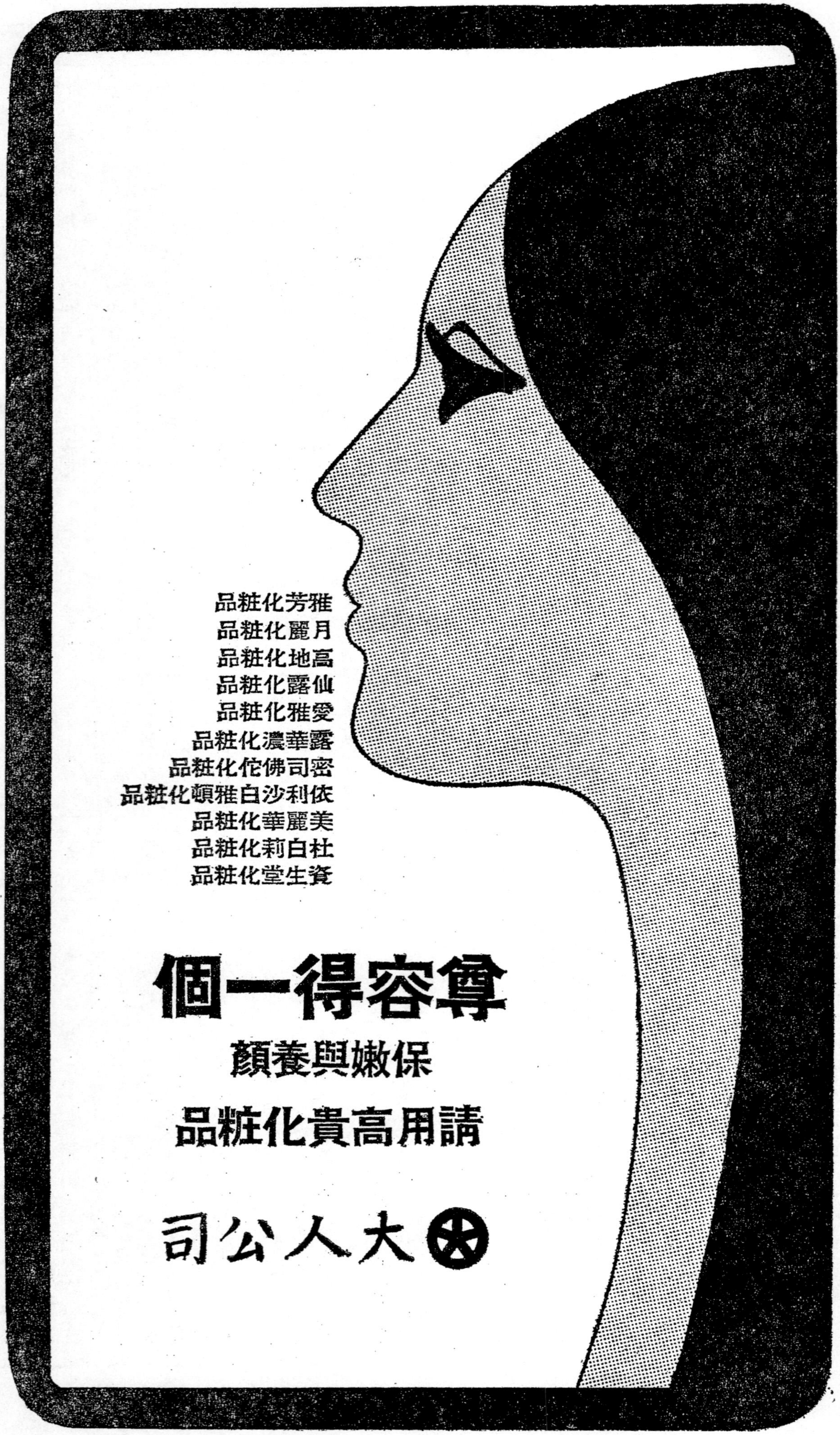
雅芳化粧品
月麗化粧品
高地化粧品
仙露化粧品
愛雅化粧品
露華濃化粧品
密司佛佗化粧品
依利沙白雅頓化粧品
美麗華化粧品
杜白莉化粧品
資生堂化粧品
尊容得一個
保嫩與養顏
請用高貴化粧品
大人公司

抗戰爆發在上海

—淪陷八年回憶錄—

陳存仁

民國二十六年八月十三日，日本人對華全面侵畧戰爭，是在上海開始的，直到民國三十四年八月十五日日皇下詔投降爲止，這是近代史中的一件『大事』，也是我住在上海一生之中最難忘的八個年頭。

中國抗戰了八年，雖然公私書籍紀載頻繁，但是目下存書不多，見到的人越來越少，況且現在日本軍國主義的軍閥已經完全倒下去了，時勢推移，局面全非，中年人記憶日益淡薄，三十歲以下的少年人，簡直都不知道是怎麼一回事了。不過我在上海親身經歷實況，可以反映出當年上海人在淪陷八年中的生活是怎樣渡過的。現在執筆似乎記憶猶新，惟感年月時日以及地名人名，每每想不起來，而且容易把事情和年月攪錯，這是我上了年紀的必然現象，要是如今再不寫出來的話，恐怕再過幾年更加糊塗了。

戰雲未起　間諜密佈

侵畧戰爭開始之前，日本軍閥在上海有幾個優越條件：第一是上海在民國廿一年「一二八」事件之後，中國在屈辱的情況之下訂立了一個淞滬停戰協定，中國軍隊不得駐紮上海周圍數十里之內，只准到崑山爲止，崑山以西，是見不到一個中國兵的。可是日本人反而可以在上海公共租界的虹口區，屯駐軍隊。同時黃浦江中經常有大批軍艦駐守，海陸空軍都有，而且當時日軍在上海，佈下了許多間諜，混在中國的各階層組織之中，中國老百姓不知道的事情，日本人早已都知道，那時節上海市政府，設立在市中心區，可是上海人要到那一區去，必定要經過在北四川路底的日本海軍司令部，才可以到達市中心區，所以這個司令部就控制了市中心區的咽喉。

當時上海市政府市長是俞鴻鈞，他每天出出入入都感到日本軍人的威脅，市政府有一個情報處，有一天，俞市長下手諭把歷年情報檔案運出市中心區，那裏知道所有檔案早已全部失踪，代替檔案的完全是白紙，原來當時市政府的秘書王長春久已受到日本軍部的利誘，勾結部份職員，幹了這一件「盜宗卷」的事情。因此市府一切情報，日本人知道得還要早，換句話說，這時市政府的情報處，早已變相成爲日本人的情報處了。

上海市政府在那年的八月五日起就由俞市長帶了十六名他認爲親信的人員和八個衛士，在法租界白賽仲路一座神秘的屋宇之內，辦理一切公務，上海的一般老百姓是不得而知的。

白賽仲路的辦公處，五號上午開始辦公，下午就有日本同盟社送到一份油印的新聞，俞鴻鈞見了這個新聞稿爲之駭然，因爲他在此地辦公是極端秘密的，何以當天就被日本方面知道了呢？

日本同盟社送來的稿件分爲兩種，一種是報紙用的新聞稿，一種是不公開的參攷資料，在參攷資料中就提到上海市政府已秘密遷移，且將全部人員名單調查得一淸二楚，後來才發覺，他的秘書行列中有一法文秘書耿績之，就和日本人關係非常密切。同盟社每天送來的參攷資料，竟然把南京最高當局每天給俞鴻鈞私人的密碼公文都譯了出來，足見日本人間諜，不僅上海市政府有之，連國府最高機關都有，這麽一來，才把俞市長嚇壞了！

日本人在『八一三』之前，駐在上海的軍隊實在很少，其實不能應付較大的戰爭，他們所依仗的力量，祗有三分是兵力，七分却是這一批間諜的情報，他們對國民政府和市政府的情報瞭如指掌，所以一味靠『嚇』和『詐』兩字，要令到中國政府屈服。

當時民情和輿論，一致主張抗日，要對日本決一死戰，所有報紙都同樣主張要强硬對付，其他出版物如『抗日必勝論』等小冊子，銷數竟達數萬冊，表面的情況是如此，而當政的人都知道日本間諜已經滲透了全國上下，等於一個梨子已經從核心裏腐爛出來了，所以主張『不到最後關頭，不作最後犧牲』。

在時局最緊張時，國民政府百般委曲求全，如代表國民黨的『民國日報』登載了一段提及日本皇室的新聞，日本軍部就認爲是侮辱元首，要求停版，政府竟然立刻應允。

市政府在南京路大陸商塲設立了一個新聞檢查處，處長陳克成，日本人又要求撤換，市府也馬上答允，可是其中潛伏着一個黃香谷，原來這個人也是日本人的間諜。

在這般情況之下，日本人任何要求都唯唯答應，大家以爲戰事可能打不起來，所以從閘北逃到租界上的人，雖成千成萬，但是因此時的局勢時緊時弛，有好多人又搬回了閘北。

國軍開到　驚喜交集

當時上海市政府在市中心區，無數市民散居

租界周圍的閘北、南市、滬西、和浦東，法租界和公共租界。所謂公共租界，是英、美、日三國全都有份的，英美兩國爲了避免糾葛起見，將虹口區劃作日本人的防區，我住在英租界的中區，所以即使戰事發生，我的住處當時還不會波及。

在『八一三』前半個月，報紙的記載雖有山雨欲來之勢，但是天天情況不同，今天說非戰不可，明天又說可以妥協，究竟是『戰』是『和』？任何人都斷不定。

要是戰事爆發的話，一定在虹口區與閘北區互相對峙，我雖安居在英租界中心，但因上海國醫公會辦了一間中國醫學院，佔地五畝，自建大廈七座，是在閘北寶通路。這個建築物雖說是公會所辦，但是建築的全部費用五萬元，是由我和丁仲英老師兩人簽發債券負責借、負責還的。當時的五萬元，實質幣值比現在港幣一百萬元還大，我負上了這個債務的責任，又担當了總務主任的名義，所以每天清晨七時，一定要坐汽車到學院中去處理一切，此時學院的師生已逃避一空，但是如何善後？如何看管？着實要費些腦筋。

八月十一日，正在風聲鶴唳的緊張情況之中，我一清早就趕到閘北，忽然看見無數軍服輝煌的國軍，威風凜凜的在閘北佈防。本來一二八之後的條約規定上海不得駐紮軍隊，此時竟然有國軍開到，這等於說明國民政府已象徵着決心抗戰的佈置。閘北老百姓們見到這種情況，一則以喜，一則以懼，喜的是國軍準備作戰，懼的是禍及己身。數十萬老百姓，扶老携幼的由閘北逃入租界，我坐着汽車想開進去，可是人潮正在冲湧出來，車輛簡直無路可走。

我心想今天該是最後關頭的一天，我無論如何要到中國醫學院去處理一下，我知道有一條小徑，可以通到寶通路，但是此時國軍已架設鐵絲網，祗准人出，不准人入，我心生一計，就在西瓜檔上買了無數大西瓜，裝滿了一汽車，開到閘口，對防守的國軍說：『我是來慰勞的』，防軍便把閘口開放，讓我進去，西瓜搬下車了，防軍拍手歡迎，接着我就一直開到中國醫學院，此時院門大開，兩個校役正在打包袱，準備離去，我說：『慢慢！這次戰事一開，這所學校一定會炸爲平地，你們也不必看守，但是有一件事情，要等我做好了，我帶你們同坐汽車離開』。

於是，我坐在校務室，想了很久，就寫了一封信，這封信是給軍事當局的，說中國醫學院全部新建，內有學生寄宿用的鐵床四百多張，希望國軍接收作爲傷兵醫院，同時把宿舍所有的鎖匙，貼上了房間號碼也一併交給他們。於是我將大門鎖上，帶了信和鎖匙，交給一位軍人，要求他轉送司令部，我在離去之前，在學院中巡視一週，不勝依依，因爲這所學院的一磚一瓦，都是我和丁仲英老師的心血所寄。（按這所學院，地近八字橋，後來在戰事最劇時，我認爲一定已炸爲平地，那知道這所學院始終未受炮火損壞，國軍退出之後，日本軍人把這個所在，改爲『中影製

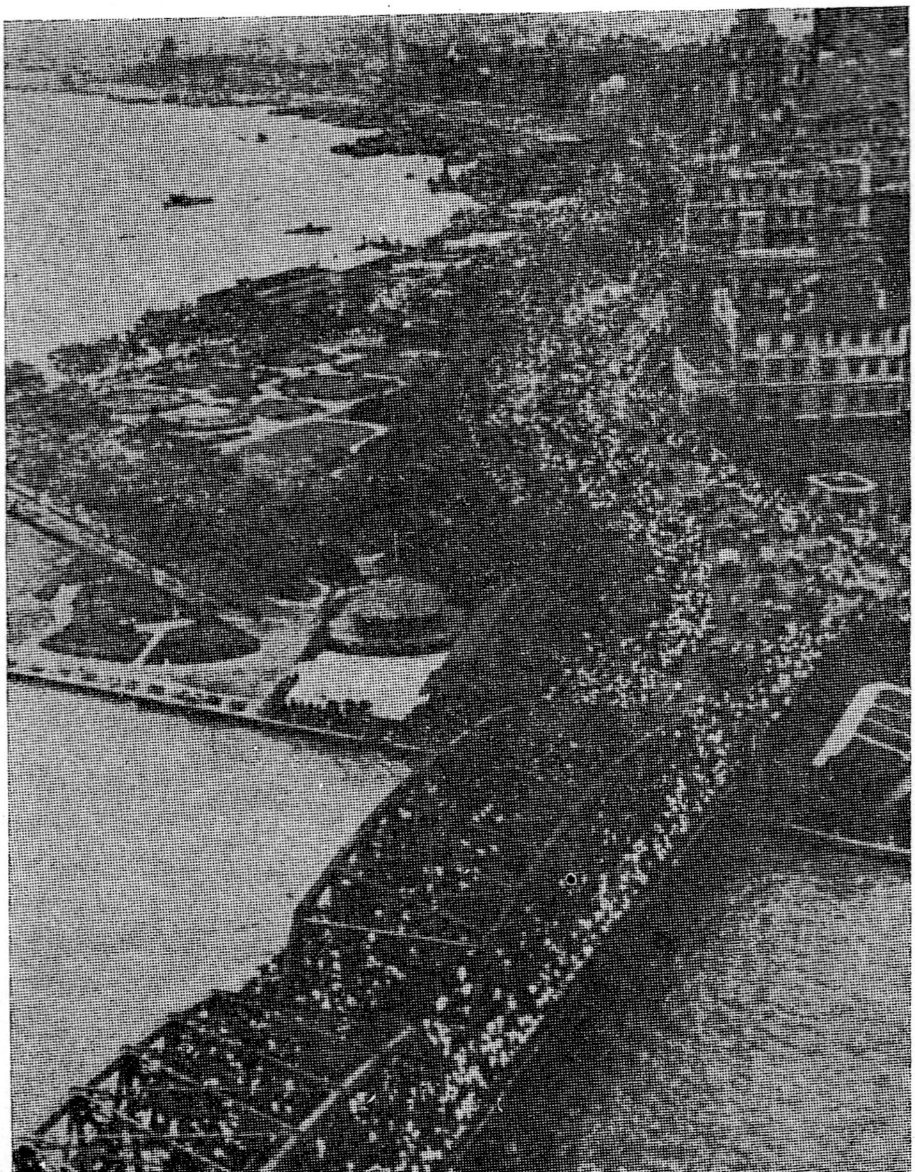

成千成萬老百姓扶老携幼進租界

片廠』，在廣場上搭了四個攝影棚，撥交影業鉅頭張善琨應用，勝利後又改爲中央製片廠；共產黨接收後，又改稱上海第一製片廠，據說現在還是片場。）

戰爭爆發　萬衆歡騰

日本人對這一次的戰事，雖然擺足『華容道』，實際上祇有海軍陸戰隊數萬人，眞正的全面戰爭，這點人數是不夠的，他們依仗的力量，第一是漢奸活動，窺透了國民政府的政治軍事情況，對京滬路國軍部署情形，簡直像看玻璃房屋一般的淸楚。

文的方面，俞市長早被包圍；武的方面，是楊虎當着一個沒有軍隊的警備司令。在八一三之前，忽然到了一大批國軍，日本人倒手足無措起來，於是祇得改用恫嚇的方法，當晚命令虹口所有商店住宅完全把門關閉，挨戶口頭通知，不准窺看，同時有成千成萬的日本軍隊由兵艦登陸，每一個軍人胸口綁着X形的白色皮帶，戴着防毒口罩，這般的模樣在虹口區整整鬧了一個晚上，居民大爲恐慌，紛紛傳說這支軍隊是『毒氣隊』。次晨，幾十萬虹口居民都逃避到租界中心區，後來才知道這完全是恐嚇手段，實際上，日本人希望中國不戰而屈服，所以在八一三早晨，還對市府送了一個最後通諜，如國軍撤退，一切都可以談判。

那裏知道八一三晚上，國軍人人想決死一戰，勝敗在所不計，等鎗炮之聲一起，幾千軍隊首先從閘北攻打虹口日本海軍司令部，日軍傷亡很多，可是司令部的堡壘攻來攻去攻不下，國軍也犧牲不少。另一方面國軍，由華界『虹鎮』出擊，攻打日軍心臟部份，先鋒部隊一直打到虹口滙山碼頭。日軍雖勇，死亡也以千計，這一來，日本就感到軍隊的實力不夠了。

八月十四日早晨，國軍的空軍出動，轟炸黃浦江中的日本主力艦『出雲號』，雖然沒有擊中，但是附近的軍艦却受了很大的損失，上海市民見到這般全面戰的序幕已經展開，歡欣鼓舞，租界上的華文報紙，一致主張要淸算甲午以來的一篇舊賬。

這時節我也高興得了不得，各界人仕趕緊組織各種民衆性的後援工作，其時日本軍隊在上海的數字實在不多，一下子可能有殲滅之望，國軍的英勇，戰鬥力的强韌，都高度發揮了愛國雪恥的精神，讓上海所有中國人深深的透了一口氣。

八月十四，上海南市大火燒，燒到通天都紅，我的老家在南市王信義浜，也被燒成一片平地，幸而我早已將母親接到租界上來，才免受驚嚇。我的母親極仁慈，也極勇敢，老宅一經焚燬，但是她就淚盈於眶的對我說：『老家別無可戀，在你有一套紫檀木的傢俬，是我嫁時粧奩之物，在你六歲時節，我家的三家綢緞店同時倒閉，你八歲時，父親逝世，撫養你長大，家中四壁蕭條，舊物就賣剩這套傢俬，現在竟然付之一炬，我實在心痛』。我就安慰她：『留得青山在，不怕沒柴燒，日後我還可以再買一套更好的傢俬。』我母親才展顏微笑。

在這一次南市的大火中，可以說：南市數千家人家，都受到同樣的損失，閘北的慘象更不必說。第一晚的炮聲鎗聲，從租界聽來震耳欲聾，有不少樓宇的玻璃窗都被震破了，大家既是驚慌，又是高興。

四郊難民　聚集租界

當時上海的人口，大約是三百多萬，原本住在租界的人不過二百三十萬人，由南市閘北，以及四郊逃到租界來的大約有一百萬人，這一百萬難民，祇有一小部份能暫住在大旅店或小客棧和親戚家中，其它七十多萬人却棲身在馬路邊，這時一個大問題就發生了。

晚間，市民大家利用電話互相傳遞消息，然而爲了打的人太多，電話很難打得通，在午夜一時，仁濟育嬰堂特地派出一個人來告訴我：『育嬰堂在半天之內收容的棄嬰達二百多名。』足見當時避難的市民多麽的狼狽呢！

仁濟育嬰堂，我是義務性質的堂長，附屬於上海最大的慈善機構仁濟善堂的一個單位，仁濟善堂有百年悠久歷史，善欵積貯下來，置了很多產業，把產業的收入撥作慈善費用，其規模之大，不亞於香港的東華三院。

仁濟育嬰堂專收棄嬰，凡是人家送來的孩子，向例一定要收養，但是從前沒有奶粉來喂養嬰孩，所以僱了幾十個奶媽，專門哺養嬰兒，經常有七十多個棄嬰，如今突然在半天之內，多了兩百多個，弄到手忙脚亂，不知所措，因此賓夜來叫我去想辦法。

我步行到達了仁濟育嬰堂，見到門前地上還放着一排排的棄嬰，走進堂內祇聽到嬰孩一片啼聲。堂裏的司事對我說：『原來的奶媽，不但不夠用，而且還有不少棄職逃跑，這樣怎樣辦呢？』我仔細一想，就定出兩個辦法：一面命在職的奶媽繼續喂奶，其他嬰兒都暫時喂薄粥湯。一面次晨在堂門口貼出一張招請奶媽的佈告，因此有許多棄嬰的母親都來應徵，當天暫時解決了這個有孩沒乳的困難問題。

那天晚上我剛入睡，仁濟善堂又有電話來說：『明天上午七時，所有董事一定要到仁濟善堂出席會議，因爲難民問題，租界當局責成仁濟善堂來處理，』

第二天淸晨，我坐車到仁濟善堂附近，見到成千成萬難民，阻塞道路，車輛無法通行，祇得下車步行到堂，我的老師丁仲英早已正襟危坐的坐鎭着，其餘董事十七人，却祇到了七人。

仁濟善堂的董事，多是地方上六十以上高齡的紳士，雖然都很樂於爲善，但是在董事室中，議論紛紜一時討論不出辦法來，認爲這次的戰事，非短期內所能了結，對這批難民的生活，如何着手？連續討論了幾個鐘點一無結果。

公共租界警務處當局，派了一個捕頭弗蘭臣，（所謂捕頭，此間名為警司，弗蘭臣是英國人能講流利的中國話，職屬於外事科主任，相仿於今時所謂公共關係主任），出席這個會議，他說難民聚集街頭，第一沒有吃，第二滿地糞尿，要是沒有辦法收容救濟的話，搶米的風潮就會開始，要是米舖關上門，租界上的市民也就不能安居了，如果你們有辦法想出來，我們都樂於支持。

善堂董事黃涵之對我說：『我們都老了，你是最年輕的董事，應該想些辦法出來』，我想了好久，就說：『祇有辦難民收容所，收容所以廟宇、學校、教堂、戲院為最合適，祇要把難民的數目支配好，作有秩序的進駐，想來在這個時候，房屋所有人是無從拒絕的，另一方面由仁濟善堂按日供給白米，那末就不致於鬧出搶米的風波了。』弗蘭臣認為我這個辦法很好，那在座的董事們問：『每一個收容所由誰去管理呢？我說就在難民之中去選擇有能力的人担當主任，負責自治和管理。』大家說很好。於是我就請一位董事，把施診所的空白掛號卡紙，作為臨時難民証，憑這個証才可以進入收容所，於是由我和董事謝駕千兩人辦理這件事，為了怕人多口雜發生糾葛，就請捕頭派兩個巡捕（此間名為差人）去組織這些難民隊伍。

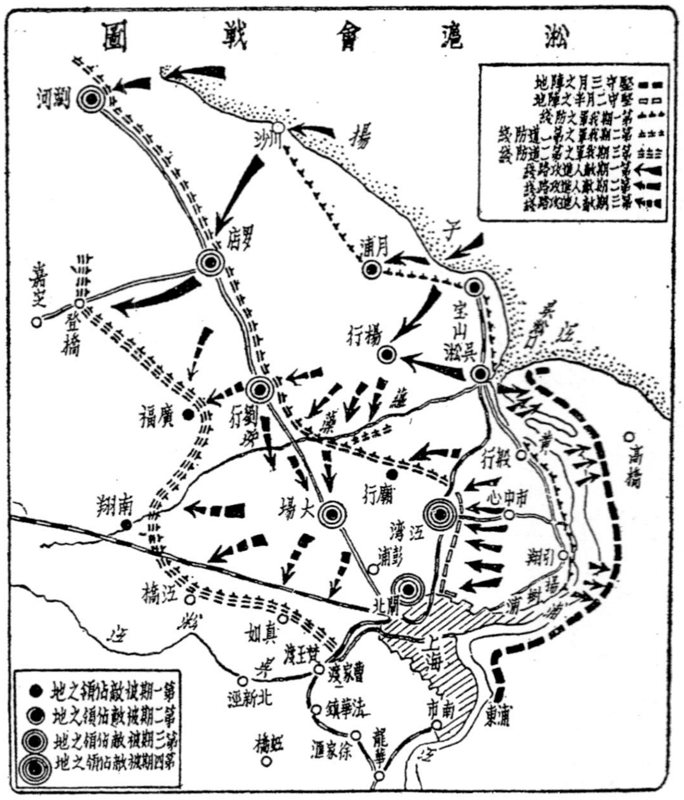

我走出仁濟善堂董事室，門口擠滿着難民，一路走一路揀選身强力壯又有能力的男性，先給他一張紙委任他做一個難民所的主任，請他進去參加開會，當時就選出八十多個主任。

這許多臨時主任開會之後，就帶領難民赴各處，我記得光是天蟾舞台一家，容納了二千名難民，玉佛寺竟容納了四千多人，靜安寺容納了五百人，主任之中有一位是虹口一家小學校長翁國勳，我對他說：『請你担任第一收容所所長，率領二百個難民，進駐慕爾堂，一切難民表格，以及每天報告表等由你設計，作為難民所的組織資料。稿件到後，由十家印刷所日夜趕印正式的難民証和各種章則表格。』

這樣，就把無數難民安排好了，第一天就組成了八十個難民收容所，第二天一切條例和表格漸漸印好，難民陸續來，由後援會繼續組織，一共組織了三百八十處難民收容所。

後來知道難民進駐各處，多數是自動開門收容，少數不開門的，也都接受勸諭，因此安置難民的大問題也就解決了。

關於這件事情的處理，把我每天睡眠的時間剝奪了，令到寢食俱廢，眼紅刺痛，連聲音都嘶啞了，好在每天看到報上國軍英勇抗戰，令到日軍死傷無算，也可聊以自慰。

彈落鬧市　死傷無算

戰事的情況，以在閘北八字橋最為劇烈，國軍非但發揮了高度的威力，日本軍人死亡不知其數，這一下子把日本人誇口三小時佔領的狂言完全打破了，租界上的居民，無不鼓舞歡忻，正在高興到極點的時候，忽然『大世界遊樂場』門前十字路中心，由飛機上落了一枚大炸彈。這個地方，原是英法兩租界的交通中心，熙攘往來擠迫不堪，這個炸彈落地爆炸之後，死亡的人數達到一千幾百人，傷的是無法統計。

在這一天的早晨，有一個朋友打了一個電話來說：『他有病住在大世界對面的時疫醫院，病已痊愈，醫院要他出院，他因為在閘北的家已被炸燬，出院後無家可歸，要我代他說項多住一天。』我心裏頗不以為然，祇說：『下午見面時再說吧。』上午我就到仁濟育嬰堂辦公，新收的棄嬰又增多了，使得育嬰堂人員毫無辦法。

我在堂長室正在發愁，總巡捕房的捕頭弗蘭臣突然來一個電話，他說：『關於難民收容所的事，由你設計安排，我因此記了一個大功，所以專誠打電話向你申謝，嗣後你有什麼困難的事，我會盡力協助。』我說：『現在收容棄嬰的問題，越來越嚴重，請你來幫忙一下，否則事情也會嚴重起來。』片刻之間，弗蘭臣就來了，一看到育嬰堂中幾百個嗷嗷待哺的嬰兒，啼聲振天，無數女童子軍幫着做撫慰工作，我說：『現在每天總有成百個棄嬰，送到堂裏來，屋宇不敷應用，我們旁邊有六幢房子，想收回自用，而且我們另行替他們找到新居，但是他們始終不肯搬遷，可否請你協助一下。』他說：『好的』。十分鐘之後，弗蘭臣召來十名巡捕，挨戶去勸他們搬遷，有些肯，有些不肯，弗蘭臣要我派所有做撫慰工作的女童子軍，每人抱兩個嬰兒，排隊分別送入六幢房屋裏，各住客也就不得不勉强遷出。

我處理這件事告一段落之時，突然間天空中起了一陣尖銳的噓聲，噓聲方畢，接着又是猛烈的一個爆炸聲，一時樓宇都被震到搖動起來，我覺得眼前一幌，有些支持不下，等到睜開眼來，屋宇內就現出一層黑霧，大約瀰漫達五分鐘之久都是飛沙，我心想這一下，又不知道發生什麽滔天大禍了。

育嬰堂地處跑馬廳路，距離大世界大約三四百步，祇見排山倒海的人羣逃過來，說是大世界門前炸彈爆炸，是從飛機上丢下來的，不知死了多少人，逃的人驚悸萬分，好多人身上都濺到了血，天空中不但飛沙走石，還有許多被炸得飛起來的窗門鐵片以及斷手殘臂，我看到了呆着一陣，兩脚軟到一步走不動，囘想那個留在時疫醫院不肯走的朋友，不知他如何了。又想到戰事這樣下去，租界也不是安樂土，來日大難，不知如何了局！

大世界的一顆炸彈的結果，引起了無數可悲可泣的故事，有的全家死亡，有些死去丈夫或妻子，慘狀不勝縷述。事後，我覺得自己是幸運的，就是那天我如果到時疫醫院去探訪那位病友，也可能『適逢其會』，想到這一點，心頭猶有餘悸。

這一天，西藥業公會正在大世界共和廳召開緊急會議，袁鶴松坐了一輛汽車直到大世界，他走進共和廳就聽到轟然一聲，知道外面出了事，他急忙的奔出去看究竟出了什麽事，因爲他想到車上還有許多西藥和一位司機，一到外面祗見死亡枕籍，他的汽車也被炸燬，他頓足長嘆，想那位忠厚的司機可能已遭難了，他呆得說不出話時，一霎那間，這位司機突然從遠處跑過來，問有什麽事？他見到司機心中爲之訝然，問他：『你怎樣會逃出這個刼難？』他說：『我因爲早晨沒有吃東西，所以下車到恒茂里去買一團粢飯，因此就逃過這一刼。』袁鶴松不禁向他握手道賀。

大世界門前一顆炸彈死亡枕藉

我的老師丁仲英那天到仁濟善堂去開會，到了大世界，難民塞道，車輛不能通過，但仁濟善堂的會不能不去參加，一念之善，他就下車步行從人羣中走到仁濟善堂，待到大世界的炸彈爆炸之後，他也想到他的司機阿唐，會不會遇難，放心不下特地親自去找尋，一看他的汽車並不在塲，他倒放心，可是直到晚間不見阿唐回家，方才知道這輛汽車已被炸得不成樣子，車身殘片，四處紛飛，阿唐當然也被炸得體無完膚了。丁師想到要是他不步行到仁濟善堂，一定也被炸死了，事後很多人向他道賀說：『吉人天相，善人當有善報。』（按：丁師現年八十三歲，健强如昔，今僑居美國三藩市，仍操醫業。）

還有人逃過了大世界的一顆炸彈，隔了不多天，還是被炸死在南京路先施公司門前的第二枚炸彈中。諸如此類的幸與不幸之悲慘故事，眞是多到不勝縷述。

樂土不安　棄嬰劇增

這時無數人感覺到租界也不是安樂土，一部份人大家想逃出上海，很多貧窮的人覺得嬰孩拖累最不方便，於是先先後後的把襁褓中的嬰孩送到育嬰堂來，於是育嬰堂又遭到一個更嚴重的困難。

大世界門前的炸彈爆發之後，仁濟育嬰堂門外，人聲鼎沸，加上救護車警備車救火車飛馳而來，一種急迫的鐘聲喇叭聲教人驚心動魄，由這些車子上走下來的工作人員，先搶救傷者，但是死者多而傷者少，傷而能走者都已走去，其餘都是死屍。他們第一步工作就把死屍一排排的放在『跑馬廳路』地上，排列的方式是一排與一排之間，留出空間，以便死者家屬們來認領，整條馬路有六排屍體，這些屍體都是較爲完整的，其他支離殘缺的，如無頭的屍體，以及有頭無軀的，以及斷手斷臂，就由普善山莊的車輛，立刻運到滬西郊區『萬人塚』埋掉，單是這種運載殘骸的車輛，先後開出二十多輛。

仁濟育嬰堂，就在跑馬廳路中段，我這時坐在堂中辦公，見到救傷人員和商團中人把屍體一排一排的排過來，心想這樣的一路的排過來，一種恐怖的情形一定會影響堂內服務人員的工作情緒，所以我請育嬰堂張少堂主任，要他把前門鎖起，窗口用牛皮紙密封起來，免得大家看見了引起心理上的不安，所以工作人員，都由後門老街出入。

不一會，人聲嘈喧，認屍的人從四方八面趕來，呼天搶地，哭聲不絕，堂內的人都聽得到，怎樣的遮瞞也無法安定下來，一時所有的工役都逃跑了。到了下午四時，忽然有五個奶媽來求見，說是：『所有育嬰的奶媽都已溜走，我們五人無家可歸，要求我介紹她們到難民收容所去，否則，外面盡是屍體，嚇都會嚇死了，晚間怎麼能合眼呢？』我聽了她們的話，一面安慰她們，要她們繼續做下去；一面告訴她們，我準備給你們每人一封証明書，証明你們忠實可靠，永久任職，而且日後還有重酬。

當時幫助撫慰嬰孩的是慕爾堂學堂中的女童軍，家庭環境都很好，年齡不過十四五歲，我想這班女童軍，今天即使很誠懇的服務，明天一定會受到家庭的阻止，未必會來，那末收容所的嬰孩，要是沒有人服務的話，我和張主任變成無兵司令，怎樣也維持不下去，難道讓這羣嬰孩活活的餓死嗎？我愁眉不展心煩意亂，就對張主任說：『別人會走，你會不會走？』他很爽朗的回答我：『別人走光，我決不離開。』我說：『好，那就有辦法了』。

我就打電話給兩江女子體育師範的校長陸禮華女士，那時全市電話很忙，每每要打十幾次才能接通。但是這次電話恰巧一接就通，我就將育嬰堂服務人員走散的情況告訴她，要求她號召所屬的女童軍次日來幫忙，陸校長一口答應說：「我校共有一千多童軍，每天分三班，每班派四十人來決無問題，同時我也來座鎮指揮，否則你文縐縐是攪不下去的」。我說：『好極！好極！』

隔了三小時，陸禮華親自趕到，巡視四週，聽到嬰孩哭聲震天，嗷嗷待哺，惻隱之心大動，因爲她是一個性格爽朗軀體健碩而有丈夫氣概的女性，她見了這種悲慘情況，也不免潸然淚下，又見到我忙到聲音嘶啞，疲憊不堪，她說：『明天起我來代替你當堂長，你去休息幾天。』當晚她就號召了十幾個女童軍來參加值夜。

我得到陸禮華的幫忙，心上的一塊石頭才放了下來，爲了回家路近起見，我叫張主任開前門走出去，順便看看外邊的情形；本來我看過電影中『西線無戰事』和『亂世佳人』死亡枕籍的大場面，但電影是一時的刺激，如今目睹慘況，身歷其境，心靈上的感覺就完全不同了。

我見到這般慘烈的大場面，對戰爭實在恨透了，我懷着悲痛的心情走出這個恐怖的環境，忽然覺得兩腿萎軟不能動彈，說話也啞不成聲，祗能坐在街邊等候車輛，好容易見到一輛黃包車（即人力車），但是兩脚已無法走動不能上車，幸虧車夫扶我上車，才能回到家裏，下車時還是兩足無力，車夫又扶我下車，我一到家中，家人問我何事？我說不出話，祗是搖手倒在床上就睡。

次晨，覺得兩隻脚更不能動，我一想，這雖不是中風，也不是極度貧血的癱瘓症，可能是受驚過度，變成神經性萎痺症，自己想想倒也嚇起來了。

家人們和我講話，我祗用筆寫了幾個字：『不聽電話，不問事務，我要休息。』如此摒絕一切，連睡了三天，自行調治進服各種藥物，到第四天，仁濟育嬰堂張主任趕來，見到我這般情況，他說：『陳醫生，你如何這般無用？我年已六十開外，尚且支撐得住，堂內一切幸虧有那位「惡娘子」陸禮華指揮着，才渡過三天難關。』我聽到「惡娘子」三字不覺好笑起來，（按：惡娘子三字，等於此間說的惡婆）又聽他說我沒有用，受他一陣激動，竟然一躍而起，我對他說：『我們還是呷些酒罷』，於是兩人苦口苦面的對酌起來，張主任嘮嘮叨叨的說了三天的經過，而棄嬰還是不斷的有人送來，認爲來日大難，眞不知伊於胡底？

談話時我精神越來越好，我說：『你不要多談無謂的話，你提出幾個難題，我會對症下藥的爲你解決，』當下張主任就歸納一下，成爲四個問題：

第一：沒有錢，僱用不到奶媽和長工。

第二：嬰孩睡的小鐵床不夠應用，大多數孩子都排睡在木板上，沒有被、沒有衣、沒有尿布。（此間稱尿片）

第三：病孩越來越多，醫療設備不夠，雖有一幢樓隔離着專供病孩之用，但是兩個義務醫生常時不到，即使到來，也束手無策，死亡很多。

第四：向來收容的棄嬰，養到能步行之後，就送到王一亭辦的上海龍華孤兒院去，現在龍華成爲戰場，今後已無出路，這又是不得了的事。

我一邊聽一邊飲酒，想想這眞是疑難重症，大約飲酒飲了一小時，邊飲邊想我已經想出對症的辦法出來，拍了下桌子說：『有了，明天早上你在育嬰堂大天井間，排四張桌子，第一張桌子收捐欵，第二張桌子收小鐵床衣被什物，第三張桌子欵接義務醫生，第四張桌子欵接領養嬰孩的人，每一個桌子要請陸禮華派幾個女童子軍來服務。

張主任聽了我的話以後就走了，等他走了之後，我起身兜了幾個圈子，覺得脚力已經恢復，就立刻草擬一篇向社會呼籲的新聞稿，又寫了一段電台用的廣播文稿，一面叫一個學生查出距離我家最近電台的地址，等到寫好，我精神百倍，親自把一篇稿送給申報趙君豪，一篇稿送給新聞報嚴獨鶴，他們說『現在祗有難民問題，何以還有這種棄嬰問題？』我說貧窮人家濫生濫養，現在大家祗想逃難，所以都把在襁褓中的嬰孩送來，我希望這段新聞要登在顯著地位。』他們恍然大悟，都誠懇的接受我的要求。

臨別時，獨鶴問我：『這些棄嬰是怎樣會送到你們堂裏來的？』我說：『育嬰堂門前本有一

當年上海跑馬廳路的仁濟育嬰堂

個砌在牆上的大抽屜，是專門接受棄嬰的，多數在天亮前後，人家偷偷的來放在抽屜中的，現在一個抽屜根本不敷應用，所以她們就把棄嬰放在門前行人道上，我們為了恐怕嬰兒們受冷，特地在地上舖了幾塊大紅毡，藉以避免棄嬰在水門汀上。』獨鶴聽了覺得驚奇，說：『我明天派新聞記者來拍照』，同時他也通知趙君豪照辦。

我一路走，覺得精神越來越旺盛，兩脚一些不疲乏，一口氣走到第一個無線電台，找尋主任，給他一份廣播稿，主任一看之下大為感動，他立刻宣佈遊藝節目暫行停止，在廣播室麥克風前說：『現在有一個特別報告……』，跟着就把廣播稿播了出來，接着我再跑了二家電台，也同樣的接受我的稿件，第四家要我親自播送，我除了照稿講述之外，還補充幾句話，就是要求大家送小鐵床，聲明我們沒有人來拿，要送的人請自己送來。

深宵奔走　打破難關

等到回家時，恰巧已到戒嚴時間，納頭便睡，次晨一早趕到育嬰堂去看宣傳的反應如何？張主任果然已排好了四張桌子，第一個桌子是收捐欵的，捐欵的人很多，親自把小鐵床送來的已有幾十張，堂內擁擠不堪，我就請大家把小鐵床放在大門外階沿上。

張主任見了我微笑相迎，大家就忙着處理一切，也來不及談話，祗見陸禮華出出入入指揮女童子軍維持秩序，一些也沒有倦容，令我心中暗暗佩服。

大家忙到中午時間，張主任特地備了一些酒菜，他說昨天你請我，今天讓我來請你，作為慶功之宴。我說：『好的，我們一面飲酒，一面傾談各項事宜。』我匆匆的飲了三杯酒吃了半碗飯，正在這時，外面有一對衣飾華貴的夫婦，昂然而入，那位先生先問誰是堂長？我就起立欵接，料不到他一開口都是詈駡之詞，說是：『我以為育嬰堂總有相當規模，料不到如此腐敗，房屋舊，傢俬舊，嬰孩連床都沒有，排在木板上，擠在一堆，像什麼樣子？眞是腐敗！腐敗極了！』

我聽了他的話，並沒有生氣，我說：『仁濟育嬰堂是在五十年前開辦的，房屋舊，傢俬舊，我接手時也看不慣，本來我們祗預備經常收容一百個嬰孩，平時經常不足此數，現在一天要收到幾十名，所以弄到連小鐵床都不夠，這是事實。在我接辦時，就想要將舊屋拆掉，全部傢俬換過，現在亂糟糟，既缺人！又少錢！一切談不到。』說罷了這話後，已經有許多工役、童軍、主任、書記、客人進來要我逐一解決問題，那一對夫婦反而看呆了，坐在一旁靜靜的等着不走。

我在辦公桌上應付一切忙個不了，有一位邵萬生南貨舖的小東主，拿了四種奶糕的樣子來給我看，要我選一種？我就選定淺紅色的一種。他說：『你何以選這一種？』我說：『這是我設計的，在奶糕中滲入赤豆汁，以防脚氣，奶糕價錢，我和你父親爭執了好久，我當時說過「積財不如積德」，不知你父親是否生氣？』他說：『我父和你爭執一塲之後，已改變態度，祗要你選定那一種，他可以無限制的供應，一個錢都不收，全上海能做奶糕的工塲，祗有我們一家最大，所以我們才敢接受。』我聽了滿面笑容的說：『好！好！』接着上海大紳董顧馨一來到，他雖是仁濟堂的董事，但是他一錢如命，因為育嬰堂欠了一筆很大的米賬，他聽說我們大收捐欵，就趕來收賬。我見了他啼笑皆非，我又客氣又嚴厲的對他說：『顧老伯！這幾天你們送來的米，品質惡劣，滲入了無數細砂白粉，明明是四號雜米，而你開的價錢却是二號白米的價格。』顧老伯面色馬上轉變，說：『小世兄，你不要聽人家亂說，我也是個做好事的人，絕對不會做這種喪盡天良的事。』我笑了一笑，就叫張主任把淘米淘下來的砂粒雜質拿出來，請這位顧老伯過目。張主任走進廚房拿出一個木桶，裏面滿是砂石雜質和黑小米（即最廉價的北秫米），顧馨一料不到這一着，當堂就發呆了，我說：『今天恰巧我們要招待新聞記者，可否把這件事公佈出來？』顧老伯聽了我這話，當時兩手震顫，吶吶說不出話來，後來說了一句：『好了，好了，小世兄全部積欠米賬一筆勾消，算是我捐給育嬰堂的。』說畢又連叫了幾聲小世兄，並且大談其和我家三代世交的舊話，我就手拉手的把他送出育嬰堂。

接着集成藥房屠開徵來看我，說：『你上半天連打幾個電話找我，究竟有什麼事？』我說：『現在新闢一處專住病嬰的醫療室，隔離疾病的傳染，中藥由童涵春藥店免費供應，西藥我攪不清楚價錢，我想請你們集成藥房平價供應一切藥品。』屠氏很豪爽的說：『全部藥品由我免費供應兩個月，滿了兩個月，我再叫別家藥房來繼續兩個月，現在戰爭方開始，大家今天不知明天事，錢有什麼用呢？』說罷之後，他就和我握手而別，我連感謝他都來不及。

坐在旁邊靜觀的一對夫婦，見我處理事務這樣的迅捷乾脆，夫婦兩人耳語了一會，就對我說：『你剛才說缺人，缺錢，我覺得「人」的一方面，你應付有餘，「錢」的一方面，我來出一分力。』說畢當場開出一張麥加利銀行一萬元的支票。當時外面捐欵的雖擁擠非凡，但都是三元五元的，最多的一人不過五百元，我對他捐出這筆鉅欵，眞是感動。接着我問他尊姓大名，他堅不肯說，並且說：『不要問我姓名，祗是要求你一件事，我們夫婦沒有子女，現在想領養四個嬰兒，你可否答應？』我說：『照堂裏規矩，領養嬰孩以一名爲限，多則恐怕別人拿去販賣，你雖地位不同，當然不會做出這種事，但要補一份店舖保証書，你的身份可以不必暴露。』他們夫婦欣然而去，不一會，把保証書拿來，並且很精細的花了二小時，選了四個五官端正面目清秀的嬰孩，每人抱了兩個欣欣然而去。這對夫婦後來我和他們成了好朋友，不過相見之時絕對不提領養孩子的事。我到香港，有一次在沙田碰見他們夫婦，身傍祇有一個大學生模樣的男孩，他的太太笑着對我說：『這是我生的最小孩子由美國囘港渡假，其餘三個都在美國，兩個得到博士學位，一個正在進修碩士。』我當時就向他們道賀，別的話一句不提，大家祇是作了一個會心的微笑。

第一天收捐欵的結果，除了某君的一萬元之外，共收到四千多元。小鐵床七百多張，排列在門前街邊，白布二百多匹，志願來參加工作的中西醫生有十多位，我就對張主任說：一切都如願以償，明天起我只出主意，不再到堂辦公。張主任說：『還有兩個問題，這些白布如何改製成床褥衣被和尿布，而且現在收到的棄嬰除了爲人領養出去的以外還有七百餘名，嬰孩每天要換上四塊尿布，七百名就要二千八百條，洗滌大成問題，』我說：『這問題可以打電話給第一難民收容所所長翁國勳，徵求懂得縫紉洗滌的婦女來担任這項工作，每天給她們一塊錢薪酬。』張主任照着做，事情也就解決了。

陸禮華說：『現在捐欵的情況很好，應該每天到電台上去報告一下以昭信用。』我說：『你的見解很好，如果連續十天如此，大可以把一部份舊樓改建新屋。』那時育嬰堂四週的鄰屋，還有幾座也屬於仁濟善堂的產業，住着的人見到育嬰堂的尿布每天有二三千條，比扯萬國旗還要多，而且等待晒乾，這些尿布雖說已經洗過曝晒，穢濁的氣味仍是日夜不散，都向仁濟善堂請求易屋遷居，我叫張主任從速的接納他們的意見，因此又收囘了四幢空屋，於是運用捐欵，把一部份舊屋拆除，改建新屋。同時還得到『生生護士學校』的合作，由該校長期派出護士學生們來接替女童軍的工作，這麼一來，育嬰堂就面目一新，大非昔比了。

人人遭難　事事爲難

我是上海的一個市民，無黨無派，非軍非商，所以見聞有限，我寫述的對『安置難民』和『收容棄嬰』的情況特別詳盡，決不是炫耀自己的才能，因爲當時的上海人，各就自己的本位，萬衆一心，搶着去做各種後方工作，如民食問題、傷兵問題、急救醫院、時疫醫院和供應前方物資等等，大家不求名不求利，在倉卒間，各盡所能，有錢出錢，有力出力。我遭遇到的困難，當然別人也同樣遭遇到困難；至於後來遭受到敵僞方面的壓迫，別人也是一樣的，所以我雖着重的是講自己的幾件事情，舉一反三，也可以反映出當時無數人民的苦難情況了。

當時國軍越戰越勇，顧祝同是淞滬會戰的總指揮，右翼指揮是張發奎，左翼指揮是陳誠，中央指揮是朱紹良，作戰部隊的指揮是孫元良、羅卓英。八月廿一日日軍大舉進攻吳淞，在瀏河雙方決一死戰，相持了十天光景，國軍竟然把吳淞前線的日軍全部殲滅，這一下子，上海市民更是興奮熱烈的做後援工作。

上海本來有一個市民協會，組織最龐大，財力最雄厚，抗戰開始，聯合各方組成爲『抗敵後援會』。後援會的委員，都是上海有名的熱心公益的人士，內中有一個小組，叫作『慈善救濟組』。後援會中人，請仁濟善堂推出幾個委員來參加這個小組。

仁濟善堂的董事，都是老邁的士紳，也不知道他們是善意的重視我，還不知道他們是老謀深算，怕將來有什麼問題，祗把我的名字提出來，因此我那時也名列後援會慈善救濟組的委員名單之中。

大約抗戰了三個月之後，國軍撤退，日軍的勢力就伸張到公共租界上來，所有後援會的委員，日軍都認爲是『抗日份子』，那時節，所有後援會的人溜的溜，走的走，有些溜到香港，有些走入後方，全部名單約二百多人，可是連我在內，祗有八個人留在上海，我就成爲當時黑名單中的人物，天天都在心驚肉跳，生命危在旦夕，後來八個人之中有兩個人，倒向日方作漢奸，保全了生命，四個人遭到極盡人間慘烈的殘殺，祗有我和另一個人，竟然得免於難。

（一）

BOBY

Casual Shoes

一九七零年度最新運到

狗仔嘜猄皮鞋

優点特多：

1 純軟猄皮面

2 耐用輕膠底

3 輕便又舒適

4 華實而大方

5 對對有保証

大人公司 平價市場大方公司 來路鞋公司有售

我的回憶

新馬師曾

新馬師曾反串武旦大打出手

有位娛樂界老前輩，專誠送我上列這幅照片，他每期讀本刊，並告訴我說：「祥哥你從前反串武旦，都幾威！一樣打出手，你不可長他人志氣，滅自己威風呀！」他的一番盛情，自然應當銘諸心版，但認眞看這張相片，總覺得自己的扮相還不夠美，演武旦固然要有武工，但在台上的美，也是需要十分注意的。

笑談五子登科

亡妻梁添添臨終之時，神志淸明，她對我握手相告，說有件事最對我不起，就是她嫁我以後，未能生兒育女，斷了我鄧氏門中的香烟，她說：「我死之後，希望你能續娶一個賢淑過我的妻室，爲你生下一男半女，那我就死都瞑目了！」她逝世後，我續娶賽珍珠，生下三個兒子，長子兆楷、次子兆康、三子兆鴻，現在都在英國留學，長子、三子學劃則，次子則學電子工程。又娶洪金梅，生四子兆尊、五女翠玉、六子兆榮，其中最小的兒子，還是前兩個月出世的。親友聞知，都來道賀，說是五子登科，十分難得，一定要熱鬧一下。講起五子登科，現在是什麼時代？何能再有這一套思想，生兒育女，必須敎之養之，這是爲人父母的責任，至於想他們奉養，我看不作此想最好。俗語說得好：積財與子孫，不如積德與子孫，寫到此處，我又想起一件笑話來了！

二十年前，我在香港跑馬地摩里臣山道買了一幅地，曾有友人來問我要轉買這一幅地，我始終未讓，後來就蓋了這座永祥大厦。起初名爲祥雲大厦，因爲「祥雲」兩字，好似駕起祥雲，太過凌空，落成以後，就直截了當，用我的名「永祥」二字，直至現在。當這座大厦建成之後，許多朋友都來向我轉讓，因其時正是香港炒樓花最旺盛時期，甚至有位老友，和我擬好了廣告，準備分層出售，因他知道我借了銀行的錢，勢必賣出樓宇，方能還淸銀行欠欵，我一於不理，抱定一個宗旨，我是置業，決不炒業，祇能出租，不能出賣，於是他們背地裏都不叫我祥仔，稱我爲傻仔，並笑我不會利用時機；起初樓宇落成，無人來租，空樓甚多，那時我飽受訕笑，着實困苦了一個時期，但後來終於全部租出，昔日笑我之人，現在還有人來讚我眼光獨到，我唯有付之一笑，總算當初抱定宗旨，未曾隨波逐流，這是我個性如此，無法勉强的。

開設唱片公司

約在一九六〇年前後，我因現代的錄音技術，日趨進步，唱曲時間，不似從前灌收七十八轉唱片，限制每面祇能唱三分鐘；以往我曾聽薛覺先先生說過，一段主題曲，尙未唱到妙處，已經「夠鐘」，若不從頭唱起，如何領畧韻味，現在出了長壽片，就應該儘量發揮我們粵劇界的傳統藝術，既能暢所欲「唱」，因此成立了「永祥唱片公司」，辦事處就設在我毓秀街寓所，連商標都是我自己畫的。當時請的撰曲名家，計有李少芸、潘一帆、馮志芬等三位先生，由劉紹傳負責錄音，最使我滿意的，是請

新馬師曾洪金梅為五子兆榮舉行湯餅宴時合影

出了尹自重先生担任音樂監督。尹師傅是我們粵劇界改革音樂的老前輩，他的資格如何？有一篇「尹自重君小史」可以介紹——「凡留心音樂界人物者，當無不耳尹自重君之大名，且耳其大名至於十餘年之久，以尹君幼齡已具音樂天才，恒雜在一班老輩之間，引線調絃，指法臻於妙境，羣許其必後來居上也。尹君於樂器無所不精，於樂理尤能透解，故常變新聲，付之管絃，聆君一曲，令人心花怒放；蓋尹君於我國樂器，莫不擅長，其尤稱絕技者，則以單人獨奏西樂之梵啞鈴，遨譽海內外，皆知有梵啞鈴聖手尹自重之名，

新馬師曾爲東華三院籌欵義演港督戴麟趾爵士頒贈獎品合影

因單人獨奏，最難引人入勝，設非有特技，將覺枯寂無味，而尹君乃到處受人歡迎，創個人獨奏之紀錄，聖手之譽爲不虛矣。尹君年僅二十許時，即被選爲代表我國赴英賽會，以『三醉』、『楊翠喜』等樂曲，飽饜彼邦人士，耳目一新，方知我國音樂之優點，足與文明諸邦，爭一日之短長，爲國爭光，尹君之大功爲不可磨滅者。尹君載譽歸來，聲名鵲起，藝復大進，時薛覺先君方從事於改良戲劇，靈機一觸，以薛本人素以文靜戲見長，此等場口之唱腔若加西樂拍和，必可獨擅勝場，因以尹君之梵啞鈴嘗試，而竟成功。……」從文中所知，革新粵劇的先知先覺固然是薛覺先先生，但亦決不能埋沒了改良粵劇音樂的名家尹自重先生。尹君後來爲我伴奏梵啞鈴有年，他曲子又熟，托腔尤佳，我和他合作，正有水乳交融之妙。從前我看平劇，時常覺得琴師的重要，後來再細加研究，發覺粵劇中的梵啞鈴，其重要性也不在平劇中的胡琴之下！尹君在我灌片工作告一段落後，即遠去美國，現在已在彼落籍，設帳授徒，門牆稱盛！我極希望能去美國，再和尹君合作，也可以算得是一件生平快事呢！

我的唱片公司一共灌了「萬惡淫爲首」、「胡不歸」、「周瑜歸天」、「啼笑因緣」、「光緒皇之瀛台怨」、「一把存忠劍」、「臥薪嘗胆」、「客途秋恨」、「風燭燒殘淚未乾」等，以上是第一、第二期的出品。第三期出品有我和崔妙芝合唱的「紅梅復艷記」、「關公月下釋貂蟬」、我和鄭幗寶合唱的「宋江怒殺閻婆惜」，我自己單唱的「臨江月下弔秋喜」，「魂化瑤台夜合花」、「狂風暴雨弔寒梅」等等。第四期則有我和鍾麗蓉合唱的「沙三少」、「紅樓琴斷」，我和鄭幗寶對唱的「一把存忠劍」、「臥薪嘗胆」，我和崔妙芝合唱的「鳳燭燒殘淚未乾」、「光緒皇夜祭珍妃」等。鍾麗蓉有新紅線女之號，曾被稱爲藝壇三寶之一，現在在星洲嫁了一位名騎師，獲得很好的歸宿。鄭幗寶、崔妙芝都是有名的女唱家。

在「永祥」初創之時，我還不自量力，灌過幾段平劇，計有「捉放曹」、「四郎探母」、「借東風」、「華容道」等，共計長壽片三張六面，特請名票徐金嬋女士、蕭北翘先生等合唱，由曹金虎老師操琴、鼓王王少卿司鼓，錄了兩個通宵，我自己反覆細聽，總感覺到尚有欠缺之處，未臻盡善盡美，不敢公開問世，附筆誌此，也算在我研究平劇過程中的一個紀念。

永祥唱片公司初創之時，生意不惡，但不久就遭遇到一個危機，那就是翻版唱片，大行其道。往往電台中一播我的唱片，他們就錄了去翻版，出品之快，價目之廉，出人意外；因爲他們沒有版稅、音樂等一切開支，因此我的唱片公司，就被他們「頂」死！唱片一批一批製造成運來香港，堆到我家裏滿坑滿谷，新唱片甫經發售，不及一周旬日，翻版片便充斥市上，價錢僅及我所出的唱片三分之一，甚或四分之一，我的唱片銷路，因之大受影响，奸商技倆，可發一嘆！

新馬師曾手繪永祥唱片公司商標

閒話慈善伶王

對於「爲善最樂」四字，我一本先父之教，義不後人。曾記得我曾連續爲本港東華三院義演二十餘年，一年一度，除掉粉墨登場以外，還要在電台中呼籲捐欵，當年爲我提調此事的，必是張玉麟先生，他當過三院總理、首總理、主席、顧問，後來卸任了，諸事還由他經手。日子久了，又由新聞界許多老友賜我「慈善伶王」之號，我聽了這四個字，是十分惶恐，前三個字我還能夠勉强接受，至於稱「王」道霸，則我豈敢！但他們一叫開來，我也無法遏止，祗有更加奮勉，事事克盡棉力，總算盡了香港市民一份子的責任而已！

星島日報華僑日報麗的呼聲麗的映聲聯合主辦救濟風災義唱籌備委員會坐者自左至右歐勵志新馬師曾賓臣立者爲唐碧川貴訥夫華倫沈葦窗

一九六二年九月一日，香港忽然發生空前未有的風災，災區廣大，災民數字多至七萬五千人。我首先响應了華僑日報，星島日報，麗的呼聲，麗的映聲四機構聯合主辦的救災義唱，其中部份節目由電台直播，部份時間則在電視台播映，我還記得那晚我在電視台演的是「萬惡淫爲首」中乞食一場，其餘參加那晚電視上的節目，還有久已睽違觀衆的白光小姐，也出來唱了一支歌，及歌唱明星等若干位，莊元庸女士和高亮兄分別担任國、粤語報告，捐欵共得拾餘萬元。那晚回家以後，我總覺得成績雖好，但災區太廣，受難人多，籌思尚需出力，以盡市民天職，於是決定籲請各界及麗的呼聲電台同人協助再度舉行義唱，此次演唱，將以我個人作爲主力，後來被稱爲「單刀義唱」。義唱日期決定之後，當屆八和主席何非凡先生以電話通知我，八和同人也定在此日假座香港電台舉行全體會員義唱，我一聽到這個消息，立即將我原訂的麗的義唱日期壓後，因爲我是八和一份子，既然全體會員義唱，我也得參加，何能因捐欵而打對台，豈非貽笑大方，所以我的個人義唱壓後至九月十九日方始舉行。

爲了義唱壓後舉行，使我這次的義播更爲圓滿，商量了很多的募欵方式，例如凡大善士捐欵伍千元以上的，我就親自登門拜訪，合影留念，我在電台表演的節目，共有呼籲、粤劇、平劇、南音等，還唱了一支英文歌，當然唱得不好，但爲了捐欵，一切在所不計，人家說我「出盡八寶」，我也祗求達到善欵多多益善的目的，甚麼都顧不得了！廣東商業銀行那時尚未停業，出動全體分行，爲我通宵收欵，香港仔、元朗等分行都排成長龍捐欵，造成一次香港義唱的最高潮！

那天晚上，我在麗的呼聲愈唱愈興奮，捐欵源源而來，直到午夜三時半後才結束，共得善欵四十二萬有餘。而且全部收到十足，次日並出動麗的呼聲全體四出收欵，一直收到九月底，方告一段落。此一奇蹟，是我新馬此生永遠不能忘懷的。

新馬師曾在麗的呼聲電台大聲疾呼為風災災民請命

（全文完）

周鎬的下場

——勝利初期的南京再一幕——

大風

向市商會勒索巨款

行動總隊南京指揮部成立的第二天，南京市商會會長葛亮疇來看我，袖出乙份油印的「南京市商會告市民書」，那是市商會應指揮部要求而做的工作之一，內容無非勸告市民安居樂業，切勿囤積居奇、抬高物價等安定民心的字句，今天交卷來了，表現得十分合作。

「老弟：還有樁事跟你研究一下。」葛亮疇是有名的「大聲公」夾「豆沙喉」，說起話來高吭而沙啞，平時聽慣了，不足爲奇，這次可幾乎被他搞得一身是非。

「抗戰勝利，政府歸來，老百姓歡迎、慶祝的儀式一定少不了國旗，南京跟重慶一樣，都有現成的，不必添辦，只是委員長的玉照，却不很普遍。可否由商會統一辦理，分派給各商店，以備慶典時懸掛！」

「會長想得很週到，慶典中自應懸掛領袖照片，由市商會來辦，既可劃一規格，又可廉價發售，再好沒有。」

「講到售價，倒沒有什麼問題，委員長的照片，就是貴點，老百姓亦樂於接受的！我在商言商，應該有利潤，你這一份，我自然有數……」

「葛會長！千萬不可！這事由商會發辦，我贊成！我任公職，決不能做生意！」

「自然由商會出面做，印刷發行，歸我們包辦，決不要你分神，也不用你出面，有事！我葛某人負責！你放心好了！」

「會長的好意我謝謝！現在我沒有興趣做生意，將來如果做生意，再請會長幫忙！」

「好！好！」

這番對白，在我可說是堅壁淸野，推得乾乾淨淨！沒有什麼可誤解的地方。可是十多天後，葛亮疇又來看我，袖出一張支票，遞了過來。說是照片生意的賺頭。

「會長！我一向很尊重你，你這樣做，簡直陷我於不義！我萬萬不能接受，留着你自己用吧！」我怫然說：

「做生意賺錢是應該的，不偷不搶，有什麼不義？老弟，你眞是書獃子！留着用吧，有什麼事我葛某人負責！」

「說什麼我都不能接受。」

「講句老實話，你的情形，我很淸楚，上台要想下台時，總要有點準備呀！」

「謝謝你的好意，我不留你了！」我斷然的站起身來，作送客的姿勢。

葛亮疇顯得有點窘，悻悻地站起來，邊走邊嘀咕：「眞是好心遭雷劈！……」

這事在我以爲已告一段落，雖然當時心裏有點彆扭，日子久了，亦就慢慢淡忘了。

大概十一月的一個下午，我突然接到彭壽的電話，說是明晨就回上海，約即晚去鹿鳴春見面。當時我覺得很奇怪，來時不通知，臨走却約我吃飯，一反常例，想來想去，想不出所以然來，這個悶葫蘆，一直到鹿鳴春才告打破。原來彭壽這次到南京，是奉命查案，而我正是被查的對象，所以事前不便跟我見面。

「現在搞淸楚了，你是受了寃枉，所以該好好請你一餐。」彭壽說着轉向葛亮疇：「葛會長對這樁事很感不安，堅決要來向你表達歉意！」

「老弟，眞對不起！我幾乎累了你！今天該罰我請客。這個誤會由我引起。」葛亮疇歉然地說：「這位老弟眞是阿彌陀佛的書獃子，述先兄，你如說我行賄，我不能不認帳，若說他受賄，那是寃哉枉也！我送賺頭去，簡直給他轟了出來！」述先是彭壽的號。

「做生意不能算貪汚，你也不能算行賄。現在他既沒有收，行賄、受賄都不能成立。人家告他的罪狀，相當嚴重：是『利用職權向市商會勒索巨欵』！所以程處長（克祥）要我來問問淸楚，爲他的名譽計，也有澄淸一下的必要……」彭壽指着我說：

「商會的帳目你查過了，商會不特沒有額外支出，而且多了筆福利基金的收入，這就是送不出去的照相賺頭，應該算是這位老弟的捐欵！」

「這件事既然已經說明白了，別再提了，千萬別再攪什麼名堂，我對這些玩意，實在不感興趣！」說得葛亮疇滿面飛紅，訕訕苦笑。

「且別高興，還有呢！程克祥還接獲乙份報告，說蕭叔宣是你打死的！」彭壽又說：「上面現在正在追究責任，這份報告對你很不利，而我們又不明眞相，未便替你說話……」

「什麼？」我不禁跳了起來：「這是誰打的報告？」

「這，我不便告訴你，……爲了替你洗刷，所以只有我自己來一次，……回去一定把這事澄淸！」

「那你眞是彭宮保再世了！」因爲他素以彭玉麟的曾孫自居，所以趁機幽他一默。

「這樁事，若非我親自來，誰也攪不淸楚，……我一來查了卷宗，檢驗了槍彈頭，就斷定與你無關，蕭叔宣身上檢出的駁殼槍子彈，而你那裏我查過只有轉輪、白郎林，自然沒有你的事，可能是楊叔丹手下走的火……」

「彭宮保！這會你判斷錯了！當時我可在場……」

「老弟，你自己的事澄清了，別再理人家的閑事」。彭壽急忙截住了我的話頭：「來！我們賀你一杯！」

逼上梁山代人行賄

照片事件平息不久，我又莫名其妙的捲入另一漩渦。前者因爲拒賄而惹了一身蟻，而今確實代人行賄，却安全無事，說來很難使人相信。

事情經過是這樣的：有位經營紙圈生意的劉禹階有天來找我，說起那家南京唯一的紗廠，也給查封了。原來這家廠有少數敵僞股本，却把整個廠封了起來，商股的損失不用說，一千多工人也跟着失業了，廠方無路可走，敵僞產業管理處裏全是重慶面孔，因此托劉禹階來問我有否熟人？可以瞭解情況。

當時聽了之後，我的「正義感」不禁油然而生，我覺得敵僞股本和商股應該分別處理，不能因少數僞股而影響正當商人的利益，於是答應向S科長瞭解些情形。

S科長是我在敵僞產業管理處唯一的熟人，說也湊巧，這樁案子，正是S科長所主管，所以一提這案，S君就源源道來，如數家珍，與劉禹階所說，大致相同。

「如此說來，問題並不嚴重！僞股的比例既然極小，何必要把全廠封存？」我就趁機試探試探他。

「這是公事手續呀！」S君笑笑說。

「是否中央規定，有敵僞股子的企業，都要查封？」

「中央並無明文規定，授權『管理處』斟酌實際情況，便宜處理。」

「那麼這家紗廠的情形，有請老兄重行斟酌的必要了。這廠百分之九十以上是商股，怎能因少數僞股，影響絕大多數的商股利益？再說一經查封，工廠關門，工人失業……」

「你不要誤會，查封不是最後處分，正當商股，將來查明了，自然會發還的！」

「什麼時候可以查明？」

「這很難說，因爲這是調查科的工作。」

「這麼說，不就是遙遙無期？如果一年半載才能查清發還，到時原料成了廢料，機器變了廢鐵，還有什麼用？何況工廠停工，千把工人的生活就成問題。既是老兄主管，看看有什麼辦法可以補救？」

「廠方既是老兄朋友，我當然盡力幫忙，決無問題，只是此案是下面經辦，我如果過份改變下面簽擬的辦法，一定以爲我得了好處，所以這樁事，先得要把底下舖平，我才能做文章。」

當晚我把經過情形，一字不遺地轉告了劉禹階，他的反應却出我意外。

「要錢就好辦！」他說：「廠方也願意應酬點，只要能做到早些啓封，化點小費也值得的，可否請你問個『尺寸』，廠方當盡力照辦。」

「對不起！我只能替你們瞭解情況，談到錢，我就不便插手了！」我乾脆表示謝絕。

「你不管怎麼行？我們又不認識他們，從何談起？」

「這樣吧！我介紹你們雙方認識，你們自己談判吧。」

當我把這意思告訴S君的時候，S君便悻悻地說：「不必了！因爲老兄出來講，才隨便談談，你既不願插手，祇有作罷算了！」

可是劉禹階聽了，却大不爲然，他說：「線斷了倒無所謂，譬如沒有搭上，不過這種事，談不談，最爲犯忌，以後一定多方留難，藉口拖延，該三月的，一定壓上你半年，多拖上幾個月，不說廠有拖垮的可能，工人也受不了呀！」

「說來說去，反而變成我耽誤了你們大事！……」

「不是這個意思，千萬別誤會，官場中這一套，我很清楚，口裏說作罷，心裏却決不罷休，非把你逼出來不可！所以，這一來，一定變本加厲，更加糟糕！你不願插手的心情，我很瞭解，其實我跟你一樣是第三者，只是爲了友情與千多工人的生計，出來奔走，只求問心無愧，也就不避嫌疑！……現在一千多工人的生計，就繫於老兄一念之間！」

終於我揹上了「代人行賄」的十字架，往返奔走居然談得非常接近，這家廠的總經理張子良君確甚了得，一口氣就答應了天文數字的賄欵！——數目已記不清了，只記得是兩大皮箱的「關金券」。張君現在本港，經營石油氣事業。

指揮部一本流水賬

「京滬行動總隊南京指揮部」早已成了歷史名詞，前後壽命僅得四十餘天，不過這段時期，正當局勢動盪之際，短命的指揮部，對於當時亂局，確也有其一定作用。

不說別的，陸軍軍械庫之能完整保存，留待中央接收，指揮部維護之力，不可否定的。蕭叔宣事件，對於當時覬覦軍械的人，多少發生了阻止作用。

從地方治安來說，南京該是淪陷區中最好的地方。指揮部從未接收過一草一木，當時南京盛傳接收中央儲備銀行，後來事實証明，指揮部對於中儲業務，始終不會拈手，借地辦公，亦事先徵得該行負責人的同意。

整個指揮部時期，南京非法接收、盜賣公物的事件，只得市黨部汽油案一件，雖然事後仍歸發還，但當時風聲所播，各機構不無戒心，至少在指揮部存在的時期，不會再有同樣事件發生。

當時淪陷區的混亂現象，主要是執法機關的濫用權力所造成！指揮部成立到撤消，可說從未有過越權的非法行動，成員都能潔身自愛，所以從未有利用職權、敲詐勒索等非法事件發生。

但從另一角度看，指揮部亦有極大失敗之處！楊叔丹魯莽的一槍，爲指揮部帶來不少災禍！舉凡：軍校學生示威、日軍出面干預、周鎬入居先遣軍司令部、指揮部遷出中儲、周佛海陳公博反目等等，間接直接均出於楊叔丹一彈之賜！而受害的最烈的，却是周鎬！

周鎬爲周佛海作証

楊叔丹這一槍，實際上送上兩命！蕭叔宣是衆所週知的，另一位周鎬，却很少人知道。

中央政府還都之後，軍統局的一次會報上，檢討及南京指揮部的工作時，推究到蕭叔宣案的責任問題，以及它對局勢的影响。雖然蕭是漢奸，但懲處權力屬於法院，楊叔丹最少要負誤殺責任，此時楊叔丹已畏罪潛逃，責任就落在指揮部的周鎬頭上。會報散席之後，周鎬就送進了「休息所」。

「休息」，是禁閉的代詞，亦是軍統處分自己同志的一種方式，刑期不定，老闆需用的時候，隨時可以恢復自由的，這在軍統內，可說是家常便飯，不足爲奇。

周鎬「休息」的地方，就是上海車站路的地方法院監獄。

勝利後改爲軍統局的看守所，這裏除了扣押漢奸罪犯外，一部分，就闢作自己同志的「休息所」。

「休息所」的待遇，自然跟一般監犯不同，吃的小鍋飯，穿的家常衣着，禁室木柵，雖設而常開，隨便可以「串門子」，聊天、下棋，幾乎什麼都行，就祇不能出外，名之曰休息，頗爲切合。

不過囚犯，總是囚犯，那時禁閉着的，除了周鎬外，還有阮清源、郭斌等幾位，都是軍統的高級幹部。我去探望周鎬的時候，阮清源正和郭斌下棋，阮笑着說：「這眞是一彈之差，滿盤皆輸！」郭斌不解：「我祇聽過一着之差，從未聽過一彈之差！」

「不信嗎？你問他！」阮清源指指周鎬說。

「不錯不錯！這是有出典的，我就是被楊叔丹一彈之差，弄得滿盤皆輸！」說得大家哈哈大笑！

周佛海南京受審

那天我在「休息所」盤桓了整個下午，除了這句笑話外，周鎬始終未提及指揮部任何事情，我亦不願引起他的回憶，僅是閒話家常而已！

周鎬的牢獄之災，直到這年八月才交脫，但他的政治生命，却從此判了死刑！雖然在軍統局仍掛着專門委員名義，事實上是打入了冷宮，從此不再重用。

那時我也辭了南京直屬組的工作，回上海經商，而周鎬呢？正渡着寓公生涯，彼此時有過從，動慣的人，一旦淸閑下來，不免有寂寥之感，我就勸他改行經商，周鎬苦笑了一下：「我除了拿槍桿子外，還能幹什麼？」

有這樣的傳說：周鎬行爲暴戾，勝利後對周佛海極爲不遜，就我所知，周鎬對於周佛海可說拳拳膺服，而且始終如一！謂予不信，請看下列事實：

卅五年十月，周佛海在南京首都高等法院受審，程克祥、彭壽、周鎬俱在証人之列，程、彭被一些朋友勸止了，周鎬呢？好多人勸他你自己還是待罪之身，何必出庭作証？你猜周鎬是怎麼回說？

「周先生爲了國家的利益不惜當漢奸，當漢奸乃是爲了替國家做事，他的受審，乃是爲國事而受審，站在國民的立場，就有義務出庭作証！站在私人立場，對患難朋友，决無袖手旁觀之理，總之在任何立場，我周鎬沒有不出庭作証的理由！」

周佛海公審的那天，周鎬作了兩小時的供証，力証周佛海在淪陷區，實爲重慶工作，長期來掩護組織，供應經費，營救同志，勝利之後維護地方，歸政中央等等，都一貫遵照中央意旨，不計毁譽，雖負上了漢奸之名，實替政府工作。侃侃而談，滔滔不絕，周鎬的供証，當時報章雖少披露，然在南京的老百姓，知道的人很多。

周鎬的供証，未經採納，屬於另一問題，而周鎬的甘冒不韙，挺身作証，他之爲人，已可概見！

周鎬作証歸來，情形更爲落寞！朋友往來逐漸疏遠，應酬場合亦少參與，終日呆在家裏抱兒帶女。

那時上海佛教界打算在上海靜安寺辦個佛教福利組織，我知道周鎬正閑得無聊，於是就推荐他到上海主持籌備。

卅七年，我在天津接到朋友來信，說周鎬已辭去那份工作，當時還以爲他對佛教事業缺乏興趣。及我年底回滬，始知周鎬已失踪多時！

周鎬失踪的原因，直到遇見張恒才知道一點端倪。

「周鎬到蘇北去了！你知道嗎？」張恒說。

「我剛從天津回來，此地的情形很隔膜，蘇北？是不是孫良誠那邊？這倒跟他很適合。」我因爲那時孫良誠正在蘇北勦共。

「不！是陳毅那邊」他壓低了聲音：「聽說還担任了新四軍的前敵委員會委員呢！……」

「啊！」我簡直張了口合不攏來：「這，怎麽會呀！他是反共的死硬派，在南京打擊中共地工不遺餘力，周鎬要投共產黨，共產黨也不會要他呀！」

「政治的玩意就這麽微妙，聽說是中共派了周鎬的同學徐某人，主動爭取的。」

從此之後，周鎬的行踪，渺無音訊，爲了避免嫌疑，我也不敢打聽他的消息。

心血來潮周鎬投共

大概是卅八年秋天吧？有天周鎬太太吳雪亞突然來看我。說：「周鎬又被扣押了！」跟着眼淚直淌，看樣子知道比上次嚴重得多！

「不要急，慢慢說，究竟怎麽會事？只要不死，終有辦法想的！」我寬慰她說。

原來周鎬在佛教福利事業服務團幹得好好的當兒，有天突然向他的妻子吳雪亞說：「想去蘇北看看孫良誠。」

「你又想搞軍隊？現在這份佛教工作，很有意思，別再担風險玩槍桿子了！」

「不！我只是去玩幾天，多則半月，少則七天，一定回來」。

吳雪亞沒有阻止他丈夫出門的理由。十幾天後，有人拿了周鎬的親筆信來看他。信中告訴牠已安抵鹽城，（新四軍據點）詳細情形，留待面談，希望她携同子女，跟來人一起去。

這事對吳雪亞說來，的確是天大的難題，原本她是不願意周鎬再搞政治的，何況又是變志事敵！現在只是家眷去不去的問題。這事又沒法跟親友商量，獨個兒確是決定不下。吳雪亞考慮了一個禮拜，才決定了個折衷辦法，就是自己跟去鹽城，把子女寄在娘家。理由是，她去還有相機勸阻的機會，如果她不去，怕周鎬越陷越深，難以自拔！

吳雪亞到了那邊，才知道周鎬已担任了新四軍的「前委」，形勢已成騎虎，最後勸阻的希望，也落了空。

那年，孫良誠在泰州戰敗被俘，饒漱石知道他跟周鎬有舊，於是把這勸降工作，交給周鎬去辦，不用周鎬三言兩語，孫良誠居然表示願降。

當周鎬把這消息告訴吳雪亞的時候。

「孫良誠那麽容易投降，怕不會是眞降吧？」吳雪亞說：「這人很不簡單，要知他是政海裏打滾的人，決不會像你那麽連妻兒老小都不顧，閉着眼直闖！」

「誰叫你不把他們帶來？」

「這不是帶不帶的問題，你眞個把他們放在心上，就不應該幹這種賣命的玩意！不是我怪你，這一着棋子，委實走得太差！」

「事已至此，後悔有什麽用！」周鎬雖這麽說，語氣裏邊，已有懊悔味兒。

「不！悔也不晚，只要有心，找個機會，仍然可以脫身的！」吳雪亞趁機勸說：「孫良誠是你好朋友，相機瞭解他眞意，如眞是詐降，我們就有機會脫出虎口！」

周鎬默不出聲，顯然已被他妻子吳雪亞說服了。

策反不成失手被擒

孫良誠降共後，表現十分積極，連續爭取些舊部過去，原以爲仍可歸他節制，等機會再行反正，不料中共把拉去的部隊，分散了編入各支隊，於是孫良誠的希望完全落空。

但中共對孫良誠却大感興趣，以爲他是眞積極，於是得隴望蜀，進一步要他做聯絡西北軍的工作。

第一個對象，便是駐在蚌埠的劉汝明部隊，劉汝明出身西北軍，此時已擢升集團軍總司令，擁有四個軍十多個師的實力，駐防地正是南北要衝的津浦路沿線，地位的重要，大有舉足輕重之勢。孫良誠與劉汝明，同起行伍，私誼甚篤，當然是最理想的策反工具，中共怎肯錯過？於是迫令孫良誠與劉通信，進行遊說。

劉汝明爲人，頗有城府，竟覆信表示，如果此事出自孫良誠本意，暗示可以斟酌。於是信使往返，交換意見。條件大致談妥，却堅持必須與孫良誠當面談過，証明是孫的本意，方能作出決定。

最後雙方同意，在雙方無駐兵的眞空地帶，安排劉、孫會面，約定雙方所帶衛隊，不得超過一排人。

陪同孫良誠赴會的就是周鎬。

不料正在進行談判之際，劉汝明的騎兵忽然蜂湧而至，團團包圍，把去赴會的孫良誠、周鎬都束手被擒！

但一轉瞬間，孫良誠變了座上客，周鎬却成了階下囚，連夜押至南京，再度打入天牢！

「我丈夫這次完了！」吳雪亞說完了經過之後，提出了她的看法：「這次跟上次不同，你知道，軍統最犯忌的是背叛組織……」

「不過他是老同志，上級人緣也好，不至會有極端的處分，祗要能保全性命，慢慢總有辦法，最好即刻去南京，托人說說情，先得保全他的性命，然後再相機設法」。

經過吳雪亞多方奔走、疏通請托，居然把案子拖了下來，正替他高興的當兒，共軍忽然進迫南京，政府東遷，周鎬從此消息杳然，下落不明！有人說：他已遭活埋，亦始終能証實，倒底是哪一方面活埋他的，都不得而知了！

Emcolon® FASHION WIGS
「愛其麗」® 免恤髮品
大人公司有售

悼念寫作人中的傳奇人物：

神秘女作家十三妹

蕭郎

我徘徊在跑馬地一條街上，憑弔一個聞其聲、知其名，未見其影的寫作人。

那是香港寫作人中的傳奇人物，她的筆名是十三妹。

獲知十三妹逝世的消息，是文友在電話中傳到，看到報上的新聞，才知她住在奕蔭街，和我當時的居址，僅一條馬路之隔。奕蔭街的街坊這樣說：「她總是戴着一副黑眼鏡，神神秘秘的，不大理睬人，曾經和附近的一間裁縫舖裏的人吵過架」。

望這幢大廈，樓上緊閉窗門的，大約便是十三妹的住所。憑弔的心情，在我有似一個影迷之對明星，又似失去了一個同學、鄰居。

我和十三妹做過很久的「鄰居」，那是在「新生晚報」的副刊。十三妹專欄的文字，很能放胆，有讀者，我即其一。副刊上的寫作人，沒有一個認識她，包括編者。編者為她的文章而欣悅，却為她絮絮叨叨的電話而煩惱，這是十三妹在我印象中的第一回合。她不喜歡編者刪削一句一字，顯然忽畧了香港的出版法例，有什麽法律問題時，編者要對報社負責。

後來，在新生副刊上，不見了這位「芳鄰」，也不清楚她何故輟筆？我是個不喜歡管閒事、問閒事的人，自己只是個可憐的賣文者。祇是看慣了的文章不見了有點悵惘：我便在「眞報」的隨筆裏，約畧提到過一節。意思是搬走了個文字園地上的鄰居，恍然若失。

當時我住在萬茂台「瑞士公寓」，不知這位神秘女作家怎會得知？寫了封很長很長的信給我，道及輟筆始末，自有若干不滿之處。沒回信給她，却有多少賣文者悲哀的感慨。她那些牢騷發給我聽，無濟於事，因為賣文者和任何出版機構，只是買賣關係，並無發言置喙餘地。這封信我看過兩遍，以為她有些話雖然失之過激，有一部份的見解，並不完全錯，站在一個賣文者「階級立場」言，我沒有把讀信的感想寫在報上，是怕得罪人，在香港賣文的哲學是一切看在稿費份上，少涉是非，出版機構是我的主顧，給主顧階級中一切有關的人以尊重，但尊重並不等於捧托。此處必須附帶提一筆，南來操觚人初來香港時人生地不熟，要打開賣文的出路，絕不容易。

十三妹事件給我一個啓示：「多寫稿子，少發脾氣」，還要加上附帶條件，那是「你認為我值幾多，給幾多，不爭待遇」。這賣文之事是甘苦自知，中了大馬票不寫可以，否則的是你說什麽都是多餘。做編輯的幫老板多過幫作者，不該否定，這是適應資本主義社會的生存哲學。

十三妹後來接連寫了幾封信給我，是失去了「新生」的園地後，要探一探「稿路」。顯然是她將我估計過高，我是「自顧不遑」，那有能力在介紹文稿上相助？一己勉强混口飯，採取的是「多寫少賺」方式，並不是我生來「賤」，喜歡賤賣，而是在成家之後的負担，形成一種壓力，不得不勤力點，遷就點。

不回信給十三妹是不禮貌，知識分子有階級同情，回信給她又於事無補，可以提供給她的是「賣文者的適應文化」，必先適應，而後才能生存。於是我回了封信給她，備道在港賣文之艱辛，我舉了我自己經歷過的許多例子，寓有責備之意。重點在當你獲得一個園地發表時，遷就別人些，不要「這個那個」的「作天作地」！學問你高過我，讀者你多過我，文章你好過我，可是在「適應」學上你不夠。這封信寫得很不客氣，但屬坦白陳情，是在淸晨寫的，寫了六張信紙。信末，我順便提了一句，你找張三李四，難收近果。你不妨寫封誠懇一點的信，給金庸先生，他是知識分子中的文化老細，對朋友很重溫情，所屬出版機構欣欣向榮，如日方中，也許能採用你的稿件。最主要的是他有權立刻決定，於你的生活費用有助。

信寄出了，在我是作為對一份寄望於我的友情交待。我以為十三妹不會再來找我，因為她是個喜歡批評人的，而我却在回信中大大地「訓」了她一頓，這在一個心高氣傲、胸襟不寬的寫作人來說，應屬難以容忍。不過我的觀點是說眞話就不用保留，作為賣文的諍言，自無不可。

過了一個多月，十三妹獲得了新的園地，是在「明報」上寫翻譯小說，我指點她一條路，沒有指錯。

這期間，她常有電話給我，說話中頗多是非。她在「電話攻勢」中常喜歡探聽這探聽那的，反正都是閒事。我告訴她：「請你把我上次寄給你的信，再讀一遍。你得閒說這說那，我唔得閒聽這聽那，賣文生涯，安份點好，你不會不知道很多人怕聽你的長氣電話……」。此中我最聽不慣的是什麽「江浙幫」，賣文是腦力敲石子，那有什麽「幫」不「幫」的？

大約一年過後，十三妹的老毛病又發作，失去了園地。電話裏要我幫忙，替她想想辦法，電話神經戰，使我不得不去探望一間寫作多年的出版機構主政人：「十三妹要寫稿，給個位給她吧」！總算是多年賓東，沒使我難下台，應承了。

寫的也是翻譯小說，然而寫了不到十天，十三妹來電話給我：「我身體不大舒服，請你代我告半個月假！」這可難倒了我，剛開始就要斷稿，我很難講話。電話裏這樣對她說：「你寫的是翻譯稿，我英文不行，否則代你接下去……」。無奈何我祇有再去見這位出版機構的主政，作如是言：「吃五穀的人，難免生病，十三妹病了，這篇翻譯小說擱一擱，我替她寫半個月的怪論」。

代寫了半個月的怪論，我關照該報會計部，稿費交給替她收稿費的人。這是友誼上的同情，代筆不須取酬。有須加註的是後來十三妹知我不會要這筆稿費，「還」給我十五篇雜文，選文取意，我把若干火氣大的部份刪削了，曾在我寫的幾個專欄中發表。其故在我賣文也好，做人也罷，不喜歡「極端」，較尚中和之道。

再後來，她接到一個廿五元一千字的雜文園地，我替她高興。不過她在電話裏講話的語氣，我聽到十分不高興，她說：「你不要寫那些七元八元一段的稿啦，我寫一段，抵得你寫三段……」。

「一個人在有好日子過的時候，不要忘記壞日子，我賣文看得比你遠一些，寧願『賺得少，寫得多』，這樣做是不用担心文稿的銷路，不會爲少掉一兩間影響了生活費用的預算。你一個人，可以任性，我一家七八口，不能改行轉業，就得將事情看深一些。」

「那你不是自己犯賤？」

「賣文在香港，徐訏先生說過形同賣淫！」

「你們江浙幫呀，我最討厭」。

「不要這樣講話，交朋友你是用耳朵聽的，我是用眼睛看的。耳朵與眼睛比較，那一個可靠些？」

十三妹這個電話，給我很深的反感。此後我搬離舊居，音訊遂斷。聽到她的噩耗後，想法又不同。畢竟她是一個女流之輩，內心天地不寬。否則，怎致於在港二十年，停屍殮房，無人認領，我把她的噩耗告知方龍驤兄，他歎了好幾口氣：「可以視作解脫。在他生前，她是個喜歡與自己作對的人！」這句話很有道理，一個喜歡與人作對的，實在是和自己作對。自惹困惱，世界又怎麽能看得美麗？

她就是神秘女作家十三妹

× × × ×

人死了，和活人是兩個世界。

我和內子趕去靈堂弔唁，先我而往在簽名簿上簽到的是一個具名「長期讀者」的人。寂寞斯人靈堂靜，看到今聖歎的輓聯開頭兩句：「南天白髮悲興亡，傷心羨字人饑……」，我情不自禁地熱淚奪眶而出！是靈堂氣氛、遺像、和輓文打動心坎。與其說是哭十三妹，不如說是哭我自己，及一切死去活着的賣文者。這幾年，我送過好幾個文人的終，在她之前，有拾遺先生、席曙天兄，他們都是在港無親屬，由朋友們熱心料理後事的人。辦理十三妹後事的負責人是王世瑜兄，這大概是十三妹生前意想不到的。

文化圈中，很多人沒有見過十三妹，故於其身世不詳，一部份資料，是在她日記中獲得的。

不過在弔唁人中，有兩位和她很熟悉。

一位是黎先生，他說十三妹生前，常到他家裏去，和他們夫婦俱熟。十三妹的左手有點毛病，可能是生理上的缺陷，影響到心理方面。黎先生說他是來到總是哭哭啼啼的，牢騷滿腹。黎太太聽到十三妹的電話，叫黎先生聽時，喜歡說笑話：「快點去聽，靚女的電話來了……」。

另一位杜先生，知之尤詳，他和她在重慶、上海兩度同事。十三妹本來是做女記者的，脾氣很大，甚難相與。她進上海「申報」任職，是陳香梅介紹的，做了沒多久，就在採訪部大吵特吵，因爲介紹她進報館的陳香梅，來頭大，不好意思辭她，就將她調到資料室裏去，可是做了沒多久，不上班了。十三妹一度在「民航」任職。然亦未曾做得久，在另一間航空公司也做過事，大約是在一九五二至五四年間事。在港鬻文爲生，始於一九五七年，在「新生晚報」，最先錄用她稿件的是高雄先生。在十三妹逝世前，寫兩間報紙，即「成報」與「新夜報」。在「成報」先以越兒筆名寫雜文，後寫翻譯小說。可是十三妹對我講過，她喜歡寫的文章是雜文。

十三妹原籍山東，名方丹，曾在越南躭留過一個時期。據說有兩個哥哥在法國，一個娶的是法國太太，這是黎先生講的。與其家屬，是否通訊，不得而知了。和十三妹最熟悉的應是何亮鈴君，是她當日在航空公司的同事，曾經義務幫忙她送稿，收稿費，然及十三妹事，語焉不詳。

來弔唁十三妹的文化圈中人，倒並不少，孫淡寧大姐淚灑靈堂，說了「兎死狐悲，物傷其類」八個字。大殮後翌日，卜葬於和合石，並爲豎碑：「方丹，十三妹女士」。

不應該寫的一筆我要寫下：十三妹常說「江浙幫」文人的不是，但欣賞她文章的是江浙幫，爲流同情之淚辦理後事的也是江浙幫。流淚人能不興「儂今葬花人笑痴，他年葬儂知是誰」之感？

未來香港狂想曲

文：司馬風
圖：嚴以敬

今年是一九七〇年，一九九七年離今不足三十年。我是一九三七年來香港的，那就是說，我在香港已經住了三十三年。這三十三年之內，香港的變化當然很大，但除了太平洋戰爭爆發，日軍佔領香港三年八個月之外，形式上的變化很大，本質上的變化却並沒有什麼不得了。但是從今天起到一九九七年的二十七年之後，其變化却空前巨大，不可想像。

至於變得好與變得壞，則誰也沒有把握，也許變得很好，越來越好，也許變得很壞，越變越壞，壞得不成樣子。

現在說這話，也許為時太早，尤其是說它可能變得壞的不成樣子，有危言聳聽之嫌。但這的確是十分可能的事，正如它可能變到好得不亦樂乎一樣。依據中英條約，英國租借界限街的九龍部分和新界，將於一九九七年期滿，屆時該部份地區，港府必須交還，香港本島雖屬永遠割與英國，但目前所謂「繁榮的香港」，係對廣大的新界連同九龍合併計算在內，佔整個所謂「香港」百分之九十以上，如將其它部份悉數歸還，單剩一個香港本島，試想那時的香港將要變成什麼一副模樣。

一九九七年時之「界限街」

推測一九九七年時，香港人只將達六百萬以上，其中十分之七在新界九龍，香港本島最多不會超過二百萬，屆時新界與九龍的主權，交還中國，很可能成立中國大陸邊境的一個「獨立市」，與英國關係變成鄰邦。依照國際常例，此後兩地往來，均須領取護照，申請簽證；商品往來，也須經過海關納稅。

那時英國方面，查理斯王子可能已登基，滙豐銀行發行的香港紙幣，過了九龍界限街，在未經錢莊找換之前，當然不能通用。

屆時海底隧道，及跨海大橋均已早日落成，使用有年，並且可能經過協議，改為中英合營。向在香港政府註冊之醫生、會計師、建築師等，未經華方考試甄別，不能在九龍懸牌開業。

九龍至界限街起劃為國境線或邊防線，香港方面因自身防不勝防，索性宣佈為「不設防」港口，駐港英軍全部撤退，而以警察及保安隊維持秩序，屆時中文將遠較今日流行。九龍彌敦道可能改稱「國際大道」，因為它橫過界限街，直入華界，香港的「皇后大道」或仍保持原名，界限街以前多以外國人名為街道，自非全部改名不可。香港房租大跌，分期付欵制不再存在。

其時，邵氏兄弟影片公司已易名「邵氏祖孫影片公司」，馮寶寶之年齡將近半百，當選為電影太后。報紙方面，進步不可想像，每日廿四小時共出十二版，所有報紙均用彩色膠片縮影，閱讀時需戴放大鏡，附有聲帶，隨時可以變成有聲有色，看電影版如入電影院，小說版刀光劍影，馬經版蹄聲得得，狗經版犬聲汪汪，普通報紙日銷五百萬份，稿費每字美金五元。

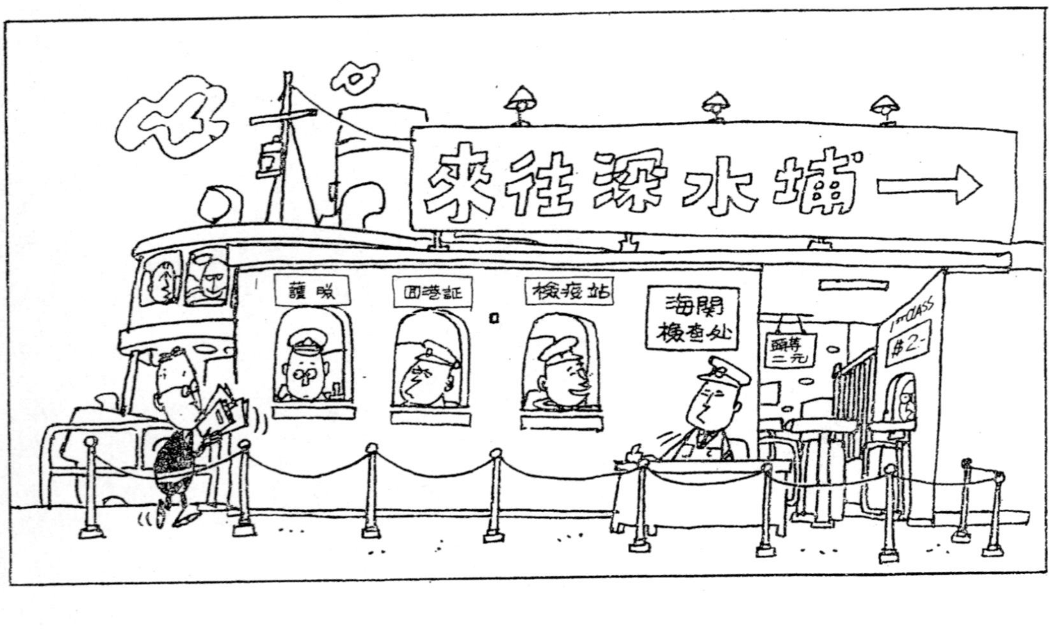

屆時搭乘渡海小輪往返港九手續麻煩

馬場三十年

老吉

本屆賽馬開始了不到一個月，馬圈早課時，已出了兩件大事，一件是一位首席騎馬人，騎新馬跌下馬來，頭破骨裂。一件是一位練馬師在看早操時忽然半身不遂，好在兩個都逃過大難，騎馬人年輕力壯，休息一月半月，當能痊可；練馬師則年過花甲，恐怕不易痊愈得這樣快了。

騎馬人，我們叫他副手，每一個馬房中，少則一位，多則兩位，在馬房中，最高的當然是練馬師，其次便是副手與飼料人，要三樣配合，然後馬匹才會身體强健，精神抖擻。副手如果有兩位，第一位便是首席副手。（騎馬人，西文名稱 Riding Boy，如果直譯，便是騎馬童）。

能做到首席騎馬人，便有資格進一步升任練馬師，但至低限度必須要能講普通英語，不懂英語者免問，因爲獸醫屋利小醫生是英國人也。（但屋利醫生的廣東話講得不錯，而馬會秘書鮑愛克的北方話講得更好）。

現在香港馬會由副手升爲練馬師的，老一輩有趙阿毛與林雲亮，中一輩有皮洛夫與貝爾波夫，後一輩有區錦洪、（托墨考夫的首席副手）張學文、（蘭斯考夫的首席副手）朱寶明、（王阿四的首席副手）李殿林、（蘭斯考夫繼張學文後的首席副手）吳志霖、（托墨考夫比區錦洪早的副手）譚文居、（羅達尼的首席副手），這六位副手升練馬師，區錦洪、朱寶明、李殿林與譚文居四位，比較遲了一期的。

至於練馬師史秀和，便是上月尾在看早操時忽然爆血管而半身痲木的練馬師，史老二是羅達尼馬房的飼料人，從北方到香港服務於羅馬房，（當時羅達尼尚未入英籍，他的俄名是雷電諾夫），到今天已有卅九年，一生爲人忠實，由小馬伕做起，十年前因對馬匹飼料，有相當良好經驗，於是便專心於此一行。當時馬會主席賓臣的馬匹，都參於羅馬房，因而賓臣便對史老二有了印象。先幾年羅達尼退休前，便將老二介紹做馬會練馬師，賓臣當然批准，因而史秀和便升任爲練馬師，這恐怕是香港馬會有史以來由飼料員升爲練馬師的第一人。

史老二河北天津人，生平好飲兩杯，對肉類有特別嗜好，幾年前，也曾有過一次小中風，今次比較重一些，現在遵醫囑要絕對休息，是否能完全復原，尚不能預卜，因爲右邊臂部，尚有多少舉動不能如常，不過史老二是一位豁達大度，宅心仁慈的老好人，所以不獨是我，就是圈內與圈外人，莫不馨香默禱希望這位好好先生早日康復的。

頭破骨裂墮馬的首席騎馬人王登平，江蘇揚州人，今年卅歲，隸老練馬師林雲良馬房，他的馴馬術，在現在本港馬場中，可說是數一數二，而且不出三年，便有晉升爲練馬師希望。登平的父親王連熹，在馬圈有三十多年資格，當年由馬伕做起，勤勤力力，跟隨已退休的老練馬師王阿四，王阿四退休前，有意想介紹連熹繼任練馬師，可是連熹不肯担此大任，同時一心訓練他的次子登平騎馬，（他的大公子不願繼任父業，改行做船員），前三四年告老退休，現在清水灣邵氏影城担任馬廄的管理人，這是我前文已經提過的，我與他也有多年未見，連熹一生和藹忠實，無怪登平能克紹箕裘，此次墮馬無礙，也是他好心之報。

登平墮馬，是在上月廿六日星期一早上，騎的是七一年新馬八十五號，馬會原本在星期一早上，祇准馬匹倒圈踱步，而不准馬匹順圈試跑的，後來有的練馬師忽視了這一點，星期一早上也順圈快試，當局未加禁止，聽說王平仔的八十五號新馬，在踱步時，就是爲舊馬順圈快跑而受驚，然後摔倒他的。當時頭部先下地，剛剛撞在馬欄鐵脚上，（騎師何偉航當年就是這樣摔死的），鋼帽爆裂飛脫，可見撞力之大，左臂骨撞裂少少，當時頭部受震，昏了一陣，後來由救傷車車入醫院，檢驗之下，頭部撞穿，縫了三針，右肩部撞裂多少，現在由跌打醫生醫理，大約休息不到一個月，便可痊癒。不過平仔此次，如果將鋼帽下部布帶穿孔紮實，鋼帽便不會飛脫，頭部落地受震，便不會如今次這樣厲害，見一事，長一智，以後的騎馬人，應知所警惕了。

因大家忽畧了以前星期一馬匹不准順圈試步，而致有此次意外發生，馬會當局，已貼出通告，今後逢星期一早上祇准倒圈踱步了。

上文談及戰前大馬主，自己特請騎師南下執轡，這是每年週年大賽五天時特別的創舉，當年的大馬主，像余東璇、李寶椿、江氏兄弟、李蘭生、楊發利（後來便是他的大公子楊永康）等。當年各大馬主因可以在各地自購中國馬匹，當然以華北一帶爲多，由青島船運到香港，後來因中國馬漸少，大約在一九三四與三五年之間，更向澳洲各大埠，自購澳洲馬運港，同時馬會也辦運次一等的馬匹來港，由普通馬主執籌，價錢當然比有三代履歷的純種馬來得便宜了。

各大馬主因上海的騎師跑慣大馬圈，香港馬

場的馬圈，比上海的小得多，經驗也比較充足，所以便在週年大賽以前半個月至三星期，老早便郵電預向上海請定大師傅來港，俾得爲他們名下的純種良駒奪標。當年的大馬主，因爲名利兩字，利是老早有了，當然有利便想有名，所以養多些馬匹，開支大些無所謂，於是便在「馬」的方面動腦筋，名駒配良師是必然之事，至於向上海或天津、漢口、青島等地，請一位名騎師，至少要有「四管」的條件，也即是管接、管吃、管住、管送，第一、名騎師請好之後，就要請他由「皇后」或「總統」輪來港，到港後，有的在自己大府上特闢住房，另用工人服侍，每早還要特備汽車送名騎師往馬場操馬；有的騎師自己能駕駛汽車，那末大馬主就另給一架汽車由名騎師自用，期中招待無微不至，週年大賽完畢後，贏馬固好，輸馬也無所謂，對名騎師供奉周至，然後再由「皇后」或「總統」送他回上海。因爲香港是業餘賽馬而非職業性的，所以馬主對名騎師如何送禮，當然各由各做，別人也無從知曉的了。

當年星洲大富翁余東璇先生名下的馬匹，一律用「玫瑰」（Rose）做馬名的第一個字，他請的上海名騎師，便是現在香港營商兼做馬主的「晏加那生」君（Mr C.J.Encarnacao），余氏的夫人與公子經侃君，現在仍有豢馬，余夫人現在的馬匹有「東山霸王」及「東山少將」，（現豢趙阿毛馬房），經侃君現在的馬匹，有上次第二天賽馬尾場跑頭馬的「順利」，和七一年新馬一〇一號（現豢林雲亮馬房），余氏一門對馬匹的興趣，可說是至今不替。

李寶椿先生，也即是李寶椿大厦當年的主人，（現在李氏逝世，由他的夫人公子等共管）他平素自奉儉約，但對豢馬却有極大的興趣，他本人並不賭馬，可見他對這一行體育運動的愛好。他名下的馬匹，一律用「時」（Time），他當年是由天津特請阿圖茂君（Mr A. Ostroumoff），也即是後來長期居留在香港而在十年前因目力關係高掛馬靴的阿圖茂君，（阿君現任香港淺水灣酒店經理），李氏的馬匹，有一匹 Luxurious Time（當年沒有中文名字，我把牠暫譯爲「豪華時代」），至今二十九年，仍是澳洲打比馬跑一哩七五路程的紀錄保持者。（時間是三分〇九秒五份之三），騎師便是阿圖茂君，因爲這一項路程，早已取銷了二十多年，（記得戰後就沒有跑過），所以香港馬會這項路程的時間紀錄，今後將永遠爲「豪華時代」所保持了。

李寶椿在香港爲日本人佔領時期，留港未走，一九四三年，李先生忽然手頭不便，當時他最後所豢的一匹澳洲馬，叫做Surprising Time（譯名「異獅」），有出售之意，知道我在那時，豢馬頗多，於是便託人向我講，問我可否買他的「異獅」，索價軍票八千元，我一問我的練馬師老譚雅士，據他說此馬長期不上力，恐有內在毛病，當時我養的馬多，每次賽馬，獎金收入不少，養多一匹無所謂，何況李先生的大名我早已知道，於是便一口答允向李先生買了「異獅」，可是此馬買下來之後，祗跑了一次第三，便因足跛被燬，李先生覺得不好意思，向我道歉，因而我與李先生變成了好朋友。勝利後，李先生是大業主，一切恢復當年，而且財富更增，便建了這座「李寶椿大厦」，但李先生對我所介紹向他租用寫字樓的朋友，每尺一律減收一角，算是給我面子，當年李先生對我說：「我一直記得你賣我『異獅』嘅事，你朋友租我寫字樓，我一定俾你面平的，你寫張卡片就得啦」。後來此話果然兌現。

本文作者與「異獅」——此馬原爲李寶椿氏所有

江氏兄弟是雙胞胎，廣東話叫做「孖仔」，所以當時識得他們的朋友，都叫他們「孖江」。他們兄弟倆的馬，下面一個字是Star「星」，週年大賽時，由上海請來的騎師是李大星老兄。講起李大星的騎術，在卅年前，無論上海、青島、天津、漢口與香港，老馬迷幾乎無人不知，他對騎中國馬和後來的澳洲馬，一騎上馬背，第一次便要考察這匹馬的脾氣與特性，因爲馬與人以及各種動物，凡是有靈性的，必定有脾氣和特性，如果你對他摸不熟脾氣，做人便不能交朋友，對馬也是一樣；又何況馬是畜牲，所以李大星的第一點便是要摸準他胯下的脾性，脾性一順，牠便聽你的話，於是乎出賽之時，便能收相當効果。李氏兄弟，大裕、大星、大勝等，都是上海交通大學畢業生，與我有前後期同學之誼，我們當然非常熟悉，所以我對李大星的騎術，也相當的明白，他的騎術，以我幾十年看馬的經驗，可以說是一位「全材」，尤其他在直路上騎工之狠，不論當年或是今天，沒有一位騎師能及得到他，相

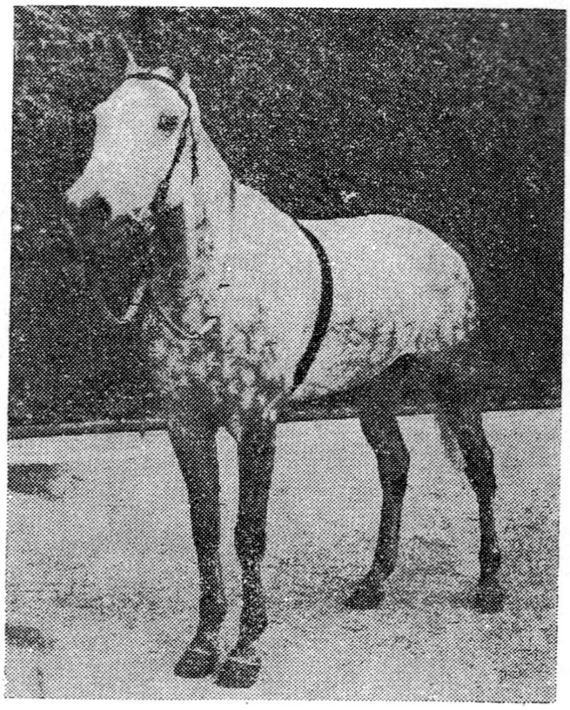
當年打比馬「壽星」雄姿

信我這一句話寫出來，當年在香港見過他技術與同他是朋友的童振遠、畢浩淸兩位老師傅，一定認爲我這話是「肯定對的」。

李大星兄騎江氏的馬，江氏當然待以上賓之禮，一九四一年大戰爆發後，江氏離港，將他們的中國「打比」馬（Hopeful Star）後來譯名爲「壽星」拍賣，便是由我買進送給內人的。此馬從無病痛，無論長短途都能勝任，一年後便成爲「中國馬王」。此馬的馬伕是漢口人，名叫老王，老王愛馬如子，晚上一張帆布床，睡在馬廐傍邊，在賽馬前一兩天，出賽馬一定要釘賽跑輕鎶馬甲，「壽星」在一換馬甲之後，早已知道明天要出賽了，如果他不大舒服，當晚一聲不響，反之如果精神旺健，當晚睡時會發出輕微的聲音，老王名之爲「唱歌」，所以此馬明天能贏不能贏，次日早上老王一早就會對我說：「牠唱歌了」！這便是「壽星」可勝的前奏曲，百發百中，眞是奇怪，還有當年別人的馬，一、二流的，晨早都要飲「白蘭地」（T.S.T 牌名爲醫院白蘭地，現在沒有了）和「米泰通」（是種維他命流質），而我們這匹「壽星」，平時的飼料中祗要加黑荳，賽時一早，却要飲半斤廣東米酒「孖蒸」加三個鷄蛋，賽時九成可以贏出。過了一年半，有人出高價要我們割愛，我那時對參馬興趣稍減，徵得內子同意，便將牠出讓。新馬主換馬房，可是老王却沒有跟過去，於是「壽星」的秘密，變成無人知道，此馬於是也變成時勝時敗，捉摸不定了。

李蘭生五叔是一位好好先生，生平養馬完全是爲了興趣，與他幾位令兄子方、少鵬、冠春各位一樣，他的馬匹，完全用 View「景」字作尾的，他養馬的歷史，在香港可說是資格最老的一位，算時間，至少在卅年以上，我現在可以說他一聲「前無古人」，至於「後無來者」，則我們誰都不知道了。

蘭生五叔戰前由上海請來的騎師，便是現在香港馬圈無人不知的畢浩淸老兄了。畢兄原名鎬淸，在騎馬歷史上，至少有四十九至五十年資格，至今仍是風度翩翩，望上去至多五十歲，也可見老畢，（從前我叫他小畢，現在要叫他做老畢，因爲我與他是同年的）駐顏有術了。

老畢當年來港爲蘭生五叔騎馬，一連多年，每年都是週年大賽以前來港，跑完之後再住多一個半個月回滬，後來見到香港事業可爲，戰後便常住香港，所以也是老香港。

老畢騎馬，有一度功夫爲別人所學不到的，這一度功夫，說起來易，學起來難，非一朝一夕所可以辦得到的。原來就是他騎在馬背上賽跑的時候，可以計算得出馬匹跑步每一個骨的時間，譬如晨操試跑，半哩路試廿七秒、廿六秒二，或者六化郎卅秒、廿九秒二、末段廿七秒三，總共是一分廿七秒正。老畢試完回來，便會問練馬師是否一分廿七秒左右？雖然不能一定十分準確，却可以做到八九不離十，知道了時間，在賽跑時，一路計一路跑，便可以知道自己的馬能做什麽時間，譬如第四班馬快跑一哩，他的胯下能做到一分四十四秒，便在賽跑的時候，自己計每一個骨的功夫，一分四十四秒他的馬可勝，如果有一兩匹馬能做到一分四十四秒以內，贏出來的，當然是人家的馬了。關於這一點，我的學生已故的周佐明老弟，當初我就叫他一定要學這一點，而佐明也對此十分努力，可惜他顏回命短，否則到今天在香港馬場中，他也可以「以此食胡」了。

現在老畢在港經商，他老弟浩明（以前也是騎師）在美營商，兩兄弟拍檔，早已是富家翁，樂不思「滬」了。不過他每早仍舊風雨無阻到馬場，有時更試騎李氏兄弟（蘭生五叔的公子）的馬匹和他自己的「蒙地卡羅」，作爲一種健身運動，無怪乎老畢到現在，仍是身手矯捷呢。

至於楊發利老先生，他的馬匹第一個字是「國」National，楊老先生在戰前逝世，他的大公子永康老兄便繼任父業，而他兩位令弟永貴與永星後來都曾做過騎師。楊氏當年由上海請來的騎師是黃淸濂兄，後來黃兄在十年前來港經商仍勤於騎事，却因爲減少體重關係至於心臟衰弱，多年前在某早晨操時心疾突發，致於馬匹過終點慢步到六化郎閘處墮馬身亡，講起來眞是可惜呢！

我在日本統治香港時代所參的馬王「民望」（National Hope），便是楊君賣給我的。

至於張英達、鄔致遠等各位名騎師，大賽時也都曾被聘到過香港騎馬，而西人中，保亨與已故的梅倫兩位，多年來馳騁馬場，老馬迷諒必多數知道的。

馬會現在的華經理（繼任鍾汝江兄者）是黃士鏗會計師，一位年輕有爲的靑年人，黃先生是由畢馬域會計師公司（馬會財政管理的公司）聘任的，而梁嘉榮與潘文港兩位老兄，則是黃君現在的得力助手。

（六）

銀海滄桑錄

陳厚的一生

蝶衣

提起「風流小生」陳厚，無人不爲他的早逝而深致惋惜。我，自然也有同樣的人琴之感。因爲，在陳厚進入電影圈之前我就認識了他；而在他最初「試鏡」之時，我也是在場的目覩者之一。現在提筆追叙他的過去種種，不免又勾起了再一次的「埋玉樹於黃壤」之愴痛。這一位風流小生，在電影圈裏活躍了短短的十數年，便爲疾患所苦而結束了他的一生；他死得太早，但當他活着的時候，則他的銀色生活又比同時期的許多男演員更多采多姿。

陳厚「風流雲散」

陳厚，他把未來的數十年都在一個短時期裏「透支」了！預先取用了！他的早逝，難道就是他應得的結果嗎？

住在「一樂也」樓上

陳厚之進入香港電影圈，第一個識拔他的人是名導演屠光啓。我之認識陳厚，便是屠光啓的介紹。陳厚的原來姓名，叫做陳尙厚。

那是一九五三年，我賃居於九龍城的聯合道，陳厚則住在福佬村道一家理髮店的樓上。由於居處相近，他曾一度邀我到他的寓所去小坐。

我記得：那一家理髮店的招牌叫「一樂也」。陳厚賃居於二樓，小室一間，纔堪容膝，甚至連到窗子都沒有；進入房間，伸手不見五指，要開了電燈纔能看淸楚室內一切。此一小室，便是未來的「風流小生」棲身之所。較之他後來擁有的「聽濤別墅」，恐怕連到工人厠所的規模，也未必如此簡陋、狹窄。

不過，在小室之外總算另有一個騎樓式的小間，靠壁橫放着一只梳化椅，可以作爲會客之用。我第一次參觀他的寓所，便坐在這一只梳化椅上，和他促膝而談。

讓時光倒流，回想到陳厚在進入電影圈以前的生活，顯然，他也是經過了不少磨難，不少困苦的。

初次在「邵氏」試鏡

一九五三這一年，九龍北帝街的南洋片場尙未出售，還是「邵氏」製片的大本營。

趙雷、張揚，這兩位影壇上的新小生，先後經過了「試鏡」的階段，進入了「邵氏」的銀色大門，接着，就輪到了陳厚。

陳厚獲得了同樣「試鏡」的機會，主持這一次「試鏡」的導演就是屠光啓。

同時「試鏡」的，還有金萱、陳芸兩位女性。金萱是新華影業公司主持人張善琨所發掘的新人，陳芸則一度曾隸屬於卜萬蒼主持的泰山影業公司旗下，是「泰山七姊妹」之一。

當時，在場參觀者有我，有作曲家李厚襄的太太杜道勤，還有亡友徐心波。

試鏡的過程是：陳厚走向一座住宅的門口，按鈴，女傭開門而出，畧作對答，陳厚算是訪友不遇，接着是失望而去。

過程十分簡單，主要似乎是在測驗步履的姿勢，一舉手一投足的是否自然。陳厚積累了多年看電影的經驗，自然應付裕如，演來十分熟練。

但，「試鏡」的一關雖然闖過，「邵氏」却只是錄用了一個陳芸。陳厚則酬勞問題談不攏，因而擱淺了。原來，「邵氏」的二老闆邵邨人，只肯給予陳厚月薪港幣二百元；屠光啓曾代表陳厚，要求二老闆加多五十元，邵邨人大搖其頭，表示「不值」。就爲了這區區五十元之數造成了僵局。

陳厚不願屈就，毅然放棄了加盟「邵氏」的機會，另一位金萱，情況也是如此。區區二百元港幣月薪，喫不飽餓不死，不賺也罷。

「秋瑾」一片中初露頭角

陳厚躍登銀幕，第一部戲是「秋瑾」，新華影業公司出品，張善琨監製，屠光啓導演。

「秋瑾」一片由李麗華、楊志卿分飾鑑湖女俠與徐錫麟二角。劇中有一個被捕的青年學生角色，就由陳厚飾演；這其間，屠光啓曾爲陳厚盡了推荐之力。

陳厚飾演的青年學生程翹仙，在劇中有公堂受刑，暈死過去，然後再用水把他噴醒的一幕，陳厚演得十分出色，從此奠定了他在銀幕上的小生地位。

在「秋瑾」開鏡之前，我爲陳厚寫了一篇介紹性質的文字，交與徐心波兄在上海日報的娛樂版發表，同時刊出了陳厚的一幀照片。

後來陳厚進入了電影懋業公司，有一天在他的新居宴請鍾啓文、宋淇、陶秦、易文幾位，同時也邀我作陪，席間陳厚舉盞敬酒，提及了往事，他說：「我上銀幕的第一篇宣傳稿，是蝶老替我寫的。」

君子不忘其舊，這一種品性，在電影圈裏不可多得。

萬喜良一角演不成

繼「秋瑾」之後，陳厚二次上銀幕的戲，是李麗華自資攝製的「萬里長城」。

我在投荒南來後，第一個寫的劇本是「小鳳仙」，其次是「秋瑾」。這兩個戲都是李麗華主演，公演後賣座都不錯；因此便引起了李麗華自資拍片的興趣，她所選中的故事是「孟姜女」。

「孟姜女」的導演工作着落在屠光啓身上，屠導演把一份分場大綱交給了我，委託我寫劇本；我肩負了編劇的名義，實際上是屠光啓已先我耗費了一番心血。

我的唯一貢獻是：提議片名改爲「萬里長城」，理由是氣派比較大一點。此一提議，李麗華立即接受了，屠光啓也表示贊成。

由於陳厚在「秋瑾」一片中有良好的演出，李麗華對他印象甚佳，所以自始即內定由陳厚飾演萬喜良一角，片酬講定是港幣一千五百元。

後來，此一「內定」發生了變化，男主角改請黃河担任，陳厚則飾演一個次要角色。其間，負責導演的屠光啓曾代爲力爭，但並無效果。這變化，對陳厚自然是一次不小的打擊。

不過，片酬一千五百元還是照給的，這却是李麗華的作風豪爽過人。

陳厚破天荒第一次穿上了古裝

第一次拍攝古裝片

許多人以爲陳厚沒有拍過古裝片，其實不然，他拍過一部。

一個獨立製片機構：——良友影業公司，把「紅樓二尤」的故事搬上銀幕，後來片名改爲「鴛鴦劍」。

「鴛鴦劍」是一部古裝片，演員表如下：

尤三姐……李湄
尤二姐……利青雲
賈　璉……羅維
賈　珍……石磊
賈　蓉……馬力
柳湘蓮……陳厚
尤老娘……粉菊花
王熙鳳……唐眞
平　兒……童眞
秋　桐……裘萍
興　兒……蔣光超
旺　兒……徐大川
多姑娘……蕭劍青

此片的導演也是屠光啓，經由他的推荐，陳厚在片中飾演尤三姐的未婚夫柳湘蓮一角。陳厚破天荒第一次穿上了古裝。

由於欠缺舞台經驗，穿上古裝的陳厚連「台步」都不會走，試了幾次還是走得不像樣。他脚上穿的不過是薄底靴，但步履之間宛如穿了一雙木屐，使導演以及工作人員爲之着急、緊張。

結果，只好把他的鏡頭跳過，臨時請馬力充當技術指導，爲陳厚排身段，指點他如何走「台步」。

當時，我曾在塲目覩其事，也不禁暗地裏爲陳厚捏一把汗。

做電影演員並非易事，陳厚後來成爲銀幕上的紅小生，也是經過了許多磨練的。

陳厚先後演過了「秋瑾」「萬里長城」「鴛鴦劍」三片，在電影圈漸受重視。之後，他又陸續在「碧血黃花」「桃花江」「一代歌后」「滿庭芳」「金縷衣」諸片中，分別飾演重要角色，開始走向他的錦片前程。

第一任太太吳炤如

一九五五年，陳厚參加新華影業公司的外景隊行列，去日本拍攝彩色片「海棠紅」，此片的男主角是王引，女主角是李麗華，陳厚與鍾情分飾一對小情人。

由星加坡鉅商陸運濤作後台的國際影業公司，經過了小小的改組，易名爲電影懋業公司，簡稱「電懋」。

陳厚從日本拍外景回到香港，立即被「電懋」所羅致，第一次簽訂正式合約，成爲「電懋」旗下小生之一。

在「電懋」，陳厚獲得了更多的演出機會，最幸運的是他已開始與林黛拍檔，有一部岳楓執導的「情塲如戰場」，便是由他與林黛分任男女

「天作之合」三演員劉恩甲（右）陳厚（中）尤光照（左）

主角；此片後來會創下很不錯的賣座紀錄。

此後，陳厚又在李麗華、嚴俊主演的「天作之合」一片中担任第二男主角，這是一部清裝戲，劇情根據「好逑傳」小說改編，由易文執導。此片的第二女主角是小丁皓。

在拍攝「天作之合」之前，陳厚蜜運成熟，抽空主演他自己的「天作之合」，與吳炤如女士結了婚。

吳炤如，是陳厚的第一任太太。

陳厚在未進電影界之前，就與吳炤如相識，並且建立了良好的友誼。識陳厚於未達之時，她與他，是不尋常的患難之交。

當時，陳厚事業有成，少不得要論及嫁娶了！有情人終成眷屬，陳厚又一次表現了「君子不忘其舊」的美德。

吳炤如筆下的陳厚

陳厚有個英文名字叫彼得，吳炤如的英文名字則是裘蒂。

陳厚一口英語，十分流利。吳炤如亦然，並且說、寫俱佳，擅長英文打字。

婚後，吳炤如曾寫過一篇「我的丈夫陳厚」專文，發表於一九五七年七月號的「國際電影」畫報；這是一篇有紀念性的文字，值得重讀一過，這裏照錄如後：

「陳厚本名叫陳尙厚，他去投考電影公司前，和我商量改名的事，我不加思索便說：去掉尙字，就叫陳厚好了！他想了想，認爲這個名字不夠響亮，我向他解釋道：你的外表有一點單薄相，用陳厚這個厚字來鎭壓你這一點點單薄，豈不很好？結果他被我說服，用了這一個「藝名」。

其實論他的爲人，倒是很厚道的。雖然初初認識他時，總會覺得他不夠牢靠。當我和他論交時，就有人警告我道：「炤如你得考慮，你要當心啊！」後來在他改行做了演員，我和他論及婚嫁時，更有人警告我道：「你要多多考慮啊！電影明星是很容易變心的！」當時我的確考慮了！考慮的結果却是不顧一部份親友的反對，和他結婚了。因爲我對他有信心，而信心的來源，除了愛情之外，還有便是他心底的一份忠厚。

儘管人家說電影界風氣比較浪漫，可是我們結婚至今，我從來沒有發現陳厚有什麽桃色事件，這可以證明我的看法絕對準確。於是有人來問我：「你究竟是用怎麽樣的御夫之道，才把陳厚看牢的呢？」我聽了不禁啼笑皆非；如果陳厚是「花心」的話，就算我每天釘住他，也是沒有用的。如果陳厚忠於職務，忠於家庭的，我毋需管他，也一樣的「安全」。可是別人總不相信我這套理論，他們認爲我有「御夫」的「秘密武器」，雖經辯白，亦無效用，我只好一笑置之了。

話得說回來，我的確也有一套「東西」的；譬如說：我永遠使我的小家庭，佈置淸潔，這樣一來，陳厚將家庭視爲樂園，自然就不會往外去了。我又信從一些家庭生活問題專家的辦法，經常使自己處於愉快的心情和整潔的打扮中，如此陳厚便不會看厭我了。

其實，在這一點上，陳厚和我也是有「同感」的。他對於家庭佈置的愛好，祇有在我之上，不會在我之下。去年我們搬到又一村去住時，陳厚親自設計所有的傢俬、牆壁的顏色，並和我跑遍了香港，購置最新的燈飾以及零碎的東西，佈置這樣一個家，雖然是相當的費錢，也相當的費心機，可是我們覺得這樣做是很值得的。

一般人都說陳厚的涵養功夫好，實在他在家的脾氣比我要暴躁得多。這種情形，我很能諒解；因爲處於目前社會中，男子在外工作，常常會受到挫折和打擊。陳厚對於事業，有百折不撓的精神，從開始考入電影界起，一直到現在爲止，其中的過程，有時候誠不足道，爲此他至今還戰

陳厚的第一任太太吳炤如和他的第一架座駕車ＡＡ１５２１

戰兢兢，惟恐有失；往往在外面受了氣，到了家中便會藉故發作。在這種情形之下，我便將「靜以制動」的辦法，對他不理不睬，陳厚也就風消雲散的沒有事了。可是他常常抱怨道：「寧願大家吵一頓，散散悶氣也是好的。」却不願我那麽冷淡的對付他。當然這種情形也並不多，尤其自從他進入「電懋」後安心工作，也沒有什麽閒氣可受了。

再告訴你一個秘密：陳厚是一個容易緊張的人，他去投考演員的前夕是緊張的，在我們結婚之前他瘦了五磅。到日本去拍外景的前夕，他通宵失眠。而現在我就快要分娩了，我無法想像他在我入院生產的時候會緊張成什麽樣子，因爲他現在已經緊張起來了！』

老太太不喜歡媳婦

上面這一篇文字，今天看來無異成了一種諷刺；因爲吳炤如對陳厚的那一份「信心」，後來終於給「離婚」的事實粉碎了！

所不同的是：陳厚與他的第一任太太離婚，倒並非起因於「變心」。圈內人知道：陳厚尚有老母在堂。由於父親去世得早，陳厚是由母親含辛茹苦撫養長大，因之事母甚孝。

遺憾的是這位老太太，極不喜歡媳婦的些許洋派作風，婆媳之間相處得不十分融洽；而陳厚則往往偏袒其母，責怪太太的不是，終於因此導致了後來的協議離婚。昔日相互恩愛，變成了一場春夢。

陳厚與吳炤如未仳離前的又一村寓所，我去過一次，便是上文會提及的那一次小宴會。寓所佔地不大，但間隔得極精緻，會客室與餐室一分爲二，會客室中横列着一道間隔，放置着許多飛機模型之類的小擺設，是個相當幽靜而雅致的小家庭。

那時候，陳厚已經擁有一架私家車，牌號是AA一五二一。

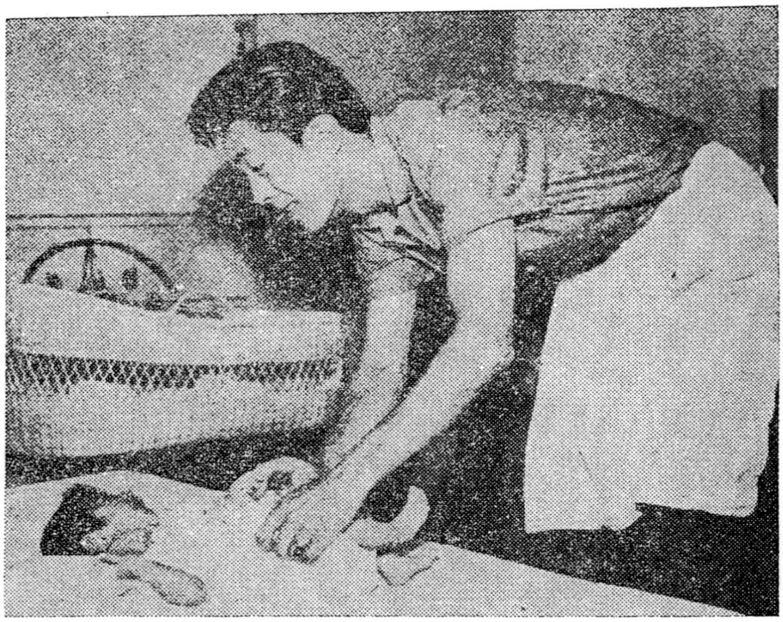

這不是做戲——陳厚做了父親

喜劇小生初爲人父

「天作之合」一片完成之後，陳厚暫得小休，陪着懷了孕的太座——吳炤如看看電影、喝喝茶，度着悠閑的生活。

一九五七年的八月五日上午，吳炤如懷孕足月，進了九龍療養院待產。這一天，陳厚在片塲拍戲，是陶秦導演的「提防小手」，女主角是林翠。戲拍到下午七時收工，陳厚卸裝後匆匆趕到療養院，陪着太太爲「陣痛」而緊張。

晚上十時，太太進入接生間，陳厚在走廊裏踱來踱去，自言自語，請求上帝庇佑產婦平安。當夜零時十分，吳炤如生下了一個男孩子。

陳厚初次作爸爸，笑到見牙唔見眼。

這個男孩子，陳厚給他起了個中文名字叫「之良」，英文名字叫湯姆士。

一個月不到，陳厚在片塲裏對陶秦說：「我的孩子已經會笑了。」

旁邊有人插嘴：「當然囉！喜劇小生的第二代，自然生下來也會演喜劇的。」此語一出，大家都笑。

遊船晚會一頁滄桑

在陳厚得子以後的第三天——一九五七年八月九日的晚上，電影懋業公司舉行了一次「消夏遊船聯歡晚會」。參加此一晚會的文化、新聞界嘉賓，包括「電懋」同人及男女演員在內，共計在二百名左右。

這是南國的仲夏之夜；一艘打扮得彩色繽紛的豪華游船，在樂聲中從碼頭載客出發，開始作海上游行。

由於陳厚有「弄璋之喜」，所有的來賓都借此機會，紛紛向陳厚道賀。這位初次晉級爲「爸爸」的喜劇小生，滿臉是笑，連連稱謝。彷彿眼前的聯歡晚會，就是爲他舉行的一樣。

「電懋」的星洲總機構陸運濤，打來了一通賀電，由陳厚用中英文當衆宣讀。電文中說：「今天晚上您們大家在船上興高采烈載歌載舞航行海上，是一個最適合的象徵。電影懋業公司本身也像一條船，在各船員努力之下，已經在香港電影大海中發現了新大陸，希望我本人也能到塲向公司中每一位演員職員及諸位來賓道賀，請您們多乾一杯！」

時間，不過渡過了十三個年頭。十三年後的今日，發出賀電的陸運濤，宜讀賀電的陳厚，都已經化爲異物，不在人世了！「電懋」這一塊招牌，也換了「國泰」；這一條船，何時再能在電影大海中重建他們的新大陸？恢復它們過去的舊觀？也在不可知之數。人事滄桑，撫今追昔，眞是使人感慨無窮呀！（未完、待續）

大人

人生如做戲

演給大家看

論天下大事
談古今人物

第八期

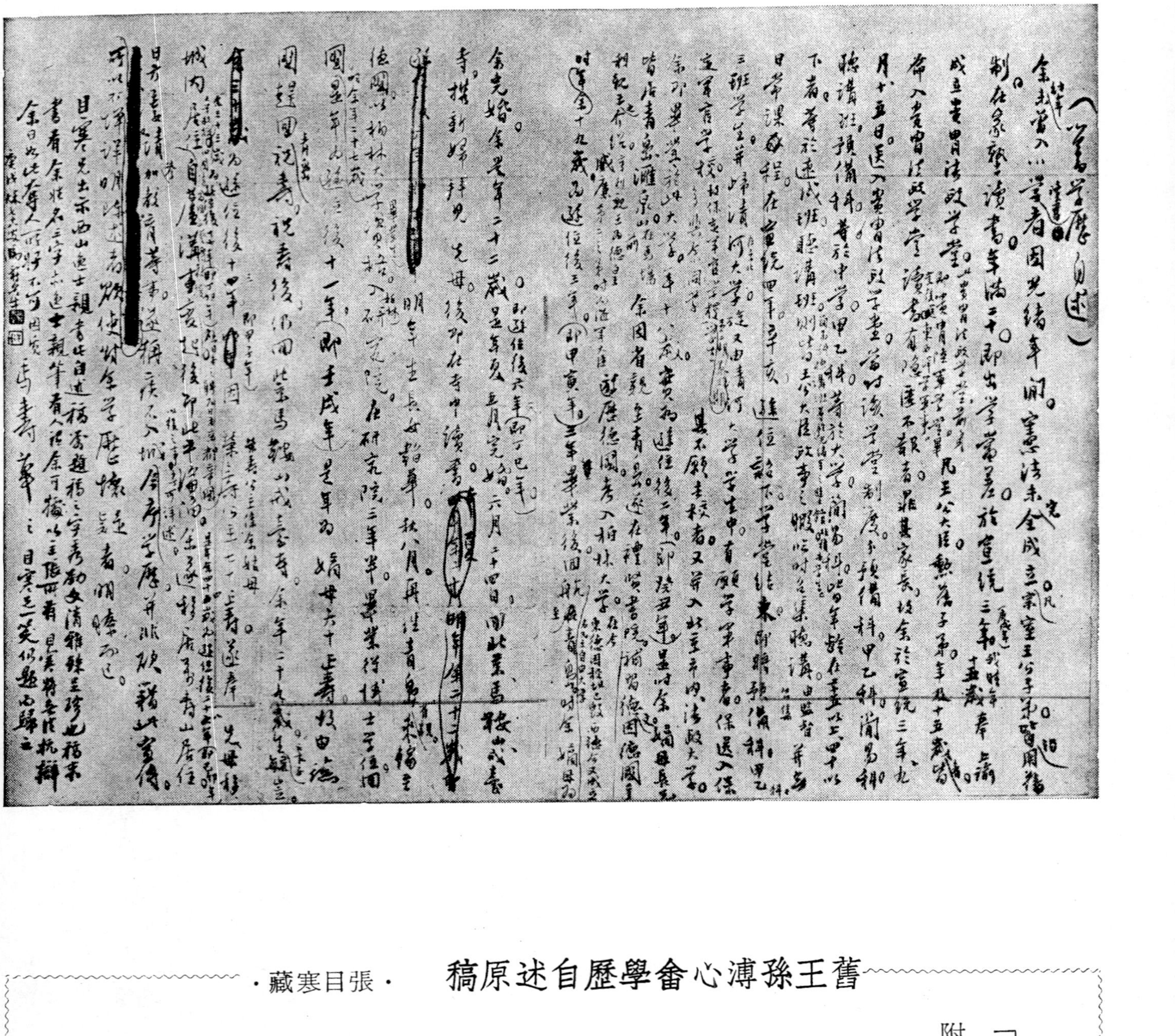

舊王孫溥心畬學歷自述原稿

·張目寒藏·

原文見本刊第七期「溥心畬珍聞軼事」，附馬壽華先生題跋：

目寒兄出示西山逸士親書此自述稿囑題，稿之字秀勁、文清雅，殊足珍也。稿末書有余姓名三字，亦逸士親筆，有人謂余可據以主張所有，目寒將無法抗辯，余曰：如此奪人所好不可，因質之目寒兄一笑，仍題而歸之。庚戌秋七十八叟馬壽華。

註：馬壽華先生爲台灣書畫界耆老，張大千夫人徐雯波女士即曾以師禮事之。

大人

第八期 目錄

一九七〇年十二月十五日出版

大人

每逢月之十五日出版

出版及發行者：**大人出版社有限公司**
督印人：**王朝平**
編輯者：**大人雜誌編輯委員會**
總編輯：**沈葦窗**
社址：九龍西洋菜街三號A 即彌敦道六一〇號後座
電話：K八五五七三〇
印刷者：**立信印刷公司** 九龍新蒲崗伍芳街緯綸大廈十一樓
總代理：**吳興記書報社** 香港租庇利街十一號二樓 電話：H四五〇五六一 H四五〇七六六
星馬代理：**遠東文化事業有限公司** 新加坡厦門街十九號 檳城杳田仔街一七一號
泰國代理：**集成圖書公司** 曼谷耀華力路二三三號
越南代理：**聯興書報社** 越南堤岸新行街二十二號
其他地區代理：
澳門：可大文具店　漢城：汎亞書籍公社
亞庇：利民公司　寮國：永珍圖書公司
千里達：中華公司　斗湖：光明書店
菲律賓：華安書局　菲律賓：玲瓏書局
倫敦：東寶公司　紐約：友聯圖書公司
芝加哥：杏林春　紐約：友方圖書公司
波士頓：中西公司　洛杉磯：永安堂
三藩市：新生圖書公司　檀香山：大元公司
三藩市：益智圖書公司　三藩市：文化商店
加拿大：香港商店　加拿大：新國華公司

二十九年前塵影事：

香港之戰囘憶錄

范基平

前言

今年一九七〇年的十二月八日是個平凡的日子，但是一九四一年十二月在香港的人，却決不會把二十九年前的這一天輕易淡忘。因爲那是一個翻天覆地的日子，日本於那天發動太平洋之戰，珍珠港、星加坡、馬尼拉、香港同時遭受突襲，發生戰爭，與我國對日抗戰與納粹在歐洲發動的侵畧戰爭相結合，成爲「第二次世界大戰。」

早此一天的十二月七日（陰曆十月十九），適逢我的生日，因此對第二天發生的事情記得特別清晰。那天我家裏有一個小小的家庭聚會，二老雙親自香港渡海而來，午夜方歸，第二天早晨戰爭爆發，香港九龍瞬即變成天各一方。

日軍佔領香港共三年零八月，其中最初四個月我曾親身經歷，所聽見的可歌可泣之事，可謂不少。印象最深的一次是香港淪陷未久，我在彌敦道上看到，數以千計的徒手英軍，制服破爛，滿面鬍鬚，可是一個個神色莊嚴，雄糾糾，氣昂昂，皮靴踏在路面上，傳出雄壯的統一，於步槍上刺的日軍押解之下，列隊而過。他們的身份是戰俘，目的地是集中營，但是從他們的表情神態，看不出一點沮喪屈辱，不像投降，而像是作着勝利巡行。這種表情，使我們相信這次是暫時「歸去」，但不久即將「囘來」，在三年零八個月之後，他們果然囘來，像麥克亞瑟囘到馬尼拉一樣。

勝利後，我在夏慤少將（戰後香港第一任軍事總督）的督轅招待會上，在佛萊塞上將（當時的英遠東艦隊總司令）的旗艦鷄尾酒會上，我曾向他們面述當年印象，而與之各乾一杯。

從一九四一年十二月八日至一九七〇年十二月八日，屈指一算，已有二十九個年頭。將近三十年的歲月，世事滄桑，不可勝計，但對我說來，發生在這一天的事却是記憶猶新，與發生於三兩年之前無大不同。二十九年來，關於紀念這個日子和這場戰爭的文字，我已寫了不少，本文之作，算是我個人對香港之戰二十九週年紀念的一篇總結吧！

（註：本文所記，均爲寫實，故作者不用筆名，涉及人物亦均用原名，以存其眞。）

不信命運　難逃支配

我向來不信命運，但是命運「神奇」，它對於人類生命中的冥冥支配似有定數，却有令最不迷信甚至最固執的人，也有不能不信的力量。

對於我來說，一九四一年十二月八日發生於香港的那場戰爭，便是一個例子。事實上，那天我在香港，但若非將有戰爭，我必然已經到了上海。因爲我早幾天已登上了去上海的船，而且船也的確已經開行，但駛到中途折囘，於十二月八日之前返抵香港，靜候戰爭到來。

現在想起來，假使戰爭是在途中爆發，則我所搭的英國船，她的命運便難以設想。假使我到了上海，則我一個人在上海，與香港的家庭完全隔絕，家人衆多，兒女均幼，一方面，不知道他們將何以爲生，另一方面，我自己也毫無把握會弄成怎樣一個局面。因爲身羈上海，我便不可能去重慶，這樣必然失去了投入抗戰大溶爐的機會，而在敵僞統戰之下，說不定也和許多朋友一樣，爲生活而落水，當了所謂漢奸。但是我幸而未入此途，其故何在？命運而已！

國際形勢　外弛內張

原來那年冬天，我决定改行，從事經商。兩個由我拉攏在一起的朋友合作，經營的一項事業定於聖誕開市，我參與其事，受命於十二月初先往上海一行。那時交通遠不若目前方便，既無航空客機，郵船班期也稀到極點，往返港滬，主要依賴太古、怡和兩公司的船隻，要整整三天方能到達。我那次搭的「嘉慶」號，是三千噸左右的太古客輪，預定在滬至多逗留十多天，聖誕以前，必可返港。

於此，我必須迴筆一叙當時的國際形勢，外弛內張，遠東風雲，尤爲緊急，日美兩國，頻頻密談。其時歐戰方劇，我國對日抗戰也已進入第五年，誰也不敢想像再有一場新的戰爭爆發。但香港迫於形勢，不能不有所準備，所以燈火管制與防空演習等，也不斷舉行，一若預知戰爭終會到來，這種工作，充其量只是一種姿態，用以安定民心，因爲後來事實顯示，日本飛機自香港港口外面的航空母艦起飛，三分鐘即抵港九市區，等到緊急警報响時，他們的飛機差不多都已建功而返。

日美談判，係在華盛頓舉行，當時的華盛頓，性質上實在有點慕尼黑的味道，因爲對日本而言，外交談判是一套，軍事準備是另外一套，一方面日本代表在華盛頓與美國當局杯酒言歡，東京的日本大本營，正在對他們南進的軍事計劃作着最後的修正，但是世人不察，以爲日本侵華既陷泥足，決無另啓戰端可能，所以當時香港居民，也抱持同一見解，以爲香港必然無事，而我也就是在這種心情之下去上海的。

搭輪赴滬　中途折返

上面說的太古、怡和那種小輪，港滬之間需要三天航程，我搭的「嘉慶」輪於十二月二日開船，一路無事，第三天早晨醒來，以爲傍晚或者明天早晨便到上海，不意發現航程已經掉了方向，同時船上傳出消息，說是因爲某種原因，我們的船正在駛回香港。但原因爲何，船主未予公佈，於是大家只好猜，猜來猜去，認爲必與「時局」有關，因爲這種情形十分偶然，若非緊急事故，決不出此。

當晚全船實施燈火管制，「嘉慶」輪在一片漆黑中前進，使我們更加相信是發生了戰爭，甚至在海面上遭遇潛艇襲擊的威脅也湧上心頭，本來大家是急於到達上海的，現在來了個三百六十度的轉變，變成急於回返香港，一種欲速不達的心情，使全船搭客爲之發悶，船行駛的速率未曾減低，可是大家都覺得它好像慢了，心裏在怕會不能回去。

一夜過去，白天到來，緊張的心情依然如故，大家都變得茶飯無心，而最悶的是仍舊不知發生了何事？船上謠言四起，其中聽來最可信的一個是：「我們的船主在前天晚上接到香港總公司的電報，命令他立即駛返香港。」其實這是必然的事，即非謠言，也不是什麽權威消息，因爲船主若非接得此類電報命令，決無掉頭南返之理，但是——爲甚麽呢？是上海有事？還是香港有事？甚至有人懷疑，香港是否已有變化？到了香港能否登岸？

嘉慶輪終於十二月五日下午五時左右駛回香港港內停泊，看看香港，還是和動身那天差不多。當我僱了電船在油蔴地碼頭上岸時，我感覺到暮色蒼茫之外，還籠罩着一層濃厚的愁意與低沉氣氛，那自然與我在將近上岸時所看見的滿佈在海面上的連串水雷有關。

生辰翌晨　戰爭爆發

家人見我回家，大出意外，但也有一種高興，因爲再隔兩天的陽曆十二月七日是陰曆十月十九日，那天正好是我生日，可以團聚在一起吃頓生日晚餐。那時我住在九龍樂道，正對現在凱悅大酒店的大門，十二月七日是禮拜天，二老雙親都來我處吃飯，午夜才回香港。

第二天早晨八點左右，忽聞連聲巨響，類似轟炸，把我從夢中驚醒。我覺得這種聲音非同尋常，趕忙起身披了件夾大衣到北京道口的彌敦道去探聽究竟。一輛救火車正自半島酒店沿彌敦道向北似飛駛去，車上的消防員向途人高聲大呼：「日本飛機轟炸機場！」在我趕回家去的路上，已有軍警疾馳而至，將北京道上兩家日本店的老闆及其家人押上警車。回到家裏時候，鄰居們還在議論紛紛，是不是在舉行防空演習？家人被我帶回來的消息嚇呆了，我說戰事既已發生，時間方面便一分鐘也不能放鬆，我們必須立即應變。於是妻和女傭外出搶購，我則設法弄錢，因爲當時家中祗有八十元現欵，而糧食燃料必須盡量購儲。

戰爭爆發的消息迅速地傳遍全港，整個港九立呈癱瘓，途人奔走，商店關門，而米店柴舖之類，則欲關不能。我拿了錢，在回家的一路上也盡量搶購，許多日常生活必需的門市現貨，差不多於數小時內搶購一空，運氣最好的是我在彌敦道牛奶公司買到一批罐頭食物，成爲戰事初期我們留在香港時的最高享受。

種種幻想　居民樂觀

戰事已經輪到我們身上，但它是怎麽樣發生的？它的規模如何？性質如何？一切都尚待分曉。我打電話給「星報」，久久方通，直到中午時分才知道日本在香港、馬尼拉、星加坡、珍珠港各地同時發動突襲，中英美澳已同時向日本正式宣戰；我國對日抗戰雖已五年，但在此以前從未正式宣戰。

此一消息傳出後，香港市民倒反而樂觀起來。因爲大家心理上都有一種錯覺，以爲日本與中國一國作戰，尙且無法迅速取勝，現在加上英美和澳洲，必非敵手。因此認日本此舉爲一大失策，深信日本非但將立即敗於英美之手，而且亦有利於我國抗戰。可是日本發動大戰的結果，最後雖然難免失敗，但在開始時即作此估計，實屬一項錯誤。

香港居民的樂觀，還有許多別的理由，但是這些理由都很荒謬。第一、他們一向聽說，香港一旦有事，駐於星加坡的强大的英國艦隊必可及時來援；第二、英國既與日本宣戰，可能協助中國對日作戰；第三、日軍即使進佔香港，國軍必能自粵境反攻，與駐港英軍對日作兩面夾攻；第四、加拿大事前已有五千陸軍參加保衛香港，必將有其他援軍陸續到來助戰。

可是大家不知道，此次日本南進，係以海軍作主體，當時他們在太平洋區的艦隻和兵力，超過英美兩國在該區的總和；他們的作戰計劃，進行已有一年，而英美兩國事前未有準備，所以事起倉卒，均有措手不及之感。英國遠東海軍，向以星加坡爲基地，太平洋之戰，星加坡係與香港同時被襲，主力艦威爾斯王子號首被炸沉，在自顧不暇的情形之下，焉有馳援香港的餘力？所以港戰期間，樂觀的謠言雖多，但沒有一個成爲事實。國軍既不能增援香港，英軍也無法協助反攻。總之在香港之戰的十七天內，無論從中國大陸、星加坡，或者英國本土，香港從未得到一兵一卒的外來增援。

英軍與日軍在港九之間互相隔海砲擊從空中攝取的一個鏡頭

防綫失陷　撤退港島

事實上，一九四一年十月十八日東條英機出任日本首相後，即已擬具攻擊香港計劃，當時英國坐採守勢，它的防守計劃，本以防衛香港本島爲主，但於新界建有一「近達林斯克防線」，希望能據守統線擊退敵人進攻，當時負責設計防務者相信必能堅守一個相當時間，以待外援到來和局勢演變。一九四一年十月時，駐港英軍共有陸海軍一萬名以上，訓練未完成的加拿大新兵兩旅，由港督楊慕琦統率指揮。

十二月七日，部隊多已開抵作戰據點，但戰事爆發太速，一切準備均嫌不足，十二月八日，日軍進入新界邊境，當日早晨，日空軍轟炸啓德機塲，下午英日兩軍前線部隊開始接觸，未幾，英軍前線掩護部隊逐漸後退，九日「近達林斯克防線」失守，第四天十一日英軍全部撤退至港島。十二月十三日日軍首次要求香港投降，但遭拒絕，日軍砲火乃告加强。

十二月十五日深夜，日軍試圖登陸被擊退，十七日再度招降又被拒絕，但卒於十八晚在港島東北面登陸，並迅速佔領太古船塢及北角，十九晨，港島形勢已極嚴重，英軍經十一日毫無休息之作戰，疲憊不堪。二十三日重要水塘悉入日軍之手，投降乃成不可避免。

恐怖之夜　和暖之晨

我在九龍樂道原住十一號二樓，戰爭發生的第一天，敵機來時，便到樓下去避難。十二月九日，騎樓被飛來的迫擊炮彈片削去一角，我們覺得危險，便搬到了對面地下一個朋友家裏去住，因爲大家都認爲地下較爲安全。

朋友是一位單身的徐小姐，二房東是一個非列濱樂隊的領班，太太是日本人，因爲已經嫁了非列濱人，所以沒有被送到集中營。

十二月十一日那天晚上是恐怖之夜，那時電流早已斷絕，我們在煤油燈的微光之下，等待命運的自然發展。大門早已鎖上，沿街的窗口也用傢俱與被褥擋住，以防有人敲窗而入和燈光外洩。午夜以前，是一片死寂，午夜以後，便聽到穿着長統靴的疲憊的脚步聲。我們估計，那一定是已經進入九龍市區的日本士兵的個別行動。

我們聽他們的脚步聲由遠而近，繼而由近而遠，疏疏落落地來來去去，通夜不絕。有時聽到人家門口傳來一陣陣急促的拍門聲，但沒有一家人敢應聲開門。

我們想像不出，明天起身之後，能不能開門出去？也想像不出，外面將變成怎樣一副局面？

天亮了，我們把擋住窗口的東西移開，讓太陽從窗外射進來，這天天色特別好，天氣也特別和暖，我們正在對外面的情形作着種種揣測時，女佣進來告訴我們，她和二房東太太已經開門出去過，看到街上有三三兩兩的日本兵走過，有的在人家門口和住在房子裏的人指手劃脚地談話，但是都很和靄有禮，所以她們覺得今天的樂道似乎與昨天沒有分別。我們的二房東太太已經換穿和服，準備隨時和日本兵打交道。我聽了不禁有些反感，但心裏也默認，這樣對於同住在這間屋子裏的人多少有些方便，因爲萬一有日軍闖入，至少不致因言語不通而發生誤會，但矛盾得很，這種想法，也引起了我對自己的鄙夷。

人心不死　援軍不至

這時香港本島之戰仍在進行，隔開一條海，住在九龍的人對於香港的情形完全隔膜。我們也無從判斷，九龍雖然先行停戰，對於九龍居民是否幸福一些？在前三天的戰亂中，九龍各地搶案多若牛毛，有些人家棄屋而去，歹徒把卡車開到門口，把成套傢俱和冰箱、無線電之類隨意搬走，無人過問。第三天，九龍倉大門敞開，搶米成了光明正大的事，後來聽說是當局下了命令，與其留以資敵，不如讓老百姓大家分享。

英軍與日軍之間，互相隔海砲擊，日軍飛機在港島低飛轟炸，九龍方面，耳固可聞，目亦可見，而英軍方面，一無回手。九龍居民，雖已置身於佔領軍的軍事統制之下，却不肯死心，還在期望奇跡發生，以爲可能有援軍到來，反敗爲勝。人們還在談着英國海軍永不投降的神聖傳統，認爲即使陸軍投降，海軍也要繼續作戰到底，直至每一條戰艦沉沒而後已。這自然是不合邏輯之說，兩國作戰，海陸兩軍那有各自爲政之理？大家談着談着，只是藉對於「大英帝國」的一種幻想，聊以自慰而已。

謠言依然不斷，有的說國軍沿廣九路向九龍進發，已經到了石龍；有的說香港華人已經組織了義勇軍，參加作戰，以補英軍人力之不足。但是日軍廣播，却在日夜宣傳其在星加坡、馬尼拉、珍珠港等地不斷獲勝的戰報，等到威爾斯王子號被炸沉的消息得到証實，香港對於獲得外援的希望也已不再存在，而只好聽天由命了。

事實上，香港的命運早已決定，兩萬餘的英軍也早成甕中之鼈，除了投降之外，別無他途，但是選擇什麼時候，以及在什麼條件之下投降，却值得研究。對於香港地方與人民說來，早投降一天可以少一點損失；對於大英帝國與英軍說來，多抵抗一天可以多一分光榮。究竟應該早一天，還是遲一天，這是當時香港總督楊慕琦所應作的抉擇。

派發傳單　日軍勸降

日軍對於此種情況瞭若指掌，英軍已到非降不可之境，問題是如何使英軍早降，所以他們之加緊和加强攻擊，目的不僅在取得勝利，而在早日取得對方投降。

十二月廿二日，日軍用飛機發出了中英文的勸降傳單，內容詞簡意賅，當時我曾目睹，但已不能盡憶原文，大致是說：這場戰爭的結果早經預定，英軍的投降只是時間問題，現在聖誕即將到來，皇軍勸你們速作決定，立即投降，以免無謂損失。你們不僅已經筋疲力盡，而且十多天來連飯也沒有好好吃過一頓，你們若非執迷不悟，便該放下武器，接受和平，那末聖誕前晚，你們便可以吃到一頓熱騰騰的豐富晚餐，而一切其他問題，也可從長計議。

傳單的文字相當動人，尤其是所謂「一頓熱騰騰的晚餐」，特別富於吸引力！楊慕琦總督當然不會受「一頓熱騰騰的晚餐」這幾個字的誘惑和影响，但是他考慮事實，的確無法再戰，並且他早已奉到英廷密電，命令他體察情形，處理和戰大事。乃於十二月廿四日上午，宣佈投降。

是日正式停火，全港一百萬軍民於「和平」之中同度聖誕。這天的晚餐當然是聖誕晚餐，英軍有沒有吃到一頓熱騰騰的豐富晚餐不得而知，但各人家裏的晚餐，絕大多數既無火鷄，亦無蛋糕，「平安夜」的歌聲只是迴憶，聖誕老人不見露面，這個聖誕也是我有生以來最黑暗的聖誕。妻子强作歡笑的對我說：「幸虧你由嘉慶輪送回了香港，否則此刻你在上海，我們都在香港，一切將如何是好？」

經過十七天的戰爭，香港投降，和平於聖誕前一日恢復，但這一年的聖誕十分凄涼。一九四一年的香港聖誕節，沒有聖誕樹，沒有聖誕卡，沒有聖誕老人，沒有歡笑，大家心裏最急於知道的只有一個問題：日軍已經佔領了香港，他們將對我們怎樣？

這是與當時現實生活迫切有關的一個問題。其他各種問題當然還多，例如：星加坡、馬尼拉、珍珠港的命運如何？英倫方面對於遠東方面的軍事計劃如何？歐洲戰場和中國戰場上的情形如何？但最重要的一個問題還是：香港的命運如何？我們香港居民的命運如何？

這時所有的報紙都已經停刊，無線電廣播裏全是日本大本營播送皇軍在東南亞各地輝煌勝利的消息，短波無線電禁止收聽，我們已與整個世界完全隔絶，對於命運的安排一無所知。

日軍當局的佔領統治開始，他們貼出了安民佈告，說這次戰爭的神聖使命是亞洲國家合作，共謀繁榮，把侵畧的英美帝國主義，逐至亞洲以外，叫大家安居樂業，通力合作，切切凛遵。

佔領統治　香港改名

「香港」的名字改了，叫作「香島」，總督

由酒井、磯谷兩少將先後充任，叫作「香島總督」；「朝代」與「年份」也改了，不再是「一九××年」而是「昭和××年」，看來他們對於香港，頗有久佔之意。興亞機構，軍報導部大事活動，與日本留學生、臺韓浪人多方聯絡，加以收買，蓄爲爪牙。不久大東亞文化協會正式成立，若干文化人向之投降靠攏，爲其效忠，一個月的代價是白米五十斤。其中一部份是眞的爲了要吃飯，一部份是做戲那麽做，等待機會潛離香港。

日軍對於香港的佔領是「戰勝佔領」，一切置於「軍事管制」之下，一切可以「軍法從事」，大大小小日本機關，權力似乎沒有限制，甚至任何駐港部隊或過境部隊，都可以憑部隊的一紙封條，查封或沒收一切財產物業。

英加軍隊已被押進集中營，原有的警察大部份離職或者散失，治安之職由日軍自負，憲兵成爲馬路上和一切公共場所的「欽差大臣」，他們管理日軍，也管理平民。日軍哨兵在市區要衝和十字路口到處佈崗，行人經其前者必須脫帽鞠躬，有人經不起這種精神威脅，繞道而過，若爲日軍所見，必被喚回，饗以巨靈之掌；戴黑眼鏡而不除者亦然，這被解釋爲有意裝作看不見，也是對於皇軍的不敬。

百業停頓　地攤滿佈

投降初期，香港與九龍完全隔絕，港九渡輪於十二月十一日傍晚起即已停航，電話不通，我的父母在十二月七日午夜從我九龍寓所吃了晚飯回去後的情形也一無所知。九龍方面，每晚八時戒嚴，巴士早已全停，步行變成了習慣。物價飛漲，百業停頓，屋租免收，女傭則以「返鄉下去」爲要挾，要求增加工資，但所謂加薪，亦不過自港幣四元加至六元或自五元加至八元而已。

我九龍的家，夫婦二人之外，尚有子女四人女傭二人，亦屬一家八口。平時向少積貯，而籌得的應變費用，大部份已購儲糧食柴炭，以免斷炊，捉襟見肘之時，便免不了變賣雜物，藉資應付。此一時期，百業停頓，商店關門，擺地攤成爲新興行業，其中一部份是商店老板，他們不敢堂而皇之的把店門打開公然營業，便在店門口擺一個小小的攤位，出售其原有貨物。一部份本來是小販，可以說是仍操舊業，但已改變了他們的營業方針，專售罐頭食物及日用必需品。一部份是家庭主人或主婦，出售他們的非必需品與剩餘物資，目的僅在維持生計。最初，我的雜物變賣，還不夠資格擺一個獨立攤位，直到最後決定返國，才作出了堅壁清野的決定，除了一本韋氏大學字典送了朋友，笨重傢具準備全部放棄，細軟衣着必須帶回內地之外，把所有的用具雜物傾倉而出，在彌敦道佐敦道轉角處擺了個地攤，以兩天的時間，盡售所有。勉強湊集了一筆錢備作回國旅費，但這是後話，暫且不提。

偶有差池　格殺不論

早此兩個多月，就在彌敦道上經歷過一次驚險。那時雖云入晚八時開始戒嚴，但緊急性質的臨時戒嚴隨時有之。有一天上午十時左右，我從樂道出來向彌敦道北行，路上行人疏疏落落，這是當時尖沙咀彌敦道的通常情形，一切看來都和平時差不多。我沿着威菲路營房外面的行人道上走，從海防道口到柯士甸道口之間，兩次看到樹上貼有「不准通行，格殺不論」的中文字條。那兩張字條寫得並不端整，且無具名，因此亦不覺其重要，行人雖不多，却仍來去如常，大家不以爲意。我則以爲可能是頑童所開的玩笑，也可能是時限已過，所貼之字條應撕未撕，不料橫過柯士甸道，碰到兩個槍上刺刀的日軍迎面而來，喝令我和另外其他路人立即止步，怒容滿面的哆囉了幾句，叫我們跟在他們兩個中的一個後面，繼續前行，另一個日軍則在後面持槍押送。這時我才不能不想到大禍即將臨頭。一百種思潮在我腦海中起伏翻騰，我想起我的家，我的雙親，我的妻兒，我的朋友，我的國家，以及我自己的不可測的命運。

像押解犯人一樣被押在彌敦道行人道上向前走去，從柯士甸道到佐敦道只是短短的一程，步行三分鐘可到，我一路走，一路想：這大概是我生命中最後一次旅行，不知此行往何處？也不知道到了目的地又將如何？

剛走過佐敦道，便看到彌敦道佐敦道轉角那座後來被稱爲「怪屋」的巨宅門前的行人道上，蹲着一大堆人。「停止！」「踎低！」這是押我們的兩個日本兵中之一個用廣東話向我們發出命令，我們兩人便乖乖的停步，蹲低，和那一羣人一律平等地蹲在一起。一種無限的悲憤與耻辱浮上心頭，但我不能不承認生命比什麽都重要，如要保存生命，這就必須隱藏悲憤，忍受耻辱。一起蹲在地下的人，總數約有七八十人左右，人數之多，無形中給了我不少安慰。我記得那「格殺不論」四字，但是我已開始懷疑，日軍是否眞會把這七八十人全部槍殺？如果會，是一個個分別砍首？還是以機關槍集體掃射？

彌敦道上　等待槍斃

一個充任日軍通譯的小漢奸，奉命出來傳言，他說：「日本先生叫我告訴你們，你們違反戒嚴法令，亂闖臨時警戒線，都要槍斃，因爲早已對你們說過『格殺不論！』而你們不聽，現在等待長官來發落。」

漢奸以走狗的表情傳譯完畢，引起了一片哭泣，與「請求饒命」之聲，有幾個默然無語，表情莊嚴，作準備慷慨就義之狀。我沒有表情，忙於思索，雖然一點辦法也想不出來，但是仍舊不相信他們會把這七八十人如此這般的全部格殺。

五分鐘後，一架小汽車駛來，跳下了一個矮矮胖胖目御眼鏡的日軍上尉軍官，他先向在場看守的日軍嘰咕了一番，接着對蹲在地下的一堆人開始訓斥。起初是聲色俱厲，聽來令人汗毛直豎，其後才稍爲緩和，於戰勝者的傲岸姿態中，透露出一點對被征服者的有「饒你狗命」之意。接着仍由漢奸傳言：

「你們聽着，你們違法抗命，罪有應得，本應軍法從事，全體槍決。姑念你們愚昧無知，家有老小，不忍你們死得不明不白，本上天好生之德，准予釋放回家，安分度日。現在起來罷，謝謝這位日本先生的大恩大德。」

羣衆聞言，於高呼「謝謝日本先生」聲中紛紛起立離去，我注意到日本上尉的面上，露出一絲勝利的笑容，而對於那個滿面諂諛的漢奸，則看也不看他一眼。

歸途中，身揑一把冷汗，把經過告訴家人，就此下了離港回國的决心，但一切需要時間來準備。

開設酒吧　暫維營生

一家八口，負担不輕，這時有一個熟人向我建議，在彌敦道開一家酒吧或者茶室，用來維持自己和一般朋友的生活。舖面現成有着，店主人本人進了集中營，鑰匙在那熟人手中，可以利用，他願意和我合作。

店基是彌敦道加連威老道轉角的「藍披得」（Blue Peter）酒吧（戰後繼續存在多年，拆卸至今約十年），內部分兩層，地面爲酒吧，地窖爲厨房與貯藏室，一切設備甚佳，是尖沙咀一帶酒吧中的佼佼者。店主原爲美國人，香港投降後，他進了集中營，入營前把「藍披得」大門鑰匙交給了一個名字叫作「小六子」的理髮師。

「小六子」服務的理髮店就在彌敦道上，和「藍披得」祗隔三間門面，酒吧主人因理髮關係，與之相識。我上面所說的「一個熟人」就是他，我之與他相識也是因爲我常去理髮。小六子陪我去用鑰匙開門入內的時候，「藍披得」門口已有一張橫紙寫着一塊「蘇州茶室」的臨時招牌，小六子想把它撕掉，我制止了他。因爲據我估計，這可能是另外有人有意佔用此屋，或者已經在裏面開始佈置，或者故意貼下一紙招牌來試探有無反應，在我們未作决定及未準備之前不能走漏風聲。開門入內，發現一切毫無動靜，「蘇州茶室」也者，只是虛張聲勢的一塊空招牌。酒吧原有的設備佈置，一切適合需要，一點也不要裝修添置，祗要搬一套鍋爐，杯碟，刀叉之類進去，配備人員食物，便可以開始營業，我决定在這地方開一家咖啡店，暫時過渡。

各項條件　一應俱備

我之敢於試辦，是因爲我當時具備着下面幾個條件。

（一）舖位設備是現成的，鑰匙在小六子手中，我們不會有破門而入之罪。

（二）小六子會幾句洋涇浜日本語，我的二房東太太根本是日本人，主顧假定以日本人爲主要對象，他們一男一女便可以担任招待與翻譯，減少許多麻煩。

（三）咖啡店本身須有一班樂隊，二房東茄西亞是個非列濱音樂師，他有一批非列濱樂師的同胞和朋友，這時大家賦閑，收入毫無，由他出面代邀一班樂隊，可以頃刻立就。

（四）音樂師之一有個年輕的葡萄牙太太，又有另外一個音樂師認識兩個上海舞女，這三個人都是合格的女侍。

上述四個條件爲他人所不能有，而我獨能一人有之，人材既無需外求，我乃决定積極籌備，於兩日後開張。

籌備於高速與機密中進行，在正式開張之前，我讓「蘇州茶室」的招牌繼續存在，直到開幕之日，上午十時，音樂齊鳴，正門大開，才把「蘇州茶室」的紙招撕去，換上我們自己店號「銀座咖啡」的招牌，房東太太則穿了花花綠綠的和服站在門口，歡迎顧客。在第一流樂隊的樂聲悠揚之中，客人源源而至，而且居然全日客滿。我沒有開酒吧或咖啡店的經驗，財力亦不足，一切用具員工，無不取其現成。事先我曾與一批朋友談過，請他們作小額投資，分別借出刀叉杯碟等用具，而且最好能親自到店中參加服務。

第一天開幕根本沒有正式厨師，由我家裏的女傭負責一切，所售飲料祗有紅茶、咖啡、阿華田與汽水，食物祗有湯麵，炒麵與炒飯。蛋糕是「客卿哥」現成買了的，花生和蕃薯片是朋友太太在家裏炸了拿來寄賣的，藉博微利，以維生計。

陣容堂堂　通力合作

全體工作人員，不下二十餘人之多，計樂隊六人，招待五人，本來要到重慶去而沒有成行的前中華航空公司總務主任劉祖修負責營業；前上海跳水冠軍夏建國負責總務；後來經營上海進出口商行的沈孟平担任會計；一位原在重慶軍事委員會政治部担任上校職務的攝影家席與羣因來港渡假忽遇戰爭突然爆發而被困在港，自願担任出納。三個僕歐來頭更大：兩位是吳氏兄弟祖霖和祖聖，是吳經熊先生的公子，另外一位姓俞的，他的父親就是俞飛鵬。他們隱姓匿名，在店堂裏担任與侍者沒有分別的工作，但一望而知都是智識份子，我則化名登記綜理全店事務，並負責對外交涉，如牌照登記，米粉與食糖配給，水電供應等等，名爲經理，實爲打雜。此外還有一個姓徐的，管理進貨採辦，刻在台灣農復會工作；後來又加入一個姓鍾的，蓄着一撮短鬚，自稱是林森的過房兒子，這兩個人的名字也都已忘記，但都很出力幫忙。此外還有小六子，二房東的日本太太，六個非列濱樂師和三個女侍。這些人，大部份是我的朋友，小部份是我朋友的朋友，大家都是夥計，也大家都是老板，大家盡力而爲，職位待遇，不分高下，我規定每人由店中供應一湯一飯，作爲午餐，另支津貼港幣兩元，二十餘人無不依此標準辦理，全體一律，合作無間。

由於開幕第一天營業之佳，出乎意外，大家都很興奮，相信這生意可以維持一個時期。我們最出色的供應，絕非飲食，更無色情，而是那一班由出類拔萃的非列濱樂師臨時組成的樂隊，以一架鋼琴，一支小提琴，一個小喇叭，一個手風琴，一個小銅鼓和一個大銅鼓，一支大提琴，演奏出了當時全港九最出色的音樂。其中 Carpio，戰後是百樂門舞廳的樂隊領班，Eddie 曾領導麗池花園夜總會樂隊一個相當時期，一位不記得姓名的鋼琴師，曾在「客卿哥」俄羅斯菜館樓上餐廳與「聰明人」咖啡室演奏鋼琴獨奏多年。我最不容易忘記的是那位手風琴演奏者，因爲他不單是全港最好的手風琴手，並且溫文爾雅，富於藝術家的風度，而且娶有一位中國太太。這位戰時難友近來有時還在天星小輪上遇見，與我相對作會心之一笑。

銀座招牌　成爲口令

當時南侵日軍部隊中，頗多離校未久之青年學生，他們對於音樂，多數興趣甚濃，因此我們的樂隊大受歡迎，當樂隊演奏名曲的時候，他們跟着唱和，甚至手之足之，舞之蹈之。更妙的是「我的朋友」劉祖修兄，以營業主任身份，常駐店堂。他原是一個花花公子，對於高級的吃着嫖賭，無不擅長，能夠連飲十杯氈酒而面不改色，對於十八般樂器更是無一不能。興緻到時，常叫音樂師跳下來，由他自己跑上去自拉自唱，而且十分像模像樣，贏得滿堂彩聲，年青的日本軍官對於這樣的人才十分欣賞，和他上天下地無所不談，但灌他喝酒的人，結果都一個個自己爛醉如泥的回去。「銀座」的名字因此大震，許多類似銀座的酒吧和咖啡店陸續開張，開滿了尖沙咀一帶。「銀座」兩字成了尖沙咀一區午夜以前通行的「口令」，銀座人員，黑暗中遇到哨兵喝止，祇要一聲「琴石」（銀座的日本讀音），便可以通行無阻。

至此，我必須補叙兩點：我們這家舖子招牌原叫「香港咖啡」，但在開幕的第三天，我們的店舖便換了名字，那是出於一個日本軍官的建議，他喜歡我們的炒麵炒飯，更喜歡我們的六人樂隊，當他高興的時候，他用半通不通的英文和我談，要我把店名換過。他說「銀座」兩字可以，但是下面「咖啡」兩字不好，要改爲「銀座喫茶」，說着自己便動起筆來，替我們寫了一塊招牌。這在他是一番好意，在我們是無所謂，於是當天便把新招牌掛了出去。

他告訴了我他的名字，以及尖沙咀憲兵隊的電話號碼，說如果有事，可以打電話去找他，並且叫我們把憲兵部隊號碼寫在電話旁邊的牆上，以免遺忘。

不速之客　場面驚險

開業的第五天下午，正好門庭若市，我在樓下翻查賬簿，有人自樓梯奔下相告，發生了重大事情，祖修兄應付不了，非要我上去不可。

我想，祖修是交際能手，他應付不了的事，我怎能應付得了？但是既然找我，仍非硬着頭皮上去不可。

登樓進入店堂，便看到祖修兄與一個身材魁梧的亞洲人面對而坐，該人後面，筆挺站着槍已上刺的兩名日本兵。我到桌子旁邊，祖修兄自己站起來，替對方介紹，讓我在他原來所坐的座位上坐下。

我問祖修，這是什麽人？他不知道，只知道他是由那兩個日本兵陪同進來的，來時聲勢洶洶，第一句話便是：「你們怎樣闖進來的？你們佔用此地得到誰的許可？」

兩名日本兵的冷酷表情與與那個人的口氣嚴重，把祖修嚇呆了，他一句話也答不出來，於是對方說：「我要見你的老板。」

我才明白，我是在這種情形之下，被請上樓來的。

我急於知道和我對面而坐，準備對我大興問罪之師的是甚麽人，但我不想由我主動提出詢問。我從他的膚色與所講的英語觀察，猜想他是印度人，但是我還是不先開口，心裏作着一切最壞與最好的打算。

兩分鐘後，他開始發言，語氣中帶着敵意：

「這裏是你負責的？」

「不錯。」

「你知道我是甚麽人？」

兩分鐘前我還是一無所知，這時我忽然靈機一動，馬上回答：「我知道你是這裏的業主。」

「你怎麽知道？」他好像被我擊中了某處要害，也好像被我猜對了一個謎底，因此語氣似乎已經軟化了一些。

「這是從你的語氣和態度中體會出來的。而且如果你不是業主，便不會問我們是怎樣進來的。」他聽我這樣答覆，點了點頭。

「你們是怎樣進來的？是用暴力破門而入？還是翻牆進來，然後從裏面把大門打開？」他繼續問，帶着挑戰的態度。

「兩者都不是，我們是用鑰匙開了大門進來的。」我回答。

「鑰匙從何而來？自己配的嗎？」

「不是，是『原庄』的，藍披得酒吧的舊老板交給我們的。」說到這裏，我把「小六子」叫來，叫他將那美國人把鑰匙交給他的情形複述一遍，由我譯成英語轉告。

「你們在此開設此店，目的何在？」

「我和我的一批朋友因爲戰事發生，無事可爲，同爲認爲這裏可以利用來做一些小生意，一方面維持生活，另一方面也使這屋宇不致空置浪費。」

他聽來認爲不無理由，但還是把臉一沉，問道：「非得同意佔用他人屋宇是有罪的，你爲什麽不先來找我？」

他原以爲這一問問得相當厲害，我一定不容

易回答。可是冥冥中若有神助，我底最適當的答覆竟於此時脫口而出：

「我們不知道誰是業主，所以無從找尋，因此我們決定先行開門營業，這樣，業主一定會自己找上門來。現在你果然來了。」

正在一分、一分鐘軟下去的業主，聽我這樣回答，第一次露出了一絲笑容，顯然對於我的答覆表示滿意。

於是他又和我談了一陣，問我們一起合作的是些甚麼人，營業情形如何，我把可以告訴的都告訴了他。

會談順利　化險爲夷

他的最後一個問題，聽來十分空虛，却又十分現實：「你現在準備怎樣？」

我以肯定的語氣答覆他：「準備繳租。」

這簡單的答覆，對他眞有一針見血之效，使他態度立刻友善起來，他說：

「眞正的業主不是我，而是律敦治，我是律敦治的兒子小律敦治，今天是奉命來此查問。你知道律敦治先生嗎？」

「當然知道，他是香港啤酒廠的主人，我們正在這裏推銷他的啤酒。」我底答覆，又和他靠近了一步。

「你說你準備繳租，這很好，但不知老人家是否同意。我看希望是有的，因爲你受過相當教育，而且坦白老實，但是最好還是找一個朋友介紹你與他訂立租約，我則從旁促成。」

我問他：「由怎樣一個人出面介紹纔算適當呢？」

「在中國人裏面，他有一個好朋友李祖冰，如果能找到他，事情就好辦。」

「那好極了，李祖冰正是我的好朋友。」

「他也是你的好朋友？」

「李家兄弟差不多都是我的朋友，例如祖聃，祖眠，祖淳，祖萊，祖定，祖農……」

談話至此，可謂投機已極，他乃非常客氣地告辭而去，約我明天和他父親見面。

和老律敦治先生的會談相當順利，我相信小律敦治爲我一定會先說了些好話，知道李祖冰是我的朋友，老先生也不要請他出來見面作証，便和我簽了租約，月租港幣一千元整，不用押金。過了一兩天，我便把一千元港幣送去。

幾次見面，老律敦治先生成了我的朋友，第二個月他自動減租一半，以示同情。戰後重晤，他還記得當年舊事，其時律敦治肺病療養院已成立，我還因認識他的關係，介紹了幾個病人入院治療。

從此我們這家店便立直了，聘請廚師，增設酒菜，並且在尖沙咀區獲得了最佳餐室之稱。所有的日軍官兵，一切均以「銀座」爲最高標準，公認酒菜服務均以「銀座」爲最佳，規定任何其他餐室的售價，不得超過銀座，否則，日軍官兵便會把杯碟刀叉擲到老闆面上。

我們店裏的女侍也最正經，至多是坐在卡位上陪着顧客喝咖啡，謝絕喝酒，雖然每杯酒的收費貴過咖啡三倍或四倍，因此日軍無論官兵，誰也不敢動手動脚或有其他越軌行爲。打爛了一隻玻璃杯，乖乖的賠償港幣一元。遇有客人喝醉了酒，言行越規，我們便請他們到電話旁邊，把憲兵隊的電話號碼指給他們看看，雙方心照不宣，互笑點頭，他們也就客客氣氣的離去。

狀若資敵　實乃愛國

開這樣的店做日本官兵的生意，似乎有點不大愛國，却想不到無意中竟做了些眞正愛國的事。例如：有些住在香港的朋友，準備間道返國，他們必須從九龍出發，我便請他早一天過海到九龍，當晚在我店裏吃一頓簡單的晚餐，接着就在銀座打地舖過夜，次晨一早出發，經東江而間道歸國。

另外一件事是時隔多年方知：銀座最初的一兩個月之內，有一位中國主顧光臨，當時只知他是我們店員之一的朋友，因獨居無聊，常來小坐，後來在灣仔開了一家「我妻屋」酒吧，並且與一位金陵舞廳的舞女結婚，正式擺酒，當作太太。隔了許多年後，我才知道，此人原來係重慶派駐香港的工作人員，以顧客姿態出現於銀座，搜集有關日軍移動的一切情報，頗有收穫。由於爲日太多，恐遭嫌疑，故在灣仔另開新店，密設電台，傳遞消息。又因單身留港，有所未便，所以特地正式結婚，以爲掩護，後來當然離婚，可是那個舞女，至今不明此人眞相，也不知道裏面另有曲折。

與敵往還　適可而止

「銀座喫茶」給我們的其他方便是：那時購買白糖米麵之類，十分困難，我們領有正式牌照，可以獲得定量配給，我對此種配給完全公開，並且常常減少門市供應，用來配給店中同人。

日軍消費合作社的啤酒香烟、罐頭食物之類，日本軍官都有分配，那些不吃烟酒的，便把積貯所得，偷偷的從後門進來，直入地窖，賣給我們，套取現欵。當時香港物價，以烟酒之類爲最貴，他們取價，往往低於市價三分之一，我們拿來給同事平均分配，而這些東西，除了太陽啤酒係日軍自行運來者之外，都是日軍部就地掠取，不費分文得來的。

講到這次戰爭，所有日軍都有一套「東亞共榮圈」的大道理，並且在我們面前力繩中國軍隊之耐苦善戰，對於英美軍隊，則批評得一文不值，堅謂中日合作，一定可以稱雄世界。

大部份日軍官兵身上都帶有家人妻兒照片，有時拿出來把玩示人，表示其家庭溫暖，希望早日勝利，重新團聚；有的對於戰爭表示傷感，甚至懷疑自己會不會活着回去。新來的部隊，耳聞銀座之名，都要來此一試，將開拔的部隊，都要來此惜別，高唱驪歌，現在回想起來，這正是負有特殊使命的工作人員，獲得他們最有價值的第一手資料的大好機會。

所有的日軍官兵，都與銀座的員工相處甚佳，尤其是那位多才多藝的劉祖修，和他們一起喝酒，一同奏樂，一同唱歌，好像忘記了他自己的同胞正與百萬日軍在大陸上作戰的中國人。劉祖修和他們的往來酬酢，也以在店中爲限，且能適可而止，非屬萬不得已，決不和他們一起出街，也決不帶他們到他家裏。

銀座大概開幕一月以後，日軍發行軍票，規定軍票一元兌換港幣兩元。這種軍票既無準備甚金，也不公佈發行數字，甚至票面上連號碼也沒有，顯然是有意廢棄港幣的掠奪行爲，於是原已漲價數倍的物價，因此又飛漲一倍。我們店裏改以軍票爲貨價單位，同人的津貼每天也由港幣兩元改爲軍票兩元，但購買力却一些沒有增加。

永遠不會兌現的日本軍用手票

軍票賠償　希望早絕

那時港九市面相當混亂，十元以上港幣兌換困難，五十元票以九折使用，百元票八折，五百元票七折。賭館林立，市民逼得非與他們交易不可，俾得兌換碎紙現鈔。後來軍票再漲，變成軍票一元等於港幣四元，這時我已離港回國，沒有目覩，至於百元面值的軍票，那時尚未發現，直到勝利回來，方知有百元軍票之發行，但這時已經變成了不值一文的廢幣。一九四七、八年間，謠傳軍票可獲賠償，報上時有收買軍票廣告出現，對日和約簽訂後，此種謠言方息。但過去仍有多次，軍票忽傳重新有人收購，百元面額的軍用手票，每一萬元值港幣四十五元至五十元，十元面額者，每千元值港幣十元至十五元。據說這是因爲香港有人組織了一個機構，要求日本政府賠償侵港損失已有眉目之故。但以我所知，戰後港日關係，由英國政府直接辦理，早經雙方協議，對香港損失，不作另外賠償，包括軍票在內。關於這一點，且曾公佈在案，所以我敢斷言，每一次「軍票復活」之說，都是有人故弄玄虛，表面上有人收購，實際上可能有人製造烟幕，誘人購買，乘機拋出，以求撈回一筆而已。

夢中有夢　此乃人生

我於一九四四年四月底離港返國，當時日軍當局因香港糧食問題嚴重，指定三條還鄉路線，疏散居民，那三條是取道沙頭角前往東江，取道市橋前往西江，取道廣州灣前往鬱林。我揀的是市橋線，因爲取道於此者人數最少。一家十二人，經過勒流，於月黑風高之夜，偸渡西江而達國軍前線之沙坪、肇慶，再由水路抵梧州、柳州，換乘火車到桂林。在桂林住了兩年，又逢湘桂大撤退，這是抗戰八年中最傷心的一役，無數同胞，在這次大撤退中死亡失散，顛沛流離，我以早走三天之故，得於半月之內，抵達重慶，可謂邀天之倖。到時重慶大轟炸已成過去，日軍一度進至馬塲坪而徘徊不前，終至全軍折返，使一度動搖的陪都轉危爲安，這一切當然與歐洲戰塲上德意受挫密切有關。未幾麥克亞瑟自澳洲揮軍反攻，於太平洋上越島進擊，不數月而迫近東瀛三島。原子彈擲後不足一星期，日本宣佈無條件投降，消息於一九四五年八月十四傳至重慶，舉國狂歡，喜至淚下。

九月一日，我自重慶與胡好、馮景祥、司機阿馬四人同乘卡車出發，趕回香港，於廣西貴縣棄車登舟，再經梧州而抵廣州，沿途充滿了勝利景象，却掩不了戰爭的滿目瘡痍。

到廣州的目的，是籌備出版星粵日報，到長堤永安堂時，會見了當時借用永安堂辦公的新一軍政治部人員，同時也發現了原有的印報機已被敵僞拆散，零件盡失，不能使用。原定計劃，既然無法實現，乃於十月初趕至香港，將原奉「日本軍報導部」之命改名爲「香島日報」之「星島日報」予以澈底改組及整理，恢復舊名，於十月十日雙十節正式復刊。出版之日，我寫了一篇「歸來語」作爲復刊獻詞，至今尚有剪存，以誌紀念。

那時香港人口不足六十萬，電車尚未恢復行駛，物資缺乏，百廢待舉，誰也想不到，在二十五年之後的今天，香港竟由一個轉口小商埠成爲一個現代化的工業城市，人口由六十萬增至四百萬，成爲世界上「十大都市」之一。

「八年抗戰」是一場噩夢，「三年零八個月」的黑暗時代，是噩夢中的另一場夢，迴想起來，像是隔世，也像是昨天，這就是所謂人生。

（全文完）

寒山詩社學詩鐘

易君左

中國的革命運動從初期的發動到最後的勝利，這一段較長的期間，南方的社會秩序是經常不大安定的，傳統的政治制度既經破壞，新思想突起而抬頭，那些散佈四方特別是流寓南方依附舊日帝室的遺老，與旋轉新舊之間的高級官僚政客，還有一部分自命爲經綸滿腹、牢騷抑鬱的文人學士這一系列的文人，自然而然趨附到北方，在以袁世凱爲首的北洋軍閥的武人集團下重新結隊，維持他們的殘餘生活情調。

但也有少數例外；有些和清室並沒有什麽深邃淵源的舊文人，僅把改朝換代這件事看做一種世局的滄桑，附以一點欷喟而已。而且，既已建立了一個五族共和的國家，則效忠民國與效忠滿清並沒有什麽古書上所謂「失節」之處，於是仍然靜靜的住在古都，照常的詩酒留連。

把以上兩種型態的文人集團結納在一種組織裏面的，最大的一個文藝團體就是寒山詩社。這是民國初年故都北京的舊文人淵藪。失意的官僚、過氣的政客、頑固的遺老，夾着一部份達觀的詩人、落拓的才人、過時的志士，脫去了政治的舊衣，回復到純文學的本來面目，點綴着當年古都的暮景。

我父親易實甫先生即寒山詩社主要人物之一，也是屬於我所說的詩人和才人之一。從我的記憶中還能寫下來的名字，當然都是我的父執或前輩，而這些曾經轟動一時或是在歷史上寫下過一筆的姓名，又爲我親自見到的，如所周知，有：王闓運、陳寶琛、樊增祥、王式通、羅惇融、關賡麟、高閬仙、陳衍、林紓、嚴復、梁啓超、宋育仁、馮煦、鄭沅、袁勵準、王樹枬、蔡乃煌等，都是我父親的舊友。這般有名的文人常常舉行季節性的集會，例如當法源寺丁香初放或崇效寺牡丹盛開，當上巳、端陽、中秋、重九佳節，大概就有一次詩會，弘揚數千年傳統的風流餘緒，而滌蕩胸中的塊壘。經常每星期則有一次詩鐘集會，地址在宣武門大街的江西會館。這是一座峙立故都風塵中的巍峨的大厦，由北洋軍閥之一、後來成爲「復辟」頭兒的江西人「大辮子」張勳籌集巨資興建的。

那時我尙是北京市第四中學的一個青年學生。我父知道我對文藝有興趣，大概每週在星期六帶我去聽京戲一次，星期天帶我去學詩鐘一次，那是我少年心影最有趣的一段故事。

每逢星期日下午，一輛馬車載着我們父子二人，馬蹄得得的駛到江西會舘大門前停住了。進門後，我父照例繳聚餐費一元，我年輕是父親的附屬品，免費。晚餐約有兩三桌，菜肴豐富精美，但不招待酒。詩人不一定都是飲者，我父即不飲酒，樊山老人也不飲酒，自然也有酒徒，只好自己帶酒來，嗜飲者一搶而空。吃飯的時間很晚，大概要到詩鐘截卷，飯後，各人休息一會，靜候主課人評定甲乙，然後發榜，並不擊缽，乃用油印分發，僱有寫榜人及油印人。主課是公推輪流擔任的。當然，投入的鐘卷並不記名，自己留底子，到評定後由主課人高唱，才知道是誰人所作。主課人自己不做詩鐘，以示廻避。入選前四名：頭名爲「狀元」，二名爲「榜眼」，三名爲「探花」，四名爲「傳臚」，在鐘卷上只批：元、眼、花、臚四字。前四名並無獎品，只是一種名譽獎，大家向他們幾個人拱拱手，嘻嘻哈哈的表示恭賀一番罷了，會場裏的氣氛倒是很自由的，無拘無束的。那些人物差不多是老名士羣，較年輕的一個英俊的詩人，我記得是楊毓瓚，年齡最小的是我，不過十餘歲，在老詩人眼中是乳臭未乾的黃口孺子，但在他們的口中却常以「實甫的小世兄」見呼。在我這個做「小世侄」的，除了對於父執前輩的尊崇和仰慕外，還感到一種人生難逢的際遇，得以在這個幽雅恬靜的詩會裏，默默的觀察甚至可以說是欣賞這些人物運用詩句的情景和動態，看他們是如何一下捉到了靈感，而產生美麗的句子。

這是一種最富興趣的觀察。有些較深的印象，當年常盤旋我的腦裏，如今還縈繞我的筆尖。我看見「國史舘長」王闓運戴着一頂小紅珊瑚頂的瓜皮小帽，偶爾出現在會場，有說有笑，常常打破詩人們的沉寂。兩耳小如鼠而享大年的「方伯」樊增祥，穿着紅袍黃背心端坐着，用鼻烟薰出他的文思，忽然一個大哈哈，音如洪鐘，就是得到好句的訊號了。那個精緻的碧玉小鼻烟壺永遠是「上海道」蔡乃煌覓句的利器，精警的句子是用鼻子嗅出來的。我很驚羨「交通部司長」關賡麟的敏捷，交卷最勤的是他。還有一位交卷更勤而從來未列前茅的前輩，我記不起他的大名了。長沙人有名的眞正「探花」鄭沅，在詩鐘上的「探花」並不多見。而前輩中之前輩除王壬老外，還有一位「太子太保」陳寶琛，他在運思時是何等凝重。並不把敲鐘當做一回事，而靈思自然泉湧，信手拈來皆成妙諦者，諸老之中，恐無第二人能夠趕上我的父親了，所以後來被稱爲「鐘王」——詩鐘之王。

奇蹟的是：我這個後生小子無名小卒追隨前輩諸老之後，學習做做詩鐘，居然兩次獲中了狀元，一次獲中了探花。第一次獲第一名的句子，我自己覺得很好，我父親也表示滿意，那是所謂「籠紗格」，即所詠的事不用明言而用暗射，像籠着一層紗，那次鐘課題目是：「寸，人力車夫」，我的一聯是：「小草三春心莫報，軟塵一路足如飛」。上句用唐人「誰言寸草心，報得三春暉？」的詩意，下句寫北平人力車夫跑得非常快。當時主課的是王式通。但是到第二次獲第一名則絕對出乎意外，正值樊山老人主課，鐘題「思、受」六唱，即將思受二字分別嵌在兩句七言的第六個字。我那一聯是：「入朝蛇帝嘗思貴，飲水猪僧哭受胎。」可憐，一個中學生的國文知識太有限，面對「學富五車」的諸老，一肚子掌故古典，相隔天淵，只好儘自己認爲可能用的勉强湊成句子，像這聯上句用漢高祖的故事還沒有什麼，可是下句連西遊記上猪八戒的故事也用到了，而不料竟獲首選，大家拍拍我的頭，叫我爲「小狀元！」和「眞不愧爲易實甫的兒子！」使我眞是受寵若驚，手足無措，而我父則雜在諸老間歡笑。這一聯，到現在看來我還是不滿意，不知當時如何竟爲一代詩宗所激賞？也許是覺得用典尙屬新奇吧。倒是取「花」的一聯值得一提。主課的記得是高閬仙，鐘題爲「原、影」六唱。我又在拚命運用小腦筋。我想到「中原逐鹿」的典故，便成了上句：「劍提三尺追原鹿」，却不容易想到下句。迫不得已，只好求教於父親。父親畧一思索，向我提示：「不是可以用杯弓蛇影的故事嗎？」由於這一個有力的暗示，我靈機一動，便對上了：「杯照雙弓誤影蛇。」這一聯，對仗工穩，但如果沒有父親的指點，「靈感」是永遠不會找到我的。

但是我這些幼稚的句子，莫說對「鐘王」的我父，就是對其他一般老詩人的名句，也望塵莫及。寒山社詩友集當時詩人之大成，詩不用說了，即以詩鐘說，名聯之多，美不勝收。直到相距長達五十餘年的今天，我還記得有名的詩鐘很多，特別是我父所作的，畧舉數聯，以見一斑，由此也可表達我父天才橫逸，這些都是傳誦一時的名句。如「漢光武、便壺」分詠格：「一生知遇嚴光足，千古含寃智伯頭。」「李三姑」鼎峙格：「一門桃李誇多士，三日羹湯試小姑。」「岳飛、蟋蟀」分詠格：「元帥精忠三字獄，相臣經濟半閒堂。」「黃、鶯」籠紗格：「娘子排行剛第四，美人名字恰成雙。」「兩、空」六唱，集句倒用，文學技巧的高超已入化境，聯云：「不住猿聲啼兩岸，但聞人語响空山。」

應該補述的，我的叔父由甫先生那時正做國會議員，公務較忙，雖是寒山社友之一，却不一定每次到會，像我父那樣。記得我叔父在寒山詩社的鐘聯，有一次獲元爲「書、鬼」二唱：「焚書直欲愚黔首，明鬼終難闢墨家。」還有兩聯：一爲「解、人」四唱：「不求甚解淵明讀，旁若無人景畧談。」一爲「樓、昭烈帝」分詠：「其中綽約多仙子，天下英雄惟使君。」集句到這步化境，歎觀止矣。

父親與叔父做詩也好，做詩鐘也好，有一特徵與衆不同，即決不用偏僻的古典，用比較通俗而爲一般人熟知的典故。有些做詩鐘的老先生，天份並不太高，胸藏也不甚富，只爲炫新立異，竟至「本店自造」的揑製典故出來，以致鬧成笑話。在寒山鐘會上就有過這麼一兩次，馬脚露出，全堂哄然。你想那些博學鴻儒，名賢時彥，在寒山社詩友中不乏其人，怎能逃過他們犀利的跟光呢？

詩人大會與敲鐘之會

大方

台灣在日本佔領時期，由於日本人提倡舊詩，因是詩風一向很盛，台灣本省的知識階級，如果不懂平平仄仄，便會認爲不能登大雅之堂，而成爲俗客。自國府遷台後，台灣平添了大批中原才智之士，於是文化事業更爲發達，對舊詩也極重視，其口號是宏揚詩教，鼓吹中興。台灣人本來已喜歡做詩，復經要人們的提倡，吟詠之風甚熾。在民國三十八、九年間，由于右任氏主持慶祝詩人節的詩人大會，參加的詩友，多至三千餘人，眞有洋洋乎大觀之勢。

那次的詩人大會，在台北的淡水舉行，大會規例，仿照往昔科舉方式，選拔其間最佳作品之一，作爲狀元，輔以榜眼探花等等，儼然盛世元音，更屬一時佳話。

自此以後，詩人大會一年一度，輪流在台灣各地舉行，也一年中必有一位狀元發現，同時各地詩社林立，發行的純詩詞性刊物也特別多，論者遂稱台灣一區，有「詩人王國」之號。

在那個時候，筆者方客居港島，賣文爲活，也還不會有去台灣作久居之意，但常蒙台灣的友好寄給我許多刊物，如「台灣詩壇」、「中華詩苑」、「詩文之友」、「鯤南詩選」等，打開一看，裏面全部刊載着各種五七言和古近體的詩詞，雖說是琳瑯滿目，美不勝收，但我本人則對這一型性質的刊物，實在是不大歡喜的；由於刊物的又一名稱爲雜誌，既曰雜誌，作品當然屬於多方面的，讀者看了，才有興趣；如果通體的詩詞，好像吃整席的酒而祇有一樣菜，即使每隻都是魚翅，也會吃倒了胃口，因之我在那時即認爲這些刊物盡刊詩詞，未免是偏重於一角之病，何况舊詩之在今日，究已非時代的寵兒，一時蓬勃，殊不足道，深慮在不久的將來，這些刊物，如不充實內容。勢必歸乎淘汰。

詩壇耆舊三老一龍頭

民國四十五年，亦即公曆一九五六年，筆者第三次到達台北，準備在那裏久居，由老友陳季碩兄爲我介紹了好多詩壇名宿。那時台灣詩風正盛，一年一度的詩人大會還是非常熱鬧，大會規例，必然需聘請幾位詩壇健者作爲主考官，評判試卷，號曰「詞宗」。台北本是人才集中之所，有名詩伯，均在台北，因是每屆詩人大會，必向台北方面聘請詞宗，以孚衆望。那時大會的主持人物，照例是于右任氏的會長，賈敬德氏的副會長，詞宗的理想人選，除號稱祭酒的陳含光和張昭芹之外，更有所謂三老一龍頭，三老是衡山譚元徵、江西張鏡薇、浙江馬紹文，龍頭則是武進錢逸塵，上述諸位，以陳含光、張昭芹年事較高，不肯担任主考，故詞宗一席，常落在三老一龍頭幾位身上。

台北那些詩壇耆舊，除了錢逸塵先生之外，大都素昧平生，不想後來經陳季碩兄介識後，更因大家常在一起做詩敲鐘之故，都變成了很好的朋友。至於錢逸老，他是武進太史公錢名山先生的介弟，也是老友阮毅成兄的泰山，心目中早有印象，相識以後，更爲投緣，常在一起敲鐘飲宴，極爲高興，可謂留有一種文字因緣。

那時台北除發行若干詩詞性刊物外，更有許多詩社，最著名的爲「春人」和「六六」兩家。春人社即由逸老主持，六六社爲湘人何武公所創辦。其後，因錢何二氏公忙之故，無暇處理社務，兩社遂合併爲一，號曰春六詩社，所有社員，均屬台地著名的詩人，故聲勢極爲浩大。

筆者抵達台北時，適值詩人大會在嘉義開會，詞宗推定詩壇三老，于右任、賈敬德、張昭芹、錢逸塵被推爲特別來賓，筆者以遠客的身份，叨陪末座，居然躬逢其盛。那次由大會包了一節專車，迎接這一批詩翁上路，春六社員，不但都是詩壇健筆，有些更擅長做詩鐘，那次車中無俚，便有人提倡爲敲鐘之戲，除于、賈二老以外，其他全體參加，筆者對於做詩鐘，雖沒有什麼經驗，但爲助興起見，也不得不勉從諸大吟翁之後，邯鄲學步。那天我們一路敲鐘自台北一直敲到了嘉義，也即是筆者和台北各位詩人，發生文字因緣的開始。

新交舊識男女兩狀元

在歷屆詩人大會所選出的榜首中，我認識男女兩狀元，男的是舊識阮毅成兄，他雖歷任政府要職，却不脫書生本色，和一般文友都相處得很好，一些也沒有官僚的架子，因此我們很合得來，惜乎他公事很忙，絕少和我們有聯吟的機會。至於那位女狀元，名譚雪影，皖人，國府遷台的次年，歲次庚寅，得膺首選，她的掄元還在阮毅成兄之前，爲人隨便而富風趣，我到台北後，住在南門詔安街陳季碩兄家裏，而她即住在季碩兄的對面，由季碩兄的介紹，彼此成爲相識，她有時也來陳寓做麻將搭子，並曾在她寓所招宴。奇怪的是她有愛貓之癖，家裏養了好多的貓，弄得「狀元府」內，非常骯髒，在不相識者，又誰知這位女狀元是個落拓不羈的人。她有碧海鄉心詩詞集行世，由賈敬德作序，于右任題眉。在于髯翁晚年，步履不大便捷，遇有雅會，這位女狀元常在他的身畔，扶挾而行，和郎靜山夫人雷佩芝，成爲于髯翁的左輔右弼。這位女狀元性極慷慨，常邀我到她家裏便飯，遺憾的是她愛貓而我却怕貓，初次去時，給貓的虱子咬傷了足部，嚇得以後不敢再往。至今寶島詩風，日趨零落，我們之間久失聯絡，不知這位女狀元爲况如何？

于髯翁提倡舊詩改革

筆者嘗以爲任何一種文學，自有其時代性，詩歌也不例外，因之，我對於舊詩，認爲不必迷戀古人，也不必拘泥成法，在眼前的時代，應以適合眼前的環境爲主體，是一種大衆文學，不應再是象牙塔裏的文學了。不想關於這一點，那位寶島詩壇偶象于髯翁，和我却有同感，因之，他雖喜愛舊詩，也瞭解到舊詩之在今日已不合用，如不有所改變，則淘汰即在目前，具証他的見解是超卓的，這裏且舉出他所作的題爲「詩變」的古風一首云：「詩體豈有常，詩變數無方，何以明其然？時代自堂堂。風起台海峽，詩老太平洋，可乎曰不可，哲人知其詳。飲不竭之源，聘無窮之路，涵天下之變，盡萬物之數。人生本是詩，時吐驚人句，不必薄唐宋，人各有所遇」。

于氏是當代詩壇大手筆，唯其是大手筆，也便是所謂能知詩體如何隨時代變化的哲人，他所說的不必薄唐宋，正是他見解的濶大處，當然唐宋人做的是唐宋時代的詩，而現代人呢也就應該做現代人的詩，一味戀古是錯誤的，惜乎于翁雖有這種超卓見解，但舊詩畢竟屬於時代棄兒，無法挽此頹局，故自于、賈諸老相繼逝世後，台灣詩風，也就日漸零替了！

吟社以外的詩鐘之會

十五年前，筆者再蒞台北時，不但吟侶很多

，詩鐘之風也很盛，所有吟侶，也即是春六社的社友，中堅份子，除三老一龍頭外，更有陳季碩、李漁叔、蘇笑鷗、羅繼承、鄭冰如、王世雄、陳民耿、吳語亭、何武公、張惠康諸人，他們每月有一次盛會，參加者多至數十人，此外，則集若干比較知己的朋友，另組一個生日會，設席公宴壽星，宴罷舉行敲鐘之戲。筆者最初參加時，生日會的會友，多至兩席，及後逐漸減少，兩年前筆者赴寶島，問起陳季碩兄，則稱生日會員，已祇有半桌之數，想見吟友消沉，盛況已不可再見。

談到詩鐘，祇是擷取詩中的兩句斷句，其羣例大別爲「分詠」「嵌字」兩種，分詠是取兩種不同的事物爲題，憑詞句發揮其意義，嵌字則以兩個不同性質的字，融入句中，以天衣無縫爲妙，嵌字由第一字至第七字均可，習慣上稱爲鶴頂、雁領、鳶肩、蜂腰、鶴膝、鳧脛、雁足等格。又因詩鐘最後節目，必需高唱，故又稱之爲唱詩，如第一字稱爲一唱，第七字即稱爲七唱。

民元以後，江南吟侶對詩鐘祇是偶一爲之，並不熱烈；此風以福建爲最盛，廣東次之，故在風格方面，乃有粵派與閩派之別，粵派主張格律謹嚴，對仗工整，以做到一字不苟爲標準，閩派則着重意境，不斤斤於字面，雙方各有成見。我們且舉一個例子來說，某次在此地做詩鐘，題目是李香蘭、潘金蓮分詠，陳蝶衣兄一聯云：「芳蹤甫自花都至，豔屑曾從葡架留」，我的一聯云：「早識賣糖推絕唱，應憐炊餅是良人」，看來還不失工穩，但我們這種作品，在粵派的鐘友目中看來，是不夠標準的，其弊病謂之「半字之差」，意思是說陳聯花都的都字，和葡架的架字，不能作對，勉强湊上，差了一些些，便成爲半字之差；我的一聯也犯了同病，因爲絕唱的唱字，不能和良人的人字作對。又如黃衡村丈昔年有贈陸大年大餅店聯云：「餅家生計蠅頭利，名士窮途犢鼻褌」，這在粵派眼光中，也有挑剔，就爲利字是動詞，不是名詞，遂不能和褌字作對。粵派的標準句法，必然要像白居易長恨歌中「春風桃李花開日，秋雨梧桐葉落時」，才算對得工整，但這樣就未免流於呆板。

閩人風格，則和粵派走着兩條路，他們不計較字面而注重意境，舉例如林庚白所作「樹程」二唱云：「此樹不花緣繫馬，一程已過始聞鷄」這兩個字本來很難着筆，而庚白做來，妙造自然，下句寫出一個旅人破曉趕路的情形，恰如畫境，不愧壓卷之作，自然要比刻板式的作品爲高明，就筆者個人見解，倒也是擁護後者的。

輪唱爲最後精彩節目

詩鐘又名擊鉢吟，必需限時交卷，以考驗何人的才思敏捷，故需有人以擊鉢爲號，但最早規例，是燃香爲度，以香倒置，金錢繫於香上，下置銅盤，香燃至繫線處，線斷，金錢落於盤內，錚然作聲，即是告人時間已到，大家輟筆，錢落銅盤，似敲鐘聲調，故又名詩鐘。但在後人舉行時，既不需擊鉢，也不必燃香，祇是以手錶上的時間爲限，詩鐘二字，已失却原有形式的意義，祇是最後的輪唱，猶存昔日遺風。

江南吟侶，既少詩鐘雅集，自然更乏機會參加所謂輪唱。事實上詩鐘在今日已屬於冷門的文藝遊戲，不超過五十歲以上的人是不瞭解此中情況的，筆者也是到了台北之後才參加了輪唱的末座，它的方式是這樣的。譬如那天的吟友是十位，出了兩個題目，每人每題至少要做一聯，或二三聯均可，做好了放入一瓦罐中，合之約可得二十餘聯至三十聯，另由一個人拿許多聯語抄在一張紙上，貼於壁間，每聯上間誌以號碼，於是大家起立評選，將壁上所有聯語，評定優劣，寫在一張紙上，在各人評選完成後，再圍坐於圓桌之畔，由參加人將選定之作輪流唱出，譬如甲君所唱爲乙君作品時，乙君即需起立，由甲君給以獎金，直至十個人輪流唱完爲止。如果在這一局中，自己作品，得不到別人選唱，可謂名落孫山，而自己作品給人選唱得最多時，即可奪得狀元之席。筆者記得某次參加雅叙，鐘題是「安竹」二字五唱，筆者做了兩聯，其一是「洪濤萬頃安平港、淸露千秋竹子湖」其二是「幽居最是安心好，亂世應憐竹報難」，實在不好，居然也有人選中，在唱到我的拙作之際，不覺受寵若驚。在這種集會中，我不大喜歡狀元、探花等那種名目，認爲過份富於封建色彩，但我對於閩派吟侶在輪唱時的那種唱腔的音調鏗鏘，非常贊美，覺得他們在看到得意作品處，曼聲長吟，眞有一唱三歎之概。筆者初吹聽到這種唱腔之美，認爲勝過了教會中的唱詩班，也超過了學校中的文藝朗誦，不過這種唱腔，都屬於福建人，廣東人唱來即較爲遜色了！

本篇由詩人大會的蓬勃，談到敲鐘之會，更由詩鐘會的由蓬勃而衰歇，使人更聯想到舊詩問題。舊詩之在今日，究竟有裨於實用嗎；大部份回答是沒有用，他的作用祇類乎裝飾品和消遣品而已！迷戀舊詩，至多自我欣賞，迷戀過甚，成爲無病呻吟，對現時已失去任何作用。因之台灣雖號稱詩人王國，但自于右任、賈敬德二老逝世後，陳含光、張昭芹相繼凋謝，接着吟壇名宿三老一龍頭，先後歸道山。不久前，詩壇又一健筆陳季碩兄，復在香港病逝。十五年來，台北詩壇耆舊凋謝殆盡，往昔的「台灣詩壇」、「中華詩苑」和「鯤南詩選」等刋物，也早已停止發行，寶島詩風，無疑已較前大爲遜色，追憶當時盛況，眞有不堪回首之感。

不久以前，有朋自台北來告我，「中華詩苑」已易名爲「中華詩會」，由易君左先生主持，充實內容，繼續出版，雖以詩爲主體，而性質也爲一綜合性的刋物，以期能維持久遠。筆者認爲，這一方式是對的，我們將以挽回詩教的衰歇責任，着落在君左先生身上。

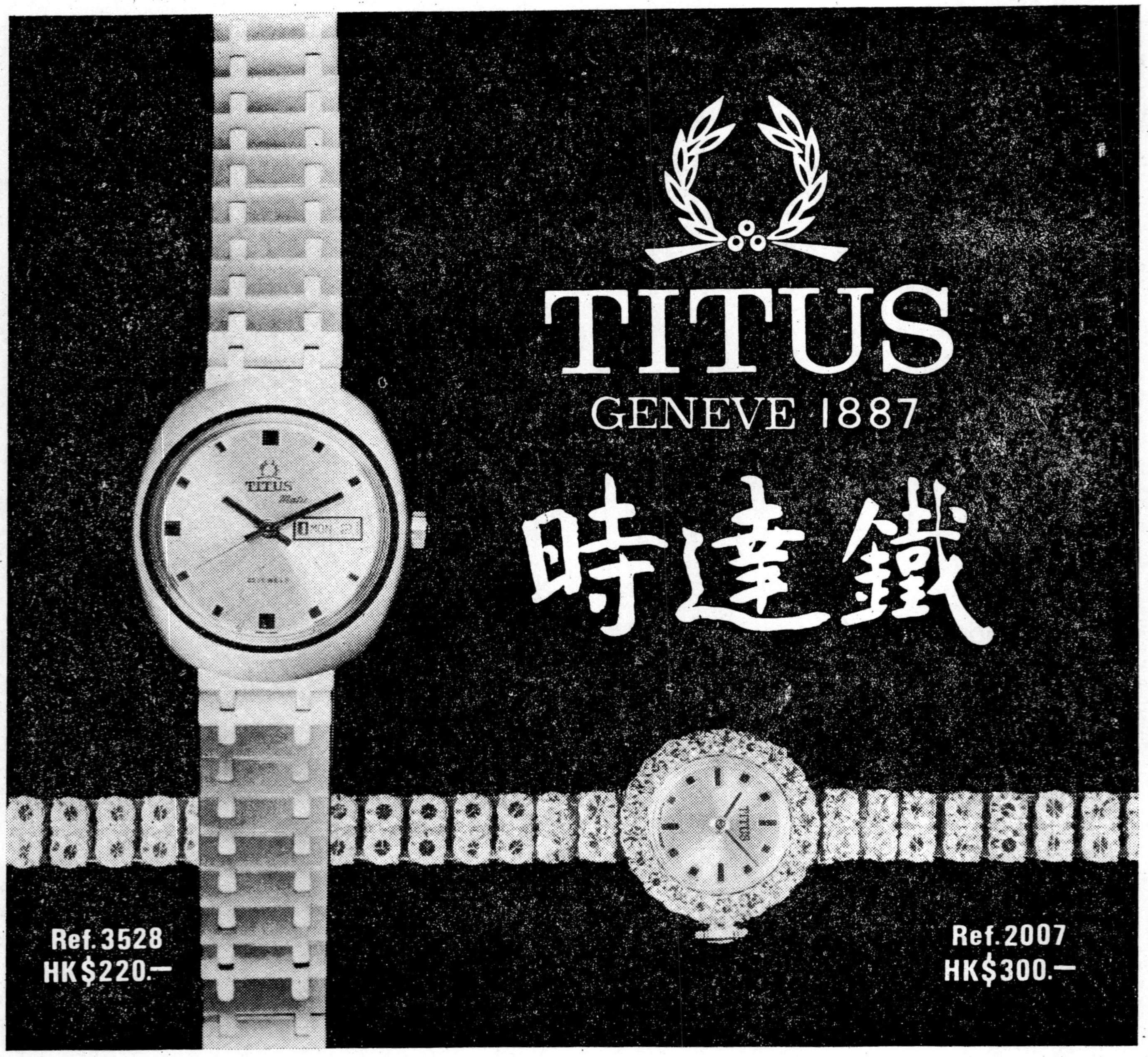

最優良的手表
最合理的價錢

保用二年

各大表行均有代售

總代理

聯合標準儀器有限公司

九龍星光行1133A室

電話：K六七七一三壹——二

大人小語

工展花絮

今年工展，不再舉行工姐選舉，以免麻煩。

站在大會門口，看花枝招展的太太小姐那個最靚而加以品頭評足，仍是每一個觀衆共有的權利。

一釘之微

巨型客機墮毁，釀成慘劇，起因在於一顆螺絲釘。

一對曾經海誓山盟的男女忽然情變，往往也是鬆了一顆螺絲釘的緣故。

人體高矮

生理上告訴我們，人類體高早晚不同，因睡眠休息關係，普通淸晨起身，畧矮半吋。

有人不然，他們是因人而異，見到下屬時會忽然長高半吋，見到上司時又會馬上縮矮半吋。

經驗之談

據有經驗之人士談稱：賽馬愈近尾聲，賭注隨之愈大。

正如麻將到了最後一副，非掘一副辣子不能翻身也。

方法不同

印象派乳罩廣告，圖中人繪半裸女像，雙手交叉胸前。

寫實派的乳罩廣告，圖中婦人上身全裸，其旁注以說明曰：「當她還沒有戴上乳罩的時候」。

適可而止

傳有人冒充新聞記者，向名流借欵購買菲林。並非借欵買相機而只是購買菲林，堪稱適可而止。

電影萬歲

無論電視發達到如何地步，電影院永遠不會打倒。因爲電視祇適於家庭觀看，而電影院却適於情人約會。

自有道理

公教報著文，抨擊黃色書刊。

黃色書刊曰：「我們之所以黃色，是爲了沒有教會津貼」。

男女平等

美國交換太太俱樂部，由大城市逐漸遍及小城市。交換太太，其實也就是交換丈夫。

兩種蜜月

二十歲渡蜜月，覺得這是「娛樂」。

六十歲渡蜜月，方能體會到這是人生。

大家痛苦

法國心理學家說：「抽象畫家不乏精神病者，他們「想把心中的痛苦，掛在牆上」。

結果却使看到那些畫的人，眼睛痛苦。

和尚偉大

有人準備結婚，却因未來太太要他先薙掉鬍子而猶豫不决。

和尚之値得佩服，就在他們連頭髮都剃得光光，却依然决心獨身。

誰的福利

街坊福利會首長爲街坊服務，無微不至。

某次座談會上，有人脫口而出，稱「街坊福利會」爲「街坊首長福利會」，令人啼笑皆非！

家庭計劃

邇來節育盛行，名曰家庭計劃。

繼「一夫一妻」之後，「一子一女」制度，似亦正在建立中。

假期我見

錫蘭開會，研究廢除禮拜天，另訂假期。

我建議晴天辦公，落雨則一律放假。

皮之厚薄

今年冬令服裝，流行皮革。

獸皮以薄爲佳，面皮則越厚越好。

莊家之益

停車吃角子老虎機，呑下各式輔幣，不下二三十種。

交通事務處等於做莊，不論大小單雙，一律統吃。

極像節禮

每逢聖誕新年，港府例必刊登廣告，奉勸官民兩方，不必送禮。

這單廣告費爲數不小，倒也有點像一年一度送給報舘的節禮。

聖誕禮物

十二月開始，聖誕禮物，市道暢旺。

男人所購，多贈女人，女人所購，多贈男人；至於夥計所購，則多數送給老板。

値得原諒

歷史記載對耶穌誕生日期少算四年，所以今年應爲一九七四，而非一九七〇。

搞錯年份，事屬常有，所以有些小姐，今年四十三歲，而錯把自已當作三十四歲，亦可原諒。

·上官大夫·

王秋湄生平及其書法

衲文

王秋湄先生

近人談章草書者，多推沈曾植寐叟、羅惇㬊復堪、余紹宋越園、王蘧秋湄、簡經綸琴石、卓定謀君庸，此皆清末民初以善章草鳴於時。余生也晚，沈、羅兩先生未嘗親炙，惟於其遺墨，獨多鍾愛，故寒齋亦畧藏十數種，餘則或爲世誼或爲文字之交，晉接挹教，輒多機緣。王秋湄先生一家更與先君爲摯交，平時書札往還，每覩手蹟，不禁心焉响慕。民廿二年，秋湄先生返粵垣省親，復多親教機會。余少時學書宗二王，秋湄先生奬飾之餘，曾勉余多從章草諸帖揣摩，自是即沈湎此道，至今不廢。惟自慚鈍魯，迄無成就。日前與本刊編者賁酒論書，曾及王氏章草，以余畧知一二，因屬述其軼逸。

先生名世仁，字君演，號秋湄，後改名蘧，又號秋齋；原籍河北省萬全縣，曾祖遊宦粵垣，遂寄籍番禺，乃父鶴隣公有文名，不求仕進，岑春煊督粵時，委莞印刷所事，兼管廣雅書局，保存書版，爲粵省士林共仰。入民國後，致力於文化事業，任中華書局襄理；乃叔亦鶴公爲康南海弟子，能文章，曾留學東瀛，治學頗勤，二公皆與先父爲摯交。

秋湄誕生粵垣，幼承家學，少時肄業於廣東武備學堂，思想新穎，從革命黨人遊，持論激昂，爲清政府注意；當時粵垣出版石印「時事畫報」，鼓吹新學，評論時事，圖文並茂，風行省港各地，二次大戰前，寒齋尙藏有此種畫報十餘份，即見所刋漫畫附題詩句，皆署「秋湄」二字，書法秀逸，兼王大令、趙孟頫面貌，不類中年所擅章草，故可想見秋湄早年所作行書，仍不脫風華甜熟之態。

秋湄見忌於武備學堂當局，未卒業即自動退學，走香山任豐山學堂教席，仍時爲文刋佈宣傳革命，終不容於邑令，遂辭席去滬，入震旦大學習法文。鼎革後，投身教育界，及在滬報任撰述，詩文書法，漸聞於世。是時南洋兄弟烟草公司方擬擴展業務於故都，主事人簡照南聞秋湄能，乃聘爲北京分公司經理，秋湄自是居京多年，結交文壇雅士，遍遊幽燕名山大川，詩文書法大進，日與都中名士爲文酒之會，黃晦聞、羅癭公、復堪昆季、葉遐庵諸名士皆相期許，黃晦聞兼葭樓詩集中，不少屢及秋湄之作。

民十一年，秋湄辭職南下，隱居蘇州，閉戶潛修，文藝書法更爲精進，惟體氣漸弱，加以性行高潔，不屑徵逐名利，而憂時傷國，獨多懷抱，故其詩文常於蘊藉之外，隱含沈鬱之氣，書法更變剛强挺秀而爲生拙古樸，章草造詣，已至登峰造極。居姑蘇十年，著章草例一卷，又輯北周造象二卷。民二十二年，粵垣創設學海書院，羅聘海內學者任教，當局慕秋湄名，擬聘爲教授，乃遄程南下省親。乃叔亦鶴世丈與余家居甚邇，因得介見。秋湄丰神俊朗，謙抑自持，留穗逾數月，余乃得時侍先君過從甚密，亦鶴世丈慈祥仁藹，視秋湄如己出，故於其歸來不禁喜慰逾恒。秋湄事仲父至孝，月必以詩文呈覽，其有認爲得意之作，多以巨屛書成寄粵，故余於未晤秋湄前，已從乃叔處得讀所作，亦鶴丈以余愛乃姪書，每有轉贈，有所得，輒珍藏之。抗戰軍興，穗垣淪陷，倉卒走避海嵎，寒齋所存秋湄佳作，均遭刼火，至今所僅存者，皆秋湄乃弟希逸世兄及其他友好轉贈者。

王秋湄書章草急就章屛幅　·本文作者藏

本文作者所藏王秋湄先生五言詩箋

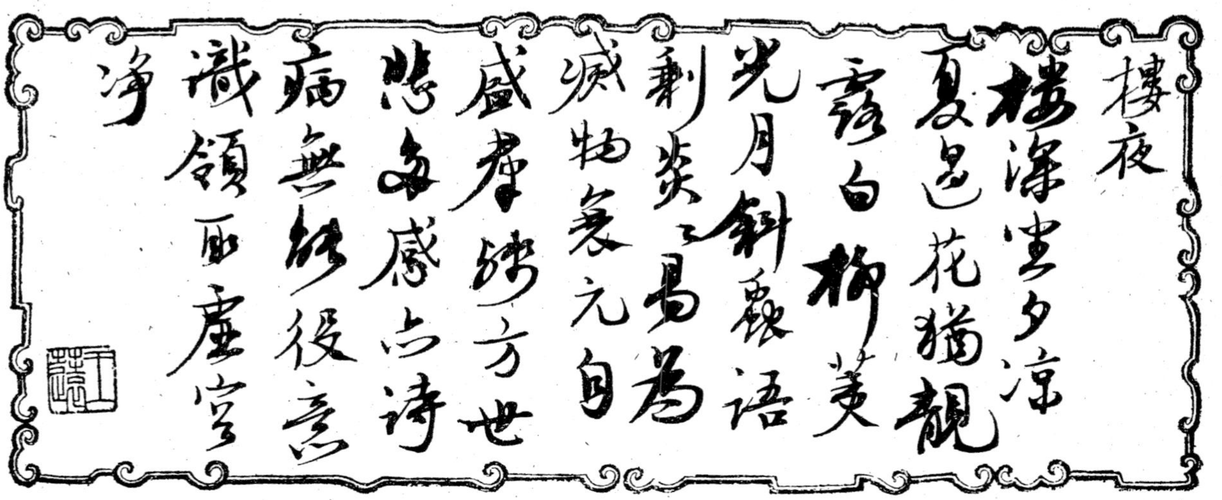

秋湄居粵垣數旬，即復北返上海，書道而外，益致力於詩學，惟以深自歛抑，與人極少言詩，而世之知秋湄者，多以章草推之。

秋湄淡薄自持，硜硜自守，居市廛中而有山林想，淸新俊逸，與世無爭，晚年更躭禪悅，所爲詩喜以佛典衍義，返滬後，皈依普陀山印光法師，修淨土法門，勇猛精進，頗得開悟。七七事起，日寇侵滬，秋湄匿居滬瀆，謝絕塵務，淡泊自甘，日惟以念佛參禪自遣。至民三十三年甲甲，距日本投降之前一年，病逝滬寓，一代才人溘逝，誠藝壇一大損失，遺著散佚，僅得晚年所作詩若干首，友好集貲刋行，題爲「揖堂詩選」，至其法書，海內外收藏者不少，以余所知，旅居美國羅省之鄭子展兄，及本港鄭健廬丈，均與秋湄爲摯交，年前曾擬廣徵友好選輯專册，梁仲憲丈、屈沛霖丈亦深韙此議，倘能實現，亦足以介紹此章草名家之作，公諸同好，未始非今日書法式微中之盛事也。

章草之學，其源甚古，上溯漢晉；降及唐宋，已漸丕變，大抵以草解隸，善書者縱筆爲之，每疏法度。

秋湄先生畢生致力此道，當有其窮源探微見解。年前屈沛霖丈以秋湄遺墨書箑影本見貽，爲秋翁居京華時所臨：恭王府秘藏「南宋郭雍跋褚臨蘭亭」原本，秋湄設法借出，窮一夜之力臨得三通，而存其最佳之一通，其後爲人寫仿明金扇面，自謂是生平得意之作。郭雍原本遭恭王府大火之厄，亦已燬滅，秋湄臨本當成孤本，秋湄於此臨本書後注云：

「章草之學，自唐已微，宋人尚罕見魏晉傳蹟，然操觚極率，此南宋郭雍書跋褚臨蘭亭饒有章草神韻，雖未盡法，已不啻鳳麟之視鸞藏，燕京某府，不輕示人，余從友好借臨……」

由此觀之，王氏理論以爲章草之學，至唐已微一說，似有根據，與秋湄同享盛名之羅復堪先生亦云：

「曩見黃石齋論書卷子眞跡有云：章草晉魏以下，無復佳者……」此皆推崇有漢章法之論，前輩論書，必以簡古爲至上，而於結體精熟之草書，評價必低。

因此，在文首中引擧近人善章草之各名家，其中以簡古稱者，當推沈曾植寐叟，然沈書於樸勁中實藏茂美，嘗觀其與友人論書手蹟，對章草亦不一味尊崇漢魏，但主「信筆所如，自然茂美，入宋人佳境」。又云：「諸家法皆當融入太傅」，沈書縱橫，波磔不可向邇，而筆劃端凝持重，字字有如鼎立，蓋源出鍾太傅也。嘗評門人書屏，多責「有使轉而無點畫，即使轉中最忘單薄寡味」。寥寥數語，可謂道出章草妙訣。

秋湄章草，隨功力而衍進，大抵盛年意氣騰發，故所作飛揚激亢，如青鋒出鞘，光芒熠熠，不可嚮邇。寒齋所藏詩箋「樓夜」一幅，用筆峻勁，使轉流暢。黃晦聞撰書其先翁鶴隣公墓誌銘曾謂：「冡子秋湄與余交三十餘年，性類嚴父，好讀書，獨慷慨言性命……」是知秋湄之書，亦脫盡柔媚，惟於隱居學佛，則書法丕變，觀其書節臨急就一屏，法度嚴謹，筆力遒勁，殆由絢爛而歸於平淡，化飄擧而爲凝重矣。

章草中以出師頌歛蓄取勝，其他江東、月儀諸帖則使轉流麗，至趙子昂、祝枝山、宋仲溫等則更重靈活。秋湄書體近宋仲溫爲多，而喜側鋒取勢，故與人書簡，每字多揚右抑左，惟寫屏條則行氣貫串，神韻自然，此非積數十年功力不能得也。

樓夜　　王秋湄

樓深坐夕涼，夏過花猶靚，露白柳荑光，月斜蟲語剩。炎炎易爲滅，物衰元自盛，群殘方世悲，多感亦詩病，無能役意識，領取虛空淨。

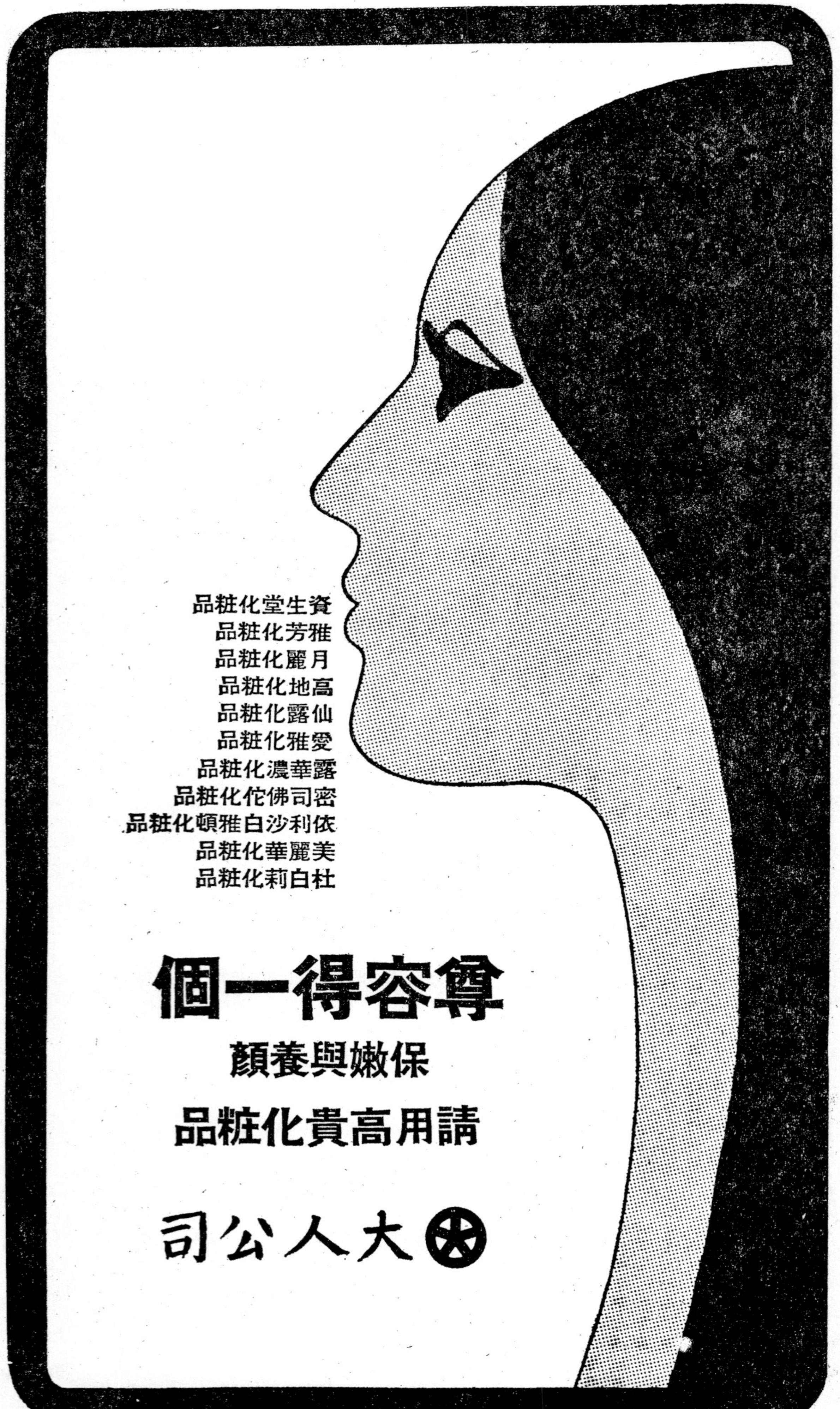
資生堂化粧品
雅芳化粧品
月麗化粧品
高地化粧品
仙露化粧品
愛雅化粧品
露華濃化粧品
密司佛陀化粧品
依利沙白雅頓化粧品
美麗華化粧品
杜白莉化粧品
尊容得一個
保嫩與養顏
請用高貴化粧品
大人公司

望平街憶舊

申報與史量才

胡憨珠

史量才到北四川路青年會理髮，被馮炳南利用蘇州娘姨冒充葉養吾太太、從電話中，向秋水夫人探問出史量才的行蹤，於是四馬路總巡捕房偵探間所派的兩名便衣探員，追蹤而至，請史量才到巡捕房一行。不但把史量才的案由落了大簿子，還要史量才打手印，這是對待刑事罪犯的一種精神上的懲罰，史量才比時，祗有指望太倉喜八郎了！

落大簿子非解案不可

話說史量才在上海四川路青年會的理髮室理髮，髮已理好，錢亦付過，準備離去的時候。此時，四馬路總巡捕房偵探間所派遣的兩名便衣探員，早已奉命在理髮室外監視史量才的行動。知道執行拘捕命令的時機已到，於是由一探員趨步上前問說：「尊駕是史量才先生麽？有一件公事在此，請爲過目。」於是揣懷就摸出一紙拘捕牌票出來，這是例行他們出示拘票、表露身份的應行手續。史量才畢竟是具有高度氣質之人，一見來人的言動氣概，早已明白來者是巡捕房派來的便衣探員。雖然，他的內心驚慌萬分，暗暗叫苦，但在外表神情還是裝成鎮定如常，若無其事似的說道：「公事已經知曉，毋需過目，我就同你一起走罷。」這樣的言態動作，使理髮室中在旁之人，竟不知道他們在搬演一場「差人捉犯人」的鬧劇呢。

史量才隨同兩名便衣偵探到巡捕房，自有經辦人員對他所有刑事人犯所必經執行的應行手續辦理完竣，再由翻譯人員詳錄供單，並抄入一本大型簿子中，以便下午解案審訊。這種行爲他們巡捕房中人的術語名之爲「落大簿子」。大凡巡捕房的案事一經落「大簿子」以後，非要將該案中有關人等，全部解送會審公堂發落，經過審訊裁判定局，方算終結此件案子。巡捕房對「落大簿子」的人犯，不管有罪無罪，決無擅自釋放之權，是以「落大簿子」一事，在巡捕房裏看得相當嚴重。其實早期時代的租界會審公堂所訂定會審現行法例的程序章則，定得相當偏差，也屬有欠公正。例如一件案事若經審訊之後，由中國的主審法官與值日的會審領事作出共同裁定，雖祗一庭即爲定局，決無上訴請求重審之例。而所判決的是否公平，概不之理，史量才此次與席子佩涉訟失敗，損失奇重，即受了這一庭判決之弊。

又例如民事訴訟案事，會審公堂所定審判程序，亦係一庭判決。好像經他們審理過就成爲鐵案，譬如被告未曾應訊到庭，即可缺席判決，作爲抗傳不到論處。也不用變傳爲拘，再出拘票，即以第一次所簽發的傳票，就可變成拘票。因傳票上印有一條附註，凡被傳人不能應傳到庭，即可隨時隨地，扭住歸案訊辦。所以當年租界會審公堂，對這種錢債官司，以扭交到庭的案件，爲數甚多。不過這一個法例的章則措施所定，會審公堂實留有法律中的一條大隙縫，給予會審公堂的傳票執達吏與法庭庭丁們一條生財之道。原來有的案件由原告訴人扭住被告訴人同到會審公堂的「執達室」，檢出傳票，由執達吏同上法庭交案了事。但不過一經開庭審理，主審法官勢必判爲交保釋放，而所交之保，有的是銀錢保證，有的是概須一家店舖的舖主，才有做保人的資格條件，而當庭執行交保其事的則爲庭丁。但被告於片刻間何處尋覓保人呢？於是由庭丁和執達吏爲之指點或介紹，向公堂附近開設着的小烟紙店主、或小茶館主代爲作保，蓋章具結了案。但必需要收取一筆介紹作保費，萬一案事演變到被告棄保潛逃時，這種保家也要受到牽累，甚至需要變更店名牌號，俾這案子可以成爲未了的懸案。

這次席子佩的控訴史量才案由，爲的是追討百福堂五萬兩銀子的欠欵。原本屬於錢債官司的案件，在理在勢，亦可以做到一庭定局、缺席判決了案。但在馮炳南和穆安素律師兩人於從事研商、仔細籌策之下，不敢作邁步捷徑，走抄小路的辦法行事。却是堂堂正正地順着「行必由徑」的大路方針對付，一般的說來，似乎史量才已經佔得了大便宜和大面子。按之實際史量才却一經交手的第一着，就吃了大虧，失去面子。從此一步步向對方所設的陷阱走去。這點就可知道馮炳南和穆安素兩人設計的險毒，手段的惡辣，此即老子所謂「將欲取之，必姑予之」、孫子兵法所謂「欲擒故縱」了。但是，話也得說回來，在當年當時，要同史量才打官司，在法律途徑上作周旋，實非如此做法，難以有十足的取勝之道。最低限度，就是無法使他錄大簿子淪爲刑事罪犯，充其極祇能在民事訴訟案件的途徑上，作互相較量而已。

須知道、一向以來在最早期上海的社會間，對三種人是可畏可怕的。尤其是一般正人君子對這三種人怕得要命，那三種人是（一）昔日之所謂吃報館飯的，即後來之所謂「報人」。（二）昔日之所謂「短筆頭」惡訟師，即後來之所謂「律師」。（三）昔日之所謂流氓，即後來之所謂「社會閒人」。至於老西門的破靴黨黨徒如黃炎培之流，在入民國以後，已經成爲「是亦不足畏也已」的人物了。現在的史量才（一）是論他身份是申報館的老闆，申報是有名的一家老報館，而他屬於天字第一號的報人。（二）是論他案事屬於錢債糾紛案件，而案件的本身、是爲了五萬兩欠欵銀子，這五萬兩銀子不是小數目，該是件大數目的錢債官司。（三）是論他的地位是過去的蠶桑女學校長、浙路董事會的董事、江蘇松江的松鹽局局長、滬軍都督府清理處的處長。這都是如所周知的崇高地位首長階級的職使，至於現在地位爲申報館的老闆而兼總經理，而申報又是一張時代當令而又秘而不宜的共和黨黨報，儼然是位江蘇省紳士階級實力派的紳士。

安排陷阱引被告上鈎

基於上述的三項論斷，不可能在租界會審公堂一庭定局、缺席判決，防止史量才有巨大的反抗力量。於是由馮炳南細心策劃，秘密安排，必須要使他於時間上來一個措手不及的打擊。這樣就極自然地造成他抗傳不到的既成事實，好給會審公堂的中國主審法官與外國會審領事，一點不露左袒的痕跡，簽發拘票。原來會審公堂的定例、凡正式拘票的簽發，不再交給本公堂的執達吏去執行，例需要交給總巡捕房派駐在會審公堂專門管排審案的英籍捕頭惠爾斯之手。由他囘轉總巡捕房寫字間登記之後，再行分發該人犯平時治事所在地的該管巡捕房偵探間，再由西探長派員執行拘捕命令。如果案情重大，案犯重要，往往中西探員同去執行。人犯一經被捕，就要進行落大簿子，淪做刑事案件的罪犯。在一向民風醇樸、羞惡心重的中國人，認爲錄大簿子是件最可恥之事。不但有損門楣，而且遺羞子孫。是以無人不戰戰兢兢的處世爲人，循規蹈矩、安居樂業，養成良善的風俗習慣。

在做刑事罪犯所受的精神懲罰之中，一般中國人認爲最重大一事，就是「打手印」。因爲刑事罪犯若經被捕，租界巡捕房方面不管刑事罪是否成立，定必要對於獲犯辦理「打手印」的一種手續。所謂「打手印」即將其人的左右兩隻拇指染上油墨印於卡紙之上，而卡紙編有號碼，詳記其人的姓名、年歲、籍貫，以及案由等情。即將這張卡紙交歸「手印間」貯藏保存、列入檔案中以便異日其人再發生疑案時作爲破案的對証指紋之助。此種「打手印」的措施行爲，度理衡情，則宜施諸搶切偷竊的盜賊案犯，與兇暴殘忍的殺人案犯。殊不宜施之於稍犯過失的正當商人和知識份子、以及政治人物等等。可是巡捕房當局根本不理這些細節，只要以拘票所逮捕的人犯，一律就以刑事罪犯相處理。不知中國人民對於「打手印」一事，看得非常鄭重，若被迫至打手印，無異身受奇恥大辱。至於手印存留在總巡捕房的手印間裏，更認爲是件終身遺憾之事，綿綿此恨，悠悠千古。

馮炳南就是生有這種刁鑽促狹的心腸，他要使史量才永遠的承受精神上的懲罰，把件民事訴訟案件的錢債官司，導演成功爲刑事訴訟案件的公訴官司。他的計謀高超，讓他的料事如神，擺佈得史量才變爲刑事罪犯，他的手印永遠留在總巡捕房的手印間裏。最使人感覺驚奇的是他對付史量才的一切行動，都像是算定時刻、佈就網羅一般。無不待時而動、舉網即得，雖屬人爲，似獲天助，是以他都能獲得如他意料中的勝利。就以他對史量才動手逮捕一事的安排來說，何等的巧妙，恰到好處，正令人拍案叫絕，據事後傳說中，史量才並非弱者，他對於「變傳爲拘」的一着棋子，也已提高警覺地謹謹防着。因此，在最近的二三天裏、就絕跡不到望平街的申報館裏去治事，只是躲在家裏、杜門不出。純以電話和各方面聯絡，一方面作準備到庭的應訊工作，另一方面則在期待傳審第二次的傳票送來。

史量才的所謂準備和期待是有連鎖性的，實是二而一、一而二，綜合起來，只是和席子佩打官司的一個問題。第一是他希望太倉喜八郎把申報向日本領事公館申請登記，改掛日商牌子一事，趕快辦理完竣，能將移轉手續的証明文件，早日發下，以便到庭提出，獲得申報所有主權的安全保障。其次，席子佩對我的控訴案，將來開庭審訊時，自有日本總領事參加會審，對申報總可獲得日商的庇護作用。再其次延聘律師陪同出庭，可以幫助我聲述第一次不能應傳到庭的理由，以期博取主審法官和會審領事的諒解。凡此種種全是史量才在作單面的理想思忖，但未曾付諸實現，只是作準備和期待而已。如果那天史量才仍然杜門不出，躲在家裏等待傳票送達在手再說，那麼馮炳南亦怕對他莫奈伊何。究竟他不是什麽罪名重大的刑事案犯，祇不過是抗傳不到，改傳爲拘的刑事案件，不可能越界捕人。這樣一來，馮炳南所佈置的策畧，就要全盤改觀了！

不知史量才如何、心血來潮，忽然要想到理髮，而他的理髮又非要四川路青年會所附設的理髮室中的一個德國籍理髮匠爲他理髮不可。當在第二次世界大戰展開以後，所有僑居在中國上海的德國人，都被遣送回國。凡來不及撤退的則送入集中營，因爲當時的中國政府參加協約國家陣線也對德國宣戰，在上海的德國僑民，已被遣走一空，偌大上海一共留下三個德國人，其一是安利洋行的獸皮部大班矮諾爾。（Arhold）安利洋行是英商，中有一部專營中國北方牛羊等獸皮出口，全世界審辨獸皮本領推德國人爲第一，矮諾爾則爲專家，故該洋行與之合作。其二是西裝裁縫工場的老闆，此人沒有門市部，只設寫字間於拋球場亨達利鐘錶公司的頂樓，但他的主顧多數爲英商洋行的大班與高層階級人物。其三就是這個青年會理髮室的理髮師了。據說德國人如果不願入集中營，只要有英國人做保証人，保証他不做破壞協約國家軍事秘密行動之事，可以不入集中營。這三個德國人就都是由有英國鉅商力保，得以自由在外，照常營生。不料這一德國理髮師的工作如常，却使史量才前來理髮，如自投羅網一樣。倘使沒有這個德籍理髮師，他可以不入英租界的青年會裏來做投火的飛蛾了。

史量才在青年會理髮室被捕，似乎已有預感。據說他於臨出門之時，只關照秋水夫人一人，說明他去四川路的青年會理髮。並叮囑着說，只有葉養吾、陳景韓、張竹坪三人打電話來，可以告訴他們我在青年會理髮，叫他們直接打電話給我。除他們三人之外，凡任何人打電話來尋我，不必告訴我的行止所在，只要叫他們留下姓名和電話號碼就是，等我回來後自當打電話和他們再行通話。是以秋水夫人後來於無意之中，洩漏了秘密行動，事後，雖然史量才得悉其情，但他對秋水夫人也抱怨不得，因爲她接得一個女人聲音的電話，而且還以葉太太自居。可是這一個女人電話，那是假冒葉養吾夫人的葉太太，而來探聽史量才的行動消息。這是於史量才在會審公堂保釋出來以後，大家研究何以巡捕房包打聽會知道史量才在四川路青年會理髮。而這個行動祇有秋水夫人獨個兒知道，連之事前他的車夫也不曉得東家出去是到青年會理髮的。

雇傭追蹤理髮投法網

原來史量才的爲人萬分機警，自從他忖想到「抗傳不到」的問題以後，從而連想到「改傳爲拘」的這個問題。於是提高警覺，提防着巡捕房方面前來尋找麻煩，所以暫取閃避政策，一切問題，必須等待到申報館的日商牌子改易完成，再行出面對付處理。所以躲在家裏，杜門不出，自己行動採取秘密，以資安全。所以他今天的行止於臨出門時，只告訴他最親密的秋水夫人以外，對包車夫也不說明。祗關照他到法大馬路外灘，及將到老天主堂街口時，方始指揮他車夫轉彎朝北，過二洋涇橋到四川路，直到青年會門前，才命包車夫停輪，一下車後很敏捷的進入青年會之門。試想史量才這種行動的秘密，頗像後來特務組織的行動隊一樣。可見他的智慧之高，心思之巧一斑，所以當時他認定洩漏秘密，就在於他秋水夫人所接得的女人電話。於是一問葉養吾是否着他太太打電話，葉即否認，遂確定必爲敵方席子佩所爲了！

但這個女人的怪電話究竟從何而來呢？實出之於馮炳南的策謀，但他何以知道要運用葉太太的名義打電話，才可探得史量才眞確的地方所在，關於這點倒可以一半歸於馮炳南心有靈犀，億則屢中，另一半可以歸之於天意所存，命運所註，在人謀與天意配合之下，要史量才落大簿子而成爲一個刑事罪犯了。前邊不是記述過葉養吾從南通回來之日，陳景韓與史量才合宴之於四馬路一枝香的西菜社麽，在那時期寧波旅滬著名巨商朱葆三爲主體的一班洋行買辦、如陳炳謙、傅筱庵、沈聯芳、徐貫雲、凌雲昆仲等約二十餘人，每日午餐，必在一枝香，以朱葆三性喜西餐，諸人爲助此老之興，是以有此聚餐之會，當時每人每月所繳餐費，祗有二十四元而已。

馮炳南亦爲與會聚餐人之一，是日他赴一枝香的時間較早，乃坐於每天進午餐的西邊地下大房間裏，適巧面對門前，凡客進入一枝香之門，都能望見，於是他見陳景韓、史量才、葉養吾三人先後進入登樓，他已心動，餐後一問侍者，証實他們三人一起進食，便即料定史量才必有事求教於葉養吾，此日此時，求救求助，無非爲席子佩的一場官司了，便因此認定葉養吾當爲史量才的貴客，要知世間以貴客之言，最爲受人尊重，貴客之行，最爲引人注意。因此，馮炳南就揣測到葉養吾對史量才具有很大應響的力量，同時也認爲葉養吾倒是對付史量才一着有用處的棋子。

馮炳南對史量才的一件訟案，確實運用一番心機，準備於法庭交戰，一鼓而把他擒住，必使他舉手降服認輸。所以他的一切佈置，特意安排於輪到意大利領事會審之日動手。於是他如何的使巡捕房中兩探員於這天執行拘捕法令，如何的要翻譯員在午刻把「落大簿子」的一切手續辦竣，以便下午解送會審公堂由意大利領事會審。他向各方面接洽，預先一天做下這樣的安排妥當工作以外，再另外派遣一人做眼線，於這天的清晨就到巨籟達路史量才寓所的洋房左右附近地方，遙作監視，留心察看。只要史量才一出屋門，便即暗中跟隨，追踪，等他進入英租界任何地方，就打電話通知，以便中西探員按址趕去，像甕中捉鼈似的手到捉來，這是馮炳南的一番精密佈置。如果史量才也像前兩天的安居家中，杜門不出，那麽馮炳南所定策畧，全部落空，無法實現。

不知如何史量才忽然心血來潮，想着要到青年會去理髮，就叫車夫預備好車子，坐上就走。當他包車挽出大門，轉入巨籟達路，就向東邊如飛而去，上海的包車夫趕路快速，總比街頭所僱的人力車，快速到三分之一或四分之一。所以那個馮炳南所派來的跟線，原立於史量才寓所大門外西首的馬路邊上，約有六七十步的距離。當他望見史量才坐車出門，即忙隨後追來，不過這條巨籟達路相當冷靜。路上的行人固然稀少，街車却又絕跡，不像前邊一條馬路的福煦路，隨時隨地可以僱乘街車，隨後跟踪得住。可是他却又不敢明目張胆，撥開兩腿飛跑追趕。因爲他有所顧忌，第一是要經過史量才所居的大門前，那門口僱有管門巡捕，就怕引起他的注意，露出破綻。其次是怕路人起疑，橫加阻難，發生無謂的麻煩。因爲上海人頗有一種好管閒事的俠義感，一般的觀感看見有一個人在路上不是安步而行，作着狂奔飛跑，認爲這不外非盜即賊的兩種壞人行徑，他們做了壞事，恐怕有人追來，故而力作亡命奔跑。可是好管閒事的上海人，往往會做出「截江奪斗」的事情來，最低限度也會停止脚步；瞭望着你往那裏逃跑。所以馮炳南所派的眼線，他只得把脚勁加緊、快步追趕。

但他追趕到貝諦鏖路的十字街口，却看不見坐在包車上史量才的影踪，頓使他發生踟蹰徘徊的疑念起來。因爲他立在十字街口，除却朝西的一條來路以外，其餘擺在眼前的東南北三條路，不知朝向那一個方向馬路追去，才能追得上史量才。因此他就在十字街口，站立作三面瞭望，但瞭望總不見史量才的一些影踪。其實在巨籟達路的東邊路端，有一個臨時露天菜市場，那是菜販魚賈們在店舖門前，沿着馬路邊絡續集合而成。以便英法兩租界附近居民的採買葷素伙食的食品食物之所，攤販衆多，市面熱閙。史量才的車夫因他主人吩咐到法大馬路外灘去，所以他挽車直穿這露天菜市場而過，朝向八仙橋方面飛跑而去。那些購買菜蔬之人，讓車子過後，重復聚合在一起，就把馮炳南所派遣的線人視線，爲之遮斷。迫得他沒有辦法可想，祗有在就近店舖借打電話給馮炳南，把他追踪史量才不得，失去影踪的事實經過，詳細說明，作爲交待。

婢學夫人冒充打電話

馮炳南是個萬分機警之人，知道史量才已經外出，他到何處去？別人可能不知道，他的秋水夫人不會不知道，只要打電話去問，她自會說出來。不過這個打電話的人，却非要選擇史量才所視爲最尊崇有地位之人不可。於是他就想到葉養吾身上，猜測葉養吾對他這次涉訟之事，定必作有力的支持。他即決定假借葉養吾的名義，打電話給秋水夫人，探問史量才的去處。不過他又聯想到這個電話不能用男人口音冒充葉先生，只能用女人口音冒充葉太太，而且女人定必需要蘇州人，這是有兩點理由。（一）是怕秋水夫人聽得出葉養吾的青浦口音，現在改用蘇州女人，便可避過此難關。（二）是葉養吾的太太是日本人，爲友輩如所周知，用了蘇州女人冒充葉太太，那要便利多多。那所謂便利之處，就是如果秋水夫人和葉養吾太太有過通家之好，雙方常在閨中、互通電話。辨聽得出葉太太那種日本人的聲調，現在以蘇州女人的方言問話，既可說是葉太太身邊的女傭人，也可說是葉先生跟前的姨太太。隨機應變，看風使帆只要自己在電話機傍指揮，自可騙過秋水夫人。

不過馮炳南當時要物色一個冒充葉養吾太太的蘇州女人，却成了一個非常困難問題。因爲他的太太是廣東人，廣東人對同鄉的鄉情最重，鄉誼最深，所以桃源坊馮炳南公館裏的所有老少男女傭人，都是來自廣東的同鄉人；祗有在廚房裏任担燒飯做菜工作的一個老媽子，却是蘇州人。因爲她會做廣東式和蘇州式的菜餚，而且做得風味極好。因此這個蘇州老娘姨就留在馮公館的年日久長，今天馮炳南於無可奈何之中，要派她一次用場，就叫她冒充葉太太。好在蘇州女人有天生的一種音色美，縱然是個鷄皮鶴髮、龍鍾老態的老太婆；只要未見其人，但聞其聲，那種嬌滴滴的聲音，聽了會錯認它是出於少婦少女之口，事實果然，馮炳南把他家厨房的蘇州老娘姨叫出來，親手導演成功了冒充的葉養吾太太。於電話機上運用三言兩語，果然在秋水夫人口中，誘騙出史量才在四川路青年會理髮的那一句消息。即以電話通知巡捕房，於是中西探員乃得以按圖索驥的馳赴青年會理髮室，執行拘捕法令。把史量才像甕中捉鼈似的手到捉來，遂使馮炳南的所謀得遂、所計如願，獲得極大的勝利。

到了下午二時英租界會審公堂於未開法庭之前。四馬路總巡捕房已將會審公堂主審法官簽發下來對申報館總經理史量才予以拘捕的拘票法令，已經執行拘獲。現由中西探員挾着解案的「大簿子」，帶同被捕的史量才到會審公堂報到。準備於開庭時，向庭上陳述被告逮捕經過以後，交代清楚拘票的法令，以便清了公事手續。這樣的情況實現，當然使原告訴人席子佩內心大感喜悅，即與此案有直接利害關係的主要人如馮炳南、穆安素等，也無不暗中額手稱慶。認爲分食勝利果實，業已在望，只待開庭審訊一過，就可裁判定案。

柳暗花明日本人出場

不料於轉瞬之間、突有一老一少的兩個日本人先後進入公堂法庭以後，當即有人前來暗暗通知馮炳南。他們告說年紀老一些的日本人名叫太倉喜八郎，是日本太倉洋行的大班，他也是申報館的新老闆。那年紀輕的是日本領事，他此來乃是爲了參加會審申報館案件、因爲申報已經是日商牌子了。這些暗事通知的人，有的是會審公堂的法庭庭丁，有的是公堂訪員，都被馮炳南用小錢收買做「探子報」工作的。因有這樣的消息報知，頓教席子佩心頭熱烈如焚的喜悅火燄，彷彿如迎頭潑下一桶冰水，就告熄滅冷却。即馮炳南和穆安素兩人亦一變而爲額手拭汗了。

原來這個年紀甚輕的日本人，不是正式領事而是見習領事，換句話說，該是日本的「領事學徒」。大概這種見習領事都是在本國於大學畢業以後，因所攻讀的是外交政治一科，志在將來任做職業外交官。可能這個日本青年離開校門不久，在考取得見習領事的資格以後，就被派遣到中國上海的日本領事公館來做見習領事。也可能他於學生時代的脾氣，未曾脫盡，對於做領事的門檻，也未學精。只因這天下午，日本總領事適巧要出席英租界工部局的董事會議，不可能對臨時所發生的一件到會審公堂審理申報的控案之事、前去參加列席會審。實在分身不得，於是該總領事就派這位見習領事前去會審，多少有些叫他抵擋一陣的救急性質。準備於下期開庭續審，再行親自出馬，萬想不到這個見習領事，竟一出馬，就栽到在意大利領事之手，使申報雖掛上日商牌子，但並未佔得日商牌子的利益，終使後來日總領事會審，見案已裁定，無法挽回，亦祗有徒呼負負。要知國際間的辦理外交事件，雖然說是要依靠本國國勢的强弱來衡量外交家才能高低，所以產生有所謂「弱國無外交」一詞。但是强國與强國之間，這外交家就得要全仗本人的聲望、資格、學問、辯才等等各種條件了。

當席子佩控訴史量才的案件宣佈開庭審理，今日法庭高坐堂皇的除會審公堂的中國主審法官外，有意大利與日本兩國的領事列席會審。於是中國主審法官按照例行的審案法例程序進行，先傳原告訴人席子佩上庭；畧訊控訴案由，席子佩於隨問隨答之下。就說：「本案告訴人委託穆安素律師辦理，控訴史量才背信違約之罪，根據盤約所訂條文，將所收到的盤銀半數贖回申報，除詳呈案情於控訴狀中，現再由代表律師加以說明。」於是即由穆安素律師起立發言，把史量才背信違約的事實情形，聲述一遍以外。他還把百福堂五萬兩銀子的欠債，强事牽引混合於盤價之中，確定了史量才對於盤價尚未付清。根據盤據契約所訂條文、應得將所收到十一萬兩銀子的盤價，以半數五萬五千兩銀子，贖回申報云云。

接着訊問史量才，並問對原告訴人的控詞，有何話說。史量才至此只有據實直供，說明他將十一萬兩盤價銀子，實已如數付清，有收欵的收條可証。對於百福堂的五萬兩銀子，那是申報所欠的借欵，不在於盤價之內。況且最近小民已將申報以三十萬兩銀子出盤於日本商人太倉喜八郎爲業，所以申報已不是德商的業產，乃係日商的業產。現在申報主權人太倉喜八郎本人亦在案下，以便傳訊，可資証明。對於原告訴人的所控之詞，既與事實不符，所以欲將收得盤價半數贖回申報，亦與情理不合，爲此請求庭上明鑒，將原告訴人的訴狀予以駁斥而繩以應得之罪云云。史量才的這一番答辯，驟然聽來似乎很有道理。但是不能觀看他與席子佩所訂立的那份申報盤據契約條文，要是看後便覺他的答辯不能成立了。

史量才怎爲當庭供稱申報已經出盤給日本人太倉喜八郎，成爲日商的報館，並且說明盤價三十萬兩銀子。這其中史量才實有兩種用意，前者那是他如上海人口語所謂「掮牌頭」的一種行爲，他就掮出日商牌子，好教主審官和會審官引起注意。隱示申報所掮牌頭的庇護者，已不是輕啓戰幕掀起世界大戰的禍首國家的德國，而是威風凌厲、霸氣奮張的日本。這樣的牌頭掮將出來、好使主審官和會審官提高警覺、賣放交情、變更主見。尤其是他認爲掮這塊牌子使對方席子佩可以知難而退，善事罷休。後者那是他如上海人口中所謂「擺噱頭」的一種行爲了。當他未進巡捕房之前，還未收到日本領事公館所發給申報的日商登記証件。不過他已經和太倉喜八郎幾次相叙，雙方談得頗爲投機、也互相瞭解一切情形。知道日總領事對於太倉喜八郎出面、申請申報登記，當無問題，只是証明文件正在趕辦中。

不料他就在青年會理髮室裏遭遇被捕，但不過他對付開庭審理案件時的應付，已經過仔細思考，擬就腹稿方策。計爲（一）是申報已屬日商牌子，受着日本人太倉喜八郎的保護。（二）是申報已出盤給日本人太倉喜八郎爲業，即已擁有申報所有權的報館主人。（三）是盤價定爲三十萬兩銀子，已經銀物兩訖。這盤價的故意提高，純然爲了對付席子佩，因爲他想以五萬五千兩銀子贖回申報。此策所施，無異對席子佩說：現在申報已落入於日本人之手，即使想要贖回，亦非要備三十萬兩銀子的贖金不可。這筆贖金諒亦不是你席子佩所能負担得起，籌措得成的，壓迫得只有放棄贖回申報之念。對這一個方策不能說不是好方法，萬不料意大利領事會施展出一記「翻天印」的對策。這高數額的申報盤價的最後結果，却要史量才自己來承担付出，這正是請君入甕、作法自斃了，實非當時史量才意想所及的事。

當會審公堂將要開庭之前，史量才眼看張竹坪偕同太倉喜八郎入法庭、坐於公衆傍聽席的座位中。他即向張竹坪注目望着、用眼光打出一個問訊「申報登記手續辦好沒有」的問號動作。雖然，事前沒有作過接洽，但他們兩人都有高度智慧、絕頂聰明者。所以史量才以目光打出問號，張竹坪立即報以頻頻領首，等於示意：「一切準備就緒，放胆應付可也」的回話一樣。及至宣佈開庭、史量才就看見從屏後兩邊閃出，身穿法衣、升坐公堂的中外會審法官、却有四人。毋需問得中間的當然是中國主審法官、但見左右兩邊的會審法官、一個是碧眼黃髮的意大利領事、另一個是黃肌黑髮的日本領事。傍邊所坐一個法衣領色紫紅、有異於三位織錦領法衣的，該是記錄口供的書記官了。

眼看有保護人的日本領事在場，因此、史量才頓時精神爲之一振，胆量亦爲之大壯。所以在會審官傳審他時，就立即作肯定的語詞提供。說明他已把申報以三十萬兩銀子的盤價、授盤給日本人太倉喜八郎爲業，已經成了日商的申報。他之所以這樣的作供，就是在暗事通知太倉喜八郎，要他記牢申報這個盤價數字。

那知此一數字，又使史量才陷入煩惱網中，堂上那位意大利領事即刻計上心來，他不但漠視日本見習領事，而且對太倉喜八郎問都不問，一力對付史量才，要使他俯首就範。（八）

Milady 德國製

玉女型首飾·每種十元起

大人公司有售

哈同花園形形色色

龐貫青

將近四十年以前的一九三一年，上海發生過一件中國東南各省的大事，那就是猶太富翁哈同死後的喪禮，那時候的風氣，一個人死後，除了殯殮之外，必要請和尚道士大做佛事，還要挑「黃道吉日」，設奠開喪。普通人家，尚且不免要熱鬧一番。親友們得送禮致賻，屆時到喪家酒食爭逐。逢到死者是高壽老人，還要掛紅結綵，好像辦喜事般的熱鬧幾天。像哈同那樣的身家，豈有不大事鋪張之理？

辦喪事
既奇又濶

哈同生前住的「愛儷園」，俗稱「哈同花園」，除了主婦羅迦陵以外，人才也不少。其中一位姬覺彌，更是傑出之才，少不得對主人的喪事要一顯身手，當時靈機一動，計上心來。第一個原則要奇，要做別人做不到的事。第二個原則要闊，場面越大越好。好在吝嗇的主人翁早已作不得主意了！姬覺彌主張既定，自有一班門下清客阿諛獻策。

離「黃道吉日」還有二個月，愛儷園裏早已忙成一片。在儀節中有二項大事需要準備一定時間去張羅的：一件是在愛儷園大門前靜安寺路上搭彩牌樓和布置一條甬道，在東首近西摩路口，搭建一座東轅門，西首近哈同路口，搭建一座西轅門。在兩座轅門之間，把靜安寺路攔入喪家作爲致唁的進門甬道，把交通要道，攔作私人用途，往來車輛，必須繞道而行。以前做大官的人家，逢到婚喪，在地方上搭轅門也不是隨隨便便的事，多少還得和地方官員打通關節，至於在上海租界上要在通行的主要幹路上搭牌樓，臨時改變行車路線，那簡直是空前創舉。但憑着哈同生前的勢，身後的財，理想居然成爲事實。東西轅門輝映通衢，各種旗幟隨風飄揚，那條甬道上，上面用竹架鋪蘆蓆作頂，兩旁用黃布幔圍繞，走進裏面，在感覺上已是愛儷園的一部份。那些用來圍繞的布疋，做幾百套衣服，綽綽有餘。就憑這些排場，轟動全上海。還未到吉日，來瞧熱鬧的，已是人山人海。逢人當作奇聞，說長道短。從內地乘了火車輪船專誠來觀光的，亦着實不少。

請狀元
抬高身價

第二件事，姬覺彌主張以中國儀式來殯葬哈同，這個意見得到羅迦陵的贊許。姬覺彌平時喜歡結交官場中人，但想自己終究沒有功名，何不趁此機會，借死人的光，顯炫自己的手面。表面上算是光耀園主人的門楣，祭以公侯之禮。他打算把清朝遺留下來的狀元、榜眼、探花統統請來，爲哈同題主，他自己當主祭。這樣一來，自己的身價無形中抬高了。

當時愛儷園裏供奉着的文人却也不少。如鄭沅、藍雲屏、夏壽田等，都是遜清遺老翰林學士。夏壽田是戊戌榜眼，鄭沅是甲午探花、獨缺狀元。其時末代甲辰科狀元劉春霖碩果僅存，在北京作寓公。姬覺彌便派專人到北京去，厚幣邀請，於是劉春霖乘車南下，姬派了大員，到北火車站迎接。同時還請了留居上海的張啓後。張原是甲辰傳臚，這樣一來，三鼎甲齊了，傳臚也有了。正所謂角色全備，搭配整齊。爲了壯聲勢，還在園門口大牆上張貼黃榜：「仰各式人等一體知悉。」

設奠之期到了，隔夜是家祭，以後是題主進祠等，依照預定節目，順利進行。當時凡是和愛儷園中有些瓜葛的人，千方百計，都要走門路去觀光一下。的確，像那樣輝煌的陳設，古老的儀注，在民國時代，正是出了錢也看不到的。

姬覺彌
亡命東北

姬覺彌本姓潘，江蘇省徐州府睢寧人，幼時爲人放牛，頗知讀書識字，亦曾附讀於就近人家的私塾。從小就長得精壯結實，有一次爲了一頭牛被一個小伙伴撞傷了，雙方就動起武來。姬覺彌用力過大，那孩子被打得昏倒地下，姬覺彌以爲出了人命，不敢回家，於是離家出走，竟亡命到了關外。這一下可苦了他，身上沒有錢，挨凍受餓，還怕有人追趕。出關之後，正逢大熱天，在烈日之下，奔走了一整天，好不容易尋到一所破廟，進去一看，祇剩下一具破殘不堪的棺材。實在疲累不堪，就在棺材蓋上躺下，不久呼呼入睡。偏偏就從這一夜起下了整整兩天傾盆大雨，把北方龜裂的土氣蒸發起來。你想姬覺彌以累乏不堪的身體，加以飢餓交迫怎能擋得住外來暑氣的侵襲，就此發生高燒，動彈不得。總算命不該絕，正在奄奄一息之際，來了一個當地人，開旅店的，把他救了回去，留在店裏，替他請醫診治，好不容易救活過來。病後滿身發了大瘡，生膿出血，過了很長日子，方始遏住，可是還免不了將來要復發。據那位大夫講這是因爲他睡在那具破棺材蓋上，地上暑熱之毒，附帶屍骨和朽木腐敗之毒，一起攻入肌理，就不容易清泄，能免一死，已屬萬幸。到姬覺彌發迹之後，這皮膚病老不脫體，請了許多名醫專家，亦說不出所以然。有的講是大瘡，有的講是頑癬，不管怎樣，反正始終沒有把它治好。

等到姬覺彌病體全愈，可以行動之時，又虧

那位古道熱腸的店主人，輾轉請托，把他介紹給上海一所寺院裏的方丈，請這位大法師，在熟識的施主面前引荐引荐，博個安身之處。這位方丈人頭很熟，羅迦陵是佛門弟子，等到方丈一開口，看在和尚份上一口應允。哈同是十分尊重閫令的，就同意把姬覺彌安插在哈同公館充當一名執事。姬覺彌的名字就在那時題的，人家都以爲他是還俗的和尚，其實他從未出過家呀！

愛儷園

獨特名畫

姬覺彌進哈同公館不久，憑他一些小聰明，鑑貌辨色，把羅迦陵伺候得稱心滿意，另眼相看。不消幾年功夫，便和哈同夫婦成爲莫逆之交，還和羅迦陵義結金蘭，從此姬覺彌平地一聲雷，當了哈同洋行的總經理和哈同公館的大總管。不論錢財進出，人員升絀，都要經過他的同意。

在愛儷園裏的客廳和主人臥室裏，到處掛着哈同、羅迦陵、姬覺彌的相片。一般都是油畫，幅式很大，有的地方亦有祇掛一個人的。譬如表面是羅迦陵一人的巨像，但畫裏還有一個秘密。從正面看固然是羅迦陵，從畫像的右方看過去，却是哈同的像；再從左面看過去，又成爲姬覺彌的像了。這種三位一體的三面畫，是一位程鑑畫師的傑作，稱得上是生面別開、匠心獨運。程畫師這一傑作，頗得三位畫中人的賞識，撈到不少豐厚的酬筆。追本窮源，總不能不對哈同的氣度，加以欽佩。凡是出入於愛儷園的熟客，都懂得從三種不同的角度去欣賞這幅畫像的。

凡是老上海，都知道哈同是英籍的猶太人，名歐司愛，他在一八七四年廿三歲時從印度經香港去上海，最初在一家老猶太沙遜洋行當司閽，後來升小職員，逐步向上爬，轉入新沙遜洋行當協理。想不到他不久之後，成爲上海地產霸王之一，幾乎與沙遜分庭抗禮。據說：哈同開始就利用外僑的勢力，以販賣烟土起家致富。一九〇一年，獨資開設哈同洋行，專做地產，地產亦是土，可以說哈同與土有緣。那時候的上海灘像南京路、愛多亞路等交通要道，原是黃浦江的支流。待塡平以後，兩旁還是農田，地價不高。哈同所收地皮，集中在南京路一帶。在最高峰時期，從四川路口起一直向西到西藏路爲止，靠南一邊，十之六七爲哈同所有。市面日趨繁榮，地價上漲，獲利奚止千倍。哈同在買到地皮之後，就向銀行做押款，拿現金再去買第二塊，如此循環周轉，越滾越大。任何一個初開發的地區，市面正在不斷繁榮時，這種做法，很合發財理想。但萬一遇到經濟不景氣時，物價下跌，這些龐大的地產，反而成了累贅，尾大不掉，到期銀行催贖，無可應付，甚至利息都付不出。哈同就嘗到這不景氣的打擊，有過一個時期，幾乎破產。幸虧地皮多，賣出幾塊，方才轉危爲安。

羅迦陵

七巧生日

哈同在老沙遜洋行當司閽時，無意中結識了羅迦陵，她是上海土着，家住城內老西門內夢花街。有人說她是賣花女，也有人說她是縫裙婦，傳說不一。他們結合以後，哈同財源廣進，羅迦陵自稱是七月初七七巧日誕生，算命先生說她是「天巧星」，有幫夫運。綜哈同一生，對羅迦陵百依百順，死前遺囑把一切財產權全部歸屬羅迦陵，伉儷情深，於此可証。

哈同早有打算在市區西段，經營一所花園住宅，經過多年心血，總算如願以償。在靜安古寺之東，集中收買到二百幾十畝地皮，南至福煦路，北至靜安寺路，東至西摩路，西至哈同路稍西。哈同路的地皮，原在此二百多畝中的，爲了把花園和外面分隔開，就闢出一條馬路，獻給工部局，就取名哈同路，路的西面還有餘地，後來又造了很多弄堂房子。

猶太人的聚斂本領，早就名震全球，他這樣大方地肯把一大塊地皮開闢馬路，是有他的算盤的。因爲當初這個地段還不熱鬧，他的地產既多，必須使交通方便，地價才能上漲，因此凡是經營地產的，有大塊地皮在手上的，必用這種手法，把地段分成若干小塊，劃開部份，闢爲馬路，繁榮可期，坐收盈利。况且他現在錢是有了，但他終究是猶太血統，向被正統的英國人瞧不起，於是他就用這一石二鳥的方法，先向工部局討好一下。

南京路

哈同修建

爲了想擠入縉紳之列，他的第二步就是向工部局報效修建南京路，路中心全部用硬木塊砌成，這筆錢比開闢哈同路的地皮還要多。有志竟成，從一八九七年起就獲得了公共租界工部局董事一席。以一個猶太人，居然穿起大禮服，坐了第四號汽車，出席董事會，在守舊的英國人目中看來，眞是異數。他的汽車，司機和主人前後車廂有玻璃隔開，車頂四周有幾寸高的雕花銅欄杆，路人見者，都笑說哈同的汽車，有屋頂花園。

哈同把這塊住宅地劃出一百七十一畝，於一九〇九年開始，其時爲宣統元年建築他們的花園住宅。其時有位姓黃的佛門子弟，佛號烏目山僧，曾到過日本，對於園林佈置，頗有經驗，就有人介紹給羅迦陵，羅尊黃爲老師，後一輩人都稱黃爲太老師而不名。從此烏目山僧精心擘劃，把園中一邱一壑，佈置得相當得體。大門開在靜安寺路，兩扇大鐵門，金碧輝煌，上面用漢隸題着「愛儷園」三字。園內亭、台、樓、閣，應有盡有。最好去處爲「大好河山」，後面有一方大草坪，再過去便是內宅。內宅佔地頗廣，除了正中一座爲哈同羅迦陵燕居之所外，左側一列，有好幾座大廳堂，規模氣派，相當崇偉。有一座「戬壽堂」，那是一顆印的格局，對正大廳，隔了大天井，有一座戲台，形式仿照北京頤和園的小戲台，兩旁廊房，就是愛儷園各管理部門的辦公處。園內靠右的一邊，蓋了許多古式房子。有的曲徑通幽，紅樓獨峙；有的垂柳絲絲，籬門半掩。雖不及曹雪芹筆下大觀園的深邃奧妙，却也具體而微，在上海可算是首屈一指了。在這些屋子裏居住的有哈同和羅迦陵的養子養女，有帶髮的尼姑，光頭的和尚，也有受過宮刑的太監，還有一所大學，形形色色，蔚爲大觀。

如此大好園林，却有件美中不足的事。原來在花園的南部，有一塊私人墳地，是一位張姓的墳墓。任憑你哈同出多少代價，總是不肯遷讓，姓張的原來是上海本地人也是鄉紳人家，若要仗勢力欺壓他們，亦無可能，祇能由它留着，還須爲它在南邊開扇小門，容張氏子孫春秋祭掃出入之用。

爲了這個問題，使烏木山僧下筆構圖之時，不免感到遺憾。想不到張氏故墓巍然無恙，而這位老名士，倒被後來居上的姬覺彌排擠出園。烏木山僧計劃建園，原出於志趣相投，等到姬覺彌得勢，烏木山僧就被擯出園，姬覺彌也就順理成章的變成愛儷園的開國元勛了！

上海愛儷園（哈同花園）的景色一角

乏後嗣　廣蓄子女

哈同發迹之後，膝下猶虛。聽說在別的國家，還有幾個姪子，他總希望自己生個一男半女，一則可續香烟，二則偌大家私，有人承受。無奈羅迦陵命宮中有的是幫夫之運，却乏宜男之相。因與羅迦陵商量，想收養孩子。大凡螟蛉子女的，明知別人家的孩子，不屬自己的血脈，但總以爲從小撫養，比起隔房子姪親近而有良心，這也是人們普遍心理。誰知哈同一死，那幾個子姪，居然不遠千里而來，要承繼遺產。弄得羅迦陵和二個外籍法律保護人，全力應付，鬧得焦頭爛額，最後還是被這幾個子姪弄了不少錢去。

哈同夫婦開始時的確爲了子嗣，到後來竟至成爲習慣，前後一共收了二十個男女。其中十個是中國孩子，六個義子、三個義女、一個義孫，一律姓羅。十個是外籍孩子，男女各半，一律姓哈同。老倆口子倒也愛如己出，撫養長大。好得愛儷園地方寬敞，這樣一來，平添不少熱鬧，讀書餘暇，還要學唱戲，教戲的老師程毓章，是麒麟童的徒弟，琴師即是現在此間的馮鶴亭。

哈同無嗣，一生不曾納妾，羅迦陵自己乏後，却不許姬覺彌有家室。姬覺彌自號佛陀，到底不曾受戒，所以就瞞住了羅迦陵，在愛儷園附近開闢了二個公館。先進門一位是北方人風塵女子，姓趙。後進門的是南邊人，姓王。二人都不是明媒正娶，少不得還要經常鬧鬧醋勁，爭個大小。姓趙的總說先進廟門三日大；姓王的則說自己是良家出身，姬覺彌雖爲左右袒，周旋其間，着實吃力。

西太后　召見進宮

前清慈禧太后在位時，聽說上海有這麼一對哈同夫婦，一時興起，想見見羅迦陵。但羅既非外交官員的眷屬，又不是朝廷命婦，貿然召見，於禮不合。那知這一消息傳進羅迦陵耳中，受寵若驚，認爲若有機會覲見當朝太后，這份恩典比天還厚。覲見之後倘能得些好處，亦未可知。那末身後在訃聞上也可記上一筆：『某年某月曾蒙孝欽皇太后召見，恩賜……』豈不榮耀。後來經過岑西林的夤緣進言，居然如願以償，用了救災捐欵大慈善家的名義，太后特旨召見，確是一代異數。此事在慈禧無非是一時好奇，而在羅迦陵却因此一遭，生活習慣起了很大的影響。

羅迦陵進宮以後，不消說得大大擴展了眼界。特別引起她興趣的，是宮庭生活的豪華氣派。她頗爲後悔自己在進宮以前，錯過不少享受。此時，愛儷園正在準備建設，她和姬覺彌商量之下，預先訂妥一些辦法，以備愛儷園建成以後實行。他們擬出幾項措施，不但駭俗，而且驚世，不妨也記下一筆。

上尊號 效法皇室

第一，是爲羅迦陵上尊號，選定「慈淑」二字。至於慈在那裏，淑在何處，都不必研究。後來哈同房產出現不少慈字排行的里弄，像慈惠、慈厚、慈昌等等，在南京路上還有慈淑大樓，與哈同大樓、迦陵大樓鼎足而三，就是這個出典。

第二，定出一些禮節，規定子女兒媳，當差婢僕，見主人一律半跪打千。每早按時到上房請安，夜間散值辭別，都要行打千之禮。

第三，宮庭裏有三宮六院，愛儷園當然不能。可是和尙尼姑却不少，撥出幾所房子，作爲家廟，去弄一批非僧非道之流，點綴點綴。

第四，愛儷園比不得大內，可不能設翰林院，但是聘幾位太史公充子弟西席，却未始不可。我在前面提過鄭沅、夏壽田、藍雲屛等，都先後榮任慈淑夫人的侍讀學士。逢到迦陵大壽，覺彌稱觴，太史公吟哦揮毫，大獻身手。等到哈同喪禮時，台銜重登黃榜，更是百年難逢的際遇。哈同的墳墓通體用大理石建成，所有墓誌銘，事畧，大都是這幾位太史公恭撰謹書，還有拓本，流傳墨林。平日無事，就爲園內廳堂樓閣，寫繪窗格，給園林生色不少。

第五，園內自辦一所大學，以「博古通今」的姬覺彌充校長，校名倉聖明智大學，專教古典文學與古禮。

第六，是慈淑夫人的衣食住行，千方百計效法慈禧太后。譬如衣飾，除了不能穿龍袍戴鳳冠以外，珍珠寶石，應有盡有。吃飯不和兒女同桌，平日除非「恩准」，一概不能平坐，祇合一旁侍立，夜裏睡覺，要有人在榻旁講書，講到他睡着爲止。假使半途中醒過來，沒聽到人講，就發脾氣。這些差事，在兒子們成家以後，由兒媳婦承當。

講到迦陵出門，總有眷屬寵婢盛裝伴行，娶了兒媳以後，即由兒媳參加。他就坐一部前面提過有「屋頂花園」的老爺車，餘人另坐一車。隨帶菜盒、烟袋、茶具、衣服之類。她的那輛老爺車，以沒有領到第一號車牌深感遺憾。（第一號爲富商周湘雲所有）所以想盡方法爲她的司機領到了第一號駕駛執照，總算拉回一些面子。

等到滿淸推翻，宮裏有十幾名太監遣送南下，內中有七名無家可歸。這事引起了羅迦陵的注意，私忖園裏色色俱全，獨缺此種人物，況乎人棄我取，功德無量。這七名太監職位不高，但年紀都不小了，除了愛儷園肯收留養老之外，實在也無人肯接收這批「奇貨」。這麼一來，自有不少好奇之人，都想見識太監究竟是那些模樣，於是有機會去愛儷園的人，無不要去看看這班「公公」，成爲園內奇景之一。

設大學 別創一格

過去，稍有身價的人家，總是延聘西席，在家教育子弟，一般的就送到附近私塾，等年紀長大，書讀得深了，就得訪尋名師，至於把「大學」開在家裏，還對外招生，男女兼收。我想除了愛儷園的「倉聖明智大學」以外，大概不會有過，也不會再有的了。這所從來未被教育當局承認的「高等學府」，以姬覺彌任校長，延聘了不少積學之士任教，在中國教育史上算得是空前之舉。校址即在園南一角，校舍相當寬敞，還有預科。近代大畫家徐悲鴻，早歲即曾在該大學担任過教師。這裏的學生，現在都是六十歲以上的老人了，有不少成爲社會知名之士，不過他們從來不會把這個學歷寫出來。目前在此地有一位「六趾周郞」，生性幽默，亦曾就讀該校，祇因爲他把這校名，喜稱爲「蒼蠅蚊子大學」，因此被開除出校的。

羅迦陵還有個古怪的想法，那是想利用學校，在女生中爲兒子找對象，這主意在她想來當然不錯，但亦曾鬧過一次笑話。有一次羅迦陵看中一個叫林慶珍的女學生，給第三子友三成婚，而且擇定吉日良辰，和大兒子友蘭同日舉行婚禮。誰想林慶珍打聽迦陵的兒媳和一位二房的孫少奶在迦陵的壓迫之下，過着奴才生活，經過反覆考慮，就在吉期的前幾天逃往南洋。當時羅迦陵手足無措，祇得再挑上一個名馮向華的女學生，做林慶珍的替身。經過這次事情，羅對兒媳也待得好一些。

習書法 怪招百出

姬覺彌自從當了「大學校長」以後，經常和教授們週旋，心裏明白，腹中空虛，威信何來？於是想出一個主意，從書法上入手。他自命對小學與書法有獨得之秘。從小學方面來說，是暗查康熙字典，專找一些非常怪僻少見之字，強記下來。遇到人把那些生字寫出來問你，何音？何解？那種冷門貨，很少人答得出，於是他就滔滔不絕地大講特講。也有人樂得湊趣，當面捧捧他，日子一久，姬覺彌越來越自負，居然自稱是當代研究小學的專家了。

講到書法，他的秘訣乃是「用怪筆」「寫怪字」。所謂怪筆，除了各種毛筆以外，不論什麼東西，祇要能抓得上手，能濡墨水，都可當筆來用。諸如烟斗、果核、手杖、花瓶、筆架、石子、磚頭、烟嘴、洋傘、洋刀、扇柄、拂塵、拖把以及女人的高跟鞋底等等，無一不被他大派用塲。此外，還定做了許多奇怪毛筆，有的像釣竿，有的像雨傘，有的像刷帚，有的像排筆，光怪陸離，無奇不有，祇要有人幫他出怪主意，他一定如法泡製。至於寫字的方法，更是五花八門，想入非非，有雙管齊下式，那是左右兩手同時寫二個不同的字；有麟趾式，那是足趾握管來寫；有背射式，那是在背後用垂釣筆寫；有啣杯式，那是把筆啣在嘴裏寫，花樣繁多，不勝枚舉。他還把自己那些各種不同方式的寫字姿態，拍了幾十張照片，用上好連史紙珂羅版精印了一本冊子，逢人分送。可惜此地已經找不到這些畫冊，否則眞可以大開眼界。有時他還寫草書，時常寫好以後，連他自己也不認得了。也有人見過他寫的楷書對聯，下欵署「睢寧姬覺彌」，很有骨力，但

姬覺彌手繪倉頡畫像

那是鄭沅、鄭採花代筆的。

哈同死時爲八十歲，那年，羅迦陵爲六十八歲。所有遺產均歸羅迦陵承繼，凡是地產進出，押欵交易，房屋修建，租賃關係等等都需羅決定簽約，每天上哈同洋行辦公。其實，一切都在姬覺彌掌握之中，羅不過是過目簽押而已。幾年後，羅迦陵得了目疾，眼力衰退，在臨死前幾年，已然雙目失明，但仍簽字如常，但大權操縱於姬覺彌之手，這是盡人皆知的事實。

收小費 生財有道

姬覺彌生財之道，單舉修建房屋和小租兩項，已夠駭人聽聞。記得某年在西摩路造慈惠南里，房子完工，羅迦陵和姬覺彌由承包的建築商陪同去驗收。想不當就在驗收的當時，一扇門上的橫窗，突然倒了下來，險些倒在他們頭上。當場這建築商自然有些尷尬。其實要澈底清查，恐怕除了羅迦陵之外，誰也脫不了干系。原來一幢房子，假定主人拿出造價八千元，承造商僅能到手四千五百元，其餘的三千五百元，哈同洋行、愛儷園二處上下人等按照職位高低、勢力大小，早就規定百分比，按份分派。大承包商還得層層剝削，小承包商那得不偷工減料？這樣看來，新房子塌下窗格，又何足爲奇呢！

另一項收入是小費。在當時小費是經租賬房的額外進益，不足爲奇。可是租過哈同房子的房客，有個共同體會，就是哈同賬房間手段之辣，心計之狠，是全上海的第一高手。那時租屋都有期限，長的五年，短的一年，甚至有半年的。一到滿期續租，索小費的機會就來了，按照地段，市價不同。你想吧！人家開了店舖或是住家，爲能年年搬場？裝修設備所費不貲，總想繼續租用下去。在這種環境之下，賬房間劈下來的斧頭，祇有忍痛領受。當時南京路上幾家著名商店，如新雅酒樓、老介福綢緞局、南華酒家、冠生園等，除了每月付租以外，早就陸續儲備了下次續租的小費。由於租戶多，這筆數目可眞不小，周而復始，源源不絕。其中還有許多門檻，作爲索收小費多寡的條件，如續租期的長短呀、收回自用呀、藉口違章裝修限期拆除呀，都是索詐的方法。房客爲了要用房子，唯有忍氣吞聲，結果，還是照付小費了事。平日之間，房客還得逢節送禮請宴。在姬覺彌前，大爺長，大爺短，百般奉承。賬房裏的幾個高級職員隨身幾名保鑣，誰不是大小老婆，揮金如土。愛儷園裏一個總賬房叫楊瑞麟的，娶了園主的一個丫頭，却自稱「姑爺」。園裏園外，有好處總要分一份。外面買來一毛錢的掃帚，進得園門，身價立刻上漲幾倍。上下其手，無孔不入。

憑蠻力 擊退綁匪

俗語說得好：「人怕出名，豬怕壯」。姬覺彌日進紛紛，臭名四揚，養得他那麽胖頭肥耳，早有人暗中覬覦，前後被綁過二次票。第一次，被匪徒架走了，趁車子停在紅燈下的一刹那，被他奮臂擊倒匪徒，奪門而逸。第二次，匪徒預先伏在慈惠北里姬的外寵公館門首，待姬跨進大門，匪徒一擁而入。正在用力刧持之際，姬覺彌往地下一躺，拳脚蹲蹬，匪徒不是他的對手，又怕時間躭久了陣上失風，亦得鼠竄而去。從這裏可以看出姬覺彌的機警和蠻力了。

羅迦陵自哈同死後，境遇大非昔比。上海有一個時期商業凋疲，倒閉累累。最繁榮的南京路上也有不少市房空關起來，就是勉强維持的商店，亦是大部份欠租，甚至有積欠到二三年的。姬覺彌在這種大環境之下，對房客亦逼不出油來，哈同洋行的收入，大打折扣，開支既不能樽節，但銀行的押欵的利息和工部局的地捐，日積月累，欠額越來越龐大。一個人從窮到富，是順水行舟，到了天天担心人家來討債，這日子可眞不易挨過。羅迦陵究竟是個平常女子，儌倖嫁了哈同，飛黃騰達，一朝碰到逆境，頓時束手無策，幾乎破產。幸虧她實際上的不動產，還有相當價値，總算勉强渡過了這場風浪。

患肺病 迦陵歸天

羅迦陵禁不起這樣日夜焦慮，究竟是上了年紀的人，就得了目疾和癆瘵。她鑒於哈同的病向由洋大夫治療，終未痊癒，所以她絕不信任外籍醫生，習慣地由中醫按脈處方，無非是吃些平肝順氣的藥。後來有人推薦一位西醫李大夫，確斷她患了晚期肺結核。羅迦陵原本對西醫沒有好感的，但對李大夫却極有緣份，於是每天邀去診治。李大夫對這位年逾古稀的病家，事實上決不可把她治癒，不過是儘量使她不至於急速惡化，除了藥物之外，還用心理治療方法，因此很收效果。記得有一年暑天，大夫勸她多吃西瓜，可以淸暑利濕熱，這原是一件很平常的事，想不到羅迦陵回說：『先生，聽說市上西瓜很貴，我現在吃不起呀……』。李大夫暗中好笑，第二天就買了一担叫人送去，羅迦陵十分歡喜，吩咐侍女好好放在外房，不准別人分食，她那知手下當差侍女的房裏，那一處不堆滿了西瓜呢？

李大夫爲羅迦陵醫護了六年之久，祗不過是苟延殘喘。後來羅迦陵的體質一天一天的衰弱，病況跟着沉重起來，早有人報知住在北京的長子喬其哈同。喬其一到上海，就去請了美籍醫生史密司，不顧病人年老體衰，就用當時最新的人工氣胸手術，俗稱空氣針，當夜就發生氣喘狂汗，兩眼直瞪，過不了兩天，嗚乎哀哉。在羅迦陵臨終前，姬覺彌姊弟情深，還用口對口接氣方法，希圖他一生唯一知己，延長呼吸，當下大家都怪史大夫過於莽撞，輕舉妄動，其實史大夫如果不動手術，病人未必會轉好，史大夫的手術，僅僅是縮短了羅迦陵的壽命而已。

羅迦陵死後，就權厝在園內爲她預建的壽穴中，待開奠以後再隆重下葬。那墓地並排兩穴，上首已葬了哈同。通體用白玉大理石，左右石階，可登上面平台，墓的四周，刻着墓誌銘和生平事蹟，另一邊是哈同全身銅像。按照計劃，迦陵的墓和哈同的墓一般做法。親友們都說哈同夫婦眞是生榮死哀，人間難得，名園厚葬，想必可以永垂後世，誰知事實，並不如此。

捕竊賊 監守自盜

在羅迦陵死後的第二夜，南京路上發生一件踰牆破窗的竊案，竊犯當場被巡邏警察逮捕，帶回所屬捕房審問，隨後愛儷園接到捕房通知，方知地點是哈同洋行經理室；那個竊犯是經理的親信；贓物是一些賬册、文件、銀行存摺等；主使人便是該洋行總經理姬覺彌。這眞是千古奇聞，自己拿自己的東西，如此大費周章，捕房裏也認爲內中定有玄妙，這件案子還是由當事人自己去解決，不予起訴。此案眞相，不言而喻，乃是姬覺彌爲了想湮滅自己的秘密，還怕自己的私有財產，公開出來，因而出此一策。爲的是羅迦陵一死，喬其和二個外籍法律保護人商量之下，立即把一應遺物文件暫時封存，待喪事完畢再行處理，哈同賬房間當然亦在封存之列，想不到引起這位總經理的過慮，急不及待地用了這個釜底抽薪之策，可惜他派去的盜庫英雄，不是時遷而是李逵，如何能不陣上失風呢！非特弄巧反拙，而且連自己的存摺反被扣留。幸虧事出倉卒，一時間還未傳播到外面。因此他以治喪主持人身份，次日在愛儷園接待弔客時，人家見他哭喪着臉，滿以爲他過份悲傷與疲勞之故。此事後來經過調解，念他歷年來對愛儷園的貢獻，況且他亦是遺囑上監護人之一，不好意思過份認眞，也就不了了之。扣留的東西，凡是他私人的，都交還他。從此他在愛儷園的威風，也就大爲減色了！

爭遺產 涉訟法院

羅迦陵初喪過後，接着就是遺產問題。前面曾經提過，哈同的遺囑，寫着一切財產均由羅迦陵承繼。現在羅迦陵死了，就得看她的遺囑了。冷不防羅氏兄弟竟提出一張羅迦陵親筆簽署的遺囑，把所有產業，分給羅氏子女。哈同子女與姬覺彌祗得到很小的百分比數。爲此中外子女之間，起了爭執，雙方相持不下，祗有請法院處理，如此糾纏了不少日子。經過法院多次調解，成立協議。大概是動產方面，每人一份，各憑命運，抽籤領受。不動產則按值分派，分別組織經租處。愛儷園的地皮，則各房酌分若干畝，就此瓜分了事。

在本文開端時，記的是哈同死後的「哀榮」，現在羅迦陵死後的異聞趣事，少不得也要叙述一些，作爲本文的結束。

焚冥器 火光冲天

羅迦陵五七設奠，前一天是焚燒冥器，這是一種迷信的風尙。尋常人家，化一些紙紮的箱籠衣物，應應故事。而愛儷園又大做文章，招了幾家大紙紮舖聯合承包，另聘北京的技師參加設計，共費半月時間，方始告成，足見工程浩大，非比等閑。就在羅迦陵生前所居東首草坪上，搭建一所紙製的陰宅，佔地面積，大約相當於二方網球場，按照陽宅依樣葫蘆；上下兩層，下層有舞廳、會客室、大菜間等；上層是正房、偏房、浴室等。有樓梯可以行人。房屋裏的傢具陳設，應有盡有，維妙維肖。到時親友故舊都來參加焚化典禮。一時火光冲天，烟焰飛騰，足足燒了二個時辰。爲了防患未然，還請工部局消防處派來幾輛救火車停在一邊，以防意外，設想倒也周到。當火焚冥屋烈燄一起，園外的人還以爲是愛儷園失火，不免有些閑言閑語：說青天白日好端端弄得像天火燒一般，莫非是不祥之兆？

燒名園 弄假成真

事隔不久，正當一個朔風怒號的晚上，羅迦陵的陽宅突然失火，天寒物燥，容易着火。再加這一帶屋宇，鱗次櫛比，一霎時勢成燎原，不可收拾。等到救火車來撲滅，大部份住宅，悉成灰燼。幸虧園牆圍繞，和外界隔離，僅東鄰滄洲別墅一帶，飽受虛驚。事後查明失愼原因，是一個名叫靈芝闖的禍，她是羅迦陵身邊最親信的侍女，靈芝爲了便於侍奉，臥室就在正房後面，這晚天寒寂寞，空房獨宿，不免勾起了身世之感。平日原愛杯中物，此時就在房裏自飲自酌起來。房裏備有一座落地電爐，一面取暖，一面暖酒羹菜，本來是經常採用的簡便方法。正在獨自陶醉之時，突然來了個小丫環，喚靈芝出去有事商量，就急忙把電爐往一隻紅木五斗梳粧台下一推，不讓小丫環進來，匆匆忙忙的趕了出去，却忘記關了電流。時間一久，乾柴遇着烈火，就此燒了起來，闖了這個大禍。這場大火，足足燒了二三個時辰，所有內宅，幾乎全部燒燬。幸虧在半夜，人沒睡靜，未傷人口，還算不幸中之大幸。

在瓦礫遍地的一角，愛儷園的後一代主人，總算勉强同住了四五個年頭。後來兄弟們又計議把花園基地北部分塊出售，把沿福煦路哈同路一角，分給羅氏兄弟。於是那班兄弟姊妹，亦就紛紛遷出，各自分飛。風光了四十多年的愛儷園，也就成爲二十世紀前半期上海的一大陳迹了！

1969
THE QUEEN'S AWARD
TO INDUSTRY
男仕皮鞋
英國 樂頓
一九六九年特別獎
榮獲英女皇
款美價廉·舒適輕便
特別選用
法國野狼皮製造
norton
MADE IN ENGLAND
大人公司有售

神秘人物

侯活曉士

·夏維·

（美聯社內華達州·拉斯維加斯七日電）億萬富翁侯活曉士企業集團中的敵對派，正爲控制他的內華達賭場及可能是整個的工業及金融機構的權利展開鬥爭。

有關報導說，侯活曉士本人已往巴哈馬羣島，但警官們星期日曾搜索他在拉斯維加斯的退居所，但未發現這位神秘人物的踪跡。

警方說，有一位醫生曾于十一月五日替曉士治病，據這醫生表示，他病得很重，除了送進醫院不能移到任何地方。據這醫生說，那時曉士患了肺炎，貧血症，心臟病，而且還接受過輸血。

六十四歲的曉士於十一月二十五日自他的沙漠酒店的頂樓廂屋中失踪。

（路透社拉斯維加斯七日電）警方今天企圖找出「看不見」的億萬富翁侯活曉士的藏身處，但他們面臨了一個明顯的問題——他的樣子如何，一無所知。

曉士的近照已是十三年前拍攝的，他同女星珍彼德絲結婚後，照片被人秘密拍下。在荷里活，流傳着關於這位德州佬曉士的傳說。侯活曉士曾在荷里活發掘了珍哈露及珍羅素等性感女星。

侯活曉士是本世紀美國傳奇人物。他過去二十年來極少在公共場合出現，而且還千方百計阻止有關他的新聞見報。在一次難得的自我聲明中，他說：「我想我和人不同。大部份人喜歡研究人羣。我却不然。我熱衷於科學——自然的各種形態，土地，礦物等。」由於他的深居簡出，很明顯的可以看出他有心盡量避免和人接觸，不但如此，他還相信除了人以外，還有細菌等等無形的敵人在傷害他。否則他不會在空氣調節器裏加上濾菌器和防虫設備，親信人員也不必裹着衛生紙或戴上橡皮手套來爲他服務了。

在第二次世界大戰的時候，亨利凱撒要求見他，說服他參加戰後汽車工業的發展。凱撒應召到舊金山，預約的時間四點二十秒，一秒不差，被引進一個旅館，看到侯活曉士衣冠楚楚的躺在担架床上，動都不動的回答：「不，我不想再造汽車了。小時候我造了一輛車子，跑了一年，現在，我再也不想做我早年做過的事。」凱撒很難過的走了，並說：「雖然我沒有說服他，但總算和他見過一面是個令人難忘的印象。」

侯活曉士·速寫

侯活曉士的傳奇是多采多姿的。

他是個大富翁

他名下的財產計算單位用「兆」，由於投資得法，注重管理人材，財產數目直線上昇。五年前在拉斯維加斯花了一億兩千五百萬美元買下沙漠客棧、塵沙旅館、開拓者旅館、卡斯他威旅館、電視台、阿拉漠機場、北拉斯維加斯航空站，以及大片大片的空地。從別的企業引進十五名高級管理人員來爲他的新事業——觀光和航空——效力。

他是個飛行家

他不但會設計飛機，還自己駕駛打破飛行紀錄。大戰時，日本人用他設計的飛機作爲製造「零式戰鬥機」的藍本。

他是個製片家

侯活曉士可以算得是個有魄力的製片家。他不但製片，還客串導演，兼編劇。只有他能說服蒙哥穆利克里夫演西部片「紅河劫」，也只有他會應用橋樑力學替肉彈珍羅素設計一付半胸乳罩，使她的魅力發揮盡致，顛倒衆生。「地獄天使」、「扉頁」、「疤臉」、「法外之徒」全是他拍的賣座好戲。值得一提的是「地獄天使」的重拍。「地獄天使」花了兩百萬美金拍好以後，恰巧有聲片問世，他決定重拍「地獄天使」，把它改拍成爲有聲片，把片中有瑞典口音的女主角換成新人珍哈露，上映以後，使他又多賺了八百萬美金。

從皇帝的相貌談起

道載文

帝制在中國雖已成爲歷史陳跡，但歷代皇帝曾經有兩千多年統治中國的歷史，孔子曾有「人焉廋哉」之論，孟子更說得明白，看人要看眸子——眼睛，這說明了談皇帝的相貌，也可以說不是迷信，而是彙集些經驗、實例來加以研究而已；若能把一些定型的相格，置入現代的電腦系統加以論斷，未始不是一件絕好的社會統計資料呢！

漢書高祖本紀說：「呂公是單父人，因爲要避開仇家，遷居到沛的地方，他和沛的地方官很要好。一天，呂公忽然發現了劉邦的相貌，引起他特別注意，他就請劉邦喝酒，並且對劉邦說：『我最喜歡相人，相過不少人，沒有人的相比你再好的，願你好自爲之，我有一個女兒，我要把她嫁給你。』此事被呂公的妻子所悉，大爲不滿說：『你常說要把女兒許配一個貴人。沛的地方官和你這樣要好，來求親你都不允許，怎麽反而把女兒許配給劉邦呢！』呂公說：『這些道理不是你們婦道人家能知道的，』結果仍把女兒嫁給劉邦。劉邦後來做了皇帝，呂公的女兒也就是後來的呂后。」這是說漢高祖劉邦的狀貌異人，未顯達時，呂公已識其貴，先把女兒嫁給他，及呂氏嫁高祖後，生一子一女，子即後來的孝惠帝，女則爲魯元公主。漢書高祖本紀又說：『劉邦一度很不得意，祗能以耕種度日。有天呂氏和子女在田裏工作，忽然有一位老人經過，索水潤喉，呂氏就給了他。老人對呂后相了一相就說：『夫人，你是天下的貴人！』呂氏又請老人相她的子女，先相男孩子，老人說：『夫人之所以貴，在此子！』後相女孩子，也說是貴相。老人走後，劉邦從別地方回來，呂氏告訴他有位老人來相過他們母子，說我們將來都會大貴！劉邦問：『老人現在何處？』呂氏說還走的不遠，劉邦將老人追回來。老人向劉邦一看，就說：『我方才說你的夫人和兒女之貴，原來都是沾着你的光，你的相貌，貴不可言！』劉邦很感謝老人，並說：『要是我將來有這麽一天，必然不會忘記你的大德！』後來劉邦做了皇帝，都沒有地方可以找到這位老人了！」這位老人善於相人，識英雄於未遇之時，算得眼光獨到了！

劉邦做了皇帝以後，也能相人，據史記吳王濞列傳說：「劉邦稱帝的第十一年秋天，淮南王英布造反，劉邦自已去征討英布，立同族劉仲之子劉濞爲吳王，管理三郡五十三個城池。拜印以後，劉邦忽然召劉濞近前，端詳一會，然後說：你的狀貌有反相！心裏很後悔，但已經昭告天下，不能出爾反爾，祗能拍拍劉濞的肩背說：後此數十年東南方不靖，難道是你要造反嗎？要知道吾們是同姓一家人呀！景帝三年，劉濞果然率吳楚七國造反。」劉邦於四十年前，就斷定劉濞有反相，大概這位吳王早已反相畢呈了！

唐書太宗紀：「唐高祖李淵到歧州地方，率兒子李世民同行，那時李世民還祗有四歲，有個書生，自言善相，一見李世民後就說：龍鳳之姿，天日之表，祗要年近二十歲，便能濟世安民了！」李世民是唐高祖第二個兒子，二十幾歲，便做皇帝，後世稱爲貞觀之治。李世民未做皇帝時，也能夠相人。朝野僉載說：「唐朝初時，有個王顯和文武皇帝有舊，兩人從小就在一起，朝夕與共，交稱莫逆，無話不談。李世民嘗說：王顯這人，好比蠶蛾，永遠不會結繭的。李世民做皇帝後，王顯去朝見，並說：臣現在應該結繭了吧！皇帝笑說：祗怕未必，當下召見王顯三個兒子，都賜以五品官職，同時告訴王顯說：並非朕客惜官職，因爲你的相貌無絲毫貴處！王顯說：祗求你賞我一官半職，那怕早晨授職，晚上就死，我都甘心的！僕射房玄齡就說：陛下既然和王顯有舊誼，何不就賞他一官半職呢！皇帝當下就賜王顯三品官職，並贈以紫袍金帶，那知當天晚上，王顯就死了！」書中的文武皇帝即是指唐太宗李世民，他對老友王顯的沒有官運，早已從王顯的面相中看出來了！

宋太祖趙匡胤，也是開國之君，宋史帝紀：「帝容貌雄偉，氣度豁如。」戲劇中的宋太祖勾紅臉，而且有一特殊的臉譜，原來宋太祖是涿州人，仕後周爲殿前都撿點，行軍至陳橋驛，衆軍以黃袍加身，擁護他做皇帝，乃回師汴京即位，國號曰宋。戲中他的臉於純紅之中，更以黑白兩層夾之眉額間，黑代表山，白形容川，又於左目上加龍形，右目上加日形，表示其爲龍顏日角，一統江山，是開基立業的帝王之相，但這祗是戲劇家言，與傳世圖象是完全不同的。

元太祖成吉思汗是蒙古族人，世代居住漠北，他的父親是蒙古酋長，兼併許多部落，大破塔塔兒部，結果被塔塔兒人毒斃。元太祖爲了報父親的仇，聯合金國攻滅塔塔兒部，漸且統一大漠南北，稱帝於外蒙古，定都西庫倫。相法證驗一書上說：「元臣耶律楚材，面目醜怪，元太祖贊他道：目光湛湛，像龍的眼睛一般神氣，開闔之間，閃灼逼人，這是可以匡扶天下之才！伯顏丞相說：據臣看來，祗覺得他像貌醜惡、品質粗濁。元太祖說：朕常和紫碧眼道者論相，不必全美，只要辨明淸濁二種，就能分別其妙處，當下召紫碧眼道者進宮相耶律楚材，道者說：形骸但見於外表，神氣却是由內裏滋生的，氣清形濁，雖醜必貴，氣濁形清，雖美亦賤，現在看耶律楚材的相，面貌雖然又黑又醜，奇在他眼下的眞光湛湛，好像有源的泉水，愈動愈清，眉毛雖濃，而有一種內在的秀氣，實在是輔佐國家的良臣。後來果然做了丞相，忠君愛民。元太祖每次見他常見他含着淚痕，就說：你怎麽又在爲百姓哭了！楚材說：並非爲臣好哭，老百姓是皇上的百姓，祇要皇上寬一分，老百姓就受一分惠，與一利不如除一害。太祖敬重他的爲人，每次他上本章，言聽計從，天下黎庶，暗中都受到他的福惠，後來因功封爲廣寧王。」元太祖曾和紫碧眼道者研究相法，故而能重用面目醜怪像耶律楚材做丞相。古人說：以貌取人，失之子羽，元太祖用臣下一本人才主義，不把美醜作標準，定去取，算得是獨具隻眼的。

明太祖朱元璋，濠州人，小時候就死了父親、家境貧賤，元末隨郭子興起兵，掃平羣雄而有天下。其像流傳民間者，多作詭怪的形狀，名爲五嶽朝天格，面上特多瘢痣，由於明太祖建國以後，有「天顏唯恐凡人識」的意圖，所以特地繪畫一個奇特的相貌，一說：創造此一御容的畫工，後爲明太祖所殺。明太祖在位三十一年。故宮圖象，唯他最多，共有十二幅。本期彩印的明太祖圖像，傳自明內府，才是他的眞面目。

故宮所藏象牙雕刻乾隆皇帝出獵圖

清乾隆五十五年，亦即公元一七九〇年，乾隆壽登八十，五代同堂，特地就景福宮手書「五福五代堂」匾額，又以和闐青玉刻兩方玉璽，一曰：「五福五代堂古稀天子寶」，一曰：「八徵耄念之寶」，又御筆作文爲記：「自漢唐以來，年過七十的皇帝祇得其六，六位皇帝之中，年逾八十的才得三位，而三位皇帝之中，惟有元世祖可稱得起賢明，其餘兩位，則是我所瞧不起的。三代以下許多帝王年登七十者祇得六人，就是漢武帝、梁武帝、唐明皇、宋高宗、元世祖、明太祖；而六位皇帝之中，惟有梁武帝、宋高宗、元世祖三位年登八十。梁武帝自貽傾覆，宋高宗忘恥偸安，都是我一向鄙視的，惟有元世祖乃是創業大有作爲的皇帝；但他稱帝之時，已在四十以後，祇做了三十五年皇帝，傳給其孫成宗繼位，其諸王世系，元史雖無從稽考，但計算起來，一直傳到順帝，亦不過四代而已，也不能像我這樣有五代同堂之盛，所以我的得天獨厚，不但少見，抑且爲自古以來所未有，較之元世祖，他也不能像我這樣五代同堂，似乎我更勝他一籌了！」乾隆得意之語，按諸史實，並未誇張，他確是中國歷史上福祉最隆、享壽最長的帝王。他到八十五歲，登極已滿六十年，次年元旦行內禪之禮，傳位於子，以是年爲嗣皇帝嘉慶元年。乾隆在二十五歲登極時，曾經許下誓願，如果能臨御至六十年，即當歸政，以不敢苟同於皇祖康熙的在位六十一年，所以行禪讓禮，自尊爲太上皇。乾隆雖當了太上皇，但對於軍國大事、用人行政，仍舊要掌握管理，有當年上諭爲證曰：「我仰承天恩，康强逢吉，一天不倦動，即一天不敢偸懶，歸政後凡遇軍國大事，及用人行政諸大端，豈能置之不問，仍當躬親指教。」所謂大丈夫不可一日無權，雖高壽已達八十有五的乾隆皇帝，也不例外。

乾隆皇帝是在嘉慶四年正月初三日駕崩的，享年八十九歲，如果以實足年齡計，則爲八十八歲，帝王的壽命，自漢高祖計起，他是第一位。

三代以上的皇帝年壽，據裴駰史記集解載：相傳說黃帝一百十二歲、顓頊九十八歲、帝嚳一百零五歲、帝堯一百十七歲、帝舜一百歲、夏禹一百歲、商湯一百歲。遠古生活淳樸，帝王享大年，未始不可能，但史料太少，全憑傳說，可信的成份就比較少了。

在乾隆皇帝所寫的那篇文章中，年登八十的帝王，僅有梁武帝、宋高宗、元世祖，連乾隆本人在內祇得四人，其實還遺漏了一位在七世紀篡唐自立的女皇武則天，享壽八十有三。但自漢高祖算起，到清朝末代皇帝溥儀止，兩千餘年中，共得二百十位皇帝，平均年壽，不足四十歲，以比例論，是很低的。

在乾隆皇帝那篇鴻文中所提到的漢武帝劉徹，享壽七十，在位五十四年。梁武帝蕭衍享壽八十有六，在位四十八年，但在梁武帝晚年，侯景作亂，兵陷台城，梁武帝作了俘虜，被削減飲食，是活活餓死的，並未畢其自然生命。唐明皇玄宗李隆基，享壽七十八歲，在位四十四年，他本來是位太平皇帝，所謂開元天寶之盛，但因寵愛楊貴妃，引起安史之亂，逃到四川，僥倖回都，還做了好幾年的太上皇。宋高宗趙構，爲徽宗第九子，初封康王，二帝被擄，遷都臨安，成偏安之局，史稱南宋，享壽八十一歲，在位三十六年。元世祖忽必烈，是元太祖成吉思汗之孫，享年八十，在位三十五年。至元六年，遷都燕京，稱爲大都，至元八年改國號曰元，至元十七年，統治中國，因爲他前二十年的統治權還在蒙古，實際在位十五年。明太祖朱元璋，享壽七十有二，在位三十一年，他是明朝的開國皇帝，也是在明朝皇帝中最年高的一位。其餘十五六位帝王，沒有一個的壽限能超過他的。

唐太宗李世民像

畫藏台灣故宮博物院

宋太祖趙匡胤像　畫藏台灣故宮博物院

元太祖成吉思汗像　畫藏台灣故宮博物院

明太祖朱元璋像　畫藏台灣故宮博物院

沈萬三與聚寶盆

·范正儒·

沈萬三是我國民間著名的財神，他是怎樣發財的？他的財富數字之多，甚至貴爲皇帝的明太祖，都要和他鬥一鬥。這裏採集他的許多故事，作爲讀者們的茶餘酒後之談。

舊時中國人過農曆年，家家戶戶貼出了紅紅綠綠的年畫，其中多數有一張沈萬三。畫中人方面大耳，錦衣幅巾，面前放着一個聚寶盆，傍邊站着幾個俊秀清麗的男女。聚寶盆中堆着八寶，那就是黃金、明珠、珊瑚、瑪瑙、犀角、象牙、寶玉、銀錠，盆上寫着「一本萬利」四個字。此外像通書上也有聚寶盆的繪畫，它是一件民間想像中的寶物，有取之不竭、用之不盡之妙。形態似盆而鼎，乍看起來頗似一個大墨洗，又像一個栽着盆荷的黑瓷盆，但是非瓷非石，非金非玉，也不像竹木雕成，却温潤黑漆，閃閃生光，上面還刻着細緻的花紋。裏面空無所有，却能生聚金銀寶物，你投一個元寶下去，就滿盆都是元寶，所以叫「聚寶盆。」

聚寶盆如何能聚寶呢？民間的傳說附會上一段美麗的故事，必需要用玉獸沉入水裏，方能引得聚寶盆來，相傳玉獸是月華所變。當年，沈萬三就在玉獸上繫了一根粗繩投向水底去，停了一會，拉起來覺得很沉重，等到拉出水面，却是隻舊缽頭，又難看又骯髒，他拋掉了。這樣五六次的放玉獸下去，拉起來總是那隻舊缽頭，姑且拿回家去，它就是後來傳說中的聚寶盆。

沈萬三的姓氏及籍貫

明代小說「金瓶梅」的女主角潘金蓮在該書中引了一句諺語說：「南京沈萬三，北京大枯樹，人的名兒，樹的影兒。」可見得沈萬三這個人，在明代初年是赫赫有名的人物。

關於沈萬三的名字與別號，有許多不同的說法。據張三丰先生全集內載：「三山先生姓沈名萬三，一名萬山，自號三山道士。」清人周廣業著的循陔纂聞則說：「南京沈萬三，名富，字仲榮，行三，人因呼爲萬三秀。」董漢陽著的碧里雜存加以解釋曰：「沈萬三秀，不知其名，蓋國初鉅富者謂之萬戶。三秀者，國初每縣人分爲五等，曰哥、曰畸、曰郎、曰官、曰秀。哥最下，而秀最上。洪武初，家給戶由一紙，以此爲第，而每第中又各有等，沈乃秀之三者也。」另有一個沈萬四，名貴，是他的兄弟。

原來明初社會將有錢人家，分了許多等級，沈萬三不過是沈萬戶以及秀中之三等人物而已，但後來他的家財之多，似乎明太祖朱洪武都比不上他。此外，沈萬三姓沈，諸家記載都同，似無疑問，但循陔纂聞根據秀水縣志說：「萬三父陸道判，遊蘇州，贅於沈氏。」這樣看來，沈萬三的父親是姓陸的，入贅沈氏，就變成姓沈了。

沈萬三的籍貫問題，在明人筆記的記載裏也是傳說紛紜。張三丰先生全集說他是金陵人，孔邇的雲蕉館紀談却說沈是蘇州東蔡村人。明史高皇后馬氏傳，說沈是吳興人，但循陔纂詞根據秀水縣志，則說沈之原籍是浙江嘉興縣，可是他久居金陵。一個人的發達了，自有許多同鄉親友來攀龍附鳳，也是無足爲奇的。

沈萬三暴富傳說不一

沈萬三既是中國歷史上出名的豪富，那麽他是怎樣起家發跡的呢？說來却又頭緒繁多了。一說沈的富有由於父業遺產的關係。如循陔纂詞根據秀水縣志說：「萬三父遊姑蘇，於廢宅中得數罌黃白，遂用饒富。」雲蕉館紀談則有兩個傳說，一說是「沈萬三夏夜仰臥漁船上，見北斗翻身，俄有老者挑籮担至，三啓視之，皆馬蹄金也。」又一說是：「沈萬三家貧無活，以漁爲生。常於吳淞三泖之間，撒網捕魚。一日，於水邊撩得石彈纍纍，光澤異常，乃盡其所有而取之，然不知其何物也。有識者異之，謂之曰：此烏鴉石也，一枚可易錢數萬。沈秘而不言，乃變爲海賈，遍走徽、池、寧、太、常、鎭諸地，轉輾貿易，致金數百萬，因而顯富。」

堅瓠集引挑燈集異：「明初沈萬三微時，見漁翁持青蛙百餘，將事刲剝，以鏹買之，縱於池中。嗣後喧鳴達旦，聒耳不能寐，晨往驅之，見蛙俱環踞一瓦盆，異之，持歸以爲浣手器。萬三妻偶遺一銀記於盆中，銀記盈滿，不可數計，以金銀試之亦如是，由是財雄天下。」王肯堂鬱岡齋筆麈則記：「俗傳萬三家有聚寶盆，以物投之，隨手而滿，用以致富敵國。」

蘇州人的傳說：沈萬三初時在當地大戶陸秀道家中幫助經紀，很獲信任。陸秀道送給他許來田地，於是沈萬三租田給佃戶，做了地主。後多又當了運糧官的差使，往來南北，也趁便隨地做些買賣。當時運糧是個好差使，在糧食中摻雜些細石碎沙，浮報數目，祗要賄賂上官，更可剋扣運伕口糧。這樣上下其手，每年可賺不少的錢。

張三丰授以鍊金銀術

沈萬三之致富，乃由爐火術點鐵成金而來。張氏全集上有：「沈萬三者，秦淮大漁戶也，心慈好施，其初僅溫飽，至元十九年（順帝年號），忽遇一羽士，神采清高，龜形鶴骨，大耳圓目，身長七尺，修髯如戟，時戴偃月冠，手持刀尺，一笠一衲，寒暑皆然，不修邊幅，日行千餘里，所啖升斗輒盡，或辟穀數月而貌轉豐，萬三異之，常烹蟹煖酒，邀飲蘆洲。」

「偶於月下對酌，羽士謂曰：子欲問吾出處乎？萬三啓請，羽士掀髯笑曰：吾張三丰也。萬三聞言，五體投地，稱祖師者再，並乞指教。曰：塵愚願以救濟，富壽非敢望也。祖師曰：雖不敢洩其傳，亦不欲緘默閉道，予已深知子之肺腸，當爲作之。於是置辦藥材，擇日燒煉，七七啓視，鉛汞俱遁，祖師嗟咄不已。萬三自謂機緣未至，復盡所有。」

「迨下工及半，忽汞走如焚，爐畜盡毀。萬三深歎福薄，祖師勸其勿爲，夫婦毫無怨意，苦留再煉，貲財已罄，議鬻幼女，祖師佯作不知，竊喜其志堅，一任所爲。令備朱裹之汞，招其夫婦至前，出藥少許，指甲挑微茫，乘汞熱投下，立時凝爲土，復以死汞點銅鐵，悉成黃白，相接長生。祖師遂畧收丹頭，臨行囑曰：東南王氣大盛，當晤子於西南也。」

「祖師遂入巴中，萬三以之起家立業，安爐大煉，不一載，富甲天下。凡遇貧乏患難，廣爲周給，商賈貸其資以貿易者，直遍海內，世謂其得聚寶盆，故財源特沛者，以此也。洪武二十年，太祖徙萬三於滇上，忽有弓長翁者傳言踐約來會，萬三請見，則三丰祖師也。因與同鍊天元服食大藥，明年始成，萬三與全家餌之，皆能冲舉。」是則沈萬三全家後來都成仙去了。

又據宋長白柳亭詩話：「金陵水西門有猪龍爲患，相傳明太祖以沈仲榮聚寶盆鎮之乃止。」所謂聚寶盆即是煉銅成金的鼎器，後人附會爲能生發財物的聚寶盆。當年，萬三丹室有聯云：

「八百火牛耕夜月，
三千美女笑春風。」

沈萬三的女婿也是潤人。張氏全集說：「余十舍者，沈萬三弟子也，少好施與，萬三以幼女妻之，傳以丹砂，點化豐饒，與婦翁相頡頏。其女余蕙剛爲西平侯沐春繼室，亦善黃白之術，蓋家傳也。」所謂「黃白之術，」就是燒煉丹藥化爲金銀之術，沈萬三且以煉金銀之術傳之其婿，和世俗所稱的「傳子不傳婿」者大不相同。

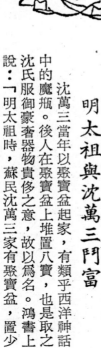

宅第華麗與服御奢侈

再據雲蕉舘紀談，說沈的金銀寶物盡屬女子扳環的。紀談上說：「初，萬三富時，一日，有一婦流徙道路，婦懷孕十月已走，適至萬三之門首而產時將夜半矣。進退無所，不得已，以手扳門環生一女，因名扳環。是夜，萬三得一夢，一老人謂曰：汝金盡是扳環者，今當還之，不相負也。萬三驚起，收其女爲子婦，並養其父母，自女來後，家益殷富。」

紀談又云：「萬三既富，衣服器具，擬於王者，後園築垣，周迴七百二十步，垣上起三層，外層高六尺，中層高三尺，內層再高三尺，澗並六尺，垣上植四時野艷之花。每及時花開，望之如錦，號曰繡垣。垣十步一亭，亭以美石香木爲之。花園則飾以綵帛，懸以珍珠，萬三携杯挾妓，遊觀於上，周旋遞飲，樂以終日，時人謂之磨飲。」垣外以竹爲屏障，下有田畝十頃，鑿渠引水，種秫以供酒需。垣內起高牆，高出裏垣之上，以粉塗之，繪珍禽奇獸之狀，雜隱於花間。牆之裏，四面疊石爲山，內爲池，山蒔花卉，池養金魚。池內起四通八達之樓，面山瞰魚，四面削石成橋，飛青染綠，儼若仙區。勝景縷形，飛簷接翼，製造精巧。樓之內，又一樓居中，號曰寶海，諸珍異皆在焉。」

繡像小說中之沈萬三圖象

「萬三閑居則必處以自娛，樓之下爲溫室，中置一床，制度不同凡等。前爲秉燭軒，取何不秉燭遊之義。軒之外皆寶石欄杆，中置銷金九朶雲帳，四角懸琉璃燈，後置百諧桌，義取百年諧老。軒後兩落有橋，東曰日昇，西曰金明，所以通洞房者。橋之東有青箱，乃置衣之處，夾兩橋而長爲翼寢，妾婢之所居，後正寢曰春宵洞，貂鼠爲褥，蜀錦爲衾。」

沈萬三的居室之美，既如上述，再看看他的珍寶服用。據秀水縣志：「沈萬三宅在周莊，所藏之瑪瑙酒壺，其質通明，類水晶宮。有紫葡萄一枝，五猿爭食。家有窰瓷器十三桌，每桌放羊脂玉二枚。宴時皆金銀器皿，以絆絲鋪筵席，行酒用白瑪瑙盤。服御華貴，超於王侯，宜其後日買禍焉。」萬三弟沈貴嘗諷以詩云：

「錦衣玉食非爲福，檀板金尊可罷休，
底事子孫長久計，瓦盆盛酒木棉裘。」

明太祖與沈萬三鬥富

沈萬三當年以聚寶盆起家，有類乎西洋神話中的魔瓶。後人在聚寶盆上堆置八寶，也是取之沈氏服御豪奢器物貴侈之意，故以爲名。鴻書上說：「明太祖時，蘇民沈萬三家有聚寶盆，置少益多。上問之，取視無驗，仍以還沈。」按煉丹之鼎未經爐火燒煉，宜乎明太祖取視無驗也。

又云：「太祖築應天城，終疑此盆之異，復命取鎮觀音門下，因名聚寶門，並徙沈於雲南。」鬱岡筆談說，這盆被「高皇帝碎而埋金陵門下，故名爲聚寶門。」張氏全集又有一種不同之說法：「帝召沈萬三謂曰：爾家有盆能聚寶，亦能聚土築門乎？萬三不敢辨，承命起築，立基即傾者三，乃暗投丹金數片，築之始成。所費鉅萬。」

相傳明太祖因沈萬三「富可敵國，」想殺掉他，但沈萬三的財力已滲透宮廷；沈走的路線是「皇后大道」，所以馬皇后力爲奧援，據明史一百十三卷馬皇后傳：「吳興富民沈秀者，助築都城三分之一，又請犒軍。帝怒曰：匹夫犒天子軍，亂民也，宜誅。后諫曰：妾聞法者，誅不法也。民富敵國，民自不祥，不祥之民，天將災之，陛下何誅焉。」

雲蕉舘紀談却說朱太祖重稅課其田九斗十三升，但沈萬三的財源滾滾而來，還是難不倒他。紀談又說：沈萬三爲明太祖築城，並不是三分之一，而是對半而築。書上說：「我太祖既克金陵，欲爲建都之地，廣其外城，時兵火凋殘之際，府庫匱乏，難以成事。萬三恃其富，願與太祖對半而築，同時興工，先完三日，太祖酌酒慰之曰：古有白衣天子，號曰素封，卿之謂矣。然心實不悅也。」相傳明太祖還因此事有一詩寄慨曰：

「百僚未起朕先起，百僚已睡朕未睡，
不如江南富足翁，日高五丈猶堆被。」

詩中的「江南富足翁」，就是指的沈萬三。

一文傾家仍不失鉅富

張三丰全集中說：「帝嘗欲犒軍，召萬三貸之曰：「吾軍百萬，但得一軍一兩足矣。萬三如數輸之，帝瞰其無困苦狀，由是欲誅之。罪以他事，議流放嶺南，萬三遂輕身携妻孥去，而委其家貲。未之，命再徙於雲南。」

最有趣的是，碧里雜存提起明太祖和沈萬三鬥寶的一則故事：「太祖高皇帝嘗於月朔召秀，以洪武錢一文與之曰：煩汝爲朕生利，只一月爲期，初一起至三十止，每日取一對合。秀忻然拜命，出而籌之，始知甚難。蓋該錢五萬三千六百八十七萬〇九百一十二文。按洪武錢每一百六十文重一斤，則一萬六千文爲一石，以石計元，亦該錢三萬三千五百五十四石四十三斤零，沈雖富有，豈能遽辦此哉！」屆時明太祖派人向沈萬三收賬，要他把那一文洪武錢連本帶利全部交出來，沈萬三不敢抗命，祗有叫賬房如數支付。及至賬房計算清楚，沈萬三大驚失色，竟至一文錢傾家，所有在江南的家當，都被明太祖籍沒了。

張三丰全集又指出：「太祖以兵圍其家，盡抄沒之，家財入官。…以床施周普寺爲觀音床，沈香胚，象牙格，八寶欄，又金留殿十二隻。床乃萬三妻所用者，皆極精巧。今南京城會舘即其故居，玄武湖乃其花園故址。」日下舊詞引耳談：「光祿寺鐵刀木酒搾，相傳爲籍沒沈萬三家物。每搾用米二十石，得汁百甕。又江南有銅櫃四，一在節愼庫，高可過人，亦傳是沈萬三家物。」即此，可見沈萬三之豪奢一斑了。

然而，這位一代豪富的沈萬三，他的財富並不限於江南，雖然被抄了家充軍到雲南去，結果仍不失爲鉅富，原因他的行業早已隱姓名，改字號，遍及長江上游，以迄滇黔川陝一帶。他到雲南之後，成爲當時明太祖的義子黔寧王沐英的上賓，因此民間傳說沈萬三赴滇後，金錢皆隨之飛去。他幫助沐英在滇大興鹽茶販馬之利，使得雲南藩府富庶甲於各省。

雲蕉舘紀談又說：「太祖欲殺之而無由，適萬三築蘇州街，以茅山石爲心，上謂其有謀心，將爲逆，遂收殺之，血流盡白。」

人死後的血，豈有白色之理？這裏不可忽畧的是沈萬三會師事張三丰，得到張三丰的眞傳。張三丰是元末明初武當派的開山祖師，相傳太極拳就是這位祖師爺發明的。一說：張三丰祖師與沈萬三全家在雲南同煉大藥，至明成祖時始成，於是拔宅而去，或隱天目，或隱武當，皆無定所，最後則與三丰先生隱顯度世，被勅封爲宏願眞人。

聚寶盆的傳說，愈來愈盛！道光年間，更有一則幽默趣話：「道光年間，京師大夫公讌林則徐，林久不至，衆人飢甚，索食頗急。時座客有祝蘅睦者，善謔，謂衆人曰：公等亦知沈萬三家有聚寶盆乎？衆曰知。知沈萬三之鄰人乎？衆曰不知。曰：沈萬三之鄰人，窶人子也，卒歲無以爲活，謀之於妻曰：沈家有聚寶盆，試以比鄰之誼借片刻，即足吾欲矣。妻然之，而沈固不肯，强而後可。」

「聚寶盆以類爲招，投以少許金銀珠寶，頃刻滿盆，然環顧四壁無可投者，其妻大急。以所抱兒投之，俄頃之間，滿盆皆嬰兒也，呱呱而泣，爭相索食。妻頓足曰：聚餓鬼於一堂耶？衆雖知爲被謔，然皆爲之絕倒！」

沈萬三並爲多情種子

相傳沈萬三有妻妾十三人，最得寵的一位叫麗娘。萬三曾與她同登後樓觀花，兩人在探香亭畔喁喁情話。亭畔有古梅花一株，白蕚鮮美，香氣馥郁，麗娘因脫所着的金翡衫加在樹頭上，對沈萬三說：「這株樹香是香極了。只是缺少如此的艷色而已。」沈萬三聽了作會心的微笑。

不久麗娘得病，藥石無靈，香消玉殞。沈萬三的家人常在月夜中看到那株古梅樹下，立着一位絕色佳人，而其穿着正是那件美麗的金翡衫，大家都說是麗娘的精魂所化。萬三想念死後的麗娘，眞是廢寢忘食，甚或夜宿古梅樹下，希望與她夢中相見。沈萬三不但是一代財神，而且是位多情種子，不過他的多情之名，爲多財之名所掩，於是人們祗知道他是位財神，而其餘的故事，也就湮沒不彰了！

撒火彩

馬連良

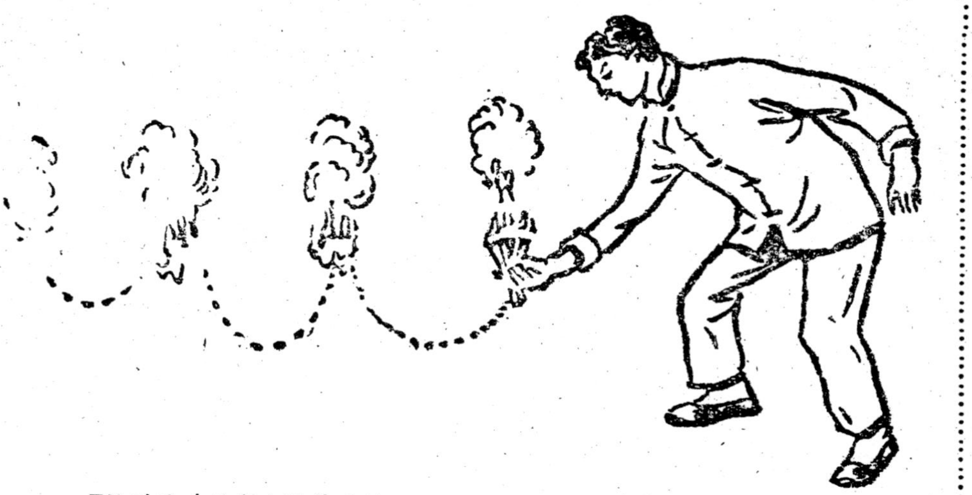

接連着撒火彩的「連珠炮」

撒火彩是我國戲曲舞台上一種傳統特技，在有些戲裏根據劇情和人物的需要加以運用，能起到製造戲劇氣氛、增强演出效果的作用。

「撒火彩」在舞台上有着各種不同的用法，主要是被用來表現烈焰飛騰的火燒場面。像晉文公爲尋找介之推而定計焚山的「焚棉山」，項羽採取恐怖手段泄憤，火燒紀信的「取滎陽」，諸葛亮初出茅廬第一功，火燒夏侯惇的「博望坡」，都要大撒火彩。除了表現大規模的火燒場面外，火彩有時也象徵其他火焰，像「盜宗卷」裏，呂后把皇家的宗卷在殿角之上用火焚化的時候，就有一把火彩。

撒火彩在舞台上也用在神仙或妖魔出現和變化的場面，以它表現神采、金光、鬼火、妖氛。例如「泗州城」裏觀音變老媪、「鋸大缸」裏土地變小爐匠、「問樵鬧府」裏土地變樵夫和煞神出現等時候使的火彩，就象徵神采和金光。又如「五花洞」裏的蜈蚣大仙、蛤蟆大仙變武大和潘金蓮，「金錢豹」裏的豹子變書生，「青石山」九尾狐出場和「獅子樓」裏武大鬼魂出現等時候，使的火彩就是象徵鬼火和妖氛。至於像「跳判」和「堆鬼」等場面，那就更離不開火彩了。

撒火彩在舊式舞台上也用來表現所謂「福大命大」的人，「紅光罩體」或「眞形出現」。例如「龍虎鬥」裏趙匡胤和呼延贊會陣，到末一場，趙匡胤面衝裏，一條腿搭在椅子上，呼延贊舉鞭唱「手持鋼鞭朝下打」，對準趙匡胤頭頂正要打下，這時突然從趙匡胤身後撒起一把火彩，接着出現一個張牙舞爪的龍形一閃而沒，呼延贊這才知道趙玄郎是「眞命天子」，於是就乖乖地下馬降順，情願稱臣效忠。

撒火彩的工具很簡單，只用一種黃色草紙，南紙舖名爲火紙疊成折扇的式樣，在臨撒火彩之前，點着後再吹滅了火苗，留下未盡的餘火。用右手抓一把預先合好、拌勻的松香粉，然後再用同一只手拿着打開的火紙折子；像拿着打開的紙扇似的，用的時候，手稍微一鬆，松香粉就從手裏順着火紙折子跑到火紙的溝裏去，撒的時候用腕子上的勁兒向外一抖，火紙上的餘火趁勢增加了助燃力，又加上火紙溝裏的松香粉向外一飛，就一起燃燒起來。不過要撒出各式各樣的火焰，必須知道腕子上用多麼大的勁兒，用多少松香粉，沾多麼遠的距離。在點着火紙折子，用了松香粉，和撒火焰當中間的時間也不能相隔太長，或太短，否則一定不會撒出得心應手的火彩來。

火彩的花樣很多，什麼戲裏什麼情節撒那一種火彩也有一定的規矩，不能隨便胡來，技巧當然也不是一種勁兒。一般常使的火彩就有「托塔」、「月亮門兒」、「過橋」、「一盆花」又名「滿天星」、「掉魚兒」、「連珠炮」、「龍絞柱」等。一齣戲裏用「托塔」、「月亮門兒」、「龍絞柱」的，如「青石山」第三場，關羽、關平、周倉、八馬童在幕內，預先擺好架子，內行稱爲「神仙座」，關羽唱一句「鎖吶二黃」後，撒火彩的撿場人預先走到台當中，等場面起「急急風」，大幕拉開，在「四擊頭」鑼鼓中隨着撒將出去，開始是一個盤旋着向上起接連起來的火圈「龍絞柱」，緊接着緩下手來，掄起胳膊一轉，就是一個大光圈——「月亮門兒」；緊跟着再使足了勁兒直着向上一扔，一個塔形的大火柱直衝上去，這個就叫「托塔」。「過橋」、「連珠炮」、「掉魚兒」在一齣戲裏用的很多，例如常見的戲「連營寨」，一般的劉備撲火被燒，暈倒一共三場，第一次劉備撲火，撿場人是先在上下場門撒兩把普通的火彩，等劉備見火光又一起一低頭，這時撿場人又站在下場門靠樂隊地方，或是站在上場門演員整冠、理髯處，緊連着一條弧形的火光，像雨後彩虹般橫跨過劉備的身子落地而滅，這就是「過橋」。如果撒下來的是一個較長的橢圓形的一團火光就是「掉魚兒」。等到劉備逃下，場面起「三通鼓」、「亂鎚」，劉備又上場作了第二次的撲火動作，最後劉備雙手提

龍紋柱——火彩從半空斜刺裏一個圈跟着一個圈地滾着

着白箭衣下襟，抖髯口站在撒火彩的上首，在「巴搭倉、巴搭倉……」的鑼鼓裏「挫步」斜着向下場門退下；也有抬右腿向左伸，留左腿站着，雙手輪轉着哆嗦，指着火光退下，就在這幾個「巴搭倉」的「倉」的鑼鼓點上緊追着劉備撒出一個個火球來，直到劉備逃下爲止，這就是「連珠炮」。接下來又是「三通鼓」、「亂鎚」，劉備三次撲火上場，動作比前兩場較簡單，因爲這時劉備已經被火燒得夠勁兒了，最後劉備站在台當中，在「軟四擊頭」鑼鼓裏，向兩邊走「倒走」，這時撿場人早又上好松香粉站在一邊，等到劉備雙手一甩下箭衣上的馬蹄袖，一抖髯口，鬥眼，場面一起「絲鞭」，他就向上噗的一下，一個衝天火球上去後，從上面又朝四外翻開，形成無數大小火星紛紛下落，劉備一個「僵尸」倒下去時，這一盆花也都全部落完，這就是「一盆花」，也叫「滿天星」。還有一種「反托塔」，是撿場人背着身子，拿着上好松香粉的火紙折子，從左肩膀上向身後撒出去的托塔叫「反托塔」。以上所說在戲裏撒的火彩花樣是要技術好的工作人員才能做到，不過有的時候花樣也是有變化的。

撒火彩一直是由撿場人員担當的，雖然不見得常常使用，但學習這一門特技也得三冬兩夏之功，擺弄不好，京劇行內的刻薄話便是「撒雜合麵」了。就我記憶所及，火彩撒得好的從前有李忠明老先生和他的徒弟何文奎、楊開泰二位。我在「喜連成」坐科的時候，日常「館子」的戲，遇上有撒火彩的活兒，總是由老先生的兩個徒弟來作，可是每天也照樣開給李老先生一份錢，如是者一年，直到正月初一「跳靈官」裏那一把火彩才歸他撒。老年間，戲班逢到大年初一，照例都要唱幾齣所謂吉祥戲，不可少的有「天官賜福」、「財源輻輳」、「富貴長春」、「八百八年」、「跳加官」、「跳財神」、「跳靈官」、「青石山」等。

「跳靈官」裏面要放鞭炮，燒黃紙錢，當然不外乎是驅趕邪魔鬼祟，祝福一年吉利的意思。這齣戲在未上之前，先在戲台的上場門犄角；老式舞台都是四方的，兩個犄角各有一根台柱，放一個火盆，裏面有黃紙錢。靠台裏放一張桌子，上面有五掛鞭炮。由武花臉扮四個勾紅臉、扎軟靠、拿靈官鞭的靈官上場，走「四門斗」，亮各式高矮像，再由上場門引上一個扎紅軟靠戴紫金冠，掛白「燈籠扎」、拿靈官鞭的老靈官上場，再同走各種式子。走完式子，到台裏桌子前，各自把一掛鞭炮掛在自己的靈官鞭上，點着，再走到台口，五掛鞭炮劈裏叭拉亂响一陣，最後一齊舉着鞭炮在「四擊頭」中同歸到下場門「斜一字」亮相，這時李忠明老先生穿着袍子馬褂，拿着上好松香粉的火紙折子，從下場門上場，在五個靈官同時亮像的「四擊頭」鑼鼓裏，他一抖腕子，撒出一個越過五個靈官身邊的「掉魚兒」，嘣的一下，眞像一座火山似的不偏不斜，正落在上場門犄角的火盆裏，噗地一聲引着火盆裏的黃紙錢，滿盆火勢熊熊。台下觀衆看了這一手精彩的絕活，那炸窩子的「好」就上來了，經久不息。這是個求吉利的事兒，靈官手裏的鞭炮一定要放响，這一個「掉魚兒」也一定要比日常戲裏撒的大、火爆、好看，還一定要準準地落在火盆裏引着所有的黃紙錢。如果靈官的鞭炮放到半截不响了，或是這個火彩撒的不好，沒有完全落在火盆裏，也有的沒等落在火盆裏已然沒有多大火兒了，盆裏的黃紙錢不是沒有，就是着了半邊，那末，不只是這個戲班子裏的人認爲這一年不吉利，就連觀衆在正月初一遇上了這個不精彩的表演也都得怨天尤人。李老先生的火彩撒的好，這一招兒最

花旦戲「小上坟」中的火彩——「反撒月亮門」

馬連良一九六三年在香港所攝的「清風亭」劇照

有把握，正月初一這天「跳靈官」非他不可。所以當時有這麼說的：「李忠明大年初一放一把火就吃一年！」的說法。李老先生的這一手絕技，就是給我留下深刻的印象的。後來我出科唱戲，就是他的徒弟何文奎撿場，每當我唱「問樵鬧府」，在書房上煞神一場，他撒的幾個火彩像「掉魚兒」、「反托塔」、「連珠炮」，都能夠達到一定的標準。

多少年來我一直在想，怎樣把這種特技保持下來，并繼續發展它。有一些戲需要撒火彩時，撿場人可以根本不上場，只要站在上、下場門內就解決了，但有些戲就非站在台上才能撒，那該怎麼辦呢？我想來想去只有由撿場人扮上劇中人來「放火」，這樣才比較妥善，就決定在「博望坡」裏嘗試一下。我和劇團的撿場人員凱玉貴，他是何文奎的徒弟、李德貴兩位一談，他們很高興的答應下來，願意扮演放火的馬童。所担心的是：他們雖然每天看台上演員表演，印象也很深，可是究竟不是經過訓練而富有舞台經驗的演員，困難依然存在。於是，我一方面給他們打氣，一方面幫他們仔細排練，教給他們怎麼上，怎麼走，他們的胆子也大了，都表示有信心把這個戲演好它。「博望坡」算是演出了，凱玉貴和李德貴兩位扮了兩個跟着關平和劉封放火的馬童，混在演十六個馬童中，在曹兵敗陣逃下，場上只留夏侯惇時，由關平和劉封各帶八馬童，兩邊上「抄過」，他們倆跟在一邊八個馬童的第五個後面，邊走邊撒火彩，「抄過」下。夏侯惇作被火燒的動作時，凱玉貴和李德貴又分站上、下場門，由凱玉貴撒「連珠炮」，李德貴作配搭。夏侯惇因被火燒得站立不住，用摔叉表現險些落馬，凱玉貴在台上又唰的一下撒了一個大「月亮門」，像一個半圓形的大火圈，非常好看。他撒完立刻又回身再上好松香粉，正好這時夏侯惇摔完叉剛站起身，他緊接着在「巴搭倉」的鑼鼓裏用回頭望月的姿勢嗖的一聲，撒了個越過夏侯惇身子的大「掉魚兒」。不用說台下看起來精彩，連台上，上、下場門內看着都漂亮。不管怎麼說，這一次的試驗是成功了。可是如果每齣有火燒的戲都照這樣讓他們去扮，在排戲，人力，時間等方面都是個問題，於是我又建議由演員學着練習撒火彩，改用一種特製的三岔竹筒來撒，比火折子容易的多，可是只能撒一般的火彩，像那些叫出名堂來的火彩就不能撒了。這個辦法經過試驗也很順利，於是在演「赤壁之戰」裏，就正式由扮吳兵的演員在「火燒戰船」一場戲裏代替了撿場人來操作，收到相當滿意的效果。第二個試驗又成功了。現在還剩下的問題是：在上鬼、神、妖怪的戲裏必須在明場上撒火彩的場子該怎麼辦？舞台大，在邊幕裏向外撒火彩總是顯得太小，效果不夠強烈。這些問題，還沒有想好怎樣解決。

由於撒火彩，使我聯想到在我們傳統戲曲藝術中類似撒火彩這樣值得保留而在舞台上還沒有得到適當處理辦法的東西是不少，希望能夠引起大家的重視。

一九六二年三月

馬連良在香港

·葦窗·

馬連良先生是我在戲劇界的良師益友，他在一九六六年十二月十六日在北京逝世。悼念之情，時刻縈繞腦海，每一握管，不禁泫然淚下！他逝世已經四年，我未爲他寫過片紙隻字，因爲我知道得他太多，千頭萬緒，竟不知從何寫起。在他生前，屢次要我爲他編一本年譜，祇在他五十歲那年，出版了薄薄的一冊，自然不夠詳盡，轉眼他的七十歲生日都快到了，先爲他寫一篇「馬連良在香港」，作爲他逝世四周年的紀念。

一九四八年，馬連良來香港，偕行者有張君秋和俞振飛。他第一次在香港登台是在娛樂戲院，當時娛樂的院租是每天港幣五千元，連唱五天，琴師當然是他的學生李慕良，鼓師却是久隨麒麟童的張世恩。

一九四九年，勝利影業公司請馬連良他們拍彩色紀錄片，是在九龍大觀片場拍攝的，馬連良共拍三齣戲，「游龍戲鳳」、「打漁殺家」和「借東風」，分爲兩部發行，「借東風」之前，配以張君秋、俞振飛的「玉堂春」爲一部，「游龍戲鳳」和「打漁殺家」又是一部，導演是白沉。在此以前，馬連良從未拍過電影，還是第一次嘗試。

馬連良拍完電影紀錄片以後，曾經臨時組班到昆明去演出，因爲李慕良回上海探親，琴師一職，由馬的又一弟子言少朋担任。言少朋是名鬚生言菊朋的兒子，醉心馬派，他也能拉胡琴，知者就不多了。那次同去昆明的有今爲麥炳榮夫人的于素秋，小生儲金鵬等。馬連良從昆明回香港，由龍細曾代他出主意，把包銀換了幾串金戒指，後來在香港也慢慢用完了！龍細曾是龍雲的兒子，就是他請馬連良到昆明去的。

馬連良的生日在農曆正月十一，一九五〇年，馬在香港過五十歲生日。其後他遷居銅鑼灣摩頓台，每月房租港幣一千元，是他那時一筆很大的支出。一九五〇年五月，我來香港，他說：「你來得正好，我的年譜無法完篇，明天我就送你到印刷所去完成它。」這本小冊子是在「嘉華」印的，地點在德輔道西，每天李慕良陪我去，等我做完工夫馬連良再來接我。

娛樂戲院頂樓有一個天台俱樂部，主人梁基浩先生十分好客，上賓有周壽臣、胡文虎、李祖永、蔡惠鴻諸公，馬連良常被邀去作嘉賓。連良信奉回教，十分虔誠，每次看他在外面吃飯，總是戰戰兢兢的，主人每次必爲他另備菜肴，他又怕菜備多了，吃不掉。

一九五〇年夏天，楊寶森來港演出，馬連良特地在跑馬地顏同興俱樂部設筵三席，歡宴楊寶忠、寶森昆仲。其時馬的經濟狀況並不好，但他說：「禮不可廢！」我因吳熹升兄之邀，担任楊寶森劇團在港演出一應事宜，連良問我：「沈葦老，你怎麽入了曹營啦？」我說：「身在曹營心想漢！」他說：「好，那麽我就做漢吧！」王瑤卿小游上海，欣賞拙文，稱我爲沈葦老，常說我輩身後，全在諸公筆下，因此連良和楊寶森都以沈葦老稱我，連良還告訴李慕良說：他這沈葦老三字，是王大爺封過的。

馬連良事母至孝，他在香港時，其老母哈太夫人還在北京，他每月必要到銀行滙欵，奉作甘旨。一九五一年他之北歸，也是爲了要回家探望老母，那年是馬太夫人九十歲，連良北返不久，老母就去世了。

馬連良（劉備）嚴俊（曹操）「青梅煑酒論英雄」劇照

馬連良每看我寫信或作文字，必在傍嘖嘖稱羨，有次，他向薛觀瀾先生問一字，薛先生正告之，連良即向薛先生下跪，他說

馬連良（蕭恩）「打漁殺家」電影照

：「自恨幼年失學，倒嗆時期，又不利用其時補充學識，後悔莫及！」後來連良命他的小兒子崇恩，拜我爲師。

馬連良每次登台之前，必定先去理髮，他常說：這是對觀衆的一份敬意，紮上網巾，露出頭髮太長，是不美觀的。他在舞台上大地方不說，那些小節注意極了，靴底要刷白，護領、水袖都要洗得白，有時甚至於自己親自動手，後來被稱爲馬連良的「三白主義」。

有次在香港演「羣英會」，撿場的把蔣幹盜書的桌子放在「上場門」了，馬連良在後台看見，趕緊示意撿場，把桌子移到「下場門」去。那撿場雖然動手搬了，口中却唸唸有詞，還跟馬強辯說：麒派唱「羣英會」這張桌子，是放在「上場門」的，其實那有此事，連良爲之啼笑皆非！散戲回家，連良笑着告訴我說：「撿場」的「撿」字，應當是從手的，你們常常寫作「檢場」從木，所以他們一個個到了台上都呆若木鷄了！

連良性急，勇於負責，他到九龍「普慶」演戲，過尖沙咀搭船過海，如果碼頭上沒有大船，他就馬上化三元錢搭電船過去，我說：小電船慢，大船快得多，等大船來再過去不好嗎？他說：我非要上了船，心裏才「踏實」！要不然我在碼頭上會坐立不安的。連良口中，常有「踏實」二字，這是一句北方話，表示安心的意思。

連良喜歡走路，常說：「行走爲百鍊之祖」。他時常從銅鑼灣走到灣仔，打個來回，買一瓶榨橙汁回家，他說：名爲買橙汁，實則求走路。

香港的國語明星，很多與連良熟稔，嚴俊、韓非二位還幫連良登台演過「法門寺」，嚴俊的劉瑾，韓非的賈貴。此後，嚴俊還演過「四進士」的顧讀，全是馬連良教他的。嚴俊學戲很有悟性，楊寶森離港之前，要唱「失空斬」，嚴俊自請唱馬謖，連良勸他還是唱司馬懿，不太費事，可是嚴俊堅要唱馬謖，結果成績很好，馬連良對他讚不絕口。

九龍普慶戲院逢星期六日場可以出租，院租每場六百元，有次連良反串霸王，和張君秋合演「霸王別姬」，結賬下來，還要賠幾十塊錢，使得馬連良大爲灰心，認爲香港非唱戲之地，沒有辦法，他祇能回大陸了！

連良第一次離開香港是在一九五一年的十月，離港前夕，他忽然向我提出要送我兩套行頭，一套是「甘露寺」的相貂和蟒袍，一套是「三娘教子」的老薛保服裝，他說：「你這兩齣戲可以唱，我回去有的是行頭。」我堅決拒絕，並說：「你在此地我都不唱，你回去我反而唱戲，萬無此理。」我堅決不肯收，他也毫無辦法。那天晚上，連良夫婦和我同到堡壘街某星相家處算命，那人算連良還有十五年大運，馬太太還問：「十五年以後怎麼樣？」連良拉拉他太太說：「別問了，祇要再有十五年好運，也就算了」，現在算來，從他回去到他死的那年，整整十五年，恰被這位老先生一言道着。

一九六三年夏天，香港正在鬧水荒，四日一供水的時候，馬連良率領北京京劇團來九龍普慶戲院演出。他住在彌敦道金時酒店，這家酒店在平價市場總店隔隣，現在已改爲美華酒店了。連良離港十餘年，重來斯土，大爲感慨！我常去盤桓，因連良事先關照過，所以還沒有什麼阻攔。他告訴我說：已經十年沒有聽到喝采叫好之聲，光是聽鼓掌，總覺得不夠勁兒，他那次共演了「趙氏孤兒」、「秦香蓮」、「四進士」、「淮河

馬連良（正德）張君秋（李鳳姐）「游龍戲鳳」電影照

營」、「清風亭」五個戲，我因主持電台轉播，幾於每場必到，我讚他的「趙氏孤兒」的「盤門」一場，好像在舞台上表演舞蹈；還有「秦香蓮」中的壽堂，可以說是以少許勝人多許，他大爲

一九六三年張大千（右）馬連良（左）在香港重逢中立者李慕良（高仲奇攝）

興奮！他還告訴我說：「從前我要送行頭給你你不要，現在我要送你都不行啦！」因爲他的戲服，已經屬於公有，不再是他的私產了！其時，國畫大師張大千恰巧從美國回香港小遊，他們兩人本是老友，同在客地，但苦於不能見面，兩人都時常從我口中探問對方情形。一天，連良打電話找我，知道我和大千同在「泉章居」吃飯，他們兩人就在電話中傾談，雙方都想見一面，但苦於連良不能出來訪大千，大千又不願去酒店看連良，兩地相思，大爲躊躇！恰巧我知道幾天後的上午，連良將去電視台排戲，於是約了大千，同去電視台相會。大千原已定期返美，爲此將飛機票改期。到了那天，連良和譚元壽正在排練「趙氏孤兒」中的「觀畫」一場，我和大千、目寒，還有大千的兩位女公子，直達電視播映室中。當時他們二位見面，相互擁抱，此情此景，令人難忘，隨行有高仲奇兄拍了些照片，値得永留紀念。雙方談話不久，團方即來催促連良回去，大家一笑而別，晤面時間雖然祇有短短的幾分鐘，但大千已感到十分滿足，連良也非常歡喜，這是大千和連良最後一面。此後連良北返，在一九六六年十二月十六日逝世，消息傳到巴西，大千震悼之餘，十分後悔這次的見面，他說：一定是我這次和他見面，害了他了！大千篤於友誼，言下大有我雖不殺伯仁之意。最近，我收到大千從美國來信，寄我兩幅畫，一幅字，都是他在病目後所畫所寫，俱有長題。他一目有病，仍能勉力作畫，他請留台的金石家王壯爲爲他刻了一方圖章，圖章上的四個字是「獨具隻眼」，大千這三幅書畫，表現他在美平安，勝過千言萬語。

馬連良（右）與本文作者話別留影（金英攝）

連良和大千見面以後，回去自然要聽些閒言閒語，此後，我再去看他，便嘗到「閉門羹」了！連良離港前夕，在大會堂有個宴會，我去參加，連良低聲告我說：「這幾天你成爲不受歡迎的人物了！」席終，連良和我合攝一影，留作紀念，是請同座的攝影家金英兄所攝。

連良離港，我去送別，我把報紙上有關於他的消息，全部貼在簿上，送給他作紀念；所漏掉的祇有他和張大千在香港會面的這一個消息，因爲這個消息，全香港的報紙都沒有登載過。

葦窗談藝錄

大千居士題

WIELER
SWITZERLAND

蕙娜毛衫

大人公司有售

陳公博逃亡日本眞相

——勝利初期的南京別一幕——

·大風·

有人對我所寫南京指揮部之間沒有貪污事件，表示了懷疑。他說：「勝利初期那時間，淪陷各地的重慶機關，凡稍具權力的，都不免有這類情事發生，只是或多或少，或明或暗而已。」他列舉了平、津、滬、杭各處的事例，他表示未見過有乾淨的地方：「你把南京指揮部說得那麽清白，那眞是大觀園的石獅子了！」味其語氣，顯然不予置信。

這位朋友當時不在南京，看了別處的情形，於是推論南京情況，豈能例外，此一懷疑，是想當然的。本文再補叙一點當時的實際情形。

若問南京指揮部怎會不同於別的地方，沒有貪污事件發生？我想可能是由於下列原因：

第一，是成員的質素。指揮部的成員，多數原是南京站的幹部，經過了訓練而受組織控制，當時全是二三十歲的青年，朝氣蓬勃，未受壞風氣的沾染，事實上也還沒有爲非作歹的本事和胆量。

第二，是待遇優厚，指揮部成立之初，周鎬就向周佛海請領了一筆可觀的經費，所以指揮部同人待遇極好，大概都在原職一倍以上，生活都很過得去。

第三，該歸功於「獎廉金」制度，當我接受出任調查兼軍法兩處的時候，我向周鎬提出一個附帶要求：「調查、軍法兩處，職重事繁而人又多，最容易出亂子，攪出什麽事來，你我的責任不用說，指揮部的聲譽，也有影响，你要我當這兩處，我有個附帶要求，就是請撥一筆特別費，作爲同人的「獎廉金」，試一下我的『廉政計劃』可行得通？」

周鎬當即，連聲好！好！一口應允。當時在座的另一同志聽了，不甚了了，問我「廉政計劃」是怎麽會事？

「是個推行廉政運動的方案。」我向他解釋：「周佛海兼任上海市長後，發現上海各機構的貪污情況，十分嚴重，雖經羅君强大力整飭，無奈只是治標辦法，收效甚微，貪污事件仍不斷發生，有次跟周鎬談及，有意要設個機構，推行廉政運動，要起草個具體可行的計劃，當時周鎬一力推荐我來執筆，當我脫稿之日，已是勝利之時，白費了一番心思，……指揮部是個可能發生貪污情事的場所，因此，想把這計劃試一試，看看有無實行的價值！」

所謂「獎廉金」，是在原有待遇外另發一筆津貼，數目因職位而有差別，當時調查、軍法兩處同人，每人約得時值一至二兩黃金之數。

領取這獎廉金的條件，要簽具宣誓書，保證在服務期間，奉公守法，潔身自矢，倘有任何貪污情事，不論大小，自願接受軍法最嚴厲處分，宣誓、具領的手續，係個別進行並不公開，同事間互不知情。

接受獎廉金的同人，除自己不能貪污外，並有監視和檢舉同事貪污的責任，因此彼此間都有監督作用，同時彼此間亦都有所顧忌，自然更不會串同作弊了！

我相信這獎廉金在當時確有其一定作用。在心理上固然增加了各人的責任感，同時也多了層受軍法制裁的約束；在物質上亦有助於同人生活的安定。

指揮部人員自始至終未有貪污情事，這「金箍咒」可能有點作用。且不論什麽原因，指揮部沒有貪污，則是鐵的事實，雖已事過境遷，却亦不能瞎說，當時在京人士，現在留港的也還不少呢！

至於其他重慶機構在當時有無貪污情事？記憶所及，除了石油案外，也未聞有此類不法事件，在淪陷的範圍內說，南京該是最乾淨的地方！

周佛海設立招賢館

南京在周鎬未來之前，祇有兩個組，和一些外圍，工作由設在上海的京滬區直接領導，原無站的名義。那時京滬區的負責人，便是程克祥和彭壽，南京兩組，是程克祥一手重建的，因此兩組的人事，包括我在內，全部是他的關係。

經費的來源，就我所知，東南地區的工作經費，自始至終由周佛海一力供應，中間的聯絡人，就是周佛海的內弟楊惺華，程、彭之所以經常與楊周旋，原因便在此。那時周佛海所撥經費數量，一般說還過得去，而且跟物價增漲而調整，經費方面始終並無支絀情形。一說那時程克祥曾藉口電台經費向人募捐食米，若果眞有此事，一定另有用意，決不是爲錢！錢，有周佛海這個大施主，還用程克祥沿門托鉢嗎？不說周佛海，就憑程克祥和楊惺華的關係，多撥幾百担米充作經費，也還不成問題。

周佛海跟程克祥、彭壽的關係怎樣？有人說．程、彭是經汪政權的「招賢館」學藝研究社登記而錄用的。所塡的資歷，彭是江西「皇協軍」的「囑託」，程是維新政府宣傳局的科員兼南京新報記者，同去登記的彭盛木是同文書院敎授。

這裏可以揭露一宗秘密。就我所知，周佛海一到上海，就跟內弟楊惺華與程、彭取得聯絡，這是雙方按照上級指示而接觸的，時至今日實已不必諱言，周在離渝之前，已有了某種默契，至於周如何跟地下工作配合？正是程、楊秘密會晤的主題，爲了避免萬一暴露時牽累及周佛海的安全，會商的結果，決定採取迂迴的方式，周佛海之所以設「招賢館」，程克祥、彭壽經徐朗西介紹去登記，皆出於事先周密的安排。

儘管周佛海和程克祥、彭壽之間，憑學藝研究社登記一點膚淺的關係，試問周佛海放心把「私通重慶」的工作，會交程、彭經辦嗎？

又如彭盛木被任爲對日交涉的翻譯，也非偶然的事，周佛海雖然坦率，也不致於冒失到用一個素無淵源、不明來歷的人，來參與機密担任對日交涉的工作！揭穿了說，彭盛木之出任這份工作，乃由於組織授意！以便隨時瞭解、掌握汪日交涉的實際情況。

至於彭盛木之死，並無什麽秘密，他原患有心臟病，卅年曾經日本憲兵隊逮捕後，不免受盡折磨和驚嚇，於是激發了他的心臟，不治身死！

周佛海跟程克祥、彭壽之間，起初只是工作關係，私人交情，那是後話了。

程彭同居笑話共妻

程克祥、彭壽之間的關係又怎樣？起初不過因工作而撮合的拍檔，也可說是一對成功的拍檔，私交雖不能比諸管飽，却也情同手足，外間傳說：程彭共妻，那只是開玩笑的說法。

這笑話的來源，是這樣的：話說程克祥搬到霞飛路底的一所小洋房之後，因爲彭壽是王老五，生活起居，無人照料，就撥了個小房間，邀彭入住，同時附庸風雅，顏之曰「祥壽廬」，把兩人的名字用了進去。有次在宴會上，不知是誰，問到「祥壽廬」命名的意思，於是有人代爲說明，祥是代表程克祥，壽便是彭壽，表示他兩人同居之意。這位朋友便說：「你們兩位原來是通家之好！」另一位朋友便開玩笑：「通家之好不要緊，可不要通『室』之好！」於是程、彭通「室」之好的笑話，便不脛而走！以訛傳誤，最後就發生了「共妻」之說。

程克祥與彭壽之間相處的融洽，確是事實，但不至融洽到共妻程度。就我所知，程、彭之間，從外表看，似乎兩位一體，實則仍有距離，特別是性格方面，可說截然不同，而程、彭能合作得那麽好，至今我仍說不出所以然來。

彭壽自稱是彭玉麟的曾孫，是否屬實，恕我不曾查攷過，不過生就一副「公子哥兒」格局，却也是事實，講究衣飾，有潔癖，雖然髮已半禿，仍經常保持光可鑑人，在交際場中，周旋於異性間，瀟洒倜儻，頗有濁世佳公子模樣，可是至死獨身，我想可能與他潔癖有關。

他的性格，跟他外表一樣，也是「公子哥兒」型，自大而帶有浮誇，本質不壞，只是功利思想太濃，自不免影响了他的作爲。

程克祥呢？恰恰與彭壽相反，有點道學先生氣味，國學根基不錯，寫的一手鄭孝胥體的蘇字，早歲曾從西藏某喇嘛學密宗，禮佛至誠，三十年冬，程爲日本憲兵隊逮捕時，備受毒打，竟渾然不覺，若無其事，釋出後檢查，亦無創傷，自謂平日持戒的感應！程克祥篤信佛教於此可見，其爲人處世亦受佛學影响甚深，雖未必臻於不慕榮利、於世無爭的境地，却也規行矩步，方正不阿，只是穩重中帶點拘謹，與彭壽的浮躁，相映成趣！

勝利後周鎬被軍統扣押，外間曾有出諸程克祥構陷之說，有人以此爲問。我就斷言：程克祥決非這種人，程克祥與周鎬之間，雖有磨擦，並無深仇大恨，就我所知，程的爲人，相當厚道，涵養亦好，絕非睚眥必報之輩！其後事實証明，果與他無關。

戀新忘舊周鎬重婚

程克祥與周鎬之間有什麽磨擦呢？

程周過去原無甚淵源，周鎬接任南京站後才發生關係的，在組織上說，南京站是受上海領導的，也即是程、彭的部屬。

卅二年周鎬自重慶經皖南到南京，在禮貌上自應先去上海「請訓」，然後接事。周鎬抵南京時，周佛海正在南京，周鎬因携有中央給周佛海的重要文件，於是就近先去拜會周佛海，此舉自然使程克祥和彭壽頗爲不懌！

使程彭不懌的，並非只是禮貌問題。原來京滬區與周佛海的聯繫，一向只是程克祥與彭壽兩人，至此南京站直接與周佛海發生關係，一變過去壟斷的局面，雖說經費仍由程、彭具領，情報依舊經上海轉報，形勢可大有不同，也難免有互不接頭的情事發生。

在周鎬說呢？名義上雖是南京站長，任務却偏重於敵後游擊部署，及軍隊的策反，軍事重於情報，而程、彭都是文人，所以中央爲避免周折，指定周鎬直接與周佛海聯繫，事實上亦有其必要，但這種必要理由，周鎬既不便說明，亦難得程、彭諒解。因此程、彭對周鎬，終不免耿耿於心！

有天，我接到上海的密函，要我注意周鎬的私生活情形。隨時具報，這當然是不尋常情形。同志間私生活的情報，亦即所謂「小報告」，往往被用爲打擊同事的手段，但是對方活動足以破壞團體，影响大局的，那就不算「小報告」了。對於「小報告」我一向覺得是種卑劣的行動，既討厭人家打小報告，也從未寫過小報告。對於上海這個命令，雖不感興趣，但亦無法拒絕，於是開始注意周鎬的私生活。

周鎬到南京不久，就發表了軍令部第二廳少

將情報科長，地位並不高，但是情報科是軍令部最大的一科，也是軍令部唯一有業務可做的一科，許多人爭不到，周鎬一來垂手而得，成了軍令部的紅員，同時又兼了「陸海空軍同袍社」的組織部長，這是個各種軍事學校綜合性的同學會，雖然是個社團，却是有份量的社團，和平軍的幹部大都是社員，對於我方工作，是可以發生大作用的據點。周鎬對於這些工作，都做得十分順手，至少在軍事部門，已成了新進人物，因此恭維、把結的大有人在。那時，航空署有位姓白的科長，由於「陸海空軍同袍社」的關係，跟周鎬走得很近，大概看他孤身在南京，就給他介紹位女友，是南方大學高材生，貌僅中姿，却擅應酬，口齒伶俐，頗惹人好感，而周鎬又能說慣道，兩人甚爲投契，於是玄武湖畔，燕子磯上，時有他倆游屐。那年周鎬是卅五歲，如果對方沒有特殊的政治背景，也是極正常合理的所爲，並無可以非議的地方。

因此我所注意的，集中於女方政治思想和家庭背景，瞭解所得結論，並無特殊之處，吳雪亞雖然好動，思想却極保守，家庭成分，是杭州的地主，說得上家世淸白。我覺得都很正常，不值得作什麽報告。

周鎬和吳雪亞，不久就在鹿鳴春閃電結婚，程克祥、彭壽都沒有參加觀禮。

後來我見到彭壽，問他怎麽不來喝喜酒？

「我先問你，周鎬私生活的情形，要你注意具報，怎麽連片紙隻字都沒有？」彭壽扳起了臉說。

「你是否指他們戀愛事件？」我笑着說：「他們很正常嘛！」

「正常？」彭壽簡直近乎咆哮：「周鎬簡直在熱昏！他那有資格結婚呀！」

「怎麽會事？」我感到有點不妙：「難道周鎬已有了太太？」

「難道你不知道？」

「你們幾曾告訴我過？他既能公開結婚，自然經上級批准了的……。」

「周鎬色迷心竅，那裏還想到規矩……，公事且不說，將來雌老虎來的時候，就夠他瞧的了……！」

這樁事雖鬧得不太愉快，但究屬私人小事，以後也就不了了之。

彭壽通敵被判極刑

程克祥、彭壽、周鎬三人的性格作風，既互不相同，各有距離，程彭與周相處之不能融洽，自然不在話下，而程、彭兩人長期保持緊密合作，也不能不說是奇蹟！

在抗戰時期敵後工作單位中，程、彭可說是一對極成功的拍檔。不論在公在私，都相處十分融洽，聲氣相通，步調一致，簡直是兩位一體，不分彼此，因此好多人以爲他們合作成就，基於意氣相投。但如你注意到兩人不同性格，就可發現他們的結合，並不如此簡單，事實上由於兩人性格的各異，長期來都有矛盾存在，只是爲工作和利害的需要，互相遷就，用程氏的讜論，就是「相忍爲國」，不使矛盾表面化而已。

這個答案，勝利以後就揭曉了。京滬行動總隊結束之後，程克祥和彭壽就分道揚鑣，程不久就跟宋子文到廣州出任省政府的新聞局長，這是程聰明的抉擇，而彭壽仍留上海辦事處工作，直至卅九年再在台灣碰頭，這一事實，說明了兩人的關係不如外界傳說那麽親密。但是程彭過去這段「親密」的歷史，險乎送了程克祥這條老命。

原來大陸陷共的時候，上海洪幫領袖徐朗西，未及撤走，滯留上海，徐與國民黨高級人員原有往來，中共認爲是對國民黨進行的統戰最好工具。於是威迫利誘，要徐向台灣跟他有關人員通信，進行其分化離間的統戰陰謀，彭壽原是他洪門的弟子，自然成了進行統戰的對象，湊巧彭壽到台灣之後，不甚得意，局勢猶動蕩未定，彭壽以爲大勢已去，加上徐朗西的引誘，於是陡興貳志，與徐朗西魚雁往返，經常聯繫，也是彭壽粗心大意，以爲他的信件不致受檢查，在信中均暢所欲言，毫無顧忌，傳東窗事發，法庭上成疊照片，均爲彭親筆函件，於是鐵案如山，無法否認的了。

從外人看來，程彭兩人，簡直是楊家將中的焦孟，患難與共，聲氣相通，彭壽有所圖謀，程難免有通謀之嫌，最少亦有知情不報的嫌疑，於是程克祥便跟着彭壽瑯璫入獄，聽候偵審了，其實兩人此時的關係，遠非京滬區時可比，據我所知，勝利後程彭拆檔，各奔東西，並非客客氣氣的分手，而是臉紅耳赤鬧翻了才散塲！至於程彭爲什麽鬧翻？大致是長期互忍下來累積的矛盾，一旦無所顧忌了，便突然爆發起來，在台灣程彭再度相逢，表面上維持禮貌上的客氣，實則各懷鬼胎，面和心不和，世事往往如此，老友反成仇讎，何況程克祥的性格，老成持重，如何敢參與這類輕舉妄動的冒險行列！結果彭壽被判了極刑，程克祥審明無關，由宋子文保釋了事。

周鎬捕鮑文沛真相

有此一說：八月十六日晚上，周鎬派人到軍校演說，要求接收，被堅决拒絕之後，卒將總隊長鮑文沛捕去。次日，鮑文沛又被軍校學生從指揮部搶奪回去。

關於指揮部之無意接收軍校，以及無力接收軍校，我在前文已經談過，鮑文沛任中央軍官學校的總隊長那是不錯的，可是指揮部從未逮捕過他，指揮部逮捕人，事先或事後一定要通知軍法處，這是一定的手續，而我當時曾任軍法處長，却不知有此事。

那時候的軍校，學生有一千多人的，校長陳公博，實權却操在東北系的鮑文樾、胡毓坤之手，總隊長鮑文沛，就是鮑文樾之弟，是軍校實際的當權人物，他以下大、中、區隊長大都是東北的幹部，總隊長便是實際的帶兵官。如果周鎬眞是派人去演講，那麽去的人不會太多，不可能派大隊人馬去的，而指揮部也沒有大隊人馬可派。那麽指揮部有什麽力量逮捕鮑文沛呢？要知逮捕的地方，不是住家或普通機關，而是擁有一千多名受過軍事訓練學生的軍校，而被捕的眞是他們的首長，你說有可能嗎？

反過來看，第二天軍校學生敢包圍指揮部，「衝入指揮部救出鮑文沛」，那麽當時怎不能在自己範圍內阻止指揮部人員逮捕鮑文沛呢？而眼看他被人捕去？要是說爲了顧忌槍尖脅迫下鮑文沛的安全？那麽鮑文沛在指揮部的拘禁中，衝入指揮部豈不更危害及鮑文沛的安全？至於阻止擄人，和衝入敵陣救人，兩者之間的難易，大家曉得，軍校員生何以捨易而就難呢？

那時指揮部所在地的中儲是南京最堅固建築之一，易守難攻，何況守衛的是財政部警衛隊，人數雖少，配備却極好，嶄新的輕重機關槍、湯姆生手提式，一應俱全，憑幾條爛步槍的軍校學生，如何衝得進去，就是開了門請你進去，啱大地方，還不知鮑文沛藏在那裏呢？

陳公博爲何飛日本

民國卅四年初，周鎬調任無錫區專員之後，我接了他的軍令部情報科長，同事中有位姓溫的科長，名字忘了，只記得的是曾任上海市公安局長溫應星的子侄，跟我相處得很投機，不久他便成了我們組織的外圍。有晚突然到訪，袖出一封陳公博親筆寫的，上蔣先生的信，另一封是致黃琪翔的信，均未封口，致黃函是請其將另函轉呈委員長。

「代主席（指陳公博）要我去湖南看黃將軍，請他轉呈委員長。」溫說着抽出信紙，遞了過來：「店裏（指組織）也許先要瞭解些內容，看看有沒有可幫忙的！」

上蔣先生的信，寫了四張紙，大意是陳說，黨不可分，國必統一，聯合反共，最後要求予以直接聯繫和工作的指示。

勝利後逃亡日本的陳公博

當時我將信，拍成照片，趕送上級。一個月後，溫科長回來，告訴我中央的反應十分冷淡，根本沒有一字答覆。

這一事實說明：陳公博對中央確有向心，想在淪陷區裏替中央做些事；他要黃琪翔轉信，反映陳公博對中央上層關係，不夠深厚，也可說是找錯了門路。這事和勝利後兩電委員長，都未獲覆，可能造成陳的心理上的不安，以爲中央回來，不能對他有所諒解。

有人說：陳公博之所以「避亂赴日」，是恐怕周鎬及其指揮部對他有不利行動。

陳公博飛日的時間是八月廿五晨。那時周鎬已入居先遣軍司令部，指揮部亦已於二十日遷出了中儲。要知先遣軍負有「雙重關係」，司令員就是「治安委員會」主委的任援道，換言之先遣軍雖是中央頒的名義，同時也接受南京政府「遺詔」，負有維持地方治安之責，周鎬之入居先遣軍，可說是周佛海與陳公博之間妥協的結果，周鎬實際已成了人質！至於指揮部雖遷警校繼續辦公，但指揮官在人家手上，還能對陳公博採取不利行動？何況此時的指揮部已沒有財政部警衛隊的實力，剩下來一些微不足道的力量，遠不足構成對陳的威脅了！

就我所知陳公博等逃亡日本，並非臨時作出的決定，也不是陳公博一人的意思。當陳公博獲悉日本投降後，曾連電蔣委員長，均如石沉大海杳無音訊，陳甚感失望，自然也連想到中央今後對他的可能態度。於是連日在西康路召集林柏生等會議，作成了三種對策：第一就是把軍隊集中淮海省，憑實力與中央談判，此一計劃因爲將領觀望不前，無由實現。第二就是南去廣東，與陳壁君會合，看情勢再作決定。第三就是以政治犯身份，援國際公法，由日本政府予以政治庇護。最後採取的即是第三項辦法。毛病出在誤引了國際法的政治犯庇護權，因爲日本自己已無條件投降，還有什麽權力予人政治庇護？這點當非陳等意料所及。

從汪精衛的長公子汪孟晉對陳公博最後諫說中，亦可意味到，此行乃求政治庇護。汪孟晉說：「一個形式上與日人合作而失敗的政府，最後還欲『托庇於日人』，將何以自解於國人？父親生前一再訓示我們：『說實話，負責任。』對國事應有負責到底的精神。如必須離開南京，則赴日不如赴渝，由我母親（陳壁君）你，以及周佛海、褚民誼、梅思平、林柏生六位，應負最大責任的先生同去，我願意充一名隨員跟同前往，包一架專機赴渝，一切聽由政府的處置，不管生死榮辱，倒顯得正大光明。」從汪孟晉所說「托庇於日人」，可見陳去日，原是求政治庇護的。如果去日只是暫住，仍擬返京待罪，就說不上托庇了。如果眞是束身待罪，「則赴日不如赴渝」了！向來我對汪孟晉的印象，以爲只是公子哥兒，臨危之際，竟有如此果敢卓越的見解！的是難能可貴，值得讚嘆的！而陳林等以才智見稱，反而見不及此！眞如汪孟晉所說：「何以自解於國人」了。這篇勝利初期南京的回憶，至此暫且打住，正是：「欲寫生平不可心，孤燈挑盡幾沉吟。文章信史有誰知？且博人間潤筆金！」

——錄陳白沙先生詩——

工展展望

·萬念健·

今日香港，已因它的高度經濟發展與繁榮成爲世界名城之一，它的工業進展的幅度，尤被視爲奇蹟。據勞工處長郟亮同最近（十一月二十二日）宣稱：今年九月底，香港工廠已達一萬六千六百一十九家（去年同期爲一萬四千四百零七家），就業人數五十五萬九千七百六十人（去年同期爲五十八萬六千七百一十二人）。這些都是政府方面的統計數字，如要親眼目覩香港文化工商各方面的進展情形，則可以從一年一度舉行的「香港工業展覽會」中看到琳瑯滿目的各種產品，進而了解它們對本港社會的經濟價值，以及在國際市場中的重要地位。

工展會的舉辦目的是向海外客商及本港居民介紹多采多姿的香港出品，從而促進貿易，檢討一年來香港工業發展的情形，藉以策勵來茲，它的歷史已逾三十年，而舉辦至今，今年則爲第二十八屆。

香港工展，最早原名「中國貨物展覽會」，後改「中國國貨展覽會」，再改「香港華資工業出品展覽會」，直到一九六二年纔重新正名爲「香港工業出品展覽會」。

·工展會元老集團時在一九三四年·

程少夔　陳卓明　石道周

黃少卓　陸啟良　阮秋明　陳蘭芳　謝伯昌

陳如山　周坡年　羅旭龢　葉蘭泉　黃少卿

筆者於一九三七年十月初抵港，第一屆「中國貨物展覽會」係於一九三八年二月四日在中環鐵崗聖保羅書院開幕，故曾目覩其盛。第一屆會期僅五天。參加展覽的出品有土布，棉織品，電器，五金製品，樹膠製品，化粧品，內衣絨褲，毛巾，籐器，石器，食品，文房用品，牙刷，蚊香，香烟，牙簽，鞋帽，皮革時鐘，熱水瓶等等。參加廠商單位四十個，參觀人數共三萬五千人。

由於第一屆中國貨物展覽會成績相當理想，此後乃每年舉辦。一九四一年，第四屆展覽會籌備工作大致完成，十二月八日，太平洋戰爭爆發，大會流產。隨之日軍佔領香港，大會停止舉行多年，直至戰爭結束之後三年——一九四八年方行恢復。

這個展覽會，最初係由中華廠商聯合會與「倡

封面說明　黃黑蠻畫人物

·省齋·

在我生平所認識的中外名畫家中，年齡最小的恐怕莫過於黃黑蠻了吧。

黃黑蠻是名版畫家黃永玉的兒子，我認識他那年，他才七歲，可是早已大名鼎鼎，蜚聲於國際藝壇了。

黑蠻開始學畫時僅四歲，他賦有先天的天才，再加以他父親的適當之培植和教導，於是乎就一鳴驚人，嶄然大露其頭角。

他四歲的那年，也就是一九五七年，他的第一幅參加國際展覽的作品「沒有開花的水仙」，就得到了印度的獎狀。

翌年，一九五八年，也就是他五歲的那年，他的兩幅「買西瓜」和「馬車」，又得到英國倫敦舉行的國際兒童美術工藝展覽會的一等獎。

一九六〇年四月，我曾去他們家中拜訪。畫齋牆壁上掛滿了他們父子二人的作品。那天，黑蠻特地爲我畫了一幕戲劇中的開打姿勢，即是本期的封面，活龍活現，當爲雅俗所共賞。

黑蠻有許多畫都有李可染及沈從文的題辭，語多妙趣，不及備錄。永玉告訴我：有位金石家將送黑蠻一方圖章，以便他今後鈐在戲劇畫上之用，那一個圖章的文句是「氣死關良」四個字。按：關良是現代有名的戲劇畫家，本刊第五期封面的「八月十五月光明」，就出於關良的手筆。

本文作者朱省齋先生，爲香港著名書畫鑑賞家，於十二月九日在九龍寓所謝世，享年六十有九，本文爲其遺作，敬誌悼念。

用國貨團」合辦。後因一般人愛用國貨心理與日俱增，倡用國貨團已無存在必要，乃由廠商會單獨舉辦，以至於今。簡單說來，工展會的起源，是由於提倡使用國貨，但是現在的口號則已改爲「香港人應用香港貨」。事實上，近年來香港輸出的工業展品，不止香港居民和中國人愛用，並且已有力量在海外爭奪國際市場。誰也想不到當年僅在聖保羅書院內舉行短短五天的展覽，居然能引起如此偉大的後果。

「倡用國貨團」的成立起因，是爲了那時的香港居民，崇奉洋貨，鄙視國貨，即一衣一履之微，亦唯洋貨是尚。一九三七年（也就是「蘆溝橋事變」和「八一三滬戰」爆發的那一年）間，乃由基督教青年會和女青年會兩團體發起組織，分向各社團學校工廠擴大徵求團員，未幾正式成立，不足三個月的時間內，團員人數由最初之四百人激增至二千餘人，主持人大受鼓勵，爲加强推銷國貨起見，便與廠商聯合會合辦中國貨物展覽會，由是奠定了後來香港工展的基礎。

經過三十年的時間，四個不同的名稱，工展規模一年比一年宏大，出品也一年比一年進步。以前只是工廠商號藉此機會宣揚其出品，近幾年來，其他許多與社會有關的公共事務機構與團體也都踴躍參加，例如香港貿易發展局、香港生產力促進中心、各大銀行、家庭計劃指導會、明德青年中心、香港青年協會、盲人輔導會、戒毒會、消防局、電報局、郵政局、市政局、市政事務署、香港電台、麗的呼聲紛紛在會場內設置場館，公開展覽其業務情形。二十五屆展覽會，大會得工商業管理處協助，邀請與政府有關的十一個機關，設置「文化舘」，展出香港歷史文化、城市計劃及有關工商業發展的資料，並由香港貿易發展局協助建設「香港工業出品陳列中心舘」，特別蒐集所有富於代表性的香港產品集中展出，顯示香港一百年來在文化工商各方面的進展程度。二十六屆，政府更進一步而在大會中設置「香港舘」，對生產、職業、教育、文化、工商計劃作出充份展覽，政府諮詢處當場答覆一切問題，勞工處接受失業人士的各項求職申請，使工展會除了展覽以外，成爲與市民生活密切有關的一項活動。

香港工展歷屆參展單位及入場人數統計

屆次	年度	參展單位	入場人數
1	1938	40	35,000
2	1939	75	50,000
3	1940	110	80,000
4	1941	150	124,000
6☆	1948	178	450,000
7	1949	427	750,000
8	1950	260	620,000
9	1951	363	610,000
10	1952	422	690,000
11	1953	522	982,000
12	1954	653	983,000
13	1955	719	1,010,000
14	1956	687	980,000
15	1957	437	1,000,000
16	1958	605	1,030,000
17	1959	646	1,200,000
18	1960	711	1,300,000
19	1961	683	1,100,000
20	1962	736	1,150,000
21	1963	951	1,316,826
22	1964	923	1,608,238
23	1965	1476	1,460,056
24	1966	1499	1,610,916
25	1967	1630	1,609,637
26	1968	1965	1,882,607
27	1969	1928	1,831,928
28	1970	1872	?

註：☆第五屆原已定期1941年12月20日開幕，詎料該月香港淪陷，無奈停辦。

歷屆工展，爲了增加興趣，舉辦各項表演及比賽節目，以助餘興，諸如工業電影，時裝展覽，戲劇與歌唱表演，音樂演奏，聖誕新年特別節目，以及各種遊藝宣傳晚會，比賽則有歌唱、攝影、編織、烹飪、化裝、攤位裝飾等等。無不興趣濃厚，意義豐富。總之經過多年來的進步與發展，香港工展已有一個博覽會的雛形，入場觀衆所看到的已不單是香港工業的成就，而且可以看到香港社會公衆事業的發展和一般市民的生活槪況。

數十年來，工展盛況，年有增加，海外參觀團體，如日本、台灣、泰國、星加坡等地每年均有前來。

至於本港居民，更已把一年一度的工展視作聖誕新年前後的一個重要節目。

本屆工展於十二月九日開幕，地點在灣仔新填地，面積五十萬平方呎。場內參展單位，包括特大攤位十七座，計八百六十六單位，廠號十六家。展售攤位六百單位，廠號九十五家。陳列攤位五十二個單位，廠號十六家。國際工業機械與工業原料陳列單位七百六十五個，廠號六家。另有工業團體與社會機構陳列攤位十一個，佔二百七十八單位，預計觀衆可達二百萬人。

本屆工展着重展出香港工業新產品，特斥巨欵，建有廠商會展覽廳暨新產品陳列中心，又與貿易發展局合辦陳列舘，展出新產品與精選產品。目前百物騰貴，但工展的攤位場租與門票並不漲價，所以負担重，化了這筆龐大費用建設的會址，僅僅使用三十五天即告拆除，由於工展會沒有一個永久性的場地，歷年人力，物力，財力，和時間的浪費驚人，所以工業界人士都在熱切希望政府注意到這一點，體恤到工商界的困難，早日解決爲工展會的永久場地問題謀取解決，俾能一勞永逸。

本屆工展會全部費用超過港幣七百萬元。

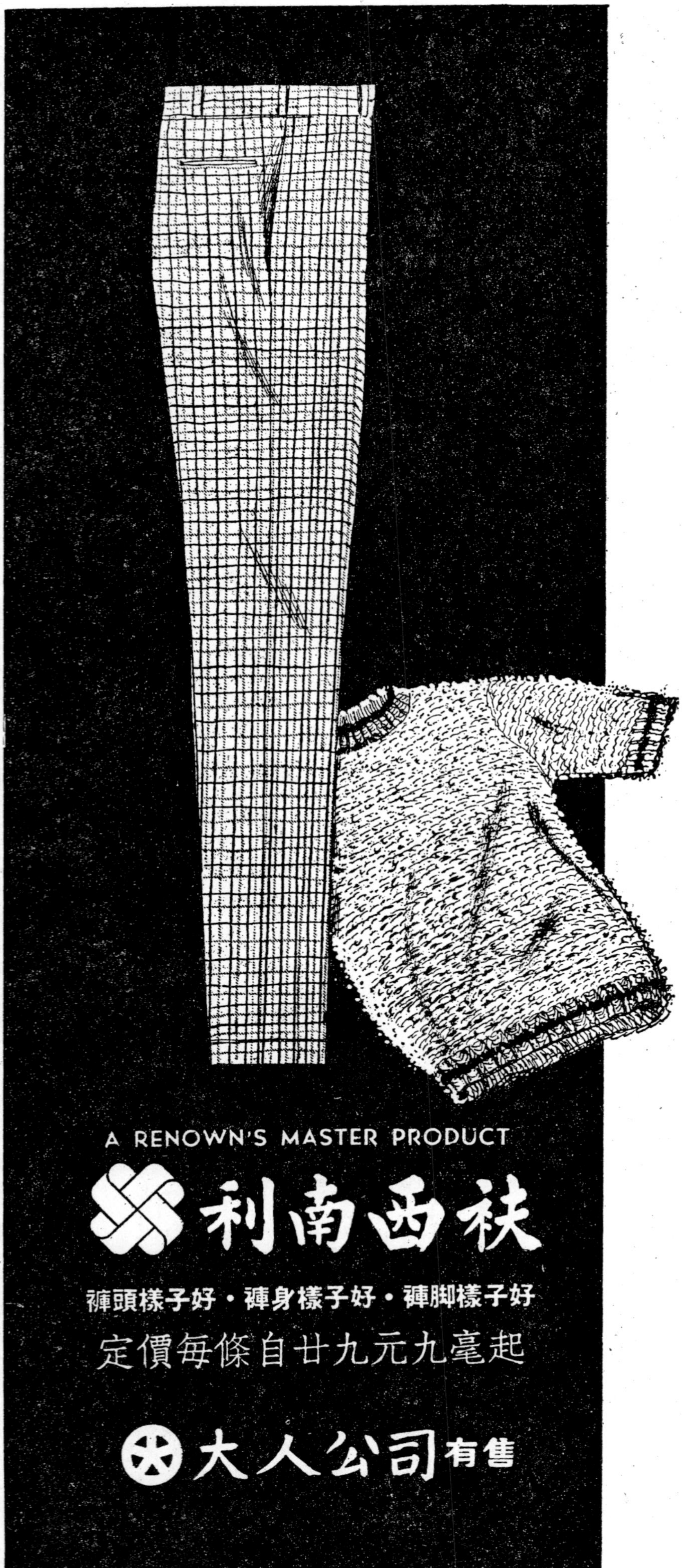
A RENOWN'S MASTER PRODUCT
利南西褲
褲頭樣子好・褲身樣子好・褲脚樣子好
定價每條自廿九元九毫起
大人公司有售

馬場三十年

老吉

上期談及林雲亮廐首席騎馬人王登平騎新馬跌斷肩骨，到底年富力强，不到兩個星期，已全部復原，而練馬師史秀和在早課時忽然半身不遂而送入醫院，結果史老二年事雖過花甲，幸而平時體格素健，一個月中也漸見復原，現在快活谷中，這兩位曾經大難者，依然十分活躍，這是我們認爲非常難得的一件高興之事。

戰前的大馬主，戰後逝世的逝世，不再養馬的不再養馬，祇有一位李蘭生五叔，仍能在這二十多年中，依舊對養馬興趣勃勃，他的「景」字尾馬，一連多年，還在快活谷中，每屆揚威。惜乎他老人家，在今年五月九日在馬場廂房中看他名下寶駒「優景」，由吳庠如君執鞭參加「皮亞士杯」大搖彩票賽時，因爲「優景」一出閘便放在前面；這匹「優景」本來是慢出閘的馬，從來沒有試過出閘後跑在前面，令他老人家十分緊張，後來「優景」逐步落後，可能是因這一刺激，李五叔的心臟病復發，因而在馬場廂房中逝世，從此馬會中的華人馬主元老變成絕蹟！還有一位戰後的大馬主孫麟方兄，他可以說得是十年前馬場中無人不知的名人，可是在五年前他對本港賽馬却早已漸淡而目標轉向澳洲及星洲，因爲他將他的事業發展到星加坡去，而他本人也旅星時多而在港時少，所以香港不養馬而在星洲養馬；同時各位須知，香港馬匹，現在與戰前不同，戰前可以自己買馬交給馬會管理，而戰後則馬會改例，變成祇有向馬會申請搖馬，而自已無權向澳洲購馬放在香港馬會代養。因而想養好馬與養多幾匹馬，第一點已不由自主，第二點祇有出高價向第二三位馬主讓馬，但是當時馬匹的價目，至少已值三、五萬港幣，現在則閒閒地值十萬八萬，如果像「堅橋」與「超羣」，至少值十五萬元左右了。這樣對中意養馬與喜歡落大注的馬主，實在划算不來，因而孫君就乘自已多數旅居星加坡的關係，在星買馬，因爲星洲買馬與香港戰前一樣，可以自已隨便向澳洲出高價買進，要多少可以買多少也。這與這裏邵氏兄弟公司的邵仁枚、邵逸夫昆仲一樣，他們在星洲時時養有名馬幾十匹，但在香港則辦不到了。

故大馬主孫麟芳君及其夫人在一九五四年贏了「金谷鈴」之「勝香港打比」。後攝影這一對香港馬會是馬爲「打比」改銀杯的銀馬座第一次）

關於馬會在戰前各種有趣的花花絮絮，先講獨贏與位置票，大家以爲戰前戰後一直是每張票賣五元，其實不然，香港馬會也曾經試過每張票價爲二元的。

那是一九三四年我到香港不滿兩年的時候，因爲當時世界不景氣，馬會爲恐防生意不好以廣招徠起見，由董事會議決，在一九三四年第八次特別賽馬起；當時除了週年大賽之外，其餘都名爲特別賽馬，由每張五元減價爲每張二元，希望可以因價格低廉而能增多一些投注收入，那知道此舉適得其反，售票非但不增，反而銳減，在是年十月六日全日的贏位票投注總數，八場賽馬祇得九萬元，而十月十日的八場投注也祇得九萬六千元；當時十月十日是公衆假期，慶祝中國國慶，而且還有「雙十碟」錦標賽舉行的，比第七次特別賽馬的投注總額十二萬五千元，反而減少了幾乎近三萬元，與馬會董事會議决定的希望「想加反減」。

到第九次特別賽馬，更發生一件馬會蝕本的事件，原來那一天有一匹大大熱門「哈德門」贏了頭馬，獨贏與位置票皆要派彩二元一角，這是馬會的定例，贏得者至少要有一角紅利，於是乎馬會對這一場派彩，連抽佣派出都不夠，做了一次大大的蝕本生意。

馬會董事一看減價辦法不對，立刻再召集會議，議決從第十次特別賽馬起，贏位票每張仍售五元，也即是說恢復原價。

哈哈！恢復五元的辦法果然駛得，這一場八場賽馬的投注總數，竟然打破了十萬元大關，比第七次特別賽馬時祇少了二萬元，而比減價時却多了一萬元，因而馬會董事們，從此再也不敢提起「減價」兩字了。

在當年，週年大賽照例跑五天，那是星期六、星期一、星期三、星期六與星期一。五天的贏位票投注收入約爲一百二十餘萬元，但時至今日，單單今年十一月廿八日第三次賽馬的第三天，一天贏位票的收入，已有七百三十四萬九千〇九十五元，比三十五年前的五天收入還要多出了六倍有餘，而孖寶與連贏位投注總收入的一千二百五十三萬一千三百五十元尚未計算在內，兩共投注一千九百八十八萬〇四百四十五元正，雖然說幣值降低，但也可見香港人之賭勁犀利無比了。

還有，香港馬會當局，在每一次建造新看台後，必定增加門券入場票價一次，這好像是成了「例」一樣。譬如一九三四年我初在本港看賽馬時，公衆席入場券爲每人四元，在此之前的一九三二年新看台未建時祗售三元，後來下半年因世界不景氣，商業走淡風，公衆入場券減半收費，減爲二元，當時入場的人數雖見增加，而贏位票每張二元却不見增加。

一九四七年戰後初次賽馬，公衆席入場券增爲每人三元，後來改建新看台，乃增加爲每人十元，同時，會員席也增至二十五元。這筆收入，也頗可觀，去年增加了電算機傍的公衆席，而且次次「爆棚」；天雨不算，馬會收入，更是盆滿砵滿，變成唯一的大贏家了。

在一九三四年時，馬會難關重重，眞是受了世界不景氣之累，當年的投注與搖彩票收入，均大見減少，因而該年度年會結算，馬會要虧本三萬零零九十五元六角。當時馬會當局，急謀彌補赤字辦法，實行開源節流，除了贏位票減爲每張二元，公衆席入場券四元減半之外，馬會的正式馬簿上，還設法招登廣告，以彌補印刷紙張費用，對一切非必要開支，可省則省，同時會員年費由每人廿五元增至卅五元，對馬主養馬費則畧爲增多，而頭、二、三馬的獎金則酌爲減少，同時，會員在馬會餐廳飲酒食餐的簽單則由半年一結，改爲每月一結，也即是第一個月的簽單，第二個月一定要付清。種種設施，都向節省開支、增加收入上着想，如是者足足半年有多，到一九三五年下半年，世界轉爲景氣，馬會收支，方能平衡，而各位董事們也算能抖了一口大氣。

香港馬會，在一九五一年起方纔建造好電算機，五一年下半年賽馬，電算機方始啓用，各位大概都知道，這一座老電算機，已於前年拆卸，而從上一屆起，已經改用新電算機。老電算機祗有一座，可以看得出「獨贏」與「位置」售出的票數，却看不到「孖寶」和「連贏位」的售出票數，這是一個缺點，當時買「孖寶」或「連贏」是大熱或二熱，祗有看「獨贏」或「位置」票的首熱和次熱，約畧知道誰是大熱而誰是次熱，馬迷們瞎摸摸，便宜了幕內人，因爲，唯一他們纔是知道那兩匹馬有第一與第二機會，也唯有他們可知道「孖寶」頭關和二關的大熱門馬，尤其是場內馬迷，對「孖寶」更是烏龍，因爲電算機的獨贏一、二熱門，祗看見了第一場而看不到第二場，於是對「孖寶」的第二關祗能盲撞一匹熱門馬，可是到第二場電算機跳票數字出現時，却原來大熱門是另一匹馬，而且結果也跑了出來，所以當時馬迷們對這座老電算機，自然而然嘖有煩言了。

好了，到前年拆舊建新，由一座變成了四座，公衆席是上面看「孖寶」和「連贏位」，下面是看「獨贏」，而會員席則剛剛調轉來變爲上面看「獨贏」，而下面看「孖寶」和「連贏位」。同時以前是看票數（每張五元），而現在則是看銀數，（單位一元起算），大熱門（「5」：「7」）便是五元賠七元，（五元一票也即是「2」：「5」）便是二元賠五元，（五元賠十二元半左右），這當然比以前的老電算機進步得多，至少「孖寶」第一搭第二場那兩匹是大熱門已可以知道，而連贏位更容易看得見，可是也有一個缺點，便是位置票售出銀碼，電算機上缺了這一檔，所以有時候位置票會派出令人意料不到的數目來，不過，至少比老電算機進步得多；而且電算機系統與出馬閘門系統由電力控制，馬匹一開閘賽跑，電算機電路立即關閉，同時鈴聲大震，表示不再售票，這當然是一種最好的措施，同時，派彩銀碼，不必像以前一樣要用人腦而代替電腦計算，既快且準，可是「電腦」的電路不能出毛病，如果一出毛病就「乖乖不得了」！各位大概都記得去年一九六九年十月二十日的尾場，（也即是第八場）電算機忽然生了急病，以致於買中了「必圖利」搭「大將」（「7」搭「11」）全部中了「空寶」，因而候到是晚八時零五分，馬會當局在場內分別用英語和粵語廣播：「因電算機發生故障，根據電算機條例，管理電算機經理有權宣佈第八場連贏位投注，全部退票，在場內退票還洋，將延至八時卅分截止，至於持有第八場連贏位票而未能及時領回票欵者，則可於本月廿六日（星期五）中午十二時前，到馬會各售門票處憑票領回票欵」。這一個廣播幾乎釀成了軒然大波，原因是電算機已亮起「白燈」，也即是表示可以派彩，但忽然又作此宣佈，可以說得馬會當局自己不承認「白燈」亮起作爲無効，而且電算機出毛病，與買中七搭十一的馬迷們有何關係，不派彩給買中者，與理大大不通，當時買中「必圖利」搭「大將」的馬迷，會員看台、公衆看台、廉價看台合起來，約摸有七八十人，當然大家都認爲不値，同時拒絕領回票欵而鼓噪鷹集，後來因不得要領而各人紛紛到東區警署投訴，更有人聯合起來預備合請律師起訴馬會。

這一場風波，確乎弄到馬會辦事人頭痛萬分，而且有的馬迷買不中七搭十一的，老早將票子抛去，等一聽到全部退票，在場內的當然立即四面八方尋找第八場任何號碼的連贏位票，馬場掃地工人更是興高彩烈的周圍尋票，當時的馬場可說是破天荒的熱鬧。

至於派彩員方面，大冷門爆出，他們最最歡迎，至少派彩可以淸閑不少，等聽到全部退欵的廣播，立即變成忙到「七個一皮」，派彩派到失魂，有人混水摸魚，立即回家將上星期第八場的舊票取來領欵，馬會派彩處，一不小心，忙中「領嘢」，收得了四百元舊票，弄到要吃賠賬。

這場大風波，馬會當局自知不合，後來由畢馬域會計師樓詳細計算，然後宣佈先行登記是日七搭十一的連贏票，（無票者空口白話當然另計），然後分別派彩，計每票得一千三百三十三元正，照馬會的正式公佈是售出連贏位票總數（每張十元）共九萬九千七百七十一張，中「必圖利」搭「大將」（七搭十一）者共六百三十六票，因而每票可得一千三百三十三元正，其實電算機既已壞了，這數目如何能算得出來，也祗有馬會當局知道了。

這是有了電算機後的毛病，後來馬會當局，再從新立例，改善辦法，以後一亮「白燈」，無論如何，一定要派彩，因而以後如再有電算機出毛病事件發生，則「白燈」再也不會發亮了。

我何以忽然會講到電算機派彩上面來，原來是馬會在沒有電算機以前的數十年前，也曾經出過一次蝕大本的事件。

事關當年發售獨贏及位置票，不用機器而用人力，我在本刊上早已講過，馬場閘網一開，馬匹跑出，公證亭中的公證人立即撳電鐘總掣，這時，塲內的電鐘大響，於是乎管理售票的主任，各自將紅或藍色粗鉛筆，由一號馬票一路劃至最後一號同時並記上最後售票的號碼，以便核對，有時公證人撳鐘慢少少，馬匹跑到半途鐘響，也會有之，但是有一次却在馬匹跑到終點，頭、二、三馬早已跑出，電鐘却仍未聞響聲，公證人已撳了鐘，却原來電鐘的電流不通，於是乎馬會在馬已跑完，還有獨贏和位置票發售，變成馬會方面，大大蝕本。

這件事發生在距今八十年前，當時不是辦房制而是承辦商制。

當年是一八九零年某一次特別賽馬，馬塲投注，頗為旺盛，售票處人頭擁擁，承辦商當然興高彩烈，可是奇怪的是何以買票者你擁我擠，全部都向一匹馬身上買獨贏票，而其他各票櫃則無人顧問，却不知這一場賽事，早已跑完，頭馬大家已知道，有的見到仍有票買，當然不肯執輸，於是你買我也買，每一個人都向這匹已跑出的頭馬紛紛買票，後來知道馬已老早跑完，立即不再售票，可是已經賣出了不少大票小票，承辦商又不能不付彩欵，結果蝕了一次大本。

還有派彩人派錯彩金有時有，而算賬人算錯數却也有過一次，獨票應派十元，而算錯了五十元，結果每票派多了四十元，等到散塲結賬，方才發覺錯誤，承辦商知道蝕了大本，在無可奈何之中，發出一項通告，內容希望「馬迷體育同志」重視「體育精神」，並希望「上流紳士」，收多者退還票欵云云。

結果如何，難得有一位「上流紳士」退回票欵四十元，也可以說得一聲絕無僅有了。（七）

香港馬會的舊電算機（上）與新電算機（下）（名苑攝）

上海人過聖誕

鳳三

舊日上海的基督徒，數量不及香港的四分之一，但上海人過聖誕似乎要比今日的香港人熱烈。祇有兩點是例外，寄聖誕咭者不及香港多，家庭派對尤少。寄聖誕咭，青少年最起勁，但上海的聖誕是屬於成年人的。家庭派對也是屬於青少年的，並且，舊日上海，洋派最講條件，譬如養洋狗的，百分之九十九住在洋房裏，半數還是花園洋房，家中實用面積，一定超過四千方呎；要開聖誕家庭派對，經濟情形要更好。此時此地，住在唐樓中的也養洋狗了，一「座」面積不過五百方呎的所在，也有家庭派對了，參加者中有工廠妹與擦鞋仔。

封關迎外國冬至

舊日上海人過聖誕的熱烈，是與租界分不開的，在洋人的勢力下，洋派至上；租界收回後，遺風猶存。上海洋商機構的聖誕假期與香港一樣，這類假期，在上海話中，謂之「封關」，「封關」指封「江海關」，租界時代開始，「封關」根據西方的傳統，而新派華商機構，亦學洋派了。凡是「封關」，亦即租界上政府的假期，但無「公衆假期」這名稱，而上海學校的假期亦與政府假期不同。並且，絕大多數大學都在郊區，不在租界上，學校方面在聖誕有假期的，限於教會學校而已！

舊日上海的「聖誕櫥窗」，與香港差不多時間出現，靜安寺路、南京路、霞飛路與北四川路上，「聖誕櫥窗」最多，因為這幾條路上，比較洋化。一般中國色彩濃的店家，則舉行「冬至大減價」，「冬至」兩字指中外兩冬至，這兩冬至本來相近，此間的聖誕，稱「老番冬」，在上海亦日「外國冬至」，這是小市民的口語，口頭用「聖誕」，幾乎限於基督徒，非基督徒而對聖誕有興趣者，口頭都用外國話 Christmas 了！

洋商的聖誕櫥窗

南京路上有英商「惠羅」，靜安寺路上有美商「福利」兩大百貨公司，他們都重「聖誕櫥窗」，但就我個人眼光看來，南京路外灘沙遜大厦的櫥窗最美，那些鋪子，或是洋商，或係華商而以外國主顧為主要對象者，他們都比今日尖沙咀的「聖誕櫥窗」漂亮。沙遜大厦斜對面，有一英國人開設的鋪子，專售高級用品，市招是Boys，著名製片家李祖永曾經把他們全部雕花玻璃用具買下，由於某次其中一華籍職員，看這「長衫客」土頭土腦而對他說：「你又不買，看了這麼久，該走了！」他即說全部買下，英國負責人後來向他求情，說是全部買下店裏太難看，能否先取一部份去，俟貨到再把另一部份送往公館？李氏也答應，但仍打出全部代價的支票。這家鋪子的「聖誕櫥窗」，永遠是第一流。此外，近河南路的美商沙利文食品公司的門市部，亦第一流。法租界霞飛路上，許多與白俄有關的鋪子的「聖誕櫥窗」，簡單而又美觀。

聖誕樹與聖誕禮

在香港，港督府中的聖誕樹是美麗的，可是，舊日上海靜安寺路上「斜橋總會」與意大利領事館的庭院中的聖誕樹更美，尤其是前者，三株椎形的聖誕樹高近三十呎，白天看來已美，晚上有燈飾，更屬絢爛了。在愚園路上與法租界西區，多花園洋房，即使主人並非基督徒，花園中也有聖誕樹與其他聖誕燈飾，例如愚園路上佔地二十三華畝的王伯羣的公館，他担任過鐵道部長，卸任後長大夏大學，後娶校花保志寧，他的住宅，很像歐洲的皇宮，在慶祝聖誕期中，夜來即有火樹銀花之盛了。

商家的「聖誕櫥窗」，志在號召主顧來購買，舊日上海，一切洋商機構的華員，對外國上司要送聖誕禮，洋行華大班尤甚。一般華商機構要搞人事關係，對統治者方面如巡捕房等洋人，必須「孝敬」。南京路上有一鋪子，從來不舉行「冬至大減價」，亦從來沒有「聖誕櫥窗」，却有大生意，這是大名鼎鼎的楊慶和銀樓，在租界時代，每年聖誕前要售出純金西餐用具幾百套，這是用來送與西人的，套有大小不同，大者且包括金盤，像正宗俄國菜館中所用鐵盤大的也有。聖誕過後，「楊慶和」又要買回一半，由於洋人收得太多，由他們的中國馬仔持往「楊慶和」了！由此可知舊日上海租界當局的貪污。

火鷄與聖誕大餐

聖誕禮品以外，舊日上海人更重視聖誕大餐，聖誕大餐中的火鷄，多數來自舟山，鴉片戰爭時，英軍在舟山遺留下火鷄，民國以來，舟山火鷄專銷上海，其中一小部份，轉銷往南京蘇州等埠了。

上海各西餐館，有正宗的，也有上海式的，再有一種是稱咖啡館的。可是，上海人若吃聖誕大菜，主要是去舞場與夜總會。現在且先談夜總會中的聖誕大餐，著名的有三家，(一)係沙遜大厦頂樓的高塔夜總會，每年十二月二十四日夜，座上中國人不到四分之一。(二)係靜安寺路上的「仙樂斯」，中國主顧佔半數；後來改為「仙樂舞廳」變成舞場了。(三)係亞爾培路上的「逸園」，十分之九係中國人。三處的聖誕大餐，席上俱有龍蝦與俄國黑魚子醬，而多數桌上也有香檳。

上海舞場，都有廚房，大舞場又都兼夜總會性質，在普通假期前夕，家庭婦女隨父兄與丈夫去的頗多，以三十年代言，家庭婦女會跳舞的較少，桌上的先生們感到舞伴少，就請些舞女來坐枱作舞伴了，而通常是家庭婦女提議的，太太、小姐們，對舞女也有禮貌，當然，舞女的地位要比香港高得多了。在聖誕前夕與聖誕夜，大小舞場都售聖誕大餐，必須事先訂座，大舞場中的聖誕大餐，十分之九不是由正宗舞客與舞女吃的，家庭中往往在大舞場中舉行「合家歡」，一家八口即吃了八客「聖誕大餐」，或是兩家聯歡，那更要坐一長桌了。以「大都會」言，舞池是滿月型的，聖誕前夕變成蛾眉月，由於池中也都擺了桌子。

舞女們的大日子

另一方面，十二月二十四日在舞女們亦屬大日子，必須在爭取舞票上努力，紅星尤須顯顏色，事先必須運用交際手腕，她們的聖誕老人都是「亞爾曼」，舞女稱年老舞客爲「亞爾曼」，即英文之Old man，亦即老人也。舊式丈夫，聖誕前夕不陪太太，自己往舞場捧舞女，不捧是丟臉的，未婚舞客更不能不去報効。新派丈夫要陪太太，則託馬仔代買舞票，或事先折現交與舞女本人或舞女大班。

聖誕前夕，係狂歡之夜，其實祇指舞場與夜總會，舞場家家通宵營業。某年十二月二十五日凌晨，「慕爾堂」塔頂上的霓虹燈十字架已熄，附近揚子舞廳中的樂隊還在奏「白色聖誕」這曲子，那天我夜遊罷歸去，當時我與朋友在揚子飯店有一「長房間」，而揚子舞廳則在該旅館中地下，我在候電梯時，聽到這樂聲。

狂歡的夜遊神們

舊日上海的「夜遊神」，決不像此間的「同志」那樣往往「從一而終」，九點進夜總會，到凌晨五點離去，打道回府，這種「八小時辦公式」的玩，眞是小兒科之至。舊日上海的「夜遊神」，重一個「翻」字，從甲地搬到乙地，謂之「翻」，是否語源於「翻山越嶺」？我所不知。在「狂歡之夜」，甚至作「合家歡」的也「翻」。有年我與舍妹隨親戚全家去玩，即由大滬舞廳「翻」到「逸園」，當時「逸園」的樂隊是由傑美卡遜領導的黑人樂隊，原班來自美國，係遠東第一號，記得那夜傑美卡遜扮了聖誕老人，向各桌分送象徵式的禮包呢！

西區愚園路，係夜總會之街，夜總會鱗次櫛比，達十餘家，大小不一，各有情調，而俱正宗，平日營業，亦自午夜「上市」。那些夜總會雖有廚房，却很少賣聖誕大餐的，在那「狂歡之夜」，多數有白俄或印度閽者扮了聖誕老人在外招徠主顧，某年我帶舞伴從百樂門舞廳出來，先「翻」「阿里巴巴」一直「翻」到「冬園」，可謂「翻」遍整條路上的夜總會，每家我喝一杯酒，女伴祇喝軟性飲料，當日狂態，目前思之，恍如隔世呢。

這是卡通片「白雪公主」上映不久後的事，我的舞伴包五穿了一件白氅，因此西人有對她高呼Snow White者，這位包五小姐，唱過京戲、演過話劇，差一點又做電影明星。同文大方、蝶衣、葦窗諸兄，都與她相稔。

因爲是「狂歡之夜」，酗酒滋事者也特別多，如果被捉將官裏去，若非案情重大，到明天上午，決不會處罰，「黃毛」還與被釋者握手而稱Merry Christmas呢！上海人對西人稱「黃毛」，「黃毛」重聖誕，故予優待，不知香港「差館」中對聖誕狂歡犯例者如何？在我這曾在上海狂歡了多年的過氣「夜遊神」看來，非基督徒而又屬中年者，香港的聖誕是差勁的。

上海人湧到香港

一九四九年，大陸變色，上海人開始湧到太平山下，「夜遊神」依舊夜遊，在他們心目中，理想地點是麗池花園。以「麗池」的整個規模言，舊日上海找不出來。那邊有舞廳、室外舞池、高爾夫球場、游泳池與海上划船設備。舊日上海夜花園多，「花樣」無其齊備。上海夜花園中首先有游泳池，是一九三六年夏天開幕的亞爾培花園，在法租界亞爾培路上，那邊有露天舞池，而無舞廳，也沒有高爾夫球場等。上海夜花園之有高爾夫球場者不少，始自「維也納」，但有高爾夫球場者都無游泳池。至於划船設備，僅滬西麗娃栗妲村有，那邊有條小河，長二千餘呎，其中三分之二流入大夏大學的校園，「大夏」准許麗栗妲村的遊艇在任何時間駛入校園，但遊艇上人不得喧嘩。可是，無論如何，當聖誕慶祝期內，「大夏」當局也並不太嚴格了；以「麗池」的每一單位言，絕無特出處，舞廳的建築，更因陋就簡，樂隊由非人愛里領導，他在上海時，祇是二流舞廳「國泰」的領班而已！「麗池」的女歌手非人高樂，還勉强可算色藝俱優。「麗池」好在東西多，又本由上海人主持，作風海派，上海人乃有親切之感，趨之若鶩。一九四九年該處的聖誕大餐，半數售與上海人，其時香港的上海人，遠不及今日香港之多呢！

以後亦由上海人經營的「月園天宮」與「麗池」分庭抗禮，以建築與樂隊言，「天宮」在上海人眼中是高貴的，由高佬西柴凡拉斯高領導的非人大樂隊，係香港有史以來最好的跳舞樂隊，奏聖誕歌時，特別「有勁」，上海人處處重「有勁」兩字，而該處的厨房亦勝「麗池」，其聖誕大餐算好。

「麗池」與「天宮」以外，上海人喜歡新寧招待所中的「香檳廳」、淺水灣「麗都」與新界「青山酒店」。十五年前，「夜遊神」慶祝聖誕，亦重一個「翻」字，以後此風漸趨式微，也愈來愈廣東化了！廣東化中之主要者，是在大酒家附設的夜總會中，吃「中式聖誕大餐」，舊日上海，是沒有這樣東西的。

今年，所謂「歌廳夜總會」更多了，舊日上海的「夜遊神」中，不少要到那邊渡「狂歡之夜」，這是環境影响，由於此時此地，時代曲太瘋狂了！

荷蘭貓嘜毛毡

大人公司有售

烽火三月話上海

——淪陷八年回憶錄——

陳存仁

日本人在中國北方揭開了大侵畧戰爭的序幕，對東三省一戰而陷錦州，東北方面不曾抵抗，日軍垂手而得大幅疆土。在平津方面，靠着哄、嚇、騙、詐，祗打了幾塲仗，雖然有幾個猛將奮力抗戰，如張自忠等戰死沙塲，平津及華北數省，也輕輕易易的失陷了。

日本軍閥對南京上海，處心積慮已有十多年，間諜及各種各行組織密佈，深謀遠慮，認爲掌握京滬路一些沒有問題，而且公然說：『上海一天之內就可解決，三天可以打到南京』，萬不料在上海就大大的碰上了一個釘子，被國軍棋先一着，大軍開進淞滬，日軍措手不及，改攻爲守，而且因爲時間來得太快，自感兵力不繼，雖然軍艦絡繹不絕的駛來，在時間上究竟比不上用火車一師一師的運來那麼多那麼快，因而日本人向來『輕敵』的計劃都告失敗了。

古堡揚威　出人意外

中國東南幾省的海口，以吳淞最居險要，面臨長江口，軍艦進入黃浦江，首先要經過設在吳淞口的炮台，這炮台能控制長江口岸，建立在明代初年，作爲防倭防寇的重鎮，在清代屢加修葺補充，歷史已極悠久。

在民國廿一年一月廿八日，就是『一二八』之役，十九路軍在上海閘北掀起了對日抗戰，那時節這個吳淞炮台，曾經發揮絕大威力，指揮的人是現在隱居此間的翁照垣將軍。

十九路軍撤出上海之後，就在五月五日，中日兩方簽定了吳淞協定，訂明在上海周圍數十里不駐軍隊，在撤軍之後，日軍竟將吳淞炮台，大加破壞，以杜後患，但炮台周圍的建築物依然存在，後來日軍撤退之後，由上海的保安隊作象徵性的防守。

在十九路軍撤防到福建之後，吳淞已成爲一個平靜無事的地帶，那邊有一個吳淞鎮，我有幾個親戚是吳淞鄉紳，平素我因業務纒身，極少到吳淞去探望他們，可是吳淞海濱有一家福致飯店，做的咖喱鷄，名震全滬，逢到假日，不少人都駕了私家車到那邊去進餐，順便『觀海』，因爲上海人是輕易看不到海的。

有一次，我在福致飯店碰到了我的親戚王建亭，他是吳淞商會會長，我隨便問他，你對吳淞炮台中人是否相熟？能不能帶我們去參觀一下，他說：『炮台原是禁區，不過炮台中的防守人員與我們商會常有往來，不妨各人帶了名刺去訪問一次，順便參觀參觀，』於是我們在飯店就駕車直趨炮台。

我們到了炮台一看，原來這炮台的範圍極廣，雖曾被日軍破壞，但是炮台的地面建築物依然存在，而且還有許多古炮昂昂然對着海口，我曾細細的觀摩一番，祗見這許多炮上都刻有建造年月的字樣，字體清晰可辨，可以看出『乾隆幾年鑄造或同治幾年鑄造』等，還刻着鑄造人某某鎮守使某某人的官銜，祗有幾尊比較新的炮上面，看出是清代某年江南製造局鑄製等字樣。炮的式樣當然很古老，有的已接近腐蝕，看來已老態龍鍾，早已不中用了。我看了之後，有一個感想，這不像來察看國防重鎮，祗能算是來參觀陳列古物的博物院了。

萬不料八一三前夕，日軍二百人，把中國保安隊完全趕走，等八一三閘北鎗聲一响，大隊國軍開到吳淞，將二百日軍全部殲滅，接着國軍開到吳淞和寶山的倉庫中，搬出大批鋼板鋼條以及水泥，連夜把炮台重建一新。又由淞滬鐵路運到了不少新式鋼炮，據說若干鋼炮是德國克虜伯廠製品，射程極遠，所有砲兵都是訓練了多年的熟練軍人，所以等到吳淞炮台一放炮時，日本軍艦出於不備，損失極大，因此日艦出入黃浦江，都受到重大的威脅，日間運兵發生了極大困難，祗好在夜間偷運，一面用遠程野炮轟擊吳淞炮台，始終達不到目的，而且中國工兵配合了民衆在吳淞炮台周圍，掘下了深達丈餘的地道，所以後來日本空軍來轟炸，也不生效力。

日軍認爲吳淞炮台不攻下來，兵艦出入受到威脅，所以就在吳淞蘊藻浜登岸，抄襲炮台後方，借此切斷國軍後援的通道，因此在閘北方面的戰事，祗處於被打的地位，而無出擊的能力。

國軍也覺得蘊藻浜被日軍佔據，炮台勢難持久，所以調派大批軍隊開到蘊藻浜，與日軍決一死戰，整整的激戰了近二十天，到九月二日，蘊藻浜的戰爭，國軍獲得勝利，日軍紛紛潰退，能逃回軍艦的也不多，而大部份的日軍都被國軍殲滅。這一下子，日軍受到極大的損失，這是八一三戰爭初期日本大吃敗仗的一役。

日本當局異常震驚，於是在這次的大傷亡之後，改採空中攻勢，用無數飛機轟炸炮台，再用大批海軍陸戰隊，直接猛攻吳淞炮台，這樣才被他們攻下來。到九月三日，吳淞炮台就被佔領，而且還攻陷了寶山縣城。

九月八日，日軍開始向國軍作總攻擊，連打了四天，雙方傷亡慘重。直到九月十二日，國軍節節後退，轉移新陣地。

寶山陷敵　獸行暴露

寶山是鄰近吳淞炮台的一個小縣，人口大約十餘萬，市廛繁盛，我小時曾去過一次，記得那裏的大街都是用方塊石版舖成的，所有商店，也有相當規模，居民全是小康之家，富庶的人家也不少，貧苦的人却不多見。

日本人對吳淞炮台久攻不下，恨之切骨，所以一等吳淞炮台淪陷，就把軍隊開入寶山，同時一般軍人大肆强暴，姦淫擄掠，無所不爲。

日本人帶來一批浪人，一部份是朝鮮人，一部份是中國人的漢奸，挨戶搶刧，不僅把居民的金銀財物洗刧一空，甚至連人家的傢俬都搬了出來，用火焚燒。

我的親戚王建亭，在寶山也有住宅，淪陷之前，早已拖兒帶女逃到上海租界上來，他是一位很儉樸的老人。到了上海之後，就住在鄭家木橋一間小客棧中。他是寶山紳士，所以後來凡是從寶山逃來的難民，也都跟着他住在這個小客棧中，我奉了嗣父之命，送去許多衣被食物，於是就碰到不少由寶山逃來的人，他們很憤慨的講出許多淪陷後的情況。

據說：寶山淪陷後，日軍和浪人連搶了三天，不少人被指爲抗日份子，遭拘捕到監獄去，受盡拷打，他們有五種刑具，第一種是用鐵針插入手指尖中，第二種是把手指甲一個個拔掉，令人痛澈心肺。第三種是用溫水灌入鼻孔中，令人嗆出血來。第四種是鞭打。第五種是坐老虎櫈，一坐上了老虎櫈，這人便會昏厥過去，不少人抵受不住，就死在老虎櫈上。

至於在街道上，見到了日軍，一定要作九十度鞠躬，否則槍柄就打上頭來，同時皮靴亂踢，被踢傷的人不知其數，奸淫擄掠，無日無之，日軍成羣結隊幹着暴行，幹過後便互相作出猙獰的狂笑。

到淪陷的第三天，地方維持會也出現了，成員多是地痞流氓，加上幾個當地的歹徒，居然皇皇然貼出安民告示。他們成立一個『慰安所』，要拉二百個婦女，供日軍洩慾，這班漢奸奉命連日到處强拉適齡的婦女，不少良家婦女被用繩綑綁起來，送到城隍廟去，就成立了一個慰安所，一時婦女們哭聲震天，在漢奸們的看守下，受盡了日本軍的蹂躪。

最初有十幾個婦女，把衣衫脫下來撕成布條，懸樑自盡。後來日軍下令所有婦女全部一絲不掛，脫得淸光，以免再有自殺事件發生。其中許多良家婦女，羞慚無地，抵受不住的就在淫威之下，活活的被摧殘而死。

有時因爲軍務孔急，日軍調出去的很多，毫無人道的漢奸，也穿上日軍的軍服，亂來一通，這種暴行，當然片刻之間就轟傳全城，大家想盡方法，逃出虎口，可是有許多地方早已架設了通電的鐵絲網，觸上了這網便慘叫一聲而死，有衣服穿得多的人，竟燒成一個焦炭人，因此許多人都繞道小徑逃出。

又過了幾天，寶山城幾乎變成死市，又過了十多天，日軍感覺到要是每佔一城都變爲空城，也不是辦法，居然貼出告示說：『姦淫擄掠行爲，盡是不法歹徒所爲，與日軍無關。』除下令禁止之外，而且還作出一幕戲劇性的手法，槍斃了十幾個人，其實這十幾個人之中，有三個還是效忠於日軍的漢奸，因爲他們搶的財物實在太多，日軍對漢奸本來有一種不成文的辦法，先讓他們搶一個飽，等到搶飽了之後，日軍就坐享其成的把財物接收過來，所以借此弄死幾個小漢奸，作爲掩飾。這在初期的寶山已經如此，後來在各省各縣也脫不了這一套。

又據說：羅店的漢奸鑒於寶山如此情況，所謂地方維持會的人，就改變了一個辦法，早就預備了大批土娼，等日軍一到，就歡迎他們進入慰安所。

上面所說的種種情況，當時租界上的報紙也有陸續發表，見到的人，人人咬牙切齒的痛罵漢奸爲虎作倀，可惜這種記載的文字，現在已經找不到了。

戰爭激烈　形成孤島

上海南市閘北在以往曾經有過幾次戰爭，如小刀會、泥城之戰、齊魯戰爭以及北伐軍開到上海和奉軍交戰，每次戰爭，市民都逃入租界，租界上的人口，每經一次戰爭，就增加了數十萬，『一二八』十九路軍抗戰一役，人口已增加到三百萬，所以在一般人的觀念中，『租界永遠是安樂土』。

向來每次戰爭，焦點都在閘北，所以閘北的居民受到的災難最大，居民中則以蘇北各地的人爲最多，可是這次八一三戰爭，把公共租界的虹口區，劃歸日軍接管，虹口的居民，如北四川路一帶，全是廣東人的市面，所以這次廣東人受到的災害也很大，但是稍有積蓄的人，都已逃出虹口區，遷居在公共租界和法租界的中心區。

這時上海租界上的人口，增加到三百五十萬人以上，法租界毗連華界南市，法租界當局深恐戰爭被波及，早已在沿民國路口，裝上一道極高極大的鐵柵門，但是從西門斜橋起，沿着一條很長的陸家浜，通達到滬西的大西路，本來是不設防的。到戰爭一起，戰爭中心雖在閘北，法租界當局想到這次戰爭不會輕易結束，所以就從斜橋開始沿着陸家浜，整個法租界邊緣連夜加築近二丈高的磚牆，這道磚牆動用了數千工人，在三天之內搶建完成，我曾經到過這圍牆下巡視了一番，覺得人力之偉大，實在不可思議的，現在想來，這道圍牆的長度，相等於此地從脊箕灣起，經軒尼詩道、皇后道、直達堅尼地城而有餘。公共租界當局也援着法租界的邊防區，圍繞整個區域，分段堆起沙包和架上鐵絲網，兩個租界如此嚴密的防患，才保持了租界市民的安全。

不久，戰爭越來越擴大，兩個租界在炮火連天槍林彈雨之間，無形中就成爲『孤島』。

中國人有一種螞蟻經營的精神，即使是難民，也會掙扎圖存。整個租界的秩序，不但安靖無事，而且一天比一天繁榮，儘管四週烽火連天，而租界上却相反的夜夜笙歌，租界當局也把宵禁的時間逐漸放寬，從九時十時十一時，放寬到十二時爲止。

租界當局在各文街處裝設鐵絲網

留居在難民收容所的難民，白天都經營着各式各樣的小本生意，利益最厚的是抄小路向四鄉去搜羅租界上所缺乏的糧食和手工物品，脫售之後，在租界上購買些五金洋雜，到四鄉去販賣，因爲是個人經營的小生意，當時稱作『跑單幫』，往往可以得到幾倍的利益。凡是兩方面特別需要的東西，常達十倍利益，因此不少難民，反而因爲戰爭而成爲小康，一批批由難民所遷出，搬進住宅區。不久，好多停了一個時期的戲院，也都陸續復業，生意比從前更好。

當時孤島上最感缺乏的是米，本來上海四鄉正常米糧供應，是靠常熟太倉等地運來的，然而還是不夠，要靠泰國的『洋暹米』來補充。戰事開始之後，常熟太倉等地有米運來，米行的存糧不夠充裕，於是就由顧馨一、王一亭等利用英商船隻到香港來採購洋米，至於五洋雜貨，如火油、肥皂、火柴、香烟、燈胆，原料向來大部份靠外來輸入，這時人口又多，消費更大，大家感到戰事一時不能結束，紛紛從事囤積，最敏感的就是那些跑單幫的小販，個個都發了財。

戰事繼續到第二個月，有若干富商巨賈，在申商俱樂部，天天討論今後的經濟趨勢，各人的見解不同，大部份的人以爲國軍即使英勇抗戰，但是防線一次一次轉移，一旦日軍打到蘇州，政府可能就會屈服。大家想這次的戰爭，和一二八戰爭不同，一二八僅僅是十九路軍打了個頭陣，政府沒有下決心作全面抗戰，但是這一次出動的都是中央軍的精銳部隊，祇許勝不能敗，敗了之後，再也打不下去了，所以多數人看戰事的期間不會太長，一切看法都作短期的打算。因而最初的時候，大商人還沒有開始囤積貨物。

當時有一位經濟學大家馬寅初博士，申商俱樂部邀請他參加討論今後經濟的趨勢，因爲馬寅初的哥哥馬小琴是中醫生，我和馬寅初很熟，那次的商討，他邀我同去，他到了那裏，大家一致推崇他，要他發表高見，他的意見認爲：戰事決不會拖長，勸大家不要囤積居奇，將來是要後悔的。商討完畢之後，有一個知識極平凡的顏料商人，他輕輕的對我說：馬寅初雖是經濟博士，但是所說都是書生之見，看法和他完全相反。我也看不出前途如何？祗能唯唯否否的敷衍了一陣。誰知道經濟博士的看法，竟然是完全錯誤，而這位平凡的顏料商竟是看對了，他到後來發了數百萬的大財。

囤積居奇　風氣大開

向來生意人很少關心國家大事，他們所關心的，就是戰爭期的暴利，換一句話說，就是想發『戰爭財』。一九一四年第一次世界大戰，上海幾個顏料巨商，如貝家、邱家、奚家，都因大戰而發到大筆大財，所以這次的戰爭，也打算到有發財的機會，這位顏料商人就根據了過往的歷史，如法泡製。

那時節白報紙漲得最厲害，產生了許多『紙老虎』。西藥業更是發到盤滿砵滿，這都是事先料不到的。

八一三戰爭之前，我的朋友袁鶴松，是上海濟華堂藥房的老闆，濟華堂本來在雲南路租着很小的一幢二層高的舊樓，地下是門市部，樓上就是他的住家。這個區域，晚間滿街都是『流鶯』（即最低級的拉客妓女），出出入入常時受到這班妓女和老鴇的滋擾，他不勝其煩，但是又覺得她們的行徑很可憐，每次被困擾，就拿出銀元一枚並說：『我是住在此地的，以後不要拉我。』於是這個區域中的妓女老鴇個個都認識他，稱他爲『四老板』。

有一天深夜，濟華堂樓下起火，好多妓女不見裏面有人逃出來，有一個妓女是江湖賣解出身，她順手找到一個大缸，用力抛上二樓，一擊而中着玻璃窗，袁鶴松探首出來問什麼事情？一看樓下都是火，才從熟睡中驚醒逃出，這場火，不但把濟華堂燒成平地，連育仁里的房屋也燒掉了六七幢。

一場大火之後，袁鶴松向業主提議，全部空地由他租來建屋，因此大興土木，造成了一座五層樓鋼骨水泥的大厦，落成之後，袁鶴松正愁着多餘的地方無法租出，許多經銷西藥的外僑，都想整裝離滬返國，一個個把堆存的藥品，以最低廉的價格傾銷給濟華堂，我記得最大的一筆交易，有八百箱奎寧丸（即金鷄納霜），因此堆滿了他的一層空屋，其餘名貴藥品，不知其數的送來，他情不可却，照單全收，有十幾家洋行還肯賒貨，暫不收欵。袁鶴松還說：『這麽多的貨，要幾十年才能銷得清。』誰知道後來西藥缺貨，袁鶴松一枝獨秀，飛躍漲價，他就發了一筆無法估計的大財。後來他想到要是沒有那個江湖賣解的妓女，打爛他的玻璃窗叫他逃生，他全家的人性命就不保，所以他後來到處訪尋這個妓女，給了她兩箱奎寧丸，再送她一些現欵，叫她改行轉業，後來這妓女到重慶去開了一家藥房，竟然成爲富婆。

後來囤貨的風氣大盛，大有大囤，小有小囤，幾乎家家戶戶都有囤貨，貨漲得最快的，一種是奶粉，一種是洋鐵皮，這兩種東西，日日高漲，囤的人都不肯脫手。越劇女伶袁雪芬，她住在北山西路橋塊，許多賣洋鐵皮的店家，把洋鐵皮賣給她，她就三張五張的收集起來，最多的時候，她家裏囤滿了洋鐵皮，連牀舖都拆掉了，自己睡在洋鐵皮上，這種畸形的發展，前方抗戰越是劇烈，後方發財的人越是多。

身陷敵區　目擊慘劇

第一道防線國軍退却之後，各式各樣的漢奸就乘機而起，本來早有無數漢奸潛伏在租界，租界雖是一個中立區，八一三炮聲一响之後，租界上的中國老百姓一致擁護抗戰，所以漢奸在租界上絕對不敢拋頭露面。記得在八月十四日那天，在新閘路上有一個當日軍翻譯的漢奸被人認出，大家一陣叫囂，拳脚交加，祇十多分鐘，就將那個翻譯活活打死。同日在愛文義路、卡德路、霞飛路，也有類似這種情形發生，日軍當局向租界提出强硬抗議，租界當局認爲這種事情，防不勝防，責令日方自行限制工作人員，包括華籍、朝鮮籍、以及台灣籍的屬員，全部撤至虹口防區，免生意外，一方面警告市民，切勿再發生事端。經過這一來，租界上不出面的漢奸，都消聲匿跡了。

向例日軍一經佔領了一個地方，這地方最初成立的一個組織，就是『地方維持會』。上海最早的第一個維持會，是在『虹鎮』，虹鎮是在虹口公平路底華界的一個小鎮，這個小鎮，國軍曾經防守過，作戰初期，有一支軍隊衝進租界日軍防區滙山碼頭，就是由虹鎮出發的。

初時，租界上一到晚間九時，就施行宵禁，市民在九時之後，仍徘徊在街頭的，就會被拉入巡捕房過夜，因此幾乎每個巡捕房夜夜總有二三百人被拘留，連到好多專做夜生意的小販，也不例外。

但是被拘留的人，因爲沒有睡覺，眼光光的等天亮，不免餓腸轆轆，見到被拉的小販，有些是賣夜點心的，因此竟搶購一空。所以有好多小販，爽性晚晚備了點心，如茶葉蛋、火腿粽子、八寶飯等等，等待拘留，可以從中取利。

我對於晚間九時宵禁，因爲當醫生的，常有急症出診，而且爲了仁濟育嬰堂的事務，有時夜間都要去料理，極感不便，於是我向警局申請領取通行証，初時他們限制很嚴，一連申請幾次，都不得要領。

有一天，有一個馬伕拿了一張『孫嘉福』的卡片來見我，匆忙的說：『孫先生要送你一張特別通行証，請你即刻給我兩張相片，明天就可以把通行證送來』，我對病家向來不問名字，所以這孫嘉福究是何人？一時也想不起來，但是對來人覺得很熟，既然有人肯送我通行証，總是好意，我就給了他兩張相片。

到了第二天，診務方畢，有一個痲面的老嫗，哭哭啼啼的來見我，我一看到她認出她是我很熟的病家，因爲她滿面豆皮，所以我記得很清楚。那老嫗說：『現在有件不得了的事，我與孫嘉福生的一個孩子，今年已有廿四歲，病得半死半活，非你去救他的命不可。』我也沒有問清楚他住在什麽地方，跟了她就走，走出門外，已有一輛開蓬的福特汽車在等着，車上坐着兩個人，我也隨他們登上了汽車。

汽車一路開到北四川路橋塊，我說：『我不進日軍防區，你還是載我回去，因爲過橋一定要向日軍作四十五度的鞠躬，否則會被摑上幾下耳光。』車裏的人也不理會我的話，一味的向前開去，我身不由主，到了日本皇軍駐守的地方停下來，那老嫗和其他兩人下車，關照我說：『你不需要下車』，他們三人對日軍深深鞠了一躬，其中有一人，日語講得很好，從袋中掏出一張白紙，上面貼有我的相片，日軍見了這張紙，就一揮手讓我們自由開入，我在車中大大的着急起來，想來想去，身入禁地，自己全失自由，這次定然是凶多吉少，要綁架的話，更不得了，頓時慌到不知所措，祇好自己安慰自己。這老嫗和她的丈夫確乎是我的老病家，而且當時因他是鄉鄰馬伕，貧困非凡，沒有收過他們的診金，想來不致於恩將仇報。

在車中我向他們要看看這張通行的証件，全是日文，約畧認出我的身份是醫生，而簽証發出的是『梅機關』。

車子行駛了好久，才到了公平路底，又有幾名日軍攔住着，我一看形勢更壞了。他們在車中把通行証一揚，車子又輕輕鬆鬆的通過了，我一看這地方就是虹鎮，那老嫗才告訴我：『陳先生你不要急，孫嘉福現在當了虹鎮地方維持會會長，對你決不會傷害。』我到此地步，也祇得隨遇而安了。

虹鎮是一個大約祗有百數十家商店的小鎮，從前我曾到過，但這次到了這裏，覺得市面完全不同，簡直熱鬧非凡，正在想那裏來這麽多人？細細一看，商舖並沒有增多，祗見許多住宅前面，裝上很多的電燈，光芒萬丈，我留心觀察，原來有些地方已變爲賭場，招牌是發財俱樂部、黃金窟等等名堂；有些則改爲鴉片烟窟，招牌名爲一線天、安樂窩等，還有些盡是『慰安所』。到這時我才明白虹鎮已變成一片歹土，所以有這般熙熙攘攘的盛況。

我們坐的汽車，直開到虹鎮商會，門前掛着『地方維持會』招牌，居然有兩個人在門口站崗，進入裏面，孫嘉福已搶步出來迎接，我一看依稀相識，雖然那天他衣衫着得很華貴，但是從他的舉動和行止看來，我還識得他就是三年前見過的那個馬伕。他那個大堂的佈置，正中掛着一面膏藥旗和一面黃旗，堂中擺上一張太師椅，兩旁各有十來個座位，料想起來，這大約就是他的會議廳了。

孫嘉福一見了我，就把我拉入後堂，祗見堂中排着四張鴉片烟榻，旁邊有一張床，臥着的是他的兒子滿面病容，孫嘉福說：『從前我生斑疹傷寒，是由你看好的，現在這孩子患的也是嚴重的斑疹傷寒，希望你把這條小性命挽救過來，從前我沒有付你診金，這次我預備了兩個金元寶送給你。』我默不作聲，祗細細的診察他兒子的病情，看來大約二十多歲，正在壯年，但是骨瘦如柴，面無人色，一經診查，覺得他的脉膊浮如游絲，一忽兒跳幾下，一忽兒停一下，這叫作歇止脉，是心臟衰竭的現象，又見他兩手抽搐，有時兩手摸床，有時伸手玩弄衣角，有時高舉兩手作捻線狀，這是叫做『循衣摸床，撮空理線』；乃腦神經敗壞的現象，我再看他的眼睛，瞳孔已經放大，所以昏不識人，全身發出許多紫斑，我看罷之後，剛要說話，孫嘉福問：『他的斑疹傷寒，還有救嗎？』

我回答孫嘉福，他兒子患的不是斑疹傷寒，這是中毒現象，我問他平時是不是打嗎啡針？或吸白粉？孫嘉福說：『這裏有的是白粉嗎啡，但我的兒子，從沒有這個習慣。』我說：『這可能你平日有所不知吧！』這句話剛說完，那廂面的老嫗，突然頓足長嘆，嗚嗚咽咽指着孫嘉福說：『自從你這個殺千刀，做了漢奸，開了這麽多烟間、白粉窠之後，好好的兒子早就染上了惡癖，你還懞在鼓裏，陳醫生說的話是對的。』孫嘉福那時還有些不相信，我就把病人的臂部翻過來一看，上面針孔有如蜂巢一般，這一下子，孫嘉福無言可說也哭了起來，問我：『如今怎麽辦？』我說：『病人瞳孔已經放大，足見中毒已深，撮空理線，死亡即在目前，恐怕祗有幾個鐘頭的生命了。』他又堅堅決決的問我：『你的話眞的嗎？』我說：『是眞！現在中藥已無能爲力，要立刻送醫院急救。』孫嘉福這時忍不住哭起來，連說幾聲『自作孽！眼前報！』『自作孽！眼前報！』要求我繼續替他想辦法。我說：『祗有一個辦法，急速車送麥家圈仁濟醫院，那邊有急救的設備，我有熟人可以要他立刻醫治，否則這條命就毫無挽救的希望。』孫嘉福夫婦兩人到這時也不知所措，一籌莫展。我在這時就向他們告辭了，孫嘉福在一無辦法之下說『陳醫生慢走，希望你把我的兒子同車送到仁濟醫院去，我也同去。』他一聲令下，七手八脚把病人搬上汽車後面，我和一位能說日語的人被安排坐在汽車前面，飛馳而出虹鎮。

料不到到了虹鎮鐵絲網口，又遇到了看守的日本軍人，他們都下車向軍人深深的鞠躬，由日語翻譯說明趕赴醫院的事，但是雙方喃喃不已的發生爭執，我也不知他們說些什麽，祗見我的那張通行證幌來幌去，日本人看也不看，立刻打電話向上級請示，這時孫嘉福面如土色，卑躬屈膝跪在日軍之前，到後來日軍得到上級的囘話，就巨靈之堂

嫗也捱了四下，他

租界。在車中孫嘉福說：『一

二因日本人主張送虹口日本人辦的福民醫

是電話來來往往接洽，福民醫院住滿傷兵，不肯接受中國病人，所以就擱了幾乎一小時。』

我在車中，見到這一幕戲劇，想到做漢奸也不過祗好欺壓自己人，想不到一個維持會會長竟會受到這般侮辱，我便聯想到北方一位老牌漢奸石友三說過：『做過漢奸，孫子忘八蛋再要做漢奸！』這眞是一句名言。

我本來身陷虹鎮敵區，簡直像到了匪窟一般，心上重重的壓上一塊大石頭，一到租界，頓覺全身輕鬆了下來，到了仁濟醫院，介紹給一位李醫生，我就急忙囘家，心中猶有餘悸。

後來知道孫嘉福的兒子，到了醫院不過四小時就不治斃命。孫嘉福死了這個寶貝兒子之後，不但不痛改前非，作惡更日甚一日，我從朋友方面聽到，孫嘉福渾名叫强盜阿毛，向來是專做擄人勒贖的，還有幾件驚人的盜刼案，也做得很乾淨利落，我聽到這些話，不知不覺揑了一把汗。

八百壯士　誓死頑抗

上海的抗日戰爭，自從吳淞炮台失守之後，門戶大開，日本軍船載來大批日軍，因此戰區一天一天的擴大，我們每天除了看報之外，就是不停的收聽電台廣播，這時期雙方的戰鬥，很是激烈，當然死亡的數字也極高。

不過這一次的戰爭，出乎日本人意料之外的劇烈，就是由八月十三日開火之後，以大場一戰最爲劇烈，足足打了一個月，日軍才佔據了楊行、大場、羅店等鎮。

直到九月十二日，我軍在閘北的陣地，發生動搖，然而屢敗屢戰，形成拉鋸戰的形勢，竟然有一次大反攻，再把大場克復過來。一直到十月

廿六日，大塲我軍正式撤退，一面退，一面有一支軍隊負責掩護，繼續向日軍作一個大反攻，這一次日軍意想不到的吃了一個大虧，傷亡慘重。

十月廿七日，國軍奉命撤退，在一夜之間，數十萬軍隊由八字橋撤出閘北陣地，等到日軍發覺進擊，爲時已遲。

當國軍撤退時，由八十八師五百二十四團團長韓憲元統率兩營軍隊負責掩護，以保持京滬鐵路的運兵線，這兩營駐守在八十八師司令部，這個司令部設在四行倉庫。

所謂四行倉庫，是中南、鹽業、金城、大陸四家銀行所建造的一座大倉庫，樓高六層，全部用水泥鋼筋建造的，地處蘇州河北，北西藏路口。本來有一條很濶的大橋，叫做西藏路橋，是貫通閘北租界的咽喉，在戰時這條橋早已封鎖，租界上的居民，都可以隔岸看得到。

日軍知道我大軍已經撤退，即行追擊，追到橋頸口，被駐守在四行倉庫的兩營軍隊用猛烈火力向其掃射，令到日軍無法繼續追擊，日軍見到四行倉庫內有這麼强大的火力發出，無法估計裏面究竟有多少軍隊？

但是日軍一定要把這個障礙打開，以便奪取京滬鐵路，所以第一夜雙方的火力，猛烈到無法形容，租界上的居民整夜聽到連珠一般的鎗聲，手榴彈聲，同時又見到火焰冲天，可以想像得到戰事的猛烈和所有屋宇的破壞。

租界上成千成萬的市民，都爬到高樓上去看雙方鎗彈往還，大家興奮到整夜不睡覺，後來才知道租界當局，向日本軍方提出一個通諜，說鎗戰儘管鎗戰，但千萬不可用炮轟擊，因爲在四行倉庫附近，有一個很大的煤氣鼓，這個煤氣鼓貯滿了煤氣，要是被炮彈擊中了，那末會使住在煤氣鼓四週一英哩範圍內的市民，遭到死亡的危險，日軍也免不了要受到極大的損害，所以日軍儘管隔岸互擊，而始終並未開炮。

後來又知道一個消息，指揮四行倉庫兩營軍隊作戰的韓憲元，身先士卒，當晚就殉難，接着由團附謝晋元，營長楊瑞符繼續指揮日夜作戰。

八百孤軍駐守的上海四行倉庫右上角為團附謝晋元

本來全上海的市民，對閘北國軍的抗戰，不斷的輸送後援物資，以及勞軍的食品。但是到了死守四行倉庫的一個階段，由租界到閘北的通路已斷，所有後援物資以及勞軍的食品，祗好堆積在河岸，一些也送不過去，眼光光的看着這一支孤軍奮勇作戰，展開了震驚世界的一幕抗戰史實。

就在這時，世界各國的記者和洋商，都在隔岸觀戰，並且個個脫帽對四行倉庫的抗戰壯士致敬。這時，租界與閘北的電話已經不通，忽然有一個懂得軍事旗號的人，自告奮勇向對岸孤軍打旗號，問他們：『需要什麽緊要的援助物品？』對方也旗號回答：『什麽都不要，祗要一面國旗。』

大家知道了這個消息，却毫無辦法送到對方手裏，就在這時，突然有一位女童子軍楊惠敏，她很勇敢的用油布包着一面大國旗，在鎗林彈雨[illegible]，跳入蘇州河，泅[illegible]，把她帶的一[illegible]手裏，一[illegible]動[illegible]

滿江紅　定山倚聲

華容東寄祿志多大陸故人消息感賦此闋

細數才人念江左於今有幾空側帽芳時歌侶吹簫吳地碧樹凋殘楓葉舞紅霞黯澹蕉心紫拍驚波風咽敗簫聲穿窗紙　千古恨南朝事眉壓翠珠彈淚悵佳人傾國妄爲情死新冢壘壘埋又掘故園莽莽醒和醉聽羣魚沸釜尚呻吟西江水

余於三十七年冬乘桴浮海卜居臺中二十三載念天地之悠悠行年七十有四歌闋又記

滿江紅

·陳定山·

細數才人：念江左於今有幾？空側帽，芳時歌侶；吹簫吳地。碧樹凋殘楓葉舞；紅霞黯澹蕉心紫！拍驚波風咽敗簫聲，穿窗紙。

千古恨，南朝事。眉壓翠，珠彈淚。悵佳人傾國，妄爲情死！新冢壘壘埋又掘；故園莽莽醒和醉。聽羣魚沸釜尚呻吟：「西江水！」

余於三十七年冬，乘桴浮海，卜居臺中，二十三載，念天地之悠悠，行年七十有四，歌闋又記。

壯烈抗戰的一幕之後，這些人的觀感就爲之一變，國際間的輿論也大加稱頌。

當時各方面的推測，四行倉庫是八十八師司令部，裏面可能有數千軍隊，這樣雙方鎗戰下去，不知伊於何底？租界當局深恐後來波及煤氣鼓，那末整個上海，局面要受到影响，於是由租界出面做好做歹，要求日軍停戰，國軍由泥城橋經租界撤退，日本軍方也同意，倒是國軍方面不同意，他們還要繼續打下去，可是這時國軍洩漏出一個秘密，就是他們一共祇有八百人，這個消息給日軍知道之後，態度又强硬起來，說是國軍撤退之後，一定要向租界全部繳械，而且要進入收容所，租界當局全部答允，國軍却蒙在鼓裏。

陣地轉移　鎗聲靜寂

如是相持了很久之後，租界當局千勸萬勸，以上海數百萬市民生命安全爲前提，而且允許團附謝晋元，可以在租界上行動自由，招呼一切。八百壯士也鑒於煤氣會危及同胞，所以忍痛的答應了，於是日軍停火，八百孤軍陸續撤退，一踏進租界，軍械便被繳收，被送入膠州路收容所，祇有謝晋元一人可以在外自由行動，做着種種善後工作。這一幕可歌可泣的英勇抗戰事蹟，全國人民都欽敬不置。後來有一部影片，就叫作『八百壯士』。故事描寫的就是四行倉庫的一役，最可憐後來日本宣佈太平洋戰爭開始，接收了租界，也接收了這八百壯士的看守所，受盡日人殘酷的折磨，這個悲慘的結果，是上海市民始料所不及的。八百壯士撤退之後，上海的鎗炮聲，就跟着靜寂了下來，戰線轉移到崑山，國軍早在洋澄湖西邊建築了很堅固的防禦工事，繼續與日軍週旋。上海的租界，仍然由英法當局維持，日本軍並沒有闖入市區，所以『孤島』也就越來越孤獨了。不過那時節洋商的輪船還是可以由黃浦江中出入，所以有許多愛國份子，都陸續搭船離開上海。（二）

BOBY

Casual Shoes

一九七零年度最新運到

狗仔嘜猄皮鞋

優点特多：

1 純軟猄皮面

2 耐用輕膠底

3 輕便又舒適

4 華貴而大方

5 對對有保証

大人公司 平價市場大方公司來路鞋公司有售

銀海滄桑錄

陳厚的一生

蝶衣

移轉陣地入「邵氏」

一九五七年，「電懋」開始拍了「紅娃」「空中小姐」兩部彩色片，都沒有陳厚的份。及至第三部彩色片「龍翔鳳舞」開拍，陳厚纔被派為主角，與李湄、張仲文拍檔演出。

「龍翔鳳舞」由陶秦編導，片中歌舞並重。陳厚雖不善歌，舞却是他所擅長的，在「何日君再來」「漁光曲」及「我愛恰恰」幾塲表演中，陳厚都曾參加，發揮了他在「喜劇」之外另一方面的才能。

接着下來，陳厚又先後在易文導演的「青春兒女」，岳楓導演的「桃花運」兩片中担任男主角，與葛蘭、林翠及葉楓等幾位大牌女星攜手演出，成了「電懋」旗下享譽最盛的當家小生。

之後，使陳厚生活開始發生大變化的是兩件事。其一：和他第一任太太吳炤如離了婚。其二：移轉了拍片陣地，加入了「邵氏」，成了「SB」旗幟之下的一員。

「邵氏影城」在清水灣道上建立之後，對於當紅的電影導演與演員，網羅不遺餘力。原來隸屬於「電懋」的岳楓、陶秦兩員大將，都於同一時期改投「邵氏」。陳厚，也是「邵氏」所要爭取的目標之一；他與「電懋」的合約一滿，立刻便進了「邵氏」；當然，這是事先早就有了安排的。

事業方面，陳厚正在「春風得意」時期；戀愛方面，也有了新的發展，他已贏得了號稱為「古典美人」的樂蒂之芳心。

追樂蒂如願以償

樂蒂，過去是左派機構「長城」旗幟之下的基本演員。「邵氏影城」建立後，把樂蒂羅致了過去，使「邵氏」的演員陣容倍增光采，時在一九五八年。

陳厚早已注意到這位幽嫻貞靜，並且還是「雲英未嫁」的熠熠之星，他在擺脫了吳炤如的婚姻關係以後，立即對樂蒂展開了猛烈追求。

吳炤如有一個「洋名」叫裘蒂。去了裘蒂，來了樂蒂，陳厚與「蒂」有緣，這也是一個巧合。

陳厚與樂蒂之戀，起初曾遭到樂蒂家屬的反對，包括一手把樂蒂撫養長大、平時相依為命的外祖母在內，樂蒂的外祖母，是「江北大亨」顧竹軒的夫人，樂蒂的父親是在中日之戰喪生於上海先施公司門前炸彈下的，樂蒂小名六弟，一向寄居外婆家，這位老人家，也不贊成樂蒂與陳厚接近。

但，樂蒂已達到了「標梅待嫁」的年齡，她也需要異性的安慰。而與一些傖俗的人周旋，則又是她個性所不喜的。

陳厚的風流倜儻外表，可能使樂蒂具有戒心；但他的熱情，他的辭令，都足以使樂蒂在考慮中受到感動；並且她也自信可以控制得了陳厚。於是，經過了較長期的情感培養之後，兩人終於排除萬難，宣佈了結婚的喜訊。

一九六二年一月十六日，陳厚與樂蒂同赴婚姻註冊署，辦妥了註冊的手續。在姻緣簿上，寫下了「陳尙厚」與「奚重儀」的名字。

陳厚在「電懋」主演「四千金」獲得亞洲影展最佳電影，接受電視訪問後合影，自右至左林蒼、陳厚、陶秦、莊元庸、穆虹、葉楓、林翠、蘇鳳、雷震。

奚重儀，是樂蒂的原來姓名。

二月一日，陳厚與樂蒂採取天主教儀式，正式舉行婚禮。禮成後，在百樂酒店頂樓歡宴親友，喫的是西餐。傍晚，新婚夫婦即乘輪赴日本渡蜜月。

樂蒂之終於嫁與陳厚，是由於最大的一重障礙已去。和她相依爲命的外祖母，早一年一月十二日已因病逝世。

添了一顆掌上珠

蜜月旅行歸來後，陳厚與樂蒂雙棲於青山十七咪半的聽濤村別墅裏，婚後生活十分愉快。

翌年，樂蒂誕生了一個女兒——小明明；陳厚又添了一顆掌上明珠。

小明明滿月，在國賓酒店頂樓舉行彌月之宴，我曾參加了這一次的宴會，目覩樂蒂抱着襁褓中的小明明與來賓們相見，陳厚扶着嬌妻亦步亦趨，聽到他笑着說：「老婆大人最要緊。」於情於理，陳厚該是深愛樂蒂的；一則追求了多年方始追到手，二則樂蒂在影壇上紅極一時，是千萬影迷心目中的崇拜偶像，陳厚得妻如此，應可無憾。

但比較熟悉陳厚、樂蒂個性的人們，則背地裏早有預測，躭心着這一雙銀壇鴛侶，未必能白頭偕老。

陳厚好動，樂蒂好靜，這是個性方面的兩大極端。

本來，夫婦間個性逈異也儘有相處甚好的可能，關鍵在於雙方要能夠彼此原諒。好動的一方不勉強好靜的一方隨之而好動，好靜的一方也不干涉好動的一方，做到「熟視無覩」的功夫，便不至於發生問題。

可惜的是：陳厚與樂蒂這一對，似乎都有所不能。因爲雙方都是大牌明星，彼此之間都缺乏「容忍」「遷就」的因素，而終於造成了未來的感情之破裂。

凌波、陳厚、樂蒂在「邵氏影城」的新春團拜中

銀色生涯之發展

按下陳厚與樂蒂的婚變，稍後再加敘述。這裏，且先檢查一下陳厚的銀色生涯之發展。

一九六〇年，陳厚已是「邵氏」旗下的一員。由「電懋」轉移陣地而改入「邵氏」的陶秦，接受了公司當局的製片計劃，導演一部濶銀幕彩色歌舞片「千嬌百媚」，由陳厚、林黛分任男女主角，於一月份開始攝製工作，三、四兩月在日本拍攝外景及歌舞場面。同時參加舞蹈演出的還有范麗與麥基。

陳厚曾在片中與林黛會同演出了「花鼓舞」，「鬥牛舞」，「肯肯舞」及「採荷撲蝶舞」等多場的舞蹈表演，後者與「孟姜女哭倒萬里長城」啣接演出，由林黛飾孟姜女，陳厚飾萬喜良。在銀幕上，陳厚第二次穿上了古裝。第一次是在「鴛鴦劍」一片中飾柳湘蓮。

繼「千嬌百媚」之後，陳厚又繼續主演了「皆大歡喜」與「寶吻記」兩片，前者由丁寧、丁紅、范麗、杜娟四位女將陪同演出，後者與范麗拍檔，執導者爲羅臻。

附帶可以提一筆的是：一九六〇年的雙十節，陳厚曾與樂蒂參加了香港影劇界在平安酒樓舉行的慶祝國慶同樂晚會。晚會中有抽獎節目，陳厚獲得了暖水杯一隻，遞給坐在他身旁的樂蒂觀看。

這時候，樂蒂尚未與陳厚結婚，但已以「儷影雙雙」的姿態出現，使許多電影圈同人爲之羡煞。

兼祧性質的合約

由於歌舞片「千嬌百媚」在演出方面非常成功，售座也有良好的紀錄，陶秦又再接再厲，繼續執導了「花團錦簇」與「萬花迎春」兩部歌舞片，仍由林黛與陳厚會同主演。

當時的香港影壇，擅長表演風趣喜劇的小生，除了陳厚之外更無與之抗手者，「喜劇聖手」的稱譽也就由此而奠定。

之後，陳厚担綱主演的新片，約畧計之，有如下列：

「丈夫的情人」，女主角丁紅。
「情花朶朶開」，女主角藍娣。
「大地兒女」，女主角樂蒂。
「何日君再來」，女主角胡燕妮、何莉莉。
「不是寃家不聚頭」，女主角丁紅、范麗。
「豔陽天」，女主角鄭佩佩。

「小雲雀」，女主角顧媚。

「歡樂青春」，女主角秦萍、邢慧、李婷、張燕。陳厚在此片中係以客串名義演出，飾一位教授。

「風流丈夫」，女主角杜蝶、李香君。

「香江花月夜」，女主角鄭佩佩、秦萍、何莉莉、金霏。

「星月爭輝」，女主角丁紅、邢慧。

「黛綠年華」。女主角胡燕妮、李婷、祝菁，馮寶寶亦參加演出。

「花月良宵」，女主角李菁、秦萍、何莉莉、邢慧。

「拜倒石榴裙」，女主角丁紅、杜蝶。

「釣金龜」，女主角何莉莉、秦萍、丁珮、于倩。

「色不迷人人自迷」，女主角沈依、金霏。

在影片「不是寃家不聚頭」中陳厚扮和服少女

「諜海花」，女主角何莉莉。

「裸屍痕」，女主角丁紅、丁珮。

「女校春色」，女主角李菁。

以上都是「邵氏」出品。

陳厚後期的大部份銀色生命，差不多都是付與「邵氏」的。此外，他與由「電懋」改組的「國泰」也有一份「兼祧」性質的合約，但僅是忙裏偷閒的爲「國泰」拍了兩部戲，一部是「水上人家」，一部是「游龍戲鳳」。

最後未完成的戲

陳厚在「邵氏」的最後一部戲是「南海情歌」，此片由日本導演史馬山執導，曾特地租了一艘郵船，到南海去拍攝外景。

原定計劃是由陳厚飾演片中的父親角色，此一角色需要黏上鬍子，陳厚曾爲此而拍了「造型照」。

陳厚黏上鬍子拍戲，這恐怕還是第一遭；在「諜海花」中也曾黏鬍子，但那是劇中人的僞裝，又當別論。

論年齡，陳厚還沒有到達由小生晉級爲老生的階段；祇因這位父親在劇中是個喜劇角色，所以想到要特煩陳厚飾演，而陳厚也一諾無辭。

但是到了將要登輪出發的時候，陳厚突因胃病轉劇而進了醫院，於是臨時變計，他的角色改由金峯頂上，與歐陽莎菲分飾片中的一雙夫婦。

此外的演員有虞慧、李麗麗、沈月明、妞妞，在片中分飾四姊妹，另一男角是楊帆。

陳厚之退出此片，已是個不佳的朕兆。更洩氣的是在郵船上所拍的外景，進行並不順利，拉隊回到香港之後，菲林全部作廢。最後換了一位導演另起爐灶，從頭重拍，片名改作了「海外情歌」。

此片還沒有攝成，陳厚在醫院裏治療無效，已經飛到美國去就醫了。陳厚的胞弟陳尙廉，在美國當藥劑師；陳厚之赴美，是由於他胞弟的勸告。

陳厚的銀色生涯，約畧已如上述。現在再採取電影的「倒叙」手法，追記一下他和樂蒂感情破裂的概要情況。

感情破裂的原因

陳厚與樂蒂的感情破裂，因素很多，主要自然在個性之逈異，家庭中經常爲此而發生許多不必要的小衝突。陳厚在樂蒂死後，由於輿論之不諒，曾寫過一篇「樂蒂與我」的專文，除悼念樂蒂之死以外，並列舉了若干事實，說明夫婦間未能互相諒解的前因後果，並在文字中深自引咎。

其實，陳厚文字中所列舉的各點，還只是家庭中一些瑣碎事件，充其量僅能引起夫婦勃谿而已！還不足以構成感情的破裂。

導致破裂的眞正原因，據一般推測，乃是一九六七年二月，農曆丙午年的大除夕，陳厚在外徹夜不歸，使樂蒂在家寂寞地度過了此一應該家人團聚着「守歲」的長夜。

而更不堪的是：事後樂蒂得悉，陳厚在大除夕曾演出了一幕與人打架的活劇，其中還牽涉了一樁不可告人的桃色糾紛。

雖然打架的活劇是演出於酒後，但樂蒂也認爲不可原諒；因爲這一晚是大除夕，並非普通的日子。大除夕還在外面荒唐，足徵心目中已無妻女存在。

「船主」陳厚

爲了這一件事，樂蒂與陳厚曾大吵了一場。從此時起，夫婦之間的嫌隙已難彌補。

銀色鴛鴦判分飛

一九六七年三月十六日，樂蒂單獨向華民政務司署申請與陳厚分居。稍後，她又入禀高等法院作同樣申請。法庭於聆訊此案時，樂蒂曾供述夫婦間不可容忍的情形，當時陳厚並未到庭，但樂蒂終於獲准與陳厚分居。

持續了五年的婚姻關係，至此已劃成了「分割畫面」。環繞在樂蒂左右的一些人認爲陳厚作風不應該，無一不希望樂蒂趁早與陳厚一刀兩斷。日夜慫恿的結果，樂蒂作了最後決定，終於八月十日入禀高院，提出了正式離婚的申請。十月四日，離婚案判決，法庭允准了樂蒂的申請，五歲的小明明歸樂蒂撫養。

電影界一對著名的銀色鴛鴦，從此凶終隙末，各自分飛。

聽濤村別墅是陳厚自置的產業，與樂蒂離婚以後，他的歐籍女友成了別墅的新女主人，所差的是結婚有待，名份未定。

「我的藝妓號」遊艇

陳厚另一值得傲視同儕的物業，是他還擁有一艘遊艇，厥名「我的藝妓號」。

提起這一艘遊艇的命名，不免又要說起他與樂蒂之間的往事。

原來當陳厚與樂蒂婚後作蜜月旅行時，兩人下榻於東京的國際酒店裏，樂蒂曾穿上了一套色彩鮮豔的和服，笑盈盈地對陳厚說：「你看，現在我是你的藝妓了！」

後來，陳厚購置了一艘遊艇，便在艇身漆上了「My Geisha」的名字，譯成中文，就是「我的藝妓。」

據陳厚解釋，遊艇之以「我的藝妓」爲名，就是由於蜜月期間，樂蒂給了他上述的甜蜜印象一直深印在腦海裏，所以纔把「My Geisha」作了艇名，表示他對該一甜蜜印象之不忘。

這一艘遊艇，設備新型，船身長四十呎，濶十二呎，艇上設有兩副馬力强大的發動機；內部分爲兩層，下層除機器房外，另有休憩室與小厨房，以及洗手室與貯物室；上層是駕駛房與船頭船尾的露天甲板。

船上僱有一位司舵員，一位水手，負責駕駛及料理一切雜務。

船艙裏釘着一塊特別徽號的銅牌，徽號是用「ＰＣＨ」三個英文字組合而成，也就是「彼得陳厚」的簡寫。船頂的桅桿上也懸有一幅同樣標誌的藍底白字旗幟，迎風招展，好不威風。

陳厚曾對朋友們說：「My Geisha」這一個字，中文譯爲「藝妓」，似乎不很好聽，但在英文字義上，它是表示一個能歌善舞、多才多藝的女子的意思。

他又說：他購入這遊艇後，對航海與海上生活發生了甚大的興趣，目下正在學習駕駛技術，準備考取船長的執照。

往事如烟又似霧，一切温馨的好夢，都已消失於虛無之鄉。這一艘曾經承載過無限歡樂的豪華遊艇；可有誰還知道它「而今安在」？可有誰還知道它已換上了甚麽字樣的旗幟了呢？

（未完・待續）

這就是「我的藝妓號」

本公司於上月十四日登報公開徵求營業商標以來，前後收到應徵圖案二十九件。茲經詳細品閱，評定李傑君之作品，最符合本公司原定「簡單」及「明顯」之條件。除專函李傑君憑原圖複印本，駕臨本公司籌備處領取獎金二千元外，特此登報公告。

珍寶大酒樓

籌備處旺角奶路臣街十一號・電話八八七七七七

大人

沈寐叟

版畫·年畫
十二生肖

論天下大事
談古今人物

第九期

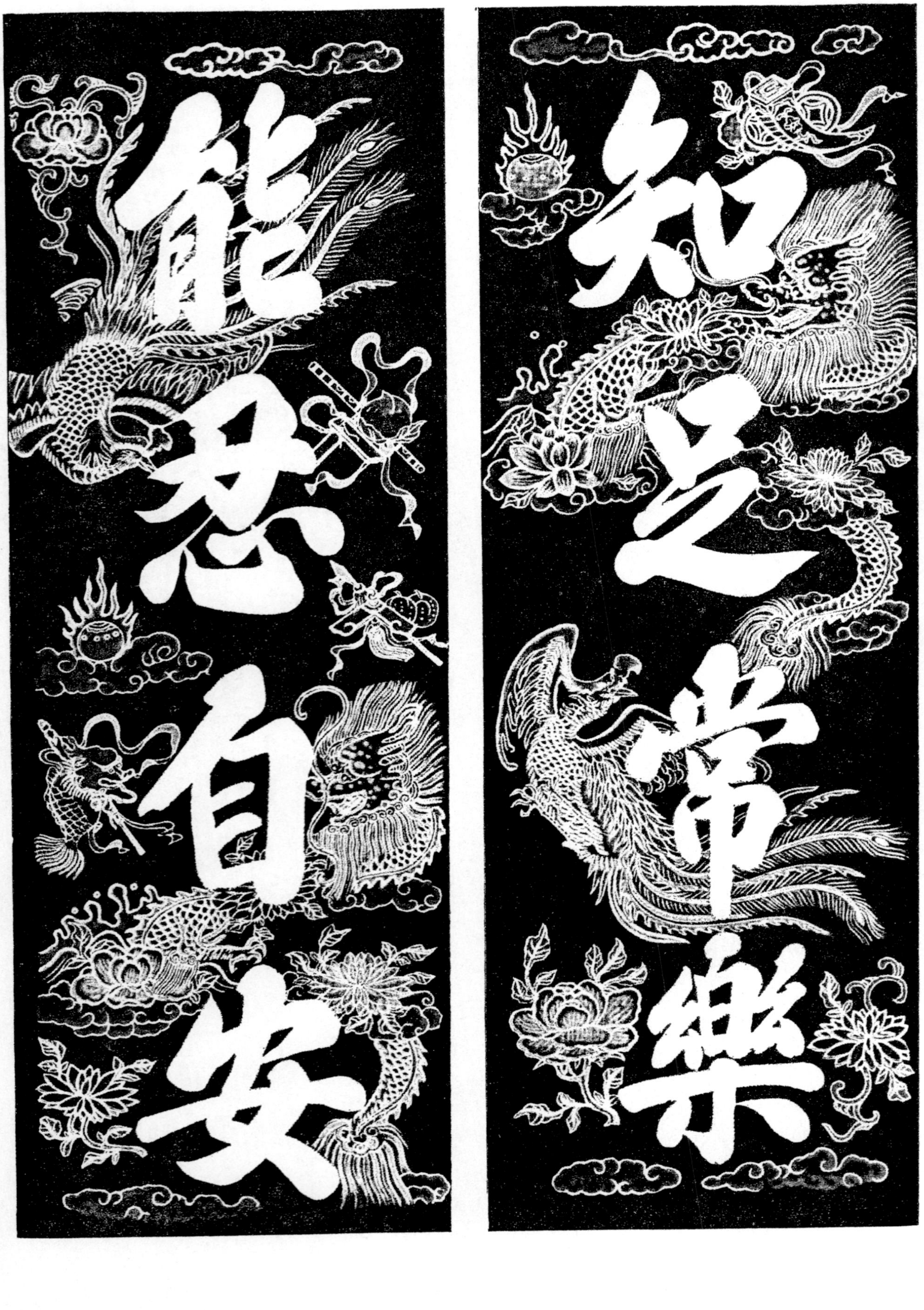

迎春門聯（楊柳青木刻畫）

大人

第九期 目錄

一九七一年一月十五日出版

封面：增福財神　封面內頁：迎春對聯
彩色插頁：「一團和氣」「五穀豐登」等年畫八幅

大人　每逢月之十五日出版

出版及發行者：大人出版社有限公司
督印人：王朝平
編輯者：大人雜誌編輯委員會
總編輯：沈葦窗
社址：九龍西洋菜街三號A 即彌敦道六一〇號後座
電話：K八五五七三〇
印刷者：立信印刷公司
九龍新蒲崗伍芳街緯綸大廈十一樓
總代理：吳興記書報社
香港租庇利街十一號二樓
電話：H四五〇五六一 H四五〇七六六
星馬代理：遠東文化事業有限公司
新加坡廈門街十九號
檳城杳田仔街一七一號
泰國代理：集成圖書公司
曼谷耀華力路二三三號
越南代理：聯興書報社
越南堤岸新行街二十二號
其他地區代理：
澳門：可大文具店　漢城：汎亞書籍公社
亞庇：利民公司　寮國：永珍圖書公司
千里達：中華公司　斗湖：光明書店
菲律賓：華安書局　菲律賓：玲瓏書局
倫敦：東寶公司　紐約：友聯圖書公司
芝加哥：杏林春　紐約：友方圖書公司
波士頓：中西公司　洛杉磯：永安堂
三藩市：新生圖書公司　檀香山：大元公司
三藩市：益智圖書公司　三藩市：文化商店
加拿大：香港商店　加拿大：新國華公司

十里洋場成孤島

—淪陷八年回憶錄—

陳存仁

民國廿六年十月卅一日，八百壯士奉命撤出四行倉庫。淞滬區域的戰事，自此告一段落，但是南市的守軍還沒有撤退。直到十一月五日，日軍由金山衛登陸，六日又有一支軍隊，由杭州灣登陸，包抄了南市守軍的後路，到了十一日，守軍繞道京滬路線，撤離上海，在南翔佈下了一道新防線繼續作戰。

上海舊稱十里洋場，也是外國人心目中的「冒險家樂園」，這一次的戰事在最初兩月，侷限於閘北一個地區，東面的浦東，南面的南市，西面的虹橋路，一向由國軍守着，沒有動搖。到了南翔防線部署完成之後，上海四週都被日軍接收了，祗有公共租界和法租界兩塊地方倖獲獨存，成爲名符其實的「孤島」。

國軍撤退　民氣消沉

國軍撤離淞滬，租界上就不再聽到炮聲鎗聲，本來慷慨激昂的民氣，也突然之間消沉了下去，大家心頭壓着一塊石頭，不知來日大難，要演變到什麽地步？

這時候，上海市民個個人對自己的今後命運，作着許多打算，分析起來，有各種各式不同的想法：

大部份的人根據上海歷次受到戰爭的經驗，認爲租界總是安樂土，『一動不如一靜』，靜觀其變，可能京滬線的戰爭，會像『一二八』時代隨時可以停下來，或是作着一場有條件的講和。

小部份的人，認爲會『長期抵抗』的打下去，租界雖然能相安一時，但是一旦要是日軍不顧一切的闖到租界上來胡作非爲，也是防不勝防的，所以無數與黨、政、軍有關的人，以及向來高唱抗日論調的愛國人士，都不聲不响的溜走了。

從租界到國軍的後方，最大的一條通道，就是由上海到杭州，凡是沒有錢而又怕戰禍波及自身的，都向浙江方面逃，逃出去的人數，前前後後也有二三十萬人。

那時節租界黃浦江中還有幾艘英商的太古怡和輪船，定期來往，有錢而又有辦法的人，都乘搭這批船隻逃到香港，但是人數不很多，其中最著名的人物，就是杜月笙領導的許多上海工商界人士。

宋子文曾經開出一張名單，凡是與政治上有關的人物，每人分送所需要的輪船船票，要他們離開上海，再坐飛機飛到後方，免得將來受日本人的利用。據說這張名單一共有四百多人，包括俞鴻鈞以下許多大小官員。

軍界中人，凡是退休在租界上作寓公的老軍人，亦由當局分別致送路費，要他們各奔前程。祗有若干別有用心的人留着不走，如老軍閥周鳳岐，就是其中之一，後來被暗殺。

一般與黨、政、軍無關的市民，極大多數還是留在上海，這許多人認爲租界的防範還是可靠，而且既與黨、政、軍無關，更沒有逃難的必要。何况久居上海的人有一種心理：『出門一里，不如家裏』，就在這種心理之下，上海租界上還是有着四百萬的人口。

在這時還有那麽多的人口，不但房屋奇缺，屋租飛漲，而且一切食用雜品，來源少而用量大，各行業的生意，在奇貨可居的情況之下，比平時更容易賺錢，好多難民向四鄉跑單幫，來來往往賺錢，因此無形中添了不少小康之家和暴發戶，這時大家稱作『發國難財』。國難越大他們發財亦愈多。這類人自然不想逃離上海，而且還希望永久亂下去，那末他們的財源可以日增月盛。

這時不少人感到非常苦悶，大家都想找尋刺激，於是娛樂場所的生意，利市百倍，最顯著的就是舞廳，本來租界上的舞廳不過十多家，到了這時，好似雨後春筍一般平添了幾十家，不但晚間有晚舞，下午有茶舞，中午有餐舞，最奇怪的是有幾家舞場還舉辦『晨舞』，竟然一清早就有人在這些舞廳開始蓬拆拆的跳起舞來。

除此之外，有一部份人，認爲這場戰事，中國沒有什麽希望，不聲不响鑽頭覓縫的找門路去當漢奸。

羣醜蠢動　袍笏登場

日本人在八一三戰事未爆發之前，已經收買了許多漢奸，從事於破壞活動，初期被吸收去的人，很少知識份子或知名之士，即使是正當商人，也不肯爲虎作倀、認賊作父，幹這些勾當的祗是一批地痞流氓。

日軍佔領了上海東郊各鄉各鎮各縣之後，都出現了所謂地方維持會，這些組織的領導人起不了大作用，祗能做些欺壓同胞的工作。等到接收了整個浦東一區之後，日軍就想到要組織一個上海市政府，同時還組織了一個類似黨部的羣衆機構，定名爲『新民會』。會員多數有枝手鎗，所以最初的一個時期，都是新民會的世界，大量的吸收附逆份子作爲會員。日本人的想法雖很週詳，但是附和的人，多數目不識丁，祗會販毒或是一向從事於殺人越貨以及盜竊生涯的下流份子。

日本人主持後方政治工作的人，腦筋也極陳舊，對上海市政府，訂出一個新名稱，叫作『大道市政府』，這『大道』兩字，是根據禮運大同篇之『大道之行也，天下爲公』而來的，就字面來看，他們認爲可以博取中國大部份頭腦古老的百姓會來擁護，但是一經發表之後，中國人都笑起來，因爲大道兩字的讀音，相等於『大盜』，認爲大道市政府，就是許多大盜組織的市政府。

大道市政府市長的人選，完全由日本人支配，選了一位蘇錫文當了市長，袍笏登場，可是這個市長大家都不知道他的來歷。到了後來，才知道蘇錫文是一個台灣人，因爲他又肯聽話，又精通華文華語，所以他被看中了當上大道市政府的第一任市長，市政府設在浦東的東昌路。

第一任警察局局長是盧英，雖說本來是南市警察局的偵緝隊長，但也聲名極壞，他的工作，就是捕殺良民，凡是不肯和他同流合污的，即被指爲抗日份子，要捕要殺，爲所欲爲。

（上）閘北逃難人潮蜂擁　（下）街道寂靜人去樓空

大道市政府附設幾個局，正局長是中國人，副局長是日本人，或是高麗人台灣人，這批早期漢奸，都是無惡不作，凡是善良市民，誰也不睬不理的。

我有一個老朋友，本來是衛生局的一名小職員，平素很愛杯中物，從前常跟我到高長興酒店飲酒，彼此無話不談。在戰爭時期，好久沒有見到他，一天，他忽然帶了四色禮物來送給我，而且衣飾煌然，氣慨軒昂。他自己告訴我，他已經當了大道市政府衛生部門的高級職員，他奉命來和我打交道。我聽了他的話，心裏覺得很不自在，我說：『你什麽事都可以做，何以要在大道市政府中當一名小道呢？』我的語氣實在是說他在大盜之下當小盜，他也明白我這句話，當堂作了一個苦笑，他說：『祗爲了要吃飯，爲了要活命，什麽事都要做一下，老朋友，請你不要取笑。』我說：『做這種事並不是單爲吃飯活命，老實說，總有一個野心，想靠此發一筆大財，所以才肯落水。』他說：『眞是給你一語道破，但是時勢轉變，老兄也該跟着潮流走，逆流而行是走不通的。』我說：『對！對！做這種事情都是聰明份子，所謂識時務者爲俊傑，這是你老兄的人生哲學』。他聽了我這句話便說：『你的話是講得透了，但是歸根結蒂，一個人總想發財，所以才走上這條路』。我說：『一個人有了財，還要有勢，有了勢可以發揮一切慾念，現在歸附到這一個圈子裏，是最能倚財仗勢、作威作福的』。這些對白雖很簡單，却可以代表當時所有漢奸們的心理。

狐羣狗黨　初期漢奸

日本人在上海收買的漢奸，初期是一些無惡不作的流氓，最有名的是常玉清，他是一個不識字的旗人，生長在南京，所以能說一口南京話，手下有一千多個徒弟，都是竊盜綁匪和打家刼舍之流。他本人是一個痴肥的大胖子，擁有許多不義之財，但是沒有職業，恐怕被人輕視，於是他就在北泥城橋平喬路口開了一間規模很大的浴室，用『大觀園』三字作為浴室的名稱。這間浴室，每天自早到晚，總有三四百人出入，在浴堂內大家都是袒胸露腹肉帛相見，本來沒有什麼希罕，但是用大觀園為名，稍有智識的人看了都為之失笑，認為這個命名的人，頗有些幽默感。

日軍方面給他一個使命，就是在閘北各地段，預先租了好多房屋，他的徒弟們就潛伏在那裏，在戰事最激烈期中，負責燃放真假信號，供給日軍作為攻擊目標，對日軍來說，他確實有些功勳，這種信號彈在夜間紅紅綠綠的直射天空，令到國軍心理上受到很大的威脅，苦於這班小漢奸，東流西竄，不知從何查起，一時也真奈何他們不得。

直到國軍撤退之後，日本人論功行賞，常玉清成為日軍旗下的紅人，終日盤據在日本軍部所在的北四川路『新亞大酒店』中，他佔着一間辦公室，聲勢不可一世。

日軍所培養出來的漢奸，大都是這一類流氓，文人極少做他們的走狗，祇有一個知名的人物叫做余大雄，他本是日本留學生，最初在望平街的神州日報中担任日文翻譯，但是當時的中文報，很少採用日本的特寫稿件，而且該報日出一大張，篇幅很少，余大雄無法發揮他的才幹。於是他建議每三天出版一張小報，夾在神州日報附送，名稱用『晶報』二字，這是表示三日一次的意思。但是晶報編得很精彩，漸漸的改為獨立發行，銷數竟遠遠的超出神州日報之上。晶報着重社會上的內幕新聞，執筆的都是一流文人，如張丹斧、錢芥塵、袁寒雲、畢倚虹等。余大雄善於奔走拉稿，所以這張報紙辦得有聲有色，人家替他題了一個外號，叫作『脚編輯』。

從前的小報暢言無忌，對個人隱私，或顯或隱的儘量揭露，晶報常有驚人的消息，所以銷數日廣，上海人幾乎人手一紙，銷數達到數萬。

余大雄這人工於心計，表面上從不暴露輕狂囂張的姿態，他又善於理財，常常為了一篇揭露社會名流的稿件，敲上一筆竹槓，數目不大是不要的，尤其是販賣烟土，或是走私方面的著名人物，對他按月都有津貼，因此他早已成為一個殷富的報人。

他因精通日文，早和日本人打上關係，待到八一三炮聲一响，若干報紙都停頓下來，他就潛入『新亞大酒店』，替日本人做工作，這是日本軍部方面紅極一時的文人。

常玉清是個粗人，既不會寫，又不會講日本話，一切要靠余大雄傳譯，為了利益上的衝突，常玉清對他早已懷恨在心。一天晚上，常玉清的徒弟用一把小斧頭，就把余大雄在新亞酒店的浴室裏斬死了。這是上海人在戰爭期間第一次聽到的新聞，足見當時漢奸之間，相處也是很不容易的。

繁盛地區　人頭高懸

本來日本人蓄意培養許多文人，由庚子賠欵中撥出一筆很大的數目，在上海開設一間大規模的『同文書院』。庚子賠欵的數目極大，由於清朝八國聯軍撤退之後，歷年賠給八國聯軍的各個國家，由海關的關稅中撥付，從來不曾中斷。後來中國漸漸上了軌道之後，美國首先提議退還庚子賠欵，將這一筆欵項創辦清華大學、協和醫院等等。接着英國、比國、法國也把賠欵撥作各項文化事業。日本人不願相形見拙，名義也作退還的姿態，不過他們把賠欵用作侵畧性的各種文化設施，如『同文書院』之類。

照例來講，同文書院的畢業生，個個都是日本栽培而成的親日份子，可是結果却適得其反，祇有一部份願當日本人的翻譯，或日本商行中做職員，大多數嘗夠了日本人的苛刻相待的滋味，竟一變而成抗日份子，所以在戰事爆發之後，同文書院出身的學生所發生的侵畧作用並不很大。

國軍退出淞滬區後，日本人對租界當局還相當尊重，輕易也不到租界上來橫行不法，所以租界上的華文報紙，論調始終是堅決抗日。國軍每勝一仗，就大登特登，國軍若敗了，就名謂『轉移陣地』或『轉進』。對漢奸們毫不留情的大張撻伐。因為報紙的立場，要是抗日的話，銷數就越來越大。要是有一些親日的姿態，銷路便會跌到無人過問。

日本軍部，也辦了一張華文報紙，名字叫作『新申報』，因為當時上海有兩大華文報紙，一張是新聞報，另一張是申報，他們就以這兩張報紙的名字，各取一字，名為新申報。可是銷路不出虹口一步，初期在租界上是買不到的，祇有少數小漢奸，拿着報紙到人家拍門而入，硬銷一份而已。

這時節，新、申兩報的態度，雖然反日，但並不極端激烈，倒是無數晚報每天一到四時，各種極刺激的紅色頭條新聞，不是說國軍如何英勇，就是說日軍如何慘敗，震撼人心，力量極大。在這時最激烈的一張晚報，叫作『大美晚報』，其次是『社會夜報』等等。

社會夜報的編輯方式，是信口開河，所以上海人叫他『野鷄報』，主辦的人叫作蔡釣徒，是上海浦東周浦人。他雖說是文人，事實却是一個文氓，整天和許多歹徒混在一起，談吐粗俗，行動乖張，我本來不認識他，僅不過知道他的名字而已。

我行醫為業，各階層的人都有相識，當時上海有一個女相士，叫作菱清女士，姿容娟秀，談吐文雅，但是身體瘦弱，常請我去看病，我總在出診將完之時，最後才去菱清家中，地處三馬路，是交通的中心，加上她好客，交往的都是一時的名士，我到她家中，總是請我在烟舖上坐下，我雖不會吸鴉片，但是幾位老師都有此癖，所以橫在榻上一躺，談話時覺得極為舒服。

一天，我正躺着與名畫家陶冷月交談，忽然

進來一個粗魯人物，菱清的母親開口就說：『殺頭的！你又來做什麼』？那人說：『今天囊無分文，要問菱清借二十塊錢』，於是菱清的母親，聲聲叫他『殺頭的！你來總沒有好事』，一面駡一面把錢給了他，但這個『殺頭的』並不就走，還提起電話叫了一碟蛋炒飯，踞案大嚼。

那個『殺頭的』吃飽了之後，菱清爲我介紹：『這位就是蔡鈞徒，我母親叫他「殺頭的」，將來總不得好死！』我微微一笑，由此開始就認識此人。

隔了不過十天，蔡鈞徒到我診所來，我問他『有何見教』？他說：『今天實在經濟困難，社會夜報連買白報紙的錢都沒有，想來想去，你一定肯幫忙。』我說：『也好，我借二十塊錢給你』，他眼睛一彈，面上橫肉都暴露出來，說：『社會夜報銷數成萬，你想拿念隻洋（滬語之二十元）來打倒我？』我一看形勢不對便說：『不問你白報紙要多少，我把今天診金收入，分一半給你。』他一聽這話，形勢才緩和下來，拿了錢就走。

隔不上三天，他竟然又在我門診將畢時，等在候診室中，我心想長此以往，不勝其擾，便對他說：『今天再給你一次，也是最後一次，下不爲例，我的隔壁就是老閘捕房，探長尤阿根曾經告訴我，要是有人來滋擾，祗要打電話給他便是。』蔡鈞徒一聽見尤阿根三字，頓時默不出聲，接過我給他的二十塊錢，鄭重的說：『我再也不來了，但請你在尤阿根面前不要提起這件事』。從此我就不曾再見過他。

蔡鈞徒辦的社會夜報仍然每晚出版，頭條新聞很夠刺激，但是十九出於虛構，不是駡上海名流私通敵人，就是說日軍敗績，雖然多數出於杜撰，但是有時也有些眞實新聞，別的報紙不敢登，而他竟然全部刊出。

就在日軍部佔據新亞大酒店的一段時期中，社會晚報突然停版，在停版三天之後，上海忽然爆出一件大新聞，說是在法租界薛華立路法院附近的電線桿上掛着一個駭人的人頭，從早到晚圍觀者成千成萬人，當天大家都不知這個人頭是什麽來歷？

人頭出現的次日，時報用紅色大字刊出一個大標題『蔡鈞徒砍頭』，這一來大家才知道原來這是蔡鈞徒的頭顱。

究竟蔡鈞徒被誰砍了頭呢？報紙上祗說由虹口方面運來。於是讀者紛紛推測，有人說他駡日軍駡得太厲害。也有人說這是漢奸內鬨的傑作，又過了一天獨有時報刊出蔡鈞徒頭顱的攝影，又白又胖，雙眉倒垂，兩眼凸出，令人驚駭！

那時節，時報的採訪部主任是胡憨珠兄，我和他是多年老友，我就問他：『蔡鈞徒殺頭的內幕究竟如何？報紙上隱約其事，不夠清楚。』他就原原本本的告訴我，原來那時蔡鈞徒曾經一再進入新亞大酒店和日本人打交道，領到一筆很大的津貼，但是他用的是兩面手法，在租界上見到的報紙是紅標題駡日本人，而另外印一批報紙同樣也用紅色標題，却是大捧日軍，每天着人送往虹口報銷。

有一天，他在妓院中玩得昏天黑地，報紙沒有派人送去，日本人爲了彙集整理起見，着人向租界方面買了幾份，一看大標題，竟然是大駡日本人在某處姦淫擄掠，駡得有聲有色，日本當局大爲震怒。

到了次日，蔡鈞徒派人補送昨天的報紙，日本方面的人拿來一看，與他們買到的報紙，頭條新聞紀載恰恰相反。日本人當時不露聲色，引誘蔡鈞徒到虹口，拳打脚踢，全身受傷，在他極度疲乏之時，車到江灣體育路，叫他自己掘了一個極深的泥坑，令他站在坑中，由常玉清的徒弟，把泥土傾倒下去，埋了他的身子，等着他斷氣之後，把他的頭割了下來，送到新亞酒店銷案。

這個頭顱首先浸在浴缸中，到血液流清之後，面孔又白又胖，於是送到法租界掛在電線桿上示衆，照日本人的意思，是對不忠實而用兩面手法的漢奸們作爲懲誡的示範。憨珠兄還說：『時報登出這個頭顱，是從法租界台拉斯脫路驗屍所中攝到的，所以特別清楚』。這時我就想到菱清的母親，叫蔡鈞徒爲『殺頭的』，竟不幸而言中。菱清女士說他將來總不得好死，也說對了。

人口突增　空屋皆滿

戰事逐漸擴大，住在戰區的老百姓，紛紛向租界上逃來，不僅是上海四郊的人，連蘇州、無錫、鎮江、南京的人也都避難到上海，於是上海租界的人口，突然間直線上升。

我回憶到民國廿六年八一三之前上海的房屋情況，與香港是完全不同的。上海的房屋，在南市都是舊式寬敞住宅，有庭有院，屋高二層，深度則有二進三進甚至五進，每一進必有一大廳，廳的四週都是居室。富有的人家，全家住在這麽大的住宅裏，一如電影中描寫的書香門第一般，要是家道中落的話，才分租一部份給人家，但是上海的法律對欠租的追索，沒有香港那麽嚴厲，因此住客欠上兩三年的租金並不爲奇。所以業主有了空屋，除非是相熟而有信譽的人是不肯隨便出租的。

閘北方面，窮苦的人比較多，很少有南市那麽大的寬大住宅，而且以一層樓的平房爲多，住的人多數是勞苦階層。

租界上的房屋就完全不同了，大多數的住宅都是弄堂房子，叫作『里』或『坊』。英租界最有名的是『大慶里』、『會樂里』，法租界最著名的有『寶康里』、『霞飛坊』等，里弄內的房屋，多數是二層樓石庫門的房屋，分一上一下，二上二下，三上三下等幾種，房屋的形式，有廳有房，還有附屬的亭子間。此外新式的洋樓，是三層樓都歸一家居住的。

從前富有的人，從事於置業，新屋造成之後，租得出與租不出是一個大問題，選擇住客又是一個大問題，我淸淸楚楚的記得，在戰前空屋之多，不可勝數，舉幾個例來說，我最初在南京路望平街口的診所，位置在上海英租界商業中區的一座樓宇，當時的房租不過五十銀元，親友已認爲太富麗，晚間空閑的時間，供嚴獨鶴、周瘦鵑等作俱樂部之用，後來我的診務較有把握，就搬遷到先施公司斜對面黃楚九造的一座新樓，這座新樓，大約有寫字間三百間，租出祇有二十多間，我因四週空屋太多，冷淸淸的不慣孤寂，恰好新新公司對面新建了一個慈安里，前面是新新公司，後面是新光大戲院，我覺得地點不錯，就搬了過去，初時房租是一百九十五兩（每兩約合銀元一元四角，計數時有時高些，有時會低些），我住第一弄第一家，那時節人口少而屋租貴，所以前前後後都是空屋。

例如那時的南京路上，有一大排哈同洋行的新屋建成，無人問津，空置了二三年之久，其間祇開了一家粵菜館，叫作『新雅酒樓』，在當時可說是第一流的粵菜館，不僅地方寬大，而且菜好茶靚，廚房的設施淸潔異常，顧客可以隨時入內參觀。但是從民國廿四年到廿六年那一段時期，生意很淸淡，積欠租金兩年，業主哈同洋行一再通知他欠租可以從緩付給，但切不可結束業務，可見那時節空屋有人來租，業主是很遷就的。

八一三戰事一起，不過三天時間，整條慈安里，住到滿坑滿谷，我就覺得這個地方祇宜於作診所，不宜於兼作住家，我就想到法租界亭利路永利坊，馬路淸幽，房屋華麗，空着無人過問，就到永利坊租了一座三層樓的新住宅，房租爲一百五十元，那時永利坊還有空屋二百多宅，因爲房租太貴，空關已達二年，一般居民都裹足不前，而外來的逃難客也對之不敢問津。誰知道戰事一緊張之後，不過二十天的時間，全部租了出去。老牌電影皇后胡蝶，由虹口北四川路餘慶里，逃入租界，就住在我的貼鄰，可見得那時房屋的緊張程度，已達巔峯。

從前上海人，互相詢問，總是問：『你家是二上二下呢？還是三上三下呢？』有一天我遇到江亢虎逃難到上海，他是一個野心勃勃的人物，留美回國後，組織黨團，各方面都排擠他，於是成爲一個窮教授，我問他住的樓宇是什麽形式？他說因爲一時租不到相當的房屋，祇租到一個『六上六下』的舊樓。我就覺得奇怪，何以他一家要住這麽大的屋子？我面上有些詫異的神情，他就解釋說：『我說的六上六下，不是六上六下的六字，實在是落上落下的落字』，原來他住的是樓與樓之間，搭的一個閣樓，一天總要落上落下好幾次，上海話的六字與落字同音的。

後來人口越來越多，凡是有餘屋可租的，都租了出去，包租的人大發其財，所以後來有一齣滑稽戲叫作『七十二家房客』，這就是形容當時房屋之嚴重與住客的擠迫情形，使得租界的市况突然的繁榮起來。

戰事挫敗　租界繁榮

從前上海建造房屋，二、三層樓的屋宇，由申請到批准，需要經過工務局和救火會的審核，但時間是極短的，有辦法的人祇要一個星期便可獲得執照，這時申請建屋突然增加，無數房屋先先後後的築成了，一下子吸收了幾十萬外來的難民。我記得呂宋路有一塊很方整的地皮，裏邊建築了幾十間商店，構造簡陋，形似路邊的攤位，祇是四週的牆是用紅磚砌成的，不過兩月時間，各式各樣的商店都開了起來，中間還簡單搭了一個城隍殿，因此這個地方，被稱爲『新城隍廟』，吸引了無數善男信女來參拜，竟然車水馬龍，香火鼎盛，逢到初一月半更是擁擠不堪。

上海南市本來有一個城隍廟（又稱邑廟），範圍極大，供奉的那位城隍，是曾經有過保衛上海功績的秦裕伯，他的塑像是根據他生前的畫像塑製成的，秦姓子孫蕃衍，我有一位同學是當時上海名醫秦伯未，就是裕伯公的後裔，故以伯未爲名。有一天我和秦伯未兩人一同去參觀那間新城隍廟，見到供奉的那個城隍，非但與裕伯公的相貌不同，而且不是塑像，原來是隨隨便便粗製濫造用木頭彫成的，後來經過調查，才知道辦這個新城隍廟的人，就是向來從事於娛樂事業的『小世界』老板陸錫侯所建造，包辦香燭的人，全是上海一班黑社會中人，但是若干市民是盲目的，覺得租界能安居樂業，一定要向城隍來膜拜還願，所以這個新城隍廟的盛况，竟也不輸於盛平時期的老城隍廟。

這時候，許多貧苦人家，祇要肯走肯跑，都可以向四鄉去走單幫，作物物交換，很多人收入都成爲小康之家，這些人有了錢之後，便想到要享受一下，常到菜館去進餐，上海那時節高等菜館很多，因他們不懂得點菜技術，所以都湧向較爲大衆化的本地菜館，這一流菜館，有一個大致相同的名稱叫作『老正興』，在極短期間，上海添了好多家新開的老正興。

本來上海有錢的人，因爲戰事爆發，地價飛升，屋租高漲，他們便越來越有錢，第一種消費就是吃，於是新開的餐館也很快的增加起來，特別是粵菜，因爲虹口失守之後，這一行的人都逃向租界，紛紛開設大大小小的粵菜館，其中有一位粵籍大商家鍾標，本來在北四川路橋堍集資自建一家規模宏大的『新亞大酒店』，自從該旅店被日軍佔領之後，他就率領員工，到租界中心來開設粵菜館，他開的菜館都有一個華字，第一家是京華，接着又有榮華、新華、美華等等，上海人叫作華字頭菜館，認爲是很夠氣派的酒樓。

前方浴血　後方作樂

上海雖是孤島，但是四鄉來的居民越來越多，他們初進洋場，無非是先到大世界去玩玩，看看哈哈鏡，許多人會笑出眼淚來，而且那時大世界百戲雜陳，應有盡有，門券祇收兩角小洋，可以盤桓一天。

久居上海的人，因爲苦悶無聊也要找娛樂，跳舞塲越開越多，一部份小戶人家生活困難，把淸淸白白的女兒，多送進跳舞塲當舞女，祇是上海原有的妓院，就在抗戰時期大大消沉下去，因爲妓院的規矩多，消費大，不適宜於一般人。所以妓院關閉的很多，好多妓女也轉移到舞廳去改操摟抱生涯。

京戲院的生意也好到極點，向來京戲每年要到北京去請名角兒來演唱一個時期，這時南北交通中斷，京角兒沒有法子來，因而造成了海派角兒的世界，特別是麒麟童排演的海派連台本戲『文素臣』，賣座滿坑滿谷，其它戲院排演『西游記』、『火燒紅蓮寺』生意也都極好。

當時的電影界，因爲拷貝的外銷困難，不易發展，最大的明星公司，設在楓林橋，轟着一炮，完全燒光，其餘的聯華和天一兩大公司也陷入停頓狀態，職演員們紛紛另想辦法，於是話劇團體就乘機崛起，佔據了好多家戲院，其中最早的一個，就是辣斐舞廳舊址改裝的辣斐戲院，初期職演員大家不支薪水，每天祗領些錢作零用，伙食歸劇團開大鍋飯，可是他們的劇本編得相當好，演員都是一流明星，所以演出之後，轟動一時。這班職演員戲散了之後，就在戲台上打地舖過夜，後來收入漸漸好起來，有一部人便都遷居到呂班路呂班公寓，也是一間房中，往往住上十多個人，睡的都是地舖。

辣斐戲院有了相當成就之後，接踵而起者，有不少人投資於話劇，大規模而十分精彩的話劇都在這時紛紛上演。

我記得唐槐秋主持的中國旅行劇團演的一齣「葛嫩娘」，劇本好、演員好、服裝好、道具好，轟動一時，劇本描寫明末時代許多名士和武人，卑顏屈膝的向敵人投誠，這完全是一齣諷刺漢奸好戲，所以看得大快人心，塲塲滿座。

越劇（紹興戲）也在這個時候竄起的，因爲這時電影院無片可演，越劇便打進了電影院，如青島路的明星大戲院等都演越劇，當時還有一批電影界中人，幫着他們從事於服裝、佈景、音响、燈光的工作，所以越劇的形式，從這時起爲之一變，稱作新越劇，又因越劇唱詞簡單明瞭，所以便成爲當時上海老太太和家庭主婦，以及女界們的唯一嗜好。

除了越劇之外，還有一種申曲，此時改名滬劇，竟然也打進戲院，如英租界的新光大戲院、法租界的恩派亞戲院等，演出的都是申曲的名角，王筱新、筱文濱、施春軒等，有幾個女演員王雅琴、筱月珍，或以色稱，或以藝勝，亦曾風靡一時。

跑單幫者在鐵絲網外傳遞貨物

這種尋歡作樂的情狀，把孤島變成一個娛樂的都市，老百姓們把國家大事全部丟在腦後了！

家家儲糧　米商發財

戰事離開上海越來越遠，人們抗戰意志，消沉得很厲害，看形勢一天一天的迫近南京，國民政府並沒有求和的意圖，報紙上所提到的口號仍然是長期抗戰，最响亮的口號叫作『抗戰必勝，建國必成』。大家就想到這一次的戰爭，可能會拖長下去。

大家想到苦難的時期來日方長，不能不有所準備，上海租界成爲孤島，人口一天天的增加起來，大家怕人口一多，米糧會斷絕，因爲上海人吃的米，是靠常熟太倉運來的，一半是靠外洋運來的暹羅米。而常熟太倉的米，不能儲藏太久，惟有暹羅米，經過機器的焙乾，可以久藏不變，於是大家就搶購暹羅米，我也將每天收入，陸續的收購一些，堆滿了一間小屋。

這時節，租界上通用的幣制，還是中央銀行的鈔票，戰事展開了很久，法幣的價值竟然沒有動搖，除了中央銀行的鈔票，還有中國、交通、農民以及四家小銀行的鈔票，外國銀行的鈔票並不通用。大家對法幣幣值一些也沒有懷疑。除了米價和五洋雜貨略漲之外，其餘沒有什麽波動。這是抗戰開始之前，國民政府聘請英國人魯斯爵士研究出來的方案，一定要把全國所有的銀元收歸國庫，令到民間不可能把銀元做買賣的單位，那末法幣就不會動搖，這是長期抗戰的一種法寶，要是幣制一動搖，抗戰是不能耐久的。尤其是上海的金融，能影响到全國，所以這一次抗戰能長久維持下去，魯斯與有功焉。

上海的主要糧食及副食品，始終供應如常，這要歸功於許多跑單幫的小商人，他們無微不至的在四鄉搜購米糧雜物，雖然他們都發了財，可是對一般市民來說是有功的。祗是跑單幫的人，喜歡携帶輕便的物品，而跑米的人，因爲重得厲害，最是辛苦，但是利益也相當豐厚。

米業公會的首長爲了販運米糧大發其財，不原諒的人，都罵他是米蛀虫，其實要是沒有他採購大批米糧，上海的米價還要貴得多。

上海還有一位航運界名人虞洽卿，他從香港採購很多的暹羅米，由太古怡和船隻運到上海，雖然也有人說他運米發財，但是上海米糧沒有中斷，他是有功績的。初時他留在孤島，也沒有離開，直到將近太平洋戰爭開始之前，才到內地去的。

首都淪陷　大肆屠殺

戰事情况越來越惡劣，到了十一月二十一日，中日兩方軍隊在嘉興南潯作戰，二十三日無錫失守，三十日常州淪陷，江陰要塞也失掉了，鎮江防無可防。

到了十二月九日，敵軍迫近首都南京，提出一個最後通諜，要國民政府無條件投降，配合着日本首相近衛文麿的『膺懲支那』宣言，一定要打到中國屈膝爲止，這個通諜措詞强硬，令人毫無還價餘地。

唐生智

本來中日之戰，論軍器的精良，中國實在不是對手，而將士竟然能如此堅强抵抗，打破了日人三天打到南京的美夢，靠的完全是士氣，雖然節節敗退，但是『屢退屢戰』，日軍死了不少人，這是他們所料不到的。

國民政府大員早已撤退到了漢口，南京移交軍人防守，到了這時，日軍已兵臨城下，士氣大大的消沉下來，最高當局召集許多名將，商討今後戰畧，大家一致認爲寧爲玉碎，毋爲瓦全，雖然對防守南京沒有多大把握，但是決定不理日軍的最後通諜，一定要決死一戰。

這時有一個勇而無謀的唐生智，慷慨激昂向當局請纓，自願負責防守南京，一切軍權都交給他。最高當局認爲唐生智精神可嘉，所以便把這重大的責任交了給他。同時當局把大部份軍隊整編之後，在漢口防守另設一道防線。

南京防守之戰，國軍完全處於孤立狀態，四週都是日軍，待到日軍大炮運到，開始猛烈進攻，祗打了二天，南京的防線就被打破了，唐生智非但不與陣地共存亡，而且不聲不响的溜走了。

日本軍隊在十二月十七日浩浩蕩蕩的開入南京城，因爲他們原定佔領南京易如反掌，萬不料從八月十三起，拖了整整四個月，死傷慘重，所以一到南京，獸性大發，實行大屠殺。那時死亡的數字，傳說是十幾萬人，我後來從日本人所作的『南京佔領記』看出來，中國人在這一役中一共死了六十萬人。

後來在日本投降之後，有過一個日本人寫一部書叫作『南京是怎樣佔領的！』書中刊出一百多幅姦淫擄掠和排隊殺人的圖片，這部書在一個月內銷售一淸，日本人民才知道當時軍隊的暴行，也紛紛加以譴責，我知道了有這本書出版，但是託人購買始終買不到，據說這部書受到日本朝野的震驚，不知怎樣一個轉變，這部書就在市塲絕跡了。

南京失陷日本華中最高指揮長官松井石根率軍隊入城

後來我到日本遊歷，向舊書店去找尋這一類的『反戰』書籍，可是我在東京神田區一百多家舊書店中，偏偏找不到這一類書籍，不過日軍在南京的暴行時期，當時上海租界上的外國記者還沒有撤退，所以拍發到全世界的電訊，都描述得非常詳盡，全世界都震驚起來。日本朝野對此事，頗覺慚愧，大約也有不少人反對軍人的橫暴，有辱國家的光榮，所以後來每佔一城，沒有佔領南京城那麽慘烈的屠殺，多多少少因受到中外輿論指責，不得不自動加以約束。（三）

obermain

西德製男裝"奧比馬"皮鞋

大方公司·大人公司·平價市場·來路鞋公司

張治中怒殺周神仙

易君左

張治中在北平病死了！使我想起了他在湖南長沙放的這把火，結果連周神仙在內，一共借了四個人頭——周仲平、酆悌、徐權、文重孚——成爲抗戰初期一幕最慘的悲劇，也可以說是一頁抗戰外史。

從民國二十六年冬到二十七年秋，差不多一年，我留在湖南。那時抗戰的局勢是一天一天的緊急，敵騎已經深入我國的腹地，湖南已感受到重大的威脅。張治中奉中央的重任來湖南，一時聲勢煊赫。他有那一套大刀濶斧被人視爲新奇的政治作風，是想把湖南全省民衆積極的組訓起來，因此製定了所謂自治和自衛的「兩大方案」，也會一度激起了大青年群的熱潮。可是，他終於在湖南失敗了。爲着長沙的一把無名野火，把他所號召的建設新湖南的「雄心」燒得乾乾淨淨，而長沙大火的責任，當然應該由他負責。但這次大火的內幕究竟如何？至今一般人還認爲是一個謎。據我所知道的消息，當時中央可能因爲戰畧運用的關係，在長沙實行焦土政策以困擾敵寇，秘令湖南省政府嚴密遵行指示，作計劃上的妥善佈置，問題就在湖南省政府在執行的「時間」上，有了無可補救的大錯。中央的指示，係在敵軍犯過汨羅江以後，才可執行焦土政策，而因張治中之任用非人與他本人的糊塗，敵軍還沒有侵到江陰，而且還未渡過汨羅江，來一個極端錯誤的情報，張治中的部下那些負責放火的軍警首長，就莫名其妙而驚惶失措的燃起一把罪孽之火了。然而在事實上，他們如果沒有得到張治中的最後決定性的命令，也不敢放火，結果仍是張治中誤信了情報，而當時情報之錯誤，認爲敵軍已渡過汨羅江，事實上並沒有渡過汨羅江。當長沙全城已經到處伸出火舌烟燄衝天的時候，張治中正住在離長沙數十里外的一座別墅裏，等到看見滿天紅光急急下令制止時，電話也失靈了，早已來不及了。於是這一場大火的浩劫，成爲抗戰初期一幕最慘的悲劇！

張治中

奉命放火的長沙三個軍警首長長沙警備司令酆悌、保安處處長徐權、警察局局長文重孚成了犧牲品。當時很快的傳出一副對聯：「治績何存？兩大方案一把火；中心安忍？三個人頭萬古寃！」把「治中」兩字嵌在聯首，還有一塊橫額：「張皇失措」，把「張」字嵌在額首，傳誦一時。像這一類對聯，往往可以反映時代的心影和輿論的權威。長沙大火浩劫，「張皇失措」這四個字實在是最恰當的形容詞。

我是在長沙大火前一個月辭掉國民日報職務到重慶的。到重慶不久就看到報載長沙大火的無比驚人的噩耗，那時我正臥病，擁衾流淚，百感塡胸。我如果遲出長沙一月，也許葬身火窟。我又想起在故鄉服務一年，除開報務和公共塲合的集會，從未以私人的關係和張治中接近，也很少和他的親信親戚來往。我這個人生就一副孤傲的性格：當人越紅的時候，我的心越冷淡；當人家越冷淡的時候，我的心越紅。那時我在湖南除了辦報以外，還在湖南省臨時參議會担任了一名參議員，另一位是曾毅。這個參議會是張治中想網羅全省賢達而特別設立的，根本參不了什麽議，只是一個有名無實等於顧問的機構，開會時却很熱鬧，省主席招待殷勤，設宴欵待，大吃大喝一頓後，各人抹抹嘴上的油，拱拱手走了。

我在湖南眞正的工作仍然是抗敵宣傳。那時長沙有一個民間的龐大的抗日團體，叫做「湖南各界抗敵後援會」，我被選爲常務委員之一兼宣傳組組長，白天大部分時間在抗敵後援會工作，晚間在報館工作，深夜才睡，也夠忙了。雖然忙，忙得並不痛快。在抗戰初起時我一樣在江蘇努力抗敵宣傳，由於沒有牽制，可放手做去，所以痛快。回到家鄉，在張治中主政下，只有他的一套，我的工作沒法展開，包括辦報、參政、抗敵，都是如此。

民國十九年我在長沙曾聽見有一位「周神仙」，名周仲平，湖南平江縣人，與著「江湖奇俠傳」出名的「不肖生」向愷然是同鄉而且是好友，江湖奇俠傳上就有關于周仲平的宣傳。那時何鍵任湖南省主席，提倡國術、中醫和游俠，一時如柳森嚴等五嶽三山的奇人集中長沙的國術館，常常大擺擂臺。何翳子本人也打太極拳，耍耍刀劍，表示倡導，可是那時我沒有看見周仲平。

抗戰軍興，我回到長沙，「周神仙」的大名又在我耳朵裏響了。我有一位朋友魏雲千先生，現居臺北經商，是一位典型的忠厚長者，那時任長沙交通銀行經理，他有一位親戚害了重病，中西醫束手，魏雲千只好借重「神仙」，就在南門大街交通銀行大客廳裏，約集親友近百人，來看周仲平的精采表演。我一家人也去看看熱鬧。我的表妹黃學儀在我主持的報館裏做事，同樣爲好奇心所驅，聽到這消息也想看看，但周仲平事先囑咐魏雲千：凡屬兎的人不能去看，恰巧學儀屬兎，未便前往，頗爲悵然。

大廳正中擺一張小木桌，後置一木椅，桌下置一盛清水的大木盆，此外別無長物。周仲平這個人既矮且瘦，四十歲左右，雙目烱烱，耳朵特別大，除此別無異相。那時正值深冬，重裘不暖，周仲平把外衣脫盡，只穿一身白色汗褂褲，端坐木椅上。環而觀者如堵，屛聲靜息，爭看奇蹟。周仲平坐定，口中唸唸有詞，音調甚低，諒係符咒之類。唸畢，他開口說話：「請兩位先生上來。」這時從人叢中挺身而出的有兩個人：一是李大年，一是郭子奇，兩人都是留英美學生，也是我的朋友，爲程潛的親信人物，生平最恨迷信，動稱科學萬能，這次也被魏雲千請來，要他們親自看看；他們想乘機找個破綻，揭穿神仙的內幕，忽然聽見要請兩個人出來，以爲機會到了，便同告奮勇，分站左右。周仲平便要魏雲千臨時從廚房裏拿出一枚生雞蛋來，又叫拿來一個空信封和兩根火柴，叫李大年高高舉着生雞蛋，把火柴兩根當衆放在空信封內，叫郭子奇高高舉起這封信，於是他又唸唸有詞。唸畢，叫郭子奇把信封打開，兩根火柴已不見，隨即叫李大年打破雞蛋，不料生蛋已變成熟蛋，分開蛋黃，兩根火柴變成兩顆繡花針，揷在蛋黃裏。郭李兩人遂赧然而退，靜靜的再看。後來，我同他們兩人開玩笑：「你們二位祖先郭子儀、李光弼都是唐朝中興的名將，能打倒反賊，却不能打倒一個神仙。」

李大年、郭子奇兩人退囘後，周仲平口中又唸起來，聲音比較沉重，閉目凝神，汗出如雨。大家旋即聽見水響之聲，那張桌子下面的木盆，盆中的淸水一邊像煑沸了的鼓起泡花來，一邊漸漸看到水上生出碧綠的浮萍，一會兒浮萍滿了，木盆邊沿忽然現出一根繩子。周仲平起身將繩一提，提出一隻又肥又大的甲魚，活生生的四脚動彈着，大家一齊拍掌喝彩，却被周仲平制止，很不客氣的說：「如果再這樣鬧，我就不幹了。」這個變甲魚的把戲，是周仲平的拿手奇技之一，曾因此而獲段祺瑞的特賞。段祺瑞那時貴爲執政，禮聘周仲平爲高等顧問，一時故都有「甲魚顧問」之稱。因此「周神仙」這個綽號，不僅在湖南之間，在北方也是挺響亮的。

我看了火柴變針、淸水變甲魚之後，心裏雖暗暗稱奇，但還不覺得什麽，這不就是我們鄉下都有的魔術小玩意兒嗎？當晚魏雲千把這隻甲魚煑來饗客。我站在那裏，望望李大年郭子奇兩人的精神，似乎已有點信心動搖。我也是一個崇拜科學的，在李郭退下之後，也想找一個機會接近這位「魔術大師」，一探秘密，藉解疑惑，倒沒有存心揭穿內幕的動機。

好，機會來了。周仲平叫魏雲千隨便拿出一枝筆和一張白紙條，放在桌上，問在場的：「你們來開幾味中藥？」便有一人說：「我要洋參和麥冬。」周問：「要多少？」那人答：「洋參一兩，麥冬五錢。」周即照寫遍示，衆無異議。周反問：「你們要到那家藥店去賣？」便有另一人提議：「到北協盛去。」我心裏想：剛巧這兩個作客的人，我都不認識，懷疑之中更加懷疑：莫非周仲平故意弄虛玄，那兩個人便是他的助手？交通銀行在南門，距南協盛藥號很近，何以要到很遠的北門大街的北協盛藥號去買藥？

這其中不無可疑，且看下文再說。周仲平又問：「那一位願出藥錢？」停一停，似乎無人響應，魏雲千即掏出兩塊銀元放在桌上。周仲平又叫拿出一個空碗和一個空碟，把買藥的單子和銀元當衆放在空碗裏，覆以空碟。於是又唸唸有詞。不過一分鐘功夫，周仲平把手一招，向碗一指，打開碟子一看，洋參一兩、麥冬五錢，宛然在內，有一張北協盛的發票，寫得淸淸楚楚。加蓋店章，一點不錯，連找的零錢，一併在內。大家既不便再鼓掌，更不敢喝彩，只好一陣笑起來。還好，「神仙」還沒有封閉「凡人」的笑口。

即聽見周仲平道：「如果各位不信，請派一人馬上到北協盛去問。」我抓着這機會，即高聲答道：「我願去！」衆人看見是我，又驚奇，又笑起來。周仲平當時並不認識我，我也是第一次見着他。他說：「這位先生去很好，請你就去吧。」我就排開觀衆，出門僱人力車前往。長沙市的人力車是全中國馳名的拉車最慢，拉車如演戲踱方步，乘客如果催他快一點，他就把車放下來一頓，囘轉身來不客氣的說：「你來拉吧！」到過長沙坐過人力車的大概都有這種感想。當陶履謙應張治中之約來長沙任民政廳長，從小西門坐人力車到省政府足足化了三四個鐘頭，陶履謙驚於長沙面積之廣大，原來那車夫故意彎彎曲曲的慢吞吞的穿街過巷，想多得到幾個車錢。陶履謙下車後問起歡迎他的人，才知底細，便責問那車夫，那車夫倒也答得爽直痛快：「我要想多得幾個錢，自然就要多走幾步路，這有什麼稀奇？」陶廳長反而笑了，付了加倍的錢，對歡迎他的湘籍人士說：「這就是你們湖南人的本色啊！」

長沙大火

張文元畫

言歸正傳。我當時懷着一顆熱烈的好奇心，親到北協盛藥號探明虛實，坐在蝸步化的人力車上實在覺得焦急萬分，但因為我知道長沙洋車夫老太爺的脾氣，又不敢催他快走，只說有病人垂危，要到北協盛去買藥，偏偏那車夫絕頂聰明，反問我為什麼不到南協盛捨近求遠？幸虧我還機靈，便再說病人就住在北協盛附近，所以趕到那裏買藥，並許他加一倍車資，「請」他快拉一點，他一邊拉一邊笑着說：「我不要你先生加錢，看在那位病人份上，走快一點就是。」果然走快了一點，總比步行快些吧。

既到北協盛，我一躍下車，關照車夫等一下，急忙入內問櫃臺上的夥計：「剛才是不是有人到你這裏買藥？」答：「有的。」再問：「買什麼藥？」答：「洋參一兩，麥冬五錢。」我有點毛骨悚然了。再問：「你們開了發票嗎？」答：「自然開了，藥錢和找的錢都批得很明白。」我心裏一轉再問：「那買藥的是一個什麼樣的人？」夥計略想了一想，答道：「是一個又矮又瘦的中年人。」

我又問：「是那地方的口音？」答：「像是平江瀏陽那幾縣的的口音。」我說了一聲謝謝，回頭就走，櫃臺上那些人莫名其妙，還以為我有神經病，或是以為警察局的密探來調查什麼疑奇案子。我仍然坐原車回到交通銀行，那車夫望我幾眼，表示很不信任的樣子。等我排開衆人進去向大家報告經過實情時，都表現驚異的眼光，因為有許多人知道我不會說假話，更不會做假見證，也絕對不是周仲平的助手。我自己回頭一想，也如墮五里霧中。

就在我離開的時候，聽說周仲年又表演了一兩幕。我因沒有親眼看到，無法提及。

我報告完畢後，周仲平說：「現在快過年了，應該從上海買點禮物來，大家湊湊熱鬧。」繼續說：「誰願意買什麼東西，請拿出錢來，不過二十分鐘，就可以把貨辦到。」大概大家對過年都有興趣，不像對買藥那樣冷淡，只是由魏雲千掏腰包，這時觀衆中就有些人紛紛拿出錢來，一一放在桌上，指定購物種類，不外食品、鐘錶、玩具、化裝品等。周仲平把所有的錢都放在先前裝洋參麥冬的那個大空碗裏，仍覆以空碟，口中唸唸有詞，照例一身大汗，衣為之濕。究竟長沙離上海較遠，足足等了二十分鐘，周仲平把眼一睜，含笑說：「好，貨全辦到了，只有一位太太要的三花牌胭脂缺貨，沒有買來，對不住得很。」大家暗笑他說夢話，憑空那裏來這些東西？周仲平從從容容的把碗揭開，一束發票赫然在內，也附有找數。那些發票確是上海各大公司及其他大商店的單據，當塲昭示，一點不假。周仲平提高嗓子道：「請各位先生太太小姐們注意！你們要的東西現在都來了，請照發票點收吧。」說時遲，那時快，只見他從那廳中的磁磚地面上用手一提，就提出一盒一盒的餅干，一筒一筒的香烟，一瓶一瓶的洋酒，隨手繼續的提出兒童玩具、雪花膏、生髮油，以及鐘錶等件；稍停，看他兩手合抱的用勁姿勢，抬出五十斤一罈的陳年花雕出來。這些東西堆滿了一地，分別由認購的人領去，皆大歡喜。

然而那天周仲平的主要工作，並不是在玩魔術般的法術，像買藥的奇門遁甲等，而是在如何醫治魏雲千那個親戚的病。周仲平休息了一會，正色對魏雲千說：「你的親戚的病，要先看我這一試怎麼樣，才能決定有救沒有救。」說完，就請魏雲千派人去取預先放在經理辦公室內的那口箱子，起初周仲平提進來甚是輕巧，魏雲千以為箱內定是隨身細軟或是醫藥用品，及至派人用兩手使力提來打開一看，原來是一條很粗很長的鐵鍊。周仲平便叫那提箱子的工人，再由魏雲千加派一名彪形大漢刑警，照着周仲平指示的辦法，用那條大鐵鍊把周仲平緊緊的綑住，外加大鐵鎖一把，從鐵鍊縫裏，套一根約五尺長的細麻繩，叫觀衆中一個小孩子牽着，只等周仲平叫一聲「拉！」這小孩子用力一扯，周仲平說：「如果一拉鐵鍊就斷了，病人的病就會好；拉不斷嗎？病人恐怕沒有希望了。」最担心的當然是病人的家屬和魏雲千。照常識上講：小孩子用細麻繩如何能把大鐵鍊拉斷？這簡直像是在開玩笑！且再看看周仲平吧。他被五花大綁，坐在椅子上，只低着頭，口中唸唸有詞，汗越發直淌下來。經過相當長的時間，大約有二三十分鐘之久，大家等得有點不耐煩了，忽然聽得周仲平一聲大叫：「拉呀！」那小孩子果然就一拉，嘩啦啦一陣巨響，鐵鍊不但寸斷，而且粉碎。有幾個站得較近的人，被碎鐵打着，險些兒受傷。周仲平欣然向魏雲千拱手道：「恭喜！恭喜！令親現在可以起牀了。」於是宣告散會。這晚交通銀行裏擺了盛宴，招待這位「活神仙」，我也忝陪末座。

魏雲千的那個患重病的親戚是住在長沙的鄉下，當晚來不及探問，大家聽了周仲平的話還半信半疑，第二天清早魏雲千同他的親戚家屬和家人特地到鄉下去看，只見迎面走出大門來接他們的，正是那一個半年纏綿牀褥的病夫，大家見面該是何等驚喜！後來有人問周仲平爲什麽醫病用這種方法？答復是：「魏先生那個親戚的病，是由於他的祖墳上有一株與他命運衝犯的大樹，不把這株大樹拔掉，他的病只有一天比一天沉重的。拔掉了樹，病自然就好了。」又問：「那麽，與鐵鍊有什麽關係呢？」答：「鐵鍊代表大樹，鐵鍊斷即大樹倒。」我聽了這番話，眞是莫測高深，至今仍然是一個啞謎。魏雲千從鄉下回城告訴我，他那個親戚的祖墳上本來有一株大樹，那株大樹果然在請周仲平的那天晚上忽然倒下來了，他的親戚也就在那天晚上忽然好了。

第二年，即民國二十七年春天，湖南省政府主席張治中以「妖言惑衆」等罪名把這個「活神仙」周仲平槍決。周仲平在長沙被槍決，湖南省政府宣佈的罪狀，除「妖言惑衆」等等以外，比較切實的罪證是指摘他虧挪了湖南省銀行一筆十數萬元鉅欵，湖南省銀行的公欵爲什麽會被周仲平挪用呢？據說其中有一段內幕。周仲平不嗜煙酒，不愛女色，惟一的嗜好是賭博。大家以爲他的神奇的手法，應該是每戰必勝了，然而往往慘敗，勝負的數字很大。當時湖南的金融界領袖及富商巨賈多與周來往，而且聚賭。就在這微妙的關係之間，周仲平借了人家一筆大錢，借錢的人初以爲「神仙」賭錢百戰百勝，這比放高利還好，萬不想到原來「神仙」是常吃敗仗的，而且久借不歸，醞釀了一個長時期，等到張治中來了，張治中一來，若有其事的向各機關這裏查、那裏查，迫得借錢的人只好告周仲平一狀，說周虧挪了公欵，張治中便親自下手令，軍警作森嚴的戒備，協力把這位「活神仙」捉到了。

其實張治中快刀斬人頭，不過借題發揮。如今細細想來，張治中出主湘政時，以「前進」的姿態，在各項方案及文告上都宣稱到湖南來試行最新「社會革命。」那時候正是日寇漸漸迫到長江各省來了，武漢岌岌不保，湖南快變成前線。在這樣嚴重的軍事情形之下，還談得上什麽政治革命和社會革命，縱要談也來不及，惟一的迫切需要是安定民心和鼓舞士氣以加强抗禦措施。

就因爲張治中所號召的所謂「新政」，引起了全省的無限「謠言」，外患已臨頭，人心更惶惶不已。張治中爲爭取民心，鎮壓人心，必先把謠諑平息。而平息謠諑的惟一有效方法，是以迅雷不及掩耳的嚴厲手段，把活躍在湖南被認爲「謠言總滙」的「周神仙」殺掉，謠言自然平息。一方面也顯得省主席的「革命精神」，連一個「神仙」都敢殺，其餘要想造謠生事或反對政府施行新政的，誰還敢再拋頭露面。於是乎一代「神仙」的周仲平，便成了這個大時代環境下的犧牲品。

周仲平被殺的那一天，萬人空巷，政府的警備如臨大敵。這位「神仙」並沒有說一句話，更無反抗，俯首就刑，從容鎮定，面不改色，大概認爲自己氣數已盡了吧。當時有人問被捕的周仲平：「以你這樣大的通天本領，如果能一顯奇能，幫助張主席建立抗日奇功。將功折罪，豈不甚好？」周仲平笑了一笑，說：「我的氣數已盡，遲早一死，倘因我一死而對張主席有幫助，又何嘗不好？」

殺了周仲平不久，長沙一把無名火，酆悌、徐權、文重孚又做了周仲平第二。張治中先後借了四個人頭，還是沒有把湖南保住，帶罪悄悄的離開了。民間又起謠傳，說長沙大火，陰錯陽差，是「周神仙」在陰間放的，送掉了張治中在湖南的政治生命。

大八路

新歲預言

新年到來，巴基斯坦星相家預言今年香港繼續繁榮。

去年新年他也曾發表預言，但並未言中東巴基斯坦將有空前地震。

未便公然

中文合法化聲中，有人建議娼妓合法化。

前者有許多人暗暗反對，後者有許多人暗暗贊成。

理由在此

大嶼山寶蓮寺歡迎觀光，但禁烟禁酒，也禁麻將撲克。

我擁護此一辦法，不單爲了佛門重地，也爲了我主張和尙尼姑不必去大酒店點燃香燭，誦經唸佛。

飲水思源

寧波同鄉會會刊轉載本刊「麻將縱橫談」，全文六千字隻字不遺。

本刊歡迎註明出處加以轉載，尤以該篇爲然，由於麻將本爲寧波人所發明。

聞所未聞

香港共有日晚報七十餘種，來此遊覽的美國報童聞之，無不咋舌。

當他們聽說身爲主筆而無法養家活口，一個報販而擁有四個太太時，信不信大成問題。

六分之一

估計香港居民，六人之中，有患神經病者一人。

每架的士連司機共載六人，那個精神病患者，但願他不是司機。

打破紀錄

紀政與瑞爾的戀愛，有人比喻爲「八年抗戰」。

八千里路雲和月，紀政從禮堂門口走到婚禮台前，蓮步輕移，慢的程度在她生命中也是打破紀錄。

省了郵票

五年內互通情書四百五十四封，馬來亞華僑小姐趕往台北與國軍上尉成婚。

從此朝夕厮守，白頭偕老，可以再不化費一角郵票。

自作多情

美貌修女常服避孕葯片，以防强姦。有此準備而始終無此事實，上帝會不會怪她自作多情。

幾個聯想

瑪格烈公主夫婦，傳有離異之說。

當我聽到這個「謠言」時，不期然的想起唐生上校；當我想起唐生上校時，不期然又聯想起溫莎公爵。

裸體登台

英倫上演話劇，扮演上帝的男角，脫光衣服，在台上大講粗口，未遭干予。

假使聖母登台，只要脫光衣服，即使不講粗話，恐怕也難免於入警署。

分期有人

外國雜誌載稱：分期付欵旅行日漸流行，顧客尤以年青女子爲多。

據航空公司所知，她們多數祗付首期，以後的分期，多由未婚夫負責。

身經百戰

爪哇妓女充斥，當局決定加以訓練，遣往邊區充任「義勇軍」。

——其法甚善，其名甚佳，而「義勇軍」之身經百戰，對妓女身份，尤爲傳神。

折衷辦法

倫敦裸體男子全身銅像，有人頌爲「藝術」，有人斥爲「下流」。

我有一個折衷辦法：認爲它是藝術的，可以看他正面，認爲它是「下流」的，不妨看他「背影」。

理想日曆

曆法甚多，每逢新年前後，「永恒日曆」之計劃，例必舊事重提。

香港白領階級最歡迎的曆法是：一年裏有兩個新年，一星期內有兩個星期日。

灶君上天

臘月廿四，灶君上天。

平日厨房用電與煤氣者，灶君上天時坐汽車，用石油氣者坐小型巴士，用火水者只能坐三等電車。

一舉數得

工展之後，繼以年宵市場。

就工展原有場址加以利用，若干個攤位簡直可以不必搬走。

魔術之夜

大除夕是魔術之夜，一晚間變化萬千。

當天大家都說過年難過，第二天個個變成濶佬。

·上官大夫·

沈寐叟章草書法

訥夫

上一期大人雜誌，我在「王秋湄生平及其書法」一文中，曾談及近代擅章草書者，有沈、羅諸氏。沈即沈曾植，別署子培，號寐叟，又號乙庵，浙江嘉興人，光緒進士，以候補道宦遊廣東，與王秋湄之乃祖隨宦粵垣先後相距不遠。二人皆以章草名於清末民初，亦云巧合。

沈寐叟章草以峭拔詭奇稱勝，數年前曾得沈書數帖，皆爲晚年所作，韻味之深，確非盛年可及。以其人書法論之，雖已戛戛獨造，究不能盡其所長。蓋沈子培於學問幾無所不通，生平悲歌慷慨，篤於友誼，能急人所急，固亦一性情中人也。

寐叟游宦粵東時，適爲甲午之前一年，識康有爲於粵垣，時南海以舉人講學於廣州萬木草堂，刊新學僞經攷，舉二千年之疑案，加以辯證，又從而推翻之。一時士林引爲怪異，淸吏咸譁然以爲大逆不道，張之洞時爲兩廣總督，素重南海，不欲興文字獄，僅招康氏至督署勸之不再攻擊古文派，以平衆怒。康氏不肯稍讓，事爲言官所悉，乃交章彈劾，幾興大獄，賴翁同龢、李鴻章爲之緩頰於上，寐叟則連合文廷武、曾廣鈞等奔走疏散於下，始得毀版銷案。

沈與康不過爲文字之交，全無淵源，惟於康有爲遭逢大厄之際，竟肯捨身營救，不顧個人前途，亦不懾於層憲權勢，此其惺惺相惜之情，實具古人風義。

康南海復辟失敗，匿於京師美國大使館，幽居數月，其後輾轉移居天津美領事館，始間關南下來香港。當時，康氏行徑爲國人所不容，寐叟獨不顧冒險犯難，再爲奔走，此種爲友誼犧牲精神，行誼之高，饒有古俠士風，士林稱頌，當在其學問書法之上。

沈寐叟章草，筆力雄健，如生鐵鑄成，古樸鈍拙，有非凡俗所能想像，故評書者嘗謂自來善章草者，於宋趙雍、明楊鐵厓外，唯寐叟一人，惟其人其書，尚不及其生死不渝之交——康南海能享盛名，是知文藝與功業攸關，亦有由也。

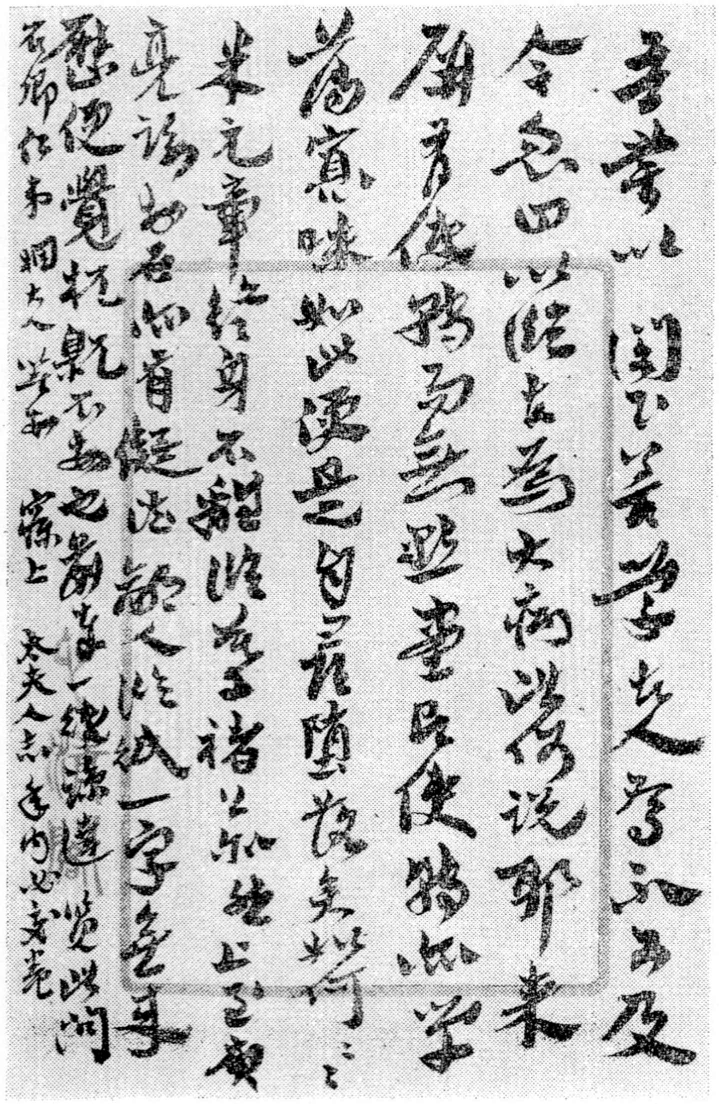

沈寐叟書札

萬松書屋藏

沈與康其始祗爲文字之交，初無特殊關係，於政治更無淵源，惟二人氣味相投，如膠似漆：順德羅癭庵、復堪均都下名士，癭公之父羅嶧農，爲同治乙丑進士，官翰林院編修，庚午北闈分房得士沈寐叟、王可莊二人，皆一時瑜亮。癭公輩較晚，事沈至謹，後來，癭庵與梁啓超同爲康南海萬木草堂弟子，視沈如師長。

沈子培一生學問書法皆爲世人所稱道，獨於民國六年張勳復辟，沈竟徇康請入都，人皆疵議。是時康南海襆被入都，大江南北幾無人不知，沈蟄居滬上，鬻書賣文，本可淸閑度日，不意復辟後竟發表以沈爲學部正大

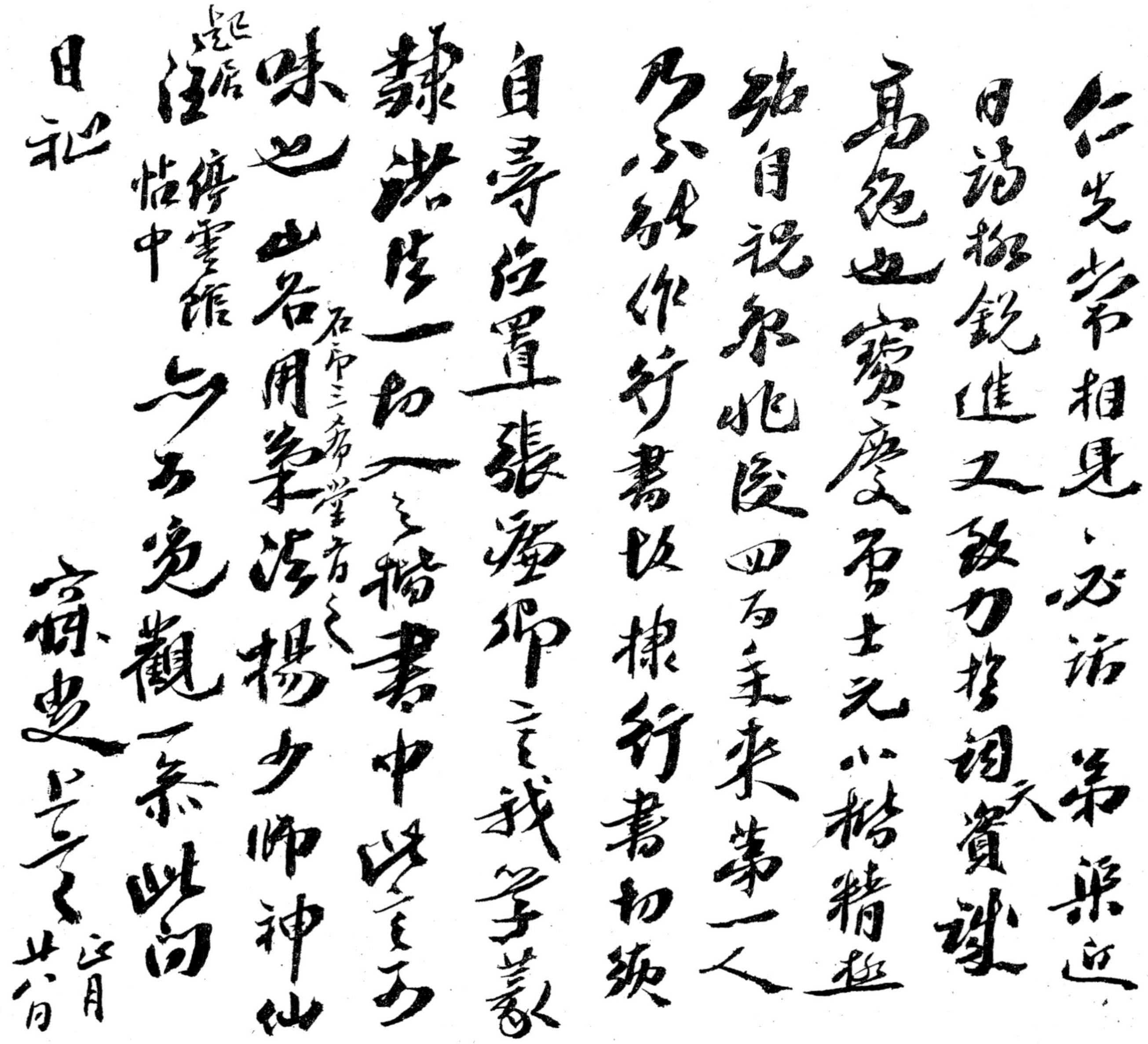

沈寐叟書札之二　　萬松書屋藏

臣，一時士論嘩然，初猶有疑沈在滬必不北上，惟竟秘密應康南海約入都，老境愚忠，爲人所誆，亦可憫耳。

寐叟厠身於民初遺老中，雖不合時流，惟其學養功深，自爲學術界所推崇者。如史地之學，洵稱一代大師。他如旁及內典，精到之處，為近代罕見。至於經學、哲學、醫學、文學，幾無一不能，無一不有獨造，足見其治學廣大，逈非常人所及，傳世之作有「海日樓札叢」，雖爲治學劄記，亦足窺見淵博。

沈書以章草爲最突出，民初以來學書者莫不尊之，有請益者，輒能詳予指示，不稍秘吝；人謂沈氏書法，早年精於帖學，得益於包世臣，壯年則嗜張裕釗，嗣後由帖入碑，變化之至，融合各碑，以至自成一家。惟管見所及，則沈書以流沙木簡爲幹，而以六朝造象爲形，方筆出之，乃成拙厚奇古。

詞人朱古微嘗稱：「沈書爲天設神授，雖託體安吳，而晚年一變而爲森聳，與倪鴻寶、黃石齋合爐而冶。」此評亦盡沈書奇妙之致。

章草書法度森嚴，一筆不能苟且，一字亦不能失去來歷，沈寐叟書雖縱橫跳宕，波發不羈，但其尊崇古法，力除詭變則數十年如一日，觀其致姻親石卿札中云：

「吾嘗以閣下善學古人爲不可及，今忽曰以臨古爲大病，此何說耶？來屏有使轉而無點畫，即使轉亦單薄寡味，如此便自尋墮落矣。如何！如何！米元章終身不離臨摹，褚公亦然，上至庾亮，謝安石亦有儗法。鄙人臨紙，一字無來歷，便覺杌隉不安也。……」（見原蹟附圖）

由此觀之，沈氏對書法是主張以臨摹爲宜，而於筆法則注意使轉與點畫均重，尤貴渾厚神味，欲求手應心合，則非多從古人名蹟揣摩，臨摹精勤不能得之。寐叟書章草而外，更精楷書，張廉卿曾評其書謂：「沈書學篆隸諸法，一切入之楷書中」，是知名書家無體不精爲非誇語也。

吳公儀生前死後

·呂大呂·

吳公儀七十壽辰（一九七〇年十月十一日所攝）

未說其生先述其死

吳家太極拳嫡傳，香港鑑泉太極拳社創立人吳公儀氏在去年的十二月五日病逝港中分科醫院。他年登古稀，但一向精神矍爍，爲了死前的幾個月偶感風寒，此後便感到有點哮喘。老人家有了這個病，本該休養休養，却是他誨人不倦，始終還沒有對教務停止。到了十二月四日的晚上，他在寓所裏顯得病情惡化，家人當即送他到港中分科醫院去，延至五日凌晨三時，便溘然長逝。一代拳師，遽歸道山，實爲國術界一大損失，國術界中人無不惜之。

吳公儀的壽齡，恰是七十歲。死時，他的兒子大揆、大齊、女兒雁霞和女婿郭少熠都隨侍在側。死後，遺體移奉香港殯儀館，即由他的弟子賈訥夫等十五人具名成立治喪委員會。由於吳公儀平生虔奉三寶，便遵囑以佛教儀式在歌連臣角舉行火葬。

乃祖乃父並爲名家

吳公儀是吳家太極拳的第三代嫡傳。發明吳家太極拳的不是他父親吳鑑泉，而是他的祖父吳全佑。當年的吳全佑從楊露蟬父子捱盡千辛萬苦把楊家太極的大圈子小圈子功夫也全學到，所有掤、攦、擠、按、採、倒、肘、靠、進、退、顧、盼、定等十三勢，也心領師會，善于運用而臻于化境，這才憑着這些功夫來創出了另一套太極拳，這便是今日在東南亞各地盛極一時的「吳家太極拳」。

未說成功先說苦練

遠在淸朝咸同年間，吳全佑是在大內中當營差的，他是河北大興縣人，當時的王子貝勒，很多人學着一種用以鍛鍊身體的拳術，這種拳術便是太極拳，教授太極拳的人是楊露蟬，和他的兒子楊班侯。由于他們父子只教大內的王子貝勒或大內當差的人，因之大家都認爲這是貴族拳。也由於太極拳身手遲緩，大家便認定這只是用來鍛練身體而不切于實用的一種拳術。一般人這樣看法，吳全佑也不例外，而那些武林中人也就更不會例外了。

一位武林中人稱爲雄縣劉的，他便不服，說太極拳既不能切于實用，就不該加上個拳字。這話給楊班侯聽了，說出了太極拳便是太極拳，要練身可以，實用搏擊也可以。雄縣劉當即提出和他講手。結果這個對武功有着深造功夫的雄縣劉就給楊班侯打到一敗塗地。從此人人對太極拳另眼相看了。

楊班侯的太極拳，分大圈子和小圈子兩套，大圈子是用作鍛練身體的，便是他在京師教王子貝勒和大內中人的一套。小圈子却是切于實用的，他不會輕易教人。吳全佑跟楊班侯學的當然就只是大圈子這一套。不過，從楊班侯學這一套大圈子也不容易，非挨盡了苦不可。原來楊班侯教人，有一個原則是「非打不教」，他每每和徒弟「推手」，便得把徒弟「推」到仆仆跌跌，甚至把徒弟「推」到手傷脚損也有。好些王子貝勒，好些大內的營兵都捱不了這熬煎而停止學技。在這個時候，營兵中就只得三個人沒有退學。這三個人，吳全佑是其中一個。却是吳全佑給楊班侯這樣「虐待」，吃盡苦頭，他的一隻左脚都跌到微跛。

兒子不教老子教之

吳全佑這樣捱盡艱苦，學的無非是大圈子的功夫，他還不知道有小圈子這一回事。那日，楊班侯要離開北京回他的故鄉廣平府去，由他的父親這位老師傳楊露禪代他的職位，教着一班王子貝勒和這碩果僅存的三名營兵。楊露禪發覺到吳全佑的左脚微跛，問起原由，吳全佑直言不諱。但他說，他雖然這樣，還要苦練下去。

楊露禪聽到了吳全佑的話，他覺這小子肯這樣的下苦心，倒也難得。而且爲了這個，他可明白到楊班侯只是教吳全佑大圈子的功夫，絕沒有教半點小圈子功夫給這苦心練習的人。要不然，吳全佑在推手的時候可不會經常給楊班侯推跌，而且跌到脚也微跛的。他在幾天來的小心觀察，覺得吳全佑孺子可教，便着吳全佑把過去學自楊班侯的大圈子功夫完全推翻，由他拿小圈子那套拳法，對吳全佑從頭教起。一教便教了三年，而吳全佑一學便學了三年。

老師離去弟子跟踪

三年後，楊班侯由廣平府回到京師，楊露禪自然把教務給回他兒子。楊班侯在繼續教授大圈子功夫中，依然要使出他的「非打不教」這一套來。他和吳全佑推手，幾次想發勁跌吳全佑時，都給吳全佑化去。楊班侯馬上明白這是他父親把小圈子的功夫教了給吳全佑所致。在停止了推手後，進內見楊露禪便說：「今後楊家太極，可不會是我父子所專有了。」楊露禪當即教訓他說：淸廷的王子貝勒是異族人，不教他們猶有可說，吳全佑是同族人，難得他這樣苦心，這樣有毅力，又怎能不把眞功夫教給他？這番話使到楊班侯沒有話說。他對楊露禪沒有話說，此後也就連他也教着吳全佑這套小圈子的功夫了。

這樣又過了好幾年，楊露禪要離京回廣平府去，楊露禪在車上，行了幾天，車伕發覺車後一直有個人跟踪着。車伕覺得奇怪，對楊露禪說出來。楊露禪揭開車後的碧油布看着。一看便看到了這跟踪着的人不是誰，正是吳全佑。把吳全佑叫到車前，問他跟隨不捨的原故？吳全佑坦白說出，他要跟隨楊露禪回鄉，繼續學習。楊露禪心裏明白到他一定以爲自己還沒有盡把拳術教給他才會這樣，便正色對他說出了一番話，這番話是說明白全部功夫都已毫不保留的教了給他，他固然無須再來學，而且也無須留京從楊班侯學，甚至他可以教人了。這番話說完，即撇下他就道。吳全佑目送這車去遠，方才黯然回去。

自立門戶開創吳派

吳全佑回到京師，他把楊露禪這番話對楊班侯說了。楊班侯也承認他可以教徒弟，爲的他學楊家太極拳的大圈子小圈子都已有十年之久，已經達到登堂入室了。吳全佑得到楊班侯同意，當即辭去了這份營差不幹，就在北京設館教太極拳。他爲了要表示和楊家太極分淸界限。第一，他的館只教平民，不教王子貝勒。第二，他把所學貫通融會，創出了并沒有大圈子小圈子之分而是完全側重小圈子的一套太極。由于是由他首創，他便名這套太極爲吳家太極拳。這樣他在北京設館之後，可就和楊班侯涇渭分明，分道揚鑣了。楊班侯只教王子貝勒、大內中人；只教楊家太極的大圈子。吳全佑却不教王子貝勒和大內中人，只教平民百姓；而教的却是只有小圈子的吳家太極拳。爲了這原故，他設館不久，他的門徒倒比起了楊班侯只限淸宮裏面的人還要多得多了！

經過一個時候，這是剛隔現在六十年的一九一一年，也就是對上一個六十花甲的辛亥年。辛亥革命成功，推翻了淸室。淸室既完，吳全佑也爲了年老，他離開了北京，舉家回到原籍河北省大興縣的老家去，一心一意，閉門課子。他的兒子，便是吳鑑泉，也就是吳公儀的父親。他很小便在北京由吳全佑父傳子的教着他，他的根基很好。同回到大興縣後，吳全佑更悉心來教他。吳全佑的教授方法，和楊班侯一樣，非打不教。在這一段時期中，吳鑑泉也算捱盡了苦，往往父子推手，給吳全佑使出老勁來，把個乖乖兒子高高拋起，由高跌下。憑着這個非打不教而把個吳鑑泉教育成材，盡得吳全佑之秘。

閉門課子鑑泉成名

經過一個時候，吳全佑就像楊露禪在車前對他說出的一番話一樣，也對吳鑑泉說出了這一番話來。他說他已經把所有吳家太極的奧妙地方教給了吳鑑泉，此後不需要他再教，他可以看着吳鑑泉收門徒教人了。吳鑑泉敬謹受命。却是吳全佑竟然看不到吳鑑泉的收徒弟，爲的他說過此話後便老病纏綿，跟着不久，遽歸道山了。

吳全佑死後，吳鑑泉準備遵守老父遺言，以吳家太極授徒。正在這時候，北京那裏，有一班人，以許禹生爲首，他們到大興縣吳家，要請吳鑑泉出山，返回北京，繼父志在北京教授他們吳家太極拳。爲了這一來，吳鑑泉便在北京初露頭角，以至于吳家太極更發揚光大。

傢具破爛磚地裂碎

許禹生曾從吳全佑學過吳家太極，吳全佑回老家，他頗致去思。這時他得到了消息，吳全佑已死，吳鑑泉得老父眞傳，因之便和一班人發起奉吳鑑泉重來北京，繼吳全佑教徒。他們幾個人離開北京去到河北省的大興縣，找到了吳家，見到了吳鑑泉。還有一樣使他們見而大驚的，這便是吳家裏面，所有的枱枱椅椅，無一不是破破爛爛，所有的種種傢具也都不完全，而一塊塊的階磚地板，也都是碎的、裂的。他們起初以爲是吳家境遇不堪，後來聽到吳鑑泉說出這是他父子經常練武的成績。幸而枱椅爛，家具毀，地板碎，他還有一副銅皮鐵骨。大家聽了，忍不住都笑起來。也由此而想到吳家太極的利害，吳鑑泉不愧爲吳全佑的繼承人，來人當即把來意說明。吳鑑泉正要遵遺言，繼父志來發揚光大吳家太極教人，便答應了許禹生一班人的邀請，到北京去了。

鑑泉南下公儀守京

這時，楊班侯雖然沒有王子貝勒對他執弟子禮了，但他一直也留在京中。最初是在國術傳習所傳技，後來却組楊家太極拳社授徒。吳鑑泉抵京後，以他的名字成立了鑑泉太極拳社，表示和楊班侯的楊家太極拳社有了界限。在北京，經過了二十年，這二十年中，他的鑑泉太極拳社固然是由他教授門徒，但由于門下弟子多，他不能不出到吳家太極的第三代傳人來助教。這第三代嫡傳，便是長子吳公儀，次子吳公藻。他們自少跟着吳鑑泉學技，家學淵源，虎父無犬子，虎子自然有虎孫，這第三代的吳公儀和吳公藻便成爲鑑泉太極拳社的助教，成績不下于乃父吳鑑泉，尤其是長子吳公儀。

吳鑑泉爲什麽一直在北京開設拳社，二十年

來不變，二十年來并不向外發展？這是有原因的。原來吳鑑泉對楊班侯，爲了他是父親的師傅，一向對他很尊敬，而楊班侯的兒子楊澄甫却在上海設館，發揚楊家太極，組織致柔太極拳社，因而他就不願他去別處發展。經過了二十年後，剛好上海的中央精武體育會要想成立一個太極拳班，就近和楊澄甫商量，楊澄甫却因爲他的致柔太極拳社業務蓬勃，分身不暇，他對精武會的陳公哲力薦吳鑑泉。陳公哲當即到北京去，請吳鑑泉南下去主持。吳鑑泉聽說是楊澄甫所薦，也就答應了。南下時，把京中的社務全交由吳公儀和吳公藻兄弟料理。吳家太極拳社便從此南傳。但在當時是吳鑑泉挾吳家太極南下，而吳公儀却以吳家太極拳守京。成爲三代都滿門桃李。

祖孫父子分道揚鑣

吳鑑泉去上海，他帶同他的最疼愛的孫兒在一起，這孫兒便是吳公儀的長子吳大揆。年紀輕輕，才不過十歲，自少由祖父父親教他太極，尤以吳鑑泉教他爲多，因此吳鑑泉挾技南下，同時也挾孫南下。祖孫同住在精武體育會裏，吳鑑泉開始在上海教太極，一時加入精武會太極班的人多得很。過得一個時期，南京的中央國術館成立，館長張之江，副館長李景林和褚民誼。褚民誼在北京時曾在鑑泉太極拳社學過太極，既知吳鑑泉在上海精武會，當即由國術館聘了他去南京主持太極拳教務。跟着舉辦全國國術攷試，也聘吳公儀爲評判。

一家老小離合聚散

對日抗戰，北京淪陷，吳公儀結束了太極拳社，携眷逃到長沙。而吳鑑泉在南京也帶同大揆到長沙來，一時父子兄弟祖孫都聚攏着一起。吳鑑泉帶着大揆抵達香港，跟着在香港灣仔洛克道成立鑑泉太極拳社，一面教徒，一面等候在長沙的家人遷來。

在長沙會戰時，吳公儀和吳公藻携眷離開長沙到香港，便又一家團聚。當時鑑泉太極拳社的弟子已經不少，教務由吳鑑泉和吳公儀、公藻分担。經過一個時期，吳公藻却離港到澳門去展拓地盤。又經過一個時期，吳鑑泉已經七十高齡了，這時香港又已淪陷，他便離開香港去上海，不想就在上海那裏逝世。

吳公儀此時却和大揆跑到澳門去，在吳公藻那間拳社一同教徒。

日本投降拳社復員

香港淪陷了三年八個月，由于日本的投降，天日重光。吳公儀馬上回到了香港，在洛克道那裏重又掛起了那塊鑑泉太極拳社的招牌。老師復員，門弟子也就復員，原日的門弟子外，新的更不少。吳公藻由于復員的軍政大員多是舊識，也有不少是舊日的門徒，被邀往廣州教技。

吳家太極從此在香港大露鋒芒。却不想過得兩年，大陸變色，吳公藻斷了音訊，使到吳公儀舉家徬徨，却也沒法子。一年過了一年，香港人學吳家太極拳的更多，吳家太極的發揚光大，比起了從前在北京、上海、南京和湖南，還有過之而無不及。

（上）吳公儀使「搬攔捶」擊中陳克夫鼻部

（下）陳克夫血染征袍，繼續出擊吳公儀嚴陣以待

拳壇大事澳門比武

由于吳公儀克享盛名，在香港却惹起了一件大事，這大事便是陳克夫的挑戰。陳克夫是白鶴派的少壯派人物，和吳公儀不同輩份。這是所謂「越輩挑戰」。當時有人主張吳公儀不該和不同輩的人較量，即使非戰不可，就由吳大揆出塲應付好了。吳公儀也曾對陳克夫提出來，但陳克夫指名道姓，非和吳公儀較量不可。終于吳公儀便答應了他。

這是一九五三年的事。由一九五三年醞釀起，一直到一九五四年的一月十七日，方才實行公開比賽。但香港是鬥蟋蟀也干法例的，因之便把戰塲移去澳門，在新花園那裏設擂台。由澳門名流何賢，以慈善爲名，替鏡湖醫院籌欵。票價收入，撥作善欵。爲了這件事醞釀了許久，港澳人士大爲哄動。香港人到澳門觀戰的，把澳門的酒店住了個滿，門票一早便售光了。

當時大會的評判主任是何賢，其餘都是在武林有聲望的人物，像董英傑、劉法孟、李劍琴和禤彥

吳公儀（中）與白鶴派掌門人吳肇鍾（左）握手言歡，其右為陳克夫、劉法孟。吳肇鍾旁為陸智夫，吳陳之間為陳德昭、陳月法，二吳之間僅露半面者為吳大揆及畫人鄧芬。

光等。原定是作賽六個回合，每一回合是五分鐘。對於這次比賽，一般的看法大都以爲吳公儀年近六十，陳克夫却是個三十歲左右的人，拳怕少壯，恐怕吳公儀會吃虧。但究竟吃虧不吃虧呢？大家都聚精會神來觀戰。

戰情開始，陳克夫一鼓作氣，首先採取攻勢，使出白鶴派羅漢拳中的「豹子連環手」，密集向吳公儀進擊，把吳公儀迫到繩邊。但由于他太急，却給吳公儀一記「搬攔捶」擊中他的鼻，血涔涔下，白衣也染滿了血。這使到評判主任何賢急起來，鳴鐘一下，結束了這個回合。而這個回合就無非打了兩分鐘，應該還有三分鐘的，何賢一急，可就急出鐘聲來了。

休息時候，何賢眼見着陳克夫血染征袍，當即問他還繼續比賽不比賽？陳克夫表示流鼻血是西洋拳賽常有的事，幷不要緊。因之便在休息五分鐘後，開始第二回合。

第二回合開始，陳克夫依然採取急攻的戰畧。繞步走了半個圈，即使出白鶴派的「兜羅手」，閃電擊中了吳公儀的腰部。但吳公儀幷沒有受傷，反而左手抽空右手發出「肘底看捶」，擊中了陳克夫的胸部，跟着爭取主動，用硬拳擊着陳克夫的腕臂，這一下，使到陳克夫失了右手的作戰能力，便起脚向吳公儀踢去。吳公儀以他起脚是犯規的，因之便以牙還牙，用「左分脚」向他反擊。

幾位評判員看見這情形，知道兩人都已經動了火，怕着再打下去，後果堪虞，即由評判主任按鈴，宣佈停止。這個回合就只作賽了一分鐘。而評判員立刻作緊急交換意見，結束了這場比賽，算是賽和。當即吳、陳二位服從評判員的命令，當即停止作賽，握手離塲。大家都以籌欵目的已達，不必一定分勝負，因之雙方回到香港後，兩派都作慶功宴。太極派慶功那晚，邀請陳克夫等參加。白鶴派慶功那晚，也邀請吳公儀參加。他們都說，這個慶功不是慶祝勝負的功，而是慶祝爲鏡湖醫院籌善欵的成功。

到了一九六一年後，業務日見發達，吳公儀當即買了九龍佐敦道保文大廈頂樓爲永久會所，總社搬到九龍，洛克道那裏反而稱爲香港分社，由他的女公子雁霞和快婿郭少烱主持教務。跟着又和大齊到星架坡，創立了新架坡分社，再到吉隆坡創設了吉隆坡分社，由他和大揆輪流在這兩分社中主持教務。到了近年，他才居住香港多，爲的第四代的吳大揆、吳大齊和吳大新，都對各地的教務勝任愉快了。

白鶴派的掌門人吳肇鍾，他是陳克夫的師傅，前年歸道山了。而吳家太極的第三代嫡傳吳公儀也在去年的十二月五日撒手塵寰，武林巨子先後弱了兩個，只留下人們對這兩位一代宗師存着懷念。吳家太極有着第四代的吳大揆、大齊、大新和雁霞，他們現正繼承着吳公儀把吳家太極開枝散葉，發揚光大哩。

楊澄甫與吳鑑泉

楊澄甫和吳鑑泉先後從北京南下上海提倡太極拳術，他們二位曾經參加過一個慈善籌欵武術表演大會，同場表演。二人都身穿長袍，雍容大雅，甫合手即作不動步推手，繼而互相找勁，一問一答，彼起此伏，一攻一守，彼進此退，兩人都像生龍活虎，興致盎然，大有不忍釋手之概。因爲太極拳推手，高手遇着高手之時，猶如讀到好文章，非一口氣讀完不快，所以愈表演則愈精采，愈精采則愈表演，兩人在表演中，自始至終都在走輕靈的勁，每於一度攻守之後，便作會心的微笑，各示佩服之意。觀衆掌聲雷動，他們二位也欣然而退。

西德凱旋鬧鐘

每個廿一元九角

大人公司有售

望平街憶舊

申報與史量才

胡憨珠

史量才這場官司中了馮炳南和穆安素的計，自稱他已把申報以三十萬兩銀子，盤給了日本人太倉喜八郎。意大利領事當下卽以其人之道，還治其人之身，叫史量才把這三十萬兩銀子賠給席子佩，作爲抵償損失，急得張竹坪四處覓保，請普益紗廠主人徐靜仁塡了三十萬兩銀子保狀，才將史量才保釋出來。史量才蒙此恥辱，再打官司，出這口氣。

意大利領事也眞夠厲害，對於這次席子佩控訴史量才的案件。根據他會審法官的法律觀點立場，覺得這件案事純然是過去德商時代申報授受盤價未淸的錢債糾紛事件。根本與申報新受盤人的日商毫無關係，用不着要日本領事來參與會審。所以在他審理此案時，絕不提及日本兩字，更毋需與會審的日本領事在裁判時作研究商討之必要。因此他於末後審理時對史量才問說：「你以三十萬兩銀子的盤價，把申報出盤給人麽？」史量才答說：「是的」。再問：「三十萬兩銀子的盤價，如數收淸了麽？」答說：「如數收淸了。」又再問：「你對席子佩的申報盤價，尙有五萬兩銀子未付麽？」答稱：「這五萬兩銀子是百福堂的借欵，不是申報的盤價。」意大利領事對史量才笑笑，接着問說：「盤據上邊，寫着這筆債欵由你負責償還，是不是？」答說：「是的。」再問：「這積欠日子已經有二年多了，你還過了沒有？」史量才被詰問至此，不可能再作飾詞分辯，只得訕訕地答稱：「因爲申報館天天在虧蝕，沒法籌措得出餘欵，所以尙欠着未曾償還。」

此時，意大利領事立即把臉色一沉，嚴肅冷峻得像秋霜冬雪一般。凛凛然的對史量才說道：「你知道麽？你對申報的盤價沒有還淸的一天，就是沒有取得主權的一天。若有一文錢的債額未曾償楚的一秒鐘，即是主權整體尙未完整的一秒鐘，這是不得移動變易的鐵定法律。依照你行爲證件的反映看來，歷年間你的背信違約，昭彰若揭。原告訴人的備具半數贖回申報，乃是他履行盤據所訂條文，所應享的權益。本席姑念你已將申報出盤於人，無法應付贖回給原告訴人。所以如今裁定你把所收三十萬兩銀子的盤價，如數交付原告訴人，了斷這件錢債事件。」意大利領事會審案件，都是由會審公堂所任用的翻譯員作舌人，溝通雙方語言。現在該翻譯員把意大利領事的裁判之話，還未對史量才譯說完畢。那坐在法壇台上公案桌前的日本領事，已經滿臉怒容，霍的站立起來。立即脫下法衣，搭在左手臂彎，一隻右手提着公文皮包。一聲不响，轉入屛門，頭也不回的揚長而去。

原來這位日本見習領事奉命前來參與會審，自就位公案入座，開庭審案以來。因爲一直挨受着意大利領事和穆安素律師的輕視，一些禮貌上的周旋言詞，靳而不予使他氣憤塡膺，怒惱滿腔，所以一直不聲不响，默默地坐在案前觀看主審和會審的中、意兩個法官審理此案，及聽到意大利領事最後對史量才的判詞，說要把申報三十萬兩盤價如數付給原告訴人。認爲如此判案，有欠公正，在他的意念中，以爲低盤收進高盤讓出，這是商業買賣的自然行爲，怎可以連本帶利完全給人，所以他一怒不可復遏，立即揚長而去。當時在公堂上主審的中國法官，看見日本領事悻然離席出走，却爲之錯愕不已。但是狡黠如狐的意大利領事，頭都不側一側，等到日領事一走，他就是這樣的作爲該案審判定案了。

徐靜仁作保欲罷不能

日本總領事怎麽會派遣這位見習領事前去參與會審，以及太倉喜八郎趕赴會審公堂聽候傳訊作證，這兩個日本人的突如其來，應當有所交代，原來史量才的包車夫把他主人車送到四川路青年會的理髮室去理髮，他則將車停在青年會門前的馬路邊等候。及史量才理髮完竣，準備離去時，却被巡捕房前來拘捕他的便衣探員，出示拘票，輕輕地告訴他：「史先生，請你到我們行裏去彎一彎。」史量才是個最要面子的人，也是最機警不過的人，聽來人一說，早已心知肚明，很自然的跟着走出理髮室，但在室外又上來一人，於是他們三人一前一後監護着他，一同走出青年會的大門。他的包車夫忙即起立，等他主人上車，那便衣探員又向前一指道：「史先生，我們有車子停在前面，那是專門來接你的。」史量才也不答話，只對他車夫搖了搖頭，說了一句「你就回家去罷，我有事。」那兩個探員怎肯讓他說下去，早已有一人用插在衣襟裏的手臂彎，向史量才身上一撞，撥向前邊作並肩而行的走了。

這種種情形都看在他包車夫的眼裏，同時，他又緊緊的向前望着。只見他主人同他們坐上停在前邊距離約有六、七間門面馬路邊的一輛撑蓬汽車，再看汽車裏還坐着一個外國人。方始認出這是巡捕房辦公事的所坐汽車，因爲坐在車頭開汽車的却是穿着號衣。該包車夫固不知道他主人與人有打官司之事，但他眼看種種，便覺得事有蹊蹺。所以他即忙向附近的店舖，借得電話打回家去，告訴他女主人的一切情形。要知史量才乃是個謀及婦人的好丈夫，所以秋水夫人對於史量才和席子佩打官司的一切事情，全部明白知道，她已料想到這樁禍事，實是自己方纔在女人電話裏，走漏了消息所造成，現在他已給巡捕房捉了去，最要緊的是營救他出來，於是分向陳景韓和張竹坪兩人打電話，告訴一切詳情，要他們兩人趕快想辦法，營救史量才。

陳景韓和張竹坪對於和席子佩打官司的情形，當然更知道得詳細，重心在於向日領事公館申請登記問題，雖從葉養吾口頭告稱：日總領事方面已無問題，只是證明文件未曾發下，只要太倉喜八郎向日本領事公館催取登記證等一切證明文件，於是由葉養吾和太倉喜八郎聯絡，要他趕緊辦理，好在日本領事公館就在外白渡橋北面的虹口地區，與太倉洋行距離不遠，太倉喜八郎本是日本居留民會的副會長，所知道的事情多，所認識各方面的人也不少，所以他一去領事公館，不但把待發未送的一切證明文件領到手，還向總領事請求，要他下午到會審公堂參加會審，以便保護商民的利益，恰巧該總領事要去出席工部局的董事會，無法分身，只得派遣這個見習領事代表參加會審，不過他向會審公堂堂長關炯之所作的一封通知書，還把這位見習領事寫作副領事，以期符合領事團所規定會審領事的身份和資格。

不料這位日本見習領事，結果仍然顯出他的資格不夠，不告而別的這樣一怒而去，遂給意大利領事立即宣判定罪的機會，造成既成的判案，最顯出他一面倒的判案，那是批定要交三十萬兩銀子的保證金，方可釋放，於是史量才遂被判押進入會審公堂的羈押所，等候備具妥保，准予釋放。幸而張竹坪坐在傍聽席聽審，那是知道一切情形的，所以他先要把史量才安頓定當，免受精神上折磨的痛苦。於是便與羈押所的管理人員接洽，要他們對待保釋放的史量才妥爲優待照顧，當即送給一百元作爲酬勞之費。在民國三四年間，這一百元是何等的值錢，會發生何等的效力。果然，他們在羈押所替史量才收拾清爽出一簡單的小房間，作爲下榻屈居之所。他們又從張竹坪口中得知史量才平素喜愛要喝最好雨前茶。他們特地派人趕到南京路某大茶葉莊買得一兩眞正杭州龍井出品的雨前茶葉，泡了一杯雨前茶給史量才潤喉。可惜他祗喝得一杯，就被保釋出去了，辜負羈押所中那些人的一番誠意招接。不過化一百元喝一杯茶，也可算得史量才一生中所喝代價最貴的一杯雨前茶吧！

在當時有資格能保史量才離開會審公堂羈押所的是誰呢？那是當塗人徐靜仁。這徐靜仁是滬西英租界曹家渡白利南路普益紗廠的老闆，大約他極賞識史量才的才能超羣，所以交成朋友，同時他也極器重張竹坪的幹練有爲，成爲知己。史量才被判要交三十萬兩銀子的保，張竹坪爲尋保人一事，東奔西跑，東撞西碰，竟找覓不得一個保人。因爲三十萬兩銀子的數目，實在大到離譜，即被交保出來，也不能就算完事。在被保人繳付不出時，就要追究保人，須要負責代繳此數。而期限又是短短的祗有一個禮拜，即是今天是意大利領事會審的日期，到下禮拜他的會審之期，就要保人如數繳欵。就中雖有肯做保的幾家像樣店舖，都被會審公堂的「交保間」負責主持人認爲不夠資格，予以拒絕。甚至有兩家爲史量才所開設，與兩家有股東關係的四家錢莊，聯合作保，也認爲保人資格有欠。張竹坪於沒奈何之下，最後去向徐靜仁作商求。誰知此人非常豪爽，一聽史量才被押交保，不加猶豫，立即慨然答應願意做保。於是徐靜仁由張竹坪陪同到「交保間」把史量才保了出來。

在理張竹坪這樣的任勞任辱，費盡心力，才把史量才保釋出來。凡有人心血氣之儔，無不要對張竹坪予以讚美和慰勉有加。的確他此次對營救史量才一事，赤丹忠心，勞苦功高之極。料想不到陳景韓對於張竹坪的力挽徐靜仁把史量才保釋出來，却表示反對，指說他把事做錯。竟至不惜當夜在史量才、張竹坪三人相聚一起商量善後之事時，陳景韓當場對張竹坪火氣冒竄到百丈高，大聲斥說他做錯了事。說張竹坪不該以徐靜仁去做保人，這無異是把繩索圈套，套上徐靜仁的頭頸，結果定必要把徐靜仁累倒。因爲我已和日本總領事接洽定當，他也已經答應准於明天他親自去會審公堂，把史量才保釋出來。這樣，不是會審公堂方面對我們的辮子一些都不會拖得牢，讓意大利領事同日本領事，他們雙方去打領事團官司好了。至多量才今夜在羈押所裏過一個夜而已，可是我們就佔得了不少便宜。

陳景韓這一番話，雖然他說得頭頭是道，但不過此話眞實可靠與否，還成問題，因爲問題重心，在於三十萬兩銀子。因爲這個數字實在太大，日本領事肯不肯對這個大數字的欵項敢担干系，而「交保間」敢不敢對日領事來保人輕於交人。更何況意大利會審領事和穆安素律師兩人勾結所做出來的手脚，何等的縝密，休想有法律的隙縫可鑽。更且有馮炳南暗中佈下的監視偵察網在他安排下各方面的大小上下人員，對於史量才無不虎視眈眈，試問有那一條道路可以打通這一位羅馬來的會審領事的心意呢？

所以當時，他們申報三巨頭會議，依從了陳景韓所提出的意見作爲今後對席子佩控訴案的行事對策定了「五項原則」，（一）對三十萬兩銀子不作籌集繳付打算。（二）請徐靜仁於開庭會審之日，同到會審公堂，當庭向意大利領事聲請退保。（三）決定史量才揹了舖蓋行李到庭，願受羈押，準備挺吃官司。（四）開審之日，請日總領事親自出席，謀得日商牌子庇護的利益。（五）聘請外國著名大律師，決定與席子佩的官司打到底，直到你死我活方休。這個五項原則所定，站在史量才這方面說來，似乎認爲理由充足，方畧正確。不知這是陳景韓所作的片面思想，所恃的單方理性，一經付諸施行就發現此路不通。所以說世間上凡百事情，設計定策是一回事，及實施踐行又是另一回事了。七天的時日過後，便是意大利領事會審開庭之日來臨，史量才就遵照陳景韓所定的方策行事，那即是他携帶舖蓋行李到庭，聲請自願羈押，挺吃官司。意大利會審領事倒是蠻輕鬆地對他說：「你沒事了，如果你要想吃官司，那你可等着吧。等將來犯了什麽違約背信的罪行，總會有天到這兒來的，」說着便命法庭庭丁把史量才扯下法庭，才算完事。

其次，就是徐靜仁上庭，聲請退保，現將被保人史量才交案，以終了保人的責任關係。意大利會審領事立即把臉色一沉，忿然怒聲的說：「你要退保麽？沒有這樣的容易。你要終了保人的責任關係，當然可以的，你就繳出三十萬兩銀子，那完全沒你的事了。否則麽？你是退不了做保人的責任關係。」徐靜仁即作抗辯道：「保人保人，我所保的是人呀！現在被保的人未曾潛逃失踪，如期交案，已認爲保人的責任終了，關係告絕。」意大利領事正色道：「那天你來保人時，不是告訴過你有三十萬兩銀子的欠欵麽？要保必須要人銀兩保，是你保狀上也寫得清楚明白。今天却聲請退保，出爾反爾，視同兒戲，現在本案就照保狀行事。」他說話後，立即取出一疊備就的封條，交給案下的庭丁。着他帶領公堂的四名法警，與保人同到普益紗廠，將該紗廠執行查封。

這家普益紗廠共僱有男女工人一千餘名，規模說大固然不大，但說小也不可能說小。當會審公堂庭丁帶同四名公堂法警携帶封條，乘坐汽車，與徐靜仁同到普益紗廠執行查封命令。警士們立即吩咐工人停止工作離廠，關熄各部機器馬達，法庭庭丁正要在機器上邊，加貼封條。徐靜仁眼看男女工人被趕出廠門外時，那種倉皇紛亂的狼狽情形看得眞要爲之下淚。知道這保人退脫不下責任關係，須要繳出三十萬兩銀子，方告終了。好在他有的是銀子，所以忙即告訴庭丁，停止查封，願意繳付銀子。所以他教廠中司賬員開出三十萬兩銀子當天的即期錢莊本票，那錢莊又是後馬路「元」字號的大錢莊，這種本票直同現銀子一樣。果然庭丁停止查封，徐靜仁並叫全廠立在馬路邊的男女工友，重復進廠照常復工。而後他再同法警庭丁回到會審公堂，當庭繳出錢莊本票，取回收條，收轉保狀，作爲了案完事。當時陳景韓對張竹坪說他叫徐靜仁做保人要被害倒之說，這倒是談言微中。虧他有的是銀子乃得無事，否則普益紗廠也會被累害到關門的了。

黃伯惠受託延請律師

由於陳景韓爲史量才借箸代謀，所擬定對抗席子佩打會審公堂官司的五項方畧原則。是他總認爲申報已經獲得日商牌子，此後由日總領事出庭會審，自可爭取庇護下的勝利。但終因意大利會審領事作了一面倒式的左袒裁判，更施用了閃電性式的高壓權力乃以發封保人徐靜仁的普益紗廠爲壓制工具，逼使保人繳出三十萬兩銀子的申報盤價，而判給歸席子佩所有。作爲被告訴人史量才的違約背信，無法交出應以半價贖回的申報全部主權，未能還給原告訴人席子佩收回主有。以致原告訴人所應享的權利，無論被遭侵佔剝奪。故該被告訴人最近所收得申報的盤價銀子，理合爲原告訴人所有，意大利會審領事就是秉法裁判，該案於是宣告終結。所以席史兩人爭奪申報主權的涉訟公堂，對簿法庭之事，情勢演變至此，對陳景韓所定的五項方畧原則，可說全部落空。但後來史量才還是聘請英籍律師再行另案起訴，索回所付三十萬兩盤價中，所應扣還半價贖回申報的五萬五千兩銀子。此一訴訟案件的最後結果，居然會審裁判得直，五萬五千兩銀子絲毫不缺，如數索回。一般人說：全牛已失，爭得一腿，但總算史量才向席子佩打了一場贏官司，也稍稍佔得一份勝利，無非聊以解嘲而已。

若論史量才打贏這場官司，倒不能不說是任做後來的時報館館主黃伯惠的獻策建議之功，與代爲聘請律師之力。其事實的經過是這樣的，在史量才由保人徐靜仁繳清保欵，獲得恢復自由後的翌日，黃伯惠前去申報館，對史量才作慰問。史氏見黃後便即皺眉相告說：「伯惠弟，我這次和席子佩打官司失敗，而且敗得很慘。只有挨打，沒法還手，我心上總覺有所不服，非要和席子佩再打一場官司不可，拚個誰死誰活方休。只是打官司必要聘請外國律師的，我就是沒有一個外國朋友，根本不認識一個外國律師，就因爲這緣故，直使我對打官司有些放心不下。有人對我說現在申報已經日商牌子了，應該聘用日本律師出庭，才符合了日本人所向抱「肥水不落外人田」的主義。不過我想日本律師怕沒有別個國家律師的厲害，但看我這次訟案的會審，就顯得日本會審領事，也就遠不及意大利會審領事的厲害了。那個日本領事不能與人辯護，竟會在公堂上脫下法衣，提着皮包一走了之。我正害怕日本律師同日本領事一樣，一經開始辯論到了敵不過人家時，也管自一走，那我的官司又要輸定了。伯惠弟，你是對打外國官司的事情頗爲熟悉，同時你所要好的外國朋友也多。料想你的外國朋友中總有幾個做律師的吧？憑你想像是那個外國律師比較辯才便給，法例精通，就請你代我挑一個出來，介紹給我做出庭辯護律師。

黃伯惠便即囘答他道：「量才先生，你有所不知，我家近幾年以來，有關涉及於法律問題的事情。都是委託謝永森律師代爲辦理。因爲他是現任中國通商銀行總經理謝綸輝先生的少君，謝老先生在我先祖時代，已來我家任當一家錢莊的經理。他却忠於職守，勤於業務，數十年來，如同一日。及到盛杏蓀創辦中國通商銀行時，久聞他在後馬路的錢莊幫中爲一個著名的老經理，賢能有爲、規矩端方。所以盛杏蓀堅定要聘請他去担任當時新開中國通商銀行的總經理，謝老先生當年對我家的錢莊經理職務，被逼促到無可奈何中辭去，但他於薦賢自代以外，還時時顧及，深恐因他本人的離去，致使我家所經營的幾家錢莊業務受到影響。所以他的時時顧及，一如他在職期間相同，這對我家事業的業務上，着實收有對內對外的聲援作用之效。如此賓主情深，所以他的少君謝永森留學英倫，攻讀法律，及學成囘國，就在上海懸牌執行律師業務。因爲我們兩家有累代之好，我家如有涉及法律問題的糾紛事件發生，對於代表律師不再外求，就委託謝永森律師經辦其事。好在他是經英租界會審公堂檢察處所審核，也經領事團所認可，准許出庭的四名華籍律師之一。（筆者按：在遜清政府時期英租界會審公堂經辦華洋糾紛案件，出庭辯護，向爲外籍律師專任其事。及至辛亥革命成功，民國肇興以後，始有四名華籍律師參加出庭承担辯護，得與外籍律師周旋法壇。此四名律師即爲謝永森、詹紀鳳、丁榕、朱斯芾，此爲當年人稱「新衙門」中的四大律師。）目前他自己還沒有設立律師事務所，在英籍律師哈華托（Haywat）所合設的律師寫字間裏任做幫辦，却深得哈華托的信任器重。因爲他的法學精湛，理解淸明，而處事待人，規矩謹愼，頗具乃父的風範。因此，哈華托寵信他，竟把圓明園路他和同國籍的律師潑萊脫（Plate）所合設的律師寫字間，全權交給謝永森主持，自己只管出庭辦案。雖然，哈華托律師寫字間的買辦爲陳儀箴，但是謝永森的權力，高在陳儀箴之上。

謝永森定計挽回面子

傳說中的哈華托律師、雖爲英國人，但是他具有一種特殊的不易成見，就是極表同情於中國人。認爲中國人都是誠實敦厚的弱者，而欺侮弱者的都是來自東西各國，那些自認爲文明、却是實不文明的極端野蠻人。是以凡有華洋糾紛的涉訟案件，哈華托律師對華人方面在會審公堂上不管是原告訴人或被告訴人，若延請他任當出庭的辯護律師。他定必殫精竭思，按法據理在會審公堂上，雄辯滔滔的辯護，總要把官司打贏方休。這種同情於中國人的觀念之深，當以對有關於華英糾紛的涉訟案件為尤甚，認定欺侮人的決不是弱者的中國人，而是强者的英國人。他極不像一般外國律師的不顧正義和道德，只知以維護自己同國籍人的利益爲職旨。也就因此，凡在會審公堂吃了他虧的英國人對他不但毫無好感，而且視同寃家，反之，中國人却對他視爲親人。史量才聽到黃伯惠講說出謝永森和哈華托中英兩個律師的名字來，毫不感覺陌生。尤其對哈華托律師最同情中國人的這一句話，覺得聽來分外入耳，悅耳動聽。

當時的史量才因此對黃伯惠說：「伯惠弟我聽你的話，此刻內心已經決定聘請哈華托做我的代表律師。準備與席子佩作『背城借一』的再打一場官司，以定最後的勝負。想來他必定仍然是延聘穆安素律師的，如果哈華托律師能夠在會審公堂上，打敗穆安素的話，也好讓我出一口怨氣。因爲在這一場的官司，就是吃虧在律師與會審領事兩個意大利人的輸掉我三十萬兩銀子。不瞞你伯惠弟說，今後是我實在做人感覺得再也做不下去了，非但傾家蕩產，而且還揹負了一身大債。教我怎樣能夠還淸這筆鉅大無比的欠債，怎麽能夠對得住爲我作保而受累的徐靜仁先生啊。唯一的希望，祗有在官司輸去的三十萬兩銀子，仍在打官司裏贏囘轉來，那以後我纔好做人。伯惠弟，這一次與席子佩打官司是我已經到了破釜沉舟的最後關頭，只許勝利，不許失敗。但不過爲了愼重起見，那我只有託你就去和謝永森律師細細緻緻地研商一下。憑他的法理判斷，作個預測，對我和席子佩的官司是否可以打得，輸贏方面有多少把握，可以掌握得住。」

黃伯惠認爲史量才以此事相託，覺得關係重大，責任非輕。向來他對於史量才是心折其人，而私誼彌篤，是以對此使命，既不能拒絕，也不敢接受。所以黃伯惠只得對史量才直道其詳的囘說道：「量才先生，不是我貪懶方命，怕敢効勞，實因感覺茲事體大，對於你的利害出入，關係至鉅。最妥當、最完好的辦法，是我在想，不如由我陪同你去看訪謝永森。到了相見之時，量才先生那你儘可把所要研究的，商量的各項問題，逐項提出。只要你說得仔細，問得周詳，相信他必答得淸楚，講得明白。在你聽得親切，做了這樣的研商工作之後，較爲有益。如果要我做雙方傳話式的研商，非但對遺漏一句話和多加一句話，都足以僨事。就是語氣聲的重些輕些，語尾音長些短些，也往往會發生意想不到的誤會。所以我想是你當場聽見之話，乃是爲最正確不過，量才先生，你以爲如何？」

史量才認爲黃伯惠所說之話，大有見地，覺得自己已經決定聘請哈華托做代表律師。遲早需要與謝永森當面協商進行訴訟法律手續，何必一次事情分兩次做。因此，便即對黃伯惠道：「伯惠弟，就煩勞你吧，請打一個電話給謝永森。說是我和你同去拜訪他，問他有沒有時間可以接見我們，做次詳細的的交談。」黃伯惠就與謝永森接通電話，約畧說了有事相談之話，謝永森立即回說在寫字間相候。於是史量才和黃伯惠同趕到哈華托律師寫字間，見到謝永森之後。史量才把自己的案事相告，其實史量才吃了輸官司的事情，因爲敗到出奇，輸得驚人。在他們律師界的同業同行淘裏，成爲談話資料，所以謝永森非但全知，而且深知。便也因此只要史量才舉說一事，毋須他話說完竣，謝永森就早已扼要的代說出來，而且還指點出他錯誤之處和失敗之點。眞教史量才聽得對謝永森心悅臣服到五體投地，暗暗稱讚他，果然名不虛傳。

當史量才提出要想對席子佩進行索還三十萬、兩銀子的訴訟之話，謝永森立即勸阻他不必動此無謂腦筋。因爲會審公堂不會接受審理，這是領事團所議定的會審法例程序章則關係。凡定案以後不得非議推翻。況且你所訂立的盤據契約，處處發現弱點，法律點站立不住，而且授人以柄。這不能責怪裁判官的判得不公正，爲因法律所定是死板的，按法繩罪，毫無話說。所以你的案事只有另案起訴，才有一線的勝利希望，不過休想全部爭得回來，祇有幾分之幾的把握。謝永森說出此話，史量才聽得頓時抽了一口冷氣，身體也軟了半截。停了半晌，方才開口將謝永森問道：「謝先生，我想把本案拜託貴處經辦，憑你法眼的觀密判斷，可以有多少收回的把握。」

謝永森對史量才望了一眼，隨即搖搖頭說道：「把握麼？說來很少，或者話說出來會使你史先生感到大失所望，這是無可奈何之事。對你說句笑話，照我預測，最多收回五分之一二，還需要高明的律師出庭辯護，才有這樣一點勝算，否則難說了。尊駕說要把此案件委交敝處經辦，正是不巧得很，我們的哈華托先生恰恰於兩個月前回國探親，要在四個月以後，可以回上海來。雖然，我們還有位潑萊脫律師可以承辦案事，但因爲你史先生是伯惠兄同來，總希望把這件案子辦得有聲有色。那只有想辦法，當由敝處出面聘請麥克勞（Macloes）律師承辦，不過他是有名律師，又是爵士的身份，像你這樣的案件，光是他律師公費就要三千兩銀子，至於是否能夠打得贏這場官司，能夠收回多少欵子，暫時也沒有什麽把握，反正你要打官司，我就指示你這條明路，現在我們的哈華托先生不在上海，除掉麥克勞律師，恐怕也沒有人能和穆安素律師分庭抗禮。」

史量才對謝永森早有印象，其事在謝永森學成歸國以後，即受哈華托律師之聘，出任幫辦律師。他父親謝綸輝愛子心切，特地爲兒子購置一輛最新出品的汽車，乘坐代步。有一天，他乘車到他北京路近圓明園路的「怡和房子」樓上去上班辦公，即將汽車停泊於大門外的馬路邊。正當謝永森將汽車停就，準備離車去寫字間時，適有一輛汽車載來一個英國人。該英人於下車以後，却以極不禮貌的態度和言詞，揮令謝永森要將汽車開走讓檔，要由他的汽車停泊其間。看這個英國人的語氣聲音，與顏色神情，對謝永森似乎有一種既嫉妒，又賤視的複雜情緒交織而成的樣子。因爲謝永森的汽車式樣比他好，牌子比他新，所以他要嫉妒和自慚。可是他內心却也瞧不起謝永森是中國人之故，所以有些輕視的神色。實因在當時上海所僑居的一班高級西人，所持有的交通工具多數乘坐馬車，若坐汽車的西人，縱有數極寥寥無幾。像這個英國人的汽車代步，便可以猜測而知他已屬於很有名氣、地位、以及規模的一家洋行大班。所以他滿臉呈現一種令人對之，有憎厭難耐的自傲自大「我爲英國人」的那些驕矜狂妄之色。

其實謝永森在英倫留學，攻法政學識的年日較久，而且還在英國討娶一個英籍小姐做妻房。當他學成回國時，且携妻同歸，但不過這種事實情形，當然，這個眼高於頂，目無餘子的英商洋行大班那裏會知曉。在他眼目中的謝永森，該是個受他欺侮對象的中國人，所以不許停車，要他把汽車開走，讓給他的汽車前來停泊。也算這西人合該倒霉，謝永森不但不肯讓檔，反向他提出責問爲什麽不許停車與把停車地位，要讓給你來停車。嚴詞向他責詰，這是不是上海英租界工部局所訂定頒佈的行駛管理條例，車輛有此一條的規定章則麽？還是你享有專在此間停車的特權，而定有不准他人停車的禁例麽？是你應須知道，這是中國的上海地方，那是英國的租界地區，不是英國的殖民地區。更須知道每個區內居民，不論任何國籍，都該遵守工部局所頒行的法令。怎可以像你的擅作威福，胡亂行爲，破壞租界地區的法治精神呢。看你模樣是個上流社會的人，那你該知道信守規矩麽？懂得遵奉法例麽？」

不要認爲謝永森對人說話，有他出生紹興尙未改盡的一片鄉音。但是一經和這個英商大班品評理性，爭論是非，却說得一口熟極而流的純善英國話。眞的是理直氣壯，說得那個英商大班無語答對。當他被謝永森逼到啞口無言，實在使他一腔怒火，無法抑制。一時怒從心頭起，便即動起手來，意欲以武力爭取勝利。在他想憑拳頭上邊定輸贏，誰知謝永森年輕力壯，對打架倒並不懼怕。當該英商大班施用他西洋的拳擊法猛然迎面打過來，謝永森立即閃身一避，躲過他拳鋒以後。再行伸手就在他臂上搭住，連拉帶推，乘勢向前一送，這正是中國國術界的拳經所謂「四兩撥千斤」的那一記反擊法。但不知謝永森怎樣學得，還是偶爾巧合，那個英商大班却吃了大虧，不能自主地的向前衝走幾步，一時又站立不住，就跌個了「狗吃矢」。跌得他仆在地上爬立不起，只有在地上作着殺猪般的大叫。

後來還由哈華托出場着令那英商大班向謝永森道歉，這件謝永森拳打英商大班之事，當時轟傳上海，哈華托仗義執言，專爲中國人出頭，都爲史量才所深知，因此謝永森對史量才保荐麥克勞爵士，立即獲得史量才的同意。（九）

CANON CHILDREN SHOES

錦囊牌童裝鞋

大方公司有售

迎新歲 談春聯

龍城 逋客

春聯，包括語帶吉祥的「春帖子」在內，粵人統謂之「揮春」。

所謂「揮春」，即是「書紅」之意。粵人諱言「書」字，故「通書」亦習稱爲「通勝」；爲的是「書」與「輸」諧音，其聲不吉，所以在避免之列。

粵人不言「書紅」而曰「揮春」，可能初意指的是「揮寫春聯」。到了後來，便由口語之簡化，變成了代名詞了。

始祖是「桃符」

春聯畢竟是什麽時候「發明」的呢？

根據典籍所載，最可靠的該是：「春聯的始祖，乃是桃符。」

桃符，亦稱桃板。「荆楚歲時記」載：『帖畫雞戶上，懸葦索於其上，插桃符其旁，百鬼畏之。』「六帖」載：『正月一日造桃符著戶，名仙木，百鬼所畏。』又：馬鑑「續事始」謂：『玉燭寶典曰：「元日造桃板著戶，謂之仙木，以鬱林山桃，百鬼畏之。」即今之桃符也；其上或書神茶、鬱壘之字。』

觀乎上述的記載，可知「桃符」之來源甚古，而其作用則在辟邪，使鬼魅望而却步。

此種「桃符」板，其形制是一副兩塊，分別釘在兩扇板門上。初時，大概是純木板，後來纔有寫上「神茶」「鬱壘」字樣，藉以塡補空白的，亦即是門神的前身。

相傳，「神茶」「鬱壘」是門神之名，也就是唐代名將秦叔寶與尉遲恭。

九龍的半島酒店，歷史已甚悠久。三年以前，該酒店經過了一番改裝，門面也鑄上了「神茶」「鬱壘」兩尊神像，一時頗引起好奇的注意，紛紛加以揣測，認爲洋人經營的大酒店，忽然也沿用起華人的習尚來，可能是爲了嚮慕華夏文物之盛，作爲一種「親善」的表示，但左右門神，易位而處，見者乃稱半島酒店大門口爲「貼錯門神。」

第一副春聯

從「桃符」開始，經過演變而成爲春聯，則是起源於五代時期之後蜀。

「宋史」蜀世家：『孟昶命學士爲題桃符，以其非工，自命筆題云：「新年納餘慶，嘉節號長春。」是也。』

「蜀檮杌」：『蜀未歸宋之前一年，歲除日，令學士辛寅遜題桃符版於寢門，以其詞非工，自命筆曰：「新年納餘慶，嘉節號長春。」』

以上二則的記載內容相同，而以後者較爲詳盡。

這「新年納餘慶」「嘉節號長春」二語，是見之於典籍的第一副春聯。

清代陳雲瞻所著的「簪雲樓雜說」一書，也曾述及春聯之始，其詞曰：『春聯之設，自明孝陵昉也。帝都金陵，於除夕前，忽傳旨公卿士庶家門上，須加春聯一副，帝親微行出觀，以爲笑樂。偶見一家獨無，詢知爲閹豕苗者，尙未倩人耳。帝爲大書曰：「雙手劈開生死路，一刀割斷是非根。」投筆逕出，校尉等一擁而去，嗣帝復出，不見懸掛，因問故，云：「知是御書，高懸中堂，燃香祝聖，爲獻歲之瑞。」帝大喜，賚銀五十兩，俾遷業焉。』

這一段記載，當屬「齊東野語」之類，準確性頗成問題。不過由木板蛻變到改用紙張，則宋代的「春帖子」已始其端。中間隔了一個元朝，大抵到了明代，春聯之制已漸普遍，該是比較可信的。

「藝文類聚」有一段記載說：『宋景文修唐史，好爲艱深之語，歐公思諷之，書其扉曰：「札闥洪休」。宋見之曰：非「書門大吉」耶？何必求異如此！』足徵「書紅」之例，遠在宋代即已有之了。

慣見的聯語

筆者童年時期，還曾看到故邑（江蘇省武進縣）的縉紳之家，門上貼着「皇恩春浩蕩」「文治日光華」的紅箋春聯。其時淸社已屋，縉紳之家還不忘「皇恩」，可知那時候的遜淸遺民，猶有眷念故主之意。

戲劇中的秦瓊（右）和尉遲恭（左）

（楊柳青年畫）

稍後，標誌「皇恩」的春聯不見了！在城市裏，較新派的春聯已有如下的構詞：

中華一統，
民國萬年。

神州新創造，
民國大規模。

民和五族文明盛，
運啓三陽景象新。

不過在鄉間，則風氣還是比較保守，習見的春聯多的是善頌善禱之詞，就記憶所及，約有如下數種：

三陽開泰，
萬象回春。

花開春富貴，
竹報歲平安。

爆竹一聲除舊，
桃符萬戶更新。

瑞日芝蘭光世澤，
春風棠棣振家聲。

筆者童年時，祖居已燬於火災，全家賃居於武進縣南鄉的鳴鳳鎮西街王宅，王宅大門上的春聯一年一換，照例是由家大人代寫，聯語是：

五馬家聲遠，
三槐世澤長。

這「家聲遠」「世澤長」的對偶，是有普遍性的。如果換了是姓郭的，春聯便是「忠武家聲遠」「汾陽世澤長」了。

類似這一種通用的春聯，在商店則以「立千秋業」「招萬里財」二語爲最普遍，方法是將招牌名字分裝於二語之上。例如本刊之名曰「大人」，則聯語就成爲：

「大」立千秋業，
「人」招萬里財。

商店招牌多數取的是吉利名字，因之任何字都可以安裝於此一現成的聯句之上；但以兩字者爲限。如果招牌有三個字，那就又要採用其他的通用聯語了。

比較懂得一點風雅的商店主人，也有請人書擬嵌字春聯的。故鄉鳴鳳鎮上有一家藥材店，店名「益壽堂」，門上一副春聯即是出於特撰的，句曰：

「益」者三友，
「壽」考萬年。

這一副春聯一年一換，而語句不改，在筆者的腦海裏印象極深，至今未忘。

「揮春謠」詠土風

一九五二年筆者投荒南來後，初時是賃廡而居，房門之上不便黏貼什麼春聯。數遷之後得宅於鑽石山，方始是單門獨戶而居。就在定居以後的第一個農曆新春，筆者集唐代大詩人杜甫之句成一聯，貼於宅門之上曰：

風塵淹別日，
歲月在衡門。

當時另有五言律詩一首記之曰：『「風塵淹別日，歲月在衡門。」集杜成聯語，揮春司我閽。山中存甲子，海外閱朝昏。麟篆相於熟，試從九夜捫。』

詩中「麟篆」的典故，出於「雲仙雜記」，是有關於杜甫的一段神話故事。

那時候，鑽石山的街市中，還有人寫了許多春聯設檔出售的，筆者因復有「揮春謠」一詩之作，詩曰：

『金枝新發葉，銀樹正開花。揮寫春聯成獻頌，賣與東家並西家。揮春士子陋巷住，空有才華媲燕許，偶然筆勢走龍蛇，祗爲可換升斗補。諛詞未必果成眞，紅箋多黏白板門，空花幻葉捫不得，揮春人亦守長貧。渠渠華屋連雲起，門第十九富且貴，擯却春聯鍵畫扉，金銀不召自然至。』

這一首詩，是我的「九龍歲暮土風謠」八首之一，描繪的是揮春士子苦況。現在，春聯已有用彩色印製者代起，人們有現成的春聯可購，陋巷士子雖欲筆勢走龍蛇而不可得了。

風趣故事之鈎稽

關於「桃符」與「春聯」，有許多風趣的故事，這裏且稍作鈎稽，介紹一下。

北宋蘇東坡學士，嘗向詩僧參寥講了一個諷刺「依傍門戶」的故事，其詞曰：『桃符仰視艾人而罵曰：汝何等草芥，輒居我上。艾人俯應曰：汝已半截入土，猶爭高下乎？桃符怒，往復爭不已。門神解之曰：吾輩不肖，方傍人門戶，何暇爭閒氣耶？』

這一則故事，未必眞出於蘇學士之口；不過利用桃符與艾人之爭來諷刺世人，寓意甚妙，頗堪一噱。

此外關於「春聯」的，則程瞻廬所作的「唐祝文周四傑傳」中，描寫祝枝山在杭州，除夕之夜忽發奇興，在城內民家大門所貼的「無字對」上大寫特寫，以致得罪了杭州城內的土豪，引起了一場糾紛，鬧到要開「明倫堂」舉行辯論。這一段故事取材於「三笑」彈詞，經程瞻廬加以改編，用「三樁祈禱張木匠過年，兩副門聯徐秀才掃興。」「何秀才批六言妙判，祝解元誦四句詩經。」「變讀法片語服羣儒，走樣子隻身逢二憾。」共計三回文字舖叙這一件事，祝枝山在這洋洋灑灑的三回記述中，給人家免費撰寫的妙聯甚多，而主要的是如下的一聯：

明日逢春，好不晦氣；
終年倒運，少有餘財。

這一副春聯，是寫在綽號「兩頭蛇」的徐子建住宅門上的。徐子建是杭州城裏有名的惡訟師，大年初一看到了聯語，作了如上的句讀，認爲不祥孰甚，自然怒不可遏，便發動一班酸秀才，把祝枝山請到「明倫堂」，向他大興問罪之師。後經祝枝山改了句逗，竟一變而爲吉祥之語；他所改的句逗如下：

十二生肖代表什麼？

中國人以干支紀年、紀月、紀日、紀時，又以十二辰紀人生年，附以十二種動物，謂之生肖，亦稱年肖。如子肖鼠，丑肖牛，寅肖虎，卯肖兎，辰肖龍，巳肖蛇，午肖馬，未肖羊，申肖猴，酉肖雞，戌肖犬，亥肖豬。用屬象紀年，十二年一小循環，却附麗於六十甲子一大循環而流轉，這是它獨有的優點。用干支紀年在我國仍保留到今日，同時更保留以十二屬象紀年的一種特色，當然是跟民俗的信仰有關係的。

陶十二辰豬首俑　唐天寶三年（公元七四四）墓出土

根據傳說和文獻紀載，十二生肖的初步形成，最早見於詩經小雅：「吉日庚午，既差我馬。」孔穎達註：「必用午者，蓋於辰，午為馬故也。」春秋左傳襄公七年：「陳人患楚，慶虎慶寅。」呂氏春秋察勢篇：「晉師三家涉河，子夏曰：非也，是己亥也。夫己與三相似，亥與豕相似。至於晉而問之，則晉師己亥涉河也。」禮記月令：「季冬之月出土牛。」鄭玄注：「丑為牛，牛可牽止也。」晉書說謝安之死，以為夢見白雞為太歲在辛酉之兆。

從這些零星著錄上，足証在漢晉以前，已有午為馬，寅為虎，亥為豕，丑為牛，酉為雞之說。到後漢王充論衡物勢篇上就有十一禽之名：「寅卯木也，寅禽虎，卯禽兎。巳午火也，午禽馬，巳禽蛇。戌土也，其禽犬。丑未亦土也，丑禽牛，未禽羊。申酉金也，申禽猴，酉禽雞。亥子水也，亥禽豕，子禽鼠。」又後漢趙曄吳越春秋：「吳在辰，其位龍。」其說辰為龍，正在補上文之缺，是可見十二禽之說，在後漢已為各家所引用了。

觀上所引，十二禽象的信仰，似出於周秦漢唐時代的陰陽五行家，一脉相傳，流傳至今。惟是，明明是一禽十一獸的組合而成，為什麼叫做十二禽呢？蓋古人以為：「禽有趨地之能，獸無飛空之用，故禽名可通於獸，而獸名不通於禽。」次之，十二禽象見於唐以後的著錄甚多，如釋道世法苑珠林，却說是始於印度，由印度傳入，但其所講的十二獸，以象為首，沒有龍而有獅，屬次不同，顯然是中譯佛經的產物。

一九五四年，陝西考古隊在西安東郊郭史灘史思禮墓，掘得天寶三年（公元七四四年）陶製十二辰俑，全部完整，都是獸首人身，具有雍容樸厚的風格，是唐代藝術品的重要發現。

明日逢春好，不晦氣；
終年倒運少，有餘財。

經此一改，「兩頭蛇」徐子建無話可說，一塲風波方告平息。

彈詞與小說的情節，都是出於虛構；但因涉及春聯，故附錄於此，以供讀者一粲。

干支紀年的春聯

中國文字的優點，在於字是單字，此字與彼字可以作為對偶。這一種優點，是別國文字所無。於是我們就可以利用此項「單字可為偶」的優點作詩，作詩鐘，作對聯，玩出許多花樣來，表現我國獨有的「文字技巧」。

方地山客於袁項城，禮遇頗隆，值歲盡，寒雲公子饋以重金，且問曰：『聞先生開歲南歸，信否？』地山笑曰：『明日可視我春聯』。聯云：「出有車，食有魚，當世孟嘗能容我；裘未敝，金未盡，今年季子不還鄉。」

單是春聯，花樣也不止一端，除了前文所提及的「大立千秋業」「人招萬里財」一類此嵌字聯之外，還有一種每年不同的干支嵌字聯，例如去年是庚戌年，舍間門上的一副春聯便是：

炳炳衆星，長庚彩煥；
曈曈萬戶，屈戌金輝。

這是把「庚戌」二字嵌在聯內第六字的。今年是辛亥年，則有如下二聯可以採用：

辛盤獻瑞，
亥算延齡。

辛啓千祥，進業進德；
亥添百算，多壽多男。

此種干支嵌字春聯，年年都有，見於「萬有對聯彙編」一書，恕不一一列舉。

最後我要說的是：春聯除了表現「文字技巧」之外，其最大意義在於它還透露着民間對「未來」的一種憧憬，一種願望。因之，春聯雖小道，却也值得重視的。

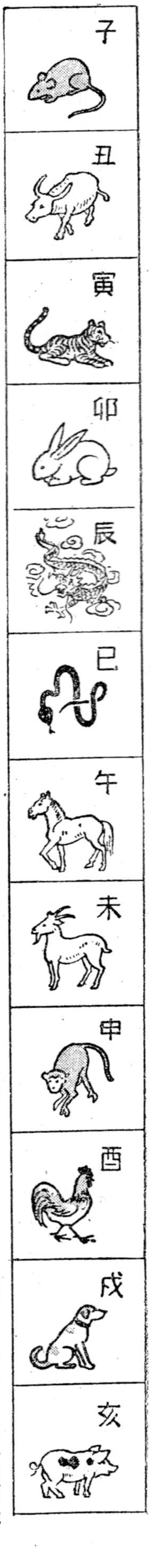

昔年，北京大學敎授林紓（琴南）曾被學生難倒過。畏廬瑣記有一段紀載：「余授徒龍潭精舍時，一學生忽謂余曰：十二地支何以雜收鼠牛龍蛇之類，有龍無鳳，有雞無鴨，何也？余大窘，後讀說郛，謂：子寅辰午申戌俱陽，故取相屬之奇數以爲名，鼠五指，龍五指，馬單蹄，猴五指，狗五指也。丑卯巳未酉亥俱陰，故取相屬之偶數：牛四爪，兎兩爪，蛇兩舌，羊四爪，雞四爪，猪二爪也。」

我國舊社會還有一種對生肖的迷信，就是拿肖屬當做「本命神。」柳宗元的「永州三戒」，就寫過一個生肖屬鼠的人，認爲老鼠是他的本命，一任老鼠橫行，後來他搬走了貽害於後來的房客，撲殺老鼠成堆，一臭幾個月。又有一則避生肖笑話：「蜀中安給事磐屬鼠，初度避生辰，同僚尾其所在。蔡巨源戲曰：聞一老鼠避瓶中，貓在外呼曰：千歲！鼠曰：汝豈眞爲我壽，誘吾出，欲嚼我耳。安知諷已，遂設宴以欵同僚。」

庸閒齋筆記亦有一則：「先大夫署福建光澤縣時，隣縣某，因禁私宰，幾至民變。蓋梏殺牛者，以牛肉環置架上，暑日腐臭薰蒸，猶不准棄去，縣民大譁。府委邵武往驗而歸，先大夫遇諸途，詢某君何以若是之酷？答曰：渠因生肖屬牛，故愛牛同於骨肉。復笑我長渠一歲，此番歸後，當禁民間蓄貓矣。」原來這位府委大人生肖屬鼠，他不殺鼠，故以禁貓爲笑謔云。

關於「本命神」的迷信，却也由來甚古，退居齋筆記有一則說：宋徽宗時，宰相范致虛上言：十二宮神，狗居戌位，爲陛下本命，今京師以屠狗爲業者，宜行禁止。因降旨，禁天下殺狗，賞錢至二萬。延祐間，都城有禁，不許倒提雞，違者有罪，因仁宗乙酉生肖也。明正德朝，下詔禁天下食猪，蓋武宗以猪與朱同音，爲犯國姓也。」因生肖屬狗屬猪而不食狗食猪，直到現在還有些人迷信它的。

其實說來，生肖不過是一種出生紀年的符號，便於人們記憶，並不是屬什麽就眞箇肖似某種動物的。有人以爲出生屬牛屬馬的人，就一世做牛做馬，出生屬龍屬虎的人，一生龍威虎貴，就不免流於迷信了。不僅此也，有些肖羊的人便留起「羊咩鬚」來，肖猴的人，便學習「貌似老人」的猴相，豈惟可笑，抑亦無聊。算命家推算八字，又以十干日主定人壽夭富貴貧賤，有人寫一首諷刺歌道：

「顚倒沒來由（甲），十事九不就（乙）；兩人同出一人休（丙），可意兒難開口（丁）。算佳期成了又還勾（戊），巴不得一點在心頭（己）。莫向平康去小求（庚），雖幸書來無一語（辛）。任人兒耍丟（壬），拚一發把弓鞋輕拋繡（癸）。」

近人杜保祺的健廬隨筆，載有衙署十二生相云：「衙署厨子似鼠，以揩油偸食，習與性成也。老太爺似牛，以外貌雖龐然大物，實則無拳無勇也。老爺似虎，以發號施令，政由己出也。跟班似兎，以斷袖分桃，龍陽君多屬此輩也。太太似龍，以噓氣成雲，與老爺爲敵體也。姨太似蛇，以太太出缺，則蛇成正果，而變爲龍也。轎班似馬，以奔走馳驅，供人鞭策也。幕友似羊，以位尊職小，視牛稍遜也。少爺似猴，以跳躍無定，性喜玩弄也。更夫似雞，以早晚報時，終年如一日也。門房似狗，看門守夜，提防宵小也。官親似猪，以飽食終日，無所用心也。」更趣的是，晚淸有一才子，戲爲十二生肖詩，把一班官僚人物，寫得淋漓盡致，其詩云：

少爺屬鼠——「夜行晝伏畏人知，旣怕乃翁又怕師；拘束書房難逞志，終朝坐盼夕陽時。」

封翁屬牛——「龐然巨物勢尊崇，奴輩趨風盡屈躬；坐得佳兒娛晚景，痴聾正好作家翁。」

門房屬虎——「斑爛白額踞當門，到口肥羊即便吞；偶觸雄威聲一吼，任他鐵漢也亡魂。」

小姐屬兎——「遮遮掩掩穿芳徑，覿面逢人佯却羞；如此可兒憐潔白，伊誰坦腹幾生修？」

帳房屬龍——「吸取泉源勢不窮，錙銖涓滴計精工；脂膏一網無餘滴，蔀屋茅簷泣曉風。」

刑幕屬蛇——「篝燈草案構思時，予奪權操筆一枝；恰似靈蛇倶毒線，暗中被噬苦難知。」

官太屬馬——「玉勒嬌嘶夙慣騎，據鞍曾此逞雄姿；祇憐馬齒今加長，縱送搖韁不耐馳。」

姨太屬羊——「遍體風騷慣害羣，內堂時有勃谿聲；老奴偏愛腥羶味，嫡庶綱常太不分。」

縣官屬猴——「坐衙呵喝性方嚴，參見夫人便煞威；移步隨形頃刻換，眞堪絕倒沐猴冠。」

書辦屬雞——「畢生託業在官司，例案分明不假思；宛肖雞聲能叫旦，晨昏秒忽不參差。」

差役屬狗——「討差搖尾跪階前，領取官符苦乞憐；欺騙鄉愚兼嚇詐，狺狺勒索昧良錢。」

官親屬猪——「豆羹飽食共酣眠，無拘無束似散仙；獨有贓私揄不到，眼紅祗好作旁觀。」

上述十二首詩裏所描寫的，都有一張牛鬼蛇神的嘴臉，確是如假包換的一篇官場現形記。

・朱迎新・

版畫與年畫

——中國傳統的民間藝術——

林風言

農曆新年快到了，使我們想到了年畫，這玩意兒雖不是傳遞的書簡，却也是一種祝賀好運的裝點，正與西洋聖誕咭有異曲同工之妙。西洋聖誕咭有各種不同的顏色，各種不同的花樣，琳瑯滿目，美不勝收。印在咭上的詞句，全是屬於祝賀之詞，而中國的年畫也是多彩多姿，充滿了吉祥的情調。可見無論中外人士，都願聽吉利話，正所謂「人同此心，心同此理。」

中國民間的習慣，在過舊曆新年的時候，事事要圖吉祥，主要還是一年忙碌勞苦之餘，於歡送舊歲迎接新歲之中，盡量得些精神安慰，以解除過去一年的辛苦與疲乏，而激勵來年的工作情緒。於是乎，年畫就成爲他們寄託希望的象徵物，從內地鄉村以至港澳南洋，凡有華人託足地區，他們對於年畫、春聯、門神等之重視，久已成爲傳統。

特別是在江南華北一帶，都把年畫叫做「歡樂圖」，因爲年畫之製，不盡繪印，且有剪貼、堆絹、剪絨等花式，顧鐵卿清嘉錄上說：「門廳之楣，或貼歡樂圖，圖皆買自杭郡，以五紙爲一堂，剪楮堆絹，爲人物故事，皆取讖於歡樂，以迎祥祉。」馬如龍杭州府志，謂之「合家歡樂圖」。據說「歡樂圖」上，除年畫外，貼福、樂、壽、喜四字，旁黏小春聯，謂之「歡樂對」。吳穀人詩云：「披圖春色好，歡樂兩相兼，自描青紅意，無煩筆墨添。紫衫仙樂部，翠竹美人簾，隔歲痕猶在，房櫳一例黏。」

舊時鄉下至城鎮，人們的房子由大門到廳房都貼滿了各種花花綠綠象徵吉祥富貴的年畫，新年之所以充滿歡樂熱鬧的氣氛，年畫在這裏面起着一定的作用。大抵比較殷厚人家，在廳房總喜歡懸掛老壽星、紫微星、福、祿、壽等爲多，而佐以橫披、對聯及梅蘭竹菊等花鳥圖。至於春夏秋冬、漁樵耕讀，和琴棋詩畫等屛條，自然亦在歡迎之列。

始於唐宋盛於明清

相傳中國之有年畫，可能始於唐朝時候的年畫作坊，那就是貼門神，供灶王一類產品，這話雖不一定可靠，但我們知道，中國木版印刷術的興起，導源於唐咸通九年（公元八六六年）王階刻的金剛經扉頁的佛像，這是最早期的木版水印畫。其時道教和佛教爲了互爭短長，佛教徒既有了印刷佛像之舉，道教徒繼之也製了門神灶王之類的畫像，所以年畫可說是在唐代開端的。

沿至宋代才盛行貼年畫，仍以門神爲多，故年畫可以包括門神在內。宋人周密武陵舊事卷三，記歲晚節物云：「都下自十月以來，朝天門內外競售錦裝新曆、諸般大小門神、桃符、鍾馗、虎頭及金彩縷花春貼、旛勝之類，爲市甚盛。」又沈存中夢溪筆談亦云：「熙寧五年，上令畫工摹榻吳道子鍾馗像雕版，除夕遣由供奉官梁階，就東西府賜給。」除門神以外，宋時各種金彩縷花春帖，分明就是早期雛型吉慶年畫。

從前日本人曾在甘肅發現兩種宋朝的年畫，一幅是班姬、趙飛燕、王昭君、綠珠的四美圖，都作高髻長袖的宮裝，另一幅是灶王和關羽像，兩幅畫上都蓋有「平陽姬家雕郎」的店舖字樣，足見宋時人物年畫已具規模。到六朝時候，才開始看到展子虔的「遊春圖」、楊子華的「百戲圖」、顧景秀的「小兒戲圖」、戴逵的「黑獅子圖」、袁倩的「三龍圖」等，這些年畫大都反映歡樂吉慶的性質。

由於明太祖提倡過年貼春聯，這樣發展下去，年畫也就特別發達起來。今日被保存下來的，有萬歷年間最流行的彩色套印的木刻福祿壽三星圖、天官賜福圖等，刻工極爲精緻，迄今仍爲民間所師法。還有實用的曆畫，如春牛、灶馬、芒神等，有歷史故事的孟母教子、岳飛槍挑小梁王、牛郎織女、白蛇傳等傳說故事。三國、水滸等古典文學名著也被採用作題材。及至明末崇禎間，天津楊柳青的年畫極爲馳名，圖畫內容也很豐富。

清代人才輩出，年畫的題材更加廣泛，除了人物、花卉、山水等藝術作品外，還有老鼠嫁女、王婆罵鷄等諷喻畫，以及用歇後語構成的連環圖畫，予人一種幽默感。清末更有變法求和、海陸軍大操等時事畫。而年畫的印製亦有各種各樣，有木版，有石印，有膠版，有國畫，有水彩，有圖案，有單線平塗，有炭彩，有仿古，有創作，甚至有翻印西洋畫的，例如姑蘇年畫「西洋之劇場」等是。

楊柳青出品享盛名

年畫藝術，是中國民間藝術的先河，同時也是中國社會的歷史、生活、信仰和風俗的反映，它的銷路比任何美術品更「旺相」。過去農村經

楊柳　寒亭　桃花塢　東　山鎮

濟安定的日子裏，農曆新年買兩張年畫貼在大門門上，差不多每家都是如此，也有貼在屋內牆上或廳房，成為一種新年裝飾的點綴品。在教育不普及、文盲充斥的社會裏，人們把年畫當成一種希望的象徵，促使你奮鬥不息，從新又努力下去，也是具有相當意義的。

年畫的出產地，一向分成兩大中心，北方的都是天津楊柳青和山東濰縣寒亭，南方的是蘇州桃花塢和廣東佛山鎮，他們的產量和製作，都各有明朗的風格，抑且市場的範圍也很大。這因為，年畫在很長時期以來，一直就是民間所創造，民間所喜愛的美術作品。雖則年畫在宋代已經具有了雛型的規模，但它的眞正形成則在明代，資格最老的要算是楊柳青。

楊柳青原名古柳口，是在天津正西三十里的一個市鎮，在大清河和南運河的下游，風景宜人，交通便利，全鎮居民經營年畫生意者約佔五份之二以上，由明末崇禎年間開業至今，已有三百多年的悠久歷史。極盛時期是在清光緒十年以前，每年發行達二千萬份以上，行銷於華北和東北，遠至邊地的新疆。如齊建隆、戴運增、美利記等字號，早年所印年畫在內地即已成為珍品，在海外更難得一見。

其次是寒亭年畫，寒亭鎮是山東濰縣城東北約四十里的地方，但年畫的製作不在寒亭鎮內，而是在寒亭附近的幾個小村莊，其中以西楊家埠最為著名，差不多有一百餘家經營年畫，多半是家庭副業性，專門以此為業的不過幾家，尤以同順堂一家為最大，資本雄厚，出品行銷於山東境內各縣外，南至大江流域，北越海可至東北各省，往西直到鄭州一帶，不可謂之不廣。

年畫加工（楊柳青年畫製作過程）

寒亭的年畫一共可分為六類：第一類是神馬，像門神、財神、灶王、八仙等是。第二類是莊稼生活相，像春耕圖、秋收圖、過新年圖等是。第三類是吉祥畫，像富貴滿堂、福祿壽喜、雙生貴子等是。第四類是怡情畫，像漁樵耕讀、春夏秋冬等是。第五類是故事畫，像廿四孝、梁山伯祝英台等是。第六類是戲劇畫，像唐僧取經、桃園結義等是。每個人物的表情動作，都有恰如其分的刻劃。

不用說，寒亭戲劇畫，多取材於舞台上的戲劇，其中又可分為兩種：一種是完全按照舞台上的形態而畫，另一種則是把舞台上的形態加以點綴。例如戰士便都有騎馬，戰場配搭上山水樹木，室內也都有了門窗和陳設。但是個人的服裝，仍是模仿舞台上的裝束，尤其是花臉，也都依照演劇的方式來勾抹的。據說寒亭的戲畫是得到天津名畫師王壽田不少新的稿本，遂一躍而與楊柳青齊名。

上述六類年畫之中，以第一類發生得最早，但門神、灶王還不能滿足人們藝術欣賞的要求，於是第二類乃至第三類便陸續產生了。不過寒亭一帶所出的戲畫，看來和楊柳青的出品很相近，只是在色彩上略有變更，比方同是一張「長坂坡」，楊柳青的出品，張郃騎白馬穿紅靠，寒亭的出品，則改為騎黃馬穿紫靠，分別不大。

桃花塢與佛山年畫

再次是蘇州的桃花塢年畫，其開業年代約在太平天國以後，當時與天津楊柳青，廣東佛山，是鼎足而三的年畫名產地，除了蘇州各地是它的銷場中心以外，更遠及湖南湖北和雲貴閩粵諸地，近百年來始終如一，此中還出了一位名書畫家王鐵珊，他的字體很秀逸，富書卷氣，尤其用山水畫的現實筆法，寫西湖風景畫，最為馳名。

桃花塢的年畫，最時興的除了三星圖、天官賜福圖等外，就是滑稽年畫和常識年畫。前者像老鼠娶親、五鬼鬧判官、六童鬧彌陀、怕老婆等寓有諷刺意味的。後者像十二生肖、百鳥圖、五倫圖、西湖十八景、歲寒三友等，供人查考和欣賞的。它也側重戲畫，如梁山伯與祝英台、秦香蓮、孔雀東南飛、西廂記、秋江、賈寶玉與林黛玉等，都出於技藝較好的名畫家手筆。

復次，是廣東佛山的年畫。佛山是南海縣一個大鎮，最鼎盛的時期是在清末民初之間，直至民國二十年前後，以農村為主要銷場，包括廣東廣西全境和福建湖南貴州一部份地區，遠至南洋羣島，但現在已逐漸衰落了，這原因有四：一是佛山的商業地位被廣州取而代之；二是石印代替了傳統的棕刷木版拂印的古老方法；三是民智漸開，帶有濃厚迷信色彩的神像畫，不能適應大衆需要；四是農村經濟衰退，購買力薄弱了。

綿竹年畫別創一格

四川的綿竹縣也產年畫，它是楊柳青，寒亭，桃花塢，佛山等年畫中心以外的一個出產地，向來行銷四川省內和西南西北若干地區，只是沒有上述年畫的普遍。綿竹年畫的歷史遠在明末時候已經有了，它發展得最蓬勃的時期是乾嘉年間，那時經營年畫的成行成市，最興旺的時候有二三百家年畫店，擁有一萬名年畫製作工匠。

有兩種原因可能是綿竹年畫發達的原動力：其一是綿竹曾經出現過大量民間畫工，他們應聘到四川各地從事建築的裝飾、彩繪，和寺院的雕塑、壁畫工作。這些畫工有一定的繪畫造詣，當他們回到故鄉閒居的時候，偶而技癢，便成了年畫的製作家。二是綿竹的造紙業自古以來就很發達，年畫印刷就地取材，份量充足而成本減輕，該地有一種特產粉尖紙，可以較長時期保持鮮艷色彩。

由於地區關係，楊柳青和桃花塢的年畫，比較易於吸收外來形式的影响，但綿竹因爲地處西陲，過去交通不便，當地的畫工很少受外來影响，因而他們繪製的年畫有更濃厚的民間氣息，也更富粗獷、古拙的趣味。它有兩個部份，是別處的民間年畫很少見到的，當地人總稱之曰「黑貨」，那就是在木版上運用陰紋拓印出來，有拓黑色的，也有拓紅色的，甚至全部工序是用手繪而成，或加工塡色的。

綿竹年畫還有一個品種，翻刻名畫家的吉慶花卉和書法，都是將圖譜畫稿作依據的，如鄭板橋的蘭竹之類，形式一如書畫的中堂、橫披或對聯，經過裝裱然後出售。它是運用了民間複製木版畫本身具有的特點，把原作的精神和筆法氣韻表達出來，然後依式逐版套印成畫，這就是古法的木版水墨畫，內地民間非常需要這種年畫來點綴廳房，極受歡迎。

木版年畫製作程序

大抵年畫的製作，木版比石印更富情趣。第一步是構圖的設計，設計圖稿要顧到大衆的心理，那些吉祥喜慶的年畫，永遠佔着銷行的首席地位，鄉人偶得片紙，便視同拱壁。

圖稿設計的第二個要點，便是畫工的精拙，凡是線條細緻，調色適宜的，必受大衆歡迎。但圖稿設計，各家有各家的版樣，互不相同，即使同一畫稿，也必設法做出一些差異來，或是姿式部位變些，或是線條顏色改些，總以能表現出工整細緻的爲上品。最耐人尋味的就是顧客也各有自己的觀點和興趣，各自抱定一種固定的心理去選購，所以年畫必需適合大衆心理。

製作的第二步是刻版，板的取材以杜梨木最佳，其次梨木、杏木、桃木也可應用。每張畫必有一張正版，是印線條和輪廓的，刻版若干塊，則是套色所用，其數目視所需要的顏色而定，少的一塊，多的五六塊。刻版的刀子，樣子很多，但大別之不過兩種：一種是用來劃底子的，一種是用來雕鏤的，各種各有大小不同的好多件，刻工自然有精有粗，可知年畫是民間一種木刻手工業，故能與風土人情融合。

刻版既成，其次便是印刷了。印刷上所需的材料，早年用江南竹紙，後來改用白報紙、道林紙或粉紙，畫幅的大小，大的有一整張棉連紙，稱爲「大貢箋」。小的或用二裁開，三裁開，四裁開的，統稱作「小貢箋」。印工有七色套版全印的，有半印半畫的，有祗用輪廓，其餘完全描繪的。專担任人物面部眉眼描繪的稱爲「大手」，担任調和顏色和勻臉的稱爲「二手」，祗幫着塗衣服和器物上的顏色的稱爲「小工」。

舊瓶裝新酒的年畫

年畫是一種很普遍的民間藝術，但因爲木版是不易保存很久的，普通每隔十二年，必需翻刻一次，翻一次不免失去一部份神采，因爲缺乏設計圖樣技巧的緣故。祗是墨守舊樣，翻了又翻的版畫，最初是用木刻套色，之後改用了五彩石印，雖其紙質和顏色都很拙劣，却代表了民間藝術的樸實形式，而且取價低廉，可以滿足廣大羣衆的愛好。

年畫的進步是利用舊形式注入新內容的東西，所選取的題材也多至數百餘種，用七彩橡皮版影印，彩色艷麗，形象鮮明，特別逗人喜愛。以筆者所知，民國十七年以後的新年畫，叫做月份牌，是由楊柳青桃花塢木刻畫蛻變而來。那時畫人物的推周慕興爲巨擘，次爲徐詠青的風景畫、鄭曼陀的仕女畫、謝之光的時裝美人畫、杭穉英的仕女畫，都富有時代的氣息。

新年畫中，多數是對開、三開、四開的條屏，而且是採用道林紙彩色印刷，堪與流行的美女月份牌爭雄，於是石印膠版代替了木刻藝術，現在又有柯式影印術，原有的農村手工副業就不免轉而爲城市的輕工業，成爲可以大量複印的彩色印刷品。

賣年畫的俏皮唱詞

雖則故事性的年畫很受人歡迎，而代表祝賀吉利的年畫還有它的潛在力量。在舊曆歲晚談起了年畫，殊使人發思古之幽情，對年畫不能忘懷，這種感情是可以理解的。特別是今天中年以上的人們，過去或多或少總和年畫發生關係，甚至對年畫有特殊的偏好。我想起舊時年宵市場賣年畫的攤子，因爲同業的攤子多，買者講價還價，而賣者最初是「向天索價」，最後爲了遷就買家，不得不「落地還錢」，正同江湖賣膏葯一樣。有一首唱詞說得非常俏皮風趣：

「計價錢子值一千，羊肉只賣狗肉錢，燒酒只賣白酒錢。這張畫畫兒，只賣一百錢，打對折五十錢。攬腰一甩念五錢，除了零頭念頭錢，抽底撥數十八錢。收棚生意賣本錢，只賣十六錢。貼貼十來年，顏色勿爲嫌，越看越新鮮，譬如吃碗燒酒麵。來來來，吃碗燒酒麵！」

玉皇大帝年木版畫　柳　風藏

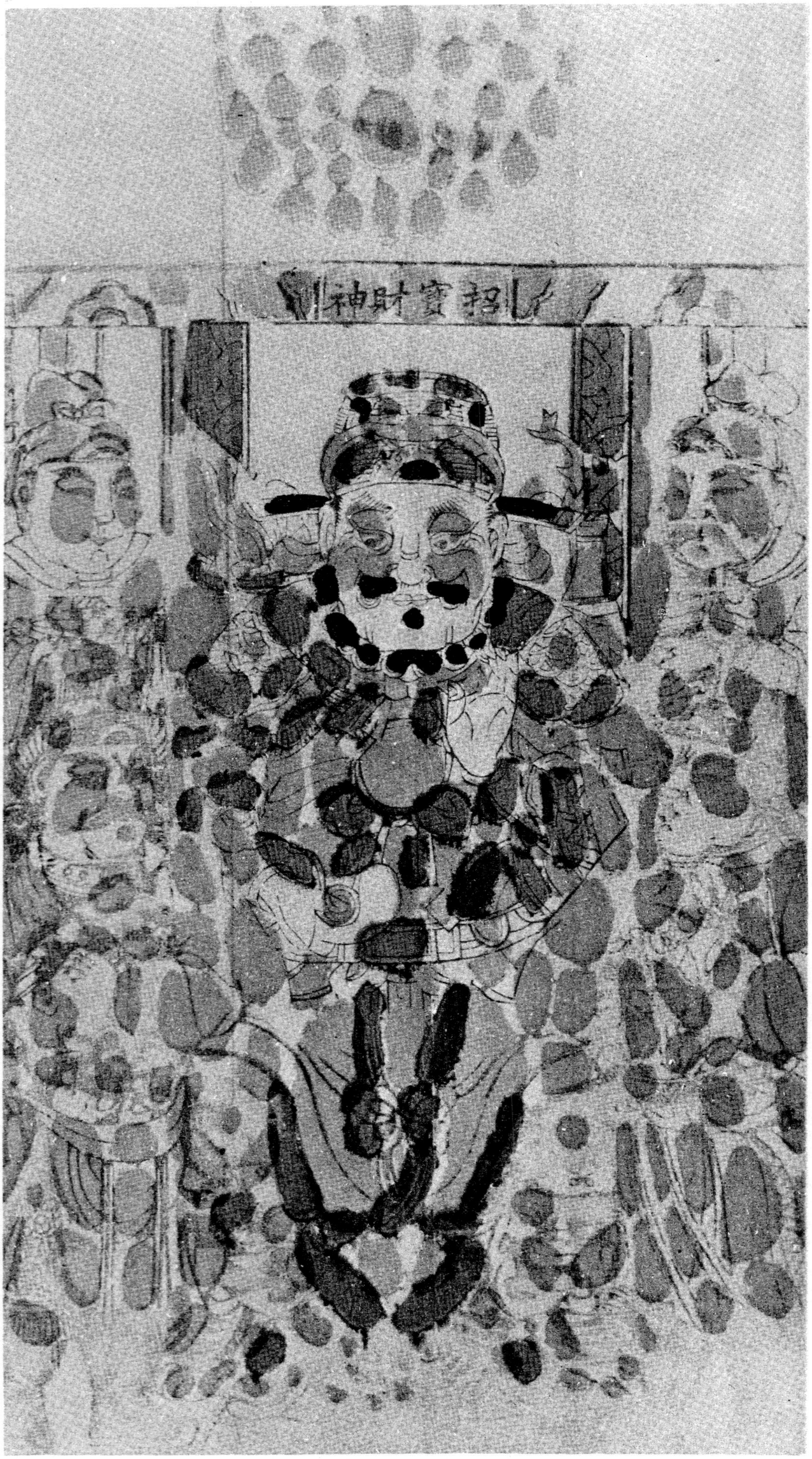

招寶財神年木版畫　柳　風藏

一團和氣

五子登科（蘇州桃花塢年畫）　柳風藏

保
保

靈應城隍(蘇州桃花塢年畫)

柳　風藏

財神庫官年木版畫　柳　風藏

酒中仙聖年木版畫　柳　風藏

送灶與迷信（相聲）

侯寶林

甲：現在年輕輕的誰還燒香磕頭？除非上了歲數的，特別是老太太們。

乙：噢，老太太都迷信。

甲：可也分哪兒的老太太。今兒來這兒聽相聲的老太太一位迷信的都沒有，我說的是我們街坊那老太太。

乙：噢！都是你們街坊的老太太？你在哪兒住？

甲：我——還沒找着房哪。

乙：哈哈，怕得罪人。

甲：眞有這樣老太太，到初一十五買股香燒，還磕頭哪！家裏年輕人看見了不願意說：「您燒香有什麽用？有錢買點糖吃好不好？」

乙：眞是。

甲：老太太不願意聽了：「有什麽好處？求神佛保佑。我這麽大歲數還能活幾年，求神佛就爲保佑你們！」實際上老太太保佑誰啦？

乙：保佑誰啦？

甲：保佑那賣香的了。

乙：怎麽會保佑賣香的啦？

六十年前的一幅灶王圖

甲：是呀！老太太要不燒香，那賣香的不都要改行啦！

乙：供佛眞沒用。

甲：要按着老太太主張，家家非得供佛不可。

乙：供什麽佛？

甲：最要緊得供灶王爺。

乙：灶王爺？

甲：啊！老太太說：「灶王爺是一家之主。」可那戶口簿上沒有它。

乙：灶王爺不上戶口簿。

甲：老太太供灶王爺還非常誠心，早晚三炷香，到初一、十五還得想着犒勞犒勞灶王爺。

乙：噢！還吃頓好的？

甲：來半碗清茶，到臘月二十三那可是個大典。

乙：送灶！

甲：嗐！就是給灶王爺送行。

乙：送行？

甲：啊。灶王爺在你們家躭了一年了，把你們所作所爲的事情都記下來，做了總結，到玉皇大帝那去報告！

乙：報告？

甲：買點草節、料豆、關東糖，擱那兒擺一擺，就會兒拿下來大夥兒分着吃了。

乙：上供人吃嗎！

甲：把神紙佛龕一燒，據說它「上天言好事」去了！

乙：那還怎麽樣哪？

甲：淨等它「回宮降吉祥」啊！

乙：啊，他還回來？

甲：可是不買它回不來！

乙：那是呀。

甲：買還不能說買，得說請！

乙：請！

甲：可是不給錢人家不讓拿。

乙：多新鮮哪。

甲：老太太把那份舊的燒了以後，從紙店又買一份新的，很尊敬的抱着，回家啦，碰見街坊一個小伙子。年輕人見着上歲數的老太太，誰都得說兩句呀？

乙：是啊。

甲：「大娘，上街了，買佛龕了啊！」這不是好話嗎？

乙：啊。

甲：老太太不願聽了！「年輕人說話沒規矩，這是佛龕，能說買嗎？得說請！」

乙：請！

甲：「大娘！我不懂，您那個多少錢請的，」「嗐！就他媽這麽個玩藝，八毛！」

乙：老太太怎麽也罵上了？

甲：老太太一心疼錢也罵上了。

乙：看起來老太太信佛也是假的。

甲：眞正迷信的人很少，過去有個一貫道，知道吧？

乙：知道。

甲：那就是個專門欺騙家庭婦女跟老太太的。我們街坊那王大娘，就受騙啦。成天東跑西顚的，滿街市拉人入道。

乙：他們說那叫度人。

甲：可不白度，度一個兩百塊錢。

乙：要錢？

甲：我根本就不信這套！這老太太非勸我不可：「呦侯寶林啊！

「你這災難可不小哇！」

乙：怎麼啦？

甲：「說相聲的嘴太損，沒有事儘拿神仙開玩笑，閻王爺那兒都給你們記賬了，死後得下十八層地獄，到閻王爺那兒受罪去。」

乙：閻王爺在哪兒住呀？咱們找他談談。

甲：「這會兒見不着，死了就知道了！」

乙：那怎麼辦呢？

甲：「你最好入我們這個一貫道，入了道能把你過去的罪惡洗刷得個乾淨，平常老有神仙保護你！」

乙：啊！

甲：「遇見什麼大災大難，我們有五字眞言，閉着眼睛一念，災難全消。」

乙：什麼詞兒？

甲：「可不能說，上不傳父母，下不傳妻子，非道友不傳。」

乙：噢！嚴守秘密。

甲：不是！他爲的要錢。

乙：對了。

甲：我說：「好，我就來這兩百塊錢！」

乙：你給兩百就算入道了！

甲：嗯，我就爲到裏邊看看它究竟怎麼回事！

乙：噢！

甲：老太太一接錢喜歡了：「喲！候寶林你眞入道哇，你呀，一定有仙根。」

乙：怎麼？您這一會就有仙根了？

「說相聲的嘴太損？」候寶林說

甲：我不是給兩百塊錢了嗎？

乙：哼！

甲：「正好，趕上今兒有壇！」我說：「有痰不要緊，吃點化痰丸就好了。」

乙：啊，粘痰哪！

甲：今兒有神仙降壇。

乙：那就去吧！

甲：一邊走一邊跟我聊：「這就好啦！死後升天堂到極樂世界去，咱們都見的着，最好哇，你入道以後，勸你們一家子都得入道」。

乙：那得多少錢哪？

甲：是呀！幹麼一家子都入道哇，一個人入道還不行嗎？

乙：是呀！

甲：「你一個入道死後升天堂的時候，道路黑，不好走；全家都入道，老佛爺就慈悲了，賜你們一盞天燈，道路亮了就好走了！」我這麼一想，敢情佛爺對團體加入還有特別優待。

乙：人多錢就多嗎！

甲：是呀！一會兒把我帶到一個地方，也不過是一所普通住宅，進去以後，給我介紹了很多人。

乙：什麼人？

甲：有壇主、道長、前人、點傳師，還告訴我有乾三才、坤三才，還有兩小孩叫——痰筒。

乙：痰筒？不，那叫壇童。

甲：對了，叫壇童，還叫我寫一張懺悔書。

乙：懺悔書？

甲：就是把我過去所做的壞事都寫出來。

乙：您做過什麼壞事？

甲：我什麼也沒做過。馬馬虎虎寫一張交給他了。

乙：那以後哪？

甲：一會升壇了。把我帶到佛堂，我一看，嗬！挺大的一個佛堂，裏邊都是硬木桌椅，黃緞桌簾，地下有好多蒲團，爲大夥磕頭打座用。桌上擺着五供蠟阡，乾鮮菓品，還有兩塊木牌，上面寫着字兒。

乙：什麼字？

甲：一個寫着什麼弓長大師，那個寫着什麼老母，當中有一張大畫兒。

乙：畫兒？

甲：畫着達摩老祖。還有磁像：大肚子彌勒佛、濟公長老、觀世音菩薩，有岳飛、關雲長，這邊有劉備、張飛、趙雲，那邊有孫猴、八戒、唐僧，我這麼一看：怎麼什麼神仙都有哇？噢！大概是神仙集中營。

乙：集中營？

甲：壇主過來點着香，插在爐內，站在那兒嘴裏唸唸有詞。

乙：那是禱告哪！

甲：算賬哪。

乙：算什麼賬？

甲：今兒有八個入道的，他收入一千六！

乙：啊！算他這筆收入哪！

甲：唸完了，趴下就磕頭。

乙：磕頭不是跪着嗎？幹麼還要趴下呀？

甲：他說這叫大參。

乙：啊，吃西餐？

甲：你老惦記着吃。壇主磕完頭站起來，我是那位王大娘度的，她還得到神仙那兒去給我求，磕完頭跪那兒說了一大套。

乙：說什麽了？

甲：「弟子王張氏，今度到東勝神州亞細亞州華北省天津市相聲演員侯寶林願入我道，今後度人，倘有反悔，遭五雷轟身，化爲膿血而亡！」

乙：哎！

甲：這受的了嗎？

乙：你怎麽起這麽重的誓呀？

甲：我沒言語，全是她一人說的。

乙：這叫什麽誓啊！

甲：據說神仙對我的印象還不錯，沒什麽壞的反應！

乙：那還怎麽樣呢？

甲：讓我也來份大參。

乙：那您就參吧！

甲：點傳師過來給我點法──「一指中央會，萬拔得超然。」

乙：這是抓什麽呢？

甲：這──我也不知道；他還傳給我三寶。

乙：什麽三寶？

甲：關、印、訣！

乙：什麽叫關？

甲：兩眉中間這個地方叫關，又叫天門。

乙：點這兒幹什麽？

甲：他說，沒入他們道門以前，死後靈魂打頭頂出去，就直奔陰曹地府了。

乙：點這個呢？

甲：一點這天門就開了。死後靈魂從天門出去，就直奔天堂了，我一想這也危險。

乙：怎麽？

甲：一點這天門就開了，那天門一開，我那「軟統」就輸了。

乙：啊！推牌九哪？什麽叫印？

甲：兩手一合這叫印！

乙：什麽叫訣？

甲：嘴裏有五個字是──「我現在沒轍！」

乙：嗯，「無太佛彌勒。」

甲：噢！你是一貫道哇？

乙：哎！不是。

甲：那你怎麽知道的？

乙：我聽人家說的。

甲：對了，就是這幾個字。給我一個蒲團，讓我在旁邊打座，還告訴我四句最要緊的話，逢凶化吉，遇難呈祥，遇見大災大難就念這四句。

乙：什麽詞兒？

甲：「一進朱皇宮，參拜先天佛，定禪新修道，二六請金屏！」

乙：念這個有什麽好處哇？

甲：他們說有好處，閉着眼睛念這四句，念過一百遍，想看什麽都看的見。

乙：那妳看什麽？

甲：我說：「我想看電影。」

乙：行嗎？

甲：他說：「那還得買票去。」

乙：廢話。

甲：他說，得看自己家裏的人，連死去的人都看得見。

乙：啊！

甲：我說：「我父親死了。」他說：「你要想看，閉上眼睛就念這四句，念過一百遍，別睜眼，閉上眼往前看，眼前出現一道白光，白光裏一有人兒，那就是你父親來了。」

乙：那你念了沒有？

甲：念了，念了橫夠二百多遍，腮幫子都念酸了！

乙：那麽你瞧見白光沒有？

甲：不用說白光，我連周璇也沒看見哪！

乙：純粹矇事！

甲：是啊！老太太們還都眞信。王大娘有了病不找大夫，上壇上求爐藥。

乙：爐藥不就是香灰嗎？

甲：就是。買股香燒上，跪那兒等着，得十幾分鐘，香着完了，弄大碗一裝，橫有半斤多。

乙：不是吃一點嗎？

甲：嗯，拿水合合都吃了。

乙：都吃了？

甲：啊！今兒不好，明兒還得接着吃哪。

乙：喲！

甲：一連氣吃了一個禮拜，她這病也沒好！

乙：那還得接着吃啊！

甲：她也不吃了。

乙：怎麽！

甲：拉出屎來跟磚頭兒一樣了！

乙：香灰哪能治病。

甲：是啊！老太太這病，一禮拜沒治，壞了，躺床上起不來了。

乙：那怎麽辦？

甲：讓兒媳婦到壇上求神方去。

乙：還求哪！

甲：求來神方幾味草藥，可是這藥引子不好找。

乙：什麽引子？

甲：人肉湯。

乙：哪有賣人肉的？

甲：是啊！壇上給出主意，讓兒媳婦在大腿上割塊肉，夠二兩就行，給老太太熬湯。

乙：喲！

甲：還不敢言語，不准聲張，據說病人知道了就不靈了。一連氣吃了四服藥，老太太沒起來，兒媳婦也趴下了！

乙：怎麽囘事？

甲：他短半斤多肉啦！多虧這老太太死了，這老太太要病三個月……。

乙：那兒媳婦……。

甲：非咼了不可！老太太死了以後，兒媳婦這個哭哇！

乙：還哭她哪？

甲：哪兒呀，她疼啊！

ROCKET

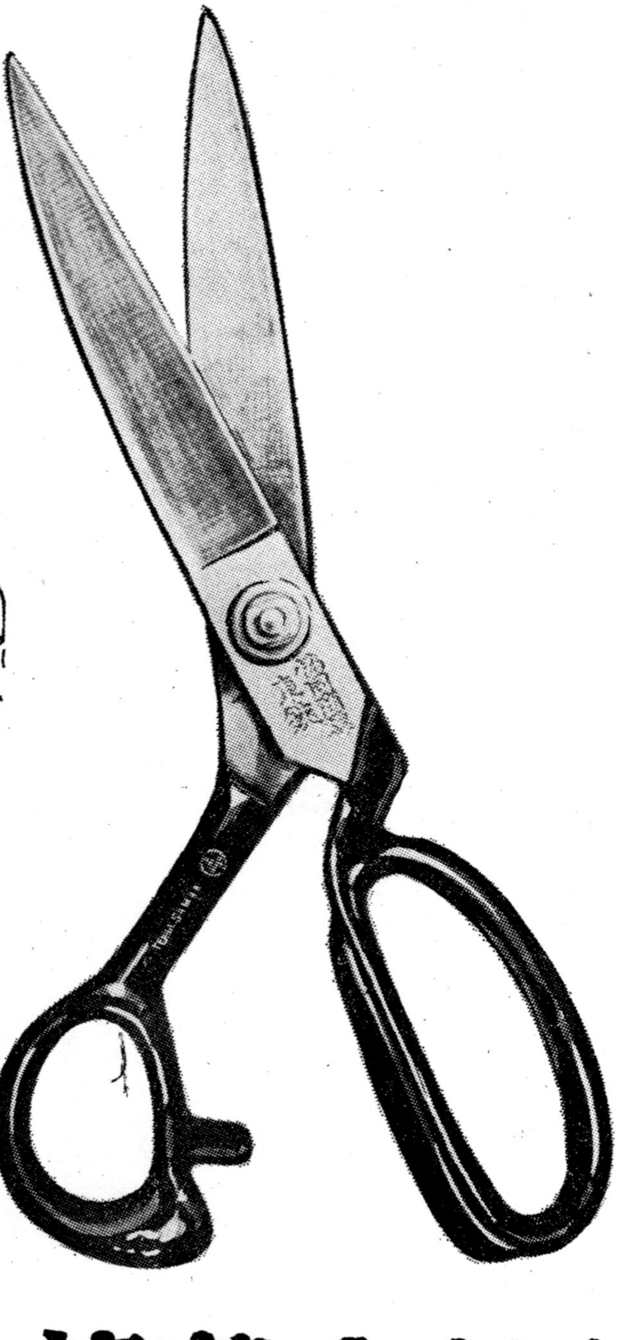

增太郎裁衣較剪

純鋼製造・鋒利無比

大人公司總代理

歲晚年尾吉利菜單

司馬小

年夜飯本是家庭團聚之舉，蓋舊時民間，終年辛勞，到了一年將盡，闔家總得團聚一起，於酒食歡笑之中將舊年送走，新年迎來。後來擴而大之。順便邀約親朋，與衆共樂，「年夜飯」纔逐漸由家庭性質而演變成歲晚年尾的應酬節目。這種風氣在我國各地，無分南北，一樣流行，而且由來悠久，歷史深厚。

年夜飯與平時的飲宴不同，主要是席上每一道菜肴的名稱都要設法力求吉利。這種習俗，其目的乃在親朋家人之間，互相祝賀，表示歡悅，却與迷信完全無關。例如年晚宴席上，稱火窩中的「蛋餃」爲「元寶」，目的即在討口彩，所謂討口彩與求吉利的目的，充其量不過藉席上把盞言歡之餘，大家聽得舒服，吃得開心而已。

關於歲尾年頭的吉利菜單，各地不同。那是因爲「我國地大物博」（這是小學教科書上讀熟了的一句），各處風俗、習慣、語言、飲食口味、烹調方法也都不同之故，以是吉利菜單，也就各異其趣。例如粵菜中「發財好市」，滬人起初便根本不知其爲何物，蓋上海人向來不大吃髮菜與蠔豉，而把「髮菜」與「蠔豉」聯在一起，也因方言讀音之不同，聯想不到「發財好市」上去。來港稍久，方知這是新年宴會上必備名菜之一。髮菜的價值亦高升入上等配菜之列。

年前，我應邀參加過一次年夜飯，主人爲上海人，菜爲某名廚所作，菜單係自某食家處得來，從冷盆以至熱炒大菜，無不匠心巧用，各具美名。每上一菜，由主人親自朗誦菜名，字字吉祥，贏得掌聲似雷，皆大歡喜，在座賓客都把菜名抄錄下來，我便是其中之一。

那天晚上的菜是四冷盆，四熱炒，四大菜，最後加上一個大暖鍋；玆將全部菜單名稱介紹如下：

四冷盆：（一）「**五代同堂**」，係用鹹蛋五個，每個對半剖開，列於一盤，食時蘸以以白糖。江南人「蛋」「代」同音，「糖」「堂」亦同音，故有此名。

（二）「**年年有餘**」——「魚」音「餘」，只要是原條大魚，不問其名稱類別，笋殼石斑，均無不可，最多是「鯉魚跳龍門」的「鯉魚」，祇要年夜飯席上有魚，也就「年年有餘」。

（三）「**四季平安**」——用風鷄、燻鷄、醬鷄、糟鷄四種鷄的腿肉，撕成粗絲，製成一盤，聽憑選用。「四季」之「季」，滬語讀音，與鷄字無異，故曰「四季平安」。

（四）「**左右逢源**」——係用鷄翼鴨膀，切段裝盆，翼膀有左右之分，叫作「左右逢源」，堪稱得體。

四熱炒：

（一）「**龍鳳呈祥**」——鱔形似「龍」，鷄形似「鳳」，以鷄絲炒鱔絲，乃成「龍鳳呈祥」。

（二）「**金玉滿堂**」——是蝦仁炒蛋，蝦仁色白，鷄蛋色黃，以作金玉，頗爲貼切。

（三）「**三元及第**」——「三元」音同「三圓」，這裏是指蝦球，魚圓與整隻冬菇，三物皆爲圓形，亦甚得當。

（四）「**黃金萬兩**」——係將黃花魚切成長條，拌以鷄蛋麪粉炸之，顏色與形狀，都像金條。

四大菜：

（一）「**步步高陞**」——即紅燒圓蹄與猪脚，象徵向上而爬，步步高陞。

（二）「**子孫萬代**」——選用童子鷄一隻，鷄蛋十二個，煮熟剝光，一同燉湯，其中童鷄爲「子」，鷄蛋爲「孫」。

（三）「**金榜題名**」——用蹄膀一隻，文火紅燒。「膀」「榜」同音，「蹄」「題」亦同音，可謂巧合。

（四）「**錦綉前程**」——此菜集各色菜餚之精華，賫於一盤，實爲炒什錦，因配料豐富，形色鮮豔，故稱「錦綉」。

「**一品富貴**」——爲最後一道之什錦大火鍋，原料有火腿、鮑魚、海參、瑤柱、蝦仁、鷄肉、猪腰、魚圓、蛋餃等不下十餘種之多，因其內容丰富，作料上乘，名曰：「一品富貴」，當之無愧。

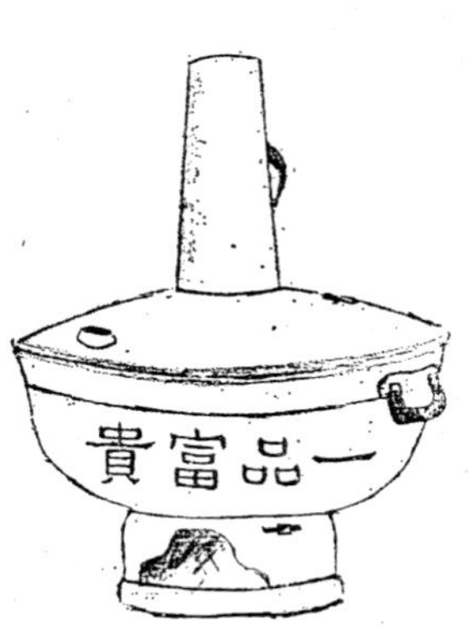

（此「當」字為元朝大書家趙孟頫所書）

……古今中外當舖縱橫談……

萬念健

當舖是一項特殊的行業，通常分典、當、質、按、押五種，大抵以資本大小，取利厚薄，期滿長短，納稅多少四者爲區別。本文爲簡單統一起見，一律稱之爲當舖。當店與民生經濟關係重大，它可以濟人之急，解人之圍，它是窮人的親戚、後門，上海稱之爲「娘舅家」，粵語稱之爲「二叔公」，法國稱之爲「姑姑家」，蓋娘舅、二叔、姑姑都是遇到手頭拮据或有所急需時可以掉掉頭寸的近親，又因其爲中國所首創，另外有一個名字叫作「亞細亞式金融機構」。

最早當舖 始自僧寺

當舖業始於何時，無從確考，但在中國至少有一千年以上歷史，而首創此業則爲僧寺廟宇，文字對於典當的最早記載，是南史循吏甄法崇傳所記，有一個名叫梁彬的人，以一束苧蔴向長沙寺質錢應急，開佛門貸欵於人之先例。其後大抵一因僧寺廟宇，廣貯財帛，必須善爲運用，二因濟人之急，也是「爲善」之道，就逐漸成爲一種行業。我們從史書上看到，南北朝時代即已有了典當，其後盛於唐代，連綿不絕，以迄於今。因其手續簡單，官腔不多，無中無保，小大由之，取欵贖物，立等可待，遠較新式銀行爲方便，故不論銀行業務如何發展，都不能取當舖而代之。當舖的最早名稱，叫作「質庫」，白居易的弟弟白行簡所作「李娃傳」，記「天寶」年間事，裏面寫那荒唐的鄭公子，吃着嫖賭，用光了錢，沒有辦法，只得把衣服送到「舖子」裏去押點錢來使用，這種舖子，當時就叫「質庫」。

歷代當舖 名稱不同

到了宋朝，據「東京夢華錄」載，京師汴梁的當舖已被列入「士農工商」諸行百戶之門，成了一個大行業。當店的伙計「朝奉」稱作「掌事」，穿着特定的衣帽。南宋時，典當業更見發達，「夢梁錄」中說杭州「城內外質庫不下數十家，收解以千萬計。」當舖生意愈好，也就說明了當時貧富分化的加劇，與階級矛盾的加深。

宋元小說也常常提到當舖，那時民間稱當舖爲「解庫」，當出來的錢，叫「解錢」。「水滸」是元人之作，相信它可以較準確地反映宋元時代的社會生活。書中寫那坐梁山第二把交椅的玉麒麟盧俊義，在逼上梁山之前，家裏就是開有一間「解庫」，靠此營生過日子的。

「聊齋」、「紅樓夢」和「儒林外史」中，也屢屢提到當舖，「聊齋」中稱「典肆」，「儒林外史」中稱「典舖」和「當舖」。「紅樓夢」寫薛蝌的未婚妻岫烟，悄悄的把棉衣當了幾吊錢作盤纏，寶釵知道了問她當在哪裏，回說：「叫作恒舒典，是在鼓樓西大街。」寶釵說：「這鬧在一家子去了！」原來那間當舖就是她家開的，稱「典」，稱「當」，已不同於宋元人的叫法。

計算利息 高低不一

江南素稱「魚米之鄉」，當地人民生活應該過得很好，尤其是吳興養蠶產絲，尤稱富庶，但乾隆「湖州府志」說：「湖郡典息，向例（白銀）十兩以上者，每月一分五厘起息。一兩以上者每月二分起息，不及一兩者每月三分起息。貧民衣飾有限，每票不及一兩者隔一兩年不能取贖，每多沒入。」不僅江南如此，「津門雜記」載：天津城鄉，典當凡四十餘家，年冬有減利之則，由藩司出示……。平時利息，綢布衣服金銀首飾每兩二分，羽紗呢絨皮貨每兩三分，若銅錫器具，無論十兩內外，概收三分。」由於利息高昂，開當舖自然而然的成一條致富捷徑，據說廣西省貴縣的林羅兩姓，在嘉慶道光年間，都以經營當舖爲業，積貲紋銀二百萬兩以上。

官民勾結 斂財捷徑

據清「續文獻通考」所載統計，清光緒年間，我國全國共有當舖七千餘家，其中廣東一省，即有一千餘家，官民勾結，合營當舖以貿利，尤爲常事。官府的稅項收入，待發餉銀，常以各種手法，貸作當舖資金，營私貿利。乾隆末，滿州人和珅，官至大學士，弄權好貨，吏治大壞，致釀川楚教匪之禍。嘉慶四年爲王念孫等糾參奪職下獄，罪狀之一，便是貸公欵十餘萬兩與通州某當舖，從事歛財。抄家時又發現其本人開有當舖一十二間，本銀達八十餘萬兩，最後賜自盡。

又據調查，北京的當舖在庚子（公元一八四〇年）拳匪之亂時共有三百餘家。亂中經搶刼損失，多不能開門營業。但當舖主人，攀連權門，竟有辦法由戶部撥借紋銀一百萬兩，幫助他們復業，而他們更藉口經營困難，將滿當期由三十個月縮短至二十四個月，更將月息由二分以內提高到三分。

江南農村中，有一種半公開的小押，秘密經營，不爲官府所知。押者都是赤貧之家，連鞋襪等低值物品，都可以押借小額現欵，月息三分，期限最長三個月。

民國以後，北方的當舖常有得力後台支持，以前天津最有名的「寶成當」和「萬成當」，就是做過總統的曹錕出貲開設的。

高牆大門　有若官衙

抗戰前之上海當舖，主要由徽州及潮州兩幫人士經營。前者多大當，厚牆高櫃，如入衙門，月息分八，十八個月滿期，堪稱公道；後者多小押，不設遮欄，沿街交易，利息高至加一，滿期短至六月，但因對大當不接抵押之西裝、照相機、望遠鏡、墨水筆、麻將牌等物品一律接受，所以生意依然不惡。人所共知。全上海生意最好的當舖是靠近回力球塲的那一家，蓋因回力球賭徒忽輸忽贏，每日進出回力球塲不知多少次，手上所戴金錶，身上所穿皮大衣，忽有忽無，每日進入當舖亦不知多少次，當舖以一筆本錢，於短短一日之內，連做幾單生意，收幾筆利息，生意之好，可想而知。

特種營業　與衆有別

經營當舖是一項特殊行業，當舖本身也有許多地方和一般商店頗爲不同。舊時國內大當舖，建築往往特別雄偉，形同堡壘。高牆之上，寫一碩大無比之「當」字，高可及丈，三百六十行中，與此類似者，唯有醬園，也是在整幅牆上，寫上一個「醬」字。

當票上的字蹟寫得特別潦草，尤甚於醫生所開之藥方，但是也都有來歷，絕非毫無依據。有人收集了北京的當票加以研究，方知乍看起來筆劃繚繞不清，有如張天師所畫符籙，細加觀察，原來是用草書而加以變化，並且雜有破體俗體，目的不在給外人認識，可是同行却一眼可知，坐上賬台寫當票的人，自然也曾經過長久訓練，看來是從一條根上流傳下來的。又爲了避免店方遭受損失，一隻錶，明明是十八K金錶，當票上必須寫作「銅錶」，任何其他物品，祇要畧見殘舊，必須註明爲其「破爛」。

抗戰前之上海當舖外貌

攀上交情　特別優待

當舖門口有特別標識，以免進當舖的人爲人所見。一般說來，進當舖總不算是體面的事，我們常在小說和電影中看到描寫進當舖的情形。魯迅小說和電影「阿Q正傳」中寫阿Q去當東西，先是在當舖面前四面張望一下看有無熟人，然後一掩而入，把東西送上櫃面，當舖的櫃面通常有一個人那麼高，這樣纔顯得朝奉高高在上，以不屑的表情和偵探的眼光向下看一眼，看看物主的來路是否正當，以及究竟窮到何種程度。典質者則以被告身份低低在下，仰着高高在上者的鼻息，聽上面發付可以打發多少便多少。

但也有人以經常往來之故，和朝奉有了交情：十多年前，有一個住在九龍的男明星，拿着一對刻有他自己姓名的六十一型派克筆去押，可以比別人多押十五元至二十元，並且寬放期限。一位畫家在靑黃不接之際，可以用他自己的幾十幅畫，押上兩三百元，因爲店中人知道他不久就開畫展，這批畫雖非出於畢加索或張大千手筆，却也非贖不可；另外一個黑社會人物則更爲瀟洒，他可以搖一個電話到當舖，關照他們把他那套只穿過一次的新西裝拿出來熨平掛好，等他前往贖取，屆時則將身上脫下來的那套交上櫃面換一張當票，把熨好的一套穿在身上搖搖擺擺的到大酒家去飲茶去矣！

港九新界　兩大不同

香港之有當舖，約在香港闢埠十餘年之後，至今也有一百十多年的歷史。目前全港共有當舖一百七十家左右，此數約爲香港銀行總數之半，都領有正式牌照。港九市區當舖和新界當舖有兩點主要不同：

（一）港九當舖牌照費

每年二千五百元，新界一千元；（二）滿當期限，港九為四個足月，新界為六個足月。港府規定，日期均以農曆計算，不計陽曆。

戰前本港當舖分三種，一種三年滿期，一種一年滿期，最短的也有半年。但目前港九市區當舖，限期都是四個月，如有特別情形可以另議。利息高下，視所當物品而定，黃金最低，以每月分八計算，其他鑽石珠寶高者五分，低者三分，相熟者可以講價。名牌墨水筆祗收兩分，手錶百元以上者五分，其他如照相機、打字機、衣車、電單車、衣服等一律加一，女式時裝旗袍之類一律拒收，金飾手錶等，附有原發票「出生紙」者當價可以畧高。利息按月計算，過二天作另外一個月計，如四個月滿期不贖，可將全部利息繳清，延期四個月，亦即等於再當，名曰「轉利」。如到期不贖，又不轉利，作斷當論。斷當之貨物，則由當舖另尋出路及買主。例如中區襟江酒家的手錶市場，便全部都是斷當貨品。斷當的故衣集中在高陞戲院附近的故衣店，斷當的攝影機則集中於九龍山東街與北河街，其中不乏佳品，有人買來自用，也有人以炒賣這些斷當貨品為業。

朝奉之名　來自唐代

香港當舖的櫃面也高與人齊，上有鐵柵，朝奉居高臨下，以防意外。當物者有「舉獅觀圖」之稱，櫃內有帳枱，有專為摺疊衣服雜貨的「摺貨床」，床上暫貯當日典押物品，晚上纔搬到樓上的架上，對各物分門別類，按月按日，排列整齊，以求取贖方便，樓上貨庫空氣必須保持乾爽流動，以防霉爛損失，火燭尤須小心，所以他們有一條行規，必須嚴格遵守，便是當舖裏的工作人員，從東主、經理、帳房、朝奉、店員、以至學徒，一律不准吸烟。

朝奉是一種專業人員，他們必須能辨別珠寶眞偽，金銀成份，以及一切其他貨物的等級價值，以便估價，俾能兼顧到一方面不致得罪顧客，另一方面不至令店方遭受損失。講到「朝奉」這個名稱，不僅古雅，而且頗有來頭。原來唐朝時代，朝奉是六品官員，高於知府、縣丞。此種官職多係富人捐官得來，目的只在提高身份，裝點門面，並不眞正担任公職，但當地官員，却得看他三分眼色，給他一分巴結，所以也是地方上一個有權有勢的人物。

行規嚴謹　名目繁多

舊日當舖，規則甚嚴。東主稱「員外」，經理稱「掌櫃」，「朝奉」的眞正身份為首席櫃面，每舖都聘一老於此業之前輩担任此一職位，如櫃友對於質品不能定值及辨別其眞偽時，一言取決，無異為一營業顧問。人事以「掌櫃」為首，下分內、中、外三缺。外缺負責營業，有首、二、三、四櫃的分別；中缺負責寫票、清單、捲包與掛牌；內缺負責管理之責，其下除「學徒」外，更有「上灶」、「下灶」、「更夫」等雜役。同業行規，各店須一體遵守，犯有過失，須揭示牆上以資警惕。人事進退須論工作時期和資格，必須循序漸進，不能越級而升。犯規立遭斥黜。所以有人服務逾十年，却因過失太多，身份仍舊只是一個「學徒」。

東主辭退人員，例在農曆正月初五初七兩日間，當日必須離店，不可留宿。平時有眷在當地者不得在外留宿，至遲晚間十二時必須歸店。學徒除三節假日，不得離店。遇家有要事，須家長親自領歸。關防森嚴，携物外出須加檢查。店員待遇於民國初年時，經理月薪約二十銀圓，學徒月貼僅銀毫四角或五角。贏利則採東四夥六分紅，所有「存箱」、「公抽」、「使用」、「包皮」、「當厘」、「贖厘」都是夥計的收入。至於當票的寫法，也有一個原則，例如「金」不曰「赤」而曰「淡」，「銀」曰「銅」，銅錫器皿曰「廢」，綢布羔裘衣服，則以「被碎」、「漬爛」、「虫蛀」、「光板」等字形容，旨在減輕保藏責任，以免取贖時引起轇轕。

當鋪革命　未能成功

在許多行業中，當舖是保持最多傳統風貌與最少改革的店舖，那高高的櫃枱，森嚴的門禁，冷冷的面孔，潦草的字蹟，予人以一種咄咄迫人之感。所以在一九六三年時，當舖業的一部份開明人士，建議協商，從事改革，改革要點凡三：（一）將高高在上的櫃枱取消，改用普通橫櫃使朝奉不致以居高臨下的姿態，令顧客感受精神威脅；（二）將當舖店堂改作客廳佈置，置沙發坐椅等物供顧客坐候，不再企縮企立，形同被告，甚至畧備茶烟，加以招待；（三）將原有的當票改為支票形式，並於票上註明日期利息等等，以便顧客一目瞭然，不像原有當票寫得如同符咒天書一樣，不知其內容究竟如何。但研究之下，因各種顧客未便一視同仁，而又無從分別其等級，又因「天書」式的當票，對當舖本身具有某種保護作用，多年傳統，豈能毀於一旦？所以弄到後來，還是有此建議，未成事實，結果一場當舖革命，無形擱淺。但是近年以來，較為表面上的改革已畧有一二，例如以前當舖向不刋登廣告，近年來居然也發現了有一家當舖，在電影院裏刋登銀幕廣告，而灣仔有兩家當舖，居然在店舖門口裝起霓虹或塑膠燈飾來，入晚時五色繽紛，大放光明。

實際上晚間的燈飾，對於當舖的廣告作用不大，因為香港當舖，以前同業公議，晨早八時開業，晚間八時休息，但不久前已把夜晚休息時間提早一小時為七時。

當舖在香港，是一年中休息日期最少的行業，即祗有端午，中秋，和陽曆年元旦，陰曆新年初一這四天，它不受勞工法規定每月必須休息四天的限制，關於這一點，該業賓主之間，當然另有協議安排。但每逢陰曆大小除夕，必須開至午夜為止，以便撲水過年之人。但年終減利的古風，則已不再存在。

去年四月　重訂法例

千百年來當地對於調節民間經濟緩急，確有相當作用，但世事有利必有弊，就是對鷄鳴狗盜之流，對於他們不法得來的財物，却多了一條出路。香港法律，規定當物之人，必須報其姓名地址，以便查究根底，但許多所報的姓名地址是假的，結果此一規定，作用全失。一九七〇年四月一日起，港府實施「新當押業法例」，具體規定押物之人年齡必須滿十七歲，押物時須出示身份證或護照，俾店方將該項證件號碼，詳細註明當票及帳簿之上。此一辦法，目標乃在進一步防止以來源不明及非法得來的物品，典取金錢。但一般市民，因此一手續相當麻煩，又須暴露本人眞實姓名，因而盡量避免前往典當物件，影响所及，當舖生意爲之減少甚多。

警方對於盜竊案中的失物，常向當舖查案，法庭審理的盜竊案件中，許多賍物已被典質。遇到這種情形時，法官可以根據法律明文，參照失主與當舖接受典質情形（是否事先知其來歷不明），決定是否判令當舖將賍物無條件交還失主，或者判令失主具欵贖回。法律規定，向當舖典質非法得來的物品，一經定罪，可判罰欵五千元或入獄六個月。事實上若係偸盜來必予另案辦理。

當舖招牌標誌，與一般商店顯著不同，圖爲今日香港當舖門面常見之一種，也是古代當舖傳統標誌的簡化，多紅底金字。上面爲蝙蝠頭部與制錢一枚，相聯成爲「蝠鼠啣金錢」之狀，取其「福」與「利」兩字同音，象徵吉祥。此種標識，在廣東地區，流行甚久，且愈老愈好，雖顏色剝落，亦不更換，以示店號歷史之久，資格之老。下圖更爲簡化，蝙蝠身上書舖名，代替制錢之圓形中則有一大「押」字。

賽馬季節　生意最旺

當舖典出去的欵項有實物作抵，有時也有虧本的時候，例如有人於黃金三百元一兩時，將黃金典與當舖，得價每兩二百七十元，後來黃金跌了一個九折，押物者等於已經十足收欵，自然不會再行取贖，在這種情形之下，當舖便非蝕本不可。還有一種情形，事例雖少，却已足令當舖頭痛，那就是由於當舖對典來之物收藏妥當，於是也有人利用當舖作爲倉庫，冷天來當風扇，熱天來當棉被，並將典質的數目特別抑低，例如祗當五元十元，這樣每月利息不過五角一元，而當舖却要特留倉位來容納這些存貨，並且還要代爲負責保管。

本港當舖生意，平均每天都在三數千元間，典質最多的時間是每月下旬，而取贖最忙的時候是每月上旬。前者是爲了時近糧尾，小市民靑黃不接，非請二叔公幫忙不可，後者是爲了月底月初發薪出糧，可以贖取的便在此時贖取。一年之中，生意最旺的時候是賽馬季節，或者是賽馬時尙未發薪，或者是輸完了急於翻本，於是自己的手錶也好，太太的金飾也好，都可以先典押若干頂住再說。所以每當跑馬之日，當店無不生意滔滔，灣仔一帶的當舖，因爲地位接近馬塲，生意特別興隆，一天典出三萬元左右，事所常有。而且這種顧客，往往三數日間，即來取贖，而當舖所收的利息一樣十足。

泰國政府　曾來考察

當舖歷史雖以中國爲最久，却並非我國所特有，富庶地區如美國、英國、法國和日本也一樣因有此需要而能存在。一九六二年時，泰國政府曾派一個當舖業代表團，考察亞洲各地當舖業情形。這個團體在香港曾逗留五天，觀察實際情形，並與香港同業交換意見，結果認爲香港當舖的制度和業務情形，與泰國不相上下，利益較泰國高百分之三，但較日本及台灣爲低。印尼於一九六一年起將全國當舖改爲「國營」，原因是不欲押當商人對窮人剝削過甚。以目前來說，這是全國當舖悉屬國營的唯一亞洲國家。

歐洲當舖　英國最多

和中國當舖起原於僧寺一樣，押當在歐洲最早也是一項教會活動，以無息貸欵，借與窮人，俾渡難關，所以稱作「教會銀行」。後來有人加以商業化，從中牟利，逐漸變成了押當。

英國的銀行組織與管理向來有名，近兩百年英國的經濟發展，與銀行有不可分的關係。他們曾以航海經商，稱霸世界，他們作戰的先頭部隊是銀行，他們作戰的主力部隊，也是銀行，以香港來說，滙豐銀行就是一個最好的例子。不但政府依賴銀行。在世界各地進行經濟發展，一般商人也習慣於與銀行往來，從事業務發展。可是當大多數的小市民手頭不方便時，他們所光顧的也不是銀行而是當舖。

英國是歐洲當舖最多的國家。一九三〇年時英格蘭、威爾士兩地就有三千餘家。現在全英當舖共有六百家，其中一百五十家在倫敦。最大的一家在白金漢宮轉角，招牌叫作「塞頓」，門口懸有二個銅球，規模雄偉，是紳士們和貴族常到的地方。這些主顧，有時是坐着羅斯萊斯汽車而來，車上司機，穿着整齊漂亮的制服。

英國的當舖利息每月二厘一，加上朝奉的鑑定費，存倉費等，合共四·二厘左右。爲了不欲每次交易數目過於瑣碎，通常價值五鎊以下的東西拒受，押期最少兩星期起計，最多六個月滿期。顧客多數是中上之家，典押品包括金銀珠寶，名貴皮裘及各種傳家之寶，那些東西因原值頗高而當價不高，所以很少有當而不贖，也有來來去去當當贖贖的。這種顧客，多因一時週轉不靈，而又覺得自已想辦法好過開口向人借錢，今天當，過不了三五天便贖回去，不足爲奇。

邱公吉爾　名人軼事

過去，婦女們因私人用途而抵押結婚戒指，常預先將銅製的戴上來遮掩她們丈夫的眼睛，丈夫眞的看不出還是裝作不知那就不大清楚。有一點是沒有問題的，即從前當舖裏有堆積似山的抵押品，要有許多人料理照顧，現在可以進當舖的東西，祗及從前的十分之一，因爲以前有人當大件笨重之物，現在都祗當細軟，他們往往爲一時急需而要錢，並非爲了吃飯而典當財物，而最受歡迎的典質品則爲鑽石。

英國的當舖都重視爲主顧的姓名保密，但有些人却不在乎此。邱吉爾年輕時，在艦隊報當記者，沒錢時常去典質他的手錶，當贖不止一次，因此而認識了一個朝奉。多年後，邱吉爾官運亨通，扶搖直上，有一次在公開場合，遇到了那個熟識的朝奉。邱吉爾非常幽默的對他說：『××先生，今天相當幸運，我還是第一次看到你的脚呢！』原來英國當舖也是高櫃枱，朝奉的雙足被櫃枱擋着，不易看到。由於邱吉爾是舉世皆知的名人，這故事也成爲了名人軼事。

巴黎當舖　都係市立

法國的當舖有將近兩百年的歷史，當舖數目雖然不及英國那麽多，但亦有其特殊風貌。

巴黎第一家當舖是「市立」的，後來的巴黎當舖都是它的分店。這家市立當舖的創設，始於一七七七年，再隔六年，便是它的二百週年紀念。開始的動機完全是慈善性質，便利那些借貸無門的市民，免受高利貸者的重重剝削，後來其他法國城市，如法泡製，陸續設立，而且也都是「市立」，禁止私營，一八四零年，亦即巴黎第一家「市立當舖」成立六十三年時，忽然得到了「姑母家」這個雅稱。事緣法王路易．菲立浦的兒子佐因．維利，平時揮金如土，手頭經常拮据。該年有一次用光了錢，借貸乏門，便拿了自己的東西到姑母家去暫押。不知消息如何走漏出來，於是當舖便得到了「姑母家」的別稱。這名稱，恰巧相當於我們的「娘舅家」或「二叔公」，而我們自己「娘舅家」與「二叔公」的別名來自何處，倒反而不可考了。

目前巴黎全市當舖，共僅七家，但規模都很大，每家資本在美金一百餘萬至三百萬元之間。每一家當舖都向保險公司購買保險，以避免受押賊賍時蒙受損失。據營業統計，「斷當」的百分比僅百分之五，比日本的「斷當」率百分之十八低得多了。

規模組織　有若銀行

巴黎中央當舖，是一座五層樓的建築物，共有職員四百人。這間當舖對前來押當的物品採取分類辦法：地下是停車場，不少主顧係乘坐自備汽車前來，二樓專門受押珠寶鑽石、金銀首飾、名貴相機，三樓受押一切電氣器具、文房儀器、家庭用品，四樓受押皮裘、衣料、服裝等等，五樓是倉庫。

每一層樓都設有鑑定、文書等科，組織上與銀行頗爲相似。鑑定科是當舖中最重要的一個部門，都由專家主持，爲了代顧客保守秘密，鑑定科設有十餘個小室，分別接見和談判。我們可以說，當舖在法國，差不多已成爲一種類似信託公司的金融機構，與日本台灣香港當舖之專門剝削升斗小民者大不相同，一般顧客也很少來自赤貧之家。

兩百年來　顯著改變

兩百年來，巴黎市立當舖所當的東西，有一項逐漸開始而終於顯著改變，即押當的東西越來越是值錢，這些東西的面積也越來越小。一八七零年，市立當舖押進的床單達一萬三千九百張，這是歷來的最高數字。現在，以笨重的家庭用品如傢具、衣車、鋼琴等物前往押欵者，雖非絕無，却已僅有。

巴黎當舖對於當價，約爲物品原值的四分之一至三分之一，利息爲百分之五至百分之七。滿期不贖，則公開拍賣。拍賣所得之價，通常可比當欵多一倍左右，當舖取回本利，餘欵便交還押當原主，可謂公平之至。

當舖拍賣，事前必先公開宣佈拍賣物品價格。押物時，店方爲避免收入賍物，對來源有時會加以盤問，贖回時一概不問。當舖職員對顧客和對百貨公司的顧客一樣彬彬有禮，市民出入當舖亦不覺其有失體面，與香港當舖之特設橫門，台灣當舖之垂以竹簾，以便閃入閃出者不同。

歐洲當舖最進步的事實，是共同市塲，各國的典當都已聯合起來，成立聯合組織，經營公益性的典當業，抑低利息，規定滿期時間爲六個月。各當舖雖然參加聯營組織，但仍採取獨立核算制度。當舖資金或由政府撥付，或由銀行借出，不能由私人經營，共同市塲國家當舖的聯合機構設於羅馬。

最大當舖　在維也納

世界最大的當舖應是奧地利國王約瑟夫一世於一七〇七年撥資在奧京維也納開的那家「魯非館」。這間當舖業權威，兩百七十年來，一直在政府贊助下，經營押當業務，不論物件價值高下，體積大小，來者不拒，一律接受。該店除維也納總店外，在其他城市還有分店多家。斷當貨物，公開拍賣，無形中也成爲了一間極具規模的拍賣行。一九七〇年間，總支各店曾舉行公開拍賣數百次，拍出物品五十二萬件，總值七百萬美元，規模之大，可見一斑。總店經常備有巨額現欵，從一副太陽眼鏡到王冠珠寶一律歡迎，歐洲末代王孫和破落巨戶，不少是魯菲館有面子的主顧。

美國當舖 又有不同

美國的當舖又與歐洲不同，他們在形式上都是些舊式的商店，櫥窗中擺設些貴重金飾或者是高級皮裘，另外豎着塊招牌「有錢出借」。看到洛史德加主演「血印」一片的，大概對於美國式的當舖會有一點印象。

美國當舖，數目也很不少。當舖老板都知道每年四月十五日以前這一段日子，必須準備鉅欵從事營業，因爲四月十五是美國政府徵收稅項的最後一天，不能令顧客失望。每年聖誕節時，大部份的抵押品都被贖出，原因在這吉日良辰的假期中，個人或者家庭都要體面濶綽，而一過新年，許多贖出去的東西又重新入當回籠。對於這種顧客，當舖老板，向來不勝歡迎，因爲這樣一來，他已做了兩筆生意。

美國當舖均爲民營，利息凡六個月以內二百元以下月息百分之三。典當者都是中下層的受薪階級和小市民。

美國最大一間當舖的招牌叫作「卡斯科」，它是著名的「富人當舖」，開設已逾八十年。該店接受的抵押品範圍很廣，除了金銀珠寶之外，如中國古代的藝術品、帝俄時代的王宮珍藏、手槍、機器、名貴傢具等，但典質物體積愈大，所收利息也愈高。

押業公司 美洲第一

加拿大的「麥唐尼押業公司」，是美洲最大的當舖。該公司擁有一座四層大厦，每年顧客六萬人，營業額近一千萬元。由於它資本雄厚，吐倫多較大的押當交易，非到這裏進行不可，所以生意特別興隆，有客似雲來之盛。

這家大規模的押業公司，原由莫里斯和蘇德兩兄弟合資經營，現在已經到了第三代，他們的經營手法，的確與衆不同。對於顧客的禮貌，十分週到，受僱職員，均須接受嚴格訓練。主人對於店務，經常嚴密注意，且常親自出馬照顧，務求顧客滿意，以是營業蒸蒸日上，不但成爲美洲最大招牌之一，而且獲得「窮人之友」的美稱。

每年年尾，是當舖營業最旺的季節，當贖之間，忙碌不堪，本文選於此時，蒐集古今中外當舖的史實花絮，拉雜寫來，無非爲了應時應景，供作消閑談助而已。

上等之人 金少山

有三句話是上當舖的人用以自嘲的：「上等之人有當有贖，中等之人有當無贖，下等之人無當無贖。」可見得能當能贖的人，還不失爲上等之人呢！

梨園行有位怪傑金少山，他就常上當舖，他當的是演戲的行頭，每當他的經濟周濟不靈的時候，他就會吩咐他的夥計把他的行頭箱子拿出來，到上海汕頭路雲南路口一家大昌當去周轉一下。大昌以專門典當戲衣馳譽，和他們來往的人，都是戲班中人，別的典當是不收戲衣的。金少山和他們交易得最多，並戲稱他們爲「大昌銀行」。

金少山有一套楚霸王的行頭，黑蟒黑靠，非演「霸王別姬」不用，進「大昌」的次數最多。戲院要請他演霸王，除了包銀以外，還要代他準備到「大昌」贖當。

常富齋

金少山演「盜御馬」之「竇二敦」劇照

四分之一世紀的聯合國

·辛國維·

聯合國成立於二次大戰結束後的一九四五年十月二十四日，到去年十月止，足足已有二十五年，會員國已擴充到一百二十七個單位。在過去的二十五年內，它曾有秩序地以非暴力手段解放了龐大的殖民地區，大大有助於許多新獨立國家的出現。它又曾發動多種經濟和社會計劃，幫助這些新國家的自立；並組成各種國際性的機構，以處理新的技術問題。此外，更提供了一個最完全的場所，處理國際間的紛爭與問題；同時也保持着一些維持及監督和平的部隊，息止可能燃燒蔓延的戰火，而各國人民所最能感覺體會到的是，它又推行各種有關農業、教育、衛生和經濟發展等計劃，實現改善各國人民的生活。

曾經有人指責聯合國未能像一個世界政府，醫治各會員國的痼疾。其實聯合國根本就不是一個世界政府，而只是一件頗有用處的工具，以協助各國處理今天世界上所面臨的各項問題，尤其是在維持和平及謀求發展方面，聯合國的確發揮了不少作用。

一九七〇年的聯合國大會，已擬定聯合國今後二十五年的發展方畧，以及先進國家與新興國家原則上同意在今後十年對世界經濟增長所採取的大綱和步驟，如能按照計劃，則今後二十五年內的成就，可能比過去的二十五年更大。

聯合國大會成立了「聯合國志願軍」，這個類似美國和平工作團的國際志願組織，本年度將大事活動，担任維持和平、技術援助、社會福利等工作，它成立了一個聯合國基金，以協助管理非法的麻醉藥品。它對空中騎刼採取了强硬立場，並促各國政府懲罰或引渡騎刼者。

多年以來，聯合國專心致力於促進武器管制和逐步裁軍的協定，並協助發動了有限制軍備競爭的談判。它的成就有禁止空中核子試爆，專為和平目的而探測和利用南極地區與太空的協議，以一項防止核子武器草約的簽訂。

聯合國的另外一項重大任務是要對世界上三分之二的貧窮人口的生活加以改善並且使之安定，反饑餓與反疾病運動不斷推行，目的在使他們吃得飽些好些，沒有病痛和有病即醫，這些工作，聯合國當然尚未完全做好，但是的確已經做了相當大的部份。

目前聯合國會員名額已達一百二十七國，數目較一次大戰後的國際聯盟為多。據估計最近的將來將有六十五個國家都要申請加入聯合國，他們都是「小」國，共有人口四百六十萬。一旦他們都成為享有全面投票權以後，必將使一國一票的原則觀念過份地被濫用。美國認為，這問題的解決辦法，最好是能創建一個「準會員國」的新制度，讓他們享有會員國的一切利益和權利，却並不給他們以充份的投票權利，因為這樣纔能對人口億萬的「大國」眞正公平。

過去關於聯合國也曾有過，說是因經濟、政治和各國未能開誠合作的原因，聯合國有改組甚至解體的可能，但平心而論，四分之一世紀來，它對於世界的確做了單獨一個國家所不能做的許多工作而造福人羣，憑此一點，也證明了聯合國之存在有此必要，而值得各國加强擁護，密切合作以發揮其更大的作用。

聯合國十年來對中共加入的投票紀錄如後：

聯合國十年來對中共加入的投票紀錄

年份	會員國數字	贊成中共加入者	反對中共加入者	棄權者
1961	104	36	48	20
1962	110	42	56	12
1963	110	41	57	12
1964	本年未投票			
1965	117	47	47	20
1966	121	46	57	17
1967	122	45	58	17
1968	126	44	58	23
1969	126	48	56	21
1970	127	51	49	25

紐約之聯合國總部為以華雷斯・哈里遜為首的一群卓越的建築師所集體設計，高達五百五十呎，矗立晴空，形勢雄偉，兩面共有窗口五千四百個，右下方為祕書大廈。與整個建築物相襯，簡單樸素而又氣象萬千。

聯大表決 參加投票的雙方

反對中共加入者：

①阿根廷 ②澳洲 ③巴佩道斯 ④巴西 ⑤柬埔寨 ⑥乍得 ⑦中華民國 ⑧哥倫比亞 ⑨剛果（贊） ⑩哥斯達黎加 ⑪達荷美 ⑫多明尼加共和國 ⑬薩爾瓦多 ⑭加蓬 ⑮岡比亞 ⑯希臘 ⑰瓜地馬拉 ⑱海地 ⑲洪都拉斯 ⑳以色列 ㉑象牙海岸國 ㉒日本 ㉓約旦 ㉔利蘇圖 ㉕利比利亞 ㉖馬爾加什共和國 ㉗馬拉維 ㉘馬爾他 ㉙毛里求斯 ㉚墨西哥 ㉛紐西蘭 ㉜尼加拉瓜 ㉝尼日爾 ㉞巴拿馬 ㉟巴拉圭 ㊱菲律賓 ㊲盧旺達 ㊳沙特阿拉伯 ㊴塞拉勒窩內 ㊵南非 ㊶西班牙 ㊷斯威士蘭 ㊸泰國 ㊹多哥 ㊺土耳其 ㊻美國 ㊼上伏爾達 ㊽烏拉圭 ㊾委內瑞拉

贊成中共加入者：

①阿富汗 ②阿爾巴尼亞 ③阿爾及利亞 ④奧地利 ⑤英國 ⑥保加利亞 ⑦緬甸 ⑧布隆廸 ⑨白俄羅斯 ⑩加拿大 ⑪錫蘭 ⑫智利 ⑬古巴 ⑭捷克 ⑮丹麥 ⑯埃及 ⑰赤道幾內亞 ⑱埃塞俄比亞 ⑲芬蘭 ⑳法國 ㉑加納 ㉒幾內亞 ㉓匈牙利 ㉔印度 ㉕伊拉克 ㉖意大利 ㉗怯尼亞 ㉘利比亞 ㉙馬里 ㉚毛里塔尼亞 ㉛蒙古 ㉜摩洛哥 ㉝尼泊爾 ㉞尼日利亞 ㉟挪威 ㊱巴基斯坦 ㊲剛果（布） ㊳波蘭 ㊴羅馬尼亞 ㊵索馬利蘭 ㊶蘇聯 ㊷南也門 ㊸蘇丹 ㊹瑞典 ㊺叙利亞 ㊻烏干達 ㊼烏克蘭 ㊽坦桑尼亞 ㊾也門 ㊿南斯拉夫 51贊比亞

李鄭屋村古墓

·范正儒·

古墓的發現及其形制

九龍是香港對面的一個半島，橫貫新界，與中國大陸相連。由於幅員廣濶分為尖沙咀、油痲地、旺角、何文田、九龍城、深水埗及荔枝角、牛池灣等區。本文只說深水埗，區內最大的特色是徙置屋宇，除石硤尾及九龍仔外，在東京街尾有一系列的李鄭屋村徙置大厦，容納着十萬多中下層的工人階級，是保持着九龍古舊面目的一個區域。

却說李鄭屋村這個徙置區，於一九五五年八月之初，香港政府工務局派出大批工務人員，集中該地區進行清除木屋，夷平山地，興建徙置大厦的時候，在一個矮小的山崗上，首次發現了一座香港有史以來面積頗大而富有歷史重要性的古墓，工作人員於是呈報當局，暫停開山，跟着港府即下令工務局及警務處予以監督，並由香港大學中文系主任林仰山教授主持發掘。

古墓的所在地是在東京街尾市區邊緣，該處亦稱新九龍，實屬新界地域範圍之內。昔日原臨海邊，本世紀內歷經填地，所以距離海岸有數百碼之遙。由於該處原屬一斜坡，從海邊直達一臺地，臺地斜坡又突起一個山崗，與九龍山脈相連接。而這個古墓剛剛接近新建完成A座徙置大厦的對面，即是那山崗一個斜坡的下面。

古墓的形制奇古，共有三室，作縱橫十字式，合於東西南北的方位，皆濶五呎，長度自十二呎至十三呎半不等，上面有一桶狀圓頂，高五呎。入口墓道則高五呎四吋許，恰可通過一個身材普通的男性。據說古墓圓形的穹頂，是代表了天，方形的明堂或靈寢地，是代表了地，穹頂的螺旋砌磚法，是代表了「生」的符號，含有生生不息之意。

四天發掘與出土器物

負責主持發掘古墓工作的林仰山教授，原係英國人，出生於中國的山東濟南，倫敦大學畢業，曾在齊魯大學執教達廿餘年，對中國古代銅器均有深刻研究，熟識華文華語，故對中國美術考古及經書也極有根底。以一個外國人而久居中國，改易中國姓氏，並對中國文物有如此高度成就，洵屬難得。他於一九五二年抵港任港大中文系主任的職位。

他就職不久，就建議港大組織一個東方文化研究院，由他兼任院長，湊巧李鄭屋村古墓的發現恰當其時，他認為機會難逢，特地號召港大員生組織了一個考古隊，於是年八月九日起，率隊親到這個十字形古墓進行發掘工作。第一天是在該墓的中部明堂處，有許多陶器及銅器被掘出，第二天在東段墓道掘出陶器多件，內有一件已破裂的銅鏡。

他們事先假定：這古墓可能是六朝或者更接近東晉亦未可知。設或是東晉以前所有的，則在墓裏必然可以發現四件器物：一是鏡子，二是造像，三是印，四是古錢。故此，林仰山教授提示港大員生組織的考古隊，注意有無上述器物之發現，如果有的話，那麽古墓的建築年期有了明確的證物，從而其他一切疑難問題可以迎刃而解。

銅鏡之發現，果然為這次考據吐露光明。當時銅鏡出土時裂為十一塊碎片，是色素黑暗的生銹鐵塊，可依稀接成一個圓形，銅鏡的身份才被確定下來。其中有一塊小環的鏡鈕，作穿線用，古鏡多半用一個環繫在牆上，當時女性拿來做把手攬照菱花的。還有一塊碎銅柄，一說為銅鞘，滿染銅綠，形如碧玉，一時未能確定它的性質。

及至第三天（十一日）繼續進行發掘西段墓道，仍照工作程序，泥土由工人以畚箕逐一傳遞，再由港大學生躬任泥工篩土，如有破罐碎瓦發

李鄭屋村所發現古墓之建築外形

現，即交林教授鑑定收存，工作可稱異常精密，但整個上午毫無所獲。到了下午二時在墓道盡頭處，始掘得一個高身大陶鼎，昔時所謂「鍾鳴鼎食」之家，大概就是使用這種食具，還有一個完整的上蓋，可惜鼎下缺去一隻脚。

第四天八月十二日繼續發掘，三個墓道共得六十多件，大部份爲陶器，小部份爲銅器，其中有不完整的碎片甚多，則分辨其形式而拼湊一起。最後在北段墓道盡處，發現一個龕形洞口，離地高六英吋，壇高九英吋，長十六英吋，壇頂距離拱門頂爲四十六英吋，壇內未有古物。至於墓地都是石磚塊，斷不會再有古物埋於墓底了。

古墓年代與墓主之謎

奇趣的是考古隊於第四天下午繼續發掘北段墓道遺物，初時假定此爲墓室，但掘挖完畢之後，未見有棺木或骨殖牙齒之類。只發現好些碎銅片，其中最精緻的是一段劍柄和銅盒底，這劍柄長約三吋，外刻斜寫「回」字圖案，還有一銅盒的圓底，也保存得相當完整，據說古墓中挖掘出來的銅器，遠比陶器更有價值。

林仰山依據出土器物加以推斷：（一）北段墓室是主人遺體的安置地點。（二）東段墓室找出銅鏡，可能是主人的妻室。（三）西段墓室或者是主人的兒子或妾侍，蓋在東晉時多有一家人共葬一塚的。他又說：「古墓至少係屬後漢或六朝時代遺物，可能曾被海盜掘過。墓主或爲一軍官之紀念塚，因其屍體未能由戰塲奪回。」

參加考古隊工作的饒宗頤教授指出：墓中人身份，依他觀察，可來一個假定。他從文獻中搜索古代所設官制及其轄治區域，發現九龍方面從前有個叫做官富塲的晒鹽塲，從三國吳時開始，已設有官制辦理鹽務的征稅工作。那時的東官郡亦駐有一個都尉來做鹽務官，這古墓中人或者不是鹽商，就是鹽務官吏了。

另一位美術考古家蕭雲厂先生却說：「從種種跡象顯示，李鄭屋村古墓具漢代形式，與華北中原各省漢墓同，所以，我斷定那墓主是北方人，而不是華南的土着。北人死在南方，他的家人依據北方葬禮而埋殮他，死者可能是個文官，帶同官眷住在當地，才有這種營葬的規制與力量。若是武官，則必有死者的盔甲武器以及戰馬土俑等。」又說「凡經歷久而泥化的棺廓骨殖，其腐蝕變化所餘的泥土中，必分成各種不同色調的泥層。骨殖枯化了所成的泥土顏色，或灰白或黯黑，但骨骼全形，仍按原狀留存不亂，與棺木和其他衣物的腐化，顯然具着不同的顏色。今李鄭屋村的明堂墓道中既未發現泥化痕跡，其藏棺所在，可能另有其地。」

李鄭屋村徙置區山邊發現古墓

專家對圖案字跡意見

再說古墓內景，全部砌以磚頭，並無灰泥封固，而秩序不亂，實爲建築一大奇跡。磚之正面或側面多有各種圖案花紋，顯屬秦漢時代八寶裝飾的遺迹。除了回字格田字格以外，還有車輪或錢的瓣花格。另有龍磚鳳磚相隔砌合，純是古代民間的風俗習慣。鳳是陰，龍是陽，陰陽相配，生生不息，多見於墓道及明堂的穹頂，也是取義吉祥的。

更奇的是，墓磚上又有「番禺大吉」、「大吉番禺」、「番禺大吉」、「番禺大治曆」等隸書文字的發現。按「番禺大吉」四字，可能是番禺大吉窰廠燒製磚頭的印模標記，別無深義。最難解的是「大治曆」的紀年磚了。據考：漢武帝始用年號，每六年一更，又以四年一更，所用年號有「太始」兩字。廣東邊民。新紀元或記不清，誤刻「太始」爲「大治」，太與大，始與治，古音似是通用。參加考古隊的羅香林教授，是嶺南文化的研究專家，他從田野考古上觀察：「對於此一古墓年代，若根據墓磚有番禺字眼及若干明器欵式作假設，可能爲漢時南越時代一古墓。秦時已置南海郡番禺地，今日九龍沿海一帶皆在治內。墓磚圖案花紋，頗類百越民族文化遺物風格，尉陀時代之文化經濟均甚優越，故能築成如此規模之墓室」

饒宗頤教授以考證歷史方法，斷定此墓乃東晉時代建成。他說：「香港地方在東晉前入南海郡番禺縣的縣治內，到了東晉咸和六年以後才改隸寶安縣。照墓磚上發現番禺字，則必在東晉前即公元前三百三十一年建成。如果是在東晉後所葬，應該寫『寶安大吉。』因此，推論此墓當有二千二百年的歷史，可謂古老之至。」

香港史地專家葉林豐先生亦說：「粵東沿海一帶，漢唐以來皆為對外交通中心。中原文化南來甚早，在此海隅，有漢晉或六朝遺墓發現，實屬可能之事，吾人當憶及本港有名的青山杯渡禪師遺跡，杯渡即六朝高僧，當時青山既有高僧駐錫，附近必有繁盛市鎮可知。此次香港能發現如此規模之古墓，在歷史上實為考證嶺南文化之有力資料。」

古墓與器物公開陳列

看了以上的諸家論證，各從一個角度觀察，似未能獲得一致的結論。雖則古墓的出土文物，在金錢上的價值極小，但對研究中國歷史文化的價值，卻有無比的貢獻。原因根據現存文獻，尤其是英文書籍，均認為香港包括九龍在闢為英國殖民地之前，是個海盜嘯聚、文化不開的地區。李鄭屋村古墓的出土，卻糾正了這一錯誤，證明遠在一千六百年以前，香港和九龍已經是一個有教化的地方。

因為這個緣故，李鄭屋村古墓的出土，使得港大東方文化研究院獲得無比價值的實際資料，從事考證中國的歷史，文物，建築，更可推溯嶺南文化的肇始和變遷。故而，這個古墓的出土，實為香港文化史上的光榮收獲，很能引起各階層人士的「思古幽情。」是年八月廿三日起，當局宣佈將古墓正式開放十天，前往參觀者甚衆。

本港工務局則認為古墓發掘之後，墓內泥土浮鬆，可能有塌卸危險，因此在墓口豎着紅色白字的告示牌，上書：「凡入墓內者，如有危險，應自負責。」並且每次規定入內人數只准許六名，時間限二三分鐘，以防過度擠擁，發生意外。墓內裝置四支射燈，照放通明，以便市民欣賞。

經修建後的古墓遺跡

李鄭屋村的最後命運，本港工務局原擬在市民參觀一過後，將之拆除，作為一座徙置大廈基地的。由於各階層人士紛起反對，認為這樣具有千六百年歷史的古墓可有助於瞭解嶺南風俗，以及港九的先代文明和歷史，所以一致主張在原址予以保存，不容湮滅毀棄。當時港督柏立基為了順從民意，遂決定把「拆除」之意擱置，實行保存古蹟。

林仰山教授當時認為這古墓是一項重要發現，對吾人現時所知之本港歷史，提供實際性的參考資料，一經拆除，便不可復睹。他不特力主保存，還進一步與公務局擬定一個小公園陳列所的圖則及預算，呈請港督批准，備受各界歡迎贊譽。該塚當經加鋪鋼骨水泥之外殼，以防損壞，上面鋪以草皮。同時建築陳列所於墓側，餘地建為小公園。門前懸有「古墓遺蹟」的橫匾，陳列所內則懸有一牌示道：

「這個東漢時代公元一至二世紀的磚墓，於一九五五年八月興建李鄭屋村徙置區時發現的。經香港大學員生發掘後，由香港政府原址保存並建立這一間陳列所來公開展覽出土器物，於一九五七年正月正式開放，一九六九年一月歸併香港博物美術館。開放時間：中午十二時至下午七時，逢星期二，農曆新年，耶蘇受難日及聖誕休息。」

現在，這個經過修建後的古墓遺蹟是：墓門結磚係半環拱形，拱門口橫濶六十吋，深四十八吋內進為拱狀頂的大廳，面積為九十平方吋，拱頂，距地面一〇八吋，大部份古物均在此處掘出，舊有鋪磚地剩下大堆細灰泥。向內再進去，即為主墓道，濶六十吋，深一六〇吋，高六十四吋，可能為死者埋棺之處，但當日發掘後並未發現骨殖。

直線拱道之兩側，有打橫隧道，通向左右，濶度及高度均與直線拱道相等。墓內所值得一看的還是磚墓的奇特結構形式，以及有圖案字跡的磚塊。在墓口左端，一望便知。「大吉番禺」則可在墓的墓頂中心，偏下三四塊磚頭間找到。抬頭仰望，要細心地鑑察，才能看得清楚。並且很可誇耀一下，使歐美工程師為之瞠目結舌的墓頂砌磚法。

向前再行幾步就到北端的隧道，隧內約一步遠的右邊蹲下身子就可以看到爭論不已的「番禺大治曆」磚頭，正離地約一尺半高的位置。走到北端的盡頭，就可發現一個龕形洞口，似係供祭祀的神龕位置。其他有圖案花紋的磚頭，不必費心細找，到處都有。這是在千餘年古墓裏所能看到的遺蹟。然後走出古墓，欣賞兩側架上所陳列的器物。

經修建後的李鄭屋村古墓遺蹟

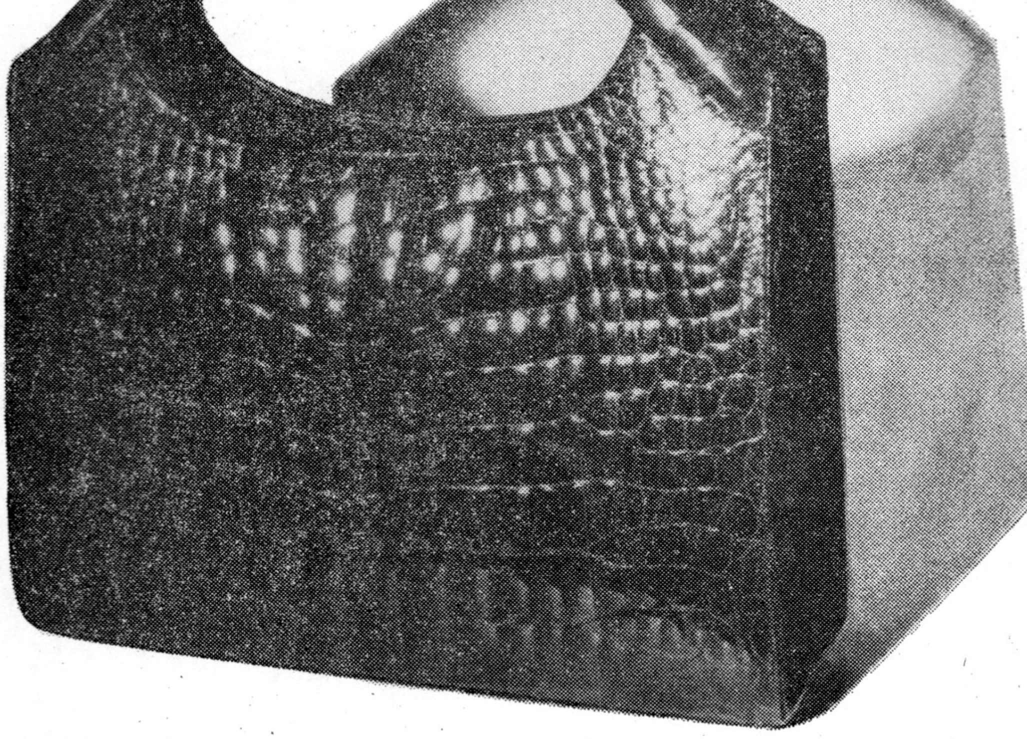

dey
MODELL
MADE IN GERMANY

西德真皮手袋

大方公司有售

「政治和尚」太虛法師

—大風—

太虛大師（一八九〇——一九四七）是中國佛教史上一顆彗星；也是中國的馬丁路德！一生從事於中國佛教的革新運動，盡瘁於僧侶教育；倡導佛化世界；創建世界佛學院，遊化寰宇，致力於人間淨土的締造！悲願宏偉，識見遠大，邁越時空！近代緇素中，實難望其項背！然亦唯其看得太遠，走得太快，見解太新，不免有曲高和寡之憾，爲佛教界舊勢力所嫉視，終未能完成革新中國佛教之宏願！晚年主張佛教徒參政，倡組佛教政黨，被目爲「政治和尚」，世多詬病，但有誰知道他組黨動機和悲天憫人的宏願呢？

我與佛教一段因緣

民國卅年秋，我奉命重建南京地下組織，那時汪政權成立不久，日軍氣燄還很囂張。南京所有公共場所，舉凡茶樓、酒館、電影院、甚至名勝風景之區，都密佈了密探，眼線，防諜工作可說相當嚴密。前一位姓錢的站長，就因爲一時大意，失手被擒，破壞了整個組織。因此重建工作的進行，必須十分小心，提高警惕，特別是聯繫方面，一定要找個「特工的死角」——死角是槍彈不易射到的角度，也即是安全點——經我們仔細觀察後，發現日方防諜網中，仍有疏忽的漏洞，即是：日人經營的料理店或喫茶店（咖啡館），較少有密探活動，另外就是佛教的寺院，也少受日方騷擾，於是就選了這兩類場所作爲我們聯繫的地方。

毘盧寺便是聯絡點之一，我每週總有二三次遊覽毘盧寺的機會，因此跟寺裏的和尚，廝混得很熟，其中給我印象最深的，便是大醒法師了。我每次去毘盧寺，總得找他聊聊，他不只長於淸談，而且腹笥廣博，佛學固不必說，就是經世之學、軍旅之事、國際形勢、抗戰局面，莫不別具慧見，侃侃而談，顯然是位關心世務的出家人，因此我們聊的題材多、範圍廣，簡直無所不談。

那時大醒已是五十許人，我尚不到卅歲，由於彼此談得很投緣，很快便成了忘年之交，也是我第一個方外知己。雖然我們談得很多，但除了他法名之外，其他便一無所知。他也很少談到他的往事。

三十五年初夏，我交卸了南京工作，回到上海，大醒到夢花街來找我，說他的師傅想見我。我問他師傅是誰？他說是太虛法師。

「那我更不想見了」我說：「太虛是佛教界領袖，見他要頂禮，我不習慣這套，萬一失儀，使你也難看，不去也吧！」

「老法師很隨和，向來不拘小節，你是在家人，行握手禮好了。」

「這時候我還不想做和尚。」我笑着說：「跟他不熟，沒什麽好談的，見了面拘拘束束，不是味兒，眞的我不想去。」

「老法師很圓通，也很風趣，你見了一定會歡喜他！去！去！我明早九點來陪你去！」

直指軒中會見太虛

第二天的早晨，太虛大師在玉佛寺的直指軒接見我。

大醒說的不錯，太虛大師的確是很隨和，圓圓的臉上老是掛着一絲微笑，給人一種慈和可親的印象，沒有一點架子，一口海寧口音，好似老友般隨便聊天，因此說得十分投契。中午留我陪他同進素齋，飯後他介紹我和福善法師相識，那是他的得意高足，年紀很青，看來祗有廿四歲，已是「覺有情」、「海潮音」及「覺羣週報」的主編；玉佛寺的監院。他說：「你們先談談，我且休息一下。你不要走，還有事跟你談哩！」

福善告訴我，大師自從前年秋中風後，體力就衰，中午必須小睡片刻，今天大師精神特別好，跟你這麽長談，是近年來很少見的，看來你們很有緣。

那天的談話確實不少，範圍亦廣，從佛理談到行憲，談到戰後的復興，也談到建立佛教政黨和參政問題，我還記得。

「戰後中國的復興工作，該從何着手？何者爲先？」太虛問。

「重振國民道德！」我答：「戰亂以後，國民道德的低落，舉世皆然，不過中國的情形特別嚴重，戰爭使每個人，習於自私，慣於脆詐，目前舉世皆貪，爭權奪利，不擇手段，反映了戰後國民道德的墮落程度！在這種情形下，任何美好的政治制度、經濟計劃，都屬空談。我認爲要復興戰後中國，首先要重振國民道德。」

「你到說說，如何去重振國民道德？」

「重振國民道德，主要須由政府倡導，展開一個全面而深入的運動，尤其宗教界要多負點責任，把有裨於國民道德的教義，如佛教之無我、無貪、利樂衆生、濟世救人的精神，發揚光大，與重振道德運動相配合……。」

「事是件好事，不過該由政府發起，佛教界心餘力絀……不在其位，難謀其政。」

「在別的國家，宗教界一樣參予政治，牧師、神父不只有選舉、被選舉權，甚至還可以組織政黨，從事政治運動，有宗教信仰者從政，總好過無宗教者，至少多一種精神上的約束。佛教徒如果能以出世精神，從事世間的政治，發揚無我

太虛法師（一八九〇——一九四七）

無、貪、以及捨身救世的菩薩精神，正是目前局面的對症良藥！在儒教謂之『仁政』，在佛教說便是『菩薩政治』！……」

「你看了我在四川的演講稿？」他突然很興奮的握着我的手問我。

「很抱歉我還沒有機會看老法師的作品。」

「那你我的看法，不謀而合了。中國很需要有捨已爲人的宗教精神的人來從政。——不一定是佛教，不過佛教適合中國的國情。我在四川的時候，就有組黨的計劃，卅三年冬，蔣先生偕經國、緯國兩位公子，來遊縉雲山，我曾跟他談到組織佛教政黨的計劃，他很贊成，表示國民黨很需要有佛教那樣有羣衆基礎的友黨，可是後來遭陳立夫、陳布雷等一批人反對，……。」

「搞政治，自然有擁護的，也有反對的，外界的反對在所不免，現在快行憲了，每個公民都有參政權，僧侶雖然出家，並未喪失公民權益，除非自行放棄，否則誰也不能剝奪教徒參政的權利，各國的憲法雖有不同，可沒有剝奪僧侶參政權益的憲法，中國的憲法，也不例外。」

「外界的阻力還在其次，本身內部的意見也不很一致，老派的保守份子，阻力也大，在渝時，我曾與李子寬、陶治公等一批居士，交換意見，亦各持異見，看來組黨的因緣，還未成熟，但我深信，中國佛教政黨將來總有一天會出現的。」他激動地說：「現階段說，我意思暫且『議政而不干治』，將來看情勢再作商量。你對佛教界事，可能還很隔膜，舊的勢力，頑固而强大，我從事佛教革新運動，三十餘年，到現在仍處於失敗階段，佛教會的組織，一向控制在保守的諸山和劣紳手裏，直到去年底才由內政部明令組成『中國佛教整理委員會』，從民元『大鬧金山寺』到現在，歷時卅多年，剛有機會着手整理……」。

太虛仁山大鬧金山

「『大鬧金山寺』事件，可說是中國佛教界新舊兩派鬥爭的第一個回合，當時震動了整個佛教界」，太虛說：「那是民國元年的事，我在南京發起組織『佛教協進會』，請准臨時大總統孫中山的贊助，我與仁山法師等到鎮江的金山寺，舉行佛教協進會的成立大會。出席大會有南京、上海、鎮江、揚州等地的僧衆代表二百餘人，我被推爲主席。會議中揚州僧寂山與仁山發生爭辯，仁山原爲金山寺觀音閣的學僧，一向受老派的壓迫，至此忍無可忍將金山寺方丈青權，寂山等歷來專制劣行公諸會場，寂山等無詞可辯，即高聲呼打，於是引起與會代表的公憤，仁山趁此提議接收金山寺，以寺產改充辦學經費，在羣情激動之中，通過了這個提案，當晚即由仁山率領僧衆接收了金山寺，宣佈開辦僧學堂。青權、寂山方面，自然不甘，隔了幾天，金山寺的知客霜亭，率同暴徒數十人，潛入寺內，將仁山等協進會人員毆打成傷，事後青權、霜亭等雖因傷害罪，被判徒刑，而協進會經此打擊，會務亦陷停頓，此時强行接收寺產的消息，傳出後已引起各大叢林震驚，紛紛起而反對，多方面進行杯葛。開辦僧學，原是協進會計劃之一，不過原先想以和平手段達到的，仁山在激動中出之，自然失諸輕率，引致保守勢力的反擊，乃是意料中事。不過後果十分深長，此後我們在佛教會裏，長期處於『反對派』地位，而當權的舊派領袖，是與我有八拜之交的圓瑛。」

圓瑛太虛同盟鬥法

原來太虛法師落髮於蘇州木櫝滸墅，受戒於寧波天童寺，主持戒禮的和尚便是別號八指頭陀的寄禪老和尚，時圓瑛正派八指頭陀參究禪宗，圓瑛，法名合悟，後改宏悟。福建古田人，十九歲，出家於鼓山，曾從天寧寺冶開和尚習禪，時至天童寺參禪。見太虛資質聰頴，宿慧天生，深爲愛重，乃折節論交，由圓瑛親書盟書，與太虛訂盟於天童之御書樓，是年圓瑛十九歲，太虛猶未滿十七歲，圓瑛長於文學，此時已薄具時譽，對此小沙彌之太虛，竟獨加青睞，雖說緣份，實亦別有慧眼。

太虛與圓瑛的牴牾，始於十五年秋。時太虛應星洲講經會之邀，至星加坡講經，備受信衆盛大歡迎，僑領陳嘉庚、胡文虎時往親近。圓瑛時正涖星，記者有請評論太虛佛理者，圓瑛告以：「太虛曾從其學。」消息傳出，太虛門下信衆大起反感，唯太虛默爾。二十年後，太虛談及此事，笑謂，事出有因，但稍有出入而已。他說：宣統元年，圓瑛主持寧波七塔寺時，病篤，自以爲必死，乃語奘老法師（奘嚴法師乃太虛之師祖）：「我從慈運老和尚得法（即接受「法脉」）未曾傳出，設一旦病逝，法脉自我而斷，何以對祖師，若托付非人，亦喪前功，盼太虛能接其法脉。」奘老轉告太虛，太虛期期以爲不可，奘老以兩人友情素篤，應通權變，囑姑且允之，以慰其臨死時的心願，如若病愈，當知兄弟接法之非，自然付之一笑。故圓瑛於病中，曾作遺書，有云：「生西之後，老會館（七塔寺）交與太虛，他人不得爭奪」。後病愈，奘老乃將字據交還，圓瑛亦自認病中亂命。我與圓瑛，交非泛泛，情兼師友，我初出家時，得其提挈殊多，古人一字是師，師事圓瑛未始不可，其奈舉世已知乃我盟兄，亦不便强我門人，尊之爲師祖耳。

事實上，圓瑛與太虛之作風見解，大異其趣，自大鬧金山寺一幕以後，太虛成了新僧派的領袖，而圓瑛爲諸山長老所推重，儼然爲保守之首腦，早經分道揚鑣，勢成對立。十七年，太虛呼籲全國佛教界，泯除新舊歧見，發起全國佛教徒代表會議，希圖組成統一的佛教機構。而圓瑛則另組江浙佛教聯合會與之頡頏。其年秋，太虛得蔣總司令之助，在京成立中國佛學會。其年冬，復經常委會議決籌組中國佛教會於南京，圓瑛、關絅之、屈文六等獨持異議，主張該會設於上海之覺園，將南京會所貶爲辦事處，蓋便於舊派親近控制也。

翌年太虛歐遊歸來，中國佛教會已成立於上海，太虛被選爲常務委員，然會務皆操諸於舊派，太虛徒擁虛名，備受排擠，乃決專心辦理佛學會及世界佛學院，函辭佛教會常委。於是盟兄弟又告分道。直至民國廿年四月，上海舉行之第三次全國佛教徒代表大會改選中，太虛系代表多數獲選執委，乃得重握佛教會的領導權。

舊派方面自然不甘失敗，策動江浙諸山紛起杯葛，拒付會員經費，橫加壓力，同時唆使黃健六出面（落選之委員）致書太虛，分發油印，指責會議選舉非法，力主中佛會遷回上海。太虛感於事不可爲，遂聲明辭職。從被選至辭職，爲時不足兩月，可見圓瑛潛力之頑强。後來經王一亭等之調解，於第三屆第二次執會中，作了兩項協議：

一、圓瑛與太虛之辭職，並予挽留。

二、會所設南京，上海設駐滬辦事處，京會由太虛法師、謝鑄陳居士主持會務，圓瑛法師、王一亭居士爲上海辦事處主持。

事實上佛教會至此又告分裂，圓瑛得江浙叢林名流之擁戴，滬辦處形同獨立，京會有興革事宜，圓瑛主持之滬處多持異議。盟兄弟間，南轅北轍。佛教會會務更紛不可理。太虛爲明今後責任，毅然退出佛教會。

廿五年夏，江蘇、湖南、安徽、雲南、四川等七省通電抨擊圓瑛主持之中國佛教會，反對違章撤銷省級佛教會，中央民訓部責成佛教會在京召開第四次理監事聯席會議，並請太虛出席。會上太虛、圓瑛展開舌戰，各持己見，無法協調，乃議決由太虛、圓瑛各提名一百名代表，呈請民訓部圈定，以爲出席佛教全代會之代表。此舉自非圓瑛及其諸山所願，蓋圓瑛之支持者，僅爲叢林長老，名流居士，羣衆力量遠不及太虛。會後返滬立即秘密運動在滬息影之段祺瑞，由段任段宏綱、屈文六携段函飛穗謁蔣，蔣以礙於段面，乃電令民訓部暫緩改組佛教會，同時由屈文六、聞蘭亭等函請戴季陶，電中央勿預佛教會事。至此理監事聯席會議之決議，等同廢紙，中國佛教會之改組，至此又告挫折，仍由圓瑛等老派把持。直至抗戰軍興，國府西遷，圓瑛淹留陷區，未奉佛教會西移。太虛乃得與內地佛教界設立中國佛教會臨時辦事處於重慶羅漢寺。時國難方殷，佛教會工作重心，偏於戰時工作，動員內地僧衆，組織僧侶救護隊，從事戰地服務，同時政府爲敦睦西南鄰邦，進行國民外交，委請太虛組織佛教訪問團，遍訪緬甸、印度、錫蘭、星加坡、馬來亞、越南諸國，備受當地佛教徒熱烈歡迎，太虛以此獲受勝利勳章。但佛教會會務，以限於戰時環境，進展無多。勝利後，政府爲整理戰後佛教組織，始由內政部、社會部指令太虛組織中國佛教整理委員會，至此佛教會大計，始歸諸太虛領導，然對圓瑛仍予延攬，未加排斥，政治和尚確也有其政治風度，那天太虛告訴我：「前天剛去圓明講堂探視圓瑛法師，過去我跟他的爭論只是爲事，不是對人，私人友誼，並不影响，何况學佛之人，不念舊惡，更不應有嗔嫉之心！」

我見太虛法師的第二天，燈霞法師送來了一封聘書，說是請我做上海市佛學會的理事。

「我怎能當佛學會的理事呀」？我深感詫異：「我對於佛學，沒什麽研究，那有資格當理事呀？」

「居士不要客氣，老法師法眼無訛，他老人家看得上的人，一定不錯的！」

「並非我客氣，實在無能效勞，請虛老法師另選賢能，並爲我致歉！」

「我的任務只是致送聘書，居士倘有意見，還請與老法師直說。」

於是匆匆趕到玉佛寺。太虛一見我就說：「你來得正好，我正想叫福善打電話找你。」

太虛籌組佛教政黨

「老法師見召，有什麽事？」

「剛才南京有位朋友來看我，現在南京一些人意見有點轉變，覺得青、民兩黨的份量不夠，民盟又搖擺不定，行憲之後，國民黨需要有份量的友黨——有羣衆基礎的友黨，認爲佛教有廣大信衆，組黨的條件最好，只是希望僧侶不要參政，爲了國際觀瞻。最好由居士出面，徵詢我的意見。……你昨天說的不錯，這方面該聽聽你的意見如何。」

「老法師怎樣答覆來人？」

「我答應加以攷慮，……過幾天再接觸。」

「這是大事，需要從長計議。佛教組黨，原則上我自然贊同，不過我對於佛教的情形不熟悉，只能說是追隨擁戴，要我奔奔走走，樂於應命，大計還要老法師自己決定。」

「不要客氣，客氣了不能共事，佛教組黨，羣衆沒有問題，組黨一些前提性研究的問題，應該先做個研討。」

「現在的前提問題：是僧侶參不參政問題，應先請老法師徵詢出家二衆的意見，這是可能影响僧衆對佛教政黨興趣的問題。至於理論，佛教教義，是以支持組黨理論的很多，不成問題，餘下來的，就是幹部和經濟，現在佛教界適宜於黨務工作的幹部夠不夠？水準怎樣？我不清楚，即使有，我相信還須要相當訓練，這不是一蹴可成的。最大的問題，還是經費，組黨需要大量經費，佛教界自身有無辦法籌措？……我看還需有政府的支持。……」

「這確是最大的問題，現在佛教界……並非無此力量，……而是較富庶的大叢林，都操在舊派手裏，未必肯出錢支持組黨……」

「政府既需友黨，那麽對於友黨，該予以經濟支持，何況老法師與蔣先生素有淵源，此事只要他能點頭，一切問題自可迎刃而解！」

「佛教政黨的事在重慶我曾跟蔣先生提過，原則上他很贊成，他對佛教政黨的支持，絕無問題，只是談到經濟，戰後政府本身也很拮据，是否能撥大筆錢來支持佛教政黨，就很難說了……但不妨試試。」

贈詩卓錫淵源有自

蔣先生跟太虛的關係，我原以為由主持雪竇寺而來。

「我是認識蔣先生後才去住持雪竇寺的，並非因主持雪竇寺才認識蔣先生。」太虛說：「我第一次見到蔣先生，在民國十六年。我和蔣先生可說是素昧生平，大概是陰曆八月初吧，突然接蔣先生奉化發來的電報，邀我去奉化見面，事後才知道這次電召，出於黃膺白（郛）的揄揚，我是中秋前一日到奉化，即與蔣先生作了竟日之談，彼此都很投緣，午後復偕吳禮卿（忠信）張文白（治中）同遊千丈岩。次日中秋，復為蔣氏及毛夫人及吳、張等畧說心經大意，當晚就在文昌閣相與賞月，即席我作了首『贈蔣歸隱』詩，持贈蔣氏。

『黨國安危繫，青山未是歸。出曾驚鬼魅，退豈貽人譏？此日藏雲豹，他年縛海豨！大雄能大忍，莫使素心違！』

蓋當時蔣氏正辭職下野，故貽詩以勉之。蔣氏得詩，頗為高興，連聲好！好！蓋蔣氏樸質不華，悟力高而訥於言者也。」

「蔣先生在佛教家裏長大，太夫人篤信佛教，雪竇寺又近在咫尺，為蔣氏童年遊息之地，耳濡目染，對於佛理自然很有修養，蔣氏天份高，悟力強，見解多深契佛理，以後雖改奉耶教，然於佛教，仍多方護持。……我遊歷歐美的因緣，就是由蔣氏所助成。當時我談到去歐美宏揚佛法，我擬建立一世界性的佛學機構，蔣氏聽說後，即極口贊成。……事後由陳果夫先生送來三千元，我寰遊之行，才能實現。這是我和蔣氏論交之始，即慨贈巨欵，那時我記得米價僅三數元一石，三千元折米近千石，可見蔣先生對佛教事業護持之力了！」

「第二年春，蔣先生已復任總司令職，百忙中抽空來遊杭州靈隱，復歡叙竟日。那天蔣先生興趣很好，還叫人攝了張合照。」

「七月我放洋去歐，在動身之前去南京向他辭行，那天他很忙，小談數語，即囑翌日同遊湯山，途中蔣氏問到佛教組織近況，我就把那時佛教界支離分裂的情形告訴他。並建議：組織全國性的佛教團體，以統籌佛教興革事宜，他說要宏揚佛法，推進教務，一定要跟上時代，要有組織、有計劃的去做。蔣氏不只對佛教事業關心，而且見地卓特，非對教理有深刻的認識，焉能語此。第二天便送來了幾封介紹信，介紹我見譚組安（延闓）蔡孑民（元培）張靜江（人傑）王儒堂（正廷）等洽商組織佛教團體進行辦法，以後才有中國佛學會的設立，這是中國第一個全國性的佛教組織，也是由蔣氏一力促成。」

「至於我出任雪竇寺的住持，那是歐遊回來之後，——大約是民國廿一年的秋天。此舉出自蔣氏的邀請，那是不錯的。有人以為我住持了雪竇寺才認識蔣氏，那就前後顛倒了。此後蔣氏還鄉，例必來寺閑談。抗戰時期，重會於重慶，那時蔣氏日理萬機，閑談的機會就少了，不過公務的接觸，反而增加，諸如動員佛教徒參加抗戰、組織僧侶救護隊、組織佛教訪問團，訪問東南亞佛教國家等等，都須有所請示。……這個佛教組黨計劃，就在那時蔣氏遊縉雲山時提出的。蔣氏說佛教組黨，只要符合國策，政府一定贊助的，現在國民黨的友黨，——民（民社黨）青（青年黨）兩黨的力量太薄弱了，佛教信衆多，好好去辦，很有希望，國民黨的立塲來說。確需要有羣衆基礎的友黨。計劃具體了再來找我，政府一定儘可能予以支持。」

「蔣先生既有諾言，組黨經費問題，何不先聽聽蔣氏的意見？有了的欵，再從長計劃。」

「不妨試試。不過政府正在鬧窮，能否籌措這筆額外支出？這就很難說了。……這事在未成熟前，不必為外界提及。」

正題說了，我便提出上海市佛學會的聘書，遞回太虛。

「這份聘書我恕難接受，我於佛學，毫無研究，焉有資格當佛學會理事？」

「請你當佛學會理事，正要你研究佛學呀！」太虛笑了笑說：「佛學會的事，祇有義務，沒有權利，我說：權利不必爭，義務不可辭，世界就清平了！受了吧！」

「做事可以，名義不必了。」我說：「老法師有什麽事，我都樂於效勞！」

「不要為我做事，為佛教做事！現在佛教人材少，有見解、肯做事的人更少，好多善知識只尚空談，不肯做事，你既肯做事，就不必辭名義，名不正，言不順，勉為其難吧！」

佛學會是太虛佛教事業的第一件事，他自己當了佛學會的理事長。實際負責會務的，是他的高足燈霞法師，會址設在上海南市關帝廟內。對我自己來說，因此勝緣，對浩如烟海的佛學，稍為有了點認識，可說是份豐富的意外收獲。

（下期續完）

馬場三十年

老吉

上期談及馬會出售獨贏與位置票，從用手撕票辦法，一路改為電算機，再改為電腦計算機。舊電算機，因為不用電腦仍用人腦算出派彩數字，在電算機中部打出派形數字，因而時間上或者慢一兩分鐘，却從來未曾錯過，可是電腦到底是機器，所以裝用不久，立即在去年十月二十日尾場出了大毛病，弄到中獎而得不到彩金的，要請律師控告馬會。所以機器雖靈，總不及人靈，無怪乎在外國，算盤大戰電腦，還是算盤比電腦快而準。

再談及馬會在五十年前的蝕本與馬已跑完還有獨贏和位置票發售等種種趣事，弄到馬會承辦商大吃其虧等趣事，在現在看來，眞是大大的笑話之至。

在我為本刊寫了這篇「馬場三十年」之後，這兩個月在馬場中，遇見了很多我相熟的馬迷，對我這叚蕪文，獎掖有加，眞令我覺得不勝飄飄然。可是承各位老友，問我有許多在馬場中發生的問題，令我一時難以解答，於是祇有暫時賣個關子，答以「欲知詳情，請一路看大人雜誌，便知分曉」，現在我這裏先寫一個有位馬迷問我的問題和答案。

因為提出來的問題，確乎當時祇記得大體如何，如要解答，考起孔夫子，因為這一個問題，已令我查考馬會的紀錄，足足費了半個多鐘頭，然後始得其大概，再加上腦海中囘憶當時情形，然後方能寫出來。老實講一句，如果對這樣的問題，儘使當時不親在馬場目覩耳聞，實在是難以作詳盡答覆的。

現在我要答的問題是：「在馬場近卅多年來，賽馬時跌死了幾個騎師？當時的情形如何？你記得騎師是誰？騎甚麼馬？幾時日子？當時同場的現在有那一位騎師知道？」

這個問題確乎問到我要大動腦筋，到底要一路追溯到卅年前也。

戰前，我記得大約在卅年前，在賽馬中墮馬而死的是梁世恩君。

梁君是廣東人，一位好好先生，當年他是李蘭生五叔的主任騎師，（但週年大賽時，五叔由上海請來的却是畢浩清老兄，畢兄在週年大賽前由五叔請到香港後，有時在賽後還在香港逗留下去兩三個月並不囘上海，在特別賽馬時，當然也時時露面，直到他倦遊囘滬為止）。記得梁世恩君墮馬時騎的一匹馬叫做「野貓」（英文名字是「TABBY CAT」，當年英文馬名並無中譯，這「野貓」兩字，是我替牠寫上去的，因為這匹中國馬的脾氣，確乎野極也）。在這一場賽事中，跑一哩，梁君騎「野貓」，一路在馬羣中，跑到將近上大石鼓時，忽然馬發牌氣，一個虎跳，梁君便從馬上跌了下來，後來馬匹頗多，騎者收韁不及，梁君被踏，當堂氣絕，記得這一場賽事，畢浩清君也有參加，幾時見到他，等我問他一個詳細，再向讀者們報道，因為畢兄是身歷其境者，一定比我知道得更清楚也。

講起這匹「野貓」，馬主既是李五叔，他的廐中馬名，一律尾字是一個「景」字（VIEW），可是這匹「野貓」却不用「景」字作尾，亦可算是例外了。

從梁世恩君逝世之後，李蘭生五叔對他的家屬，一直扶持，像五叔這樣的古道熱誠的長者，叔世之季，眞是難得之至！

這是戰前的事。

戰後從一九四七年一月一日香港馬會從新舉行賽馬到現在，記憶所得，在早課時體力不支而心臟病猝發墮馬致死的，有黃清濂兄。這一件慘事，大約也有近十年了。

此外在賽馬中墮馬致死的，第一個是紅牌生老瑞麟兄，第二個是司馬克君，第三是李路君，第四個是何焯航老弟。

戰後還有一個在馬圈中，騎上了馬而胯下大發牌氣，以致騎師腦漿併出而慘死的，則是鄧文華君。

我且將這幾件慘事，一一寫出來。

一九四八年以前，馬匹分班是用A、B、C、D來編排的，三月十三日起，馬匹分班改為用1、2、3、4、5、6、7、8班，其時並沒有第9班的。

在四八年二月廿八日，香港勝利後再賽馬的第二年，有一場C班馬賽事，那是第七場，路程是一哩，當時，紅牌生在大師傅場合，隨便可以申請出賽，祇要馬會批准，不像現在這樣困難，而且並無紅牌生賽，紅牌生一定要同大師傅同賽而贏足十場，方能改掛黑牌，所以老瑞麟君在那一場墮馬而被後面的馬走避不及而踏正了腦部，以致於當場身亡。

這情形與戰後墮馬身亡的李路君，差不多相同，原因是在馬兒跑到上大石鼓與下大石鼓，好像知道就要到直路必須拚命跑的關係，因爲騎師們在上下大石鼓時，一定竭力催騎，希望能在直路上可以佔勝，於是乎跑到此地，也當然對胯下用力，而且在上下大石鼓之時，上時地勢高，下時地勢低，馬匹的足下，跑多兩三場便漸漸知道，在上下大石鼓時自己要拚命跑，否則，想贏馬的騎師，在這時候一定打鞭，令馬兒知痛而快跑，所以在上下大石鼓之時墮馬，在比較上頂頂危險的一件事。

老瑞麟君，當年騎的是「友誼」（Amigo），在上大石鼓時，混在馬羣中，因爲同賽一共有十四匹馬，他騎的「友誼」，是負獨贏票最少的一匹（祗有一百十五票），其實，人、馬在此，都無希望打入位置，不必說贏馬了。

在下大石鼓時，「友誼」忽然馬失前蹄向前一蹶，老君執韁不穩，便墮下馬來，後面的馬匹，來不及跳過，老君的腦部，便受了重重的一脚，當時騎師並無和現在一樣的輕鋼盔，這一下便送了老君的性命。

這一場賽事，頭馬是李世華兄騎的「飛行」（Flight）二馬是陶柏林老弟的「紀念品」（Souvenir），三馬是謝文玖老弟的「發財」，尙有告魯士、鄧文華、徐啓初、楊必達、招基繁、杜元凱、郭子猷、黑先生、阿圖茂、袁少鑾等，「飛行」是大冷門，負獨票一百二十張，派彩七百七十七元正，贏了大熱門「紀念品」一馬位，「發財」也是冷門之一，跑第三再輸大半馬位。

當年不同今日，騎師逝世，立即停止賽馬，所以老君雖死，還有三場賽事，照舊舉行。那天共賽十場。

老瑞麟君，是現在正想出售的大道中宏興行東主之一，他的令弟，便是老瑞新醫生。

接着，到同年三月十三日的第九場，（那天是特別賽馬第三次，共賽十場，而這一天正是將A、B、C、D班改爲1至8班的一天），第三班馬跑一哩第二組，鄧文華君騎的是已故的楊永康君的「陽光」（Sunshine）。這匹「陽光」，跑馬的時候很規矩，而在未跑前在馬圈中騎師上馬後，却一直發脾氣不大規矩，原因是此馬在這時候，已知道要拚命了，所以除非狀態不勇，否則一定刁橋扭擰紮紮跳，當董事按鐘騎師上馬時，鄧文華君因爲知道此馬脾氣不好，已十分小心上馬，上了馬，由小馬伕拉住，預備慢慢步出草圈，不料就在此時，「陽光」忽然前蹄提了起來，小馬伕拉不住韁繩，馬便直向馬廄中走去，馬上的鄧君拚命拉，手力決不及馬力，馬衝進馬廄

有驚無險　王澤作

，馬廄的鐵門，當時並不關閉，馬廄門框約摸六英尺高，可是人騎在馬上就有六尺以上高，可憐馬衝進門，鄧君的頭就撞正在門框的水門汀（石屎）檻上，人頭撞石頭，鄧君當堂頭破腦壳碎等馬跑進馬廄，鄧君早已墮下馬來一命嗚呼了！但這時候其餘的馬匹，早已落了草皮，他們那裏知道鄧君已經畢命，馬會宣佈「陽光」不出賽，贏位票退回票欵，又誰知馬廄裏面，正出了一件慘絕人寰的不幸之事呢！

「陽光」以後，換了祁葛利君出賽，一連贏了幾次頭馬，而鄧文華君，則爲了此馬，早已長眠地下了。

鄧君是一位好好先生，待人接物，和藹可親，經常笑口吟吟，他在馬場中的花名叫做「廣東先生」，因爲他騎馬的姿態，頗像粵劇「山東响馬」中的廣東先生也。我和他很熟悉，現在寫此一篇，腦海中又回憶到他的和藹笑臉了。

以上的鄧文華君與後來的黃清濂君，都不是在出賽之時喪生的。但是老、鄧兩位的慘事時隔至今亦有二十三年了。

到一九六〇年一月二日的第四場，那一天是第六次賽的第二天，由第六班馬第一組跑一哩，同賽馬十四，大熱門是嚴清蘭醫生（也即是現在「超羣」的馬主），騎的「好快」（Hi Fi）馬主是謝照君，二熱門是「滿堂春」，騎師便是司馬克君，馬主則是名苑照相舘的温石明君，温君從前也是騎師，後來因心廣體胖，乃高掛馬靴，這匹「滿堂春」以前輸過了好多騎師，温君自己也輸到怕，練馬師王阿四與林雲亮，（當時他們娘舅和外甥同管一個馬房，林雲亮叫王阿四做小娘舅的），建議請司馬克騎一次，温君當然無可無不可，於是乎在一九五九年十二月九日，第五次賽第二天的第二場，跑一哩二五長途，司馬克便騎「滿堂春」上陣，也是命中注定，司馬克過重八磅，（此馬原負一三四磅，現在變了一四二磅），竟在最後一步，與王劍影兄的「神弓」（

Bowsprit）同到終點而得了第一。王劍影兄近年早已掛了馬靴，襄助他令兄王劍偉兄在大偉行任職，他的花名叫做「並頭王」，這「並頭王」的來源，就是他在一季中一連贏了三次並頭的頭馬；其中兩次是在一天之中贏出的，香港馬會中，任何人都打不破這個紀錄，也是十分難得的。

這一場馬因爲「神弓」是第一熱門，「滿堂春」是第二熱門，所以派彩不多，可是司馬克却十二分高興，因爲人家贏不到的馬，而居然被他贏了出來也。

也是注定司馬克大數已到，接着在第六次賽第二天的第四場，「滿堂春」加重到一四六磅未升班而報名一哩，馬主温石明兄原本報名的意思，是看看磅位而並不想出賽的，這是温兄事後親口對我講的，可是司馬克却關照林雲亮君將此馬預備出賽，林兄通知温兄，温兄當然不好意思反對，於是「滿堂春」便在這一場由司馬克再騎上陣出賽了。

這一場賽事，托麥考夫馬房的「好快」是大熱門，布爹路的「賽龍」二熱，「滿堂春」祗輪到第三熱門。

一開閘，嚴淸蘭兄已將「好快」放出，洪燮康老弟的「靚鳳凰」跟第二，「賽龍」第三，「滿堂春」第四，「好快」愈放愈快，轉正直路，已贏了五六個馬位，王劍偉兄的「美麗謊」在後面冲鋒上來，與「靚鳳凰」、「賽龍」互爭，「滿堂春」已無希望，可是司馬克依舊開鞭力騎，等跑到了一哩閘過，「滿堂春」吃不消，馬失前蹄，橫向外叠倒下，司馬克一個倒栽葱跌下來，不料就給馬鞍壓住了胸部，這一壓，重量起碼幾百磅，人的胸骨如何吃得住重壓，司馬克此時當然身受重傷了。

救傷車飛到，將司馬克抬進馬會急救室，第五場依舊照常開賽。

等第五場第五班馬半哩一七〇碼跑完，陳杰老弟贏的「永誌」與王劍影兄的「抗飛沙」和賴振輝老弟的「樂來」並頭第二進大門後，馬會宣佈，司馬克君傷重身死，從第六場起，停止賽馬，馬會下半旗哀悼，馬迷們不論輸的與贏的，當然也祗得帶着沉重的心情，步出馬場了。

李路君之死，時在一九六一年一月廿一日，第七次賽馬第一天的第一場，同場出賽馬十匹，是紅牌生賽，由第八班馬跑一哩，大熱門是周森君的「飛鏢」（這是我的老友梁田新醫生和陳煥章及何柏兄三位的寶駒），李路騎的馬名叫「花木蘭」。

這一場賽事，林國祖君的「旋紡輪」放頭，何煒航君的「眞好」跟第二，「花木蘭」、「幸運兒」（岑敢常）、與「飛鏢」跟在後面，跑到對面將近上大石鼓時，周森的「飛鏢」發力衝前，橫越了「花木蘭」，以致李路墮下馬來，後面跟着的還有黃萊的「發力跑」與周振雄的「飛潮」，來不及收韁，也一齊跌下馬來，空馬向前跑，踏及李路，李路便受了重傷，由救傷車立即車送馬會急救室救治，因受傷太重，再轉送醫院，延至下午三時許逝世，馬會當局得到電話，立即宣佈，由第六場起，停止賽馬，同時下半旗爲李路之死誌哀。

此場賽事經馬會董事開會研究，並放映賽馬過程電影後，一致認爲周森當時騎「飛鏢」橫越「花木蘭」太快，而致李路送命，除將頭馬罰去外，再將周君的騎師執照吊銷。

周森君從此與馬無緣，鬱鬱不得志者多年，後至澳門營商，因頭頭是黑，欠下來屋租太多，致於在去年被包租公斬死。

至於李路君（Mr. J. S. C. Neel），他是當時青洲英泥公司的經理，也是一位好好先生，後來他夫人爲他在馬場招魂並做法事，因爲他的太太是中國人也。

何煒航君之死，時在一九六五年四月十七日的第三場，那天是第九次賽馬的第一天，那一場是六五年新馬遺材賽，但跑過一次頭馬的却可以參加，何煒航騎的是馮肅陵兄父子的寶駒「盡我所能」，這一匹馬脾氣壞極，但何君却已爲牠贏過一場一哩頭馬，這一場是六化郎四十碼短途，上陣同賽馬十匹，大熱門是蔡克文老弟的「金將」，二熱門是羅倫的「人之幸」，三熱門是王劍影兄的「泰來」，「盡我所能」因未大熱，當然是冷門了。

這一場賽事，「金將」放出，「人之幸」跟第二，「泰來」第三，其餘各駒，跟第四是唐宏洲老弟的「即勝」，池仔的「雅蘭童」與何煒航的「盡我所能」。

直路上，其實祗是前面的三駒之爭，因爲牠們皆已遙遙在前了。

鬥到一哩閘左右，「人之幸」追過「金將」，「泰來」穩得第三，「雅蘭童」第四，「盡我所能」第五，但第六的「即勝」，忽然爲唐宏洲力鞭衝上來，「即勝」受鞭內閃，撞及「盡我所能」，何君失驚無神，便墮下馬來。

眞不凑巧，何君的頭部，剛剛撞在支持內欄干的鐵脚上，鋼盔撞穿，頭破血流，當場昏迷不醒。

救傷車把他車進急救室後立即再送醫院，急救了一小時，何君傷重逝世。

馬會當局，在跑完第四場後，得到電話，便在第五場賽畢後宣佈停賽，下半旗哀悼。

馬會董事，開會研究及察看影片，並詢問騎「快樂年華」的陳毓麟老弟，騎「雅蘭童」的池仔，騎「露斯」的林國强兄，騎「即勝」唐宏洲弟，然後一致決定何君墮馬，完全是唐君的「即勝」橫越所致，當場議决唐君吊銷執照，不准再在馬場馳騁。

事隔三年之後，唐君再度申請復取騎師執照上陣，可是三年中他商業蒸蒸日上，他是某旅遊公司的經理，心廣體胖，已不宜再在草皮爭勝，所以，從上屆起，他已不再騎馬高掛馬靴了。

（八）

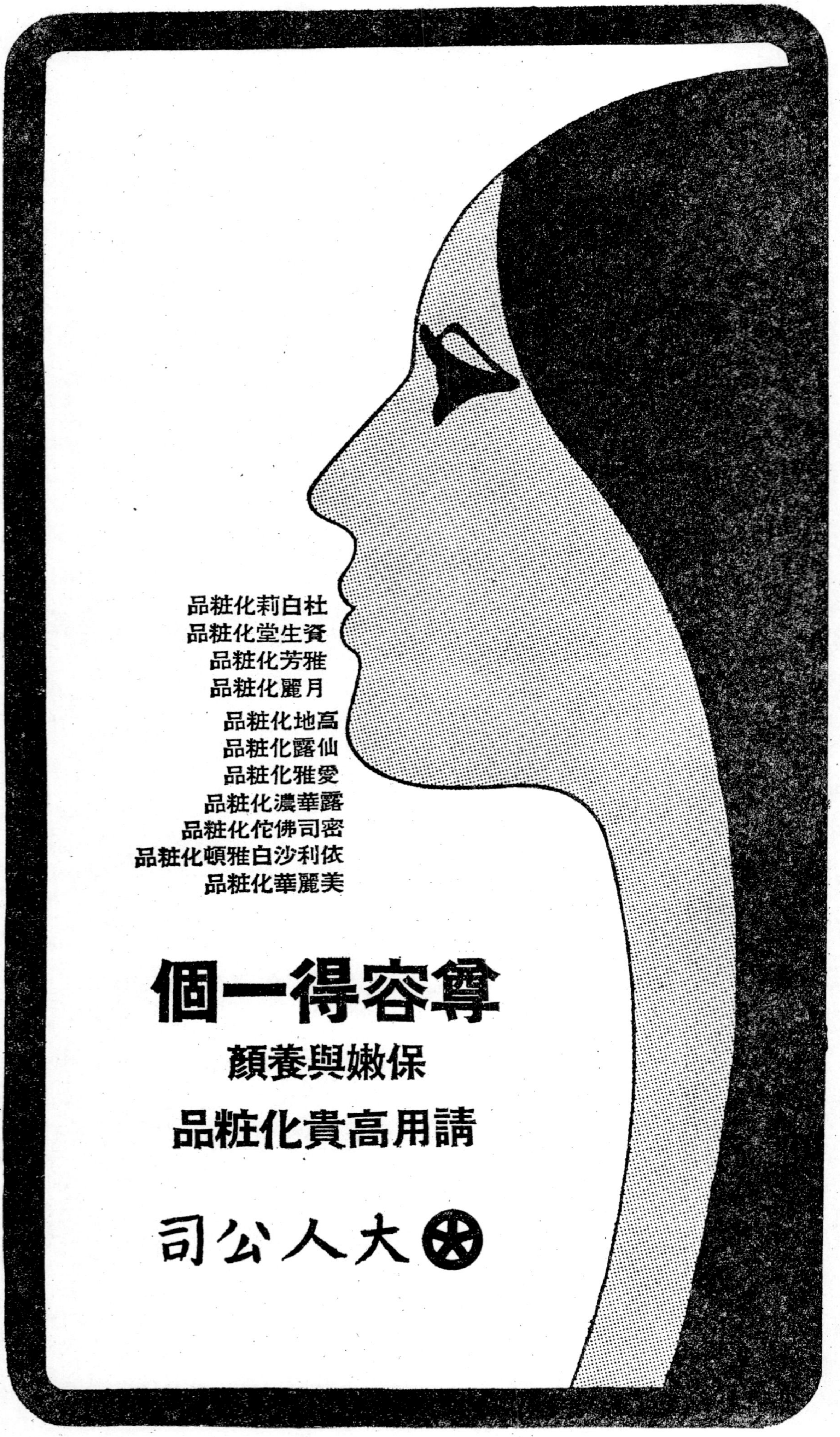
杜白莉化粧品
資生堂化粧品
雅芳化粧品
月麗化粧品
高地化粧品
仙露化粧品
愛雅化粧品
露華濃化粧品
密司佛陀化粧品
依利沙白雅頓化粧品
美麗華化粧品
尊容得一個
保嫩與養顏
請用高貴化粧品
大人公司

閒話評彈

·大方·

提起評彈，是我國江南一帶的民間藝術，歷史極爲悠久，他的特點，是具有一種閒適之樂，公餘之暇，邀二三同好，赴茶樓聽上一回書，一面飲着清茶，一面磕着瓜子，更靜靜地領畧書中情節，使緊張的情趣，獲得鬆弛，足爲人生一樂，而代價廉宜，因是過去江南人士，無不以聽評彈爲一種正當的娛樂節目。

書壇向例，以不彈唱者爲評話，用絃索彈唱者爲彈詞，俗稱說大書與小書，評話的發現，自較彈詞爲早，一般傳說，開始於宋代的「說話人」，那時世界承平，生活安樂，便有一種人，專門拿歷史、傳奇、神怪等各種事迹，作爲資料講給人聽，以娛大衆，這種講故事的，便稱之爲「說話人」。「說話人」起先當是業餘性質，漸漸變成爲職業性，方式技巧也漸純熟，故事結構，也能曲折動人，他們爲了所講述的題材，達到系統性，同時也用文字寫下了一種紀錄，這種紀錄，便是當時流行的「話本」，如分開來說，「說話人」該是後來說評話的鼻祖，而「通俗話本」，也即是後來章回小說的濫觴。

說書技術之開始於宋朝，考諸記載，似無疑義，即如舊劇「八大鎚」中，即曾穿插有王佐斷臂說書那麽一段，不過如加以進一步的研究，說書技術，到宋代而盛行，但他的發源，可能早於宋代，在唐以前已有發現。

筆者好讀李義山詩，嘗見其驕兒詩中有句云：「或謔張飛胡，或笑鄧艾吃」，研其詩意，分明是描寫人講三國史料的口吻，李商隱是唐代人，根據此詩，可知說書在唐以前已有之，到了宋代，纔大行其道，舉例之一如：蘇東坡記王彭論「曹劉之戰」云：「街巷小兒劣薄，爲其家所厭者，與錢，令聚坐聽說古話，說至三國事，聞玄德敗，頻蹙額，有出涕者，聞曹操敗，則躍喜歡笑」云云。

舉例之二如：舊筆記有一種「艾子新語」，其中多諷刺性的作品，書中有老實人聽書的一則云：「一個老實人聽書，所說爲三國志，劉玄德躍馬過檀溪一節，說至『玄德躍馬』即停止不說，明日請早，接着又聽楊文廣被困西凉，救兵不至，極爲焦急，但書塲散了，他也匆匆歸去。途中見一人掮了一細竹子，其頭甚銳，負竹者橫衝直撞，深恐他刺傷了人，替他發生憂慮，爲這三事，他抵家後，憂急成病，家人延醫生來替他診視，他說：我這病是不會好的，要我病愈，除非玄德的馬躍過了檀溪，楊文廣被困圍解，負竹的人平安到了家裏也」云云。由此以觀，說書發現在宋代之前，當屬可信。宋代既盛行說書，漸漸發生派系，當時最著名的有四派，謂之「銀字兒」係說傳奇公案的，「鐵騎兒」係說出兵打仗的，「說經」係講演佛書的，即是後來的唸宣卷，「講史書」則是講歷代興廢之事的，在這四派中，講演者不僅男子，也有女子在內。當日的說書人，既有派別，遂也各有組織，如雜劇方面屬於緋綠社，小說方面則有雄辯社，這風氣一直流傳下去。民元時代，蘇州說書者有光裕社和潤裕社的組織，大概即是雄辯社的遺風。說書之進展爲彈詞，發源於宋代的通俗小說，那時這種小說，在評話體以外，接着有彈詞體的發現，評話體比較簡單，祇要用言語來表達情節即可，彈詞體則比較複雜，說時要分出表白，表白之外，更得加以一段唱詞，而和以絃索，這樣便迹近於戲劇化，不過動作較小，而又不必粉墨登塲而已。評彈既是江南民間藝術，故演奏者大都是江南人，書中對白，用的也都是蘇州話，初期的彈詞小說，有「安邦定國誌」、「天雨花」、「再生緣」及後復有「珍珠塔」、「三笑姻緣」、「白蛇傳」、「果報錄」等發現，這些作品，可能是明清人士所著，由於彈詞既需絃索，復需歌唱，這兩項技術，適宜於女性，故唱彈詞者，很早已有女性參加，至於女彈詞家於何時開始，不敢妄下斷語，惟憶「紅樓夢」小說中，記賈母在無聊時候，常遣人邀一個「女先兒」來說唱解悶，這「女先兒」顯然即係女彈詞家，觀此可知女子彈詞，在明清已有發現了。

清末「申江名勝圖說」中的女彈詞畫幅

評彈掌故

・海客・

柳敬亭像

清畫家王小某臨本

評彈奇才柳敬亭

評話界中最卓越的奇才，是明末的柳敬亭，評彈業中也有尊他爲祖師的。柳面麻，人稱柳麻子，不過他臉上的麻點，不是痘疤，而是人爲的。他因爲仇人陷害，棄家逃亡，不得不毀容易貌，就俯伏在滾沸了的油鍋上面，突然加入冷水，使飛濺的油點損傷顏面上的肌膚，日後就變成麻子了。他在江南一帶說書，後來又入左良玉幕府和松江馬提督軍中，名重一時。

柳敬亭本姓曹，柳敬亭是他的藝名，他的說書技術可以說是已達到登峯造極的境界，陶庵夢憶有一段文字說：「余聽其說景陽崗武松打虎，白文與本傳大異，其描摹刻劃，微入毫髮，然又斷截乾淨，並不嘮叨，勃決聲如巨鐘，說至筋節處，叱咤叫喊，洶洶崩屋，武松到店沽酒，店內無人，驀地一吼，店中空缸空甏皆嗡嗡有聲。」

和柳敬亭同時，還有蘇州吳逸、盧陵張樵、陳思也擅說書；但才藝名聲，都不及柳敬亭。

王周士御前彈唱

彈詞界中在清高宗朝有一位官居七品的王周士，他得官的經過，據「出道錄」（學評彈的生徒，已有相當造詣，可以登台說唱，名爲出道）載云：「先生元和人，忘其字，乾隆南巡時，內官聽書作消遣，上聞，召見免冠而拜，頭禿似僧，且有血痕，故以七品小京官之冠冠之。謝恩賜坐，彈唱數節後竟護駕回鑾，公卿士大夫莫不往還，乞病還鄉，居家張『御前彈唱』之燈，引爲殊榮。」

關於王周士御前彈唱的情形。還有一種比較有趣的傳說，高宗南巡駕幸蘇城，風聞說書一技在蘇甚盛，乃召彈唱「游龍傳」之王周士至。王鵠立帝側，不出一聲，帝異而詢之，王跪奏曰：「臣執業雖微，然習慣須坐說，不能立而講，且須彈三弦也。」帝乃賜蒲團一，王始坐而彈唱，所說係明正德帝微服出巡，遇妓女名喚佛動心者，高宗以爲諷己，思有以懲之，及說至正德帝與佛動心共入羅幃，高宗意王若有汚耳語，便繩以法。豈知王輕撥三弦，且說且唱曰：「正德皇與佛動心，是雙雙攜手入鸞衾，一宿無話到天明」，一無穢言，帝乃大悅，特賜王以七品冠帶。

王周士告老還鄉之後，就在蘇州組織一公會性質的光裕社，使同業間有互相研究的機會。

四大名家三卿黨

清嘉慶年間，有陳士奇、姚豫章、俞秀山、陸士珍稱爲「四大名家」。韻鶴軒筆談中聽說書詩有句云：「蘇州彈詞誰最精，陳俞姚陸皆有名。」四家中後惟「俞調」獨傳。

咸豐同治年間，則馬如飛、姚似章、趙湘舟、王石泉崛起，合稱「四大名家」，或「四大金剛」。馬說「珍珠塔」，姚說「玉夔龍」、「描金鳳」，王說「倭袍」，趙說「水滸」。其中以馬如飛爲最出色，今之「馬調」就是他創始的。

「四大金剛」之後，又有「三卿黨」，即王綬卿、趙筱卿和錢幼卿。王綬卿去世後，又加入一個說「珍珠塔」的魏鈺卿補其缺。

「三卿黨」外，又有所謂「四庭柱」，也可以說是清末民初時的四大名家。那是說「三笑」的謝少泉，說「倭袍」的沈廉舫，說「白蛇傳」的吳陞泉和說「雙金錠」的張步雲。

同時還有三個兄弟合作的雙檔說書，也極有號召力。就是說「雙珠鳳」的朱耀庭和朱耀笙，說「珍珠塔」的楊星槎和楊月槎。說「白蛇傳」的吳西庚和吳陞泉。因朱、楊、吳三姓，蘇州人讀作與豬、羊、魚諧音，所以惡作劇的聽衆，就給他們起了一個「大三牲」的滑稽綽號。十餘年前，客死香港的彈詞老藝人吳玉蓀，即爲吳西庚之子。吳玉蓀有二弟，曰吳小松、吳小石，亦善彈唱，後在上海設松石軒照相館。

歲暮憶會書

葦窗

劉天韻彈唱神態　關良畫

評話彈詞在江南，猶之北方的評書和大鼓，又稱說書。評話爲大書，彈詞爲小書，素身現形說法，實在是最難表演的。說評話的演員，應用道具只有一塊醒木，又名驚堂木，還不能多用，一把扇子，代表刀槍劍戟，如此而已！唱彈詞的演員，雖則多了三弦、琵琶等樂器，使曲調動聽，還需要自彈自唱，那就更不容易了！

曾經有人把柳敬亭擬作評彈界的祖師，柳是明末著名的民間說書藝人，說他是評話界的前輩大家則可，尊他爲祖師，似乎還不夠年份。

評彈家以蘇州人居多，很早就有一個組織，稱爲光裕社，全是男性，後來又有一個潤裕社，多數非蘇州人參加。曾經有位滑稽名家劉春山，本業滑稽說書，因爲他是浦東人，也曾經加入過潤裕社的！他們內行口中稱光裕社爲蘇道，潤裕社爲外道，再後來方始有普裕社，凡女評彈家都參加此社。例如現在香港的范雪君、雪萍姊妹、嚴誦君，當年就都屬於普裕社的，其時或有男女雙檔，則男的亦只能入普裕社。

評話和彈詞同是江南說唱藝術中的兩大組成部分，各具特色，俗語說：「大書說股勁，小書唱段情，」一九五〇年春間，曾經有蔣月泉、張鑑庭、張鑑國、唐耿良、周雲瑞、陳希安、王柏蔭等七位藝人同來香港獻藝，其中祗有唐耿良一個人是開講評話的；先後在「百樂門」、「六國飯店」表演，宣傳廣告上稱爲「書壇七響檔，個個梅蘭芳。」不知從何時開始，彈詞的聲勢壓倒評話，說小書的漸漸比說大書的「吃香」。

蔣月泉最早拜張雲亭爲師，張是號稱「翡翠玉蜻蜓」王子和之弟，張本名王子義，後因入贅張家，始將姓名改去。我最早聽蔣月泉時，蔣在上海南園書塲和乃師張雲亭拼雙檔說會書，起下手，有小嗓子，抱琵琶，唱俞調，和後來的蔣月泉大不相同。那天的書，說的一回「問卜」，張雲亭起何瞎子，蔣月泉起周青嫂和丫環，張左手托弦子，掮在肩上，右手拿扇子觸在台上做瞎子的明杖，兩眼一翻，見白不見黑，活龍活現像一個算命先生。

蔣月泉程麗秋彈唱「王蜻蜓」之看龍船

張雲亭謝世後，蔣月泉又拜周玉泉爲師，周是王子和的傳人，照理與蔣是師兄弟輩，但蔣求藝心切，不顧輩份，又向周執弟子禮，從此以後，蔣的唱腔，漸漸自成一派，那就是後來評彈界最流行的所謂蔣調了。蔣月泉小時候對於京劇有特殊的愛好，他父親曾在戲院前台担任職務，所以他看戲的機會比別人來得多，他明白字正然後腔圓的道理，聽他唱的開篇，每一個字都像經過了千錘百鍊，唱出來韻味盎然，是內外行一致讚美的。

評彈派系中，馬調和俞調的唱腔是兩大主力。馬調傳人是魏鈺卿，魏後有沈儉安、薛筱卿、魏含英等，都是說「珍珠塔」的。相傳說「珍珠塔」的藝人，不許站起來說，只能坐下來彈唱，其實完全是一種誤解，因爲馬如飛年紀大了以後，就坐着彈唱，不再站起來做動作，魏鈺卿爲了彌補這一個說「珍珠塔」不站起來的僵局，加强了眼風和手勢，這一點沈儉安得到最多。後來有位女彈詞家朱雪琴，曾在一九六二年來香港表演，備受歡迎，她唱的腔調，被稱爲「琴調」。她是沈儉安的義女，在書台上的眼風、手勢、和彈三弦的手法，完全是學的沈儉安。

舊時的彈詞，說的都是家庭瑣事；而評話則往往爲國家大事，甚至交鋒打仗，相傳「英烈」中的反武場，共有幾十回書之多，即出於「珍珠塔」創作人馬如飛的手筆。劉天韻是謝品泉一系列下來的「三笑」名家，謝品泉的姪兒謝少泉，雖然是彈詞家，還曾經指點過評話家鍾士亮說「岳傳」呢。以上都是遠年的事。十年前楊振雄爲了把「武松」改成彈詞，特地拜在評話家韓士良門下，彈詞家拜評話家爲師，可稱佳話。

劉天韻師事夏蓮生，同門師兄弟中有徐雲志，稱得上是一時瑜亮，劉天韻幼時名十齡童，他十歲就登台，書路廣闊，除掉「三笑」以外，還擅說「落金扇」、「描金鳳」，他在一九六二年來香港獻藝，忽然得了高血壓症，臨時輟演歸去，年餘後病逝。

戲曲日齣，評彈曰檔，而且這個檔字的爲義甚廣，例如書場說唱之順序，開場者名爲頭檔，依此稱二檔、三檔，其最後一檔，名爲送客。又如單人表演者，名爲單檔，雙人表演者，名爲雙檔，三個人表演者，名爲三個檔。

早年評彈家中，有馬姚趙王之稱，趙家以龍鳳書馳名，所謂龍鳳書，龍是「玉夔龍」，鳳指「描金鳳」。趙氏後人中，趙筱卿是位名家，收徒弟有「傳龍不傳鳳，傳鳳不傳龍」的行規，弟子中如程鴻奎是學「玉夔龍」的，楊振雄、振言昆仲的父親楊斌奎是學「描金鳳」的，楊振雄十一歲登台，隨乃父登台「插邊花」，所謂插邊花是在書台上懷抱琵琶唱一支開篇下台，並不說正場書的；他天賦好，又勤於鑽研，對評彈各種曲調，兼收並蓄，他的唱腔中有陳調的蒼涼沉鬱；陳調創始者陳遇乾，與毛菖佩、俞秀山、陸瑞廷並稱四大家。有馬調的一氣呵成，有俞調的迂迴曲折，有夏荷生調的快彈慢唱，還吸收了崑曲中的起脚色、叫頭、哭頭等特點，逐漸形成一派，大家稱之爲楊調。他所表演的除了家傳的「描金鳳」之外，還有「西廂記」、「長生殿」、「武松」等書，都是他獨特的創造，他爲了說「西廂記」，曾拜另一彈唱「西廂」的前輩黃異庵爲師，又不斷向老曲家徐凌雲、崑曲大師俞振飛問藝請益。

楊振雄向崑曲大家徐凌雲俞振飛問藝
自右至左俞振飛楊振雄徐凌雲楊振言

他說「武松」，可以吸引武生宗匠蓋叫天排日去聽他的書，讚美楊振雄的書藝爲「小書大說」。楊振雄小名阿龍，其弟振言小名阿虎，振言的唱腔，含有濃重的鼻音，稱爲言調。

評彈名家每逢歲暮，除了說會書之外還有演書戲，此則穿上行頭，加以化裝，與演戲相似，但所唱仍爲彈詞曲調而已。一九四九年，上海的評彈家們曾在南京大戲院表演書戲，附圖即爲他們的化裝劇照之一。

評彈界到了農曆年夜歲邊，便有會書這一個節目，這是一個相當於會串性質的節目，總在接近過農曆年前的時候舉行，集合許多著名的彈詞家、評話家在一起，說、噱、彈、唱，大抵在會書時期，最主要的還是說與噱，博得聽衆們哈哈大笑，就算盡其能事了。

相傳早期的會書，在各書場的門口是不標明評彈家的名字的，在每一家書場的門口，黑底白字的水牌上，祇有寥寥六個大字——「名家會書一叙」——聽客就蜂擁而至，大概普通的書場總有一班老聽客，加上過年湊熱鬧、聽笑話的，生意是一定客滿，評話家、彈詞家川流不息的上台獻藝，每場三四小時，總要換上近十檔，因爲說會書的目的在乎湊一個熱鬧，所以在台上的評彈家，在獲得一兩個轟堂大笑的效果後，就要準備下台，所以每一檔的時間，只要二十分鐘左右就夠了。

舊式書場中，評彈家在台上不知道下一檔同行已經來了沒有，就由茶役絞上一把熱手巾來請他擦把臉，這就是暗示下檔的同行已經來了，你可以下台了，後來書場改良，方在場中裝一盞紅

楊振雄小書大說　顏梅華畫

燈向台上評彈家示意。我曾目覩一件「絞手巾」的演出，其事在三十年前，也是某一年的會書時期，地點在上海城隍廟春風得意樓。眼看好多位的評彈家上台下台，聽客總似不十分滿意，最後的一檔稱爲送客書的彈詞家上去，閒話未說滿十句，台下客已高呼「絞手巾」，這就是趕他下台的表示，眼看他在書台上窘態畢露而又下不了台，塲東徬徨無計，又拉了別一位評話家上去，打躬作揖，台下還是高呼「絞手巾」不已，虧得塲東張季華，行四，人稱四老板，和說「描金鳳」馳譽被稱爲「描王」的夏荷生有極深厚的友誼，四處打聽夏在那一家說會書，急足把他請來，上得台去，三言兩語，聽客立即歡顏，再很賣力的說上二三十分鐘，就此將客人送走。當時類此情形不少，所以後來各書塲說會書必定把各位評彈家的大名，預先寫在水牌上面，好讓聽衆知道今天是那些人在說唱，不致再發生上述「絞手巾」的慘劇！

會書台上的笑話最多，大都是評彈家互相以上下檔作嘲笑資料，或是說評話的嘲笑唱彈詞的不夠氣派，專說閨房瑣屑，形容一位千金小姐小便，就要算一個關子等等，實在當時的彈詞家間或也有未能免俗的；唱彈詞的則諷刺說評話的講打講殺等等，這在他們的術語中名爲「扦講」。他們的笑話雖未能免俗，但他們得到効果總是分之百的轟堂大笑！還記得張鑑庭扦講蔣月泉說：「大家稱讚蔣月泉是美男子，我就不服貼……」他說時，形容蔣的前額突出和目部微凹……「過家樓突出，灶披間縮進，有啥漂亮？」由於聽客對張、蔣都有了喜愛的印象和多少年來聽他們說書的感情，大家一聽就不由你要笑了！還有說「英烈」的評話家張鴻聲，也編了一段故事說：「蔣月泉搭公共汽車，因爲恐怕把袍子坐縐，特地立而不坐，手挽皮圈，架子邪氣好，偏偏碰着一個熟面孔和他招呼，他也點點頭，問他那裏去？就說外灘，這人又問去做啥？蔣惟恐在公共汽車裏被許多人知道他是說書的，就推說上寫字間，這人接着問前幾天我打電話到大滬電台點你的『杜十娘』開篇爲啥不唱？蔣欲蓋彌彰，就此在公共汽車裏厥倒！」類此笑話，因爲早年評彈家自視爲賤業，所以多不願在人前公開身份，與後來他們的享名之盛，且有天壤之別了！

時屆歲暮，偶憶聽會書情景，不禁神往！

范雪君（右）蔣月泉（左）表演書戲一幕

宇宙嘜乾濕褸
UNIVERSAL
大人公司有售

銀海滄桑錄

陳厚的一生

蝶衣

樂蒂吃多安眠藥？

陳厚與他的第二任太太樂蒂，於一九六七年十月四日經過法院判决，獲准離婚，五歲的女兒小明明，交由樂蒂撫養。

五年夫婦，自三月十六日分居開始已名存實亡。到了此時，連名義也不復存在了。但，牽連着陳厚的厄運，則並未因已與樂蒂判袂而告終。為的是次年的十二月二十七日，樂蒂突被發現昏迷於香閨內，經送入伊莉莎白醫院急救無效，終於傳出了最不幸噩耗，她與世長辭了。

不是戲照——陳厚樂蒂結婚

由於此一事變之發生，陳厚又被牽入了「指責的漩渦」之中。

樂蒂在「昏迷」前後的經歷，根據報端記述，情况大致如次：

十二月二十七日上午，樂蒂曾出席國泰影業公司新片「霧」的工作會議，散會後返回寓所，即進入臥室就寢，事先曾叮囑女傭不要吵醒她。女傭以為她身心疲困需要休息，不以為意。直到下午五時二十分左右，女傭因拍門不應，推門入內探視時纔發覺樂蒂口吐白沫，已昏迷不省人事。女傭見狀，不由大驚失色，立即打電話到太子道二一五號王子大厦的金鷹電影公司辦事處，通知樂蒂的胞兄雷震。

雷震得訊後，於五時四十五分飛車趕抵現場，立即把樂蒂抬上汽車，送入醫院急救，終因中毒已深，延至下午六時許，卒告香消玉殞。

樂蒂的寓所在九龍界限街一六四號三樓，是一座精緻的小洋房住宅，擁有一個客廳，一個飯廳，兩間臥室。家中僱有兩名女傭，一個是阿芳，還有一個是六十五歲的巫秀英，加上樂蒂的小女兒陳明明，共是四個人居住。

喪禮的新聞摘錄

據說：樂蒂一向患有失眠症，常須借助安眠藥入睡，已經成為習慣。她的死，事後雷震曾力辯並非「自殺」。但，樂蒂在就寢之前曾服下過量的安眠藥，則是無可否認的事實。

關於樂蒂的喪禮，為了與陳厚畧有牽涉，不得不稍作舖叙。以下，是一九六八年十二月三十一日報載新聞的片段摘錄：

『影星樂蒂遺體，於昨日上午十時許在九龍殯儀館大殮，十一時出殯，卜葬於長沙灣道之天主教墳場，葬禮用天主教儀式。

大殮時，樂蒂除穿上她生前新近定製之桃紅色絲絨釘膠片晚禮服外，另有一件樂蒂生前最喜愛之桃紅色長袍，以及一串玫瑰花，若干飾物，亦陪着樂蒂長埋黃土。在所有之陪葬品中，較特殊者是由教堂贈送的一串經珠，一個十字架。

樂蒂遺體大殮後，由八女二男影星引靈，及十名導演扶柩出殯。引靈之男女影星為趙雷、張揚、凌波、丁寧、江虹、李琳琳、狄娜、容蓉、歐嘉慧、陳青；扶柩之導演為岳楓、陶秦、李翰祥、屠光啓、易文、王天林、袁秋楓、唐煌、羅臻、劉芳剛。

出殯路程，由九龍殯儀館開始，經石硤尾街、荔枝角道，轉入青山道、汝洲街，直至長沙灣道天主教墳場。擁戴樂蒂的影迷們，絕早即鵠候於殯儀館門口，甚至附近街道亦擠得人山人海。很多影迷俱因樂蒂之去世而悲戚，至有流淚滿面者。

樂蒂之已離異丈夫陳厚，曾託人致送花圈一個，置於靈堂之上，上欵書「重儀女士安息」，下欵署「尚厚泣輓」。

一副「上海話」輓聯

此外，靈堂上另有一副別開生面的輓聯，是用「樂蒂影友團」名義致送的，聯語寫的是上海話，上聯曰：「想來想去，儂格囡唔最可憐。」下聯曰：「恨是恨來，狄隻赤佬害人精。」意思是想來想去，你的女兒最可憐；恨只恨，那個害死她的害人精。這「害人精」所指何人？就只好任人猜測了。』

我之不憚詞費，摘錄了以上的報端的記述，就為了那一副「上海話」的輓聯，當時曾引起許多在場者的注意，而我也是目擊此聯的一人。

大體上說來，這一副輓聯頗能收到「移轉目標」的效果，足徵輓聯的幕後設計者之狡黠。

我曾仔細觀察過當時的情況，起初看到一般人對於此一輓聯的反應，多數都是「莞爾而笑」，以為此聯或許眞是出於樂蒂影迷的手筆。但，後來終於知道了猜測之「不然」。

因為，在靈堂之上，曾經有一位電影圈中的相識者，突然拍了拍我的肩膀，特別要我看一看這副「上海話」的輓聯，我立刻感覺到事不尋常。事後與所聽到的傳說一印証，不由恍然大悟，使我意會到這一副輓聯的致送，原來是別有其「內在作用」的。

這「內在作用」是什麽呢？我前面已經說過，是「移轉目標」，說得明白一點，就是要把樂蒂之死歸罪於陳厚。

陳厚已與樂蒂離了婚，夫婦關係早就不存在。樂蒂與陳厚離婚之後逾時年餘，纔發生吞服過量安眠藥的事件，可知死因與陳厚無涉。這一點，是不辯自明的。

若要歸罪陳厚，勢非別出心裁，製造「輿論」不可。

如何製造「輿論」呢？觀乎此一輓聯經各報競載後，陳厚立即成了衆矢之的，我們就不難明白，這一副輓聯的出現，確是一着高招。

牽入指責漩渦中

由於陳厚以「離婚丈夫」之身，忽然被牽入「指責的漩渦」之中，其事未免不近情理。因之，我們必須根究一下：樂蒂之「仰藥」畢竟癥結何在？

線索，幾於在在皆是。最可靠的探查方法，莫如先從樂蒂與陳厚離婚後的若干動態着手。

而着手的途徑，則仍不妨採取文字上的記載來探索。

陳厚（右）和丁紅（左）做了男女運財童

在「古典美人樂蒂紀念專刊」一書中，有一篇標明「影星樂蒂自殺內幕」的文章，曾作了如下的叙述：

『樂蒂死了！這消息是使人多意外，使人多難過和黯然。「眞想不到！」我相信每一位都會有此同感；想不到她會到現在纔如此這般的結束一生。因為如果要死，應該在她離婚初期的一段日子；那時，她非常消極及悲觀。

但，沒有多久，她與胞兄雷震及袁秋楓夫婦合組了金鷹電影公司，友好為她的表現而高興，滿以為樂蒂經過時間的冲淡，她堅強了，她改變了作風，她要重新再幹一番。友好們和他的觀衆們，都衷心的希望，她能夠有此轉變。

樂蒂在「金鷹」拍了「風塵客」「太極門」兩套武俠片，隨後又於四月十日，以「金鷹」創辦人之一的身份，在各報刊出了退出金鷹電影公司的啓事。與此同時，她又宣佈從此不再拍武俠片。

這並不是說，她與袁秋楓等發生歧見，之前她曾為了該公司而去過台灣，在台灣逗留的日子雖短，但各方面都很關懷她，她也沒有半點消極的態度。

由台灣歸來後，她又成了新聞人物，乃是高遠的投奔自由，陳思思的仰藥服毒，引起了樂蒂與高遠的「初戀」之複述，這一件事使她大不愉快，心情又轉趨惡劣。

還幸這件事不久即漸告平淡，高遠投進了「邵氏」，陳思思仍然是高遠的太太，樂蒂儘量去避免接觸。

樂蒂給人的印象是：憂鬱，多愁善感，而她也的確是這樣的人。最近，「國泰」邀她拍兩套片，一是劉芳剛執導的「霧」，另一套是楚原執導的「翠湖春斷」。喜歡她的觀衆們，以為她會專心在水銀燈下再發展了！怎知，兩套片都沒有開拍，……（下畧）』

大堪玩味的要點

以上的大段記述，為我們指出了幾個要點。

第一是：她曾投資於金鷹電影公司，作為股東一份子，後來又宣佈退出。

第二是：她曾與高遠有所往還，因而一度被牽入陳思思的服毒事件中。

第三是：她曾接受國泰影業公司的邀請，預備在「霧」與「翠湖春斷」兩片中演出。

此外，從其他的資料方面，我們得悉還有如下的兩項情况：

一：樂蒂看到了為「霧」片所拍的造型照，大感不滿，會要求重拍。導演為了造型照無關緊要，沒有接受她的要求。

二：有人運用壓力，勸阻樂蒂，示意她不要

爲「國泰」拍片。

另一更重要的傳說——電影圈中有此「耳語」，但却無法証實的是：樂蒂曾信託了一位朋友，從事於股票之投資，這一筆巨欵後來失去了下落。

綜合所有的要點而試加分析，我們不難明白：樂蒂在事業與經濟方面，都曾蒙上了若干陰影，是可以歸納於「不如意」項下的。

移轉目標有作用

除了以上列舉的若干線索之外，還有一項可注意的事，是關於樂蒂的銀行「保管箱」之開啓問題。

據當時報紙揭露，銀行保管箱當衆開啓的結果，証明箱中既無貴重飾物，也沒有鉅額的存欵，什麽也沒有。

此一結果，是出乎情理之外的。因爲樂蒂自投身於電影界之後，曾拍了二十多部戲，後期還是「高薪級」的演員，算算一下她的收入，不應該毫無儲蓄。

她雖有物業——界限街的那一層樓宇，也是分期付欵買下的。七萬餘元的樓價，首期先付三萬元，其餘要分五年方始付清。

然則，她的錢那裏去了呢？

出乎意外的開啓保管箱之結果，可能正是「合情合理」的結果呢！根據前述種種線索剖析，樂蒂身後之「空無所有」，也就不難獲得準確答案了！

「大胆假設，小心求証！」我要毫不客氣地指出：

樂蒂遺體大殮之日，靈堂上掛出的那一副「上海話」輓聯，它的來源是不簡單的。

至少，在所有的線索中，必然有一個人，他對樂蒂有所愧負，對樂蒂之吞服過量安眠藥要負一部份責任。正因爲他私下心虛，顧慮到難免要被人尋根究底而遭受到「我雖不殺伯仁，伯仁由我而死」之譴責，是以必須設法移轉人們的目標，於是而「害人精」之輓聯問世焉！

這一個幕後設計者，當然決不是陳厚。

不演「夜弔白芙蓉」

輿論，有時候確是很可怕的。一種空氣的傳播，造成了浮面的意識形態之後，即使實際情況並不盡然，也很難獲得外界的諒解。

例如陳厚之未曾親臨弔祭樂蒂之喪，便一直受到輿論的指摘而「百喙莫辯」。

指摘陳厚的輿論之筆，認爲陳厚之不肯扮演「夜弔白芙蓉」的角色，是無情，是無義。

事實上，陳厚對於樂蒂之死，並不是漠然無動，不以爲意的。

樂蒂出事的當夜，陳厚於獲知消息之後，曾自他的寓所（九龍太子道三〇六號）匆匆外出，直至深夜十一時許，纔回寓就寢。他之外出，是爲了要打聽有關樂蒂的情況。

次日，有位朋友到陳厚的寓所去探望他，陳厚尚未起牀。經家人通知之後，陳厚在寢室中接見了這位朋友。

陳厚透露：樂蒂過去經常吃安眠藥，曾經規勸過她，但她不聽。陳厚說：樂蒂的性格，是相當固執的。

對於過去種種，他表示不願多談。

對於樂蒂之死，陳厚認爲是一件不幸之事。

這位朋友訪問陳厚時，陳厚的神情非常憔悴；顯示樂蒂之死，對他精神上的打擊也不小。

夫妻名義已不存在，跑上靈堂去哭祭一番僅能表現其「自作多情」而已！此一傻瓜角色，是任誰也不願扮演的。

陳厚（左）和樂蒂（右）笑得前仰後合

致送花圈一個，當然也是經過再三考慮之後作出的決定。而在旁人眼中看來，這就是「禮輕、情義也不重」了。

生無可戀甘爲鬼！

「生無可戀甘爲鬼！」樂蒂，她自始就是一個悲劇人物。

樂蒂是個遺腹女，她的父親於「八一三」抗日戰爭時期，在先施公司附近被日本飛機的炸彈所炸死；她出生不久，母親也因病去世。她和兩個哥哥——奚重勤、奚重儉（雷震），都是由外婆撫育成人。樂蒂幼時，學過平劇，一齣「蘇三起解」，學了幾個月還未入門，她的外婆也認爲她沒有戲劇天才。

後來她在進入電影界後居然大紅大紫，是她的外婆所不及料的。

陳厚教女兒小明明跳舞樂蒂旁觀為之歡顏

樂蒂幼失怙恃，只讀了一個短時期的書，字寫得很差，成了「明星」少不了要簽名，她的簽名式是已故書法家王植波寫了個「範本」給她臨摹，練習多時然後「熟能生巧」。所以，她的簽名是「王植波體」。

她在初入電影界時國語也講得不甚流利，曾經過了一段苦心學習的時期。當時與她一同受訓的還有陳思思。

關於她的「初戀」，在娛樂記者的筆下，有着如下的一段敍述：

『……樂蒂的愛情，使她脆弱的心靈蒙受了極大的創傷。她與高遠的認識，其實比陳思思還早。樂蒂與高遠出雙入對時，陳思思亦暗戀高遠，曾為了高遠而暗地裏流淚。壞就壞在樂蒂離開了「長城」，近水樓台的陳思思，展開了一輪猛攻，與高遠閃電結了婚。樂蒂看來十分平靜，其實多年來，她內心的感情波濤，一直翻騰不止。這是她的初戀，純潔的心靈所受的創傷，實在太大了。

過了一段時期，陳厚對她展開猛攻，進佔她破碎的芳心，但她的外婆及家人也劇烈反對，也許是因為陳厚已有妻兒。

但不久之後，樂蒂的外婆去世了！陳厚也辦妥了離婚手續，雙方便得償所願，結成鴛侶。

婚後的樂蒂，倔强的個性已改變了許多，後來還生下一個女孩，就是小明明。

青山的聽濤村別墅，是陳厚為了樂蒂而斥資構築的。這一座別墅，曾為他們平添不少幸福，但也帶來了不少煩惱，而且婚變也是因為這座別墅而起。

婚變後的樂蒂，表面平靜、樂觀，其實她一直為了事業與感情而彷徨，進入了苦悶的極端。她離開「邵氏」改入「國泰」之後，星運便逐漸走下坡。

空閑的時間太多，更進一步喚起了她沉痛的追憶，她陷入極度苦悶和憂鬱中時，少不免找尋朋友消遣而且更少不了找找高遠，因此引起了正在忙碌拍片的陳思思的誤會，一氣之下，曾萌短見。以後的日子，高遠不敢再找她了。只有安眠藥，纔能為她解去暫短的憂愁。

「安息吧！樂蒂。」相信這可能是妳的最後之心願。……』

以上的記述，只有一點是前後倒置的，因為陳厚之追求樂蒂，是他與第一任太太吳炤如離婚以後的事。

此外的鈎勒大致與事實頗為接近。

樂蒂的去世，使陳厚受到了「輿論不諒」的痛苦。為時不久，陳厚也患上了絕症而病倒了！

（未完·待續）

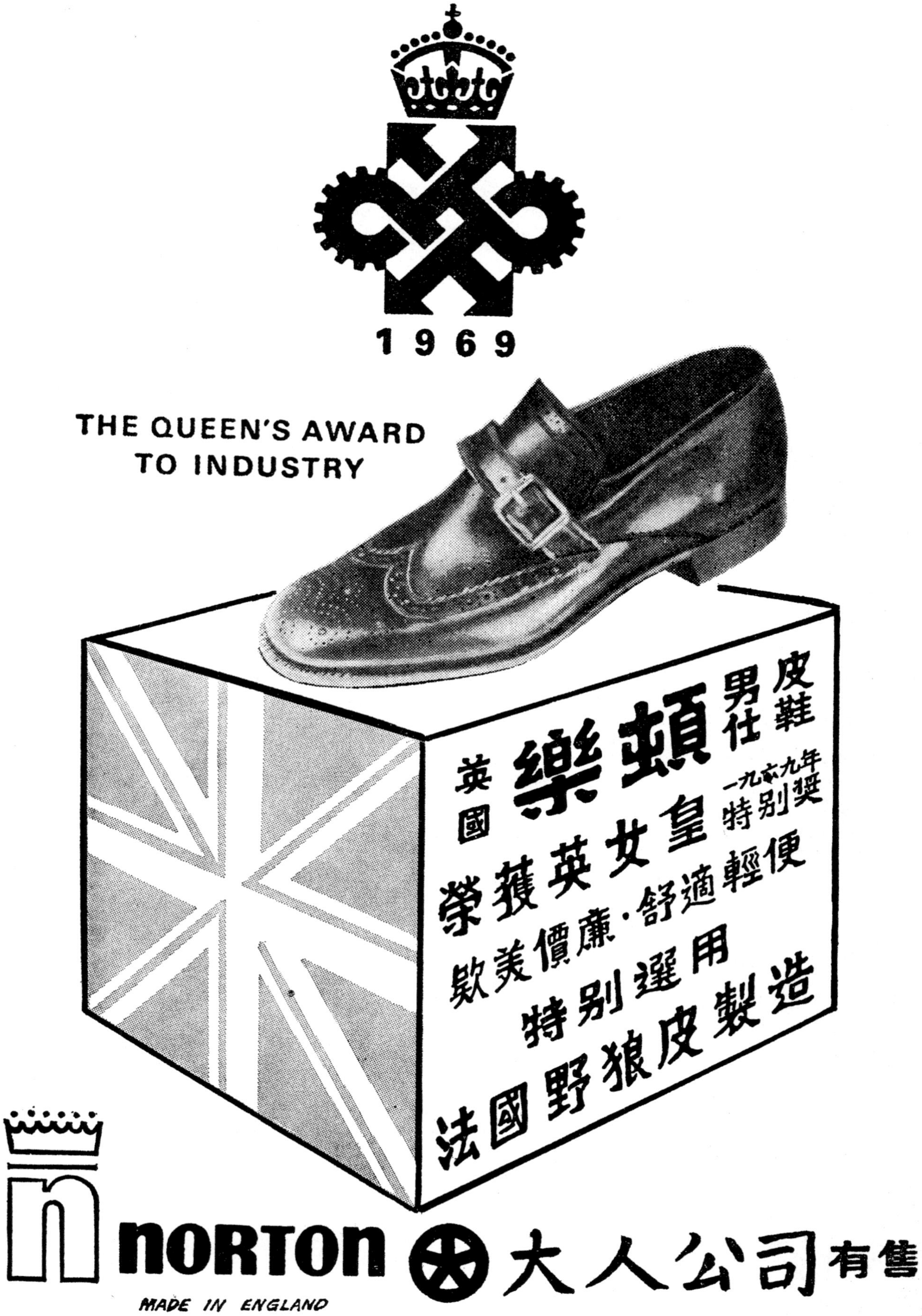
1969
THE QUEEN'S AWARD
TO INDUSTRY
英國 樂頓 男仕皮鞋
榮獲英女皇一九六九年特別獎
款美價廉・舒適輕便
特別選用
法國野狼皮製造
NORTON
MADE IN ENGLAND
大人公司 有售

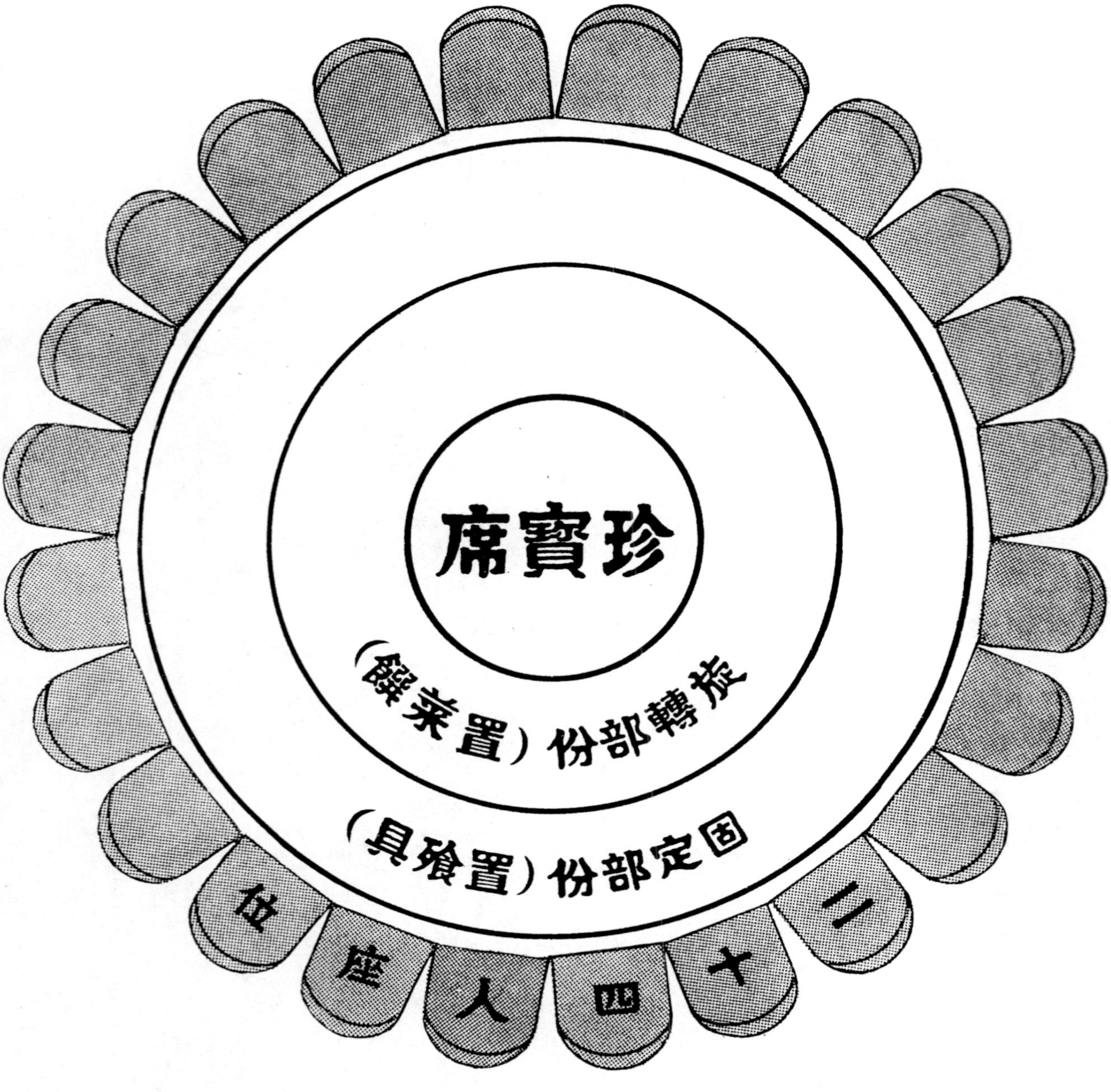

珍寶席
旋轉部份（置菜餚）
固定部份（置餐具）
二十四人座位

大人

向暖一枝開
甲申臘月寫於梅花詩屋
梅蘭芳

論天下大事
談古今人物

第十期

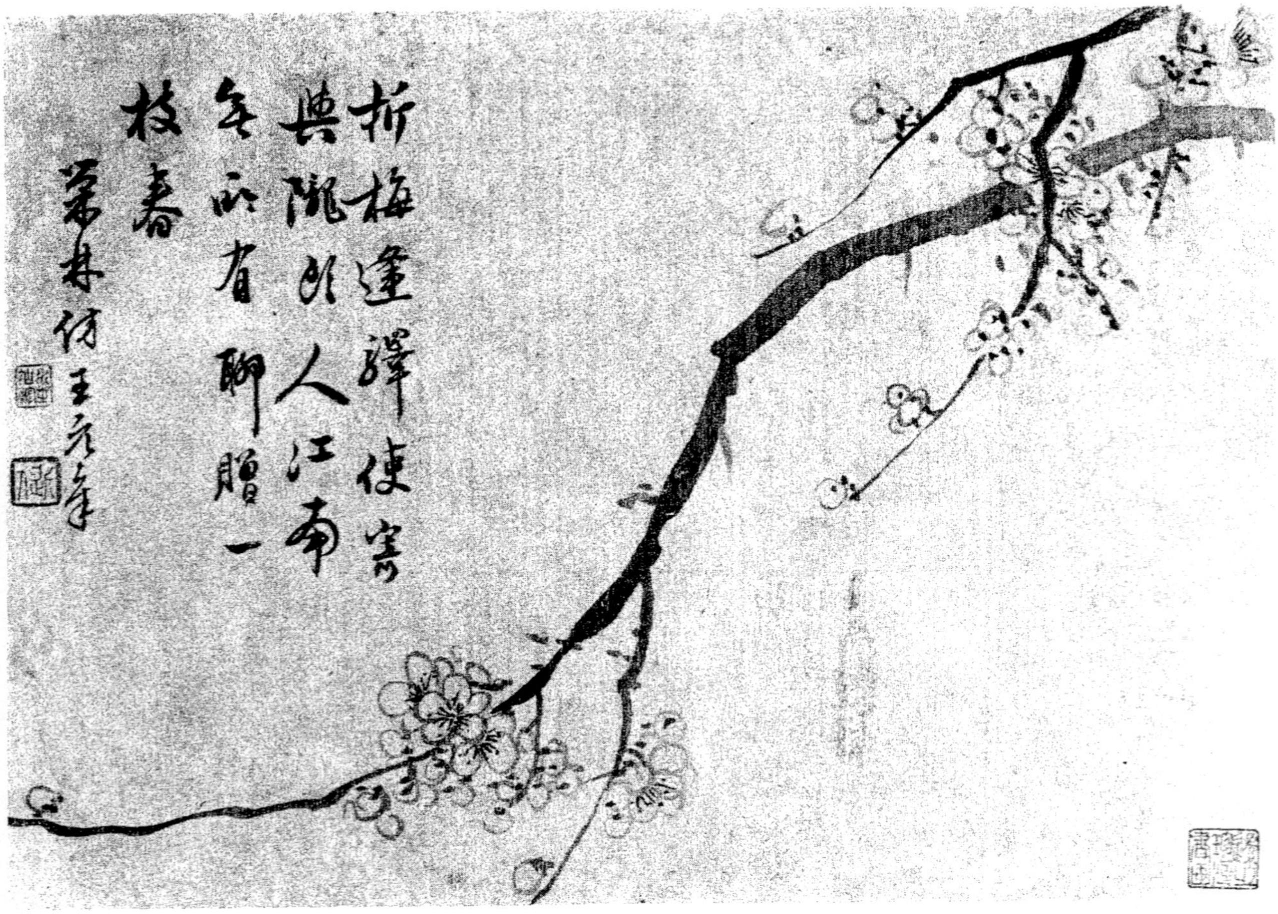

汪士慎（巢林）梅花册之一　（定齋藏）

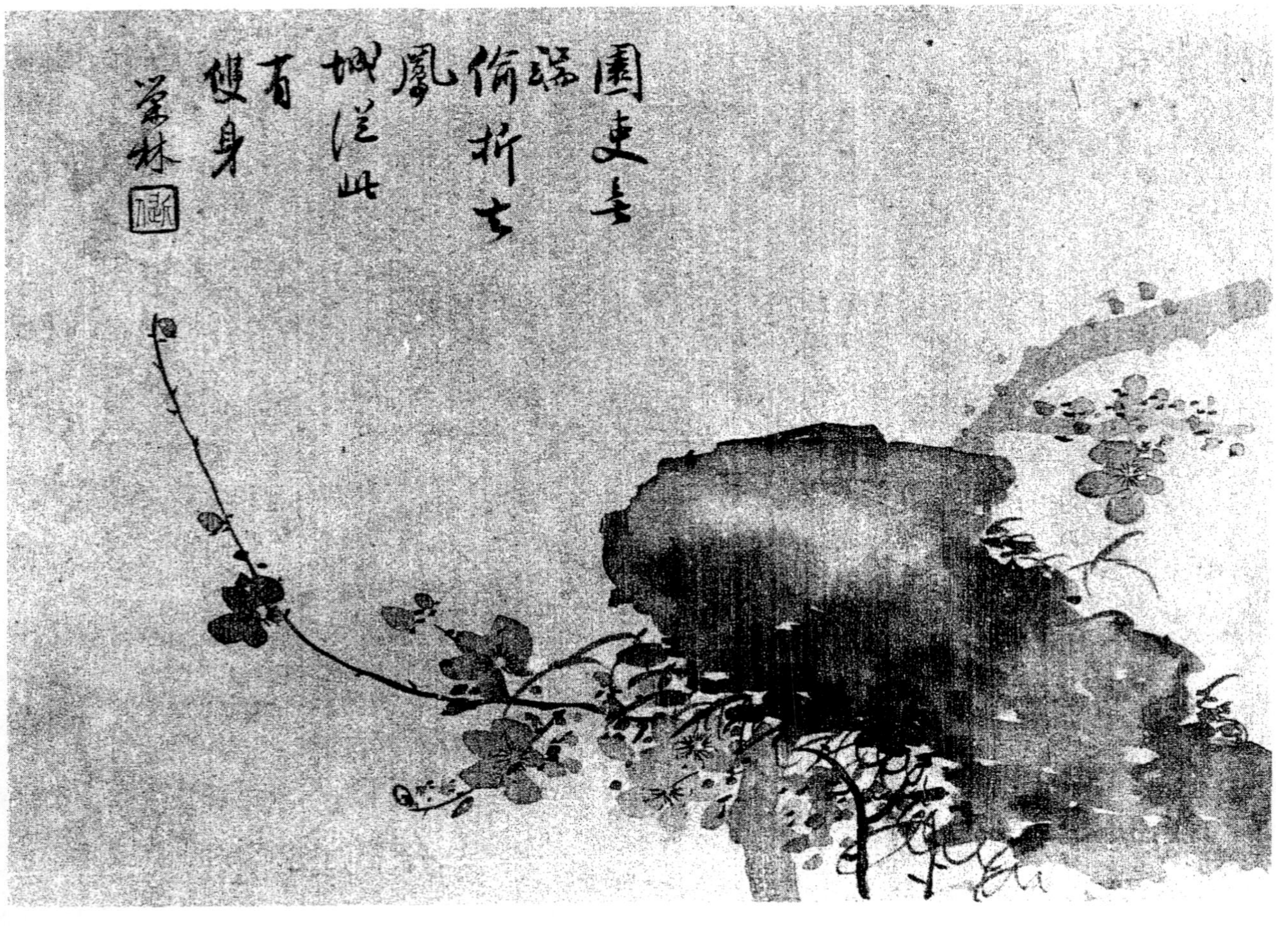

其二

其三

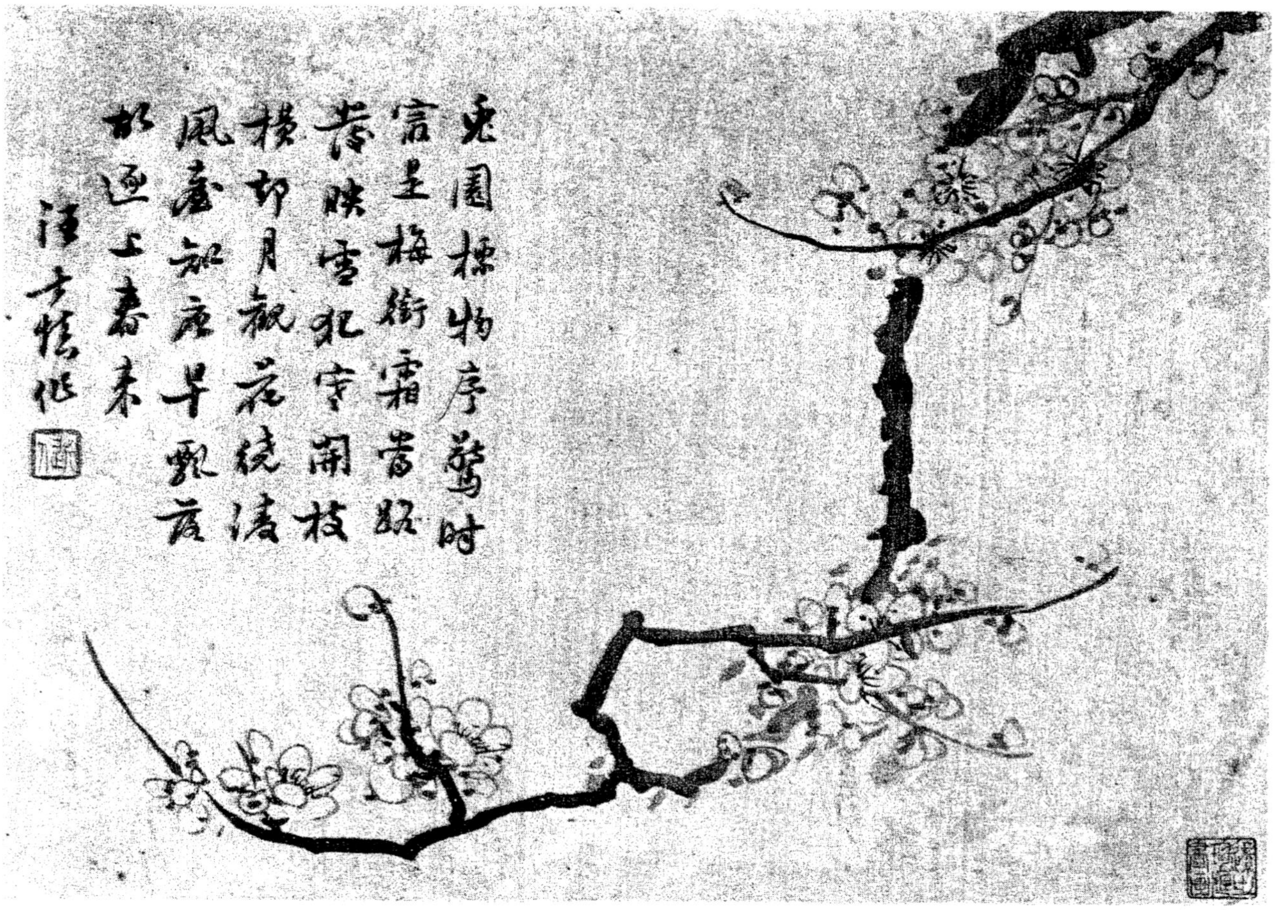
兔園標物序驚時
最是梅銜霜當路
發映雪犯寒開枝
橫卻月觀花繞凌
風臺知應早飄落
故逐上春來
汪士慎

其四

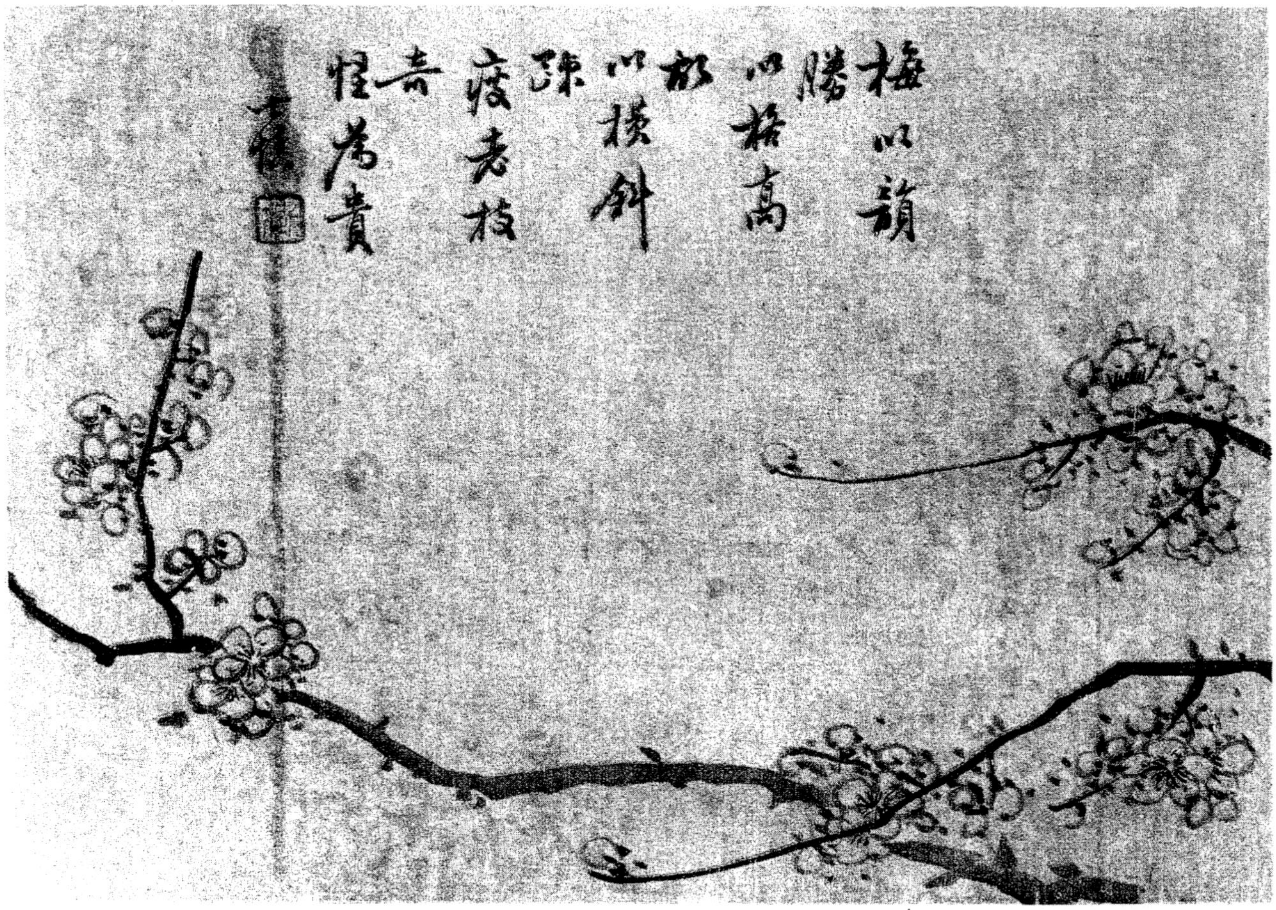
梅以韻
勝以格高
故以橫斜
疏
瘦老枝
奇
怪為貴

其五

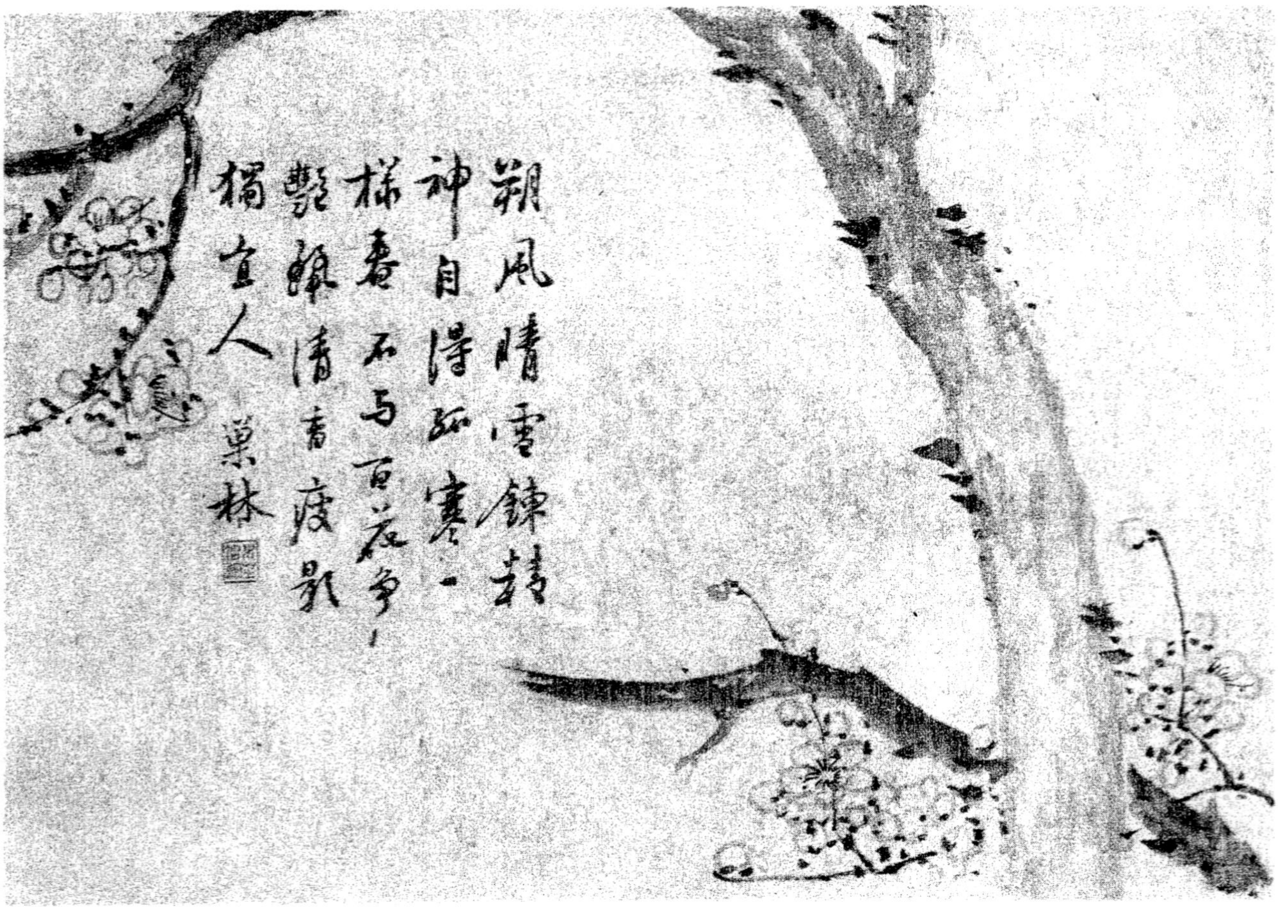
朔風晴雪鍊精
神自得踈寒一
樣春不与百花爭
艷麗清香度影
獨宜人
巢林

其六

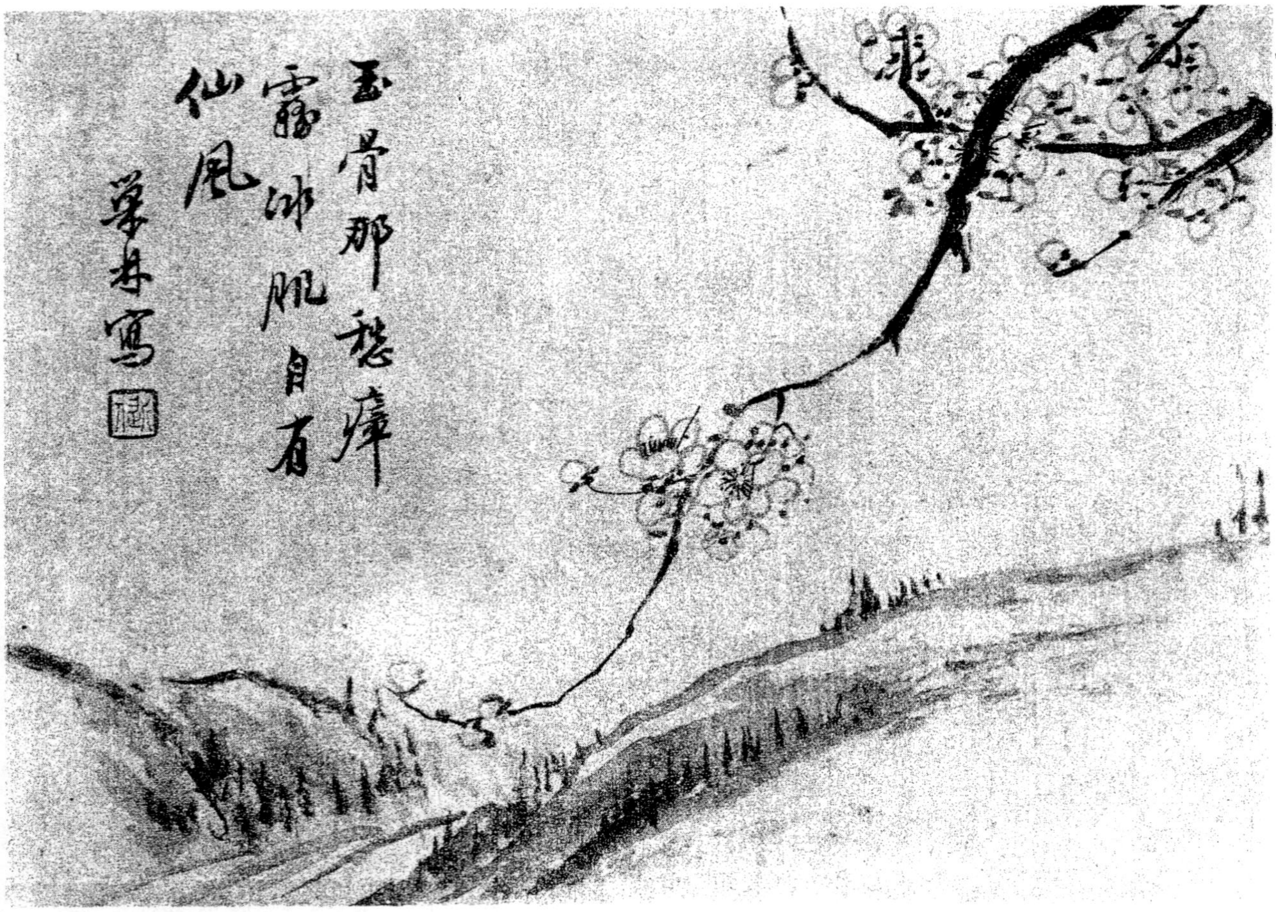
玉骨那愁瘴
霧冰肌自有
仙風
巢林寫

大人 第十期 目錄

一九七一年二月十五日出版

大人 每逢月之十五日出版

出版及發行者：**大人出版社有限公司**
督印人：**王朝平**
編輯者：**大人雜誌編輯委員會**
總編輯：**沈葦窗**
社址：九龍西洋菜街三號A 即彌敦道六一〇號後座
電話：K八五五七三〇
印刷者：**立信印刷公司** 九龍新蒲崗伍芳街緯綸大厦十一樓
總代理：**吳興記書報社** 香港租庇利街十一號二樓 電話：H四五〇五六一 H四五〇七六六
星馬代理：**遠東文化事業有限公司** 新加坡厦門街十九號 檳城沓田仔街一七一號
泰國代理：**集成圖書公司** 曼谷耀華力路二三三號
越南代理：**聯興書報社** 越南堤岸新行街二十二號
其他地區代理：
澳門：可大文具店　漢城：汎亞書籍公社
亞庇：利民公司　寮國：永珍圖書公司
千里達：中華公司　斗湖：光明書店
菲律賓：華安書局　菲律賓：玲瓏書局
倫敦：東寶公司　紐約：友聯圖書公司
芝加哥：杏林春　紐約：友方圖書公司
波士頓：中西公司　洛杉磯：永安堂
三藩市：新生圖書公司　檀香山：大元公司
三藩市：益智圖書公司　三藩市：文化商店
加拿大：香港商店　加拿大：新國華公司

扉頁說明

老覺梅花是故人

六十翻頭又丙寅，多年況味得清貧。
閒貪茗椀成清癖，老覺梅花是故人。
蔬食原勝粱肉美，蓬窗能敵錦堂新，
安排掃地焚香坐，積雪簷冰早占春。
——汪士愼：新歲遣興——

葦窗

汪士愼啜茶小像　見巢林詩集

從藝術成就看：揚州八怪諸家，不但都工於繪事，詩與書法也無一不佳，特別如汪士愼、金冬心、鄭板橋等，更精于篆刻，可謂能者無所不能了！

汪士愼字近人，號巢林，又號溪東外史，晚年罹目疾，因號左盲生。在揚州八怪中，他的年事較長，生於康熙十五年丙寅，卒於乾隆二十四年乙卯（一六八六——一七五九），享年七十有四。原籍安徽休寧，後來流寓揚州。

汪士愼在三十歲左右，便離家寄寓揚州佛寺，並加入馬氏詩社，和他交情最篤的詩畫文友有金冬心、高西唐、華秋岳、厲樊榭，以及馬氏詩社的主人馬曰琯、曰璐昆仲等。

每值初春，梅朶似放未放，汪士愼經常到廣儲門外的梅花嶺上賞梅，便成爲馬氏小玲瓏山館的常客，一住經旬，管領梅花淸香。乾隆八年，厲樊榭應聘梅花書院講席，汪士愼上梅花嶺的次數也隨之增多了！

汪士愼別無妻室之累，生平嗜茶成癖，所以他在六十一歲時所作新歲遣興中有「閒貪茗椀成淸癖，老覺梅花是故人」之句。閔廉風贈句云：「客至煑茶燒落葉，人來將米乞梅花。」

汪士愼六十一歲那年，左眼稍感不適，並未在意，及後病狀嚴重，幾經治療無效，終于左目失明。按說眼睛失明，對一位畫家來說，無異是很嚴重的打擊，但士愼坦然處之，不以爲意，一目作畫爲故，反而覺得「從此不復見碌碌尋常人」，所謂揚州八怪之一「怪」，可能就怪在這些地方。

此時他的友好都來慰問，高西唐特爲繪「煎茶圖」，厲樊榭題詩云：「巢林先生愛梅兼愛茶，啜茶日日寫梅花，要將胸中淸香味，吐作紙上冰霜斜。敲門走送古梅枝，索我煎茶圖子詩。……」當士愼失明不久，其時在乾隆十三年後，金冬心也患風濕不良於行，兩人經常聚在一起，談論有關詩畫瑣事。一病目，短於視，一病風，艱於行，常以難兄難弟相況，金冬心在其三體詩自序云：「壬申初春，春雪盈尺，逕突失炊；予抱孑影，坐昔耶之廬，檢三體詩九十九首。是日汪隱君巢林，着屐扶短童相訪云：『衰齡忽然喪明，然無所痛惜，從此不復見碌碌尋常人，覺可喜也。』」是時士愼已失明多年，但不廢畫事，所謂盲於目而不盲於心，誠如其友人金石名家丁敬身所說：「肉眼已無天眼在，好看萬象又更新！」他仍以堅强的毅力，靠了右眼，心手相應的畫梅花、寫狂草。

據「冬心續集」載：「汪六士愼，失明三年，近忽展紙，能作狂草，神妙之處，儼然如雙瞳未損時。知予臥病蕭寺，自携大書一通見贈。予因口誦病中五字詩，士愼笑之不止，笑之正所以賞之也，相對終日，塵事俱忘。王右軍云：『人生老病，當以樂死。』信哉信哉！」並附古詩云：「雙扉久不聞人聲，忽驚打門聲丁丁；黃犬吠客牽衣迎，咄

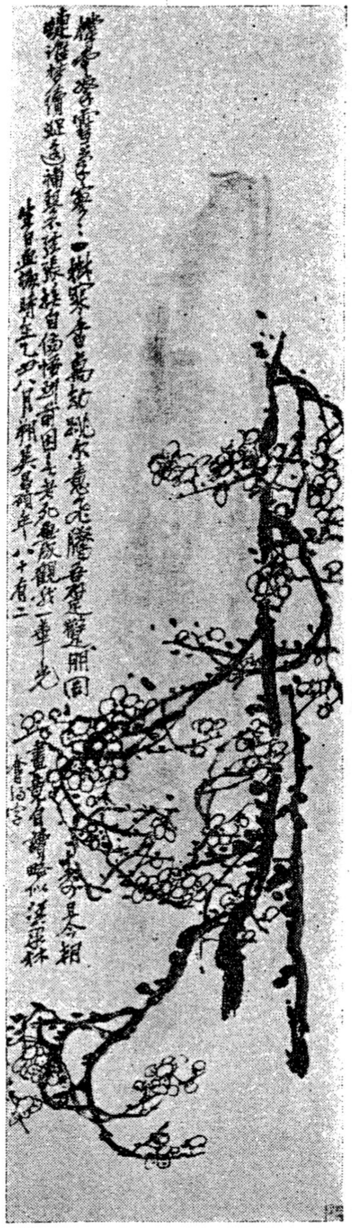

吳昌碩八十二歲生日畫梅，並題曰：畫竟自讀畧似汪巢林

哉瞽叟無世情。袖中大字大如斗，自言寫時頗運肘；心光頓發空諸有。當年多少美少年，有眼有手徒紛然；但見滿紙醜惡筆倒顚。問我病，聽我詩，笑得面皺捧兩頤。池上鶴窺冰，風吹寒棱棱；我愛此詩非我能。我病經旬乖水火，夜失安眠晝難坐。于濳白朮高麗蔘，阿誰贈藥懽相尋。叟兮又言小弟目盲非不祥，老兄軟脚亦何妨？木棉裘煖飽飯日復日，明日還來荒寺話斜陽。」

這首詩友情洋溢，表明古人道義之交，朋友抱恙，贈藥問病，相對終日，聽詩慰問，亦可見他們二位的交誼一斑。

我國古來的畫家，尤其是文人畫家，大半愛畫松竹梅蘭之類的花卉，以傲霜耐寒，勁節清雅自況。因而，歷代畫梅皆以冷香淸淡，蒼勁古逸爲原則；所謂「疏影暗香，爲梅寫眞；雪後水邊，爲梅傳神。」正是畫梅的不二法門。

汪士愼善墨梅，工八分書，所畫水仙梅花，淸妙獨絕，似不食人間烟火者，尤爲冬心所推重。冬心「印跋」有云：

「余舟屐往來蕪城，計三十年矣！得交近人汪君，喜其畫繁枝，千花萬蕊，管領淸香，今畫長卷貽余，因作『冷香』二字奉報。」

汪士愼所畫的梅花，以繁枝密蕚見稱於時。所以李玉棻在「甌鉢羅室書畫過目考」說他所畫：「設色梅花大幀，密蕚繁枝，饒有荒寒氣象。其雙鈎竹蘭，亦雅韻欲流。」

他最得意的作品，有「墨梅長卷」、「十二幀墨梅册」；另外，他和馬曰琯、高西唐三人，聯手創作的一幅「梅花帳」，在當時也很著名。馬曰琯有「梅花紙帳歌」云：

「相傳古有梅花帳，此帳未見徒空聞，偶然發興以意造，人稱好事同欣欣。搓挲玉蠒辨帘路，裁縫冰楮嚴寸分。巢林古幹淡著色，高子補足花繽紛。寫成完幅掛竹榻，垂垂曳曳波浪紋。淸絕難成夢，香多不散雲。曙後也應來翠羽，更深還擬伴湘君。帳中何所枕？帳中何所覆？縹囊秋霜黃菊韞？蘆花半壓白雲雰，戲蝶忽三五，變化麻姑裙。問誰來試之？予意最殷勤。短檠搖影羅浮去，詩境來朝定不羣。」

本期扉頁，精印汪士愼中年所畫梅花册十二幅，作于雍正十年壬子，其時汪四十七歲。據陳子淸「名畫概要」載：士愼晚年有一幅長三丈餘墨梅長卷，引首自題「溪雲一截」，有左盲生印記，洋洋大觀，老年結構也。……爲張氏大風堂收藏。

大風堂主人張大千先生，畫名滿天下，但他亦善治印，便不爲人所深知，大千近年亦苦目疾，曾倩王壯爲鐫「獨具隻眼」印以自嘲，興到亦能作畫，殆與丁敬身所稱汪士愼之「肉眼已無天眼在」，初無二致。

新春展閱汪巢林梅花册，並及其雅行高致，因草此文，兼博大千居士一笑。

吳昌碩生日梅

吳昌碩先生生日在八月初一，他每逢此日，必定畫梅一幅，名爲生日梅。他中年後，常往蘇州鄧尉、杭州孤山、浙江天台、塘棲超山等處賞梅，其畫梅題赤城霞者，即爲天台梅花寫生也。陸放翁詩：「看遍人間兩赤城」自註：「天台之赤城乃余舊游，靑城山亦名赤城。」孫綽天台賦有句云：「赤城霞起而建標」，吳昌碩採此赤城霞三字，作紅梅圖，見本期彩色插頁。

梅花朵朵　張大千畫

我与郁達夫

易君左

「……就我所知的郁達夫的歷史，其一生有兩大特點：最忠于自己所愛的女人和最忠于自己的國家民族。」

我在民初青年時期一度留學在日本東京，就開始認識郁達夫，但相見很少，來往甚稀，像對于當時的郭沫若一樣，只有田漢由于同鄉的關係又同在東京而常常見面。但是到了民國十一二年我在上海的泰東書局編輯所担任一名編輯員以後，便常常和郁達夫在一起了。

上海泰東書局的老板是北方人的趙南公，書局的發行所即門市部在上海市「野雞」（流娼）最多的四馬路，編輯所在馬霍路一棟破破爛爛的舊式樓房裏。當時書局的幾個大編輯是郭沫若、成仿吾、郁達夫、和我，還有一個姓鄧的瘦筋筋的助理編輯。郭沫若來往日本、上海之間，在書局服務的時間很少，以後也常常來；最初經常和我在一起的是成仿吾、郁達夫和那個助理編輯。現居台北任立法委員的陳顧遠是我的北大老同學，當時也在上海替泰東書局編一套地方自治叢書。泰東的生意靠着我們幾個窮文友賣心血來支持。地方自治叢書銷路很好，但還趕不上郭沫若等主編的創造社叢書。創造社那時開始成立，頭一本書是郭沫若的「女神」，然而銷路最廣的一本却是郁達夫的處女作小說集「沉淪」。這本小說寫一個流浪日本的中國青年與下女糾纏的色情，大胆的作風，流利的文筆，一出版即瘋魔了江南。我還記得：當我在發行所小坐的一段時間，即有遠從蘇州、無錫、鎮江、南京、松江、嘉興等地搭火車前來搶購的。我在泰東書局出版了一本詩歌兼小說集的「西子湖邊」，也能暢銷。另外，朱謙之的「革命哲學」也是暢銷書之一，但此書被當時政府禁止發行，泰東就把「革命」兩字砍了頭，而成爲：朱謙之著：「哲學」，因爲讀者覺得此書富有神秘性，益發風行。

馬霍路編輯所裏的生活十分有趣。整天吃着北方老板所愛吃的麪條，而我們幾個編輯全是南方人：郭沫若是四川人，郁達夫是浙江人，成仿吾和我是湖南人，姓鄧的是江西人。我因在北方多年，習慣了麪食，在北大時幾乎整年都吃麪食，郁達夫等則吃不慣，然而無可如何。一個大喉嚨的北方厨子每到中午或晚餐時，即發出像小飯館裏吆喝的聲浪——「吃麪條啊！」于是我們幾個「大編輯」便帶着飢餓和熱淚爭先恐後的下樓，狼吞虎嚥胡亂吃一肚子，用手背擦擦嘴唇，且喜那嘴唇上並沒有多的油。睡得最遲的是郁達夫，他的朋友比我們多，各種各色以及各國國籍的青年和中年老年人都同他來往，常來訪問他，他有時用幾國不同的語言來應付那些同時訪問他的人們，弄到深更半夜，也不知那裏有那些話可說。郁達夫的身體精神本來欠佳，加上他那種頹廢的心情和流浪的生活，自然足以摧毀他而有餘。他的大哥郁文在法院服務，是一位名法官，深愛這個淘氣的老弟，苦口婆心屢次勸誡他，有時獨自在弟弟臥室等候到深夜還不見弟弟回來，甚至等到天亮，原來弟弟打通宵牌去了。但郁達夫最怕哥哥，知道哥哥是一個十分嚴謹的人，因此用種種方法迴避，不遇到則已，遇到必遭哥哥的嚴辭訓斥。達夫和姓鄧的住在一房間，這個朋友比達夫更瘦，更消極，臉色也更難看。我和成仿吾、郭沫若也常常勸勸郁達夫，他是秋風過耳，永遠聽不進。

我們在泰東書局沒有固定的薪水。沒有帽子，就由老板趙南公帶到帽店臨時買一頂戴；沒有襯衫，就帶我們到衣店裏臨時買一襲穿！習以爲常。泰東的生意雖好，但開銷甚大。南公爲人疏財仗義，因此負累甚重。他沒有現錢給朋友化，而因與各商店極熟識，拉得動賬，就這樣生活下去，我們也覺得有趣，很方便。沒有東西用的時候就找老板，老板是有求必應的，所以不感到有什麼匱乏。南公的兒子，我們叫做小趙，除幫助父親處理店務，也常來照拂我們。不過有一點：一天到晚吃着又粗又黑的長麪條，寡油無味，連包子、糢糢、片兒湯都沒有，實在不夠營養。萬般無聊的時候，我們有時結伴坐坐發行所，看看街上的車水馬龍和熙來攘往的行人，或順便上青蓮閣喝喝茶同「野雞」們開開玩笑，實際上我們也就等于幾個

「文化上的野雞」，還不一樣都是極可憐的人嗎？

我的「西子湖邊」裏有兩篇小說：一篇是「失了魄的魂」，一篇是「塔影」。前一篇寫幾個文學青年在江南一帶的流浪生活，飄飄蕩蕩，像失了魄的魂那樣。這幾個青年，其中也許有我的影子，看小說的人不必太認眞，太談眞便是讀歷史了。本篇主角林佛森，可能就是我。其他，我不妨寫出來有些影射的人物，如游質夫之爲郁達夫，陸少卿之爲羅敦偉，曾希提之爲鄭振鐸，黃讓之之爲朱謙之等。本篇裏的朋友，到今天，除我尚能勉强健存以及朱謙之的消息不明外，其餘幾乎都成了古人。我把這一羣窮文友（包括我自己）在上海、蘇州等地所過的流浪生涯，吊而郎當的胡鬧一陣的生活和心情，精細的刻劃出來，以反映那個動盪的時代和那些汚濁的社會。眞的，像篇中所說：「東游西蕩，他們離墮落只有一步」，但幸而還沒墮落。那時也正是郁達夫出版「沉淪」，但幸而還沒沉淪。

在這篇小說裏，我寫到游質夫的頹廢生活：「質夫向着日光不住的吸烟，那烟灰一點一點的掉在他那件油痕墨漬的深蜜色的舊棉袍上。」「質夫的青筋一根一根的曝現出來，他把一截沒有吸完的烟蒂，一下丟到身邊的一個小痰盂內，那烟頭嗤的一聲就熄了。」「游質夫穿得太壞，仍然是那件汚穢的棉袍，他拚命的去撞妓女，或用別的方法來表現自己的高貴，但結果，妓女不獨不拉他，他反而有拉妓女的嫌疑。」然而游質夫畢竟是可愛的，「但是一個枯寂無聊的編輯所裏，得天眞爛漫的游質夫回來，就好像偏僻的鄉村，忽然蓋起一座顯靈的土地廟一樣。」

郁達夫及其簽名式

到民國十三年我去安慶，在安徽公立法政專門學校教書，郁達夫也同時同地在這間學校教書。郁達夫除上課外，全部時間在城內游蕩，與我的生活形態，恰恰相反。法專在城外百子橋，靠近有名的菱湖公園。達夫遇着深夜回校叫不開城門時便鵠立城門洞裏，他不會學雞叫騙不開門，只好等到天亮城門開時一溜烟出去。其實，守城門的對于法專學生已仰若天神，何況對教員？只要郁達夫輕啓玉口署表身份，城門不待人喊也不待人推會自然打開的。而達夫的每月教書錢（我的待遇是每月一百塊光洋，想來郁達夫和我差不多），全化在游蕩方面，鍾情的中心人物則爲一個合乎他所懸的「三條件」(Three conditions）的土娼。

什麽叫做「三條件」呢？即一、年紀要大一點，二、像貌要醜一點，三、沒有人愛過的。這第三條件還不是前兩條的自然結論嗎？他物色了很久，好不容易才由人介紹了一個芳名「海棠」的土妓。這朶「海棠花」我拜見過，當時芳齡不過比她的「如意情郎」的郁先生大兩三歲，即二十七八歲；天生一副朱洪武的異相，嘴可容拳，下巴特長，而上額不容三指。據說這種面相，在男子當有「帝王之尊」，在女子則誰也不敢領教。說來奇怪：一醜百醜，分明並不過矮，也並不過黑，但總覺得又黑又矮。年已廿七八，猶是女兒身，不知幾千萬年前世所修，修到一名才子文豪獨垂青眼，結下一段莫名其妙的露水姻緣。爲了她，郁達夫把幾個心血錢盡量報効了，然而從此愛情專一起來，不再任性放浪了。

我當時就有一種看法：郁達夫之愛海棠花，決不是任性縱慾，而是專找那人間最不平的道路去塡。人家不愛的他就愛，人家越不愛的他越愛。海棠，這可憐的女子，是一個窮苦而無告的孤哀的象徵，找不着一點愛的萌芽，所以達夫故意標榜「三條件」而單獨的選中了她，給殘酷冷淡而不公平的人世看看。郁達夫許多行迹被一般人目爲浪漫、頹廢、邪蕩，這正像卓別靈爲什麽一定要戲劇中的傻子而從笑中滾出淚來。

然而郁達夫的大名，從結識這朶「海棠花」以後，遂被「三條件」代之了。學生老爺們有時且不稱呼郁先生、郁老師，而戲呼之爲 Three conditions。

我一直對郁達夫相當諒解而寄予同情，因爲對于一個不太平凡的人，似乎不必用庸俗的眼光去衡量，或者用衛道的假面具來排斥。在郁達夫未獲得海棠前，曾經在安慶城內表演過一件被人認爲稀奇的小故事，彷彿在他的著作那一種裏面，他自己也提起過。一天，他溜進城去，經過小巷，瞥見一家小雜貨店裏坐着一個中年老板娘子尚有幾分姿色，便挨近向前買針。老板娘子拿出一口新針來，他不要，指明要她頭上插的那口舊針。安慶的風俗，將舊針灸紅放在醋裏，可以治一種病，所以老板娘子並不心疑，然而達夫買了舊針仍不肯去，再買小手帕，拿出一張新的也不要，指明要她襟間那一塊，老板娘子開始疑心了，但看這位顧客不像是歹人，也許要舊東西有什麽用處？于是又將舊手帕讓出。郁達夫從容將針包在手帕中，珍重而別，回到校內，晚飯懶得吃，歡天喜地跑上樓，到自己臥室裏，對着鏡子，用那口針刺破自己的面孔和手指，讓一小滴滴鮮紅的血液浸印的那張小手帕放在鼻孔前拚命的嗅，覺得越嗅越香；一個大哈哈，正把上樓來請大教授吃飯的公役吃了一驚，還以爲大教授發神經病呢，實際上也離神經病不遠了。

以後，通過了漫長的歲月，我和郁達夫見面的機會就很少了，但通信是不斷的。彼此爲窮所迫，各奔前程，浮名有什麽用處？

看看到了對日抗戰初期。我一家從鎮江囘到湖南，因爲我的關係，郁達夫一家避難住在我的故鄉漢壽縣城了。

有一天，我正在長沙皇倉坪的國民日報社裏辦公，忽然接到常德來的長途電話。常德是漢壽鄰縣，以前漢壽縣即屬于常德府，我的朋友很多，萬想不到打電話的却是一別多年的老友郁達夫。原來郁達夫和他的夫人王映霞及兩個男孩子因抗戰軍興流亡到漢口後，夫妻口角，意見越鬧越大，彼此都在報上駡來駡去。人家是「貧賤夫妻百事哀」，達夫倆口兒則是「離亂夫妻百事哀。」達夫是浙江富陽人，當時留在武漢的浙江籍大員都曾爲他們調解，甚至這件新聞還傳到浙江人的蔣委員長耳裏，眞是「通天」了。他們夫婦爲什麽鬧？原因複雜，公說公有理，婆說婆有理，總而言之，清官難斷家務事。郁達夫和王映霞掩旗息鼓相安一時後，武漢的局勢緊張起來，當然，他們又得逃，逃到那裏去呢？郁達夫是一個落魄的文人，無錢，無勢，雖然在他的日本同班的福建省主席陳儀那裏，像我後來在四川一樣做過一次省府編譯室主任，那只是芝麻大的小官，不夠逃難的本錢，只好揀一個地位較偏而生活程度較低的所在，苟全性命于亂世，就有人勸他到湖南常德去，如果時局再緊，還可以退入四川和貴州，比較安全。郁達夫便接受了這個設計，從漢口坐船直達常德。

王映霞倩影

郁達夫到常德後，才發現這地方是湘西一座重鎮，物價並不太低，而且是一個軍事要區，就想轉到一個生活水準比較更低而又不是軍事要區的地方去避難。又有人向他建議了，勸他一家到距離常德不過九十華里的漢壽縣。那人問他：「你在那個小縣裏有沒有熟人或朋友？」達夫一想想起了我，答道：「對呀！我正有一個老朋友是漢壽人。」那人再問：「那一個？」他答：「易君左。」那人一個大哈哈，道：「原來就是君左，我們也是老朋友。」那人是誰？就是常德著名的紳士胡善志，在「西子湖邊」裏出現的胡善恒的哥哥。「西子湖邊」裏的小書生胡善恒，字鐵崖，後來做到湖南省財政廳長和國民政府主計長，他的哥哥字雲崖，却始終未曾做官。郁達夫接受了胡善志的建議，便從常德打長途電話到長沙國民日報來找我，說他要移家到漢壽來，我當然表示歡迎，並趕緊替他安排，先得預備一處符合理想的住宅。

一星期後，郁達夫一家搬到漢壽縣城北門蔡天培醋舖一棟古色古香的正房裏。這是我們縣裏一家有名的醋舖，老板蔡氏兄弟與我和郁達夫都是同時期的留日學生。我介紹了蔡家以後心裏又有點失悔，因爲王映霞醋勁大，而我偏偏介紹他們住在醋舖裏，豈不是醋上加醋？但由于蔡家竭誠歡迎，熱情招待，郁達夫和王映霞都欣然遷入，賓主情感融洽。

郁達夫移家漢壽期間，沒有和王映霞大吵過，相處得還好。兩個孩子依依膝下，家庭之間充滿着悠閒和瞭解的外表。我們這個小縣無他長，最大的特產是魚。而這位天才的大作家到了這個洞庭湖邊的小縣，把所有的魚吃遍了，居然被他發現了鰣魚。這種魚由長江入口，相傳只遊到小孤山就囘頭的，而最好吃這種魚的地方是江蘇的鎮江。鰣魚大概偶然興到遊到湖南來，湖南人根本不注意這種魚，因爲好的魚太多了；而郁達夫一雙慧眼是認得的，向攤上買，魚販因爲這種魚是沒有人吃的，就送給郁達夫。

漢壽縣城內十字街也還熱鬧，有幾家南貨店居然賣啤酒，還有青豆罐頭。這些洋派食品，在漢壽土着們是從不會看到的，都被郁達夫一一發現，搜購一空。等我一次從長沙囘漢壽時，達夫邀我吃飯，喝啤酒，開靑豆，我問他是不是從漢口帶來的？達夫笑了。王映霞端出一大盆鰣魚來，我一見大驚：漢壽那裏有這種魚呢？這簡直是變戲法了，像左慈戲曹操變出了四腮鱸魚。我看王映霞，風姿還是那樣美，輪廓生得多停勻，難怪達夫在杭州追求她那樣厲害，達夫的「日記九種」變成了他們的「戀愛經」，我深怪達夫爲什麽常常和她吵鬧？我想起了淸代天才詩人黃仲則的美麗的詞句：「晚霞一抹影池塘，那有這般顏色做衣裳？」這兩句詞，最好作爲送王映霞的禮品。及至我發現了這幾樣食品都是在漢壽買得的，使我又不得不佩服郁達夫的「創作」天才。

達夫和映霞也常到我家裏玩耍。但奇怪的，他們並不大同時來，而常常是參差的；而每當我們邀達夫出遊或訪友，映霞往往不同達夫一起。表面上看來，郁達夫在漢壽居家期間，夫妻似乎沒有鬧過什麽彆扭，但他們的創痕是已到無可彌補的程度了。我對于他倆的情形比較知道詳細一點，但一直到達夫死後多年的今天，仍然沒辦法來判斷他們的是非曲直。在漢壽時，我也曾勸告他們好幾次。我對于郁達夫這位朋友是另眼相看的，它是李太白、黃仲則一流人物，儘管世人罵他爲頹廢派、浪漫家、色鬼、等等，我總覺得：在創造社的朋友中，只有他最天眞、最純潔、最富正義感和熱情。我的姑母易瑜是一位卓絕的女詩人和教育家，看了郁達夫的小說和詩，就說郁達夫是黃仲則（景仁）再生，亟願一見，可惜達夫到漢壽後，我的姑母已逝世多年了。假如我是王映霞，「修到幾生才子婦」，還有什麼不滿意呢？單憑「達夫日記九種」這一本「戀愛經」，王映霞亦足千古了。

但達夫的舉動粗糙惡劣，確有令王映霞難堪之處。達夫大概在漢口時就已印了一套珂羅版，既不是大滌子的山水畫，也不是王羲之的蘭亭帖，而是把他的夫人王映霞的一個「情人」寫給王映霞的「情書」原原本本印成一套，像寶明信片的，遇着好朋友就送一套，以留紀念。當達夫送我這一套時，我問他做什麼用？他說：「準備作打官司的証據。」我說：「像這樣的官司還是不打的好吧！」我把那套東西當塲撕爛了，並勸他一齊燒燬。像這些地方是不能責備一個佳人爲什麼不愛一個才子。不講王映霞這位有名的「杭州小姐」，退到幾百年前，假如唐伯虎揭穿了秋香的秘密，那裏還能流傳「三笑姻緣」的佳話呢？

我還記得一件事，就是郁達夫住在漢壽的期間，和地方長官及士紳相處得很好。這樣一位鼎鼎大名的新文學家光臨漢壽，縣長和許多紳士們都熱烈的歡迎他，使得達夫的應酬非常忙碌。有些正式的宴會和集會，郁達夫戴着禮帽，穿着長袍馬褂參加，儼然也是一位漢壽大紳士。至于教育界和青年學子，對郁達夫的印象自然更深，也更加敬佩，常常包圍他寫這樣寫那樣。

最後，附上郁達夫當時和我同遊漢壽名勝的南湖的兩首聯句，來紀念我這位亡友。原詩爲郁達夫所書，原稿尙保存在我手中。

偕君左學藝及易黃諸女伴，泛舟南湖，展墓採菱，晚至西竺山，翌日聯句。

戎馬餘閒暫息機（郁），南湖清露濕荷衣（易）。採菱兒女歌清越，展墓漁樵話式微（郁）。十里波光流暑去，兩船鬢影載香歸（易）。魯陽戈在能揮日，爲弔張顛欵寺扉（郁）。

劉院長招飲西竺山，沿花姑堤一帶，風景絕佳，與君左口唱，仍用微韻。

西竺山前白鷺飛（郁），花姑堤下藕田肥。柳陰閒繫瓜皮艇，茅舍新開杉木扉（易）。藤蔓欲攀張網架，牛羊也戀釣魚磯，桃源此去無多路（郁），天遺詩人看落暉（易）。

注意：這兩次遊踪，我們易黃兩家的姊妹們都參加了，只有王映霞沒有參加，所以達夫寫出來的詩中沒有王映霞的名字。又因這時正是抗戰內期，從「魯陽戈在能揮日」的詩句，可以看出郁達夫的愛國精神，雖在遊山玩水之中仍然未敢忘記神聖的對日抗戰。

郁達夫在我的故鄉漢壽居留約大半年之久，便遠行到了南洋，在星加坡主編一家大報的副刊，時常發抒議論，擁護國策，而不幸竟遭日寇的慘害，含恨以終，至今他死的眞正內幕，死時和死地仍然是一個謎。一代才人，如此結束，最堪悲痛！若干年後，我兩度到南洋，都有詩追悼他。南洋朋友，也有一些至今尙保留郁達夫的詩幅和墨迹，都非常懷念他。

抗戰期間我居重慶時，還和郁達夫通過幾次信，以後便消息阻隔了。王映霞則到了重慶，當我病臥重慶南岸的黃埆埡時，王映霞曾同一個外交

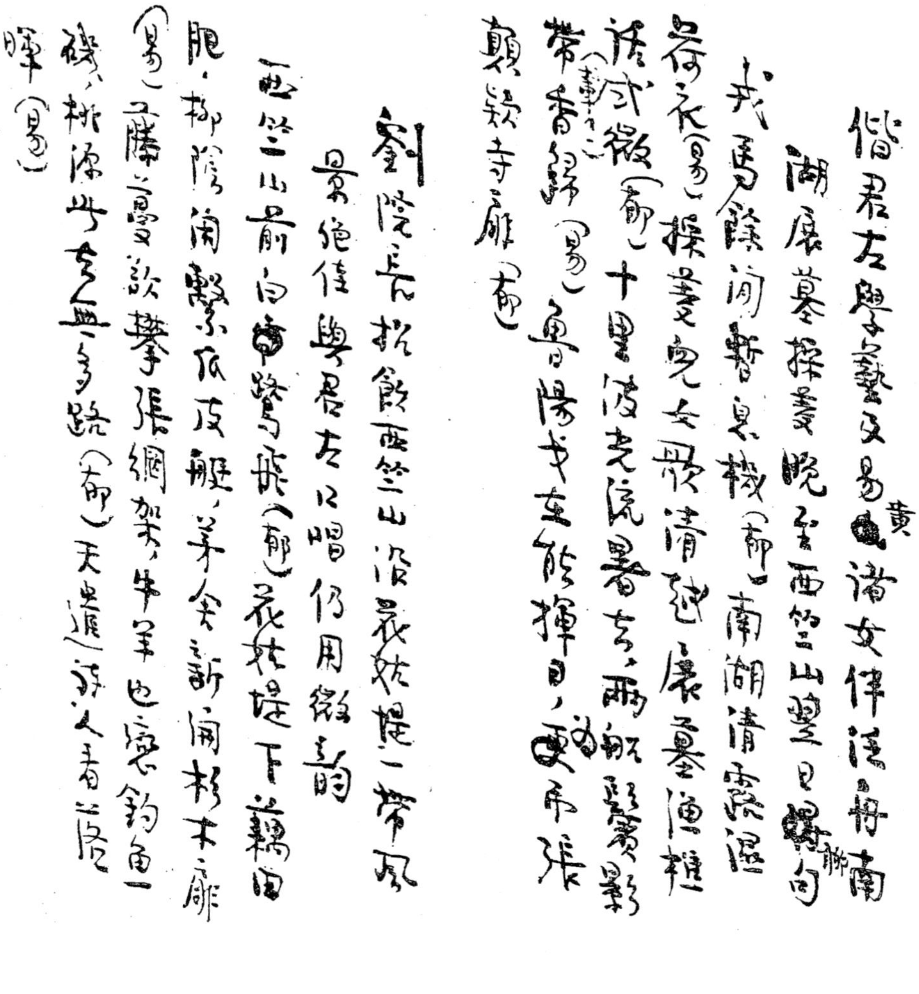
偕君左學藝及易黃諸女伴泛舟南湖展墓採菱晚至西竺山翌日聯句
戎馬餘閒暫息機（郁）南湖清露濕荷衣（易）採菱兒女歌清越（黃）展墓漁樵話式微（郁）十里波光流暑去，兩船鬢影載香歸（易）魯陽戈在能揮日，爲弔張顛欵寺扉（郁）
劉院長招飲西竺山沿花姑堤一帶風景絕佳與君左口唱仍用微韻
西竺山前白鷺飛（郁）花姑堤下藕田肥，柳陰閒繫瓜皮艇，茅舍新開杉木扉（易）藤蔓欲攀張網架，牛羊也戀釣魚磯，桃源此去無多路（郁）天遺詩人看落暉（易）

郁達夫手書與本文作者唱和詩稿

部的同事特地渡江來看我，她不久就和一位商人鍾賢道結婚。等到勝利出川，我一家乘輪過宜昌，鍾賢道正任宜昌招商局經理，我們見面了。鍾賢道從衣袋裏拿出王映霞最近從上海寄來的兩張半身彩色照片給我看，雖然比以前瘦了一點，但風韻依然端麗。我在重慶的末期，知道郁達夫確已在南洋被敵戕害，甚是悲悼。達夫雖死，而映霞有託，使我又甚欣慰。我覺得一個人總有一個歸宿。生死殊途，人天迥隔，但歸宿總有一個。我希望賢道和映霞幸福無邊。

總之，我對于這位天才作家的亡友郁達夫，其可愛處，並不在其天才之優越，辭藻之華麗，而在其性情之天眞，氣節之堅定。凡同郁達夫接近過的，一定都會感覺到：他只是一個眞字，沒有一點虛偽。當年在上海，我和創造社的幾個朋友都在泰東書局當編輯，雖同在一起，而不知如何，同我好的只是一個郁達夫；對于郭沫若和成仿吾，便覺得有點格格不相入。何以故？眞偽之分也。

所以，以後雖與達夫常有時間上空間上的隔離，但無時無地不懷念他。使我最懷念他的一點，即是他在創造社裏是一個戛然獨造的作家，不受任何牽連影響，亦不牽連影響任何人。換句話說：他是一位有善良聖潔的靈魂而又不搞政治和黨派的作家，亦即是自由獨立的作家。在這一點上，他創造了創造社。反之，郭沫若等不在這一點上，毀滅了創造社。

循着這一個性格發展下去，郁達夫由兒女之愛擴展而為民族國家之愛，乃至人類之愛。對日抗戰軍興，郁達夫和王映霞在漢口鬧彆扭，不久，由于我的安排，把他們一家接到我的故鄉湖南漢壽去了，休息了一段時間，也寧靜了一段時間。以後達夫往南洋，我一家赴重慶，從此一別，郁達夫再不返了。

去南洋以後的郁達夫，初主編一家大報的文藝副刊。民國二十七年初我在長沙，二十八年以後在重慶，都曾看到這副刊，以及達夫的詩和文章，使我對這位遠隔天涯的老朋友不僅放了心，而且欣慰之至，因為他擁護國策，鼓舞抗戰。郁達夫畢竟是我國的讀書種子，懂得立身處世之道，到了國家民族危難的關頭，便毅然斬斷情絲，割斷愛苗，而一切以國家第一，民族至上，努力于戰鬥文學之寫作了。這就是郁達夫到南洋以後的卓越的表現，也就是他死于敵人手裏的眞正原因。所以我常對人說：郁達夫是一個最有骨氣的文人！

我們應當從這些地方去瞭解郁達夫，去認識郁達夫。還記得：在他生存時，不少人罵他為浪漫派、頹廢派，連同與他一起搞文藝革命運動的夥計們，也盡量的排擠他，汚衊他。直到了蓋棺論定的今天，恐怕還有一些人仍然不曉得郁達夫是怎樣的一個人物，也仍然還有一些懷疑他的浮言，然而，事實是擺在我們面前的。至少，我個人可以提出保証：就我所知道的郁達夫的歷史，其一生有兩大特點：最忠于自己所愛的女人和最忠于自己的國家民族。可以說：他為女人而生也為女人而死的。他生于國家民族內憂外患之時，死于國家民族危亡顛沛之際。他不像那些自我宣傳、誇大狂、朝三暮四、矯揉造作、虛偽陰險……的文人們，他只是一個善良的靈魂，純潔的書生，和對女人有特別興趣的小說家，以及對國家民族熱戀着的愛國詩人而已。

「冷雨埋春四月初，歸來飽食故鄉魚。范唯書術成奇辱，王霸妻兒愛索居；傷亂久嫌文字獄，偷安新學武陵漁。商量柴米分排定，緩向湖塍試鹿車。」

我對於民國九、十年左右搞「創造社」的幾位——郭沫若、郁達夫、成仿吾、張資平、鄭伯奇……我是比較的喜歡郁達夫。我在上海和達夫見過好幾次；大概就在民國十年，我還在民厚里他住的地方去看過他一回；一直到他和王映霞結合以後，某次在田漢的「魚龍會」上，我還看見他們倆聯袂偕來。其時正是王映霞的盛時，皓齒明眸，愈樸素而愈顯其美。當時我心裏想：以具有達夫這樣一個性格的文人，居然有這樣一段姻緣的成就，足見冥冥中的主宰者還是很公道的，不禁為他們暗暗祝福。現在回想起來，大概這就是我看見達夫最後的一次了。

達夫愛好的是文學，他的英德文都有根底，讀過不少歐美文學書；更難得的是他對於中國文學的修養頗深，乃至影響了他的生活態度，因此郁達夫乃成功了一個郁達夫，既不是郭沫若，也決不是成仿吾，張資平、鄭伯奇之類更無論矣。我在前面錄的他那首七律，是他在二十二年携帶王映霞由上海回到杭州去住的時候寫下來的，看樣子似乎確有一些頹唐或消極，甚至不免牢騷，然究竟不失為中國傳統文人的吐屬，他到底不能像他那班朋友的無所不為，這種地方乃正是達夫的可愛處。至於他和王映霞的關係後來何以會惡化到那樣的程度？他個人在抗戰中何以會跑到新加坡、蘇門答臘，乃至在蘇門答臘開了一家酒店，而終不免在日本投降以後，依然遭了敵人的毒手？這些情形，至今還沒有看見任何人能對達夫遇害的經過提出一篇詳盡可靠的文字。不過這件事是當時日本在新蘇一帶駐軍的一大恥辱，則是決無可疑的了。

——左舜生·記郁達夫——

1969
THE QUEEN'S AWARD
TO INDUSTRY
英國樂頓男仕皮鞋
一九六九年特別獎
榮獲英女皇
款美價廉·舒適輕便
特別選用
法國野狼皮製造
norton
MADE IN ENGLAND
大人公司有售

專載

傅筱庵熱中作市長

——淪陷八年回憶錄——

陳存仁

民國二十六年十二月十七日，日車攻入南京城，那時上海的市民多數覺得抗戰已受重大打擊，前幾個月的歡欣鼓舞高唱抗日論調，至此已成泡影，大家心頭都覺得難過，幸而仗着租界的庇護，還能苟安一時。

這時上海雖有一個『大道市政府』，但對租界範圍之內，一些也不起作用。不久，大道市政府陷於結束狀態，新政府易名『上海特別市政府』，改由傅筱庵當市長，本節就由他上場講起。

南京淪陷　民心動搖

南京淪陷之時，一場大屠殺，不但上海報紙大登特登，外籍記者更紛紛拍發電報給全世界，把日本軍人姦淫掠奪的情況描述得非常詳細，各國外電都譯成中文再轉刊在上海報紙，大家看了都咬牙切齒的格外增加了中國人對日軍的仇恨。看來日本人對這件事也慌了手御，爲了轉移世界人士的觀感，忽然公佈一張進軍南京所獲槍炮軍器的數字報告，這張報告的全文約有一千五百字，都是軍器的數目，大抵說：『所獲卡賓槍幾萬幾千枝，機關槍幾千挺，步槍一百幾十萬枝，小鋼炮幾千幾百尊，迫擊炮幾百門，重炮幾十尊，還有坦克車裝甲車幾百幾十輛，運輸車一千幾百輛，至於彈葯的數字都是以噸計的。』

這張數目單，在電台上公佈出來，報告的時間，達到半小時之久，日本人辦的新申報還出號外。這段新聞公佈之後，有識之士就想到這些數字不甚可靠，但普通人不懂得軍事，算不出軍隊應該有多少武器，祇知這大批軍器被日軍擄去，抗戰的希望更渺小了。日本人這種宣傳，征服了中國人的人心，大家細細一研究，覺得戰事再也打不下去了。

向來日本人在租界上的宣傳，大家總是不睬不理，充耳不聞，惟有這段新聞公佈之後，無不奔走相告，沒有一個人不沮喪到心灰意懶。這時節租界上還有船隻來往香港上海，因而逃出上海的人更多。

和談開始　國軍佈防

國軍撤出南京之後，日本軍方認爲大局已定，軍人在南京肆意取樂，他們以爲戰事告一段落，國軍再也打不起來。日本政界的意見，也認爲適可而止，不要追擊得太厲害，所以等待着時局的自然變化，他們很希望國民政府肯低頭軟下來，取得一紙征服性的和約，那麽可以不必再興師動衆的打下去，所以他們很有和解的意思。

這時節，德國駐華大使陶德曼創議和談，這個呼聲，不但得到日本人同意，中國政府也表示不妨談談條件，於是陶德曼就居間調停，時間拖了幾個月之久。在拖延期間，日本人祇在蕪湖當塗打了一仗，把當地國軍輕輕易易的趕走，此外就沒有什麽軍事行動。

國府一面談，一面防着日軍進攻，就在長江馬當方面加以封鎖，使日本軍艦不能由南京開入長江以上。

在和談期間，國軍得到喘息暫停的機會，整編各地軍隊，重新佈下了一道新防線，這時杭州也淪陷了，國軍便退到錢塘江南岸。

最緊張的一幕，就是留在浙江的軍隊數字極大，輜重極多，那時節錢塘江大橋還沒有通車，但是已完成大部份，軍事當局下令所有火車和車頭，聚集在杭州，在一夜之間，將軍人和軍器糧食都搬上車，在黑夜中通過錢塘江大橋，運入杭州南岸，這時浙贛路本已通車，偷偷的運了兩日兩夜之久，待到所有車輛抵達南岸，就把錢塘江大橋加以破壞，所以有人說錢塘江大橋造了好多年，祇用了這兩天。直到後來長期抗戰達八年之久，與這次迅速大撤退極有關係，陶德曼的和談奔走，實際上是給國府一個重行部署的機會。

國軍的對日作戰，靠的是民氣，不是靠武器，由於和談進行時間較長，可以使國軍重整軍隊，再建防線，令到日軍的泥足深深的陷在中國大陸，雖然打了八年，依舊沒有取得最後的勝利。

舊官請出　新官上任

日方重視前線軍事，對後方政治工作，可以說是束手無策，所謂上海大道市政府，市長蘇錫文登台之後，一籌莫展，什麽政績都沒有。僞市府設在浦東東昌路，這個地區相等於香港的郊區，居民都是鄉下人，市庫收入微乎其微，一切開支都向日方領取，所以大道市政府徒有其名，教育局祇管一間浦東中學，學生少得可憐，維持治安的警察局，規模也很小，不要說中國人看不起，連日本人也不把它放在眼內。

蘇錫文唯一的工作，就是僱用着一班浦東土老兒，穿着長衫馬褂，扮成士紳模樣，專做迎送日方要人的工作，彷彿是大道市政府的儀仗隊一般，久而久之，日本人看來看去是這班人，也看得乏味了！

日本人又組織一個黨部性質的機構，叫作『王道會』，原想以這個會出面來組織民衆，可是民衆對這個王道會也毫不理睬，而王道會的會員，祇是計劃開設賭檔和烟窟，所以對民衆運動更起不了作用。

這時候，日方就想到市政府的市長，一定要用眞正的中國人，而且還要是眞正的上海人，知識份子既然不肯上鈎，因此就想到商界方面的領袖。要有金融知識而兼有政治的組織能力，於是就想到一個上海商界領袖又是眞正的中國人，那人就是傅筱庵（官名宗耀），他曾經做過招商局總辦，上海總商會會長，又當着上海通商銀行總經理，論資格與地位遠遠高出蘇錫文以上。

傅筱庵本來不是一個親日份子，是一位長袖善舞的政商兩界活躍份子，在清朝末葉，盛宣懷（杏蓀）在上海置業和經營，都由他全權辦理。清朝的官吏卸任後，多數有點積聚，惟有盛宣懷獨多，他在上海租界上擁有極多地產，以及招商局大機構的股權。

盛宣懷去世之後，其妻莊老太太，最器重傅筱庵，他主持的中國通商銀行，也很有成就，所以他不但在上海商場中有領導能力，而且很早就被推選爲總商會會長，那時節上海一般商界聞人，多數還要追隨在他的左右。

民國初年至十六年，軍閥割據各省，傅筱庵週旋於幾個軍閥之間，很是活躍，招商局以上海爲根據地，航線遠至北方海口，南至廣州香港，那時上海被操縱在五省聯軍總司令孫傳芳勢力之下，他和孫傳芳來往得很密切。國民革命軍北伐開始，矛頭指向江浙兩省，孫傳芳不敢輕敵，委託傅筱庵在上海採辦軍火，經年累月的以招商局輪船一批批運去，所以北伐軍到上海之後，首先通緝的就是傅筱庵。

傅筱庵住在上海租界上，雖有租界庇護，但是精神上的威脅受不住，一天，他的浦東住宅被沒收，由五區黨部佔據。他感覺到情況不好，而且租界方面的法院，國民政府的勢力也伸展了進去，所以他祇好搭了日商輪船逃往大連和天津日本租界，托庇於日本人勢力之下以求自存。

日軍佔據南京在國貨銀行前張貼佈告

傅筱庵到了大連和天津日本租界，經營商業，和日本人的來往，更爲活躍，他特地請了一個中國籍的日語翻譯，不久又成爲大連、天津兩地日本租界上的中國商界領袖，這時日本人對他早有深刻的印象。

所以改組上海市政府時，就請他出來登上市長的寶座，他也因國民黨對他有宿怨，欣然接受這個任命。

傅筱庵做上海市長之前，對日方提出兩個條件，第一市政府要改稱『特別市政府』，不能設在浦東，要設在市中心區舊日的上海市政府原址，這是一座宮殿式的大厦，市政府包括十個局，局長的人選由他全權支配。

第二因爲南市的國軍業已撤退，傅筱庵要求日軍退藏於密，由他的警察局來担任南市治安工作，不要日本人參予其事，日本當局一一答應。

傅筱庵登塲的那一天，上海有一部份商界中所謂塲面上人物前去道賀，日本人看在眼裏，認爲他比蘇錫文强多了。

傅筱庵當市長，完全爲了要過一過官癮，他每天早晨一早由虹口住宅坐了一輛大汽車出發，前後有護衛車四輛，浩浩蕩蕩的直達市府大厦，坐在從前吳鐵城、俞鴻鈞坐過的市長室中，四週由裝備精良的警衛隊保護，而且他還組成一個警察樂隊，從此凡是迎送日本大員，顯得聲勢雄壯，氣派不凡。

附屬市府的各局局長，他都選擇儀表堂皇薄有聲譽的人物担任，雖然那時節沒有什麽公務可辦，但是每天上午總是像模像樣的各人伏案辦公，中午時節他就算一天的公務完畢，回到英租界九江路樂鄉飯店進午餐。

樂鄉飯店是他的同鄉胡雄笙創辦的，當時因資本不足，由傅筱庵玉成其事，所以他未做市長之前，每天都在那裏吃中飯，陪同他進餐的都是商界知名之士，多年來習以爲常。

樂鄉飯店是供應法國式菜的西餐館，顧客高尙，那時普通西餐每客僅售六角半八角半，沙利文售一元二角半，而樂鄉飯店竟高達一元六角，所以去排日進餐的人並不多。

傅筱庵在樂鄉飯店中，有一個固定的坐位，他坐的是一隻私人特製的籐椅，他做了市長之後，仍然準時蒞臨，不過四週佈下了幾個警衛，門外也有人防守。

他對上海各方面的人認識很多，他每天開了名單邀約各界名流到那邊去進餐，有幾天時間專門邀約世居南市的鄉紳，這時節他們都避居租界，不肯回到南市老宅，經他力勸之後，這批鄉紳心頭也活動起來，但是仍然有幾個人說：『不願意看見南市幾個閘口的日本防軍，因爲要脫帽鞠躬，極不甘心』。傅筱庵當下答應想法子教日本防軍撤離。

傅筱庵每天下午都和日本人周旋，晚間總是到虹口吳淞路『六三亭』藝妓館去請客，到的是日方的軍政要人，他們對傅筱庵的建議，往往言聽計從，又因爲日軍在後方人數不多，傅筱庵既肯負起防守責任，也就採納了他的要求，把南市防軍撤去。

不久，南市的鄉紳們陸續遷回南市老宅，一般居民見到鄉紳們都已回家，大家紛紛跟着搬回去，靜寂的南市，又重復繁榮起來。

蘇錫文當市長時，在浦東區曾經發出過一種『良民証』，表示拿到這張証的都是純良份子，日本人要求傅筱庵也照辦，傅筱庵祇得順從，所以南市居民也變成了『順民』，有許多人是不以爲然的。

傅筱庵對於飲食之道頗有研究，中午喜吃西菜，晚間歡喜吃本地菜和他的家鄉寧波菜，他在私宅中也常請客，其中有一個廚子叫阿朱，是山東人，後來傅筱庵的一條老命就是送在這個阿朱手上。

市府開支　仰給日方

上海英法兩租界的行政收入，最重要的稅收，就是巡捕捐（等於此間的差餉），數目相當大，任何居民，年租可欠而巡捕捐是欠不得的，房地產項下的稅收，叫作道契稅，更辦得精密。其他各項稅收，都有條例，所以兩個租界的經營，年年都有盈餘。

從前國民政府時代的上海特別市政府，稅收年年都在整頓之中，房地產的稅叫作『宅地稅』，因爲產權不確定，所以稅收也不穩定，好多老鄉紳十年八年都是欠的，土地局成立了好多年，一般業主都不肯換取新地契，所以市府的收入，爲數極微，南市閘北浦東都屬華界，向來沒有巡捕捐的制度，所以警察的餉銀都無着落，不過市民要繳付一種清潔費，因爲從前上海的房屋，都沒有抽水馬桶，家家都用木製的馬桶，一清早由市政府清潔工人來處理，市民對這筆清潔費是非繳不可，所以市府只有這一項收入，倒是相當可靠的。當年上海還有一位姓馬的「糞大王」，即是以倒馬桶起家的。

其他稅收，除了貨物稅畧有成就之外，所得稅還是推行不開，市政府也祇好眼開眼閉的採取認捐制，由商家包認了事。所以上海市政府的開支，向來是要靠中央津貼的。

八一三事變發生，華界的人民，有能力的都逃入租界，華界的商業全部陷於停頓狀態，所以傅筱庵當上了市長，祇有龐大的開支，而沒有可靠的收入，初時傅筱庵到市府舊屋去觀察之後，一切裝修佈置以及辦公桌椅，都由他自掏腰包，連辦公室中的地氈，都是自己搬進去的。各局成立之後，人員衆多，開支浩繁，雖然其中若干局署有收入，但是警察開支全無着落，即使各局設法向人民搾取，也是入私囊的多，歸公家的少。

所以傅筱庵當了幾個月的市長，貼的錢眞是不少，日本人也知道這件事沒有適當的解決辦法，這個市政府是支撐不下去的。

在八一三之前，中國銀行曾在日本東京開設一家分行，行長是經濟專家戴藹廬，因爲戴精通日語，對日本人向多往還。事變一起，南京失陷之後，戴投誠日方，日本人請他回到上海，辦理一個經濟機構，他長袖善舞，接收了許多日方擄掠來的財富，就運到日軍佔領區的政治部門去。

傅筱庵對市政府的經費沒有解決辦法，也要仰仗戴藹廬來維持，戴的後台當然由日本軍部操縱，不過他口舌便給，處處能說服日本軍方，於是市府的開支才有了着落。

傅筱庵初任市長非常賣力，經過了三個月的種種困難之後，一股勁道也就鬆了下來，以後就抱了『無爲而治』的態度來處理一切，而且他抱的宗旨，做官是要化錢的，他既熱中此道，不化錢就不夠氣派了。

滬西歹土　潘達上任

這時節，上海四郊日軍佔領區，情形各個不同：閘北得一個「窮」字，浦東得個「苦」字，南市可以說得個「安」字，滬西的情況，却不能拿一個字來包括一切。因爲這時的滬西，已經有大大小小的賭窟開設，來來往往的都是賭客，而支撐這個局面的都是黑社會人物，不過，租界上大部份潔身自愛的居民輕易不敢走入這個地區。

滬西本屬華界，有幾條極長而又很寬濶柏油路，這些路是租界當局斥資越界建築的，所以上海人稱這個地區爲『越界築路地區』，這事由來已久，每逢中國政局不安靖時，租界當局便乘機築路，所以路線越來越長，幅度越來越廣，在未築路之先，原本都是耕地，一經築路後，兩旁的地價便直線上升，所以擁有耕地的人，也唯恐租界不來築路，築路之後立刻便成爲富翁，同時築起華麗的大住宅來，路旁都栽有樹木，格外顯得幽靜高雅，很多有錢人都在那裏置業。

中國官方明知租界當局侵犯主權，但是這些地區經過租界築路之後，就異常繁榮，道契稅、宅地稅、警務捐，令到華界當局也有一筆豐富的收入，所以一隻眼開一隻眼閉任由築路，不予理睬。日久之後，這個越界築路區就成爲高尚住宅區，住在那裏的人，一方面要繳租界的巡捕捐，一方面還要繳付華界的稅捐。

最滑稽的一件，在街頭維持治安的是租界上的巡捕，而路旁範圍仍由中國警察駐守，虹口北四川路就是這個情形。至於滬西越界築路情況，更是廣泛。

八一三戰事一起，租界當局最着重防守租界中區，以靜安寺爲防守的終點，形式上將越界築

上海市中心的上海市政府

路置之不理，事實上，還是不肯放棄，每隔數日還有警車巡視。

國軍撤退之後，日軍在滬西開納路設有防軍本部，有時租界上的巡邏車開到那裏會受到干涉，但是租界當局儘管受到阻撓和干涉，警車還是不斷進入該區，表示對越界築路不肯放棄。

這時，我有一個年輕的朋友，叫作潘志傑，他是聖約翰大學畢業生。他的叔父是英商洋行的賣辦潘澄波，他的堂兄是潘志銓，都是家私百萬聲譽卓著的人物。可是潘志傑的父親並沒有錢，所以經濟上常捉襟見肘，潘志傑大學畢業之後，鬱鬱不得志，常向叔父借錢，屢被叔父責罵，但是外界的人，還以為潘志傑總是一個世家子弟公子哥兒。

潘志傑對交際方面非常活躍，我在年輕時和他很合得來，他又參加了租界上的『特別巡捕』，所謂特別巡捕，是業餘性的警察，凡是地方上有身價地位的子弟們才能參加，他常常穿着一套華麗的警官制服，威風凛凛，招搖過市。

日本人最初佔領上海南市時，有一個神父到南市去辦理救濟善後工作，潘志傑當過這位神父的秘書，當然與日本軍方漸有往來，後來他見到英租界的警車進入滬西越界築路區，時生糾葛，因此他靈機一動，便作三方面的活動：一方面向租界當局貢獻意見，說是租界當局要保持越界築路主權，應該設立一個滬西警局，由他來當局長，制服與租界警察相同，那末以後警車出入就可通行無阻，平安無事，保持着租界警務還存在越界築路區。潘志傑本是租界特別巡捕，對訓練警員組織警署都是熟手，租界當局表示同意。另一方面他向日本軍官接洽，就說滬西區幅員廣泛，要有一個警察局才可以維持治安。日本軍方也答應了，不過要在滬西警察局中安插向來在租界當警務的日籍人員，潘志傑也答應了。第三方面他向傅筱庵接洽，他說越界築路是一個富庶區域，他擬議中的滬西警察局，要由市府委任，將來的收益，以三分之一貢獻市府，傅筱庵也答應了。

一天，滬西警察局成立，潘志傑改名『潘達』，警局設在滬西長寧路（六國飯店舊址），他當了正局長，副局長是一個日本警官。滬西早就被上海人稱作『歹土』，這時候他就簽發幾十張賭枱執照，一方面勾結日方特務機關的『小林』合作，在短短的一個時間之內，他成為紅極一時的新貴。

潘志傑和我同年，還有一位以寫「秋海棠」小說成名的秦瘦鷗也是同年，我們在二十歲左右時，常和攝影家林澤蒼、畫家胡伯翔結伴出遊，彼此都有相當的交誼。潘志傑一提起他的叔父潘澄波，便咬牙切齒的罵他，毫無叔侄情份，一些不照顧他，所以他特地辦一張週刊，叫作『現世報』，請小說家徐卓呆當編輯，週刊中有一長篇小說，暴露潘澄波的家庭隱私，他的叔父看到了，大罵潘志傑是『現世寶』，這本刊物虧耗極大，出了沒有幾期，就停辦了，但是他和叔父就因為這本刊物結下了不解之仇。

潘志傑生得英俊，面目清秀，平時衣着考究，所以女性很喜歡他，事實上他的口袋中常常不名一文。

有一次，潘志傑拉着我替他父親去看病，那時他父親住在新閘路一個很小的閣樓中，他父親生的是傷寒症，其時病勢已很危篤，他的母親祇在床旁流淚，說：『潘志傑日夜不回家，天天在外邊鬼混，一旦老頭兒倒了下來，連兒子都找不到。』我當時診視了他老人家的病，覺得責任很大，但是礙於情面，脫不了身，後來老人家漸漸好轉，神志清醒時對我說：『志傑和他的叔父鬧到我們老兄弟都不相往來，我又沒有固定收入，志傑祗做一些保險生意，家用常感不足，要是我一旦不測，祗希望你們幾個好朋友爲我料理後事，我對他早已氣出肚皮外了。』

潘志傑和我們往來漸疏，八一三事端發生，連消息都不通，一天秦瘦鷗來告訴我，長寧路滬西警察局局長潘達，就是潘志傑，而且告訴我上面所說三方面接洽的情況。照秦瘦鷗的意思，要想請他吃一次飯叙叙舊。我就說：『這事千萬做不得，我們應該遠而避之爲宜』。

有一天，潘志傑的父母到我診所來，他倆容光煥發，衣飾煌然，見了我便打開皮包，取出一包用紅紙包好的一百塊銀元，那時銀元重量是每塊錢七錢三分，所以一百塊銀元份量極重，他說：『從前請你看病，多少年來未付過診金，現在我境況好轉，這一百塊錢請收下了吧』。我心中爲之一怔，自以爲讀過正氣歌的人，認爲這種錢是有『血腥氣』的，萬萬收不得，乃婉言拒絕。

兩位老人家扭我不過，他們便說：『錢不要，算吧！我們要請你吃一次飯，你一定要賞光的。』我也再三的婉言稱謝。過了幾天，潘志傑的父母送來十個請帖，除了我，還有秦瘦鷗、林澤蒼、胡伯翔等十個老友，帖子上寫的是『席設本宅』，老人家口頭又說，大家聚集在你的診所，到時我有汽車來接，臨行再三叮囑切不可以失我面子。

我拿了這十個帖子，自己也決不定去與不去，帖子又不能不轉，於是我就打電話給各人，其中最高興的是林澤蒼和秦瘦鷗，其他各人也不表示去否，祗說到時再商量，那天商量尚未決定，兩部汽車已到門口，潘志傑從車上一躍而出，走進我診所客廳，見許多老友在座，他便嘻嘻哈哈的向各老友握手道故，問長問短，接着就拉拉扯扯把我們拉上車子，風馳電掣而去。

當時我們沒有想到所謂席設本宅的宅在那裏？誰知道車子駛出靜安寺防區，一下子已開到滬西憶定盤路他的住宅，其地花木扶疏，環境情幽，一派豪華氣象，他的父母早已雙雙站在門口含笑相迎。

等到宴會完畢，有人說：『滬西本是舊遊之地，但是已有好久沒有來過。』潘志傑接着就說：『我帶你們去玩一下』，車子離開了憶定盤路，就到愚園路。愚園路本是高等住宅區，晚上很清靜，誰知道這時期，兩旁全是霓虹燈，開了無數遊樂場，所謂遊樂場，全是公開的大賭場，我們車子停在一個『好萊塢遊樂場』門口，大家跟着下車，門前的警察見到局長駕臨，大喝一聲，立正行禮，我們汗毛都站起來。這家「好萊塢」原是一個大型花園住宅，裏面熙熙攘攘擠滿了千百賭客，燈光照耀如同白晝，潘志傑帶我們進入餐廳，由賭場老板請客，他也不知道我們是什麼貴賓。

這一幕情況，令到我們非常刺激，滬西變到如此模樣，眞是住在租界中人所意料不到的，我雖深深的悔恨有此一行，但也見到了『歹土』的眞面目。

我們大家回到租界之後，互相談論，有人說潘志傑現在的住宅，就是他的叔父潘澄波的產業，潘澄波想到潘志傑搖身一變成爲局長，一定會對他不利，所以自動的把這座花園洋房送給了潘志傑的父母作爲養老之所。

同時還知道滬西歹土賭場中的賭客，大部份都是從租界上去的，因爲歡喜賭的人什麼都不怕，祗要有得賭就如蠅逐臭，但是不喜歡賭的人，却一些也不知道。

可是在報紙上，常常見到有抨擊歹土的消息，最慘的有一件自殺案，是一位外交官，名字未經刊載，他在八一三逃離上海，而太太仍住在租界，臨走時給他一個銀行保管箱鎖匙，裏面有美鈔二萬元，墨西哥金幣一千元，說是戰爭會延長下去，日常用途可把這些外幣陸續兌用，吃十幾年是沒有問題的。誰知道這位太太好賭成性，進入歹土在短短幾天中全部輸光，不要說再無面目去見丈夫，連到日用開支也無着落，於是自殺以了一生。

從前上海自殺案件並不常有，好像人命關天。偶有發生，報紙便大登特登，尤其是這個新聞更是駭人聽聞，其實居民們受到賭場之害，後來死的人也不知多少，此時便傳出好多賭場鬧鬼的故事。

那時節在越界築路，任何人自殺或被暗殺，租界上的報紙是不登出來的，但是這十多家賭場，每天抽頭，很多人遭到傾家蕩產，也是意料中的事。

有人見鬼的事情，鬧得歹土方面都信以爲眞，那時節上海有一家『祥生汽車』，是規模最大的的士車，常有搭客從歹土跳上汽車，司機明明見到有男有女上車，但是到了指定的地方，車內却杳無一人，從此凡是由歹土上車的搭客，都要先付車資然後開車。據傳說有幾個司機拿到的竟是『冥鈔』。這類故事，傳說紛紜，不一而足，當然不可深信，但也足見賭枱害得人多，疑心生暗鬼，大家都信以爲眞。

僞府開支　財來有方

潘志傑帶我們一行人去「好萊塢」玩了之後，眼界爲之一開，原來所謂歹土，竟是這般情況，當然有人也見到我們和潘達同行，過了幾天有一個潮州籍的病人來看病，問我：『你怎麼和潘達相熟？』我說：『因爲我們從小是朋友而已。』那位潮州籍病家就很鄭重的對我說：『這是一條很廣濶的財路，你大可以利用一下，我們有許多人專做押當、賭枱和鴉片生意，要是你能請他簽幾張執照，我們可以同你合作。』

我一聽情形不對，便顧左右而言他，那位潮籍病者就說出：『現在傅筱庵的市府開支，全靠滬西的紅、黃、藍、白、黑，所謂紅是紅丸，所謂黃是黃色艷舞，所謂藍是賭場，所謂白是白粉，所謂黑是鴉片，這五種收入，每月直線上升，爲數極爲可觀。』最後他要求我設法請潘達承認一些乾股開幾家小押當。我說：『潘達和我玩過一次，以後我不會再去找他。』那人便很失望的走了。

我在這些談話之中，方才明白傅筱庵的市政府，不僅靠戴藹廬的日本機構來支持，後來還靠歹土的津貼來維持開支。

七十六號　談虎色變

在傅筱庵當市長的時代，滬西歹土雖然無惡不作，但對我們住在租界中人，却還是平靖無事。偶然也會發生一兩件暗殺案件，究竟那一方殺人，一般人都不甚了了。

此外，開始發生了幾件綁票案，被綁的都是富翁，藏票的所在，一部份在滬西歹土，一部份藏在浦東鄉下，因此有錢的人，就人人提心吊胆，深恐輪到自己身上。

有一天報紙上爆出了一件大新聞，說是靜安寺路與大西路交界的租界閘口，警察防守崗位，見到有幾輛汽車由歹土方面開來，防守的警察照例命令車輛停止，上車檢查，萬不料這時車上就有人開槍，擊傷了十多名警察，擊斃了一名印度巡捕，於是防警也予以還擊，一時鎗聲卜卜，路人爭相走避，秩序大亂。報上說出這些開鎗的暴徒，全是『滬西七十六號』所派出來的工作人員他們鬧的事。

當時我們本來不知道什麽叫做七十六號？就由這一事件開始，上海人才知道有這樣一個七十六號機關。

報紙上還說明設在極斯非而路七十六號一間大洋房中，是敵方的特務機構，我見到這段新聞，就想到七十六號這座洋房，原是從前陳調元滙欵三十萬，委托杜月笙代購的產業，這座住宅雖很廣大，內部陳舊不堪，杜月笙爲他代購之後，找不到適當的人去居住，空置着好久，杜月笙弄得沒有辦法，房租分文不取，四面託人找尋住客，我也到過這座洋房去看過，一看之下，祇見一個又破又舊的大廳，可以供居住的房間並不多，所以去看屋的人，都望望然而去之。

某年，陳調元到上海來做壽，便在那個住宅中加以粉刷，一連在大廳中唱了三天戲，南北名伶被邀而來的很多，我拿到幾張座券，又去過一次，曾在園子裏盤桓一下，對於內部房屋大致都看過。

自從七十六號的人和租界警察開鎗之後，紛紛傳說七十六號內幕，主持的人叫作吳四寶，是一個殺人魔王，大家談起這人都有談虎色變之感，我起初並不知道這人是何等樣人物？

殺人魔王　堅請出診

後來有一天，我診務剛畢，家中約了兩位廣告界老友，一個是鄭耀南，一個是陸守倫，大家商討晚上到那裏去吃一頓晚餐。突然有人拍門，進來的是一個彪形大漢，說是要請醫生出診，我一看那人的行徑，有些異相，推說疲勞已極，不再出診，而且那時節曾經發生過一件綁票案，國醫公會印過一張出診的保單，凡是不相熟的人請出診，一定要有『舖保』，我便把這個規矩告訴那人，那人便說：『陳醫生你怎麽不認識我？我是從前世界書局排字工頭金阿六』，我仔細端詳一會，覺得依稀面熟，因爲多年前，我著的『中國葯學大辭典』，版權是賣給世界書局的，在排印期間，我常到大連灣路世界書局編輯部去做修正和編排工作，所以這人認識我，他還背出書局中許多人的名字，說是董事長沈知方，總經理陸高誼等，歷歷如數家珍，我因爲這個關係，倒不好意思嚴詞拒絕。正在交談之時，他忽然說出『現在請你出診的人是吳四寶！』我問：『是不是七十六號的吳四寶？』他說：『正是』。我當堂就發呆了，他說：『吳四寶說和你很熟，你怎麽想不起來？』我說：『我向來不認識吳四寶，何以說和我很熟？』他說：『四寶，就是沈知方從前的汽車司機。』我連聲說：『不認識！不認識！』他接着又說：『四寶在爲難時，他的老母是你爲她診病的，所以四寶一定要請你去一趟。』

當時在旁的鄭耀南聽到吳四寶三字，面孔立時變色，陸守倫聽見這個大名，比較鎮定，爲我婉婉轉轉的說了許多話，那人面色就有些不好看起來，他說：『祇要化一小時就辦妥了，而且現在有許多人都想認識吳四寶，陳先生爲什麽堅拒不去？豈不要傷感情？』這般相持了很久，那個金阿六就打電話給吳四寶，吳四寶親自對我說：『現在有一個要緊的人有病，必須你走一次，保接保送，決不爲難你。』我答覆他：『我們二人多年不見，你的聲音我不記得，是眞是假，叫我怎能相信？』吳四寶說：『我找出一個和你相熟的人來做担保，你總不能不來一次。』金阿六在旁邊聽得很明白，祇能坐着等候，不肯離開一步。

隔了大約一小時，袁履登打來一個電話，袁是公共租界的華董，是所謂海上三老之一，他一口寧波口音，我是聽慣的，陸守倫也是寧波人，搶了話筒就和袁履老會話：『陳醫生實在是胆小，不肯走出租界一步，你既然來電話，可不可以用你的汽車送去送囘。』袁履老一口答應，而且說我正在一品香旅店爲魏廷榮的姪兒証婚，你們一起來，我陪陳醫生同去同返。於是我就坐了陸守倫車子帶了金阿六同去，袁履老見了金阿六，開口叫他金科長，大家就登車直馳滬西極斯非而路七十六號。

『七十六號』這次去時，情形就不同了，他們把陳調元的住宅大大的擴寬了，四鄰的房屋都打通了連接一起，因此進入大門後，內部房屋情況，與前時截然不同。屋內刁斗森嚴，令人不寒而慄。我再進入第二道大門時，他們便把鐵柵上鎖，不一會，有兩位荷槍實彈的人，跳上汽車，彎彎曲曲的進入內部一所小洋房，車子停了之後，迎面站着的，就是那位吳四寶。他見了我，很坦白的自我介紹道：『我從前是世界書局總經理沈知方的司機。』我聽了他這話，只得說：『呵！我認識。』一面說一面他就陪我進入內室。

我見到室內有一個病人，俯伏在床上一張小茶几上，不停的作呃，兩目凝視着我，似有招呼之狀，但是看他的神情，已無力出聲，大約是經過了疾病的磨折，令他眼目無神，全身疲乏無力，作呃的情勢，每次相距時間極短，幾乎成爲連續狀態，氣分急促，每一作呃，全身顫震，相對之時，沒有說話的氣力，一味用手指着喉頭，意思叫我從速替他止呃。

旁邊侍候的人，對我說出他的病情，說是他半月之前，天天發高熱，延請過西醫治理，發熱已經退清，可是在熱度退落的那一天，開始作呃。一切針葯完全無效一直到今天。

我查閱病歷，知道病者的患病經過，最初患的是斑疹傷寒，一共發熱十四天，在十四天熱度突然退落時，開始作呃，起初作呃時斷時續，後來竟然整日不斷作呃，如是者已有三日三夜，患者本來是身强力壯的人，但到此地步，兩眼凹陷，目定無神，作呃時全身作震，他自己覺得生命有不能支持的模樣，哀哀切切地淚盈於眶。

看了這般的情形，我認爲醫療問題只佔一小部份，而人事問題，倒佔大部份。如果治愈此人的病症，不過是完成了醫者的責任；要是病人有三長兩短的話，可能給你戴上一個帽子，扣留禁閉起來也說不定，因爲那時他們的作風完全蠻不講理的。

我又想到這病人，可能在片刻之間，心臟衰弱，大汗虛脫而亡，進服內服劑，有害死他的嫌疑，我就用了一張中國紙（即是學生們練習寫大楷的黃色土紙，內地稱作表心紙，近似此間的玉扣紙），捲成一條烟捲模樣，燃着了火，令病者當紙烟一般吸食，這種紙質，完全是植物纖維，點着了火之後，呼吸時有濃烈的青草氣息，一口濃烟進入肚中，會覺得到極大的刺激力，通常可以令到胃神經受到劇烈刺激，影响到橫隔膜神經的，是古老的止呃法，可是這位病人吸了之後，依然作呃。

我接着又在口袋中摸出一枚銅元（這是當時上海市上通用的輔幣，銅質圓形，比此間五毫硬幣稍大。）我就用這枚銅幣，向患者項背部份，是脊椎骨的第一節之上，在中醫書上名爲『大椎穴』的所在，用力摩刮，患者好像又似痛苦，又似爽快，就從那時起作呃漸漸停止。本來這位病人作呃，曾經統計過，每一分鐘大約十次，即是每隔六秒鐘，他要作呃一次，呃聲連續有三日三夜從來沒有停止過，可是用這個外治法後，竟然令到他停止作呃。

病者欣然作聲，說是：『毛病有救了！』我說：『你要閉目靜養。』大約又刮了一小時，病者由俯伏小几，改爲平臥床上，不久竟然入睡，這是因爲他已三天三夜沒有合過眼，作呃一停，終於倦極而眠了。

這位病者作呃停止後，大家高興得了不得。接着知道，原來這位病者，是掌理警務和特務的高級人物，患病後不敢入公共租界的醫院中，所以治病時在七十六號的機關中，延聘三位西醫爲他治療。他們對這幾位醫生的態度，表面上相當優待，實際上當他們俘虜一般，不問他們同意與否，强制的留在該處，疾病一天不愈，一天不准離去。三位醫生，個個苦口苦面的說不出話來。

我也覺得病者的作呃，雖已暫時停止，但身入牢籠不易脫身，如果我也被他們禁守在魔窟之中以觀後效，那末此症以後是否有變化，也未可逆料，夜長夢多，前途正未可樂觀，因此我同三位西醫，互相交換意見，共同作出一個決定後，才向病者家屬說：『此症寒熱早已退盡，作呃也已停止，祇要在病室中靜臥，因他已三夜未得睡眠，要他斷斷續續的睡眠，睡眠充足後病體自能恢復的。』幸虧在旁照料的人，已經十數天日夜不得安眠，所以答應我們可以回家。

在臨走時，吳四寶約定次日早晨七時一定要找我和西醫兩人，再去診視，袁履老看出我們的面孔都有些不豫之色，就對我們說，以後來往都由我的車子來接送，他這樣一說，我們就放心得多了。

在車中有一位西醫同我講，他們在七十六號時，每晚都聽到鞭撻聲、叫喊聲、啼哭聲，這環境眞是令人不寒而慄，此人要是患病死亡，診病的醫生一定有意想不到的痲煩。

如是者六七天之後，那個病家日有起色，隔了半月，吳四寶具了一張請柬，請我和袁履登等去吃飯，吳四寶輕輕的對我說：『當初請你，你堅持不肯來，我也明白你的意思，你是一個胆小朋友，怕綁票，所以我今天請了八個陪客，都是各路人馬，你吃過這一次飯之後，就沒有人敢向你動腦筋了。』入席之後，原來潘達也在座，吳四寶爲我介紹說：『這位是我們的第四科科長』，我說：『他是我從小朋友』，其他七人都不認識，經過介紹後各人的姓名也轉瞬即忘，祇有一個叫作『丁錫山』，這人我聞名已久，但是想到了這人在浦東專事綁票，橫行不法，所以我默不出聲，只想從速離開宴會，而且想上海不是安樂土，最好要離開上海爲是。

這一餐飯，我吃得毫無味道，幸虧吃到一半，袁履登說另有應酬，起身要走，並且照顧我說：『陳醫生你也有份的，要不要同去？』我心裏明白他的用意，馬上也站起身來，道謝而別。此後，我和這班人就沒有再見過一面。

鎗擊不中　刀下無情

傅筱庵當上海特別市市長，不久維新政府成立，他仗着日本人的後台，在上海稱孤道寡，對南京不加理睬，維新政府的首腦梁鴻志，對他束手無策，特別派了陳羣，邀約傅筱庵到南京去，作名義上的『述職』拜謁，經過了無數的口舌，傅筱庵堅拒不去。

本來梁鴻志想向上海市籌些欵項，要他繳付一些稅欵，但傅筱庵提出一個反要求，說是：『上海市政府開支龐大，除了滬西的烟賭有些收入之外，祇在北西藏路橋（俗呼新垃圾橋）北堍辦了一個蔬菜市塲，每月有二十萬元收入，其餘還是靠日本人辦的經濟機構津貼着。』所以維新政府向他要錢，不但要不到，他還要南京每月給他二十萬元，否則他決不到南京，梁鴻志弄得沒有辦法，祇好勉强應允，他才到南京去拜謁一次。

維新政府一再要求日本當局要更換上海特別市市長，日方始終沒有答應，而且說明各地的政府，多依附在各個軍區之下，南京有南京的軍區，上海有上海的軍區，兩個軍區的首長，不願意這類組織聯系起來，祇要維新政府掛着一面五色旗，上海特別市政府也掛上一面五色旗也就算了。所以梁鴻志對傅筱庵，始終鞭長莫及，一些也指揮不動他。

傅筱庵在上海的工作，祇是對日方百般聯絡，做着迎新送舊的工作，每天晚上大擺筵席，還要供應色情的對象，他對這一套工作，做得確是八面玲瓏，有聲有色。

他的家中，有一個主持厨政的老厨子，叫作阿朱，跟隨他已有多年，管理着各式廚師，輪流做着四川菜、北京菜、上海菜、廣東菜，所有採辦材料的事宜，統由阿朱負責，進益相當可觀，他是山東人，爲人爽直而有烈性，每天晚上見到無數日本人挾着淫娃蕩婦，醜態百出，而且幾杯黃湯下肚之後，擊掌唱歌，東倒西歪，實在看不上眼。

傅筱庵

傅筱庵每天一清早，總是上市府大厦去辦公，那一座大厦是宮殿式，前門有很遼濶的石級，他到達時，威風凜凜的走上石級。一天，他從容的步上市府石級，忽然間有一大漢對着他連開兩槍，但是這人槍法並不高明，傅筱庵一些沒有受傷，而刺客反被衛隊包圍起來，刺客緊握槍枝，還是高呼要『打死傅筱庵』，傅筱庵急急忙忙逃進內室，驚魂甫定，傳令下去，把這刺客亂槍打死。

這個刺客被打死後，傅筱庵召集幾個秘書和衛隊長研究刺客的來源，有的猜測是中央的特務，有些疑心是日方的特務，突然間傅筱庵拍了下桌子說：『我知道了，不必追究，也不要把這消息透露出去，把刺客埋掉就算了』。手下當然照辦了事。

後來傅筱庵向秘書們透露說：『這刺客定是南京方面派來的』。

上海一般市民完全沒有知道這一件事，我因有一個寧波朋友，在傅筱庵手下任職，當時他也在場，後來是他告訴我這件事的。

傅筱庵受過這一次驚嚇以後，就有掛冠求去之意，但是他很相信算命的。其時上海新聞路有一個姓丁名叫太炎的星相家，久已名震朝野，傅筱庵靜悄悄便裝往訪，丁太炎替他排了八字，再看看他的相貌，頓時放下朱筆說道：『這是一品大官的命，最近曾經遭到殺身之禍，但是轉危爲安，有驚無險。而且以後還有十年大運。』傅筱庵聽了他的話，心中暗暗佩服，付了相金就走。

就爲了這位算命先生的一句話，他就打消辭意，依舊決心的做下去，認爲大難不死必有後福，將來還有將來。

過了好久，一天，他沒有應酬，悄悄的提早回到虹口住宅，不料當他跨進內室，見到一個內眷，正和他的廚師阿朱睡在床上，傅筱庵當時很鎮定的默不出聲。阿朱反而不好意思，向傅筱庵求情說：『老爺！我實在沒有面目再做下去，可不可以給我一些錢，讓我到別處去做小生意。』傅筱庵當晚就拿出一筆錢，說：『這錢就送給你，但是你要若無其事的再做一個星期，等我幾次客請好之後，再走。』阿朱當然答應了，天天一清早上菜場辦貨，晚間督厨做菜。

到了第六天，這天是民國二十九年十月十日國慶節，早上五點鐘，阿朱忽然烈性大發，手執菜刀，闖進傅筱庵房中，那時傅筱庵獨居一室睡得正熟，阿朱提起菜刀，像劏猪一樣的把傅筱庵殺死了，阿朱走出房門時，還將房門帶上，到厨房中拿了幾個菜籃走出大門，當時與門前的幾個守衛人員還含笑招呼，踏上脚踏車（此間稱單車）若無其事的揚長而去，傅筱庵竟是如此收場。

傅筱庵的財政局長

傅筱庵當時的財政局長周文瑞，是日本某銀行上海分行的買辦，也是子襲父職的。周娶的妻室是盛杏蓀的孫女兒，又娶富春樓老六爲側室，寵擅專房。勝利來臨，周文瑞鋃鐺入獄，富春樓老六天天去送監飯。等到周刑期屆滿，富六忽下堂求去，她說：「我若在他坐監之時求去，便爲不義，現在他自由了，且已準備東渡，人家說：可以共安樂，不可以共患難，我現在和他共過患難，以後的安樂日子，我却不願和他再廝守下去了！」富春樓老六早年在上海，周旋於名公巨卿、軍政各界之間，堪稱閱盡滄桑。現在她皈依宗教，每逢星期日，九龍幾家教堂中常見她的芳踪，一點也看不出他從前神采飛揚的模樣，也可以算得由絢爛而歸於平澹的了！

Goldlion® NECKTIES

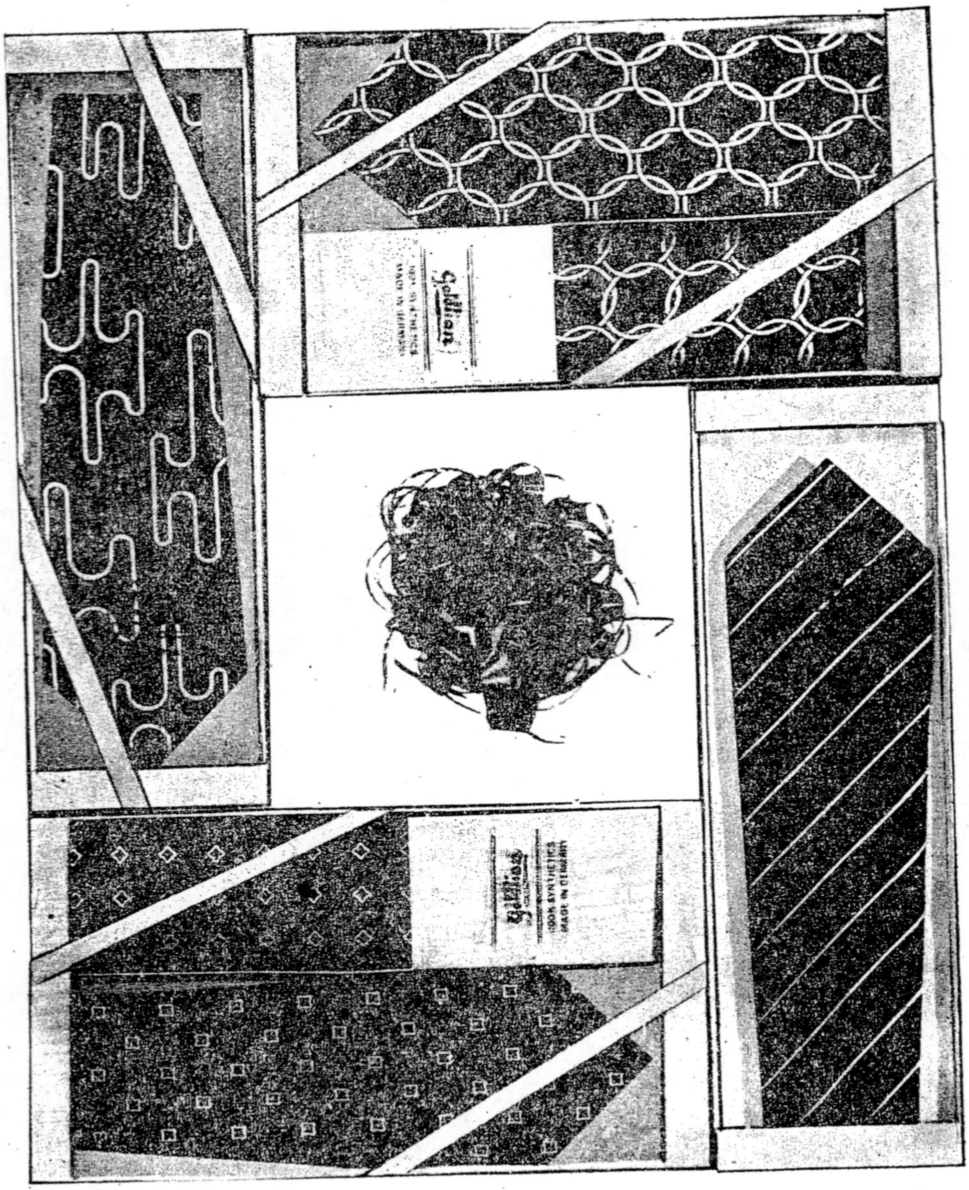

金利來領呔

大人公司 有售

大八小路

上官大夫

免費原因

英鎊改為十進制，二月十五日實施。是日開始，全英公廁不再收費，蓋因新舊輔幣體積不同，在門上換裝一批新機來收新幣，這筆開支比收費更不化算。

無燈勝有燈

元宵一名「燈節」，也是古代中國的情人節。現代情侶要去的地方，最好沒有電燈。

雙重理由

女教員要求婦女節放假半天，去年前年，均未獲准。女明星不妨試請放假一天，半天為了慶祝婦女節，半天為了紀念阮玲玉。

寸土必爭

西營盤床位住客，為了爭執兩塊階磚面積，打得頭破血流。一旦國家有事，這兩人都可以負起邊防重任。

一舉兩得

名媛表演時裝，為保護兒童會籌款。貧童由此得到一些溫暖，紳士們因此眼目清涼。

丈夫標準

女子欲不做寡婦，丈夫年紀越輕越好。至於丈夫收入，當然越多越好。

公平收費

東京一女郎一絲不掛，供人攝影，每小時收費美金兩元，照相機中有何底片不問。實在說來，沒有底片的相機，應該加倍收費。

人類的聰明

算盤與電算機比賽結果，前者往往快過後者。所以皇后道上來往，多數人寧可步行，不肯搭車。

通情達理

寫字樓雜役偷取支票，東主不予追究，反予加薪。該老板堪稱深明事理，默認假使薪水早加一年，支票也許根本不致被竊。

少女天真

未婚女子手戴結婚戒指，就是為了好玩。她們天真，不知正式結婚，比光戴戒指還要好玩得多。

鐵門鐵窗

小偷偷取鐵門，被判入獄。在獄中，他將發現鐵門之外，尚有許多鐵窗。

讚美舉例

美國遊客來港，對北京塡鴨讚美不已。等他們回到美國，還不是照吃牛油麵包如故。

理由充足

偷信賊在法庭上侃侃陳詞，自稱他是集郵專家。他也可以自承身為作家，想編一本「尺牘大全」

像是二獎

可口可樂瓶中發現半隻老鼠，獲償美金二萬元。若非賠償而是得獎，這即使不是頭獎，至少也是二獎。

供過於求

假使你登廣告招請一千名職員，當天可有三千人應徵。假使你徵求一千頭狗，有沒有一百條大成問題。

目的在此

芝加哥一醫生曰：「經過人工美容之女子，每易流於濫交。」——她們的目的，乃在收復未美容前之失地。

業餘遊戲

馬會正考慮改革，實施賽馬職業化。香港沒有一個人不知道賽馬，但沒有多少人知道這是「業餘遊戲」。

珍貴寶石

美國太空人降落地球，携回月球石一百二十磅。交由寶石公司論「卡」出售，這筆數目大為可觀。

豈可廉價

情人節起一星期內，婚姻介紹所將予特價優待。介紹而從廉收費猶可，若婚姻廉價則萬萬不可。

倚病榻，悼亡友！

朱子家

飄泊在天南的海角，不知不覺已渡過了二十一個年頭。在過去的歲月裡，每天晨起讀報，不時會看到有相熟的人或至好朋友的訃告，出現在眼前。他們爲了苟全偷生而來，但終於受盡了煎熬之後，長辭人世去了。在悼惜之餘，我總爲自己慶幸，儘管旅中生活，偃蹇了無善狀；也儘管勢易時移，受盡人間白眼，而我却能渾渾噩噩地忘記過去，不計將來，只求得存一息。因能忘我，于是能在二十年中未病倒過一天，常常還以自己六十八歲的高年，仍能有四十八歲的健康，而且還保持着一顆二十八歲年青的心，一直以此自慰而自豪。

可是這種聊以自娛的僅有心情，在去年兩場大病以後，就完全幻滅了。還記得去年七月二十三日，本刊編者沈葦窗兄約我在大人飯店晚餐，那晚菜餚既豐盛而又精緻，不禁頻頻下箸，已覺食得有些過量，不料最後又端來了一個大「一品鍋」，這本是家鄉卒歲時的珍餚，不嘗此味者亦已二十年，乃有如遇故人之感，于是又恣情大嚼，飯後雖微覺飽脹，而越宿就已無事。到第三天的七月二十五日，方在辦公室治事，葦窗兄來電話說有事見訪，要我等他，我還說一定等他相見的。詎放下聽筒不久，忽覺胸口作嘔，週身發冷，一按額角，竟已火燙，於是不及等他的光降，就匆匆返家。當晚寒熱高至攝氏三十九度，不時嘔吐，因爲第二天是星期，不克就醫診治，以後接連四日，經針藥兼施之後，體溫雖已回復正常，而精神却異常萎頓。三十一日晨起如厠，發覺大便爲黑而有光彩，宛如印刷用之油墨，急持赴醫生處查驗，斷爲胃出血，一量血壓，最高已僅得八十度，自覺已陷於半昏迷狀態。醫生以失血過多，要我立即入醫院輸血，那時身體漸覺不支，連說話亦已無力，回到家去，就倒臥在床上，懨懨待斃。剛有朋友來探我，他認識一位可以輸血的醫生，立刻扶我起身，趕去診治，原意本爲輸血，而一經測量血壓，竟又劇降至最高僅得五十度，一探肛門，全是黑色的瘀血，他認爲輸血已無補于事，因已瀕於休克狀態，如再遲兩小時，因失血過多，勢將不治，除非立即一面輸血，一面施行手術，尚有萬一之望。我那時已完全喪失了思考能力，只是呆呆地望着醫生，朋友代我決定了，立刻送往九龍聖德肋撒醫院，先作一切必要的準備。到當晚八時二十五分施行手術，至九時十五分畢事，把胃部割除了五分之三，發覺上面已穿了四個小孔，還幸而將割下的患部送去檢驗後，証實僅是潰瘍，尚非癌症。

在施行手術時，因全身麻醉、一任擺佈，雖有切膚之痛，却無感覺，但甦醒以後，臂上因輸送血液、鹽水以及葡萄糖水，吊着一條橡皮管數十小時中不能移動，鼻孔中又挿入了另一根橡皮管直通胃部，不時抽出黑色的瘀血，創傷部份稍有轉側，即痛楚難當，眞有如被凌遲處死之狀。人也迷迷糊糊地時醒時睡，面部表情又忽笑忽啼。一隻可以移動的手，食指又不停地在被單上鈎劃，作爬格子狀，護士們注意着我莫名其妙的動作，她們那裏知道，這個垂死的病人，這十餘年來，正以衰殘之歲，日夜以此作爲療飢的職業，不意習慣成爲自然，病中猶不忘其本職，是誠大可哀矣！

留醫了十天，先後輸血達五磅、刀口也縫合了，總算又把殘喘苟延了下去。但是體重減了二十磅，偃臥起床時，就會一陣昏眩，搖搖欲墮，形銷骨立，變得眞有「扶上雕鞍馬不知」那一份弱不禁風之概。不料禍不單行，十一月十三日起又患了另一場大病，忽然小便作黃褐色，大便作藍色，膚色泛黃，高熱又作，一驗血，才知是傳染性肝炎症。醫生說：肝炎症雖無大礙，但如不節勞，一旦變成肝硬化，就成絕症。他要我終日睡在床上，不起身，不操作，嚴禁油質，而要食大量的糖份。無如我在去年四月赴日本時，剛應允再爲他們寫一本新書，約定字數達二十五萬字，遷延已久，乃不得不力疾捨命趕寫，因此復原較遲，纏綿又達三月。對我來說，一九七〇年眞是太不幸的一年

活了這一把年紀，可以算得已是百刼餘生，一生所遭遇的坎坷，不一而足。一九四五年，在一場政治運動中失敗了，蠶室腐刑而外，更有破家之痛；一九五一年投筆從賈，全軍盡墨，又不意會嘗到飢寒之苦！一九七〇年這兩度大病，在進入手術室的時候，自維衰弱至此，也許不復回生，眞覺生死只是一間耳！因一生歷盡了艱苦，也就洞澈了人生，在飄泊的二十年中，意志本已極度消沉，自經疾患，益覺萬念皆空，所不能恝然忘懷者，則以過去多得朋友的獎掖扶持，始能混跡於社會，因此在病榻上，無時不在追念故人。尤以一九七〇年中，在香港寥寥朋友中，胡叙五、陳彬龢、朱省齋三兄先後淹化，回念半生交游之往迹，殊不能稍已于悲愴。

上海是一個奇特的地方，五方雜處，伏虎藏龍，其間最特出的人物，無疑是杜月笙。我既是

記者，又為律師，但與杜氏却無絲毫淵源，自更不會認識在杜左右有胡叙五這樣一枝健筆了。

這還是十餘年前的事，我方為天文台報及春秋雜誌寫稿，有人介紹叙五以拾遺筆名寫的那部「杜月笙外傳」投刋春秋，編者姚立夫兄以原稿見示，想取决於我。讀了開始的幾行，就覺得意外的好，我一向認為寫像杜月笙這樣的一個人，自然不失為極佳題材，但任何人有他的長處，也會有他的缺點，更何況於他。所以叙五以為杜氏立傳，褒貶之處，下筆頗難得當，而叙五以與他多年賓主之情，知道得多而翔實，評論得生動而中肯，文字的優美，反成餘事。在春秋連續刋載中，他不時親自送稿，彼此僅目逆而未交一語。

直至他那冊單行本問世，因印刷與發行上的種種問題，使他煞費躊躇，我忍不住將我經驗上所知道的告訴了他。而一經交談，此後的十餘年中，就時相過從。叙五狀貌如三家村學究，木訥又如一謙謙君子，對同文中稍有一得的人，即服膺勿替，說話帶有濃重的安徽土音，雖訥訥不出於口，但嫉惡如讐，極富正義感。他因曾為杜月笙佐筆政，過去時與俠林中人交游，最難得的就是並未沾有此中習氣。叙五下筆輕靈，辭意茂博，如以貌取人，不信是出于其手。

在最近數年間，他孑身客寄，僅持筆耕為活，人情冷暖，時遭拂逆，尤以眷屬困居大陸，備受摧殘，由於處境的不佳，流露出性情的急躁，每以小故，輒發盛怒，又常因稿件上的問題，大起紛爭，而頗承不棄，總由我出面片言解紛，這種反常的現象，我早為他的健康躭憂。還記得去年春，葦窗兄正為「大人」雜誌的創刋而向各方徵稿，有一天他約我與叙五及朱省齋兄同飯，匝月不見，叙五顯得憔悴而萎頓，他本豪於飲，那天竟滴酒不入口，而咳嗆頻頻，咳聲亦有異於尋常，我更確信他的病況已到了嚴重的階段。

至去年四月初，我因受邀赴日演講，正摒擋準備啓程的前數天，忽得「春秋」雜誌伍爱嫂的電話，謂叙五已因病亟送入瑪麗醫院。翌日，我們就約了省齋、憨珠、陳孝威夫人、爱嫂與葦窗兄等同往探視。他偃臥在三等病房的一張病榻上，上面高懸着的一瓶血漿正在為他輸血，他發音雖較微弱，但神志仍極清明，完全看不出是已危在旦夕的人！我還以為稍加療養，他年事不算太高，總還能霍然全愈。我們畧加慰問，即珍重道別，不料這竟然是與他最後的一面了。

第二天，知道他病況已有轉機，而不意到第三天的清晨，他自行起身漱洗，因無人扶持，稍一傾跌，就此一瞑不視。他在客中，沒有一個家屬，也沒有一個親戚，寥寥十餘朋友，為他在殯儀館草草辦妥了臨終之典，就送往火葬塲火化安葬。從此，宿儒又弱一個，在客中，談得來的朋友又少一個！

在赴日的飛機上，叙五的聲容笑貌，還時縈腦中，念到朝露人生之句，不禁無限低徊。又那裏想到，抵達東京之後，又與一個數十年老友的陳彬龢再演出了訣別的一幕。

人們對于彬龢有着種種不同的看法，也因此有着種種不同的評論，我自以為在數十年的交往中，知道得他很多，但知道得越多，却越是覺得無法了解他。他是塵海中的妙人，尤其是文化界中的奇人。且不要看他肥胖禿髮，貌不驚人，一口蘇州官話也且語不驚人，而行動十分飄忽，調子唱得很高，但先後却受知於陳濟棠，在港創辦「港報」，以黃炎培的汲引，于戰前史量才革新「申報」時，人材濟濟中，竟延其參加筆政，太平洋戰爭突發，他由港抵滬，在日人接收上海兩大報「申報」與「新聞報」時，逐鹿者不知多少，而「申報」社長一席，却為他輕易取得。他並沒有受過高深的教育，甚至我不知道他的學歷，但他在教育界先後担任過上海啓秀女校，有名哈同花園附設的倉聖明智大學的教席，又做過澄衷中學的校長。我沒有讀到過他親筆撰寫的洋洋大文，而他批評別人的寫作，不能不說有他的見地。甚至他寫給朋友的信札中，文言與白話雜出，決不類是此中高手，他在戰前，商務、中華兩大書局中，就出版過不少他有關文藝等的著作。在他為「申報」寫社論時，家中就延聘了不少有名的文士，由他口授大意，而由別人為他執筆，胡風就是其中的一人。在港時他說為日本與美國寫稿而從未看到過報刋上發表他的文章。他不事生產而舉止豪濶，在他過去的早期半生中，總有人為他作經濟上的後盾。在一九六七年赴日之前數年中，忽然又於極度潦倒中否極泰來，酬酢宴客，幾無虛夕！一方面他確是好交游；也不能不說不脫蘇州人愛好空塲面的積習，所有朋友都驚訝他不必要的揮霍，但所有朋友，誰也不知道他經濟的來源。在宗教信仰方面也是如此，在上海，他是佛教會的副會長，在勝利後的逃亡時期，他以天主教徒的身份獲得掩護，來港以後，又成為一個基督徒，改名為「陳約翰」而長時期出版基督教刋物。十餘年前他於戰後第一次去日本，而且還以代表身份參加基督教的一次大集會。在私生活上也是如此。還記得戰時上海有過「上海市民節約會」，由上海「三老」之一聞蘭亭任會長，我與他分別担任副會長，我自問是一個浪費無度的人，內愧於心，從不敢出席一次，他却十分熱心提倡，在「申報」的社論上也常常發表勗勉市民節約的鴻文，他以身作則，家中且以雜糧作主食為市民之表率。不過說來可笑，那時上海最豪華最昂貴的西菜首推跑馬廳畔國際飯店十八、十九兩樓的「雲樓」，我與他幾乎每天携艷侶，恣笑謔，以此處為最多飲讌之處。我創刋的「海報」上，唐大郎寫了一篇「雲樓兩豪客」，備加譏刺，所謂「兩豪客」指的就是我與彬龢。

儘管我與彬龢是上海新聞界的同業，但在戰前，相見僅一頷首而不交一語。太平洋戰爭以後，他已由香港來到上海，有時在公開塲合相遇，因為他總是與日本人一起，說來也許讀者認為難以置信，我與許多朋友們雖然參加了似是「親日」的政權，但見到眞與日人沆瀣一氣的人，却總是側目相看，因此，與他還是保持着相當距離。與他的訂交，是在他担任「申報」社長之後，那時我在上海也創刋了一張「平報」，業務上就未可避佛地常有接洽。上海那時不時舉行市民大會，絕大多數由我和彬龢輪流担任主席，因此，見面的機會越來越多。從周佛海兼任上海市長以後，網羅了當地所有的名流如李思浩、顏惠慶、馮耿光、周作民、唐壽民、朱博泉、吳蘊齋以及三老的聞蘭亭、林康侯、袁履登等組織了一個性質等於市參議會的上海市政諮詢委員會，雖由李思浩担任主席，而事實上一切對內的接洽，對外的活動，都以彬龢和我爲中心。太平洋戰爭後期，日本的失敗已成定局，佛海正奉了重慶的密令，着手準備一切響應反攻的敵後工作，對十分活躍而與日人有較深關係的陳彬龢就特別加以注意。

從彬龢一切的表現來看，他不但親日，而且是媚日，「申報」上對日軍的作戰，有過份誇張的煊染，他不但對重慶政府，而且以有日人爲靠山之故，對汪政權中人，也同樣指名攻擊。彬龢的性格，有時十分衝動，在報上，在集會上，發表的言論，但求一時之快，不問後果，時時提出激烈的主張。又因他與日人之間，海軍、陸軍，外交方面，似乎都有一些關係，而外人又莫測其底蘊。那時所有東南地區的人，也都以他爲一名道地的親日漢奸。（前數年，他在「春秋」雜誌發表過一篇「一個漢奸的自述」，他既不自諱，因此我也如此寫了）。佛海深恐有這樣一個中國人，會使他的工作受到阻擾，因此給了我一項嚴密監視他的任務。從此，是他參加的團體，我也一定參加，是他活動的目標，我也同樣進行。每天報上，總見到他與我一搭一擋地把名字相連在一起，因此也有人誤會我與他是一狼一狽。

但是彬龢在這方面却成功了，他對朋友，不能不說是有着一份熱情的，那時我住在法租界的福開森路，他住在趙主教路，相距咫尺，每天清晨七時前後，他由家裏出門，第一個就來看我，同我商量當天的工作，以及我的意見，而且他也總屈從我的主張。我爲他的誠摯所感動，原來奉命監視他的，反而在佛海前爲他解釋而漸漸獲得了佛海的諒解，如其不是原子彈促使日本投降，汪政權曾經有過使他出任糧食部長的提議。現在想來，彬龢之所以發出似乎不避嫌怨的議論，他的目的就是爲了吸引當局的注意而自顯其地位，是高明而冒險的一着，他一生行徑，大抵類此，也不斷有過若干收獲。

彬龢常常自承爲「漢奸」，我曾與他有過好多次的爭論。我說：「如其是「漢奸」，即是出賣了國家民族的敗類，一旦自己覺悟了，就應當自殺以謝國人。但如認爲當時的所以如此，還有眞正爲了國家或民族的其它原因，乃不惜自毀其聲名而從事一次不爲人所諒解的任務，則別人加給的一頂帽子，即萬無自承的理由，而他則以爲我爲迂腐，處於危險邊緣而不自知，貽禍人民而不自覺。我對他政治上的作爲，外表的行動與內心的反映，大異其趣，因此同樣也難以了解。因爲在大戰結束的前夕，有一次他曾經對我這樣說：「你們不要太自作聰明，以親日爲幌子，而與重慶暗通欵曲。你們以爲日本人眞是傻瓜而對你們的秘密毫無所知嗎？果然這次戰爭，日本已是敗定了的！但他們還有幾百萬軍隊在這裏，隨時收拾你們太容易了，你們的犧牲將是無可避免的結果，但如日軍遷怒而在投降前大肆殺掠，這是你們害了地方，也害了百姓。那時，也只有我陳彬龢可以挺身而出，日本人相信在中國人中尙有如我那樣眞正是日本朋友的人，我的說話，就有了份量，到了這最後的關頭，也只有我可以發生一些阻止他們的作用了。」彬龢的話不能不說自有其相當理由，於是一直留下了很深刻的印象。

彬龢性格上的衝動，特別表現在用錢方面，這十年來，他過着十分優裕的生活，開支的龐大，誰也不知道如何挹注，而使朋友們都爲他躭心。他可以把艱難告貸而來的錢，于一日之間，浪費淨盡。有時邀人飲宴，已到了酒樓，而身邊仍不名一文，他會臨時以電話請朋友送來應付。到了一九六七年，香港正在大騷動時期，他經濟上已到了山窮水盡之境，不幸又患上了老年人常有的攝護腺症，一度進入醫院施行手術，出院以後，就悄然買棹前往日本。遷地爲良，他原想改換一個環境，以圖重振旗鼓，那裏知道從此與世長辭，終至葬身異國。

我每年爲了賣文之故，照例去日本兩次，在彬龢抵日的最初一年多的時間內，他依然酬酢頻繁，擧止豪濶。前年十月，我到東京的第二天，他就來逆旅看我。已患了風濕症，眼疾，且有血管硬化現象，他告訴我他的經濟來源已告中斷，正在另謀出路。由於健康的衰退、經濟的艱窘，流露出無限傷感，最後且潛然下淚了。

去年四月，我又去了日本，因朋友告訴了我他的情況，我急急的約他見面。本來由他的住所到我的旅館，汽車的行程，僅需十五分鐘，而我等待他一小時有餘，始見他蹣跚而來，形容的消瘦，使我幾乎不識。在臥室中落座以後，我首先發覺他手部顫抖，竟至無力端起一個茶杯。語音含糊，發言無條理而不相連續，神志已在若明若昧之間，記憶力也瀕於喪失。在短短的半小時談話中，他提到了日本一個知好朋友對他的勢利刻薄的情形，大哭了一次；再提到一個日本小姐當他有錢時曾呵護備至，一旦艱窘，就反面若不相識，且有逐客之意，再大哭一次。最後他又說到留在大陸他所最鍾愛的幼女，即將結婚，但男方提出的條件，必須與他斷絕關係，到傷心處，又大哭了一次。他一向是極端樂觀的人，在最困難的時候，總說「天無絕人之路」，那天的情形，已顯出他有了絕望的感想。他一面說，一面又從他帶來的一個大紙包中，取出了僑日的身份証，向各醫院診病的門診証，還有張季直的年譜，說要把他重印，最後還送給我一幀他的近影。我與他相交數十年，過去從未送過我照相，這一切，都顯示出不祥之兆，而終於這次的晤談，成爲訣別，也是香港他的無數友好中成爲最後見到他的人。

竟然從那天起。他完全陷於精神錯誤狀態中，那天與我握別以後，即不曾回到寓所，流浪在街頭，有時竟闖入不相識者的家內。在我留日期內的不到一個月中，曾三次進入警局而由朋友們代他保出，最後就把他送入了醫院，纏綿四個月，終於在一九七〇年八月卅日午後五時五分，逝世於日本茨城縣水海道市的厚生病院。古人說：蓋棺論定，但我與彬龢，當他蓋棺之後，對他仍然無法作一定論。

一九七〇年的十二月九日，朱省齋兄又突然逝世了，在報上看到他的訃告以後，使我十分震動！那時我正在患肝炎症，臥床不起，竟不克赴靈前一弔，尤其感到了無限的歉憾。

省齋兄在留學英倫時，很早就在巴黎遇見了汪精衛氏，從此就注定了他前半生的命運，他一直被目爲國民黨改組派的少壯人物。我的與他相識，還在東北事變發生後，汪氏由法趕回共赴國難之時，他爲汪氏主持宣傳工作，我因服務在上海的新聞界，就不時與他接觸。到了抗戰，他由港到滬，一起參加了汪氏領導的和平運動。他不但與我同爲復業後中國銀行的董事，又同爲周佛海左右十人組織的一員，因此，我們更有着金蘭之誼。那時他雖先後担任過組織部副部長、交通部次長等職，但他志不在此，也從不在此中熱衷奔競。他爲人詼諧風趣，是典型的名士作風，因此他最大的興趣，還在一手創刊的「古今」雜誌。他網羅了當代的所有的文豪，爲「古今」撰稿，一時成爲東南地區最暢銷也最有份量的定期刊物，而「古今」的社址就設在我上海亞爾培路二號的一處地方。因此不但五年之間，我們朝夕相見，有空時非去飲宴，即同雀戰。可是他正在春風得意之時，忽然驟萌退志，遠離這政治漩渦，在一九四四年，悄悄地舉家遠去北平，閉門謝客，以讀書看畫爲樂。

在香港二十餘年中，他已成爲中國古代文物的賞鑑專家。以他的天賦聰明，兼得他丈人峯長樂梁衆異氏之指點，又因先後與吳湖帆、張大千交游，耳濡目染之餘，又寢饋于此，乃卓然有成。近來他的著作中，也十九屬於談論古今的書畫人物，遠至美國，每遇珍品，輙先央其作最後的鑑定，以爲取捨之標準。

最近兩三年來，他與我都是到下午才上班，幾乎每天就會在輪渡上相遇，相遇也必然先同往附近咖啡室中小坐，從此習以爲常。前數年，他曾經患過嚴重的心臟病，有晚在途次看到他憔悴瘦弱，行動遲緩的情狀，一直爲他躭憂，但他以樂觀的心情，又以書畫陶冶，身體竟然逐漸轉好，面部的病容也已消失，又恢復了青壯年時代談笑風生的常態，我爲他慶幸而他自已也以此爲慰。一次他與我談到了往時的朋好，他說：「當年我們義結金蘭的十人，現在猶偷生人世的，也只有我與你了」。我看得出他談話時的表情，有着複雜的感想，爲朋友的逝世而悼惜，又爲自己的健康而欣慰。我眞以爲他吉人天相，期頤有望。

去年四月，也在他弔過叙五的喪後，與我在同一時期去了日本，我是爲了一些俗務，而他是去欣賞一些流傳在那裏的中國古代名畫。閒來無事，每天相約在帝國飯店的咖啡室中見面，由於此行他有些超過預期的收獲，因此精神就顯得特別愉快。大家事務辦完了，又相約同機返港。在飛機上，我首次發現了他的宿恙並未全愈。飛機遇到雲層，不免有些震動，他搭機不是第一次，應該不會有什麽特別的影響，而他竟然驚惶失措，連面色也有些變了，與他並坐的我，覺察到他心臟仍有病態而深爲之感到不安。

說來似乎是迷信，當「大人」雜誌創刊之前，葦窗兄拉他寫稿，第一篇他寫的是以往半生中的若干賞心樂事，而安上的題目竟然是「人生幾何」，發表時葦窗兄爲他改易了，他還爲此而有些不懌，且一再爲我言之。他對「人生幾何」這一句成語，不知何以偏好得會有些流于固執，終於他爲另一雜誌寫了另一篇「人生幾何」，出版以後，又欣然指給我看。言爲心聲，現在想來，也許省齋那時的心理上，早有此不祥之感覺了。

當我胃部施行手術時，因爲不願驚動親友，事實上在入院以前，早已陷於半昏迷狀態，也已無力通知親朋了，但在我病中，他多方探問，表示出異常的關切。大約是去年的十一月十一日，是我與他最後的一面了，我們又在常去的咖啡室中會面，他看見我病骨支離的樣子，殷殷囑咐我還要加以調養。我想到他已是六十有九歲，我說：「明年是你的七十大慶了，以你早幾年的病況而能霍然全愈，更値得祝賀了。」他竟然說：「眞是人生幾何！明歲的賤降，擬約少數的親友，歡聚一天」。又那裏料到，這一天就永遠不會來到了。

他逝世那一天，晨起還偕同夫人同出早餐，回家以後，坐在客室中的沙發椅上，忽然覺得胸口有異常的痛悶，神色又轉而大異，他夫人知道情況嚴重，立即延醫診治，迨醫生來到，早已返魂無術。那時我又患着肝炎症，在病榻上看到了報上的噩耗，使我震悼，相別還不及一月，而從此人天永隔，更使我也有了「人生幾何」之慨！

這三位亡友，都與本刊有着一些關係，自創刊起，省齋兄每期有着他的鴻文，而且還供給了不少有關書畫的珍貴圖片與資料。叙五、彬龢兩兄又曾允爲本刊執筆而不及見本刊的風行就遽爾謝世。這三人的捐館，葦窗兄又爲之奔走經紀其喪，彬龢雖病逝東瀛，在港友好爲其三虞祭奠時，又一手主持其事，叔世高風，難能可貴。茲又命題欲我畧叙這三位亡友的生平，永垂紀念，我不敢却，但爲了稍存眞實，在若干細節上不敢爲親者諱。寫時囘念過去交往之跡，仍覺音容宛在，而斯人已逝，永難再相見了。

望平街憶舊

申報與史量才

胡憨珠

史量才輸了官司，賠了銀子，又失了面子，聽從黃伯惠介紹，認識了謝永森。由謝永森代為延聘一位爵士律師，再和席子佩交手。總算官司勝算，取回小部份銀子，面子也挽回了；可是欠下徐靜仁的三十萬兩銀子，還無法償還。此時又虧得張竹坪想出舉債還債的辦法，用糾合義會方式，就史量才友好之中，紛紛求助，因此又度過一重難關。

獨臂麥克勞雄辯風生

因為史量才接受謝永森所提出的意見，當場決定延聘麥克勞英籍律師，經辦他控訴席子佩案事。這件案事謝永森着實衝黃伯惠的面情，立即以電話和麥克勞作聯絡，聲明由哈華托律師事務所轉聘他承担出庭辯護。並且告訴他公費已經講定為三千兩銀子，這是一宗「行交行」的生意，當時上海律師行交行生意就是定有「三七」分賬的行規，在謝永森和麥克勞接洽定當以後，就把史量才所出示全部有關訟事的文件，撿集一起仍然交還史量才。着他即去麥克勞律師寫字間，辦理委託書的簽字手續，以便撰寫訴狀，着手進行起訴工作。於他們臨走時，而且還知照史量才把律師公費直接交付到麥克勞的寫字間去，可以毋需再由本人轉交。足見謝永森辦事如何的迅速老練，既給予了當事人的良好印象，也保住了自己業務上的應有利益。

麥克勞律師的寫字間，就在北京路附近的博物院路，這段地區正是外國律師公館薈集所在，距離「怡和房子」不遠。黃伯惠便陪同史量才前往，得以轉眼即到，望門投止。進入寫字間只見麥克勞是個頎頎碩人的瘦長條子，他的左手臂已經失掉，可能這是他所獲取爵士的代價。原來傳說中麥克勞的左手臂，那是他在一次戰事中因作戰受傷所鋸去，從而膺得皇家爵士的懋賞。自此他本身便也退休兵役，離開軍籍，轉業到中國的上海租界地區來任做律師。他所接辦華洋轇轕的訟案，在法庭上與人爭辯案事法理，其勇猛攻擊如同他在戰地上作戰一樣。雄辯風生，舌戰滔滔，非要爭得勝利不可。所以麥克勞在當年上海外國律師儕裏，曾擁有獨臂勇士的名號，而在會審公堂的中國人方面都叫他做「一隻手」律師，名氣却是甚為響亮，其實呢，只因他是爵士身份任做律師，凡歷來英國出庭會審的領事，總得要對他的爵士身份，予以稍事尊重一些的袒護作用。憑此一點會審領事的意念，所以由他所經辦的案事，且不管是非曲直，便變得贏面大，輸面少，如此這般，這就是他在法庭上成了一位戰無不勝的英雄人物。

麥克勞因為是謝永森所介紹的當事人，所以對黃伯惠和史量才相當客氣。就由黃伯惠替他們兩人做雙方的通譯，其通譯成績比之麥克勞律師寫字間裏的翻譯，都要美滿過之。只因黃伯惠對於這件案件的來龍去脈，前因後果，知道得非常詳細，無異當事人第二。所以在詳叙全案之時，麥克勞凡有所提出不明瞭的問話。黃伯惠便憑他所知講說給麥克勞聽，倒極收得言簡意賅，事半功倍之效。因此，麥克勞對這件整個案事的內幕實情，瞭解清楚，洞悉明白，感覺萬分滿意。便也因此史量才提出對這件案事有多少勝利把握的預測為問，再叫由黃伯惠譯給麥克勞聽時。於是麥克勞一邊看着史量才和席子佩所訂那份申報盤據契約，和會審公堂的判決書，一邊在頻頻搖頭，表示勝利無望。及到了最後，麥克勞對史量才作了個苦笑說：「只有一線的勝利希望，實覺無法推翻上次審案裁定的判決書。實因是你史先生於初起所訂盤約上的條文，根本訂的太差，所以勝利希望微乎其微！」

雖然史量才聽着黃伯惠所譯麥克勞的答話，覺得與謝永森所預測之話，實有異口同聲之感。但終因麥克勞有一線勝利希望的那句說話，却引起他作萬一之想的誘惑作用。是以史量才不願貿然放棄，認為放棄了連之一線希望都無份，覺得這同出錢購買發財票一樣，買了有一綫希望，不買便一綫希望都沒有了。所以史量才一經考慮的最後結果，還是寧願再賠上三千兩銀子的律師公費，決定委託麥克勞撰寫訴狀，對席子佩向會審公堂提起控訴。便立了委託書，辦好一應手續，史量才便向懷中揣出自己所開的錢莊支票簿子，開了一張三千兩銀子明天收兌的錢莊支票。付清律師公費，取得收據，便同黃伯惠離開麥克勞律師的寫字間，各自分頭回去，但等開審的日子到來。大約過了個把禮拜時日，麥克勞律師的寫字間職員，打電話到申報館來，通知史量才，說是會審公堂的開庭日子，排定於後天上午九時，在樓上第二法庭開審。傳票已經送到我們的寫字間，所以麥克勞律師叫我打電話特爲通知，要史先生屆日到會審公堂去應審，千切弗要忘却。

這次控告席子佩的案事，却是史量才做的原告訴人，純然一件銀錢糾紛的錢債官司。在理華人與華人之間的訟案，外國領事原無參加會審之必要，惟有案事與人，一經涉及有華洋關係時，則非要有外國領事參加會審不可。但這不過當年因關設租界，成立法治中外居民的會審公堂初期，是在不平等條約的訂立之下，所宜告成立的。即有所謂「領事裁判權」的一具桎梏，硬生生的把中國治理界內居民的司法權衡，扣住與持劫之不足，且加以束縛性的監察牽掣。因此，對比較重大一點案件的裁判，中國主審法官不可能憑自己的法例觀點，秉筆下判，需要以會審領事的意旨爲意旨。否則官運黯淡，食祿難久，也就因此，甚至許多判案，往往會造成「政由寧氏，祭則寡人」的偏袒錯誤局面。是以生有堅強氣節，力持正義而恥於媚外的中國主審法官，常因裁判上意見相左，與外國領事的會審法官發生齟齬。可是駐上海的各國領事團爲要把持「領事裁判權」，不使墮棄，故特推選六個國家的領事，在一週之內，輪流當值，出席會審。此次史量才控告席子佩的案事，只因原告訴人史量才所聘的爲英籍麥克勞律師代表聲辯關係，是以會審公堂把開庭審期就排定在英國領事出席會審的值班的日子。至於被告訴人席子佩的代表律師仍因爲穆安素之故，雖係另案起訴，但意大利領事還得要出席參加會審，只是他的席次位置，已由英領事取而代之了。

當開庭審訊之日，會審公堂的中國主審法官偕同英、意兩國領事的會審法官，連翩蒞臨法庭。由庭丁高呼起立，指使全庭中人起立致敬以後，隨即宣佈開庭審案。於是，原被兩告訴人被先後點名；即應聲報到，兩人並立案前，這正合了不是冤家不聚頭的那句話了。之後，即由原告代表律師麥克勞起立，陳述控訴的案情事由，他的一番叙述和訴說，其詞鋒的犀利，如劍如錐，亦譏亦諷，舉凡詞意所指，鋒利所及，不但使席子佩聽得面紅耳赤，愧怍無已。就是穆安素和意大利領事兩人也聽得感覺刺耳難聞，有疚內心，幸而在法壇上高坐堂皇、聆聽聲辯的英國會審領事，恐怕太使意大利領事難堪到下不了台。忙即把話暗中示意麥克勞抑制攻訐的言詞，着令他提供控訴的目的以後，再令穆安素律師代表被告辯護。就因爲麥克勞的理直氣壯，義正詞嚴，任憑穆安素如何的口才便捷，性靈機巧。究竟邪不勝正，曲難克直，縱有一番申辯之詞，却也無法擊敗麥克勞的控訴理由。於是英國領事署與主審的中國法官和會審的意大利領事作了短促的低聲密商之後，就宣佈辯論終結。即席宣判，裁定了原告勝訴，判令被告於前所收得申報盤價的三十萬兩銀子，應該還給半價贖回申報的五萬五千兩銀子給原告，以示公平合理的結案。

席子佩當堂被受攻訐

傳說中的麥克勞律師在公堂上，一經開庭審理，當他開始陳述控訴案事理由的時候。就對被告席子佩作迎頭痛擊式的攻訐着說：「本案被告訴人於出盤申報的訂立合約之時，已經懷有一種不良好與不規矩的狡詐心意，旨在以非義手段圖謀財物。如果依照合約上所訂條文中，有一條說：乙方到期不付盤價，即以違背信約論處，甲方即可將已收到的盤價欵數，得以折成半數備價贖回申報。職是之故，被告訴人明明早已知曉原告訴人對申報的經營不善，月有虧負。以致每月應付分期的盤價欵項於到期之日，未能如期繳付，總要落後若干時日，方能百般張羅，理楚付清。不是這樣既經發現了違約背信的事實行爲，理應早可遵約辦理，備價贖回。爲何要等待到十二萬兩銀子的盤價，如數付償淸楚以後，遂以折成半數五萬五千兩銀子，要求贖回申報。想情度理，這不是被告訴人一種狡猾貪婪的預謀安排，導誘原告訴人於不自覺中墮入於違約背信的陷阱行爲。」這番話直聽得席子佩面紅耳赤。

麥克勞陳述至此，更強調着說：「本案的被告訴人於收淸盤價之後，貪慾猶未足饜，還想搾取百福堂借欵部份五萬兩的銀子。終因申報的虧蝕鉅大，原告訴人於短期之中，實無能力，拔還百福堂的借欵。不錯，這筆借欵附註載在約據上邊，歸由原告訴人負責償淸。但我們必須知道的，盤價與借欵，實是截然各殊的兩件事。這對在約據的條文上而言，應有不同樣的處理性質，而該有分別辦理這個問題。那即是說盤價不淸，可以引用折合將已收盤價的半數贖回申報的那一項條文，這是甲方應有的權利可享。若盤價既經償淸，該項條文所載的權利，亦告終了。對於百福堂的借欵問題，當須另案辦理，不可能享此同等同樣的權利。可是本案被告訴人却竟然矇蔽堂上，假藉借欵未償爲詞，援例請求。堂上不察，未曾洞燭其奸，將原告人以申報主權出讓所得的三十萬兩銀子，全部判歸被告訴人所佔有，實非事理之平。」

此時，坐在法壇上會審的英國領事，爲要維護領事裁判權的尊嚴，與擁護上海領事團團結的力量。眼見麥克勞律師的情緒奮發，形態激昂，深怕他的聲辯言詞，會不經意地觸動意大利領事的痛處。這徒然結下了無謂的仇恨，尙屬其次，最要緊的是英意邦交上，恐怕有傷和氣。所以忙即暗示麥克勞不要再說下去，他就把他未曾說完之話，便接了過去。且作問話道：「前案已經裁定了，且不說它，現今貴律師代表當事人所控訴的目的何在？所要求的是什麼呢？」麥克勞的話題，却被英領事引了開去，只得順着他的問話。立即回說道：「只要收回五萬五千兩銀子，這是原告訴人業經付出申報盤價的半數，這也是被告訴人用陰謀冒收了去的盤價銀子。須要知道申報的主權，原告訴人以十一萬兩銀子的盤價，接盤過來。在盤價付清之日，已經獲得完整的合法主權，如何處理，自有權衡。他的出讓申報，原無有不合法例之處，即使盤價增多兩倍，這是屬於商業賣買損益的自然定律。如何可以將出讓申報的全部代價，盡爲本案的被告訴人所得。可能堂上却不瞭解原告訴人的數載經營，虧損殊多，負債甚大，即增多兩倍的盤價收入，仍然所得還不能抵償所失。但爲了尊重會審公堂裁判法例尊嚴，寧願放棄不談，這就可以理解敝當事人如何的顧全大體，忍痛犧牲。所以另案控訴被告訴人，追回被陰謀冒收的五萬五千兩銀子，更須要知道這筆欵銀，實爲原告訴人付出申報的盤價，所應當收回的半數。」因經麥克勞律師這樣的慷慨陳詞，滔滔聲辯，以後，英領事聽得大爲感動。覺得史量才前次和席子佩打官司，不但敗得很悽慘，也敗得很寃枉，他就內心决定這次官司裁判原告訴人得直的主張。

據說，史量才於爭回五萬五千兩銀子的贏官司以後，就仍由黃伯惠陪同之下，再去哈華托律師的寫字間，原擬面謝謝永森轉聘麥克勞律師打贏官司之功。是以當史量才正向謝永森大事讚揚麥克勞在公堂上恣意抨擊席子佩的情形之時，恰巧那位與哈華托合作寫字間的潑萊脫律師也走進謝永森的辦公室來商談公事。於是，謝永森在禮貌上和地位上的雙重關係，免不得把史量才、黃伯惠，與潑萊脫三人，作了相互的介紹。不料潑萊脫對於史量才的相見復相識，當時當場似乎感到特別興奮而高興，便和史量才作着熱烈握手，並向他這次打官司勝利而致以祝賀之詞。自然由謝永森和黃伯惠在傍，替他們兩人任做通譯，倒是大家嘻嘻哈哈地皆大歡喜，滿室生春。原來在史量才和席子佩打官司失敗之事，因爲他敗得慘，敗得寃的關係，一時成爲社會人士的談話資料，但中外倒是事同一例。因爲潑萊脫在英商總會等那種公共場所，聽到同國籍的朋友們，閒談此事，深深記住中國申報館老闆史量才的這個名字。只是祗聞其名，未見其人，現在當前見到了史量才的本人，認爲是件難得機會的幸事。這就是他所感到特殊的興奮而高興，爲因英國人在傳統習俗上是對報業中人，向來所崇敬的對象人物。

也就因此，潑萊脫對史量才說：「史先生，你可曾明白知道前次官司你之所以失敗的原因麼？現在讓我來告訴你其中內幕的情形罷！你該知道這份申報的中文報紙，原創辦人那是我國早期旅滬經商的美查先生，所以一直以來，該份中文申報受到我國歷任駐滬的領事先生以次，以及全部旅滬英人們的愛護和支持。自從你史先生接辦申報之後，却不信任我們的英商牌子，改換了德商牌子。因此，不管我國領事公館以及工部局的警務處等各機關的英國人，都對你的申報發生歧視，一切採取袖手傍觀態度。如果是你沒有更換德商牌子的話，那次的打官司，我國的領事早已要出來主持正義說公道話，而你的官司也不致於作一面倒的失敗了。史先生你的官司失敗，追根索源，實有關於國際間錯綜複雜的糾紛問題因素摻入其中，而這問題因素該從德國和法國的戰爭事件話起。德法兩國的所結世仇，大概你不知道，自從德國威廉一世崛起執政，統一德國打敗法國以後，建立成功强大勢力。所以德國宰相俾士麥的運用政策，不但防止法國的興起報復，而且結成德俄奧三個帝國同盟，專與我們英國爲敵，遂結成英德兩國的仇恨。

尤其在威廉二世繼立，他的政策那是力謀向海外發展，以期大量爭取殖民地，這樣和我們英國更屬於尖銳的對立地位。於是，國際形勢由這樣情形的醞釀演變，終於爆發這次世界大戰。但最不幸的却是你的申報，恰恰首當其衝，吃了德商牌子的大虧。所以我們的領事先生會對我說，你史先生的虧却是吃定的了，不過等到將來有機會時，總說想法子補償你所吃虧的一點損失。因爲眼前你的申報已不是懸掛德商牌子的一份中文報紙；站在我們協約國家的陣線中了，今後，理應對你的申報作道義上的友誼支持。」史量才聽了潑萊脫律師的這番話後，方才省悟當年他把申報改懸德商牌子的非計，但等知道，却已後悔嫌遲了。

叔侄相爭端爲分杯羹

這次席子佩在會審公堂的官司打敗，被會審英領事提出主見，以史量才方面所訴得直，當庭判决，要他嘔出五萬五千兩銀子還給史量才以後。雙方對申報的奪權鬥爭，總算告一段落。因爲史量才本人經由麥克勞律師把官司打贏內心的氣忿，已經平息了一半。再聽了潑萊脫的話後，覺得自己雖被席子佩敲去了二十四萬五千兩銀子的竹槓。但若除去了應該還給百福堂五萬兩銀子的借欵，實際損失只不過十九萬五千兩銀子而已。這個損失的數字，果然，說大不能說大，說小也不能說小。可是轉念到化了這筆錢，却換得了「哀兵以勝」的戰畧，就感覺這所化的並不白化，着實化得有價值，有名堂，以及有實效。要不是憑藉哀兵戰畧，怎能這次在法庭上擊敗穆安素，戰勝席子佩呢？尤其在上次會審，說不定被席子佩以半數代價，贖回申報而去。以我之矛，攻我之盾，這纔是寃枉透頂，敗到澈底了。所以他一念至此，不僅把另一半難平的氣忿，也隨之完全平息到蕩然無存。反而爲自己掌握住申報主權在手，未被席子佩奪去，而感到喜欣慶幸。更覺得自己當時在公堂上，任意隨口，胡亂說是三十萬兩銀子盤價，讓給日本人太倉喜八郎。這個嚇阻政策所施，料不到却成了所意想不到的最有效力之戰畧了。

不過史量才當聽到潑萊脫的話，說他於接盤申報之後，大不該把申報館牌子的英商改爲德商。他再轉想申報館的出面董事，自己更不該把英籍葡萄牙人埃波諾脫辭掉，改聘了德商西門子洋行總大班德國人愛爾赫德。雖然當時的立場和計算，也不能說錯，因爲愛爾赫德的氣派大方，重視友誼，對於出面董事的車馬費，分文不取。可是埃波諾脫的脾氣行爲，小家敗器，對於出面董事的車馬費却是分文都少不下的，而且逡去遲慢幾天，還要聽他罵他的葡萄牙山門呢。只因爲了申報要節省出面董事一筆月支三百兩銀子車馬費的支出，認爲小不能作一年的大計算，平白無事，每年要化四千多元的損失。所以有此更易出面董事而沾沾自喜，大爲感覺得計。誰知却是一着之差，鑄成大錯，忖想着被席子佩詐迫去的銀兩，足夠供埃波諾脫車馬費的支取，半個世紀還有得多。因此，史量才以貪小失大而內心深深的感覺無限愧悔，却不知道席子佩也日處在不勝煩惱的環境裏呢。

原來席子佩把徐靜仁代史量才所繳申報盤價的三十萬兩銀子，已向會審公堂具領回來，正待瓜分的時候。馮炳南已經從會審公堂方面得到消息，說是史量才心不甘服，聘請英籍麥克勞律師已向會審公堂投遞訴狀，大概心想追回這筆欵項。席子佩生有何等的心靈機巧，認爲該欵若經分散，萬一官司打輸，判還原欵時，將來再要收集不易。况且自己是個被告訴人，責任就在一人身上，所以他提出主張要在這場官司打過以後再分。幸而會審後的裁判結果，祗嘔出五萬五千兩銀子還給史量才。於是即以二十四萬五千兩銀子的數額，由席子佩、馮炳南、虞洽卿三人作三股分派，這是履行他們當初對付史量才的君子協定。

不過席子佩因當事人關係，還多收五千兩，而且實收實受，一人獨享。不像馮炳南和虞洽卿各人於八萬兩銀子的收數中，却要拿出大部份做酬人回情的料理善後之需的。

在理而論，當以席子佩最爲實惠，得以一人獨受獨得，獨享其樂。但世事最難言，金錢最害人，偏偏有他的姪兒席仰高天天來找他麻煩，那是定要他把所得的八萬五千兩銀子拿出來作平分。就爲了這筆意外所得的淌來金錢，叔姪兩人大傷和氣。除了雙方相見總是碰枱拍桌，面紅耳赤地大事爭吵着要分錢以外別無他事。而且最後演變到席仰高聲言要和他老叔打「新衙門」官司的局面。據說他所要控訴的事由。那是席子佩有欺負寡孤，侵佔業產，魚肉鄉民，詐取財物等等的犯罪行爲。這所指的是席子佩於他兄長子眉亡故以後，把子眉生前所手創的點石齋石印書局等事業，從他寡嫂手裏侵佔過去。大概這種侵佔事實，都有證據落在他手上，所以他對席子佩無所畏懼，相反的，席子佩却對他有所懾服。其實這個席仰高不是席子佩的嫡親姪兒，乃係堂房姪兒，不過他一直以來就跟隨席子眉做事。是他幫同子眉經營點石齋，接辦申報館，着實出盡無數心力，掌握實際權力。即席子佩繼兄之位，由承担申報買辦而更進一步，籌資接盤申報，也無不倚席仰高如左右手。

同時，席仰高對申報，極負責任治事，但他大權獨攬，事必躬親。不但主持經理部的全部之事以外，還對編輯部的事情，也要事事顧問，時出主張。對於負責主持編輯部的總編輯張蘊和視同無人，因此，申報館同人於背地裏一致戲呼他爲「太上編輯」。

須知席仰高在申報霸弄權勢，目無餘子，自有他經歷的歷史關係，值得有原諒之處。按他於遜淸光緒十五年（即公曆一八八九年）十二月間，於席子眉受美查有限公司申報館實權董事埃波諾脫的聘請，任做申報館買辦。他就由點石齋石印書局的經理身份，跟隨席子眉進入申報館，負責任做營業經理部的主持全部事宜。直到宣統三年辛亥革命成功以後，席子佩以十一萬兩銀子的代價，將申報全部主權，讓盤給史量才爲業爲止。他則歷事席氏弟兄兩代，總共任做申報營業經理人有二十二年之久。而他在職期間經管申報館的內外諸事，無不妥爲料理，善事安排，夙興夜寐，盡勞任怨。以這樣的赤心爲報，辛勤工作，但最後竟毫得不到席子佩一點的實質安慰，所得到的却是一片的虛僞騙語。尤其在史量才於中華民國紀元前的二十天，接收申報以後，他的職位已由張竹坪接任，從而他便告失業。據說當時席子佩曾應許席仰高於史量才分期付欵的半數盤價項中，於收淸之日，當提出若干作爲他去職的安慰金。可是史量才所欠的半數盤價，分期拔淸之後，席子佩則又推說百福堂的欠債，眼前追討甚急，必須先行償淸。將來等待史量才償還此欵，即當以半數相酬，席仰高實在給席子佩一騙再騙不已。現在既經百福堂的欠債官司打贏，而史量才所償還的比原債額爲多，前去問訊時，又是一再搪塞和欺騙。因此，席仰高於忍無可忍，定要以席子佩所得的八萬五千兩銀子作平分，於是叔姪之間的和氣爲之大傷。

陳景韓被騙飽受虛驚

席子佩的生性，實在太於吝嗇，珍愛金錢，對席仰高始終不肯履行諾言，拿錢出來作合理的瓜分。及至席仰高延請律師，眞要具狀向會審公堂控訴他的不法行爲，並且一再對人聲言不管官司打得輸和贏，在公堂上坍坍他的台，也感快心樂意。後經親友們向雙方力作調停，且對席子佩一再婉勸，方肯給付席仰高二千兩銀子，作爲永遠斷絕關係。其實席子佩的的愛玩毒辣手腕，喜說騙人誑語，似乎已成了他的自然習慣。不過他對席仰高的一再欺騙，因有銀錢出入關係，尙有可愿之處。但是他對於陳景韓原屬情同風馬牛之不相及，而他也要以一片誑言假語，開陳景韓一次大玩笑。只害得陳景韓被驚嚇到手脚癱瘓，倉皇失措。幸而申報館的茶房王延慶機警非常，即於緊急形勢中，採用了指鹿爲馬之計。遣走巡捕房前來傳捕陳景韓的便衣中西包打聽之後，再扶助陳景韓爬過申報館的晒台牆頭，翻到隔壁申報館房屋業主袁家的後門逃走，方得避過此難。這不知席子佩有意在尋陳景韓的開心呢，還是故意向他開一次惡作劇的大玩笑，却實不可測知。而此事的事實經過，其情節相當曲折，也相當有趣，可說是席子佩和史量才雙方對申報奪權鬥爭中的一幕幕外戲，也可以說是一支小插曲。

時在史量才第一次被捕解送會審公堂，經審後判處交保外出後的第三天，陳景韓在申報館裏突然接到席子佩打來電話。要他立即到西藏路的晋隆西菜館去吃夜飯，電話機中說明座無他客，只有你我兩人藉吃飯時間作見面敘談。原來他們兩人却屬多年的老朋友，而席子佩與陳景韓的相交相識，遠比史量才與陳景韓相交識却要早前數年。只是他們兩人同在大東門畔的育才學堂裏做同事，到了晚間陳景韓去時報上班工作，史量才又是時報館的「息樓」常客。所以他們兩人日在一起，朝晚見面，友誼感情，自然增長。那席子佩自進入申報，由繼兄之後，任做買辦以至接辦做申報的老闆以來，與陳景韓漸趨疏遠。雖然，在當時的申報館和時報館，都開設在望平街的東端近四馬路地區，可說是望衡對宇，鄰近之極，但他們兩人的見面機會反而稀少。須知道，這望平街地方說也奇怪，凡吃報館這一碗飯的人，雖是同業同行，又是同在一條街上的不同報館做事。但可能於一歲或半載中，雙方朋友竟見不到一面的却多的是，而以編輯部的從業員爲尤甚。爲因報館與報館之間，對於新聞消息，各懷有一股極濃烈的競爭心意，守秘防洩，形同國際。同時，每日晚上，各報同人無不埋首燈下，忙於編撰工作，以此例彼，自然也懶得互相往來了。

所以席子佩和陳景韓的友誼感情，早因職業關係，已被隔斷淡薄到蕩然無存。更其是史量才自接盤申報以後，竟把陳景韓從時報挖請過來，任當主筆，一時與張竹坪成爲史量才的左右手。史氏尤對他言聽計從，友誼愈篤，職高薪厚，感情愈密。在當時史陳兩人之間的相交情形，正是情成膠漆，堅同金石。況且當前的席子佩，正與史量才爲了申報的奪權問題，雙方公庭對簿，結怨甚深。爲了飯碗主義，爲了避嫌問題，任何人對席子佩請吃飯的電話接得，都要婉言拒絕，力辭不去。誰知陳景韓忽發奇想，竟會欣然應命毅然前往，這大概是他的才高胆大了吧？事後據他對人說：「我之所以聽席子佩電話，立刻即去，目的在於想聽聽他的口風。究竟對於這場會審公堂的官司，雖經判決，但是否還有轉圜餘地，大家再商量和平解決辦法。那知席子佩於見面之後，除了向我解釋他的怨家對頭，祗有史量才一人，概與其他人無干。他並說：所以你老兄前來吃飯，順便當面解說清楚，心中弗必介意，儘管安心治事可也。不料他說話後時僅三天，英租界總巡捕房却派遣中西探員又來報館捕捉我這人了，席子佩這樣的假語騙人，眞正不是個東西。」

原來席子佩知道陳景韓是史量才身邊的最有能力，最爲親信的一個能幹智囊，只要把他身邊的智囊摘去，史量才就發生不出什麼力量，也起不起什麼作用。所以由穆安素律師補進一紙呈文，請求會審公堂再發出一張傳票，要傳陳景韓上堂作證。其實他既不是與史量才的同案罪犯，只是傳爲該案中的證人身份，但不過有幾次陳景韓參加談話而已。偏是馮炳南工於心機，念頭惡毒，於他安排之下，把這張傳票交到惠爾斯手上。再由惠爾斯發給總巡捕房的偵探間，着中西便衣包打聽送到申報館去，以示案情重要。原來有意對陳景韓所施一種偷天遮日、狐假虎威的恐嚇之計。如所衆知，往昔的一班規矩端方之人，生平最怕吃官司，進衙門。認爲人在世，能得一生不入衙門，是件生前積德，死後光榮事。所以平日見到衙門中的差人會害怕，看到租界巡捕房裏的包打聽更胆寒。陳景韓就是這樣的一個人物，胆子小到出奇。

當中西包打聽到申報館時，他們並不出示傳票，交人轉遞。只在樓下發行部的櫃台上，向館中人訊問陳景韓在不在報館？恰巧三層樓編輯部的茶房，名叫王延慶的，正在樓下。他見到中西包打聽們的進來，也聽到他們打聽陳景韓的問話。因爲王延慶以前是史量才所辦「中國女子蠶桑學校」裏的多年老茶房，他對史量才往來朋友的認識人多，有關史量才的公私事情所知道的也不少。一向以來，他對他主人的一片忠心耿耿少有得見，固不在於庶務主任王堯卿之下。所以當時他在樓下一見情形，已知巡捕房前來捕捉陳景韓，忙即上樓，暗事通知暫爲躲避。時陳正在會客室中與客談話，這個客人亦姓陳，名叫美楠，係杭州人。那是過去在應季中任當江蘇藩司時代手下的一名重要幕友，以辦理公事的能員見稱。及辛亥革命成功，程德全以江蘇巡撫輸誠革命，出任江蘇都督，應季中亦改任民政長，時因軍需孔亟，在軍事會議席上議決，由應季中負責主辦發行一種八釐公債，此項公債發行，名義固由應季中承担，可是一切實際工作，則全由陳美楠一手主持。

及南北和議告成，孫中山先生以革命功成身退，辭去臨時大總統，經選舉由袁世凱繼任。袁於接任以後，首先廢止全國各地自封的都督，統一管制，劃分權限。並清理革命期間的財政債務，因發現江蘇都督府所發行的八釐公債，有不盡不實之處。曾密令袁氏之爪牙江蘇督軍馮國璋，將應季中扣留閉禁，嚴加問訊。旋偵知主持八釐公債一事，自籌辦至發行，皆爲陳美楠一人所爲，故曾由北京政府下通緝命令在案。至於應季中則由陳陶遺爲之奔走營救，獲得釋放，恢復自由。惟陳美楠匿跡上海租界之中，北京政府固然通緝不得，但通緝命令始終未曾取消。是日陳美楠適去申報館探望陳景韓，兩人正有說有笑，談得起勁時，萬想不到王延慶奔上樓來，低聲告知陳景韓包打聽前來捉人之事。誰知王延慶話還未曾說完，但聽樓梯間一陣革履之聲。忙即到會客室的門外張望，只見來者正是巡捕房的中西包打聽走上樓來。

那班中西包打聽們原不認識陳景韓，便向王延慶問說：「你們陳先生在那裏？」王延慶便向會客室中的陳美楠一指道：「這位就是陳先生。」他們一看其人，却是容貌端正，神態安詳，頭上一片蕭蕭白髮。大約在西人眼中認為如此斯文氣概人物，正是報館主筆的身份樣子，所以他很客氣操着不自然的中國話道：「陳先生請你到我們行裏去一趟。」當時陳美楠還不知巡捕房來捉的人，即是陳景韓。只知道自己的通緝犯行踪，已給北京政府派在上海的密探偵知，此刻會同巡捕房中西包打聽來捉他的。所以毫不分辯，低頭無言地跟隨他們下樓而去。王延慶見一班人已走，忙把癱坐在椅上的陳景韓，扶走上晒台，翻到隔壁袁家晒台，讓他自出袁家後門，乘坐馬車同去。之後，王延慶反而再向樓下追去，此時包打聽們帶同陳美楠，已經坐上汽車，正要發動機件開行。已給王延慶追到汽車邊，氣急敗壞地向中國包打聽問道：「你們要捉的陳先生，究竟是那位陳先生？」包打聽回道：「是陳景韓的陳先生呀。」王延慶道：「你們果然捉錯人了，這個陳先生叫陳美楠，不是叫陳景韓啊。」經此一說，包打聽忙問陳美楠說你究竟是誰？他也不說什麽，只向懷中摸出皮包，滿具一叠名片，隨手取出一張。果然印着「陳美楠」三字。於是中西包打聽們只有對他笑笑請他下車了，這件包打聽捉錯了人的烏龍事件，就是王延慶一手導演出來的。

張竹坪獻策舉債還債

話說席子佩化了兩千兩銀子給席仰高以後，財去身安樂，總算買得寧靜。因為從此席仰高不再上門來尋找他的煩惱，但他們也斷絕了堂房叔姪之誼。所以在不久以後的月日，席子佩覺得辦報還是一門較好事業，同時還想要打倒史量才所經營的申報。於是再行斥資，籌辦「新申報」出版，對於報館的經理一席，他也不再任用席仰高。却向比鄰一家由徽州人汪瑞闓所主辦的神州日報館經理沈能毅，以高薪給待遇，聘請過來任當。若論為人賦性豪邁，中西才調優秀，辦事能力高强，沈能毅遠非席仰高所能企及。若論經理報紙出版業務，資格經驗老到，各項門徑精明，則席仰高却要高出沈能毅一皮。無如他的禀性固執，量器淺小，名稱仰高，實在所仰不高。尤其是眼光短促，視錢若命，試想為了分肥之爭，不惜與他老叔反目，坐使失去後來新申報經理一席。但此，是可以見席子佩對他啣恨之深，亦足以見席子佩器度之狹。

可是史量才在當時的當前環境和感受情況，恰恰與席子佩適得其反，那是財去心煩惱。因為就是他對於徐靜仁所代為繳納會審公堂的三十萬兩銀子，無法籌措償還得出，為之既感愧悔，又覺怨恨。每每想到事後見徐靜仁，面謝他代繳巨欵和力保獲釋的一番高情厚誼。誰知徐靜仁絕口不談此事，更不涉及欵項何日歸還之話。只是對史量才很温和，極自然的說些勸勉慰籍之語，既無怨聲，也無德色。不知徐靜仁越是以這樣的一副俠心仁腸，對待史量才。反而越使史量才對他的一筆欠欵，時時受到自我良心上的督促償還，其心念的迫切，比之席子佩運用官衙的威勢向他脅迫，其催討力量遠遠過之。不是史量才於第二次會審之日，他受了陳景韓所提供的對策，有過背了舖蓋行李親投會審公堂，聲稱情願挺吃官司，坐牢待罪的那回行動表現麽？所以說誠德感人的自然力量較之法律制人的威嚇力量更有效果。

是以史量才由麥克勞律師替他打贏官司，向席子佩嘔回轉來的五萬五千兩銀子，於領到之日。那張數字的錢莊支票，放在衣袋裏，夜都不過，當天即去送給徐靜仁。說明尚有二十四萬五千兩銀子，正在想辦法張羅中，一俟張羅齊集，即當送來。誰知徐靜仁一點沒有「欠多還少」的不滿表示。反而力稱：「量才先生，請不必心急，慢慢交來。想你在這次一進一出的兩場官司打下來，相信用錢必多，這張支票的銀子，還是你先收兌應用罷。」此時史量才的經濟狀況，說老實話確乎不佳，因為他所經營的錢莊、米行、金號的三種商業。不管是獨資的，或是合夥的，有的不賺不蝕，有的有賺有蝕。所以他每天為此東挪西移，東支西調，在竭力維持場面現狀的聲譽和信用而奔忙。縱然覺得對五萬五千銀兩銀子在手，正好增加應付調動欵項的相當力量。究竟如此做法，是件有些於情不合，於理有虧之事，只得放下支票而去。

不過史量才雖對徐靜仁說正在張羅欵項，但這麽鉅大的數目，向那裏可去張羅呢？只有空口說白話，感覺心有餘而力不足，付之於無可奈何而已。可是他內心焦灼的痛苦，除掉陳景韓和張竹坪兩人以外，幾乎無處可說，無人可告。惟有這件事情，偏不能和陳景韓訴說商量，因為他不主張挽請有地位有身價的作保人，恐被官方牽住不放。張竹坪曾為此事，當塲受到陳景韓的申斥，只因他去找覓徐靜仁作保，認為大大的失策，將來必要累害了人。後來事實果然，所以史量才從來不與陳景韓商談徐靜仁的債務之事，惟一可商談的祗有張竹坪一人。而他又為接洽洋商廣告，常要外出，眼見陳景韓在座時，便又不能與張竹坪商談。有一天，恰巧張竹坪正在辦事，而陳景韓猶未到來。史量才就把無法籌還徐靜仁的欠債，滿腹憂急愁苦的情形，向他盡情訴說。張竹坪也覺此事自己負有部份責任，徐靜仁雖是我和史量才兩人的共同朋友，但是請做保人究竟自我去求懇他承担的事，幾乎這保人做到被累害得把他的事業普益紗廠險些遭受封閉。現要贖消此一過愆，只有幫助史量才償淸此一欠債。

因此，張竹坪便對史量才道：『量才兄，我想若要憑申報的盈利積餘，聚成爲如所欠徐靜仁債額的數字，恐非三年五載的年月，所能積儲成功。依照眼前我們申報所收的約計，每月可有五六千元的純利盈餘。若以一年的統計，多則七萬元，少則六萬元，再行折合九八規元的銀子，祗有五六萬兩的銀子數字。試想徐靜仁的欠欵，被我們要拖欠到這麼的年長月久，才去歸還淸楚。即使徐靜仁重視友情，輕視金錢，不說一句閒話。但我們捫心自問，亦覺慚愧到有置身於無地之感。相信是你量才兄也決不願意這樣幹做的吧？可是在短促期間，要籌集一注這麼鉅大的現銀子，亦屬一件千難萬難之事。現在我倒想到有一辦法在此，就是「舉債還債，化整爲零」八個字。這和眼前上海社會間所流行的「合會」一樣，原則相同，形式各殊。

因爲我們的「會」，既不是搖會，也不是標會，更不是坐會和單刀會，乃是朋友夠義氣幫忙的「義會」。其辦法每脚定爲一萬元，多脚可以，少數不要。但必須精密選擇會友，非多財之人不要，非重義之友也不要。假定會友爲三十脚，即將此會欵收集，還給徐靜仁本利不少分文。至於拔還辦法每月淸償一脚，多則益善。就眼前我們申報的廣告和發行兩項收入，已經日有起色，月有增多。在我的觀察上，只要在廣告方面努力一點，由我負責來想辦法，再增三數千元相信當不會成問題。如果遵照這樣方策進行，對拔還每月一萬元的會錢，還怕會貽誤約期麽？』

眾擎易舉集腋竟成裘

史量才聽得極贊成，認爲除掉這個舉債還債化整爲零的辦法以外，再也想不出第二法門。不過要想幹做，覺得又有一個難題擺在面前，就是他如何對朋友開口說出要請幫忙來認一脚義會。原來史量才生成有一種驕傲自大的充潤脾氣，但也有一種精明鄙吝的慳嗇行爲。所以他有時充潤起來，千金輕擲，面不改色。有時慳嗇起來，却是分文重視，如同性命。不過他的充潤和吝嗇，却是因人所施，分類而行。例如對有地位、有身價的富貴朋友，他就是充潤到驚人。對沒地位、沒身價的貧賤朋友，他就是慳嗇到要命。也便因此，他所交成知己的一般富貴朋友，無人不說史量才是個上海百萬以上的富翁之一。更要不得的，那是無人不說史量才的財富，都由他秋水夫人帶得來所給他的幸福。於是贏得他的一般富貴朋友們，無不對他艷羨，也無不對他尊敬，漪歟盛哉，無以加矣。

萬想不到如今的史量才，却窘迫到要舉辦「義會」，且要請朋友們幫忙認担一脚。而要請這幫朋友的對象，無一不是大富大貴之人，的確過去史量才深深受到他們的艷羨和尊敬的。今日一變而爲請求幫忙之人，這實在使他難於開口啓齒，說出一句求人之話。是以當時史量才便對張竹坪訴說出此種隱衷的爲難情形來。張竹坪便笑對他囘說道：「這有何難，只要你認爲此策可行，對於勸募說服工作，全由我來承担。你就像上海城內城隍廟大殿裏的護海公城隍神一樣，威靈赫赫的安坐大殿，毋須開口說話。我則就是個請香客們捐助燈油香金的香火道士，讓我來勸說他們隨緣樂助。肯捐助的固然可喜，不肯捐助的也無妨礙，總之我們以募集三十脚的會脚做目標，額滿即止。」

張竹坪這一番說話，却使史量才聽得喜溢眉梢，滿腹高興。他就對張竹坪道：「我們準定如此，我裝無語城隍，你扮香火道士，怎麽募化燈油香燈，任由你去幹辦。好在我的一班有錢朋友，你都個個認識要好的也毋須要我介紹。不過我希望早日完成募集目標，償淸徐靜仁的欠債，了却一樁重大心事。」果然，張竹坪倒是說做就做，話幹就幹，當天便去興業銀行看訪葉揆初、盛竹書、徐新六、蔣抑之、徐寄廎五名首腦人物。一經張竹坪和他們接觸開口說話，倒是不用多說，已知來意目的，原來他們都知道史量才和席子佩打官司，吃了敗仗，被席子佩索詐去了三十萬兩銀子之事。並且知道還是徐靜仁幫忙作保，代爲繳欵，方始了案。席子佩、史量才、徐靜仁他們三人都是當時上海高層社會的著名份子，三十萬兩銀子又非小數。所以這件案事着實轟動整個上海灘，而興業銀行裏的他們五巨頭，却都是同情史量才的。一見張竹坪來到，料知史量才的申報定必發生經濟問題。後經一問張竹坪，果如所料，因此，他們每人各認了義會兩脚，頓時交付張竹坪十萬兩銀子的本行本票。其實他們五人和史量才並非多年深交，僅僅在狄楚青於西藏路上，所開設民影照相公司樓上，內附設的「影樓俱樂部」室中，由狄楚青介紹，大家會面數次，即以話得投機，成爲相識相知的要好朋友。不過他們五人都認爲史量才是個不世出的人才，而申報又爲中國新聞事業中一張成功的報紙，却是眞實不虛的。他們爲了愛護史量才傑出的人才，爲了珍惜新聞事業成功的申報，是以都各熱烈的認做義會會脚。

張竹坪因受着興業銀行五巨頭見面就認做會脚的鼓舞，正合上了旗開得勝，馬到成功的兩句祝頌俚語。越發使他興致勃勃的先後走訪管趾卿、劉厚生、蔣孟蘋、陳陶遺、李平書等等的這班著名人物。管趾卿就認四脚義會，劉厚生、蔣孟蘋各認二脚，陳陶遺、李平書各認一脚。其餘的也都一一徵求到。總之上述諸人都是史量才還在育才學堂任當招接訪客員的時代，排日跟隨陳景韓到望平街時報館「息樓」做常客，絡繹所認識的朋友，因這個關係，大家幫忙解了史量才這個三十萬元的圍。

史量才在把徐靜仁的借欵如數償還以後，總算喘了口氣，而且幫認義會的會脚，都是富商巨賈，從未有一個人提起過何時償還的問話，使史量才大有無債一身輕之感。

（下期續刊）

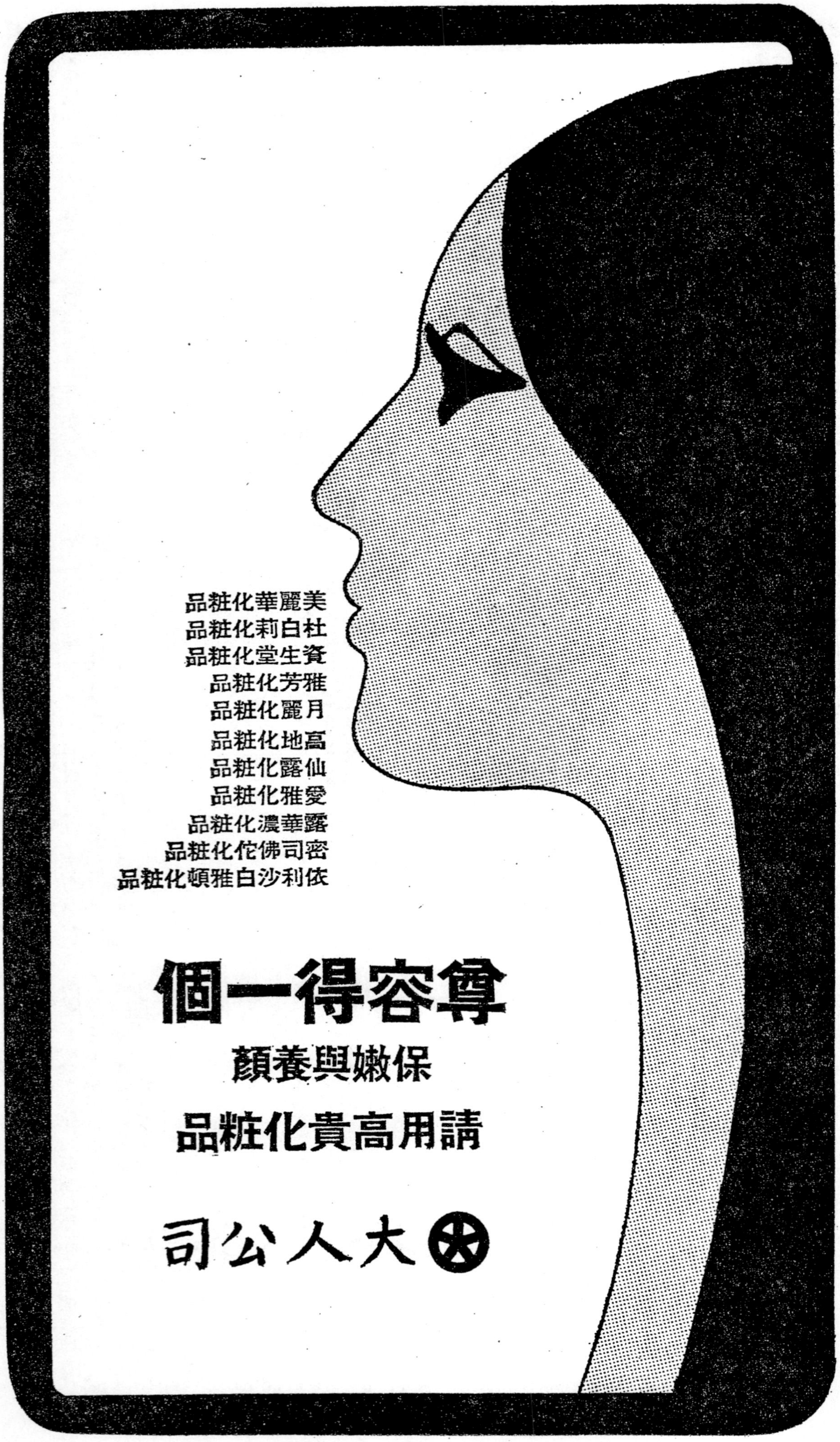
美麗華化粧品
杜白莉化粧品
資生堂化粧品
雅芳化粧品
月麗化粧品
高地化粧品
仙露化粧品
愛雅化粧品
露華濃化粧品
密司佛陀化粧品
依利沙白雅頓化粧品
尊容得一個
保嫩與養顏
請用高貴化粧品
大人公司

餛飩麵之王

·呂大呂·

餛飩麵自成一家

北方人喜吃麵，麵的種類很多，除了陽春麵是淨麵外，其餘都是加上一個「碼」。用什麽來作「碼」，便叫什麽麵。像「碼」用鹹菜肉絲，便叫鹹菜肉絲麵，麵上放上一塊排骨，便叫排骨麵，放上一塊燻魚，便叫燻魚麵，又是排骨又是燻魚，便叫燻排麵。凡是外江館子都有這種種式式的麵。除麵外，也有餛飩。奇怪的是從來沒有餛飩麵。什麽菜肉餛飩，鷄肉餛飩也有，一向都是餛飩有餛飩吃，麵有麵吃。不像廣東，餛飩麵在廣東是自成機杼，別成一家的食制。

在廣東的酒樓茶館，許多食肆中，它也像外江館子一樣，有着種種加上個「碼」的麵。如滑肉麵、蝦仁麵之類。種類之多，不下于外江館子。奇怪的是所有茶樓酒館也是沒有餛飩麵的。如果要吃餛飩麵，却有另外一種專賣餛飩麵的館子、大排檔、晚上擺在街邊的檔口，他們都是獨沽一味餛飩麵。雖然有些餛飩麵館子，還有粥、粉，甚至兼營咖啡、三文治和西餅。不過凡是有餛飩麵賣的館子，他們決不會有蝦仁麵，滑肉麵這類有「碼」的麵。正如有滑肉麵和蝦仁麵賣的就不會像餛飩麵的設館子，設檔口，而是正正式式的酒館茶樓了。

香港餛飩麵今昔

餛飩麵在廣東既然自成機杼，別成一家，因此喜歡吃餛飩麵的人就很多。但在香港來說，雖然一向也有餛飩麵，却一直也不知所謂，比起了廣州市，簡直未入流。抗戰時，廣州淪陷，不少在廣州賣餛飩麵的人逃來香港，他們在香港設館開檔，這才使到香港的餛飩麵爲之一變，漸上軌道。香港人才知道好的餛飩麵是不同吃法的。這是指一些從來沒有到過廣州的香港人說。在從前凡是由香港到廣州的人，他們都少不了吃餛飩麵，深知香港沒有像樣的餛飩麵吃。廣州淪陷，他們都喜得香港也有好的餛飩麵吃了。

經過這一個時期，光復後，雖然廣州的餛飩麵「專家」陸續回廣州去，但香港賣餛飩麵的已經學上幾下散手，因而香港的餛飩麵已經可以一吃了。到了廣州變色，更多餛飩麵專家來香港。香港的餛飩麵，到了今日，便一躍而成爲取舊日廣州而代之的地位。今日在香港吃餛飩麵，就像戰前廣州吃餛飩麵一樣，而喜歡吃餛飩麵的人才會多起來。

出了個餛飩麵王

誰也知道有句「食在廣州」這話。許多人以爲這只是指粵菜而言，而不知餛飩麵雖小道，却佔了「食在廣州」這話的一個重要地位。爲的廣州的餛飩麵就眞的是十分可口，而非全廣東各地所可及。尤其在四十多年前的時候，廣州出了個餛飩麵王，這個餛飩麵王可以說是空前絕後的餛飩麵王。在此之前，廣州沒有這樣好的餛飩麵，在此之後，什麽地方也沒有這樣好的餛飩麵。他之所以給人稱他爲王，固然爲了他的餛飩麵出類拔萃，也爲了餛飩麵有全蛋麵是他發明的，廣東有炸醬麵也是他發明的。除此之外，他還有許多堪稱得上爲王的地方，是從來賣餛飩麵的人所萬萬不會有，連想也不會想到，發夢也不會夢到的。你說這還不值得把他記下來？

這位空前絕後的餛飩麵王，姓麥，名煥池，他賣餛飩麵的名是池記，廣東花縣人。花縣人不少是做這一行業，許多有名氣賣餛飩麵的人都是籍貫花縣，許多花縣人都是賣餛飩麵，池記是餛飩麵世家，祖父在咸豐年間賣餛飩麵，父親也是賣餛飩麵。傳到了池記，已經是第三代了。不想就在這第三代的池記，他的餛飩麵就不只比對上兩代好得多，而且還一躍而登上了餛飩麵的王座，使廣東的餛飩麵，竟能成爲「食在廣州」的一個單位。

發明了全蛋細麵

廣東的餛飩麵，一向都不會是全蛋麵。池記的祖父、父親，和他祖父父親這一代的同業，所有的麵，在打麵的時候，無論落多少蛋，也得要加上一碗水來打。不是大家不肯落本，而是誰也認爲打麵而用全蛋，這是沒法子打得成，打起來一定特別吃力，結果是吃力不討好。爲了這個，大家都沒有想到用全蛋來打麵試試。最好的一檔餛飩麵，也不過多落幾隻蛋，那碗水可少不得，較下焉的餛飩麵就蛋少而水多。在這時候，廣東的餛飩麵，說「食在廣州」，可數不到它，也就是「食在廣州」可不關餛飩麵的份兒，最多也不過說，廣州市的餛飩麵比別處好罷了。

池記承父業賣餛飩麵，年紀很輕。他是個大個子的人，特別有氣有力，因此打起麵來會比較別人的好。他就想打麵是以多用蛋少用水爲上品，爲什麽不索性全用蛋，不用水呢？他明白，如果全用蛋，這會比較難打許多；自已有的是氣力，大可以試試看。

一試之下，才知道眞的要認眞吃力才可以打成。但在打成之後嘗試，却覺得絕非「水麵」所可比。這樣的全蛋麵，固然非酒樓茶館的麵所可及，也不是一般餛飩麵家、麵檔和麵担所可及。水麵沒有香也沒有根，全蛋麵是有麵香，爽而有根，滑而有咀嚼。爲了這個，他決定他這檔池記餛飩麵的麵要用全蛋麵了。

發明了全蛋麵之後，更用功夫來打麵。所謂用功夫，比起打水麵要多用一半時候，多用一半力，却是他不管。跟着還研究切麵的刀法，他的麵切得很幼。切的時候固然要講功夫，却是一般水麵如果切得他這樣幼，一下窩來煑便不成樣了。因此他的切麵刀法是配合全蛋麵的，這個全蛋細麵便被他發明成功了。

跟着發明炸醬麵

當時的餛飩麵就以餛飩爲「碼」，麵爲底，并沒有像酒樓茶室的用肉食爲「碼」。池記却于此時發明了一種有「碼」的麵，這便是炸醬麵。他的炸醬麵完全和外江館子的炸醬麵不同，是用醬來乾燒着精肉絲，使到這些肉絲實而甘，別具一種說不出的味。就用這種炸醬肉絲來作爲一碗全蛋細麵的「碼」，開了餛飩麵不用餛飩作「碼」的紀錄。

這兩樣發明，到了現在，所有的餛飩麵館子、檔口，都是用全蛋麵了，都有炸醬麵了。而且推而廣之，還有以牛腩，以猪手作「碼」的牛腩麵和猪手麵。相信沒有池記發明全蛋麵，餛飩麵的麵可能還在「水麵」時代，沒有池記發明炸醬麵，餛飩麵的「碼」還是獨沽一味以餛飩作「碼」，因此池記這個餛飩麵王確實是功不可沒的。

空前絕後的一切

池記賣餛飩麵，最初是餛飩麵担。他家住在廣州荔灣東七十三號，白天不做生意，只在家裏打麵，熬湯，作餛飩餡。作好了，到晚上便把這担子挑到三聖社這地方，發着火爐，一個火爐放上一個大銅窩，窩分左右兩格，大的一邊是滾水，用來煑麵，煑餛飩，小的一邊是載着湯，就在發爐火的時候，他包着餛飩待用。大概八時左右，他開始營業。在三聖社那裏做生意到九點鐘，便執着担子上街去。穿街過巷，直到賣完了所作的麵、餛飩，便收工，有時做三個鐘頭生意，也有時做四五個鐘頭生意，一點後鐘才可以收工。

池記的一担餛飩麵，所有一切都遠超一般餛飩麵檔的水準，比之過去固然，在當時也是，直到了現在，池記已經死了，還是沒有一處賣的餛飩麵可以望其肩背。空前絕後這四個字，眞的是當之無愧。

一檔餛飩麵要具備的是什麽？打出來的麵，餛飩皮，餛飩餡，湯水，猪油，以至于包餛飩的技術，煑麵的技術，都很有關係。池記的麵是全蛋，打麵的功夫特別到家，特別有研究而肯賣力，切麵功夫更是非一般做麵的可能做得到，他切麵切得特別幼，堪稱得爲銀絲細麵。他的餛飩皮，煑起來不會削而深得甘、香、實之妙。他的餛飩餡，切肉功夫和調味都是無法形容其好處的。

餛飩麵之王——麥煥池

他只用猪肉，不像現在的人喜歡用蝦肉，有時會加上一些「猪膏渣」或切碎的叉燒粒。湯水可不知他用什麽來熬，可以說是別具一種「風格」和風味。他所用的猪油是特別香的，而包餛飩更是一絕，小如彈丸，煑起來沒有餛飩皮飛出來，總是密密實實的包裹着餡肉。而煑餛飩却恰到好處，不生不熟。尤其煑麵，他的「手勢」很妙，先拿着一個麵雙手一搓，然後抛向窩裏，隨抛隨即取起，從來不會不夠熟，更不會過熟。這便是他的好處，而他的好處就成爲遠遠非一般餛飩麵担所可及，開店賣餛飩麵的更不足道了。

除了上面所說外，他還有一絕，這一絕本來并不難，但當時所有的餛飩麵担不知怎樣都沒有學他。這便是一碗餛飩麵在煑好盛在碗裏時必加上一撮蝦子在上面。照例這是人人也可以學他一樣的，却是在當時這許多同業中并沒有人會這樣做。另外他醃的酸菜，給人在吃麵時醒胃的，也比任何一個同業醃得好，夠爽，夠酸味。具備了這種種的好處，在當時來說，固然是空前，而在現在來說，也可以說是絕後。

池記成了名後，有一樣是足以證明他的了不得之處的。無論什麽人去吃什麽，大家都只有說去吃什麽，譬如想去吃粥，便說去吃粥，想吃晚飯，便說去吃晚飯，吃消夜，便說去吃消夜。只有去吃池記的餛飩麵，人們都會說「去吃池記」。這簡直是把池記完全代表了餛飩麵。當時廣州最聞名的四大酒家，是大三元，西園，南園和文園，也不會有人說「去吃大三元」或是「去吃文園」的，池記却不然，人們要去幫趁他，都會說出一句「吃池記」來。這話的作用，固然是池記足以代表了餛飩麵，也帶有吃餛飩麵是必需吃池記才夠排場，才懂得揀飲擇食之意。

三不賣的怪脾氣

池記這個人是有點怪脾氣的，凡是曉得「吃池記」的人無不知道他的「三不賣」。碰着他的三不賣，想「吃池記」的人便倒霉了。他的三不賣是和老婆「嗌交」不賣，賭錢贏了不賣，賭錢輸了也不賣。那天和老婆口角淘氣過，他的心情不好，便不來打麵，立意不開檔做生意。贏了錢，他自己有個解釋，已經贏夠做生意所賺的錢了，還要做什麽生意？輸了錢，他就把做生意每晚所得的盈利也加在輸錢的數內，看作一起輸了去。這個解釋却很妙，事實上他是爲了整日賭錢，沒有空打麵，當然到晚上想開檔也不能，這才是他的「三不賣」的原因。

憑着他的三不賣，固然使到人們沒法子「吃池記」，但另外還有許多原因是不能「吃池記」的。這些原因并不是他沒有開檔做生意，而是你會沒法子找到他來幫趁他。

橫街大道不見人

在池記成名後許久，近着三聖社的一帶還沒有開馬路，他每晚挑着担子，走過一度「觀音橋」便轉入那裏的住宅區來賣。這些地方許多大戶，不少住宅有轎廳。碰着他們要「吃池記」，便得開了門，讓池記把一担餛飩麵挑進去賣食。這樣一來，從四面八方來找池記「吃池記」的，便找遍了橫街大道也沒法子可以見到池記了。再其次那裏的橫街窄巷多，好些人要來「吃池記」，這條街不見，那條街也不見，常常和池記捉迷藏，因而也就無法「吃池記」了。但後來開了馬路，他不再挑着担子上街，而是把担子放在三聖社的行人路，成爲「梗檔」，只要依時前去，本來是不愁吃不到池記了，但也會沒法子「吃池記」，這爲的是什麽原因？說來就只有池記這個餛飩麵王才會這樣。

莫秀英放哨吃麵

池記聲譽最隆的時候，正是陳濟棠西南政府的時候。陳濟棠夫人莫秀英女士，呼風喚雨，風頭最勁，說起了陳濟棠誰不知有莫秀英，這是廣東的第一夫人。莫秀英什麽也吃過了，四大酒家的厨子常常到東山梅花村的陳公館去到會，大三元六十元大翅，文園百花鷄，南園大網鮑片，西園的鼎湖上素，莫秀英都吃膩了，聽說西關有檔池記餛飩麵，好吃得很，她便想去試試。查知池記這個檔口是在三聖社的馬路旁開設，要晚上才有得吃，便在一天，坐上了一部左右站着四名衛隊的司令座駕車，另外一部坐滿了衛隊的汽車，浩浩蕩蕩開到三聖社附近，決計要在這個晚上，嘗試一下「吃池記」，且看池記的餛飩麵究竟如何好吃。

當時池記的檔口正在生意滔滔，莫秀英叫司機把車停在池記檔口對開的馬路旁，後隨那部坐滿衛隊的車，所有衛隊立刻分散在馬路放步哨。「食池記」的人看見這情形，他們都看到這部車是陳總司令的，車裏坐了個太太，大家都知道她是莫秀英。但却不知道莫秀英爲什麽會到來，爲什麽會停車在這裏，而派出衛兵放哨？他們正在覺得奇怪，有人過來附耳對池記說了幾句話，最後一句大家也聽到，這是「賣好了，拿到車廂裏」。人們立刻便明白，這是莫秀英也來「吃池記」了。

經過這一次莫秀英放步哨來「吃池記」之後，池記的名聲更响了。但此後却使到好些人有時要「吃池記」吃不到了，并不是碰到池記的「三不賣」才吃不到，而是池記到了東山梅花村的陳公館去，這一晚的餛飩麵，由陳公館包起。

陳濟棠麵宴同僚

莫秀英這位第一夫人試過一次「吃池記」之後，她讚不絕口，不住的對陳濟棠說出來，也極力主張陳濟棠試試。但陳濟棠是西南政府的首腦，他斷不能像莫秀英這樣開車去三聖社「吃池記」。莫秀英也明白到，事實上莫秀英的放步哨去「吃池記」，也是可一不可再的。却是她固然很想陳濟棠「吃池記」，自己也很想吃過又吃，因此她終于想到了一法。

陳濟棠的公館中是時時請客，時時把四大酒家的名厨請來下灶的，莫秀英爲此而想到可以請池記把一担餛飩麵挑到公館裏來，這便什麽也解決了。她把這法子對陳濟棠說出來，陳濟棠當即言聽計從，莫秀英立刻便來一「坐言起行」。

那晚的池記檔口中，一來來了兩部車，一部是豪華房車，一部是巨型貨車。車停下來，一位三皮彰身的軍官下車，對池記說總司令要吃他的餛飩麵，可即到梅花村公館去。更說出了辦法是把全担挑上了那部貨車，開車前往。當然池記是沒法子不把「吃池記」的客說一聲「明晚交易」，便收拾一切，由着這位軍官指揮衛兵把他一担麵檔和一切器具搬上了大貨車，池記却給這軍官招呼到這部豪華汽車上，兩部車很快便到達了陳公館。

在陳公館，池記像開檔一樣的賣麵，由陳濟棠和莫秀英先嘗，吃了一碗又一碗，一面吃一面讚不絕口，跟着全公館的人也都一碗一碗的吃。經過了許久，全公館上下人等都吃了個飽，來了個滿堂紅的讚賞，以後給了池記超過所做生意的錢，這才打發池記走，一樣是大貨車和另備汽車來送池記返回三聖社。

從此之後，陳濟棠和莫秀英就像是吃出癮的，常常到三聖社把池記搬到公館裏去了，而且常常用池記的餛飩麵來大宴僚屬，也爲了這原因，便使到好些人去到三聖社來「吃池記」都吃不到了。

哄動了不少政要

由于陳濟棠和莫秀英時時「吃池記」，引起了許多政要也都要「吃池記」了。胡漢民胡木蘭父女是其中之一，霍芝庭也是其中之一。但他們不至于把池記邀請成担到會，他們有時坐汽車去「吃池記」。有時却差人拿着東西到來，把餛飩和麵生買，湯載在帶來的東西上面，然後回去，由他們的厨子羮好來吃。試過一次，胡漢民父女坐了汽車來「吃池記」，吃完了之後開了汽車走，忘記了給錢池記。池記爲了他是胡漢民，自然沒有向他討取。胡漢民的公館也是在東山的，汽車行了一程，在將到東山時才想起，連忙叫司機把車駛囘去，拿錢給池記，一時傳爲佳話。

汪精衛也是顧客

廣州在淪陷時，池記走了去香港。香港淪陷時他囘到廣州去。經過一個時候，依然他在三聖社那裏設檔。當時的汪精衛、陳璧君也在廣州，他們平日也聽到池記的大名，也聽過陳濟棠常常把池記原担餛飩麵請到公館去，以餛飩麵大宴羣僚，因此汪精衛也就要學陳濟棠一樣。他第一次派出人去邀請池記，池記知道是汪精衛要像陳濟棠一樣的請他到公館羮麵，他猜到可能還會有日本的軍官在內，他不願意做這檔生意，但又明白到不可能這樣做，結果就只有由着他原担搬上貨車，却派出他的兩個兒子麥珠、麥奀前往。他老人家并沒有前去。這一次是這樣，以後多次也是這樣。

汪精衛的公館在法政路三十三號，他「吃池記」不只他和陳璧君兩人同吃，有時褚民誼、曾養甫等也同吃，確是有時也有日本的重要人物去，也一起嘗試。褚民誼對于吃很講究，他對池記餛飩麵就眞的推崇備至，好些日本人吃過了，也認爲這確是難得吃到這樣好的麵。

任伯年畫吳昌碩像

吳昌碩在蘇州的時候，和楊見山過從甚密，經常相互琢磨古文詩詞。有一天，吳昌碩很誠懇的寫了一封信，附了個門生帖子，投到楊家，第二天，楊見山就寫了一封回信說：

「來函敬悉，如此稱謂未免太俗，擬仿從前沈仲復與藐（楊見山別號藐翁）訂交之例，彼此贈物，即俗間之換帖也。犬馬齒差長，藐僭稱兄，君即吾弟。師生尊而不親，兄弟則尤親矣。一言爲定，白首如新。……」吳昌碩爲楊見山作畫，稱藐翁夫子，見本期插頁，這幅畫是具有紀念性的。

任伯年曾爲吳畫「蕉陰納涼圖」。左圖即任伯年所畫。

池記的全盛時代

池記的全盛時代是在廣州淪陷時逃來香港的時候，他在侯王廟設店，後來開在油蔴地廟街，他在香港都是設店營業而不是擺檔的。香港淪陷返回廣州，依然設檔。到了和平，他在廣州共設了七間店，長堤、太平南、惠愛路、惠福路、多寶路、第八甫等，遠至澳門，都有分舖，眞是無人不知有池記，無人不去「吃池記」。到了廣州變色，他結束了生意。先由他的兩個兒子麥珠、麥奀來香港，他在變色後三四年才來，依然設店數間之多。

却是這時的池記已很老，他在八十二歲的時候，和兩個兒子在馬師道設了一個大牌檔。這是現在池記遺留下的檔口，他死了後由他的大兒子麥珠繼承，生意很好。

享壽至八十六歲

池記在香港，由兩個兒子侍奉着他，太老了，再也不能打麵，不能去檔口羮麵了。到了八十六歲那年生了個病，入養和醫院療治，病了幾個月才身亡。現在香港就由麥珠主理馬師道的一檔餛飩麵，中環的一檔餛飩麵叫做麥奀記的却是他的第二兒子麥奀主理。當然不及池記當年之盛，但也不錯，在香港的餛飩麵中算是難得，而生意也很好，這是池記雄風猶在的原故。

綜觀池記這一生人，說他是餛飩麵王可眞當之無愧。但他是個怪傑，生平賺錢不少，却爲了認眞好賭，絕無積蓄，享名多于享利。當他最馳譽的時候，廣州許多有名的餛飩麵担，像徐卓記、徐深記、黃兆記、曾智記，他們都對池記交口稱譽，俯首稱臣。同行如敵國，惟有池記却在同行中是例外。

冷香吐艷圖　吳昌碩畫　定齋藏

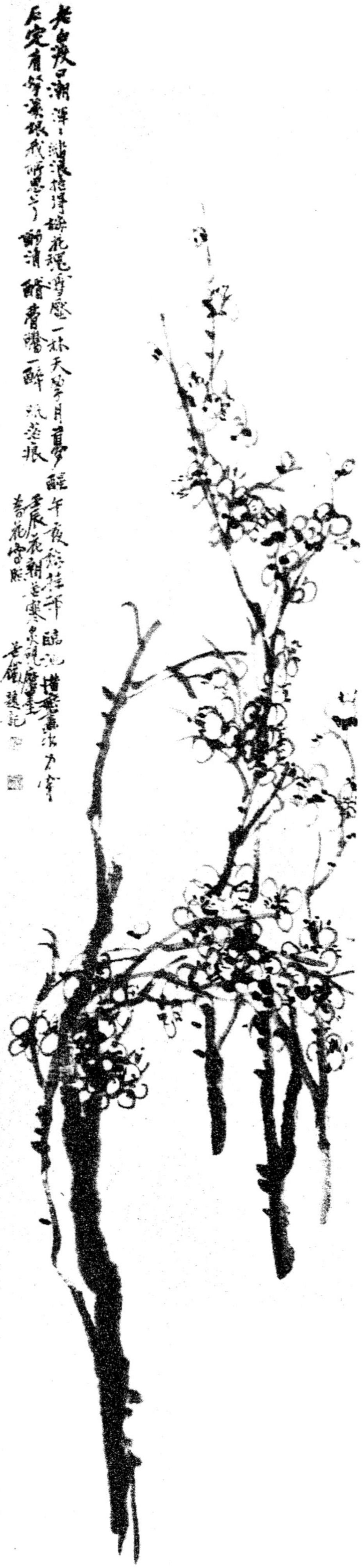

老白渡口潮渾渾，踏浪招得梅花魂；雪壓一林天孕月，夢醒午夜愁掛邨。
臨池惜無畫水力，穿石定有拏溪根；我所思兮酌清醑，夢騰一醉眠苔痕。

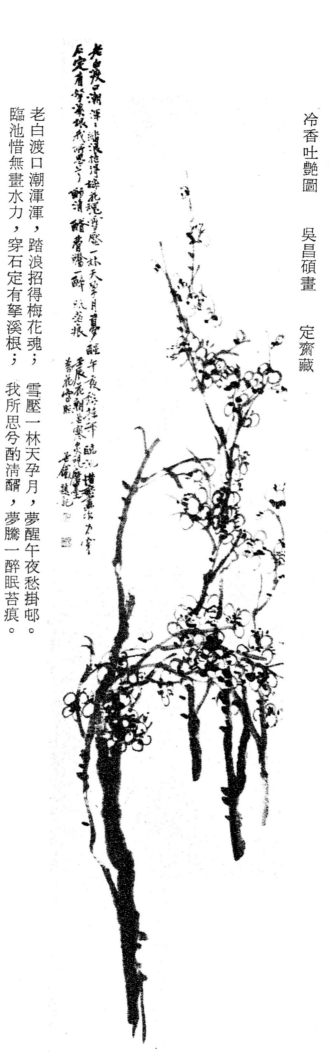

赤城霞圖　　定齋藏

癸丑（一九一三）四月　吳昌碩畫

蒼松翠柏圖　吳昌碩畫　定齋藏

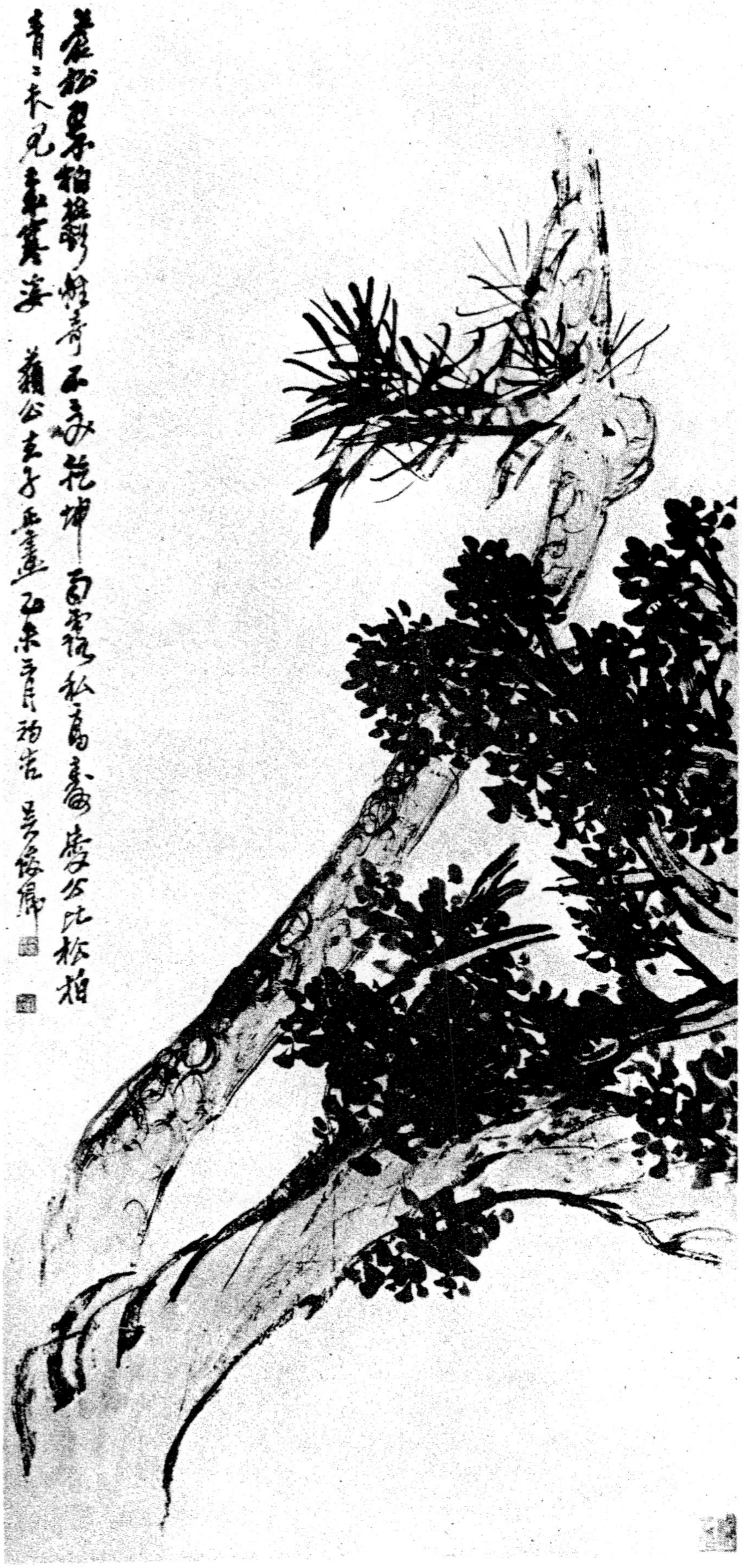

蒼松翠柏鬱離奇，不受乾坤白露私。高壽愛公比松柏，青青長見歲寒姿。

吳昌碩畫梅

·省齋·

如果有人問我近代國畫家中哪一位畫梅最好，我將毫不遲疑的答稱是吳昌碩先生。

吳先生名俊，又名俊卿。初字香圃，中年後改字昌碩，亦署倉碩、蒼石。別號缶廬、老缶、苦鐵、破荷、大聾等。他是浙江省孝豐縣鄣吳村人，生於公元一八四四年九月十二日，一九二七年十一月廿九日卒於上海，享壽八十四歲。

他的幼年和中年時代都非常艱苦的，所以同時期的另一名畫家任伯年氏曾畫了一幅「飢看天圖」送給他，楊見山氏並題詩於上曰：

牀頭無米廚無煙，腰間並無看囊錢；破書萬卷賣不得，掩關獨立飢看天。人生有命豈能拗，天公弄人示天巧；臣朔縱有七尺軀，當前且讓侏儒飽。

後來這幅畫像還刻在杭州西湖西泠印社的石壁上呢。

談起西泠印社，那是於清光緒二十九年（公元一九○三年）由金石名家丁輔之、吳石潛等所發起的，公推吳昌碩先生爲會長。他起先不肯，固辭不獲，遂勉允而撰一聯曰：

印豈無源？讀書坐風雨晦明，數布衣曾開浙派；
社何敢長？識字僅鼎彝瓴甓，一耕夫來自田間。

其謙虛可見。

吳氏於詩、書、畫、印，無一不精。齊白石對於他欽佩萬分，嘗一再請求拜他爲師，可是吳氏再三謙辭，終未之允。後來，白石有一首詩云：

青藤雪個遠凡胎，老缶衰年別有才；
我欲九原爲走狗，三家門下轉輪來。

齊白石對吳氏的景仰，可見一斑。

吳氏的畫，大致取法於青藤（徐渭）、八大（朱耷），而集成一體；然後再神而化之，而自成一格。我最欣賞他所畫的梅花，縱橫奔放，蒼老孤峭，誠所謂鐵劃銀鉤，和他所寫的石鼓文體相配，眞可謂之雙絕。原來他生平是最愛梅花的，如蘇州的鄧尉、杭州的孤山、塘棲、超山等處，幾乎每年都有他的屐痕。在去世那年春天，他還帶着子孫輩同往超山觀梅，並在附近的「宋梅亭」題詩刻石留念。當時並向子孫輩預立遺囑，願以超山爲他日後埋骨之地。

所以，當那年（一九二七年）冬季他逝世之後，他的後人就恪遵遺命，葬他於超山，離宋梅亭僅百步之遙。墓坊的石柱上刊有沈淇泉（衛）氏撰書的一聯曰：

其人爲金石名家，沉酣到三代鼎彝，兩京碑碣；
此地傍玉潛故宅，環抱有幾重山色，十里梅花。

這一副對聯對於吳氏一生的藝術造就和墓地的絢爛景物，可以說得已概括無遺了。

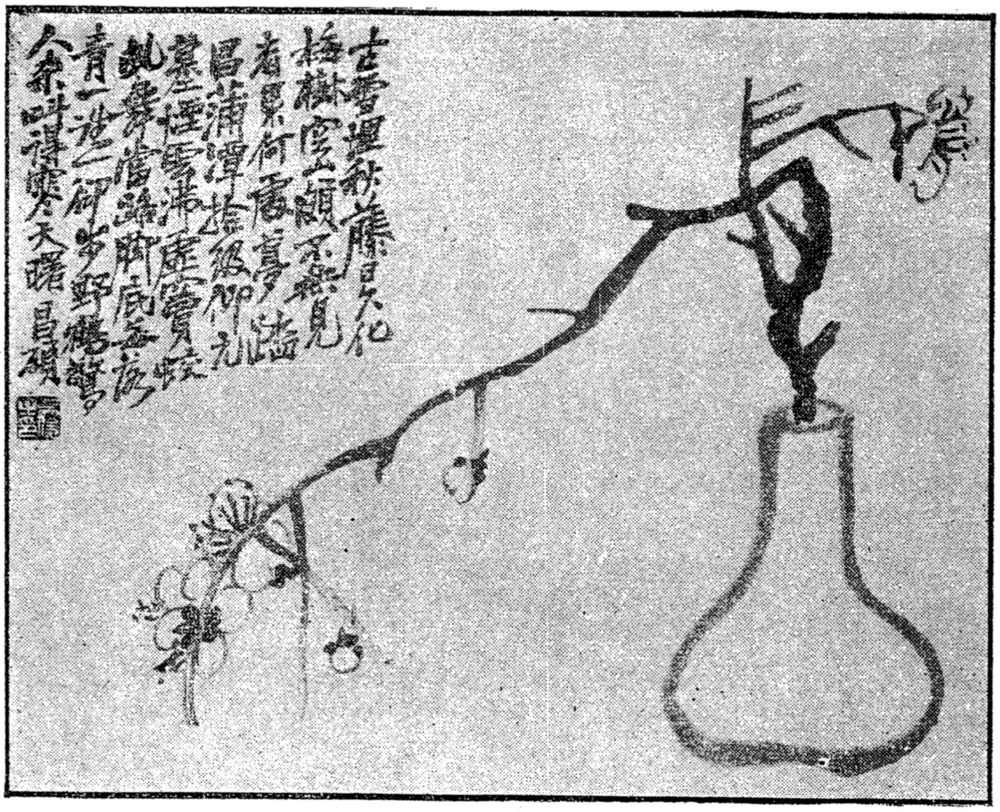

一九六○年春天，筆者曾作杭州西湖小遊，在短短的數天之內，倒有大半的時光銷磨於西泠印社和孤山之間，瞻仰吳氏遺蹟，許多畫幅之中，仍以梅花最爲傑出。一九六二年十月

藝林逸話

任伯年與吳昌碩

陳定山

很多人說：吳昌碩五十歲以後，方才開始學畫，其實不然，我曾藏有他四十歲以前的作品，畫法徐青藤，勁秀異常，可見他的畫早有根底，不過後來在他遇見了任伯年以後，又加以放縱，因之更變舊法，令人耳目一新。

任伯年山陰人，原名鏡人，號小樓。其時上海賣畫的以張子祥、任渭長最爲出名，兩人都以「熊」字爲名。張子祥畫牡丹，一面泥金扇子要一兩銀子，任渭長的畫師法陳老蓮，古雅異常，備受重視。任伯年是學任渭長的，自然不能爭勝。任伯年住在上海城裏，每天到邑廟春風得意樓倚欄品茗，下面正是一家鳥店和一家鷄鴨欄，上海的鳥店，別有一景，滿屋子堆着鳥籠，裏邊養着八哥、蜡嘴、相思鳥、掛鈎子、百靈、鷓鴣、芙蓉、黃雀等，百鳥和鳴，猶如鈞天廣樂，猴、兎、犬、羊也和隔壁的鷄、鴨、鵝、鴿閧閧不休，正如一位詩翁緊鄰住着一位賭徒般，雅俗各判。任伯年不理那些，每天靜思養神，一意觀察它們的飛鳴食宿，各種情態。手裏拿支筆、鋪張紙，偶有會心，便把它縮寫下來，久而久之，他的翎毛花卉，便成了獨創一格。他更用這種絕技，來替朋友們描容傳神，見了的沒有一個不讚說他筆下神情酷肖的，比西法油畫還要高明，其實他的畫法已和西法素描相通，不過他自己不覺得罷了。任小樓成名之後，初時改名百年，他的意思是說：我的畫法，是不合時宜的，需待百年之後，方有識者；後始更名爲伯年。他的賣畫生涯，自此洛陽紙貴，每天接件，手不停揮，連得吃飯、理髮、睡覺的功夫也沒有了。他的畫賣的便宜，一頁扇面只取銀毫四角，出筆也實在快，幾十個扇面，頃刻一揮而就。同時還要應付朋友，有說有笑，人也風趣，因此每天高朋滿座，吳昌碩就是任家的座上客之一。

吳昌碩幼時孤貧，從小就喜歡刻圖章；家裏人恐怕他因此荒廢學業，常常加以阻止。有次他發現家裏後門沿河邊全是殘磚亂石，不由心花怒放，乘人不備，帶着一把刻字刀，躲在沿河干的柴屋裏不出來，儘在裏邊刻磚弄石。後來他父親知道了便對他說：「金石的學問是很高深的，你要好好的在書本上下功夫，將來才能有成就。」

吳昌碩曾一任安東縣令，到任一個月，便棄官到上海刻圖章度日，他看見任伯年的畫，天資縱逸，愛慕非常，打算拜任爲師。其時吳昌碩的篆刻，已很有名，不但中國人稱譽，連日本人也多所讚揚。日本人於我國金石家中，最崇拜楊守敬（惺吾），楊見了吳昌碩的篆刻，推許爲古今第一，認爲雖趙撝叔、鄧石如都不能和吳相提並論，因此日本人也很佩服吳昌碩。但吳絕不自滿，仍很虛心的向任伯年請益，要從任伯年學畫而把從前所學的畫法一齊廢棄。其時任伯年的繪畫生涯，更見繁忙，常常把理髮和吃飯併作一件事，一面理髮，一面吃飯，任太太還嫌任伯年荒廢了畫業，損失了潤筆；此時聽說吳昌碩要來拜門，任太太大爲反對，因爲拜了師就得教學生，荒廢了作畫時間，那怕吳昌碩再三要求，任伯年都無法接受。那天正是臘月送灶，任伯年乘興畫了一幅送灶的即景，一盞竹燈，一枝古梅，偷偷地捲了送給吳昌碩說：「大令，你拿回去畫吧！」第二天一淸早，吳昌碩便挾着一捆畫紙來向任求正，打開一看，全是竹燈紅梅，任伯年看了皺眉說：「梅花醜，竹燈古，你的畫別具一格，祇要把筆意稍爲放縱一下，便能成名，將來你的畫不會在你的篆刻以下的。」有一天，吳昌碩又畫了一幅荷花來向任請教，任伯年提起筆來，替這幅畫大加煊染，正在筆酣墨暢之際，任太太突然從後房拿着一把掃帚走出來，趕着吳昌碩叫道：「走，走，走！我們的畫畫時間，都被你躭擱完了！」吳昌碩見狀大驚，趕緊雙手取了桌上這幅荷花反身走出任家，紙幅又大，墨迹還沒有乾，吳昌碩怕把畫捲起來損壞，只得雙手提了畫幅，走出任家大門，正撞見王秋士。第二天，王秋士在春風得意樓告訴人說：「昨天吳大令在任府上跳加官！」

吳昌碩八十以後，天眞有如小兒，尤其歡喜飲宴，聽見有人請客，就立刻想去，他的三公子東邁怕老人吃多了，常把請帖藏起來，但他會開抽屜、翻書箱去找，找着了便開心，要東邁陪他去。東邁頗以爲苦，因爲一不小心，這位老人多吃了，回來就會發熱、打噎。可是用不着請醫生，只要請他老人家吃些嬰兒自己藥片，便會霍然而愈。但如果找到了請帖而不陪他去赴宴時，他會坐在地上和小孩子一樣撒懶不起來，家裏人對他無法可施，則說：「朱侍郎來了！」朱古微（彊村）少於老人十三歲，但吳昌老平生就是敬畏朱古微，聽說朱侍郎來，無不即時起立。

王一亭當日淸公司買辦時，從吳昌碩學畫，王小於昌老二十二歲，敬事昌老有如嚴父。吳昌碩每出門，如果東邁不在左右，王一亭便小心翼翼，扶持一傍。吳昌老卒後，葬在超山，萬樹梅花，長眠畫人。廬墓書碑，王一亭俱列名弟子，附於末行，前輩們尊師敬賢，至老不衰，實在值得稱道。

任伯年有個女兒，單名一個霞字，繪畫神似老父，伯年晚年之畫，多出於這位小姐手筆，可惜遇人不淑，後來生癆病死的。伯年的兒子堇叔，不善畫，字寫得很好，擅作古文，但不肯隨俗。有一位大商家請堇叔作墓誌銘，商家的兒子看了原稿後，自願加送一百塊錢，請他將銘文中改一個字，堇叔大罵說：「銀子可以不要，字一個也不能改！」他對自己所作的文字是很認眞的。

吳昌碩 梅蘭芳 荀慧生

·墨緣·

名畫家吳昌碩和梅蘭芳在民國三年梅蘭芳第二次去上海的時候就相識了，在梅蘭芳「舞台生活四十年」第二集中會經提到此事說：『……民國三年十二月七日，是我們二次到滬第一天登台的日子，我的「綵樓配」是倒第二的碼子，趕上狄平子先生約我們在小花園一家菜館吃飯，他是替我跟鳳二爺（王鳳卿）接風的，不能不去，座中大半是當時留住上海的幾位舊學湛深兼長書畫的老先生，如朱古微、沈子培、吳昌碩……。他們那天的興致都好，談風也很健。我看見沈先生把他新塡的一首詞，唸給朱先生聽，他們兩位還細細地在推敲這裏面塡的字眼。另有一位中年人，穿了一身很華麗的衣服，戴一副金邊眼鏡，口裏銜着雪茄烟，正向吳先生討筆墨債，聽他對吳先生說：「託你畫的條幅，半年不交卷，還有一塊圖章，你也不動刀，那塊田黃圖章，我是化了大價錢買來的，你也不要給我弄丟了。」吳先生朝他看了一眼，冷冷的說：「你要不放心，明天派人拿回去吧。」說完這句話，回頭來對我說：「畹華，你這次來，我要好好的給你畫一張着色的紅梅。」那位朋友插嘴說：「梅老板，你等着吧，明年再來唱戲，你或者可以拿到手了。」吳先生很正色的向我保証說：「在你動身之前，我一定畫好了送過去。」我先向他道了謝。……』這是吳昌碩和梅蘭芳訂交的開始。

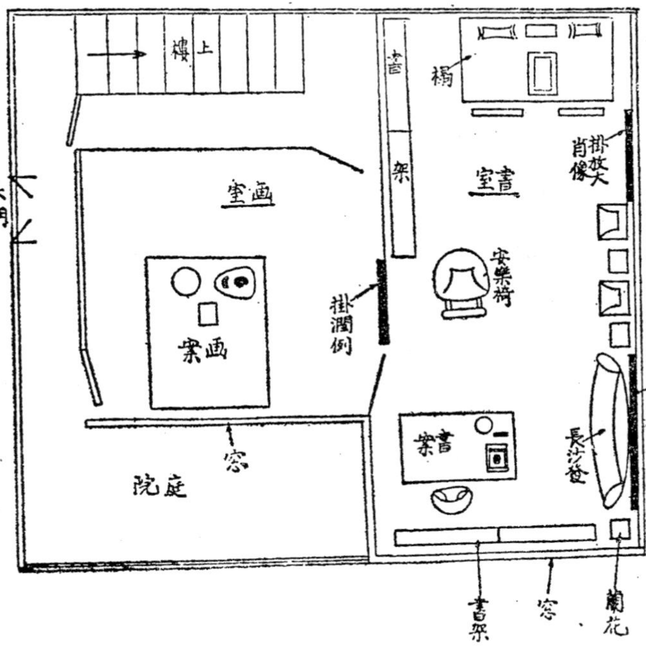

吳缶廬書画室平面圖

吳昌碩比梅蘭芳年長五十歲，當他們二位戊爲忘年交的時候，梅蘭芳祗有二十來歲，而吳昌老已經七十多歲了！梅蘭芳每去上海，必向吳昌老請敎畫藝，其時梅蘭芳常去上海，因此向吳昌老請益的機會很多。民國十年，吳昌碩的小兒子吳東邁到北京去，南歸之日，梅蘭芳以摺扇相贈，扇面上的畫是一只站在枝頭上的翠羽鳥，東邁囘家以此扇呈老父，吳昌碩即在扇上題跋云：『客歲春夏間，畹華來滬，有過從之雅，嘗作畫奉貽，別去忽忽逾年矣。邁兒歸自京師，出畫扇則畹華之貽，畫尤美妙。當設色寫生時，必念及缶廬頹老，重可感也！邁能珍藏之，漚厂曰：是亦善承缶指也，辛酉大暑日書此一笑，時缶年七十八。』題中的漚厂，爲朱古微。後來此扇爲況蕙風先生所見，作了一闋「浣溪沙」，由朱古微先生寫在扇面右角曰：『綰結同心綬帶宜，合歡消息好春時，研風懷袖美人貽。容易綠毫消玉腕，何如翠羽戀瓊枝，白頭猶自說相思。』

吳昌碩有顧曲之好，除梅蘭芳外，晚年劇賞藝名白牡丹的荀慧生，荀慧生曾從老人學畫，執弟子禮甚恭。荀的書齋名爲小留香館，就是吳昌碩所題。老人逝世於民國十六年十一月，同年九月，荀慧生在滬演出載譽北歸，老人猶親爲荀慧生題橫額曰「仙樂風飄」，以壯行色。老人的書畫室中，畫案之外，別有書案，這是和一般書畫家不同的地方。

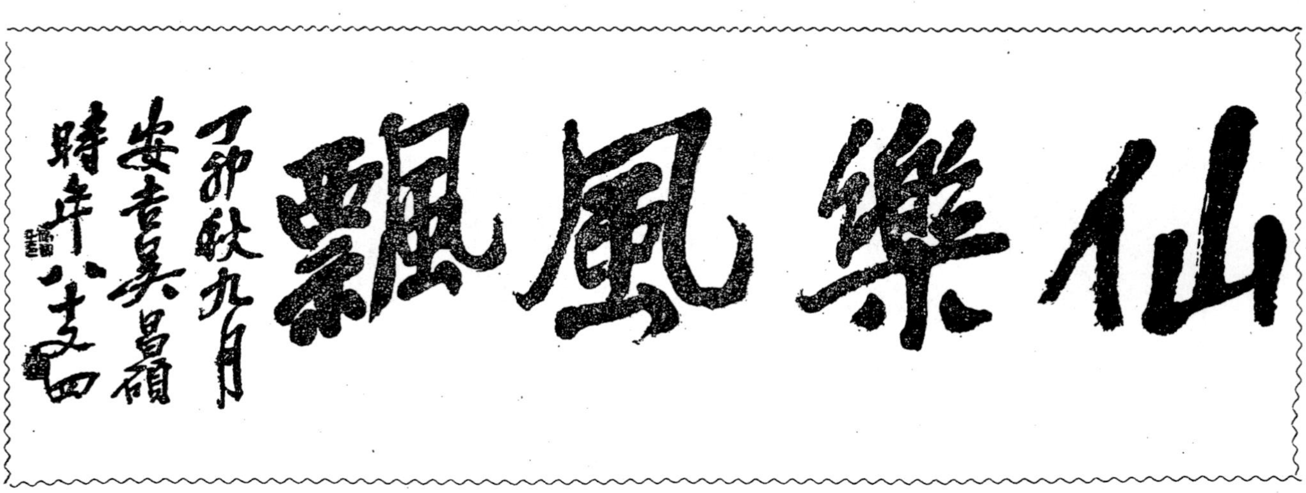

吳昌碩爲荀慧生題橫額贈別

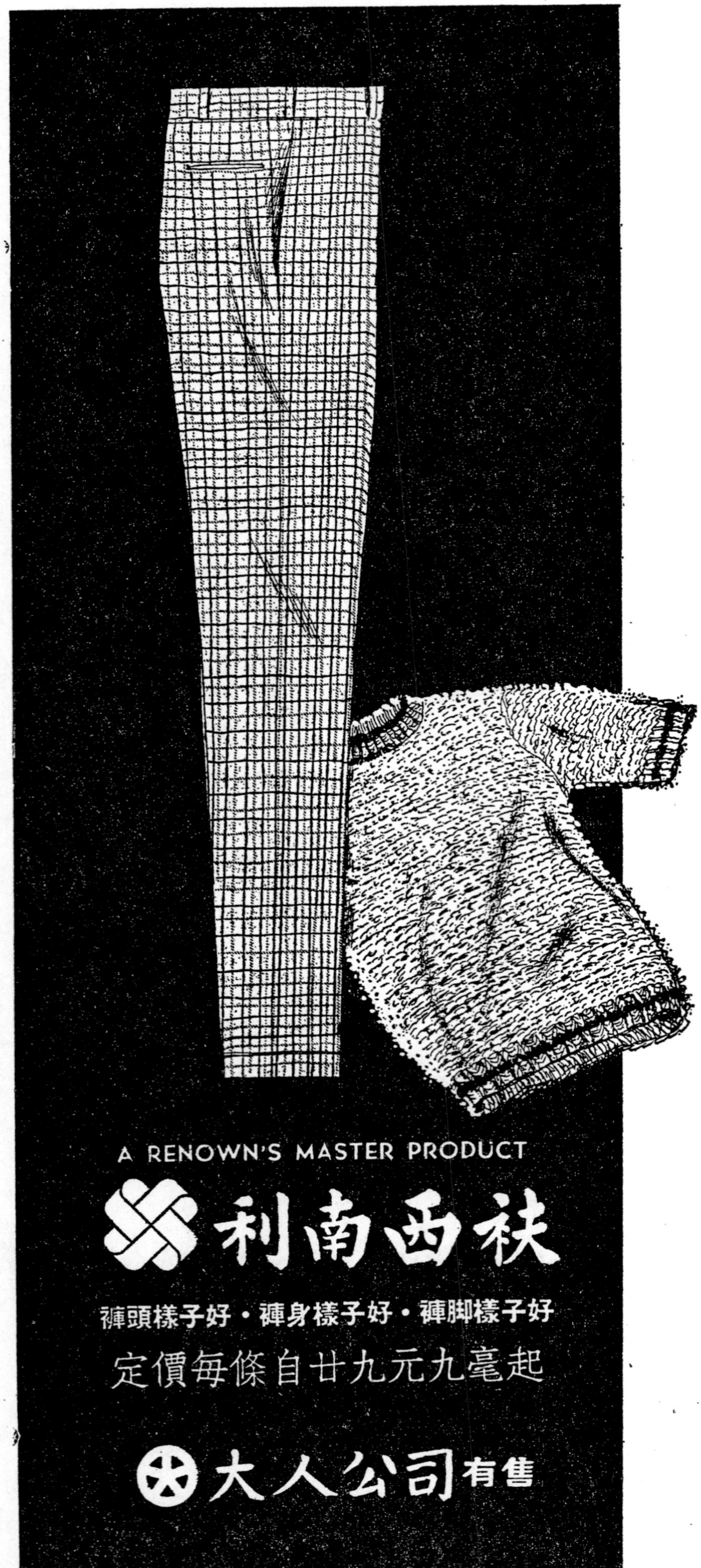
A RENOWN'S MASTER PRODUCT
利南西衭
褲頭樣子好・褲身樣子好・褲脚樣子好
定價每條自廿九元九毫起
大人公司有售

紡織業前輩　黃道婆

香港的紡織業，還是從一九四八至一九四九年間方才開始的，這麼多家紗廠，全是這時候起方才陸續創設，廠址遍設九龍、荃灣等處，成爲本港一項主要的工業。本文介紹一位紡織業的前輩女性，並附刊最近本港棉紡業的生產詳細統計。

·錢鍾士·

黃道婆，是中國古代一位傑出的棉紡織技術革命家。她是松江烏泥涇人，出身在一個貧苦的家庭。她生活在宋末元初，即十三世紀後半期，少年時曾到海南島的崖州。當時崖州有十分出名的棉紡織技術，當地黎族人所織的布上有細字、花卉，十分工巧；見於方勺：『泊宅編』卷中。有名的「黎幕」、「黎飾」、「花被」、「縵布」等紡織品都已運銷國內。黃道婆和黎族人生活在一起，學會了黎族人的製棉工具和聞名的崖州棉織及其操作方法。元成宗元貞年間（1295—1296），她在思鄉的心理下渡海回鄉。她一回到烏泥涇，便立即把在崖州學來的技術傳授出去，並且着手進行許多技術革新。

棉花，大約在公元一、二世紀（即東漢時代），雲南已經有棉花織成的花布，稱爲「白叠布」。到了十三世紀中葉，棉花由閩廣地區傳入長江流域。當時，松江一帶，土地貧瘠，民食不給。棉種的輸入，很受歡迎，當地農人樂於種植。接着紡織業也就逐漸在松江一帶興起了。但因技術簡陋，棉紡織業還是一項十分艱苦的工作。據陶宗儀『輟耕錄』卷二十四記載：「初無踏車、椎弓之制，率用手剖去子；線弦竹弧置案間，振掉成劑，厥功甚艱。」當時迫切需要改進紡織技術，以適應棉紡織生產發展的需要。

就在這個時候，黃道婆帶着黎族人先進的紡織技術回家鄉。她敎會了家鄉婦女們製造捍、彈、紡、織等工具。據王禎『農書』記載，捍，就是攪車，亦稱軋車，應用輾軸、曲柄的機械原理，使用時十分方便，而且「功利數倍」；彈，即彈鬆棉花的椎弓，原有的小型竹弓僅一尺四五寸，而且要用手指撥彈，黃道婆製造了四尺多長的大弓，利用彈椎來擊弦彈棉，效率大大提高；紡，即紡車，黃道婆將舊有的一個紗錠的手搖紡車加以革新，創製了一種三錠足踏紡車，速度快，產量多，效率高；織，是織布機，其中有一種是提花織機，能織各種紋樣的花布。黃道婆還創造了一套從輾子、彈花、紡紗到織布的工藝規程；還向當地人傳授了複雜的錯紗、配色、綜線、絜花等技術。因此，烏泥涇織成的被、褥、帶、帨（手巾）等紡織品，都有折枝、團鳳、棋局、字樣等花紋，鮮艷活潑，粲然若寫。有名的「烏泥涇被」更是當時聞名全國的精品。

烏泥涇人從黃道婆那裏學習技術，從事紡織業的有一千餘家；見王逢：『梧溪集』卷三。由於織成品銷往各地，都大受歡迎，因此家家戶戶豐衣足食。黃道婆死後，松江的棉紡織業有了很大的進展，到了明初，就已經成爲全國的棉紡織中心了。正德間，即十六世紀初，當地農民在農暇期間織出的布匹，就有「日以萬計」之多，其中以「線綾」和「三梭布」兩種紡織品最受各地人們的喜愛。因此『松江府志』有「衣被天下，雖蘇杭所不及」之稱，這與傑出的紡織家黃道婆對於棉紡織工具和技術的革新是具有密切關係的。

後人爲了紀念黃道婆，曾爲她建立了許多祠廟，上海縣的黃母廟宅地方還有「黃母祠」一座，內有黃道婆的塑像。當地農人中，至今還流傳着歌頌黃道婆的歌謠：

黃婆婆，黃婆婆！
教我紗，教我布，
兩隻筒子兩匹布。

黃道婆紡織圖　徐燕孫畫

華僑紡織有限公司	14,800	600,000 磅
華達紗廠有限公司	12,880	520,000 磅
榮華紡織有限公司	12,800	511,212 磅
東亞紡織有限公司	11,832	550,000 磅
遠東紡織有限公司	11,440	480,000 磅
南華紡織有限公司	8,280	280,000 磅
金星紡織有限公司＊	6,280	182,000 磅

有＊者屬於「聯業紡織」系統

布廠之部： 布機總數：8183台　工友總數　6,929人
生產總額（每月）26,115,900碼

布 廠 名 稱	布機設備(台)	月產布匹（碼計）
南海紡織股份有限公司	915	2,800,000 碼
南豐紡織有限公司	768	2,420,000 碼
偉倫紡織有限公司	660	2,000,000 碼
華僑紡織有限公司	612	1,800,000 碼
南洋紡織有限公司	597	1,894,100 碼
寶星紡織廠有限公司	554	1,950,000 碼
聯泰紗廠有限公司	554	1,800,000 碼
怡生紗廠有限公司	527	1,750,000 碼
東南紡織有限公司	489	1,960,000 碼
香港中央紡織有限公司	394	1,300,000 碼
大興紡織有限公司	350	1,100,000 碼
會德豐紡織有限公司	346	1,050,000 碼
新界紡織有限公司	307	750,000 碼
九龍紡織工業有限公司	261	700,000 碼
亞洲紡織有限公司	257	840,000 碼
香港紡織有限公司	222	841,000 碼
華達紗廠有限公司	212	600,000 碼
海外紡織有限公司	158	560,800 碼

香港棉紡業同業公會每六個月公佈一次，以上係至1970年12月底爲止。

香港棉紡業生產統計

·本社資料室·

紗廠之部：　紗錠總數　895,952枚　工友總數　21,330人
生產總額（每月）35,778,004磅

紗　廠　名　稱	紗錠設備（枚）	月產能量（廿支計算）
南豐紡織有限公司	87,264	3,925,000 磅
香港紡織有限公司	70,720	3,100,000 磅
南海紡織股份有限公司	57,120	2,230,000 磅
南洋紡織有限公司	44,732	1,740,500 磅
香港中央紡織有限公司	44,184	1,850,000 磅
海外紡織有限公司	44,064	1,718,500 磅
偉倫紡織有限公司	41,016	1,460,000 磅
大興紡織有限公司	40,972	1,700,000 磅
九龍紡織工業有限公司	32,000	1,120,000 磅
大東紡織有限公司 *	30,848	1,200,000 磅
中南紡織有限公司	30,240	1,179,360 磅
東南紡織有限公司	30,120	1,250,000 磅
會德豐紡織有限公司	28,808	1,080,000 磅
南大紡織有限公司	28,064	1,094,500 磅
聯泰紗廠有限公司	27,360	1,160,000 磅
漢威企業有限公司	25,980	920,000 磅
實星紡織廠有限公司	24,420	870,000 磅
大南紡織有限公司 *	21,800	760,000 磅
怡生紗廠有限公司	20,256	760,000 磅
德仁紡織有限公司	19,832	770,000 磅
東海紡織有限公司	19,600	807,132 磅
東方紗廠有限公司	17,700	699,800 磅
新界紡織有限公司	15,600	640,000 磅
亞洲紡織有限公司	14,976	620,000 磅

「百萬太空人薛霸」

美國的太空人薛霸，擁貲百萬金元，人稱「百萬太空人」，他的偉舉壯志，將永遠爲後人傳頌。試看此間，却還在鬧什麼「百萬司儀」、「百萬導演」，令人不勝感喟！

金和岡

太陽神十四號太空船，已如期於一月三十一日升空，從事人類有史以來第三次步月。在這次探月壯舉中，肩負指揮責任的，是太空時代先驅薛霸（ALAN B, SHEPARD, JR）。現年四十七歲的薛霸，按說應該退休，幹案牘工作或好像其他英雄人物那樣，埋頭著作回憶錄。但這次太陽神十四號探月計劃中，薛霸担任總指揮的工作，這在他來說，遠比他在九年前的軌道飛行，更爲艱巨！今日的薛霸，他那淺藍色的眼睛末梢，那些魚尾皺紋，已愈來愈深；頭上原本短而貼服的淺棕色頭髮，已經較過去長了許多，而且夾雜着好些斑白頭髮！有誰能夠從他這樣的外表，知道薛霸在距今幾近十年之前，坐在一個名爲「自由」號的細小太空囊內，從事軌道飛行呢？這次軌道飛行雖然歷時僅十五分鐘，但這位原是美國海軍部戰鬥轟炸機飛行員的太空人，已爲美國展開了太空競賽的序幕！

一九六一年四月，蘇聯太空人嘉格林，從事人類第一次環繞地球的飛行，使蘇聯在太空競賽中遙遙領先。一九六一年五月五日，薛霸的太空軌道飛行，爲美國在這次競賽中挽回頹勢，美國人立即把他視作偶像。薛霸安然返回地球後，在美國各大城市作盛況空前凱旋遊行，並且獲得已故堅尼迪總統在白宮召見，親自頒授勳章和向他道賀！自此，薛霸一直是新太空時代的驕子，直到格連等其餘六位最早期的美國太空人之中五位，先後繼其後而從事太空飛行之後，薛霸所受到的殊榮，才開始失色。

當年，堅尼迪總統深知美國與蘇聯在太空的競賽成敗，嚴重影响美國的聲望，和美國與蘇聯之間在地球上的政治競爭，於是不惜撥出龐大經費及成立一個名爲「水星七號」的太空計劃，來急起直追，決意迎頭趕上蘇聯。薛霸就是這項「水星七號」太空計劃七位太空人之中，最先從事軌道飛行的一位，也是直至現在仍然担任現役工作的唯一太空人。其餘六位或已作古，或已退休，計①格里森在發射台上火箭頂部練習駕駛太空艙時，發生火警，與另兩位太空人一同葬身火海，②施勒和③古柏已退休，改而經商，如今都已面團團作富家翁，④賈本達已轉任潛水員，⑤格連已返回故鄉俄亥俄州從政，至今已在政壇上叱咤風雲。至於⑥史酒頓，現時雖然仍在太空中心服務，但只是担任案牘工作而已！史酒頓是七位太空人之中，唯一未嘗從事飛行的太空人，原因是他輪候升空期中，患上心臟病。

一九六三年，薛霸的左耳內患毛病，使他不時頭暈目眩，逐漸失聰。這次耳病使他被貶幹地面工作，而且暫時扣留他的飛行執照，不能單獨駕駛噴射機飛行，由太空掉落地面的薛霸，出任太空中心太空人訓練及福利部主任，他的冷靜頭腦和辦事效率，使他獲得太空中心同人的一致推崇。

薛霸在太空中心的行政工作，能有這樣卓越的表現，與他本人在商界的經驗，不無關係。因爲除了在太空中心工作之外，精力充沛的薛霸，並且在公餘之暇，在商界謀發展，他從事銀行業務，開採石油及其他各種投資。他在商界成就，使他贏得「百萬太空人」的外號，他的太空中心同事，亦稱他爲「銀行家」。

雖然現在爲了要專心於這次太陽神十四號登月計劃，而結束他的一切生意，但薛霸仍然擁有一座價值十五萬美元的住宅，和一所座落德克薩斯湖畔的別墅。

一九六八年，薛霸的耳疾愈來愈惡化，他幾乎完全失聰。於是，他冒險決定接受外科手術，在左耳植上一截小如鉛筆芯的管子，來排除過量的液體，減輕耳鼓所受的壓力。

在接受手術前後，薛霸力言他接受手術，並非因爲太空總署答應恢復他的太空人身份，而是爲了本身健康着想。不過，接受手術後，他又歸隊了，熱中於太空飛行的薛霸，又與其他太空人一起生活了！一九六九年，薛霸被任命爲太陽神十四號太空人的指揮。

太空人登月歸來，前列第一人即為雖然擁貲百萬仍作登月壯舉的薛霸

古代的影戲

• 狄薏 •

這個豬八戒的嘴和耳，都可以用綫拉弄，同時上下活動。

投荒南來後開始以寫劇爲生涯，初期不過是玩票性質，並無固定的工作。一九六五年進入「邵氏」影城編劇部，這纔正式成了職業性的劇作者，當時第一個受命編寫的劇本是「陳三五娘」，劇情以元宵觀燈爲起點。這是一個潮州戲的傳統劇目，也是一個著名的民間故事。

「陳三五娘」的故事，與越劇「梁山伯與祝英台」大同小異，而故事的發生地點則是潮州。因之使我想到：我國古代的「皮影戲」，與潮州戲有密切的關係。根據典籍所載，我國早期之有「影戲」，雖非發源於潮州，至少潮州也是個「皮影戲」相當發達的地方。

這裏，且將我們古代的「影戲」，作一番有系統的敍述。

設帳張燈　一脈相承

現代的電影，人盡皆知是美國的「電氣大王」愛廸生所發明；但在愛廸生之前，我國早已有了雛型的「影城」；若論電影之始祖，中國認了第二，便沒有一個國家敢認第一。因爲「影城」在中國，誕生的時代實在是太早太早了！

明、商承所著的「事物紀原」一書，有如下之記載曰：『漢武帝因李夫人死，思之不置，齊人少翁稱有術能致之，爰設帳張燈，帝坐他帳望之，彷彿見李夫人之像，由是後有影戲。』據此記載判斷：當時雖僅有「影」，尚不足以稱「戲」，但「設帳張燈」的方法，則顯然已作了「影戲」之濫觴。

「設帳」，即等於今日之有銀幕；「張燈」，實無異於今日之有放映機。從「皮影戲」到「電影」，時代相差在千載以上，但淵源有自，在形式上可以說百份之百是一脈相承的。

先用紙雕　後採皮裝

那麽，「皮影戲」畢竟始於何時呢？比較可靠的說法是：——萌芽於北宋時期。

有兩項記載支持以上的說法，其一見之於「事物紀原」卷九，原文曰：『宋仁宗時，市人有能談三國本者，或採其說加緣飾作影人，始爲魏、蜀、吳三分戰爭之象。』另一記載見之於「都城紀勝」，原文曰：『凡影戲乃京師人初以素紙雕簇，後用彩色裝皮爲之，其話本與講史書者頗同，大抵眞僞相半，公忠者雕以正貌，姦邪者與以醜貌，蓋亦寓褒貶於市俗之眼也。』

皮影戲表演騎馬的動作

「都城紀勝」一書是宋．耐得翁所著，他的文中有可注意者兩點，其一是「初以素紙雕簇」，大抵與「走馬燈」的情況差不多；之後纔「彩色裝皮爲之」，從「紙影戲」進展而爲「皮影戲」，形式上就更爲像眞了。其二是提到了「其話本與講史書者頗同」，可知那時候的「皮影戲」，不僅有人物動作，並且還有說故事的「旁白」；也就是「影戲」與彼時開始流行的「宋人話本」，實際上已經互相配合，結成一體。

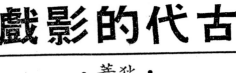

獨立製片　崛起汴京

「皮影戲」之萌芽於北宋京師，除了以上兩書的記載之外，另有孟元老的「東京夢華錄」，也有較具體的叙述，原文曰『崇觀以來，在京瓦肆技藝，（中畧）董十五、趙七、曹保義、朱婆兒、沒困駝、風僧哥、俎大姐影戲；丁義、瘦吉等弄喬影戲。』

「東京夢華錄」是宋南渡後追憶汴京文物制度盛況的作品，上面一段記述連到「皮影戲」演出者的姓名也班班可考，此一資料實在非常珍貴，它使我們知道：北宋時期的汴京，已有不少「皮影戲」的獨立製片家了。

此外，同時的私人筆記，還有許多提及「影戲」的。如吳自牧的「夢粱錄」卷二十，有曰：『更有弄影戲者，（中畧）杭城有賈四郎、王昇、王閏卿等，熟於擺布，立講無差。』周密的「武林舊事」卷二，有曰：『二月八日，爲桐川張王生辰，霍山行宮朝拜極盛，百戲競集，如緋綠社（雜劇）、繪草社（影戲），若三月三日殿司眞武會，三月十八日東岳生辰，社會之盛，大率類此，不暇贅述。』前者說明南渡以後，影戲已隨宋室之遷移而流行及於「行在」。後者則說明了民間廟會舉行之時，影戲演出的普遍，當時並

皮影戲中的女明星

且已有「繪草社」的組織，無異今日之有影片公司的設立了。

「武林舊事」卷六，復有如下之記載曰：『諸色技藝人有影戲賈鎮、賈雄、尙保義、三賈（賈偉、賈儀、賈佑）、三伏（伏大、伏二、伏三）、池顯、陳松、馬俊、馬進、王三郎（昇）、朱裕、蔡諮、張七、周端、郭眞、李二娘（隊戲）、王潤卿（女流）、黑媽媽。』這一份名單，記述尤爲詳盡、其中王昇、王潤卿之名，亦見之於「夢粱錄」。王潤卿與王閏卿，想來當是同一人。弄影戲而有「女流」主持，豈不就是前輩女明星？

根據以上的種種記述，可以窺知南宋時期的影戲班子，其陣容已相當龐大，並且在戲劇圈子佔據着「正統」的地位，是極受一般人重視的。

西城老虎　東城灤州

宋代以降，影戲之流風未泯，從下列的數則記載中，可以畧窺其一斑：

李日華「六硯齋二筆」：『每看影戲唱詞，私記其宮殿龍鳳之語，（中畧）蓋記南宋假皇姪事，疑本宋人雜記。』

吳騫「拜經樓詩話」：『影戲或謂昉漢武時李夫人事，吾州（海寧）長安鎮多此戲。查巖門岐昌「古鹽官曲」：「艷說長安佳子弟，熏衣高唱弋陽腔。」蓋緣繪革爲之，熏以辟蠹也。』

富敦禮「燕京歲時記」：『影戲借燈取影，哀怨異常，老嫗聽之，多能淚下。』

觀此可知：影戲在明、淸兩代，仍保留着南宋時期的餘韻。甚至流行的地點，到了淸代已愈益擴展。富敦禮的「燕京歲時記」，書中敍述京師的影戲，當時有「老虎影」與「灤州影」兩派。流行於陝西、河南、甘肅而傳至京師的，稱爲「老虎影」，是西城派。流行於北京以東而傳至京師的「灤州影」，則是東城派。

淸代影迷　通宵聚觀

廣東的潮州，是「皮影戲」特別發達的一個區域。

淸人筆記之述及潮州影戲者，有如下數則：

汪鼎「兩韭菴筆記」卷二：『潮郡紙影亦佳，眉目畢現。』卷三：『潮郡城廂紙影戲，歌唱徹曉，聲達遐邇。』

李勛「說映」卷十三：『潮人最尙影戲，其制以牛皮刻作人形，加以藻繪，作戲者於紙窗內熟火一盤，以箸運之，乃能旋轉如意，舞蹈應節；較之傀儡，更覺幽雅可觀。說者謂此戲惟潮有之，其實非也。』

陳坤「嶺南雜事詩鈔」卷五：『怡情不覺五更寒，莫聽鐘鳴必盡歡。太息浮生原若戲，那堪戲在影中觀。（註：潮人最尙影戲，以豬皮爲人物，結台方丈，以紙障其前隅，置燈於後，將皮製人物弄影於紙觀之。價廉工省，而人樂從，通宵聚觀，至曉方散。嚴禁之，囂風稍息。）』

潮州人的「影迷」程度似乎特別深，非要「通宵聚觀」不可，直到天亮方肯散去。以今視昔，現代「影迷」未免「瞠乎其後」了。

竹窗紙影　潮州遺風

據潮州籍的前輩電影導演陳煥文先生見告：古老的潮州影戲，全部演員俱用牛皮或驢皮、羊皮製成，先要將皮革在桐油中浸過，使其透明，然後剪人作形，加上彩色；每一個人分爲身、首、四肢六部份，再連綴起來用鐵枝、絲綫操縱，便能活動自如。演出之時，台內燃燈，台面裝一竹框架子，糊上半透明的素紙，一如今日之銀幕，作爲投影之用。所以在潮州文人的筆下，又有「竹窗紙影」的美名。弄影者藏匿於竹窗之內，往往以一身兼任編、導及配樂等工作，還要連唱帶說，每一齣戲都是一手包辦一腳踢。潮州人形容忙得不可交開的俗諺，有「腳打鑼，手打鼓，口唱曲，頭還要撞鐘」之語，即是以弄影戲作譬喻。當影戲開演之時，鼓樂聲中，粉墨登場，皮影幢幢，腳色雜出，生旦淨丑次第說唱，場面正是熱鬧萬分；此時如有觀衆撕破窗紙，往裏一張，則僅是老藝人一名，在內玩其獨腳戲而已！是以潮州人又有「撕破棚窗紙」之諺，猶之上海人口中的「拆穿西洋鏡」，正是同一意義。

前輩一席話，使區區爲之茅塞頓開；現代的電影導演，多有才兼衆長，數種差使個人一把抓者，蓋亦「竹窗紙影」之遺風也！

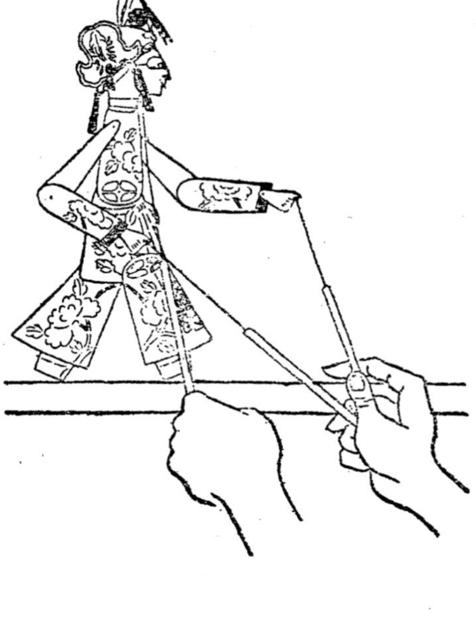

皮影戲中的拿扦法

太虛法師歸太虛

·大風·

爲什麼要組佛教政黨？

有天我跟太虛法師閑聊，我說：「外間很有人說老法師是政治和尙，你聽了有何意見？」

「那也是事實！」太虛微笑說：「自古以來，不分中外，政教都相輔以行，宗教昌盛，有賴於統治者的倡導護持，反之，必因政治的阻力而衰頹，所以歷來宗教家，必須和統治者周旋，遠的不說，民國以來內政部就幾次制訂條例，要把佛寺產業充公興學，基督將軍馮玉祥在河南，就曾大肆摧殘佛教，像這種情形，你說能不跟政府打交道？從佛教教義上說，昔世尊也曾接受各國國王的供養，所以與政治接觸，並不違反教義的！『政治和尙』這外號，也不壞呀！」

「我要組織佛教政黨，這也是一個原因，就是要改變仰事求『政』的歷史，要維護佛教教徒的利益，最好的辦法，就是自己組織政黨。在歐洲，基督教、天主教早有了政黨組織，中國爲什麼不能有佛教政黨呢？不錯，和尙是出家人，可是並沒有出國呀！怎可剝奪僧尼的公民權呢？」

「應該特別說明的：佛教徒組黨，並非與人爭權奪利，而是盡佛教徒應盡的國民義務！佛教有許多裨益世道人心的教義，對於現代社會的個人主義、功利思想、貪污頹風，無疑是極好的針砭！佛教政黨和佛教徒的參政，必然會擴大教義對國民精神的影响力，在佛教立場說，乃是發揚教義，佛化社會的一種新形式！」

「新的佛教徒不應囿於自利，更應體驗菩薩利樂有情的救世精神，着重於利他的實踐！佛教政黨的理論，就是建築於實踐教義的利他精神，實現菩薩政治，從而創造人間樂土佛化世界！」

「有些大德修持專精，圓通不足，以爲佛教組黨，僧侶參政，史無前例，不足爲訓，殊不知佛法不離世間法，佛法亦有其入世的一面，不可偏廢，是故佛教應隨時代進化而進化。譬如今之電燈、電話、輪船、汽車……爲人類進化之產物，古之所無，試問能否因事無前例，拒不應用？由知任何人都應隨時代的進化而進化！佛教亦不例外！默守成規，故步自封，不能適應社會進步，必爲時代所淘汰！」

「中國現在的佛教，封建氣息，仍極濃重，古老的剃派、法派（都是以寺產逐代相傳的舊制）依然普遍存在，這是數千年受封建制度的產物，但是仍有人抱着這個『木乃伊』，視爲拱壁！哪能適應現代社會的環境呢？以前我曾在永生電台作廣播講經，有些老派就有意見，以爲違反傳統方式，他們就不明白，以前的講經方式，適合於農業社會的環境，現在商業社會，人事栗六，生活緊張，哪能有許多時間，經常到寺院來聽浹旬累月的佛經呢？」

「我認爲：只要不違背佛教的基本教義，形式和方法，不妨因時制宜，因地制宜，跟社會的進步和需要，作適應的調整！」

廣結翰墨緣未爲嚶嚀誤

如果你問我，太虛法師若不出家，他的成就又將如何？我會毫不猶豫回答：他將是詩人、是革命家！

太虛具有卓越的詩才和奔放的熱情。已是大家所熟知。太虛這種熱情，可說出諸天賦，而昇華於禪空。他在自傳中曾說：「在禪慧融徹中，俠情奔湧，不可一世！」這種「俠情」，也即救世的熱情，乃係澈悟之後，「迴眞向俗」而來，太虛的「入世佛學觀」就建築在一片奔湧的俠情之上。

在他早年事蹟中，可以瞭解太虛眞乃是性情中人：光緒卅四年，棲雲和尙以參加革命，被捕於吳江，情勢極爲嚴重，太虛與棲雲雖僅片面之交，問訊之下，即多方營救，但因情節重大，非大力者無以疏解。當時江蘇巡撫程德全，與寄禪老和尙有舊，事非寄老莫救，而太虛此時正以圓瑛事開罪寄老。於是不惜委曲求全，負荆請罪，長跪力請，棲雲和尙始獲開脫。太虛生平行誼，類多如此。

太虛的詩文，亦爲性情之作，也可說入世的成分，多於出世的一面。這裡且介紹一篇「答鹿港遺老洪月樵詩」：

「曾聞天網說恢恢，讚佛梅郕拜五台，蓬島連雲秦代望，潛流有水漢時來，聊從大海遊懷放，怕向中原醒目開，鷄鶩一羣祇逐食，治平無復見雄才！

「年年不共不能和，早從光陰六載過，據社憑城狐鼠逞，噬人肥己虎狼多，浴雲嫌我帶龍氣，講學逢君隱鹿河，便好蒿萊同沒盡，不關臨去轉秋波。」

這是民六太虛東遊日本時所作，悲時憂國之情，溢於言表。太虛吟咏中，頗有悲天憫人之作，限於篇幅，不能一一介紹，讀者如有興趣，可看「悲華集」、「太虛詩存」。太虛的詩，多屬即興之作，不尙琢磨，然卓越之才華，奔湧之俠情已充溢於字裡行間。太虛倘能肆意於詩篇，不難繼放翁之後，成爲愛國詩人。

有次我跟他談到詩時，他說：「學佛之人，最好不要作詩，早年我給汪篤甫詩中，即有『年來却爲嚶嚀誤，此際眞成去住難。』之句，然應酬唱和，積習難除，迄今猶不能免於吟咏，文字障也！」

太虛自言誤於嚶嚀，然太虛受知於名公巨卿

學者名流，泰半由唱和中來，早年之梁啓超、易哭庵、章太炎、梁節庵以及較後之黃膺白、戴傳賢，都是由「嚶嚀」而結成的文字之交。這些詩友們對太虛的佛教事業，間接直接都有過很大的助力。

革命和尚？政治和尚？

太虛之所以成爲「政治和尚」，大抵由於與當政者周旋而來，但他早年的革命活動，反而少爲人知。

原來太虛所營救之棲雲和尚，確是革命黨人。留學日本時，即參加了同盟會，與徐錫麟、秋瑾同時受命返國。從事革命活動，事洩被捕，幸經太虛疏解得脫。一九一〇年，棲雲邀太虛到廣州，協助組織廣州僧教育會。駐錫白雲山雙溪寺，講學華林寺，以吟誦獲知於梁節庵、江霞公、易哭庵輩，而暗中與朱執信、鄒海濱、葉兢生、潘達微、夏同和、林君復等黨人，過從極密。及太虛任雙溪寺住持後，黨人秘密會議，多借該寺舉行，三月廿九日廣州之役，先事策劃，均出自雙溪，太虛實參密笏。事敗，清廷發兵圍雙溪，搜捕太虛，幸事先聞訊得脫，匿居潘達微之平民報館。時江孔殷（霞公）爲清鄉督辦，力爲疏通，汪莘伯復加資助，太虛乃得離粵北返。

曾參加革命之役的羅落花君，曾追記此事說：「太虛法師之南來也，在建國前二年，其時吾黨雲集廣州，圖屋清祉。師偕吾黨出生入死，寄錫白雲雙溪寺。……憶余之謁師也，於鄭仙洞，似十一月之夜，朱執信、鄒海濱、葉兢生諸先生，絜余繞十八洞行，至山，門虛掩，昏無人焉，吾輩轉曲廊，廊盡，荒院數楹，琉璃一點，黯黯欲滅，趨前，從紙窗內窺，見有擁破衲、披斗蓬之黃面瞿曇，兀坐於室。海濱先生曰：此即太虛師也。余齒稚，第知從諸先生後，挺身擊殺韃虜，密勿之謀，未之敢預也。諸先生與師作耳語，余則立風簷下，延佇有無瞰我者，昏燈如霧，余隱約辨師爲三十許人，惡知是時師才二十許耶？」原來太虛法師二十多歲便已參加革命行列了。

太虛曾參與廣州之役策劃，觀此當無疑問，但曾否入黨？年月已久，已無可查攷了。

不過太虛早期曾參加政黨活動，確爲事實，且有史可稽者，太虛曾參加武昌起義後成立之「統一黨」。時沿江各省雖已光復，北袁南孫，猶在對峙中，孫（文）黃（克强）爲壯大聲勢，爭取江南耆老，令宋教仁、章炳麟、汪兆銘等組友黨，互爲呼應，於是有統一黨之設，參加者除宋、章、汪等同盟會分子外，江浙耆宿政要如張謇、湯壽潛、趙鳳昌均經參與，張謇且被推爲理事長，章當秘書長，趙任基金監督，實爲民國史上第一個政黨，時太虛正在滬上，由章炳麟、趙鳳昌之介紹，加入了統一黨，原來章、趙擬以宗教活動委請太虛，而太虛亦冀藉政黨力量，建立佛教事業，由此可見太虛之運用政黨組織，從事於佛教革新，早經擘劃。所惜統一黨壽命很短，南北議和後，即隨政府北遷。旋且爲袁氏所操縱，改組爲共和黨，至此名實皆變，太虛及同盟會分子，均紛紛脫黨。

太虛晚年自謂：「少壯的我，曾有撥一代之亂而致世界於治的雄圖，期以人的菩薩心行——無我、大悲、六度、十善——造成人間淨土」，（見佛教之中國民族英雄史）可見太虛之革命熱情及政治的抱負了！如果他不出家的話，很可能成爲政治家或革命運動者。

太虛四次出國西遊記畧

太虛法師生平法緣之盛，遊化之廣，在中國佛教史上，也算得古今一人了。

在國內的宏法固不必說，出國遊化，前後亦達四次，足跡所及，遍於寰宇。

太虛第一次出國是在民國六年的東遊日台；

第二次是民國十五年的南遊星洲；

第三次是民國十七年的遊化歐、美；

最後是民國廿八年的訪問印、錫、緬、泰、越等佛教國家。

除了最後一次是代表中國佛教界對鄰國作親善訪問外，其餘三次，都是爲宏揚佛教而遠遊，唯一的，對非佛教國家進行遊化的，就是十七年的歐美之行。這是特別值得一提的希有盛舉！

太虛歐遊之議，大概始於民國十三年，當時太虛自謂對佛教有兩種新覺悟，其一就是「當將佛法傳播於國際文化，先變易西洋學者之思想着手」。但遠遊歐美，旅費不貲，一時無以籌措，直到民十六秋遇蔣後，告以欲赴歐美遊化計劃，得蔣同意，資助了三千元旅費，始獲成行。

太虛爲什麼要捨近就遠，宏法歐美呢？這點可於太虛在駐法使館歡宴席上所發表的「西來講佛學之意趣」中，觀其概畧：

「一、歐人所知佛學之偏謬：僅知小乘上座部巴利文一派之偏狹，且用歐人歷史眼光考証上之謬誤；至譯大乘經典，既少且偏謬；

二、歐人未知眞正佛學：梵文大乘淪沒不全，藏文亦偏蔽於混雜婆羅門行法之密教；眞正之佛學，今僅存於華文及華人之實証者；而歐人鮮能暢達中國語文，精研佛學，以及能虛懷訪問於佛學有實証之華人；

三、歐人今有聞眞正佛學以實行修証之根基：以哲學之批判及科學之發明，已漸摧神教及空想之迷執，而接近佛學所顯示之宇宙人生實相，犧牲一切以專心試驗，求証眞實一途前進；

四、對歐人信受佛學後之期望：希望歐人能以治科學之堅忍勤勇之精神，於佛學得成實行實証之效果，以哲學的批判方法，洗除佛教因時、地所附雜之僞習，而顯出佛學眞相；以有組織有規律、輕身家重社會之品德，能闡揚佛學眞理，以普及世界人類，造成正覺和樂之人世！

五、在歐講佛學之態度：當仁不讓，以攻破偏謬而顯示正法，開誠布公，以待求其眞正佛學者之訪問。

歐洲今富聖人之才而缺聖人之道，吾人今有聖人之道而乏聖人之才，有道乏才，則不足以証其道，有才乏道，則不足以盡其才。得聖人之才授以聖人之道，是爲吾至歐講佛學之經意處。」

太虛歐遊的第一站是法國巴黎，一時巴黎哲人、學者、東方語言專家紛來訪問，設茶會請講學者，幾無虛夕，因聽講而發心學佛，乞求皈依者有卜麗都女士等多人。而最奇特的因緣：在一席講學中，太虛倡議籌組「世界佛學院」，作爲國際性之佛學研究機構。以昌明佛學，增進人類智慧，達成人間樂土，竟獲得法國學術界普遍贊同，如當時東方語言學校校長馬古烈、東方博物院長卜也、巴黎大學教授葛拉乃等二十餘人，俱列名發起。法國通訊處爲巴黎之東方博物院，中國通訊處設南京毘盧寺。這就是以後設在北平的世界佛學院（後改爲苑）的由來。

在英倫太虛以蔡孑民之介，會晤了英國當代哲人羅素，深入探討了羅素哲學與佛學的異同，發現兩者之間，頗多相似之處，特別是羅素的「中立特體」概念，很似佛學中的「緣生法」，太虛引爲此行最欣慰的收獲。

他的「世界佛學院」計劃，也贏得了倫敦佛教會長堪富利士的熱烈贊同，自動參加發起，並成立了世界佛學院的倫敦籌備處。

他在倫敦電台著名的學術講座節目中，作了世界性的廣播講學，那是被英國學術界認爲殊榮的節目，中國學者被邀參加這個節目的，當以太虛爲第一人了。時在一九二八年十一月五日的晚上，講題是：「告全球佛學同志」。翌日即經比京去德之佛朗府（即法蘭福克），因太虛此行原爲應佛朗府大學中國學院院長衛禮賢（德人）之邀而來講學者，實爲此行之重點，故逗留德國達兩個半月。期間除在柏林大學、佛朗府大學作有系統之講學外，並在民族博物院、遠東協會、柏林佛學會及私人茶會、晚餐上隨機說法，引起德國學術界普遍研究佛學之熱潮。德國學者，教育部長伯克以次六十餘人，也熱烈贊助「世院」組織，列名發起。及太虛去美經法時，列名發起之英、德、法名流學者，已達三百餘人。法國政府且令巴黎市長撥地作「世院」院址。可惜後來戰亂相尋，對外聯繫不夠，祗在北平成立規模有限的「世院」，以及在武昌成立了「世院」圖書館，與當時的理想，距離太遠了。

太虛歸程，取道美國，曾在哈佛大學、哈脫福特宗教學院、摩阿菩提會等處講學，法緣似不如歐洲之盛。蓋此時美人研究佛學之興趣猶不如今日之濃厚也。

春風桃李、佛學宗師

太虛生平創辦的佛教組織，無慮百計，單以造就僧材的佛學院說，也就遍佈全國，其中最著名的武昌佛學院、北平世界佛學院、縉雲山澤藏教理院、閩南佛學院、雞足（山）佛學院等處，現在宏法海外的，很多是這些學院出來的學僧。佛學的修爲，自然比舊式師徒相傳的水平高得多。太虛對於作育僧材，光揚佛學方面，確有其不可埋沒之貢獻！不過太虛雖然辦了那麽多佛學院，但由他親自主持過一年半載的，只得武昌佛學院一處，幾乎全部是由他門人去主持。太虛富於披荆斬棘的開創精神，却缺乏一份誨人不倦的耐力。因此一度曾爲若干門人所不諒。太虛在他的「我的佛教革命失敗史」中，也作了如下的自我檢討：

「我的失敗，固然由於反對方面的障礙力的深廣，而本身的弱點，大抵因爲我理論有餘而實行不足，啓導雖巧而統率無能，故遇到實行便統率不住了。然我終自信，我的理論和啓導，確有特長，如得實行和統率力充足的人，必可建立適應中國之佛教的學理和制度。」

「我失敗弱點的由來，出於個人的性情氣質固多，而由境遇使然亦非少。例如第一期以偶然的機緣，燃起了佛教革命的熱情；第二期以偶然而開了講學辦學的風氣，第三期以偶然而組織主導過的佛教會。大抵皆出偶然倖致，未經過熟謀深慮，勞力苦行，所以往往出於隨緣應付的態度，輕易散漫，不能堅守强毅，抱持固執。」

「我現雖盡力於所志所行，然早衰的身心，只可隨緣消舊業，再不能有何新貢獻。後起的人，（暗指芝峯、亦幻等指責太虛缺少實行的門人）應知我的弱點及弱點的由來而自矯自勉，勿徒盼望我而苛責我，則我對佛教的理論和啓導，或猶不失其相當作用，以我的失敗，爲後來者成功之母。」

這是太虛以身說法，也可說是自我批判。太虛的弱點，正如他自已所說，出於個人的性情氣質，大凡富於熱情善於衝動的人。往往缺乏持久實踐的耐力，太虛有其自知之明，而芝峯輩的責難，無異强人所難，不免近於苛求。

芝峯是太虛的大弟子，曾代主持閩南佛學院、武昌佛學院等校務，有能力、有學問，但性情偏激，對於領導中國佛教之狂熱程度，遠過於乃師。勝利後太虛領導全國佛教整理委員會，對於過去反對過他的諸山，採取了「和同政策」，深爲芝峯所不滿，竟在佛教刊物上公開指責太虛與舊派妥協，認爲太虛已喪失了早年的革命精神，暗示不配領導全國佛教會。

事後太虛跟我談到此事：「這些責難，別的人說不足爲異，出於芝峯筆下，就不能無所遺憾了！」太虛說時，語調强自平靜，神色顯然有些激動：「芝峯跟我二三十年，對他的性格一向取諒解態度，偏激過頭，圓通不足，當年閩南佛學院的風潮，與他的脾氣，實不無關係。但他對我的爲人，顯然缺乏瞭解，我過去與舊派對峙，是爲了改革佛教，今日形勢轉變了，改採「和同」政策，也是爲要改革佛教，當知要改革佛教，必先統一佛教，要統一佛教，先要團結各派，我們不能抹煞老派諸山存在的事實，我們不能——也沒有力量把諸山一齊打倒，取而代之，那麽祗有運用佛教會的施策，潛移默化地改造它。……除非有別的原因，芝峯的態度是不夠明知的行為：……」

芝峯是否別有原因呢？就我當時從旁瞭解：芝峯是個有野心的人，領袖慾很强，早就以太虛繼承人自居，當時因為全國佛教整委會榜上無名，對太虛甚是不滿，便勾結同門中急激分子，企圖推倒太虛，取而自代。芝峯這個野心，直到大陸淪陷後，在中共統治下，過了佛教領袖的癮，大概是不夠味吧？很快就下了台。

「復興中國佛教計劃」

至於太虛晚年，是否如芝峯的指責，喪失了早年的革命精神，放棄了佛教的革新運動呢？這答案，該是否定的。就我所知，太虛一生盡瘁佛教革新，可說是至死不渝，晚年雖體氣虛弱，然仍致力於改革佛教的策劃。

勝利後，太虛在上海，為了推進戰後佛教的革新運動，着手草擬了一份「復興中國佛教計劃」草案，我是以居士身參予草擬工作的一人，實在說只是涉及世務問題的顧問。不過以此有機會得瞭解些內涵，亦屬幸事。這個計劃草案，雖名為「復興」，其實內容全是革新，諸如建立僧伽制度、加强僧材教育、改良講經方法、淘汰迷信形式、舉辦社會福利事業、統一整理全國寺產等，皆是具有革命性的改革。

太虛特別重視開闢佛教經費的新途徑。

「過去中國佛教的經濟來源，約可分為三種：一是寺產，二是善信的施捨，三是經懺法事的收入，其中最大者為法事收入。」太虛對我說：「寺產的入息，所佔比重不大，而且患不均，我們已有了初步的整理計劃，希望能做到由佛教會統一管理、統一支配，單是這種收入，決不夠維持及發展佛教的用途，善信的施捨，並不穩定，而且有些出家人為爭取施捨，不免裝神作怪，導人於迷信；至於經懺的收入，可說是迷信收入，同時也妨礙僧尼的清修。為了導人正信，維持清修，經懺法事要逐漸減少，即使為善誦經，亦不應以金錢為交易。因此，今後佛教經費，應在這三種以外，另闢新源泉。你到想想，有無不違背教義而又合法合情的新的籌欵方法？」

太虛法師歸太虛

「辦法有一個，只不知與教義是否抵觸？」我說：「就是設立一個佛教基金會和佛教金融企業公司。」

「那裡來這麼多資金呀！」

資金和基金的籌措，我認為只是技術問題，以中國佛教徒的衆多，這筆資金大概不難籌集。中國佛教徒一般說佔人口百分之八十，就說五十吧，也有二億多佛教徒，如果能勸募每人平均投資半塊銀元，就可集資一億銀元，退一步言，再打對折吧，（即每人平均弍角半）亦可籌集五千萬元，這個平均數字，對佛教徒的負担不為大，過去善信每年捐施的數字，雖沒有正式統計，我相信一定遠過此數，何況這是投資，除非自願捨作捐欵，還可得到一定的股息和紅利——自然較一般商業為低。

「另一個資金來源就是基金會，不過先要做到統一管理全國寺產及捐欵收入，然後提出若干，撥作金融公司的資金。而金融公司的盈餘。撥入基金會，作為佛教事業的開支……」

「金融公司做些什麼業務？」

「金融公司的業務，主要是對工商企業的投資，此外較穩健的生意，如保險業務、房地產、甚至銀行業務，都可經營……」

「這個辦法值得試試，就請你擬個詳細計劃。此外還有什麼辦法？不妨多提些研究。」

第二個辦法是：由善信按月入自動提出若干（例如百分之一二呀，以不影响生活為度）捐給佛教會，作為僧伽供養費。……」

「這辦法好，不過須經一番說服工作！煩你一併寫過詳細辦法吧！」

直指軒中安詳示寂

卅三年八月太虛駐錫縉雲山漢藏教理院，突患中風，經數月療養，始告痊。但此後體氣日就衰頹。勝利後還滬，闢劃會務、周旋緇素，時露疲狀。卅六年春，太虛方在寧波延慶寺講經，聞門人福善病訊，冒寒返滬探視，二月二十日福善不治去世，太虛深為悲慟，蓋福善學養行誼，頗類太虛早年，故極自讚許，以為衣鉢之傳，不料英年夭逝，太虛哭之心慟。觀其所撰「慟福善」一文（載覺有情），可概太虛之愴痛了。

三月十二日太虛為玉佛寺退居震華法師舉行「封龕」禮，親書封龕法語：「諸法剎那生，諸法剎那滅，剎那生滅中，無生亦無滅」。正說法間，忽中風復發，延至十七日下午一時一刻，安詳圓寂於玉佛寺之直指軒。四月八日，舉行荼毘典禮於海潮寺，恭送行列長達里餘。荼毘後揀取靈骨、得紫色、白色、水晶色舍利三百餘顆、且心臟不壞，滿綴舍利，甚為希有，足徵大師不獨以事功見稱，其生平修持亦已實証圓滿矣。

黃大仙香火鼎盛

·范正儒·

香港是一個信仰自由的地方，世界上許多富有代表性的各大宗教，都以各自的形式和內容在這裏出現，生根和發展。除西洋宗教以外，中國式的神廟，遍佈港九各地區，共有一百五十多間。在舊曆新春期間，一般善男信女花錢在這些神廟去的，實在不少。尤其是到九龍嗇色園黃大仙祠膜拜祝福、求簽、求醫、扶乩的格外擁擠，自晨至暮，絡繹不絕，呈現一片熱鬧的氣象。

黃大仙走難來港故事

嗇色園位於啓德機場之北，原名叫做竹園村。從佐敦道碼頭乘坐三號C公共巴士或「黃大仙」小巴士專車，沿沙田坳道直上，經過一系列的徙置大厦，由左方一條「黃大仙正街」行進，便看到兩旁都是小商店和解簽卦卜的檔口，為數達數十間，內有一檔以「黃也仙」為名，可算幽默。以前是遠離塵俗、清靜幽閒的黃大仙祠，如今却成了人們參神遊覽的勝地。

黃大仙祠是怎樣一個來歷呢？據說遠在民國十年（一九二一年）間，黃大仙祠原是一塊空曠地方，四望郊原，阡陌相連，祗見農夫簑笠載途，絕不見有遊人踪跡。後來因為廣州有兵變，設在廣州城南花地的黃大仙祠，就被其中道門弟子遷之來港，由當時一班抱道人士和殷商文士等，集資建築一座嗇色園來供奉黃大仙。這段「黃大仙走難」的故事，雖考之裨官野史，亦無可稽考了。

嗇色園是道門弟子出資建置的私有物業，作為養性修道的處所，與一般廟宇不同。而且入廟參神不收錢，亦與藉神牟利者有別。其他廟宇，則有徒手拜神要收費五毫，携同猪肉雞鴨奉神的，須加倍奉香油費。但是，嗇色園為了參加慈善事業，在門口設有四個木箱，凡入廟者例須捐銀一毫，作為東華三院的義學經費。禁燃紙元寶和點臘燭，連香也不准燒，只准燒檀香，所以廟內清靜整潔。

嗇色園三教合流景色

嗇色園佔地頗廣，地勢畧高，裏面花草樹木很多，環境清幽，確是其他廟宇所不及的。到達了祠的正門，在「嗇色園」三個大字下面，題有「第一洞天」的橫額，聞說是黃大仙乩筆。再走到祠前，便看到「金華分蹟」的牌坊，為呂純陽大仙乩筆。兩旁的楹聯是：「香火萬家心一瓣，「松風兩岸水三叉」。正殿的「赤松黃仙祠」題匾，也是純陽子乩筆。兩旁的楹聯則是：

「靈爽式憑，羣鳥翔空，俯視一切。」
「玄微宜覺，鳳麟聚數，普救衆生。」

殿前設有大香案，上面的銅爐，香烟繚繞，燒的是上等檀香，芬芳之氣，迎面撲鼻。兩旁也設有香案放置很多簽筒，方便參神的善信人們求簽。正殿的中央供奉黃大仙畫像，作道家趺坐式，右手執麈子，左手作V字形勝利式，面上作三絡髫鬚，發着「會心的微笑」，背後有一株赤松。左右兩柱楹聯是：

「鳳翼方伸，總期慎始慎終，一簣功成進吾德也。」
「龍頭誰舞，咸望實心實力，百端待理

嗇色園牌坊題曰金華分蹟

聞斯行之。」

好個黃大仙，倒像一位教育家，勸導世人坐言起行，愼始愼終，庶幾可以「舞龍頭」，「伸鳳翼，」眞是旨哉言乎！祠的東邊建有雨化堂、經堂、意密室、麟閣，各自獨立。這所廟宇，住的主神雖是黃大仙，供奉的却是李老君、釋迦牟尼、孔丘。道門弟子主張萬教同源，實行儒釋道三教合流，黃大仙祠與其說是神祠，不如說是三教同流的發揚地，較爲實際。

原來在祠的前面左方，另闢一間盂香亭，供奉三教教主聖像，以符三教同流的本旨。亭形八角，結構渾樸，點綴着奇花異卉，滿座馨香，令人神清氣爽。後面有一個玉液池，栽植蓮花，頗具園林之勝。其中名人題詠甚多，尤以遜清幾位太史公，各運其生花妙筆，親筆題匾額及聯語，讀之令人悠然意遠，爲嗇色園生色不少。茲將各堂亭聯語錄後：

一、「道若山河，險地盡成洙泗，」「聖如日月，普天猶樂春秋。」（麟閣門聯，內供孔子像，正中匾額是：「立人之極」，出於温毅夫太史手筆）。

二、「眼前瀛海成三島，」「壺裏乾坤自一亭。」（盂香亭三字題匾及門聯，出於朱汝珍太史手筆）。

三、「石訪穀城知我在，」「樂尋橘井活人多。」（盂香亭東面聯，匾額是「萬流仰鏡」，爲賴際熙太史手筆）。

四、「方便門開施法雨，」「如來座近接慈雲。」（盂香亭西面聯，匾額是「三教同流」，爲岑光樾太史手筆）。

五、「入座有如沾花雨，」「依山還是戴慈雲。」（盂香亭北面聯，匾額是「皆大歡喜」，爲吳道鎔太史手筆）。

民間供奉的黃大仙畫像

警署恭迎黃大仙座鎮

黃大仙不僅民戶人家供奉，就是「黃大仙警署」也加以供奉。事緣幾年前，九龍有一間設計最新型的警署落成，由於它位於黃大仙新區，於是便取名「黃大仙警署」。

當「黃大仙警署」正式啓用之後，該警署的轄區內，接二連三的發生很多重大的案件，曾使該警署高級人員傷透腦筋。後來，高級人員幾經研討的結果，認爲用「黃大仙」來做警署招牌有點不大妥當，因爲警署與黃大仙祠毫無關係，而是直轄於香港警務處的。如此這般，他們得了一個結論，認爲：除非在警署內安奉黃大仙，來個名實相符，否則別無他法了。

香港的警署向來就供奉了關帝，乃是取關帝「義薄雲天」的志節，自足千秋。如果在警署內安奉黃大仙，却是史無前例的。而且該署的警探們早就供奉了關帝神位，怎麼辦好呢？最後經過研究和請示上峯後，終於接納一位著名風水先生的建議，決定安奉黃大仙座鎮。於是才破例地派出代表到嗇色園「請」黃大仙，而黃大仙廟祝便鄭重地鳴鐘敲鼓二十一響，送黃大仙出廟。

迎接黃大仙進入「黃大仙警署」的大典，儀式非常隆重。一早，「黃大仙警署」的高級人員和文武裝的警員們就到黃大仙祠恭迎黃大仙神座，該神座是一幅軸畫，高約四尺，濶約三尺，由幾個高級探目扶神座領前，跟在神座後面的，除大批中西警員外，尚有警車，他們一路護仙駕，一路燃鞭炮，吸引不少居民及途人觀看熱鬧。黃大仙神座安抵警署之後，被安奉在該警署二樓的娛樂廳上。

安奉黃大仙神座的儀式，事前由一位著名風水先生測量過子午線才決定方位的。安奉時由該署高級人員主持，祭品有燒猪、雞、鵝各三隻，及水果等。舉行儀式的時際，全體中西警官及警員等，都集中在神座前膜拜，有的行中國舊式跪拜禮，有的行新式鞠躬禮。禮成後，並在該廳舉行聚餐，參加的約二百餘人。從此該警署轄區內果然寧靖，似乎「冥冥中有數存焉。」

赤松黃仙的一篇自序

奇怪得很，由於「黃大仙警署」，恭請黃大仙大駕去座鎮，於是黃大仙的神運更走紅了，到底，這位黃大仙是何方神聖？儘管「有仙則靈，有神則名，」莫問出處。但如今黃大仙在香港，確屬熱門的神仙人物，雖不煩証之，亦不可不考之。相傳信奉黃大仙的道門弟子，在一次扶乩上，得到黃大仙的乩筆云：

「予初乃牧羊之孩，驅羊於浙江金華府城北之金華山，乃因金星與婺女爭榮，故名也。此山之北，有赤松山焉，予即居於此。此地遊人罕到，林木參天，雲霞障漫，青翠巍峨，岫深隱其中，有洞名曰金華，乃洞天福地中，三十六洞之一也。予少家貧，坎坷不繼，八載牧羊。至十五歲，幸得仙翁指示，至石室中，藥煉同生，丹成九轉，風塵之事，一概拋開。後四十餘年，兄初起尋之不獲，適遇道士善卜，乃得兄弟相見，兄問羊何在？予曰：在山之東。往視之，但見白石磊磊而已。予叱石，竟成羊焉。兄從此修眞，亦列仙班。予本姓黃，名初平，晉丹谿人，因隱於赤松山，故號曰赤松子，與前張良從遊之赤松子有異也。予不言，汝等亦莫知之，故自爲之序。」

不用說，這篇「序」簡直是一篇「自傳」，其姓雖「黃」，其號曰「赤」，他並且鄭重聲明，與漢張良從遊之「赤松子」有別。漢之「赤松子」即黃石公，而晉之「赤松子」，有人稱爲「黃松子」以別之。道門弟子稱這篇「序」爲「赤松先師自序」，論文理，不類晉文的高古，而亦非漢非晉，非唐非宋，大概是淸末落第舉子之作，顯然是假借晉代黃初平化石成羊的故事，而僞託出於乩筆的。

據說浙江金華有個北山，其地赤松甚多，故又名赤松山。相傳晉時黃初平青年時代曾在北山金華觀附近的雙龍洞修道，洞中到處都是石鐘乳，凝成青白兩色，恍若游龍，而且首尾鱗爪一一畢現，所以土人稱爲雙龍洞，因爲黃初平曾在此羽化而昇仙，故被稱爲「黃龍眞人。」洞中的極頂有石隙，光可射人，俗名一線天。當地有諺云：「洞裏臥遊天一線，笑聽兒童說大仙，」這便是「黃大仙」得名之由來。

由於金華人士認定黃初平爲黃大仙，爲了要藉着金華觀古蹟來吸引遊人，不能不捧出這位名仙高道來標榜一下。但以中國幅員之廣，天下名勝之多，在勝蹟比較之下，赤松山是不足以號召的，唯有捧出一個黃大仙，使得古蹟「有仙則靈，」於是到金華遊覽的人，非遊金華觀古蹟不可。遊客愈多，自然香火鼎盛。現在的九龍赤松黃大仙牌坊題曰「金華分蹟，」即是表示由金華分過來的「枝店」。

一百枝簽借古事占驗

金華人士之奉祀黃大仙，未知始於何代？香港之有黃大仙，迄今不過五十多年的歷史，在戰前很是冷落，戰後却一直走紅，除新春一個月以及大時大節之外，歲以八月廿三日爲寶誕，到了神誕之日，善信們必然聯羣結隊的來湊熱鬧。黃大仙所以香火鼎盛，「有求必應」的靈簽，以及正殿內的小堂問疾施藥。之外還有每週一次的乩壇，求問的人祇要心中暗禱，乩壇上的沙盤便搖筆飛動，答如所問，這些都是很吸引善信的。

這兒只說求簽，是年頭一次最熱鬧的玩意，到黃大仙參神求簽的佔絕對的多數，尤以婦女們爲然。求財簽，平安簽，和姻緣簽的都有，希望憑藉大仙聖靈，指點迷津，化凶爲吉。甚至有些馬迷和狗迷，問問黃大仙今年他們是否有賭馬賭狗的偏財運？求簽者必須自己去求，但在今日登月時代的婦女們也還有許多不識字的，就是識字的也未必了解「玄機」，於是就有「神的代理人」出現。

嗇色園正殿的赤松黃仙祠

嗇色園的簽檔是慈善機關所管轄的，每年照例公開招投，簽檔月租八十元或一百元不等。至於黃大仙廟祝，亦是向民政司署廟宇管理委員會投得的，都是公開合法的職業。當善信的男女入廟時，「神的代理人」就攔路截住，作毛遂自薦，先由貴客報上名來，比如張三嫂問「家宅」，李四哥問「橫財」，工廠妹阿英問「姻緣」，他便一一寫上姓名、年歲、問題等。

接上來，代理人持着這些「訂單」，代你入廟拜神，依次代你稟明，下跪，搖簽筒，所得的簽號，記在各該人的訂單上，然後代你向廟祝購買簽紙，走到約定的簽檔找你，給他一封「利市」。而這些簽紙上的簽文說明的是什麽，他自會在「神的檔案」中，要簽檔的解簽人代勞，照例又，替你解釋「玄機」，給他代價，賞金隨意。以筆者所知，黃大仙的靈簽共有一百枝，每枝都影射一個古人的故事的。

這一百個古人之中，有帝王如唐明皇、朱洪武，也有「借東風」的諸葛亮、「馬前潑水」的朱買臣，甚至「張翰思鱸」這樣風雅的故事，也有……總之是包羅萬象，應有盡有。

在一百枝簽之中，而上上，上吉的簽很少，足見人的簽佔大部份，十常八九，希望愈高，失望愈大。人生不如意事，十常八九，希望愈高，失望愈大。所以簽文的「仙機」指示是多方面的，有吉中之凶，或凶中之吉，也有半吉半凶，自然可以應付各種不同的胃口，大有「金華火腿」的風味，有肥有瘦，全憑機緣而得。但是求簽是一種「唯心行藏」，未必靈應如響，姑且試試以俟後驗，未嘗不可，迷而信之，便大可不必了。

扶乩之談

——談談扶乩壇的秘密——

・大方・

在乩壇上與宅神筆談

扶乩在我國發現，歷史很久，最早，源出於迎紫姑，也即是民間的坑三姑娘。那祗是小兒女的一種遊戲，姑娘請到，她祗會畫花而不會寫字，問她年齡，她以骨簪點若干點作爲答覆，但坑三姑娘何以會畫花？何以能答覆人的問話？其理頗難索解？其後，文士們發明了扶乩，那是迎紫姑娘的一種進步，從畫花進展到用文字來傳達對方意義，甚至彼此作對吟詩，可算文士們的一種遊戲，如果你以爲乩語有着前知的能力，或者認爲降壇的眞是所謂大羅神仙，那是不正確的。

筆者初次嘗試扶乩，祗有十四歲，母親逝世後的兩月，父親要我抛去書本，到一家絲廠去做學徒，我反對，便和父親吵了一架，我憤然出門，逕赴西鄉袁姓舅父家，想向表兄訴苦。袁家是個鄉下財主，家裏房屋很大，舅父早逝，由舅母掌着門戶，我去時遇見表弟，領我到一間靜室，尋到了表兄，我見在房子的一角，置了一只方枱，陳列香案，枱上放着沙盤和木筆，表兄一個人正在俯首凝思，他見我進來，連說很好很好，有一樁新鮮事可以試試，於是他便叫我們先向香案叩頭，叩罷，令我們分向枱邊站立，我在左面，表弟在右面，又說將木筆拿起來，我們如言行事，沒有好久，木筆蠕蠕而動，成爲盤旋之勢，表弟以爲是我在推，我則以爲是表弟在拉，盤旋數次，沙盤中忽現字迹，乃是「燃燭」二字，表兄見了忙道荒唐荒唐，我把緊要的事忘了，忙擦了火柴，點上蠟燭，木筆繼續走動，寫出了四句偈語云：「香烟繚繞，誠恪祈禱，我佛如來，慈悲普濟」，接着是通名，寫云：「吾乃宅神是也，諸君相請，有何詢問？」這時我很感到驚異，一時不知所答，便說沒有什麽，接着沙盤上繼續寫道：「既無要事，且來談談孝道如何。我國號稱禮義之邦，素重孝道，不僅孝悌忠信，爲四維之首，並且百善以孝爲先，人而能孝，必爲佳士，古語有云：忠臣必出於孝子之門，可知孝之意義至大，雖然諸子皆純孝性成，不勞我的嘵舌，但要記住天下無不愛子女的父母，也無不是的父母，子女們縱遇委曲的事，也應上體親心，不可違背」云云。我看了宅神這一段議論，覺得他的話，是針對我而發的，他似乎已知我和父親吵架的事，不但驚異，同時對當前的這一件事也發生了興趣，便隨着提出一個疑問道：「適纔尊神降壇，首先所寫爲『燃燭』二字，敬問請神時，何故要燒香點燭？而焚香燃燭的意義又何在？」宅神聽後，又寫下了如下的長長一段解釋云：「我國憑神道設教，以儆愚頑，神人之判，份隔陰陽，人是屬於陽性的，宜於白天出現，神則是屬陰性的，祗宜於黑夜出現，但遇特殊情狀下，鬼神需於白天出現時，亦有通融之道，那便是『燃燭』，燃燭之意，即是說雖然還在白天，但點了蠟燭，即算代替了夜晚，鬼神便可在燭光下出現而不致違背天和，這祗是一種權宜之計，本來夜晚請神是不需燃燭的，後來成爲習慣，無論日夜，請神必需點燃香燭了。至於焚香，乃是一種請神的標幟，香者信也，故古有信香之號，子孫四時祭奠，必先焚香，祖宗見之，得悉某處正在設祭，乃來享受，神類對於香的作用，也是如此，見某處香烟繚繞，知人們必有所求，而來告警或協助之」云云。

讀了上述的一段解釋，覺得所論發人所未發而頗有見地，深感這宅神生前必然是位通品，使我對扶乩這新鮮玩意更增加了興趣。在送走宅神以後，表兄對我大爲讚賞，他說想不到你第一次上乩，竟如此順利，便提議晚間繼續下去，所邀請的是他的祖父，也便是我的外公。

袁家是書香門弟，外公和舅父，都是秀才，所以他們的文筆都很好，那時，我的外祖母還健在，聽說扶乩靈異，所請的又是她的丈夫，便也坐在傍邊靜聽，以下所述，便是筆者外祖父降壇的一番怪論。

外祖父暢談鬼的生涯

關於外祖父所述，有一部份則很怪誕。他和外祖母答話，對生前一切，歷歷如數家珍，他指出自己葬在某一地方，墳前有幾株樹，都很清楚，他又談到陰間的生活，他說：我們習慣是晝則居墓，夜則居室，早晚在祠盤桓，祠者即祠堂之意，想見沒有祠堂和沒有墳墓之鬼，便成爲飄流無定的遊魂了。

他又談到顯西的近況（按顯西即他的兒子，也即是筆者的舅父），他說顯西平常還是弄弄筆頭，他生前無大過，不久即可轉世，他轉世後，我便顯得更寂寞了。以上所述，可說非常神異，但以下一段則涉近怪誕，筆者有一個最小的表弟，聰慧絕倫，外祖母最疼愛他，但到五歲，忽然得病死了，至此外祖母問及此事，小孫兒爲何會很早死去？外祖父答稱：關於這個小孫兒，是和尙投胎，是我用五兩銀子的代價換來的，不想西鄉榮巷上的榮某，和我爭奪這一個孩子，在轉輪王前告了我一狀，我現在的職位，是轉輪王座下的記室，依照官不與民爭的原則，我不敢和他相抗，於是官司輸掉，這個孩子便也死去，再投胎成爲榮家之後了，外公這一席話，也眞是過份怪誕，冥冥中果眞有陰司嗎？而陰司中眞有所謂十殿閻王嗎？也實在使人難以置信。

梅老祖錄收我作弟子

十四歲的下半年，我勉從父親之意，拋去書本，做了絲廠的學徒，我算不上是孝子，卻多少受了那一次宅神勸孝的影响，不過我在就業之後，離開故里，與袁氏表兄弟隔絕，和扶乩也絕了緣。直到十七歲那年，我已離開絲廠，過着流浪生活，無意中認識了一位名叫胡松岩的銀行家，他要我替他辦一些筆札事件，津貼我一些生活費用，隨後，他忽然有興趣在上海老西門租了一所房子，創設了一處乩壇，那時候，海上乩壇，推中國濟生會的集雲軒最負時望，主壇老祖是濟顛僧，聘有大名鼎鼎的林屋山人充任乩手，胡君的乩壇則取名爲青雲軒，主壇老祖是梅道人，據稱他是宋代時得道的一位散仙，我們稱他爲梅老祖，乩手方面，胡君自任左侍，另由一個周姓少年充右侍，胡君對我說：你的資格，本可充右侍的，但年齡太輕，有所不合，現在且先做司書，一二年後，我將扶乩的秘訣傳授給你，你便可由右侍而進爲左侍，便成正式的乩手了。青雲軒成立之日，梅老祖親自降壇收錄我爲弟子，取名悟芳，對我頗多獎飾，說我魔刼雖多，但因夙根甚厚，終獲遇難呈祥，我對這點是懷疑的，我不知眼前是梅老祖在那裏讚美我，還是胡君在讚美我，不想隨後發生一事，使我非常驚異，因在同日，又有一個少年來入壇爲弟子，這少年是我所認識的，過去行爲頗不檢點，曾私取了公家一筆欵子，而推在別人身上，這件事除我知道外，在場的人都不知道，因此他見了我情形頗爲尷尬，惟仍故作若無其事，進行入壇儀式，奇怪的是，老祖對這位少年，取名爲「悟非」，說了一段勉勵的話，大旨是說「人孰無過，過而能改，具有無上勇氣，善莫大焉，願悟非毋忘此誡」云云。這幾句話，似乎道着了那位少年的隱私，起身時面暈紅潮，雖然老祖未予道破，也使他有些內愧，令我感到所謂天理人情之外，更有所謂神情，神情和世俗的人情是一樣的，老祖不揭發少年的隱私，爲他保留面子，也同於世俗的人情，可是老祖如何能知這少年的往事，實令人感到奇怪，更有一事出乎意外，不知老祖係對我愛護，還是在開我玩笑，他說悟芳子夙根甚厚，而魔刼甚多，恐有意外，諭令值日功曹，派兩個金甲神隨時保護，這事令我受寵若驚。一天晚上在酒散之後，有幾位少年朋友拉我到韓莊去玩，我想起老祖之語，無論如何不肯去，朋友問不肯去的理由，我又不能回說頭上有金甲神之故，朋友不諒，拚命拉我去，使我非常狼狽，迫得中途私自脫逃，不過在青雲軒結束後的一年，我終於爲朋友拉去韓莊隨喜，不知那時候，我頭上的金甲神還在監視否？更不知對於此舉，老祖是否會記我以大過否？那也祗有天曉得了。

筆者在青雲軒担任司書，幾達一載，最主要的，是想向胡松岩君求取扶乩的秘訣，不想，秘訣未曾學到，卻鬧了不少笑話。據胡君言，設壇請乩，分動光與靜光兩種，臨時設壇召請的，謂之「動光」，這種方式有危險性，因爲請神先需焚一道符，這符焚化後，隨風而逝，爲某一神仙接到，某一神仙便來降壇，但若爲邪神或吊死鬼、落水鬼等接到，那些鬼怪也來降壇，那會致人於不利，因之永久性乩壇，必需所謂靜光，這一種靜光壇，先需請定一主壇老祖，最普通的是濟公或呂仙，在請定主壇老祖後，由老祖降壇，舉行淨壇任務，委派值日功曹，驅逐邪魔出外，自此便可百無禁忌了，這一席話，筆者當時曾信以爲眞，後來經過許多事實的考驗，纔知胡君那時所說，殊不足信，不過是創設乩壇者，故意所創的一種神秘說法而已。因之筆者在青雲軒一年，胡君並未曾傳我以扶乩秘訣，最後我也瞭解，扶乩實在無什麽秘訣可言，祗是在凝神一志之後，那乩筆自然會轉動，而在乩仙所述的乩語之中，也不乏神奇與怪異之處，以下，便是筆者在乩壇上所遇到的一些怪聞和笑話。

青雲軒和仙人開筆戰

青雲軒降壇諸仙，除梅老祖外，經常有呂仙、濟公、鐵拐李，甚至岳飛、關羽等人蹤迹，梅老祖常雲遊在外，缺席時往往由一位號稱松柏子的代替，我們叫他柏道人，或叫他老柏，柏道人的文學根底不大高明，句法頗感生硬，筆者看到他句法不順時，偶然在紀錄上替他改了幾個字，因此，這位仙長對我的印象，特別不好。一天合當有事，胡君無暇，請了一個朋友來代，便由周君做了左侍，胡的朋友做了右侍，偏偏又遇柏道人降壇，我又給他改了幾個字，不想那位老柏勃然大怒，拋開了原文換了題目，大書道：「本壇弟子悟芳，年少無知，行爲頑劣，山人筆下，自有玄機，他竟敢認爲山人用字不妥，似此狂妄，殊難容忍，應予罰祿！」乩筆寫至此，盤旋不已，好一回，纔接寫道：「應予罰祿五分，以示懲戒，」寫訖，乩筆即寂然不動，這一突如其來的舉動，鬧得仙凡之間不歡而散，事後，我疑心是周君從中搗鬼，便說老周，這是你的傑作吧？周君指天誓日說絕不關他的事，你我是好朋友，至多私底下相商，決不會在沙盤上有所表現的，不久，胡先生回來，我向他辭職道：「得罪仙人，罪孽深重，請從此辭，」胡君笑道：「老柏還算是得道高人，不該向小孩子大動肝火，可是你的舉動，也有些使他難堪，但依我看來，柏道人今後，可能不再降壇，你便也不必辭職，下次不要再改乩示便可，」我聽了胡君之言，祗得依舊蟬聯下去。

散仙臨乩稱我爲詩人

由於柏道人的糾葛，我小心翼翼地做事，壇中安靜了一個時期，不想有一次，遇到一位散仙初次降壇，寫了兩句定場詩云：『逐浪隨波幾度秋，此身幸未付東流』，我在做着司書，寫到這兩句，不覺噗哧一笑，因我記得這兩句詩，原出「鏡花緣」小說，書中寫唐敖海外求仙不返，他女兒閨臣，到小蓬萊去尋他，唐敖遂在石上留了一首詩，告訴女兒不再返回塵世之意，那詩的前一半，便是上述兩句，下兩句是：「今朝纔到源頭處，豈肯操舟復出遊」，我突然見到降壇仙子竟是抄襲大家，便不由得發笑起來，誰想我這暗中一笑，那位仙人也已有了警覺，不便再照抄下去，乩筆盤旋良久，續寫兩句云：「偶從舊籍翻新句，惹得詩人滿腹籌」，至此使我感到那位仙人，倒也是一個通品，他的抄襲舊句，並非不會做詩，祇是偷懶而已，這一次很平安地過去，並未像柏道人那樣鬧得不歡而散，事後，我又問周君說：老周這次又是你的傑作罷？周君矢口否認，他說這是你曉得的，我既未讀過「鏡花緣」，也根本不會做詩，何能推在我的頭上，筆者過後尋思，覺得這實在不是周君弄鬼，因周君時常向我請教做詩之道，但他不懂平仄，對於詩還不得其門而入，而乩語中「惹得詩人滿腹籌」的那一個籌字，用得很好，不是率爾操觚的人所可寫得出來的，想到這裏，不禁沾沾自喜，仙人尚且稱我為詩人，我可算得是一個標準的詩人了。

乩壇作假始自木道人

筆者在青雲軒，整整服務了一年，到齊盧戰起，青雲軒結束，纔和胡君分手。此後十年，一直與乩壇隔絕，雖然沒有傳到胡君的扶乩口訣，但對乩壇的一些秘密是了然於胸的，乩仙下降，可分眞假兩種，譬如來了一個呂純陽，我們可以假定，這呂純陽不是眞品，因為全國乩壇，不下千餘處，呂純陽一個人，一定難於分身，未免有託人代替之事，可是我們雖知降壇的不是眞呂純陽，但他所示乩語，至多不甚靈驗，也不會和扶乩者通同作弊。為了一個乩壇，不能缺乏經費，那些經費，自然要靠壇弟子捐獻出來，有時，富的壇弟子既不肯捐，窮的壇弟子又捐不起，設壇的人沒有辦法，祇能假冒乩仙口吻，諭令富的壇弟子捐獻，這假冒的乩示，便非出於左右乩手的僞造不可了，不過這種假冒，在我們內行人是看得出來的，因為乩手分左右而立，寫的字要對着前面，寫時自左向右，像寫蟹行文一樣，有時降壇的是位性急的仙人，下筆很快，可將沙子濺得人一臉，這完全是由第三者在操縱，一看便知不是假冒的，若係作假，則兩個乩手必需事前練習配合手勢，又要記住了擬好的文稿，故寫出的字很慢，要像風捲殘雲那樣，絕不可能。當筆者在青雲軒時代，冷眼旁觀，作假的事，祇有過一次，直到後來發現了木道人，乩壇作假的事，變本加厲，甚至成為創辦此道者歛財的工具了。

科學靈乩與鬼臉碟仙

和木道人差不多時代，上海又發現了一種科學靈乩，用一隻碟子，裏面畫了一個鬼臉，覆在一張黃紙上，碟邊畫了一個箭頭，黃紙四周，印了一千多個小字，請仙時，由三個人同時以中指抵在碟子的底座內，不久，碟子自會轉動，看到箭頭停在那一個字上，便將他記下來，居然自成文法，降壇的人，也和普通乩壇中發現的差不多，祇是文句產生得較慢，文意也不及扶乩為廣泛而已，因為這玩意作用在一個碟子，因又呼之為碟仙，這玩意，可能全是精神作用，因為有人曾經試過，碟子內不必畫鬼臉，碟邊不必畫箭頭，下面沒有黃紙，那碟子也會自動，不過既沒有字，顯不出作用，祇是一種瞎動而已。由此使我瞭解到，創設乩壇，並無什麽秘訣，請神仙降壇，也不需要焚什麽符，科學靈乩，和正式乩壇的作用是一樣的，在凝神一志之下，乩筆便會自動，和我少年時在舅父家中所遇到的一樣，胡松岩君故神其說，理由是不肯透露此中的秘密而已。這種科學靈乩在上海雖曾哄動一時，但畢竟所作預言，並無如何應驗處，不久便歸乎消歇，不過其間又曾發生一件趣事，那便是刊在時報上的吹萬樓日記被腰斬問題，曾很引起一般人的注意而資為談助。

吹萬樓日記宣揚迷信

按高吹萬先生是金山望族，又是南社詩人，家裏藏書之多，負名遠近，係一個極有地位的學者。他有一位小姐，青年夭折，高氏心痛愛女之死，想望不已，適值碟仙流行，高氏便取來嘗試，不想他的愛女竟來上乩，高氏愛女情深，除每天藉乩語聊以自慰外，更將他們父女互訴之語，記述在他所著的吹萬樓日記中，所記頗多怪誕不經之事，舉例如他的小姐起先要他焚燒自備的包車及包車伕，後來又要他焚燒紙紮的汽車和汽車伕，高氏都一一照辦，但有朋友問他，陽間的汽車是有機器和汽油，纔可行動，紙紮的汽車徒具形式，沒有機器，也無汽油，何以燒燬以後，在陰間也會走動？請他轉問其女，是何理由？這個問題，高家父女竟未予作答，因是讀者對高氏日記中所寫各種也不予盡信，不想一次却惹起麻煩，高氏向其小姐問起亡友楊了公近作何狀？高女所答十分怪異，竟說楊了公因生前好作艷體詩，造下筆孽，罰令轉世為妓女贖罪，今已投胎去了云云，高氏也將這段記載，寫入日記中，楊氏後人讀之大怒，羣起向時報當局指責，說時報係一張維新報紙，不該刊載這種提倡迷信的荒謬論調，要求將高氏日記停刊，否則即將以法律解決，時報當局為免糾紛，卒從其議，於是吹萬樓日記便遭到腰斬之厄，關於上述的一切，均為百份之百的事實，現為本刊執筆的同文憨翁，彼時方為時報記者，足以完全證明其事。

本人這一篇記載，屬於本人對乩壇所歷的親身經驗，一部份指出了乩示的有眞有假，一部份是指出了乩示即使是眞，也乏相信價值，祇能作為一種文字遊戲而已。記得我第一次在袁家扶乩時，外祖父寫了一句無分軒輊，那時候我和表弟都祇識軒字，還不識輊字，外公特地將輊字重寫一遍，還解釋了字義，我們二人既不識輊字，這輊字必是從第三者方面得來的，因此使我更相信，扶乩並非一樁了不起的事，但確有靈的成份存在，如果經常降壇者，都是些飽學之士，則拋開迷信而和他們研究一些學問之道，倒也不是完全無益之事。

軟玉溫馨尋好夢
一室皆春"麗確雅"

澳洲「麗確雅」純羊毛毡

MADE IN AUSTRALIA
Laconia
WORLD'S MOST BEAUTIFUL BLANKETS

PURE NEW WOOL

大人公司有售

本港各大公司均有代售

新正頭好意頭 迎春菜譜

·羊城客·

年夜飯和春茗，有着許多不同之處。前者是平津江浙人的，後者是廣東人的。年夜飯的最後一度菜必然是火鍋，春茗的第一度菜必然是「髮菜蠔豉」。年夜飯是在歲晚年尾的一個十二月中，春茗是在歲首年初的一個正月中。這便是兩者不同的地方。但有一樣却可以說是完全相同，這便是年夜飯和春茗都有着語貴吉祥、巧立名目的菜單。菜單所列好些非到端上來吃在口裏不知是什麽，甚至菜上了來吃着，非經解釋也不易明白。上一期的「大人」就曾經刊出了一篇「歲晚年尾吉利菜單」。香港廣東人多，粵菜酒樓多，「大人」的讀者，各省各地的人都有。有年夜飯的吉利菜名，不可無春茗的吉利菜名。就讓我來寫一篇「新正頭好意頭」的迎春菜譜吧。

「新正頭」和「好意頭」，都是廣東話。新春正月初十五前這一段時間，便稱爲「新正頭」。一般吉利的話，便稱爲「好意頭」。本篇這些「好意頭」的菜名，全是在「新正頭」春茗或普通人家中得見的，這便是「新春頭好意頭」菜譜。列舉如下：

發財好市　這是春茗中必然的第一度菜。粵菜開席，先上「兩熱葷」，「發財好市」是熱葷之一。「新正頭」講「好意頭」，春茗大都是生意中人的酬酢，因之便以「發財好市」爲第一個熱葷。這個菜好吃而又好看。把乾蠔豉一隻隻排好，下面墊着髮菜，調好味後「扣」到爛熟。由于是髮菜和蠔豉，粵語口音說起來，正好諧「發財好市」的音，「好意頭」得很。

滿地金錢　一種不大不小的冬菇，一般稱爲「金錢菇」，是像形的名稱。用上湯「煨」過，然後以蠔油來「扒」，正名是叫「扒金錢菇」。但在春茗筵席中便得改上個吉利名稱爲「滿地金錢」。也是熱葷之一，跟着「發財好市」作爲第二度菜。

花開富貴　熱葷中除了第一度菜必然是發財好市」外，其餘第二度菜的熱葷就有多種，都是「好意頭」的。這個「花開富貴」是用椰菜花，和西蘭花來炒好，或油泡好，上面鋪上一個蟹黃「獻」而成。另一名爲「花團錦簇」。

三羊啓泰　响螺片和鷄片同炒，加上炸鷄肝在碟邊團團圍着，這菜是一個很名貴的熱葷。但菜名却賦得個「玄」字。

錦繡羅衣　油泡响螺片，和「石榴子」蟹黃同炒。這些粒形的蟹黃便是「錦繡」，螺片便是「羅衣」了。

錦上添花　响螺片鷄片同炒，另以蟹黃鋪在上面。這些蟹黃既非糊狀，也不是粒形，而是拿生蟹黃攪成糊，蒸熟後成一塊糕似的，就用這「蟹黃糕」切成一朵朵花形，密密排在炒好的螺片鷄片上。

生財大利　上面說的都是名貴的熱葷。也有比較平價一點的「好意頭」熱葷。像這個「生財大利」便是。廣東人稱舌作脷，拿猪舌炆到爛熟，先把生菜炒好放在碟子上面。猪舌切厚片，鋪在生菜上。淋上原汁。生菜便是「生財」，猪舌便是「大利」。

年年大利　蓮子和猪舌同炆，有這許多蓮子，這便是「年年」，猪舌便是「大利」。這個菜，近年來酒家比較少見。除非是自己厨房的厨子才會燒出這個菜罷。

雙合利錢　廣東有一種介殼的水產，名蜆，黃色，新年市上有售，叫「黃沙大蜆」。元旦許多人家、商店都少不得這個菜。拿來放在鑊裏炒。熟了，便兩個殼都開了。在炒熟時打一個酸甜「獻」在上面。以所炒的蜆，隻隻全開爲吉利。而這個炒蜆便稱爲「雙合利錢」，是一個新年最普遍的菜式。平時這蜆的價錢很平，在新年可就身價大不同，爲的這是新年中家家戶戶都備的一個「好意頭」菜式。

堆金積玉　粵菜最重魚翅這一個菜。兩熱葷上過後，便上到這一個大菜了。魚翅的製法有多種。其中一個是「蟹黃大翅」，是用糊狀的蟹黃放在一盤翅中，蟹黃和魚翅打成一片，但見色如黃金中却有一條條白色的翅絲，前者便是「堆金」，後者便是「積玉」。它是繼兩熱葷後一個「好意頭」的大菜。

大地春生　這個菜，平日是叫做炒鵪鶉鬆，琢爛鵪鶉和切得很碎的冬笋、冬菇同炒。炒好後上面放上一些炸香研幼的「大地魚」。用生菜葉包着來吃。「新正頭」的菜單便改稱這個菜爲「大地春生」。「大地」便是大地魚，「春」便是鵪鶉。

如意吉祥　這是一個湯，也是個名貴的湯菜。以榆耳和龍腸泡湯而成。龍腸是日本的鱘鯊腸，成爲乾貨運來，經過泡製後是爽的，而榆耳也是很爽，但都無味，因而非用上湯不可。經過了上湯泡成，便成爲一個又可口而又很名貴的菜式。以榆耳諧「如意」，「吉祥」便是指這些龍腸。

脫衣換錦　這又是一個名貴的湯菜。以竹笙包着原隻蟹拑（螯）肉，蟹拑肉可以百花（琢蝦肉而成的蝦膠）包裹，會以上湯。由于竹笙就像編織品的衣，吃去竹笙便是百花和蟹拑。因此便改上「脫衣換錦」這名。

上面這十幾個菜式，都是「新春頭」的「好意頭」菜式。掛一漏萬，在所不免，但也應有盡有。

馬場三十年

老吉

上期講到馬場老友詢問，在這三十多年來，有多少騎師在馬場盡忠，就我記憶所及，已將梁世恩，老瑞麟、鄧文華、司馬克、李路與何焯航等，一共六人寫出，想各位早已看過了。今年是辛亥豬年，我在續寫本文之前，先祝各位新春快樂，萬事勝意。

渣甸馬房

香港「渣甸」洋行到近幾年來，方改名爲「怡和」洋行，其實「渣甸」是英文原名，可是幾十年前上海的「渣甸」洋行，老早已取名爲「怡和」洋行，而香港的「渣甸」，到近年來方改稱「怡和」洋行，實在已是太遲了。

講起上海的怡和洋行，在七十幾年前，第一個華人總經理，（並非買辦）就是我的外祖父徐棣山公，當年上海的「怡和」洋行，如果沒有他，我敢講一句，香港的「怡和」洋行未必會有今日，我外祖父對「怡和」，的的確確是一位大功臣，可惜他老人家，在尙未達到離開八十年的今天，因宅心仁慈而意外身亡。七十年以前，上海尙未有汽車，我外祖父坐的是馬車。某日下午，由上海外灘乘自備馬車到滬西去，車經南京路靜安寺路龍飛馬房門口，因馬車伕揚鞭揮打一個路中心的賣菜老人，我外祖父在車中探頭出去關照馬伕不要任意鞭打老人，不料車門突然失簧自開，將棣山公抛出車外，馬伕不知，依然驅車前進，後來途人圍觀，龍飛馬房中人有認識棣山公是怡和「大班」者，將他車送醫院，車輪在身上滚過，受到嚴重內傷，不治逝世。怡和英國當局，請我的大舅父貫雲先生繼任，可是貫雲公胆小，堅辭不就，如果當年他繼任下去，現在的怡和洋行至少當仍有徐氏後裔，担任重任，這一件事，與「怡和」有四代交誼的馬主顧乾麟老兄，當然知之最詳了。

怡和洋行（卅年前叫渣甸洋行）在香港確乎夠威，當年香港馬會的馬匹，一定要養在馬會的山光道馬廐之中，可是唯一例外的，便是凡屬於怡和職員（當然董事也算在內）的馬匹，却不養在馬會馬廐中，而養在他們自設的「渣甸」馬房之中。

當年的渣甸馬房，地址是在禮頓道，也是與波斯富街利舞台的門口相對的地方，這地點現在就是「禮智」與「禮賢」兩座大厦，而開通宵有名的潮州菜館「怡香」，也叫汕頭菜館，便在這裏。

大門口是一座石牌樓，有三座鐵門，走進去，裏面是一個溜馬圈，四圍都鋪上黑沙，約有一千方呎周圍，再進去，兩面是古色古香的二層樓房，中間却有一座天橋連接，這是管理這馬房的頭腦朱炳義君和他的家屬宿舍，右邊的住朱家子孫，左邊的是朱君的住宅，再後面便是馬廐和馬伕等以及家屬的宿舍，規模宏大之至。

講起朱炳義君，已在戰前因肝氣上冲而致雙目失明後逝世，朱君爲人至誠忠實，從上海來港，參馬飼料，有獨特手法，深得當年怡和中人愛戴，特由專人將他禮聘來港，待以上賓之禮。朱君的後人，小名叫朱三，朱三的大公子，便是現在的馬評家董驃君。董君原本姓朱，卅年前，香港馬會的練馬師董阿林君（天津人，已逝世，當年是孫麟方兄最信任的練馬師，孫兄的馬匹，完全豢於董馬房中），因中年無子，他却常時在渣甸馬房中盤桓，而且對亞驃十分喜愛，朱炳義君見阿林如此喜歡阿驃，乃作主將這孫兒契給阿林作爲螟蛉一子，改姓董而不姓朱，所以董驃原是朱驃也。

不過，我記得董驃的驃字，似乎是標字，何以現在變成驃字，不知道是不是我記錯抑或董君因愛馬而將木字傍易爲馬字傍，那就要問一聲董世兄自己，因爲當年我初初見他，還是一個小孩子呢。

卅年前，渣甸馬房大約還養有二三十匹中國馬，等後來香港賽馬會兼有澳洲馬，但渣甸却並不自運澳洲馬，所以，等中國馬逐步減少，也因運輸困難而並不能增加，聽其自然淘汰，在未到日本人佔領香港之時，渣甸馬房已在半醒半眠的狀態中，直到朱炳義君目盲逝世，渣甸馬房便也等於關門大吉時期，剛剛這時候遭遇日人攻擊香港，渣甸馬房也變成重門深鎖了。

等到香港重光，怡和洋行當局，因朱炳義逝世而澳洲馬難養，乃將馬房中職員僱工解散，同時並將原址租與女教育家呂陶英，設立郇光小學校，卓育英才，迄今「郇光」雖已停辦，而本港商、醫、教育各界人仕，當年畢業於「郇光」者，着實不少。

郇光學校，開辦後將近十年，怡和當局因地產起價，乃一方面通知呂陶英女士不再續約，另一方面，將馬房原址放盤出售，當時，由本港殷商關奮發先生承購。關先生戰前戰後，皆做過馬主，戰後他與陳南昌、陳啓康兩位，共同養馬，他們名下鼎鼎有名的是一九四九年獲得「打比」賽的「金芍藥」，由謝文玖老弟執轡，後來他們三位，還在金陵酒家（在塘西，現已拆卸改建爲大厦），大宴馬圈中人及諸親好友，盛極一時。

（戰後，一九四七年的「打比」冠軍「挪茜后」

，馬主是挪威人。第二年四八年的「愛達民」，馬主是英國人。到第三年「金芍藥」，三位馬主，俱是華人，所以關、陳、陳三君，特別興奮，設宴慶祝。當時我非但與會，而且他們還請我做知賓，此後一直到一九五四年故孫麟方兄的「金谷鈴」贏得「打比」，金陵酒家，方纔再有「打比」盛會，詳情以後再講）。關、陳、陳三位，後來還有一匹灰馬（上海叫青馬）「銀芍藥」，以跑短途著名，可惜不是高班馬，此馬有一點特別之處，一般馬房中人與馬評人都知道，逢灰馬與黑馬一定好軟爛地，可是「銀芍藥」雖是灰馬却對爛地完全不適應，這也可算得是例外，此馬在六七年前退休，與它同時退休的「夏廉施」（馬主是吳松坤君），一齊由馬主送給錦田軍部作爲軍馬，並非上陣打仗，却是由軍官們作爲馳騁之用，先幾年每逢英女皇誕辰港督閱兵典禮，這兩匹馬必定出來亮相，前導的一匹灰馬，便是「銀芍藥」，而軍官騎的則是「夏廉施」，近兩年我不會留意，不知道是不是仍舊是這兩匹馬，如果現在還是，那末牠們至少已達到二十高齡。不過，我曾聽吳松坤君在兩年前講過，牠們在錦田兵營，特別優待，每天要吃草料二十磅，而馳騁的時候不過上下午兩三小時，並未大滾而是走花蹄，所以養得牠們肥頭胖耳，油水十足。近來我未問吳兄，想必牠們既是攸攸自在，必定還在軍營享福的。

回頭來再講關奮發君集團購進了渣甸馬房之後，便將地皮分爲四塊出售，改建成四幢洋樓，兩幢高七樓，兩幢高八樓，（高七樓的斜對利舞台，高八樓的則是鄰近保良局），一共分爲八個門面，當初時怡和賣價很便宜，近保良局的因爲環境好，一廳三房不過售價五萬五千元，因爲開間頗大，到現在將近十年，五萬五的至少要值八九萬元了。

渣甸馬房大門口的石牌樓，因爲是紀念品，怡和當局便將牠們劃好圖樣，一一拆卸而裝箱運到渣甸東倉，（即是東興樓後面）。再將它照樣的建了起來，留爲紀念，可是這塊地皮，去年已與置地公司合作改建酒店與住宅，想必這石牌樓的一塊塊花崗石，又要拆了裝箱存倉了。

戰前，渣甸馬房的馬匹，除了分班在馬會出賽之外，每年，馬會還特設一場「渣甸讓賽」，全部馬匹與騎師，皆由怡和洋行職員上陣，因爲馬匹班次不同，而職員們的磅位有的特別重，所以非但讓磅，還要讓路，讓路的辦法是最好的馬跑一哩，最低班的馬可以讓一百廿碼，以下便是讓一百碼、讓八十碼、讓六十碼、讓四十碼與讓廿碼，不用閘網，戰前及戰後初期是用閘網，而不是像現在一樣用開閘廂的，由發令員手持紅旗，立在讓一百廿碼的馬匹前面，各駒由小馬伕牽引站定之後，紅旗一揮便算大家開步，因爲渣甸職員（都是西人）的騎術，好劣不同，所以跑來笑話百出。當然，大師傅技術好，贏馬的機會也高得多，記得一九三九年，讓一百廿碼這匹叫做「公」（Kung），騎師連馬鞍，竟然重至一百七十六磅，幸虧是匹中國馬，如果是澳洲馬，便有不勝負荷之苦了。

當年的「渣甸讓賽」，每年祇舉行一次，而且必是第一場，馬會叫牠特別場，一樣發售獨贏與位置票，却不列入馬會正式賽事之中，這種賽事，直到戰後賽事恢復，因「渣甸馬房」取消，當然「渣甸讓賽」也變成陳跡了。

現在怡和洋行的主席總經理，先兩年由夏理士君力爭，方纔能在馬會董事中，列一席位。夏理士退休返國， 小凱瑟克繼任（Mr. Henry N. L. Keswick），但因資格、經驗等一切，皆不及一班老董事，當然尚未到左右一切之時，不過小凱瑟克也因董事關係抽到了一匹七一年六號新馬「祈福」（Criffel），同時，戰後「怡和」高級部門人員，對養馬興趣不高，所以屬於「怡和」本身高級職員中，養馬的不多，反而與怡和有關連的聯業紡織公司高級人員，若李震之、顧乾麟、楊元龍、童振遠等各位老兄，却時時見他們抽到新馬，尤其是童振遠兄，他本身是卅年前的上海有名騎師，既是本港馬會有選舉權會員，又是賽馬時的義務高級人員，他名下的馬匹，多數用「特美」（Tell Me）兩字，先十年，他與李震之、榮鴻慶兩位，三人共同入紙申請新馬，近年來，李、榮兩位對養馬興趣，已不如當年的熱烈，祇有童君一人，現在他尙有「特美駟」一駒，已淪在第九班中，今季有淘汰希望，如果明年童君再抽不到新馬，「特美」兩字在馬會馬名簿中，亦將成爲陳跡了。

在當年渣甸馬房中有名人物，我在六七年前馬會的上水分會中，也曾遇到過朱三君，他是朱炳義的兒子，也是董驃的生身之父，原來朱三君是在那裏當副馬匹管理人員，當年的馬匹管理人張阿四君，乃是羅達尼馬房中的副馬師，爲人忠實爽快，因當時主席賓臣君的馬匹，皆養在羅馬房中，張君本有升任練馬師資格，他的英語也還可以對付，但他因年事已老，不願轉而担任練馬師，賓臣君乃介紹他在上水分會中，管理脚馬，因爲這份差使，輕鬆得多也。我記得當年有許多學習騎馬的，都得到張君的教導，我的學生已故的周佐明老弟，便是在上水得到阿四訓導習騎的一位，後來周老弟成名，還時時到上水去看阿四，可惜聽說張君已於年前棄世，眞是不勝惋惜！朱三君戰前，因父母的驕生慣養，可說是嫖、賭、飲、吹，四門俱全，我有一次在渣甸馬房，曾經親眼看見朱炳義君，手執菜刀，在馬廐中追趕朱三，嘴裏還罵「殺脫儂狄隻小中牲」，後來我和他們馬房中人，把朱君一面勸一面再拉上樓去，原來朱三在外面賭輸了回馬房宿舍向老婆逼錢，給老朱知道了，方纔發生老頭子要殺兒子的事，後來我聽馬房中人講，這樣的事，發生了不止一次，因朱炳義君火氣極大，後來肝火上升，致於失明，他的一切，本港現在馬房中人，知道的仍有不少人，最清楚的，大約是練馬師趙阿毛老弟了。

朱三君後來，痛絕一切嗜好，在上水馬房中任職，現在如何，我也不去查問了。

馬伕賽馬

戰前，香港馬會在週年大賽五天之中，有一場「馬伕賽」舉行，這是多數排在第五天賽事中上陣的，參加者，練馬師與副馬師都可以，這一場賽事，由馬房中人上陣，大家都穿上了綵衣，路程是一哩，因爲大家可以鬥後勁，而且出賽的都是中國馬，各位馬房中人，可以各顯騎技，贏頭馬者，有一具小銀杯獎贈，而馬主們則頭、二、三馬皆有獎金，因爲是一年一度，當然出馬特別多，練馬師、副馬師與馬伕中之能騎馬者，他們的騎術，與騎師們有多少不同，可是狠勁十足，大家都想跑頭馬而得此獎杯榮譽，所以跑到終點時，幾乎每一次都有三四匹馬差不多同到終點，當年沒有電眼映相，全憑三位公證人肉眼判決，記得一九三九年的這一場賽事，公證人（評判員）商議了一兩分鐘，方纔判出頭、二、三馬，因爲牠們距離，實在太近也。

當時這一場賽馬，馬匹與班次我不記得了，不過，大約是D班馬，上陣賽跑的，多至十三、四匹，因爲他們一年祗上陣一次，所以也是笑話百出，有的中途落帽，也有的中途揮鞭失手，結果大約是王筱紅、林雲福、黎來福、薛阿毛四位的坐騎，幾乎同過終點，好像是王筱紅或林雲福第一，這一次賽馬，是香港戰前的最後一次，有機會等我問一問王筱紅君，便可以知道，因爲林雲福與黎來福兩位，早已退休，而薛阿毛則過了世，祗有王筱紅，仍是現役練馬師中的佼佼者也。（華藉練馬師老一輩的，現在祗有王君，趙阿毛君與林雲亮君三人了）。

當年名騎師謝文玖（右）及作者（左）合影

漢津騎師

戰前，不獨上海騎師南下，後來，青島、漢口、天津等地，皆有騎師南來。其中，在當年最著名的，有韋耀章、謝文玖與梁祥成三位。

韋、謝兩君，來自漢口，梁君則是由天津來港，他們來的時候，都是騎中國馬的好手，後來香港變了澳洲馬天下，他們也將騎鞍方法改變，以適應環境。韋、謝、梁三君，後來在日本統治香港時代，都是我養馬後請的騎師，我養的馬王「民望」，韋、謝兩君都贏過頭馬，「民望」爲我贏「馬王冠軍賽」，跑第二的却是韋君的「藍鳥」，（馬主是已故林俊璋先生）而梁祥成君，則爲我贏過「民權」。現在，韋君仍在報章執筆評馬，謝君則戰後沒有幾年，已聽他太座彭詠雲女士之勸，棄鞭專任汽車營業主任，現在的都靈汽車公司，謝君便是高級職員。梁君則也因體重關係，改任保險事業。他們三位，韋、梁兩位與我是差不多年齡，至少在六十五左右了，而謝君則大約不過五十餘，這裏刊登的一張我與謝君在馬房中同映的照片，時在一九四三年，距今已有廿七年了。當時我因爲向故李寶椿先生買了「異獅」之後，便與謝君（他是我的主任騎師），及我家人同上馬房，看看這匹「異獅」，一同上去的還有一位攝影家楊君，他剛剛帶有攝影機，所以便爲我們拍了這張照片留念。（九）

武生王李春來

江南燕

李春來是京戲班南派武生之王，他的風流韻事，和他的舞台藝術，同樣地膾炙人口，他有頭腦，不但在藝術方面有成就，而且在舞台的組織和管理上，也有不少改革與創新之處。他的一生，大有西諺所謂「工作時工作，遊戲時遊戲」的作風。

京戲班裏論到武生這一行而成為流派宗師的，最早是俞派的俞菊笙和黃派的黃月山，俞的學生楊小樓在俞派根基上，加以豐富，發展成為楊派。黃派戲需要唱做並重，還要有一條寬嗓子，因此傳播得不廣，所謂黃派傳人如李吉瑞、馬德成、瑞德寶等都祗能亦步亦趨，後繼無人，已經難找到第三代。於是京戲班的武生這一行，幾乎盡是楊派的天下。

李春來演「伐子都」畫像

其實尚有一位藝術卓越的武生，是和俞菊笙、黃月山，差不多時期的李春來，祗因他久居南方，被一班京朝派烈士所漠視，而不及俞、黃諸人傳播之廣。如果從表演藝術來講，李春來絕不輸於其他幾位，而他在南方的京劇武戲中所起的影響，是十分廣大的。蓋叫天、張德俊都不是他的徒弟，可是他們都吸收了李春來的精湛藝術，蓋叫天還自己發展成為蓋派，張德俊再傳給兒子張雲溪。所以如果拿地域來分別，那末俞、黃、以及後來的楊派可以說是北派，而李春來則可稱為標準的南派。

李春來，字起山，河北省高碑店人，出身於喜春台秦腔（梆子）科班，那時候的京戲班，本是和崑曲秦腔同台演出的。李春來出科後先在北京演出，既演梆子，又演京戲，他們內行就稱之為京戲梆子兩下鍋。後來到了上海，以藝術崇高，扮相英俊，深受歡迎。一度回到北京和秦腔老生郭寶臣合組源順和班。其時京戲愈來愈盛，他就更向京戲中鑽研。本來秦腔的很多程式，早被京戲吸收融化，秦腔藝人向京戲發展，非常容易。不過他總究從小學的秦腔，因此口齒念字之間，始終無法脫出梆子窠臼，令人聽起來總覺得他有些「怯口」。

李春來軀幹修長，英俊瀟灑，頗有玉樹臨風之致，私生活因多艷聞，曾為此入獄，說來倒也話長。

上海本是紙醉金迷之地，自從有了租界，藏垢納污，成了罪惡淵藪。那些封疆大吏或退職巨宦，無不把上海當作安樂窩，夜夜笙歌，揮金如土。家中那些艷妾，多數出身名妓，在飽暖之餘，都以蓄養面首為榮。甚至公開招搖，爭奇鬥勝。她們最大的目標，都集中於「提起此人，大大有名」的戲曲藝人。李春來那麼漂亮，戲又演得身手矯捷，焉有不成為「女人湯丸」之理？

李春來的艷遇，真是指不勝屈，記不勝記。單說那時名妓四大金剛張書玉、金小寶、陸蘭芬、林黛玉，都對李春來虎視眈眈，俱欲得之而甘心。終於為林黛玉所獲，誇耀儕輩。其時有位濶客汪衡舫，是江蘇南滙縣知縣，上任前，先在上海花叢識林黛玉，驚為天人，納之為妾。林黛玉就和李春來相約，嫁汪一個時期，括他一筆錢再出來，這在娼門術語中，名為「淴浴」。豈知林黛玉溺愛姨太太生活，竟至樂不思蜀，忘了和李春來的舊約。李春來久候林黛玉下堂的消息杳然，竟等得不耐煩，效學戲中「花蝴蝶」行徑，夤夜親自到南滙縣大堂，插刀留柬，鬧得南滙城內城外，傳為新聞，林黛玉趁機下堂，汪知縣也因此罷官。

點石齋畫報描寫當年女界在包廂中看戲

李春來日夜迴旋於粥粥羣雌之中，跌入脂粉陣內，想脫身亦正不容易。上得山多，終要遇見老虎，久而久之，就發生了張鏡蘭的禍事。

張鏡蘭是嶺南某巨宦的家眷，這位巨宦，生前善於搜刮，宦囊着實豐厚，巨宦死後，家貲盡歸眷屬張鏡蘭，遷居上海做寓婆，置了很多房地產，旋再嫁一廣東醫生黃某，不久又以癆病死去。張鏡蘭一寡再寡，不耐孤鵠，在戲院裏看見李春來，色授魂與。於是素裝淡抹，夜夜去看李春來的戲，含情凝睇，眉目傳情。李春來看得這等事多了，不以爲意。有一夜，李演「白水灘」，突然有一物，如金鏢般飛到台上，李春來用足一踢，竟是一隻珍珠串成的大蝴蝶，粒粒精圓，散得滿台亂轉。李春來抬頭一看，只見張鏡蘭紅暈滿面，當然知道是她所擲下來的。其時風氣淫靡，然以珍物擲伶，尚屬僅見，但李春來依然無動於中，置之不理。

當李春來演畢卸裝，走出戲院後門之時，忽然有四條大漢，把他擁入一輛大馬車，簾帷緊密，馬似飛龍。李春來原是花叢老手，知道這是和北京的所謂「黑車」一般，事已至此，祇能安然處之。過了不久，到達一所巨宅，富麗堂皇，燈火如晝。張鏡蘭已在梯頭相迎，縞衣如雪，兩旁侍女，多至十餘。李春來目迷神奪，方知她就是觀劇擲珠的佳人。這不用說得，便成了張鏡蘭的情場俘虜。

張鏡蘭把李春來視爲禁臠，不令出門。天仙戲園祇得天天回戲，戲院老板都不明白李春來因何無故失蹤？那時上海還未有綁票之風，這名角失踪就成爲一件奇事，於是引起了茶樓酒館的談助，當作一件新聞。

張鏡蘭的第二任丈夫黃醫生，原與那時上海租界會審公堂的中國首席會審官人稱關老爺的關烱之有金蘭之好。自從黃醫生死後，聽說張鏡蘭的生活行止常在關老爺關懷之中，故人遺孀，行爲失檢，引爲奇耻。於是暗派探目四出偵查，方始知道李春來的失蹤，原來作了張鏡蘭的入幕之賓。關老爺大怒，派了會審公堂的探目數十人，到了黃宅聲稱搜捕大盜，李春來在露台上望見來人，知道事情不妙，翻身上房，越屋逃逸。旅滬粵人大動公憤，進稟捕房，封閉天仙茶園，李春來終於被捕，鋃鐺入獄。

張鏡蘭有的是錢，托人向巡捕房疏通，指望釋放李春來，無奈這件公案由會審公堂交辦，巡捕房無法作主。官司結案，李春來被判入獄。張鏡蘭又化錢要求改在巡捕房監禁。引起了會審公堂與巡捕房互相爭奪監禁李春來之權，兩方面的巡警發生鬥毆，鬧成廣東同鄉勢力範圍的虹口區全體罷市。終於關老爺取得勝利，把李春來送往提籃橋監獄，服刑七年。

李春來在監獄中，不用說得，自有張鏡蘭化錢上下打點，博得獄卒好感，每天在獄內照常練工，據說，每過一個時期，獄官居然還陪着她悄悄地到外面去透透空氣，所謂錢可通神，眞是一點不假。

李春來出獄以後，深自懺悔，一度北上，在北京演出，終以名譽不好，觀衆對他看法不同，鬱鬱不得志，後來再到上海，搭過不少班子，聲譽亦無法與當年相比。我記得他最後在上海演出的地方是大世界內的乾坤大劇場，那時我正對京戲開始發生興趣，經常看他的演出，一副英氣勃勃、漂亮乾淨的姿態，不知道的還眞看不出他已是年逾古稀的老翁。他最後演出的一齣戲是「伐子都」，在遇顯考叔亡魂這場，他有「吊毛」，以一個七十開外的老人，紮着大靠走「吊毛」，需要很大的勁頭，「吊毛」過後站起身再來「僵屍」落在大馬夫的背上，那時他的「吊毛」，沒有翻過去，就戳倒在台上了。從此李春來退休歸林，英雄老去，心情抑鬱。一九二五年即民國十四年病卒，年七十四，身後事由黃楚九爲他料理。沒有聽說他有眞正的徒弟，亦沒有聽說他有後代。

李春來的武戲，講究身手矯捷，邊式漂亮，長靠短打，無所不能，而以短打戲爲更好。筋斗之衡，跌撲之勇，老而不衰，從而可見其壯年時代的如何驚人了。他的傑作很多，而以「白水灘」、「伐子都」、「趙家樓」、「界牌關」、「花蝴蝶」等爲最有名。

演武戲的藝人難免在台上有出錯或受傷的危險，問題是集體的表演，在時間上每一個人必須

將李春來捉將官裡去的關炯之

掌握的嚴絲密縫，不能有一秒鐘參次。李春來的私生活雖有可議，但他在台上演戲，却非常認眞。他演「花蝴蝶」的次數最多，有一年在他自己開設的春仙戲院演這齣戲，陪他演蔣平的「開口跳」是武丑蔣寶珍，是他多年的老搭擋。到水戰一場，花蝴蝶和蔣平二人在假設的鴛鴦橋畔有出水入水的對翻動作，武生由下面往上竄，武丑由上面向下竄，兩個人對竄，武生在上，武丑在下。那天，他們二人表演這場戲時，蔣寶珍在竄下時，時間上快了一些些，兩只脚後跟踢着了李春來的小肚子，李春來一陣劇痛，立即暈倒台上，不省人事。幸得武行人多，急忙抬入後台，施以急救，方才甦醒。那時蔣寶珍急得要命，踢傷了老板，還當了得。李春來却不責一詞，僅僅囑咐以後演戲小心。好得戲班有的是好傷藥，李春來的傷，不出三日便全愈了。

李春來演戲，不但自己認眞，對配角的要求，也非常嚴格。譬如說「武行」吧（此地稱龍虎武師），是和主要武生有切身關係的。李春來自己身材高，他就要求和他配戲的武行都要魁梧高大。上台必須個個照正規抹彩勒頭，穿豹衣侉衣或箭衣，一定要繫大帶、打鯀子，靴底要刷得白。花臉的臉譜，不准亂塗。和他配戲的武行，個個都要筋斗翻得衝，都要經他親自考過，再定包銀的高底。戲演得好有額外獎金或加薪，演得不好就罰薪或辭退。恩威並用，頗得人望。他自己當過多次老板，就是這樣辦。他受聘搭班時，亦必首先提出這些條件。所以他的戲演得飽滿嚴謹，的確有其原因的。他有兩個好助手，叫劉瑞春和劉全瑞，都是武行出身，深得李春來的信任，他們知道李春來的個性。李春來當老板，他們就分任總管事與武管事。李春來搭班，一定帶着他們在一起。有他們二人替他照料一切，李春來祗顧自己台上演戲就行了。

著名專演猴子戲的武生藝名小活猴的鄭法祥在少年時代曾當過武行，與李春來配戲。他對李春來的藝術，和二位劉管事都有很深的體會，對他們推崇備至。他曾說『……著名武生前輩李春來先生光緒年間由北方到了江南，他是梆子班出身，梆子武戲比京戲火熾豐富，他把梆子裏的東西運用到京劇中來，並且增加了武行這一門。武行分官將、英雄兩工，大體說來，官將扮演「正面人」的兵卒，英雄扮演「反面人」的兵卒，所以行話又稱官將爲「官的」，稱英雄爲「反的」。上手、下手這兩門還在戲班裏存在，但不歸武行範圍，作用也比早先小了。……李春來老夫子演戲，要求武行在化粧上必須認眞，達到「一扮三像」的標準：官將「抹彩」（俊臉，塗粉）、英雄「揉臉」（黑臉、抹油黑）；穿戴打扮也複雜起來了，官將穿豹衣豹褲，英雄穿侉衣或箭衣，而且要紮束鯀子鸞帶。在表演上，官將和英雄都得會翻筋斗。根據官將扮正面兵卒，英雄扮反面兵卒的分工要求，官將的筋斗要漂亮，英雄的筋斗要勇猛……之後，劉全瑞、劉瑞春二位先生對武行的表演又加以改進。劉全瑞先生當過李春來老夫子的武管事，劉瑞春先生久在江南作武行頭。在這二位劉先生底下作武行，不准打「連環」，因爲「連環」這種打武形式過於一般化，只是賣幾個筋斗，毫不能表演交鋒對壘的氣勢。他們參考「嘉興府」的「上天梯」正反面的打法，又按照每齣戲的不同內容加以變化，一定要打出名堂來，把刀、槍、劍、戟各種兵器的特性使出來……他們還創造了不少新式「擋子」（羣打）大大豐富了武行的表演……』。這些由一位有經驗武生演員的描寫，就可以証實李春來在武戲表演藝術上的要求和創新，和二位劉先生合作之功，都是不可磨滅的。

短打武生穿褶子的戲太多了，他的服裝向來講究，譬如說黃天霸穿的全身服裝吧：花羅帽、軟羅帽、豹衣、豹褲、鯀子、大帶、花靴、快靴等等，他總是整套來做，顏色，花樣，綉工，都是一律的。他還喜歡翻行頭，祗要場與場之間有兩三分鐘時間，他就可以全身換一套出來，他共有八個伙計，一到後台，分工合作，總趕得上。其中有一位專管勒頭戴盔頭的大師傅，就是名教師范叔年的父親。

這位范老先生和我談過，李春來壯年時，開打從來不把花羅帽換軟羅帽。他頭上有功夫，戴花羅帽翻筋斗，帽子永不掉下來。可是他一走進後台，祗須把頭向上一招，那頂花羅帽就直飛出去，由范師傅接去，萬無一失。

在李春來鼎盛時期，也就是他當老板的時期，他爲戲班裏創立了幾件好事。

第一件是後台雇用理髮師。以往演員的扮相，尤其是武生，講究額角要高，水紗勒得高，顯得威武有神。所以演員都把前額頭髮剃去一部份，稱爲「月亮門」。每個月的剃頭費，倒也不少。於是有些人經常懶於剃頭，或把水紗勒低，很不好看。李春來看了很不舒服，就給錢叫他立刻去剃，那些懶蟲，看準了李春來脾氣，逢到頭髮長時，就故意在他面前走來走去，李春來總是給錢勒令他們去剃頭。日子一多，李春來也覺得自己簡直在做了寃大頭？於是想出一項辦法，在後台雇定一位理髮師（那時叫剃頭司務），並且授權他，如見「月亮門」有短頭髮的，准予强制剃光。後來各班仿效，後台職員中就多一名理髮師。

第二件是文堂須穿鴛鴦靴。以往任何戲班裏，最不講究也最不爲班主注意的一行，就是「文堂」，也就是俗稱的「跑龍套」。這些人中，極少數由天才極低無法造就的演員充當，其極大多數由游民担任，收入低得可憐。我們以往經常可以看到蓬首垢面，拖着破鞋，光着脚後跟上台的「跑龍套」，和他身上穿的實不相稱，而且破壞全場氣氛，大煞風景。李春來有鑒及此，就規定由衣箱給他們置備黑布快靴，臉上要化粧，在台上就整齊得多了。可是這班苦哈哈，完了戲，却不脫下，不論雨天雪地，却把靴子當作自己的鞋子，穿了回去，因此不但消耗大，而且還汚穢不堪。李春來便更進一步，改用各種不同顏色的布來做靴面，下了台就不好意思再穿了回去在街上走了。後來各劇團的衣箱裏都有這種鴛鴦靴。一面紅一面綠的，就是李春來所首創的。

從這些瑣事上看來，李春來有相當頭腦。在他藝術上熟練到隨意發揮的境界時，他亦有幾件輕鬆風趣的行動。雖然似乎游戲三昧，也和他的舞台演出有關，值得一記。

在「白水灘」裏，他演的是十一郎穆玉璣，當他看到青面虎被官兵追擊得走頭無路時，十一郎準備救援一下，他唸完『……打他一個抱不平』，把手中的草帽圈拋去後亮相。他預先就命一個檢場人拿了一支籐桿，先埋伏在乾坤大劇場正中屋頂的大天窗洞裏，李春來把草帽圈直拋到天窗洞，地位準確，百發百中，那個檢場人就用籐桿穿進接住。接得着有獎金，接不着白辛苦一次，而草帽萬一掉在觀衆座上，亦不會傷人。

李春來演「戰宛城」的張繡，當張繡去見曹操時，驟見春梅前來送茶，張繡照例有丟杯踢盤的表演。李春來這裏亦要賣弄一下，他手接茶杯，抬頭一見春梅，立刻將茶杯朝檢場人的位置拋向半空，同時飛起一脚，向春梅手裏的茶盤踢去，春梅就乘勢將茶盤向檢場人平飛出去。此時檢場人先接茶盤，跟下來又接到茶杯，這時候李春來滿意了，到後台給獎金；台下亦滿意了，齊聲叫好。

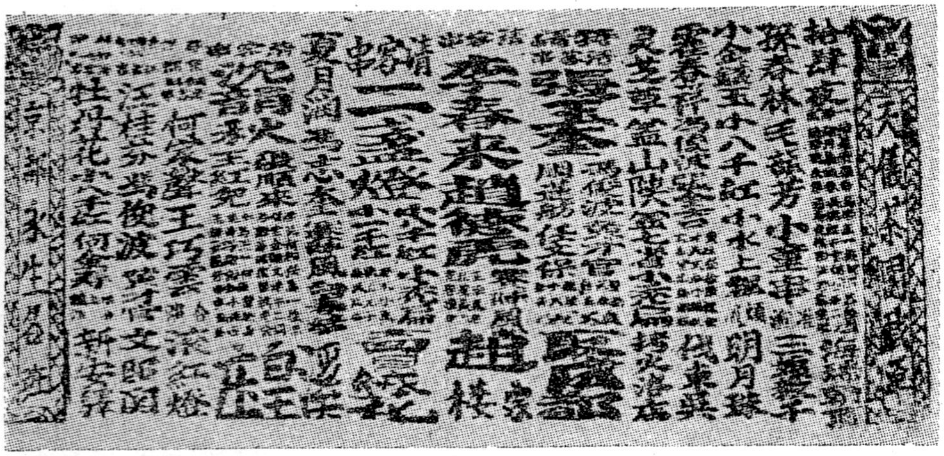
一頁李春來演劇舊戲單

李春來演「界牌關」，在羅通鞭打蘇寶同以後，換手拋鞭耍槍，開武生耍出手的先河。後來蓋叫天教張翼鵬演「雅觀樓」中的令旗出手，教小蓋叫天演「智取北湖州」的耍鞭出手，有人以爲蓋叫天在武戲中運用武旦的出手，其實並非蓋叫天首創，却是效學的李春來。

到如今，李春來已經死了四十六年了，即使私淑他最有成就的蓋叫天亦已在去年謝世，大雅云亡，可發一嘆！

銀海滄桑錄

陳厚的一生

蝶衣

最後一次見到陳厚

陳厚，是於一九七〇年四月十六日深夜，病逝於美國紐約醫院中，結束了他在人世的三十九年生命。

在一九六九年的炎夏季節，我在「邵氏」影城的配音室外面，還曾遇到陳厚，他正和陳鴻烈在一起聊天，我行經他們面前，彼此招呼了一下，我說了一句「我們是三百年前共一家」就走開，沒有打攪他們的談話。

這，也是我最後一次見到陳厚。

當時，陳厚、陳鴻烈、陳蝶衣，三個姓陳的曾同站在一塊土地上。現在，陳厚去了天國，陳鴻烈去了台灣，兩處茫茫皆不見；只有我，還留在香港，爲陳厚寫着傳記的最後節畧，往回一想，不由滋生了些許「儂今葬花人笑痴」的同樣感慨。

總結陳厚一生的一篇報道，是於一九七〇年四月十八日在香港的報紙上出現，原文如下：

『（本報專訊）本港國語電影明星陳厚，昨天下午二時五十分（本港時間）在美國紐約市「納利亞」醫院不治逝世，將於本月二十二日上午十時（美國時間）舉殯，安葬於紐約之睡谷。陳厚係於去歲八月廿九日離港赴紐約，進入一間醫院治病，據說所患是腸癌，入院後曾接受一次大外科手術，割治後情況畧有好轉，但不久又傳惡化，繼而再接受另一次外科手術，但迄無起色。去年十月初，其歐籍女友仙娣亞泰萊離港赴美，在院中陪伴陳厚，其女小明明稍後亦相繼赴美。

陳厚，原名陳尙厚，上海人，於一九三一年七月一日出生，體高五呎九吋，擅長於時裝喜劇及歌舞片。』

抵抗癌菌打了三針

陳厚，由於生活的不正常，加上了愛好喝洋酒，腸胃一直不很好，在「邵氏」的一段時期，抱病拍戲是常事。任何一個擺脫不開事業與工作的人，患了腸胃病多數總是打針服藥，遷延時日而無法作較長時間的休憩。陳厚是電影紅小生，自然也不例外。

直到要拍「海外情歌」一片的時候，他纔因支持不住而進了醫院，作徹底的檢査。

終於，病情的趨向嚴重促使他作了去美國就醫的最後決定。

他之要去美國就醫，是因爲他有一位胞弟陳尙廉在美國，並且是「紀念癌症中心」的醫師。

在啓程赴美之前，陳厚曾聽從了醫師的勸告，接受了抵抗癌菌的三針。打完針之後，他幾於了無生趣，他說：「那是最難忍受，最痛楚的針藥，使我翻腸絞肚，情緒不寧到了頂點。」

這幾句話，是陳厚到了美國之後，對去往醫院探病的李湄說的。

李湄，這位與陳厚曾合作過多部影片的旅美女星，在美國目覩陳厚與死神搏鬥的經過，曾寫了一篇「陳厚之死」的專文。從這一篇專文中，可以獲悉陳厚生前死後的一些實際情況。

以下所述，便是根據「陳厚之死」專文所作的部份摘錄。

老母陪同飛美就醫

陳厚在醫師給他打了抗癌針以後，就在他母親的陪同之下飛到了紐約，立即進入醫院開刀。事後醫師對他說：「你是一個很幸運的病者，按照病情，癌菌已穿破了小腸而蔓延到其他部份，並且經歷了長途的顚簸，時日的拖延，本來十分危險，幸而香港醫師給你打了三針，總算抵住了癌菌的蔓延。」

醫師的話，對陳厚來說雖是莫大的安慰。但患上了癌症的人終於得救的病例，實在絕無僅有。陳厚是個具備現代知識的聰明人，他對於此點當然也十分明瞭，因之從到美就醫起，便有了隨時被死神召去的心理準備。只是他的胞弟陳尙廉，由於手足情深，還希望能有奇蹟出現。一直到陳厚終於與世長辭，在八個月的難熬日子裏，彼此幾於都是在互相安慰、隱瞞、恐懼中度過的。

陳厚的家人：母親、弟弟，還有兩位妹妹，都是虔誠的基督教徒。陳厚本人在患上絕症之前，雖然對宗教的信仰並不徹底，但到美國就醫之後，生命已瀕於絕望的邊緣，治療癌症的特效藥尙無發明的確訊，求生的希望只能寄託於上帝，不得不自承是個忠實的信徒了。

李湄得訊送花探病

一九六九年的八月，李湄去往非洲遊歷，九月五日由羅馬到了巴黎，見到了昔年同隸「電懋」，爲「龍翔鳳舞」一片工作過的攝影師逢斯，逢斯在香港時還是個未婚青年，去了法國之後纔與一位陳小姐結了婚。李湄與逢斯異地相逢，彼此歡然道故，談着過去電影圈裏的許多往事，不免要提及陳厚。使李湄大爲吃驚的是：她從這位舊同事的口中，聽到了陳厚在美國病危的消息。除了得悉陳厚病危之外，並不能獲得較詳盡的訊息。因爲逢斯也是得諸傳聞，對陳厚的一切並不明瞭。

李湄在巴黎未多逗留，九月十日就飛抵紐約，經過了一番打聽，居然探出了陳厚的下落，匆匆趕到「紀念癌症中心」，這是一家美國最好的癌症研究醫院，李湄在追記陳厚之死的專文中說：『那家醫院的建築不算太老，但外表顯得太尊嚴，跟周圍的氣氛格格不入，正如一幢法院坐落在鬧市裏。當時，陪着我去的有高原先生（他以前也是電影演員，現任職於聯合國海外通訊組。）及外子。要不然，我眞會心懼而臨陣脫逃，我想。我們三人默默地走到問事處，迎面撲鼻的藥味使我不想深呼吸，大而長的電梯，眞叫我提心吊胆，深恐隨時會推出一位絕望了的病人。』

在進入醫院之前，李湄曾在花店裏買了一束鮮花，以及一張酒杯型的問病卡紙，李湄在卡紙上寫了「請快起來與我乾杯」的字句。陳厚是個愛好喝酒的人，李湄爲了掩飾心情的沉重，想盡力裝得輕鬆一點，是以在卡紙之上，故意採用了背離憂傷的詞語。當時，她對自己的心理，有着如下的描述：

『……可是，去看一位住在癌病醫院裏的老友，就不用提多麽的不對勁兒了！在想像中，陳厚一定是瘦弱不堪，憔悴難言。也許我祗能站在他牀前看看他，把花輕輕的替他插在花瓶裏，替他收拾一下零零碎碎的東西，然後帶着那張不合情調的問病卡走出來，算是聊表一份心意。』

在「龍翔鳳舞」影片中的陳厚（右）與李湄（左）

張開兩臂迎接故人

但在李湄見到陳厚的時候，倒還不像她所想像的那樣嚴重，他們會面的情形宛似一幕電影表演，李湄在專文中有着如下的一段親切、生動的描寫：

『陳厚的病房在七樓，我們乘着很穩很慢的電梯，每一層樓的情形祗能由小窗望一望，只覺得寧靜得出奇。到了七樓，居然氣氛輕鬆起來，寬大的走廊裏安放着電視機，有包着頸子或穿着特製寬大的病衣靠在梳化椅上看報的病人，有些在談天，有的瘦弱而臉色青白，有的像正常的人。但，我知道，由他們的衣着上告訴我，那些全是抱着堅强求生慾的樂觀者，他們的全副希望寄托在醫院的信心上。

電視上播映着足球賽的情形，有的甚至於對一個球的得失，顯示興奮與失意。這一切，毫無想像中癌病醫院的悲慘絕望的氣氛，可謂奇事。

由陳厚病房的小玻璃窗望進去，我看見他正斜靠在牀頭吸烟。突然間，我頓感鬆弛，似乎僅是來看一位久違而異地相逢的老友。

我撞了進去，他對我呆望一兩秒鐘，驚奇的表情馬上消失，用他一向明朗的「哈！哈！」第二聲特別提高嗓門）來歡迎我，然後張開兩臂緊緊的抱了我一下，把我手裏的花幾乎揉個稀爛，接着跟外子和高原熱烈的握手，又結巴又快的想找到我們怎麽知道他在這兒的結論，把他的弟弟冷落在一旁，（他的弟弟是這家醫院的醫生，自陳厚入院以來他天天陪伴並與醫生們研究他哥哥病况。）』

陳厚眼中出現異狀

在臥病中的陳厚，身處異域而有故人來訪，其喜悅之情自是不言可喩的。由於陳厚的極度興奮，滔滔不絕的把他四次開刀的經歷，像叙述一個電影故事那樣的告訴了李湄，使李湄感覺到：陳厚也許住錯了醫院，他，應該在別的療養院中，甚至應當在邁亞邁那樣的地區休養。

但，經過了四次手術的掙扎，陳厚畢竟已消瘦了不少；尤其是他的眼神之不同於往昔。李湄發現陳厚的黑眼球，像墨一樣的黑而濃，並且似乎比往常縮小了一些，使青白的眼球更明顯的把黑眼球拉在一起，形成了些少鬥雞眼。

據李湄的估計：陳厚的兩眼有此異狀，可能是經過了四次的開刀的掙扎，使眼神經受到了過度精神緊張的影響，以致如此。

不過，儘管李湄發覺陳厚的眼神有異，陳厚的談鋒還是很健，李湄在專文中記叙當時的情形說：

『他不停的大聲談笑，他原有的幽默感及帶着少許天眞的滑頭正如往常，這位達觀的病人自己鼓舞着求生的意志，因此，安慰及關切都不需要，可以說他是我認爲最容易相處的病者，你不用找話說，也不用編謊話來騙他與安慰他。他並且告訴我們：醫生對他的病是絕對樂觀，而且，他不用戒煙，原因是，他先告訴醫生說什麽我都聽你的，只是別叫我戒煙，結果醫生聽了他的命令。」

一度好轉子女相會

此年的十月，陳厚因病情好轉而出了醫院，住在他胞弟的家中休養，一切都回復了正常，只須每兩個星期回醫院鐳療一次，預計到了十二月即可全部治療完成，脫離病魔的掌握。

陳厚曾有病愈之後，就和他的歐籍女友在美國結婚的計劃；他曾將此一計劃告訴了李湄，並且約定：婚後到李湄的家裏去小住數日。

到了十二月二十二日，陳厚打了個電話告訴李湄，他的兒子之良與女兒明明，將於聖誕節早晨抵達紐約，預備帶着他們到李湄家裏去歡渡聖誕。

李湄在電話裏表示歡迎，但到了二十四的晚上，李湄却又接得了陳厚的電話，說是患了感冒，正發着一百零四度的高燒，以致不能如期踐約。他在電話中對李湄說出了如下的頹喪的話：「以後不知道什麽時候纔能到妳家來，也許永不會來了。」李湄聽出了他話中的不愉快，連忙作了安慰性質的答覆，她幽默地說：「地獄人太多擠不下，天堂你不去，還是就在人間吧！」

自從這一次通話之後，陳厚就沒有與李湄再作第二次的約會。

自知不起與母訣別

到了一九七〇年二月十六日，陳厚又經過了一次全身檢查，在一疊檢查報告中，有一張指出他血液中已有癌菌侵入。接着，他便不斷發高燒，於二月二十日再度進入「紀念癌症中心」醫院，但不能動手術，要等待熱度退去，可是遷延了一些日子，熱度還是退不盡，而癌菌則已有蔓延至胃部的趨勢，病魔糾纏着陳厚，使他夜裏難以入睡，全靠打針鎭靜神經。

到了此時，陳厚的病正式宣告不治，死神的來臨祗是時間問題。遷延到四月十五日中午，陳厚跪在病床上默禱了一會，然後對守在一旁的母親說出了他最不願說的話：「姆媽！原諒我，我熬不下去了！再過了兩天，我要去了！」

消瘦了的陳厚和他的親筆簽名

李湄在記述「陳厚之死」的專文中，追叙彼時的情形，有着較詳盡的報道與分析，原文說：

『……他一向被醫生及護士認爲是位最合作而又最樂觀的病人。他對自已的病一向抱着信心。而他的勇敢與求生慾讓他與病魔掙扎了比應有較長的一段時期。在他生命最後的兩週內，他不飲不食，以他最小的妹妹推測，是他已放棄了掙扎，可能是情願絕食以求早脫苦海。他從不爲將終了的生命而向人流淚、嘆息。可是這也許是他一生中扮演各式各樣個性人物中最深切最沉痛的一幕。這其中包括了多少的愛與留戀，他常對他母親說：自他入院後，朝夕相陪，心有不忍，他不願見母親日漸憔悴、消瘦，而老母尙患目疾，終日唔泣，對日後開刀手術恐有影響；若不能痊愈，寧可早日隨神而去。這些事跡亦應合了他小妹的猜測。』

兩代死因都是腸癌

四月十六日，陳厚終於進入了彌留狀態，兩眼合攏之時多，張開之時少，神智雖未完全昏迷，但已無力啓口。夜半十一時左右，他的胞弟陳尙廉，俯伏在他的病床邊對他說：「這世界上有很多煩惱、痛苦的事，沒有什麽值得留戀的；至於過去生命中的錯誤與悔恨，也不必計較了！孩子們你不用躭心，母親和我可以照料到他們長大成人；要是耶穌來領你的時候，隨祂去吧！」

在朦朧中的陳厚，聽了胞弟的一番訣別之詞後，點了點頭，眼角淌下了辛酸之淚。到了十二時五十分（紐約時間），呼吸已然停止，心臟還在跳動；延至五十七分，這一位曾在電影史上閃耀過熠熠光芒的風流小生陳厚，正式結束了他的多采多姿的一生。

二十二日上午，陳厚的遺體卜葬於紐約郊外的基督教墳場，當時陽光普照，親友在側，死後哀榮，總算還不十分寂寞。

據熟知陳厚家事的人說：陳厚的父親多年前在香港，也是因腸癌病不治去世的。

胞弟公開信的片段

陳厚在美逝世之後，他的胞弟陳尙廉曾發表了一封公開信，對陳厚之死作了補充的報道，要點是說明陳厚並非死於癌症，這是有關陳厚最後一瞬的有價値資料，茲特摘錄片段於後，以作本文的結束：

『……他這次病（腸癌）其實在他在一九六八年手術腹膜炎後不久就有症狀（便血），極可惜當時沒有及早得到正確診斷，在去年初經過第

大人一笑

最後一次不合作

當陳厚離港赴美療病之日，還和記者們表演了一幕「捉迷藏」的趣劇。記者們消息靈通，探知陳厚此日離港，大家都到機場去準備作一次訪問。陳厚沒有精神應付，祇能躲在一間私家房中，等飛機將近起飛時，方才由輪椅推上飛機。前此一日，陳厚在電話中告訴朋友說：「我的腸子越剪越短了！『燻腸肚子』都沒有了！」他是樂天派，雖在病中，仍舊不失他的輕鬆口吻。記者們平日都對陳厚有好感，認爲他最和記者合作，但這一次却成爲他的「最後一次不合作」了！燻腸肚子是一種上海小食，是鹵熟的猪肚和猪腸子。

活的電影發展史

以導演「龍門客棧」電影馳譽國際的胡金銓，最近到澳州去參加一次國際性的語文會議，參加者都是從各地去的學者名流，包括「洋狀元」姚克、語文專家吳秋潭等，吳君爲當年在山西迎接慈禧太后的懷來知縣吳永的公子，已蒙允許爲本刊撰寫一篇有關他父親的文章，並有附此預告。會議之外，並有各式宴會，及電台訪問等等。某日會畢休息時間，忽然有位電台記者趨前請胡金銓發表關於中國電影發展史，金銓一想，這個題目太大了，一時也說不了許多，他就向前一指說：「這個……問題，我馬上可以給你滿意答覆，本會現有一部活的中國電影發展史，應該請您向姚莘農（克）教授請教，」這一招太極拳推手出去，姚教授急忙「拆招」，口中喃喃自語：「小胡可惡！」

不懂什麼叫套譜

白光東山再起，不是拍電影，而是唱時代曲，第一站是星馬。在此之前，曾不斷有人請她唱歌，她始終認爲要考慮，這次才決定「大展歌喉」，同行的是位本港騎師的退職夫人。白光說：「我請她當經理人，我除了唱歌之外，什麼都不管；她除了我唱歌之外，什麼都管。」白光上飛機之日，有送機者問白光：「白姐，你帶了套譜沒有？」白光說：「什麼叫套譜？他們來請我唱歌，也沒有問我要什麼套譜，我只知道上去唱歌；好像我從前唱歌，也沒有什麼套譜的。」音樂套譜是爲樂隊特設的，當年白光唱歌之時，套譜尚未流行。

子孫滿堂的樂趣

「董夫人」盧燕到香港來參加邵氏拍片工作，第一部片是「十四女英豪」，她演佘太君一角。盧燕有良好的家庭教養，落落大方，她的慈母李桂芬女士是當年北方的著名坤角鬚生，程硯秋年青時，曾和她合演「武家坡」，李演薛平貴，程演王寶釧，程硯秋在他的回憶錄中曾提及此事。盧燕對于平劇，有很濃厚的興趣，五月裏還要回美義演全部「紅鬃禧」。她本來是演花旦的，這次拍電影，是第一次演老旦戲。她來港以後，曾經接受麗的呼聲中文電視台「銀色新聞」的訪問。「盧小姐，你第一次演老旦佘太君的角色，作何感想？」「我很高興，因爲這齣戲使我享受到子孫滿堂的樂趣。」此戲中，李菁、凌波、歐陽莎菲、何莉莉等都做她的小輩，包括媳婦、女兒、孫媳婦，曾孫等，原來演老旦有這點好處。

·下官·

二次手術方才發現並証實該症，當時有一個錯覺，以爲病已根治，而又躭誤更積極有效的治療，一直到去夏復發，而且已經不能割除了！我得到此消息，與本院專家及母親商量下來，決定我母親同香港陪同他來本院診治。

他就在去年八月底，在母親陪同下趕來紐約，九月四日立即住院（Memorial Hospital For Cancer And Allied Diseases），經過廣泛檢查及手術，甚幸發現尚無轉移，手術後二週，即九月廿五日開始放射治療（深度X光），在十月底這一療程完成，就在家中休養，主治的外科醫生及放射醫生對他的治療效果均甚滿意，每次復診檢查時也都爲他而歡喜，他也常與我出外參加社交活動，例如探訪朋友，參加在這裏的留學生的聚餐等等。

我們正在考慮進行第二療程時，他在二月初突染感冒，但三四天，各症狀退淸，但是熱度又起。熱度起起落落不定，我與主治他的醫生商量決定再度入院，這樣可以詳細檢查與治療，結果發現血中有細菌（普通細菌，非癌症）但細菌的來源（所謂病灶）始終找不到，經過抗生素及腎上腺皮部激素（Corticosteriods），熱度退淸，血中細菌也消除了，爲了不躭擱治療癌症，專門治癌的化學藥物立即開始，當時我哥哥雖然體力相當軟弱，治療效果極好，只要他體力及體重恢復後就可回家休養，不料在本月（四月）十五日，病情突變，出現皮下出血點，說話感到困難，終於卅六小時後，腦溢血不治而歸天，當時母親與我在他床邊，因爲已經半夜，其他來探望的朋友以及我的侄子，侄女都不在，但是我們二個親眼見到他極平安的安息在創造天地萬物、我們的天父懷中了。』

樂蒂逝世於一九六八年十二月二十七日，陳厚逝世於一九七〇年四月十六日，樂蒂死在香港，陳厚死於紐約，兩人之死，相距一年又餘，說起來又要令人低喟不盡了！

汪士慎（巢林）梅花册之七

其八

漫說胭脂一抹腮
錢為身子玉為胎
衝寒冒雪香奩重
話是春從暗裏來

篁林汪近信

巡簷
亭亭
其梅
獨芳
笑冷
蕊疎
疎枝
半
五笨

霞

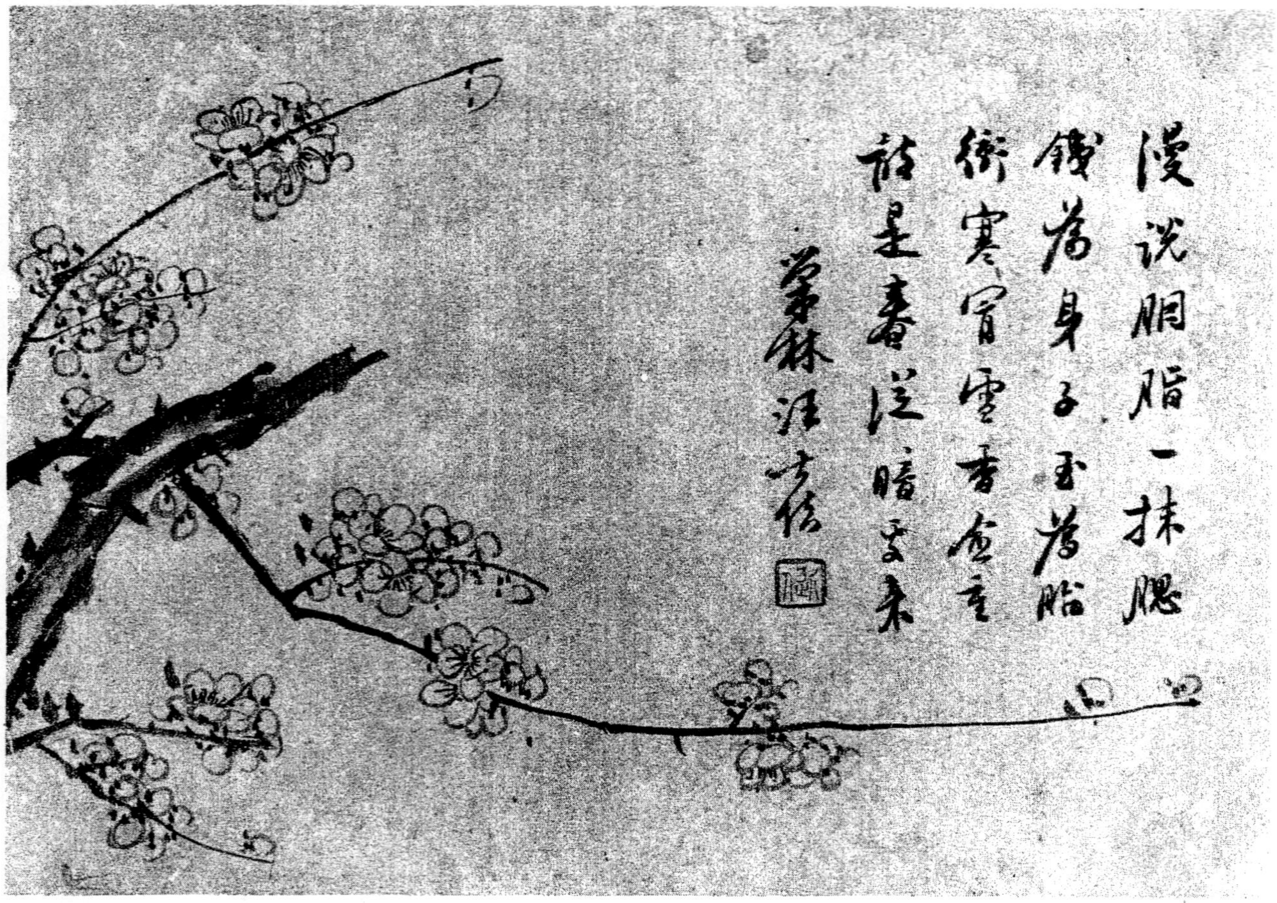

其十一

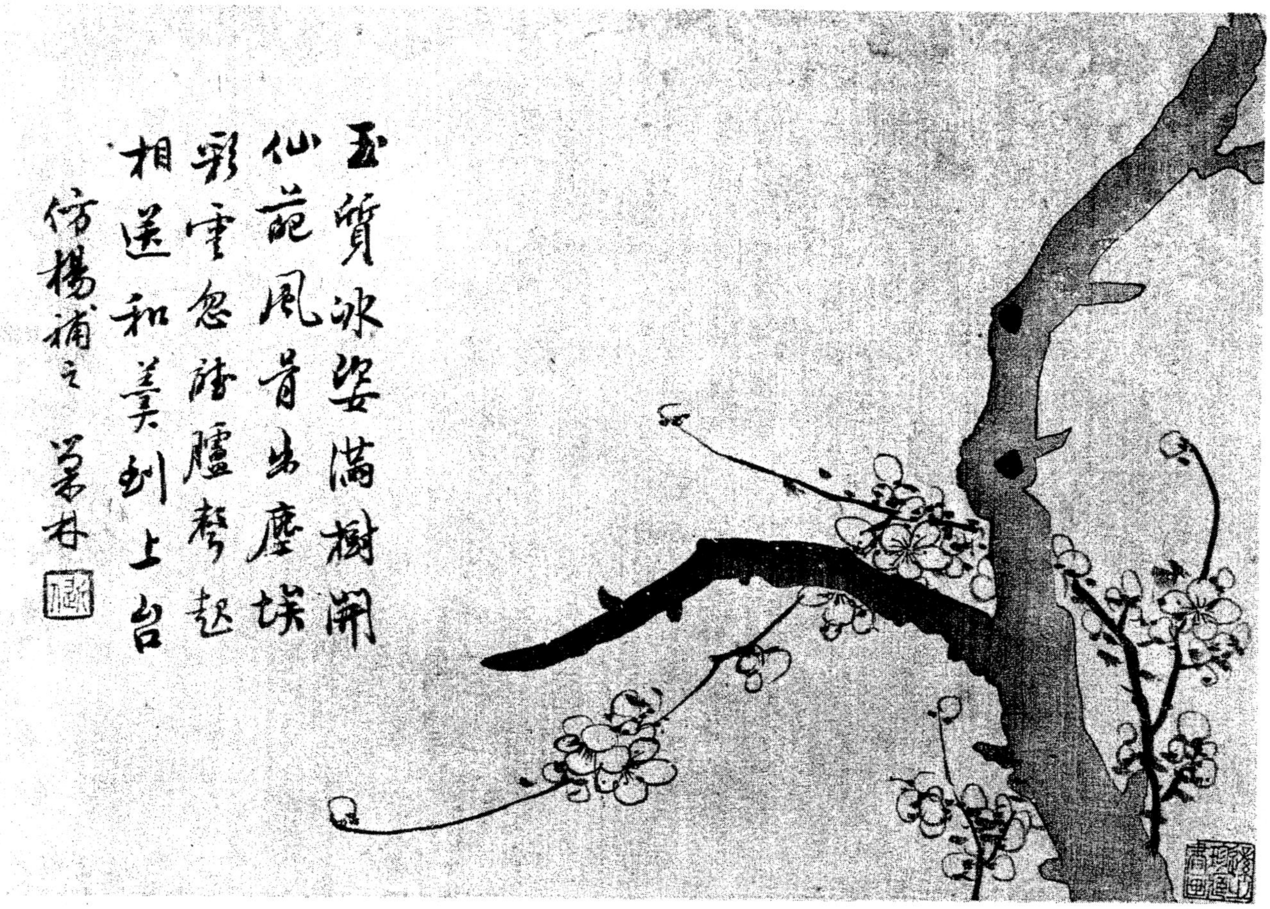

其十二

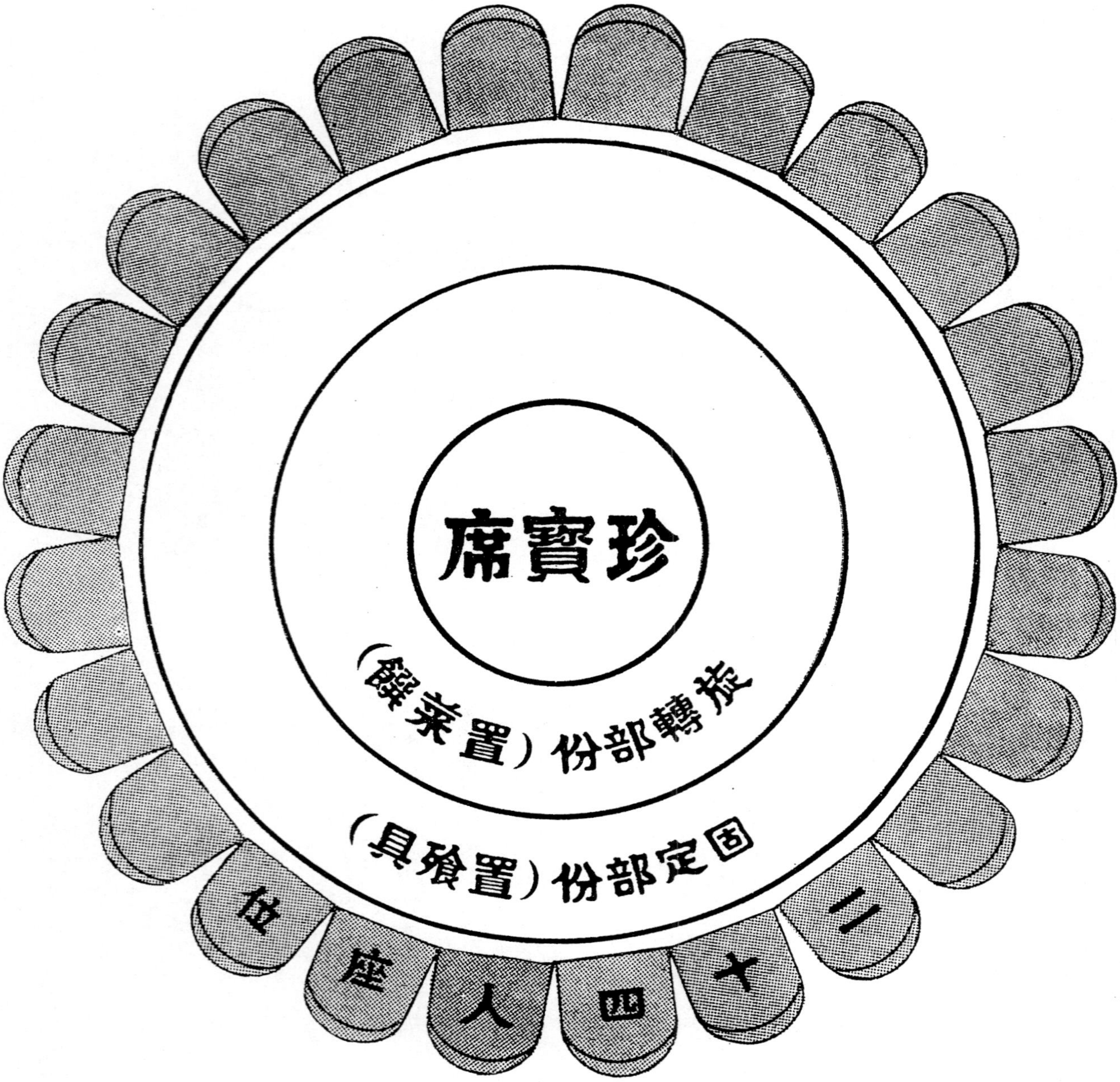

珍寶大酒樓

九龍奶路臣街十一號・請密切注意開幕日期

電話K八八七七七七・K八八八八八八

大人總目錄

第一期（一九七〇年五月十五日）：

第二期（一九七〇年六月十五日）：

第三期（一九七〇年七月十五日）：

第四期（一九七〇年八月十五日）：

第五期（一九七〇年九月十五日）：

第六期（一九七〇年十月十五日）：

第七期（一九七〇年十一月十五日）：

第八期（一九七〇年十二月十五日）：

第九期（一九七一年一月十五日）：

第十期（一九七一年二月十五日）：

第十一期（一九七一年三月十五日）：

第十二期（一九七一年四月十五日）：

第十三期（一九七一年五月十五日）：

第十四期（一九七一年六月十五日）：

第十五期（一九七一年七月十五日）：

第十六期（一九七一年八月十五日）：

第十七期（一九七一年九月十五日）：

第十八期（一九七一年十月十五日）：

第十九期（一九七一年十一月十五日）：

第二十期（一九七一年十二月十五日）：

第二十一期（一九七二年一月十五日）：

第二十二期（一九七二年二月十五日）：

第二十三期（一九七二年三月十五日）：

第二十四期（一九七二年四月十五日）：

第二十五期（一九七二年五月十五日）：

第二十六期（一九七二年六月十五日）：

第二十七期（一九七二年七月十五日）：

第二十八期（一九七二年八月十五日）：

第二十九期（一九七二年九月十五日）：

第三十期（一九七二年十月十五日）：

第三十一期（一九七二年十一月十五日）：

第三十四期（一九七三年二月十五日）：

第三十五期（一九七三年三月十五日）：

第三十六期（一九七三年四月十五日）：

第三十七期（一九七三年五月十五日）：

第三十八期（一九七三年六月十五日）：

第三十九期（一九七三年七月十五日）：

第四十期（一九七三年八月十五日）：

第四十一期（一九七三年九月十五日）：

第四十二期（一九七三年十月十五日）：

大人（二）

數位重製・印刷　秀威資訊科技股份有限公司
http://www.showwe.com.tw
114 台北市內湖區瑞光路 76 巷 65 號 1 樓
電話：+886-2-2796-3638
傳真：+886-2-2796-1377
劃　撥　帳　號　19563868　戶名：秀威資訊科技股份有限公司
讀者服務信箱：service@showwe.com.tw
網　路　訂　購　秀威網路書店：https://store.showwe.tw
網路訂購：order@showwe.com.tw

2017 年
全套精裝印製工本費：新台幣 30,000 元（不分售）

Printed in Taiwan　ISBN: 978-986-326-369-2　CIP: 078

本期刊僅收精裝印製工本費，僅供學術研究參考使用

ISBN 978-986-326-369-2
9 789863 263692　30000

讀者回函卡

感謝您購買本書，為提升服務品質，請填妥以下資料，將讀者回函卡直接寄回或傳真本公司，收到您的寶貴意見後，我們會收藏記錄及檢討，謝謝！

如您需要了解本公司最新出版書目、購書優惠或企劃活動，歡迎您上網查詢或下載相關資料：http:// www.showwe.com.tw

您購買的書名：________________________________

出生日期：________年________月________日

學歷：□高中（含）以下　□大專　□研究所（含）以上

職業：□製造業　□金融業　□資訊業　□軍警　□傳播業　□自由業

□服務業　□公務員　□教職　□學生　□家管　□其它_____

購書地點：□網路書店　□實體書店　□書展　□郵購　□贈閱　□其他

您從何得知本書的消息？

□網路書店　□實體書店　□網路搜尋　□電子報　□書訊　□雜誌

□傳播媒體　□親友推薦　□網站推薦　□部落格　□其他__________

您對本書的評價：（請填代號　1.非常滿意　2.滿意　3.尚可　4.再改進）

封面設計____　版面編排____　內容____　文／譯筆____　價格____

讀完書後您覺得：

□很有收穫　□有收穫　□收穫不多　□沒收穫

對我們的建議：________________________________

____

____

____

請貼
郵票

11466
台北市內湖區瑞光路 76 巷 65 號 1 樓

秀威資訊科技股份有限公司　　收

BOD 數位出版事業部

....

（請沿線對折寄回，謝謝！）

姓　　名：＿＿＿＿＿＿＿＿　年齡：＿＿＿＿　性別：□女　□男

郵遞區號：□□□□□

地　　址：＿＿＿＿＿＿＿＿＿＿＿＿＿＿＿＿＿＿＿＿

聯絡電話：(日)＿＿＿＿＿＿＿＿＿＿(夜)＿＿＿＿＿＿＿＿＿＿

E-mail：＿＿＿＿＿＿＿＿＿＿＿＿＿＿＿＿＿＿＿＿